高等学校交通运输与工程类专业教材建设委员会规划教材
江苏省高等学校重点教材

桥梁检测评定与加固技术

Bridge Inspection, Evaluation and Strengthening Technology

魏 洋 端茂军 李国芬 主 编

人民交通出版社股份有限公司
北京

内 容 提 要

本书阐述了桥梁检测评定与加固方面的系统知识。主要内容包括:绪论,桥梁结构病害分析,桥梁检测设备与传感器,桥梁结构材料性能检测,桥梁荷载试验,桥梁检查与评定,桥梁缺陷与裂缝修复技术,桥梁上部结构改造与加固技术,不同桥型上部结构加固方法,桥梁支座更换与下部结构加固技术,工程应用实例等。

本书可作为道路桥梁与渡河工程、土木工程、工程管理、交通工程等专业的本科生以及土木工程、交通运输与工程类等专业的研究生教材,也可供从事桥梁工程检测与加固方面的技术人员参考使用。

图书在版编目(CIP)数据

桥梁检测评定与加固技术 / 魏洋,端茂军,李国芬
主编. — 北京 :人民交通出版社股份有限公司, 2019.1
ISBN 978-7-114-15184-2

Ⅰ. ①桥…　Ⅱ. ①魏…②端…③李…　Ⅲ. ①桥梁结构—检测 ②桥梁结构—评定③桥梁结构—加固　Ⅳ.
①U44

中国版本图书馆 CIP 数据核字(2018)第 275205 号

高等学校交通运输与工程类专业教材建设委员会规划教材
江苏省高等学校重点教材

书　　名:**桥梁检测评定与加固技术**
著 作 者:魏　洋　端茂军　李国芬
责任编辑:李　喆
责任校对:刘　芹
责任印制:张　凯
出版发行:人民交通出版社股份有限公司
地　　址:(100011)北京市朝阳区安定门外外馆斜街 3 号
网　　址:http://www.ccpress.com.cn
销售电话:(010)59757973
总 经 销:人民交通出版社股份有限公司发行部
经　　销:各地新华书店
印　　刷:北京武英文博科技有限公司
开　　本:787×1092　1/16
印　　张:27
字　　数:659 千
版　　次:2019 年 1 月　第 1 版
印　　次:2023 年 6 月　第 5 次印刷
书　　号:ISBN 978-7-114-15184-2
定　　价:64.00 元
(有印刷、装订质量问题的图书由本公司负责调换)

高等学校交通运输与工程(道路、桥梁、隧道与交通工程)教材建设委员会

前言

21 世纪以来,我国桥梁整体建设水平和规模得到了长足发展,截至 2017 年年底,全国公路桥梁总数已达 83.25 万座,其中特大桥 4 646 座,大桥 91 777 座,每年开工建设的桥梁约为 1 万余座。我国桥梁在建设核心技术、桥型与结构体系、材料性能和装备水平等方面都取得了重大进步,但与桥梁强国的桥梁养护水平相比,还存在较大差距。近年来,我国发生了多起桥梁垮塌事件,对国民经济和人民群众的人身安全造成了极大的损害,如何保障桥梁结构的安全性、耐久性和使用功能已成为目前桥梁工程界的巨大挑战。

"桥梁检测评定与加固技术"是一门技术性强、实践性强的专业课。本课程的目的是通过学习掌握桥梁检测方法、桥梁病害分析、桥梁评定与桥梁加固的技术手段,提高相关毕业生对我国桥梁建设市场的适应性,同时提升学生在桥梁工程方面的实践与创新能力。本教材主要内容包括:桥梁结构病害分析,桥梁检测设备与传感器,桥梁结构材料性能检测,桥梁荷载试验,桥梁检查与评定,桥梁缺陷与裂缝修复技术,桥梁上部结构改造与加固技术,不同桥型上部结构的加固方法,桥梁支座更换与下部结构加固技术,工程应用实例等。

本书由魏洋、端茂军、李国芬担任主编。在书稿编写过程中,南京林业大学研究生张希、李宁、彭东林、王序、徐扬、程勋煜、蒋俊峰、杨波、严少聪、周家凯、徐鹏飞、蔡超、翟志欣、聂玉晗和陈思等参加了书稿的整理及插图绘制工作。

本书可作为道路桥梁与渡河工程、土木工程、工程管理、交通工程等专业的本科生以及土木工程、交通运输与工程类等专业的研究生教材，也可供从事桥梁工程检测与加固方面的技术人员参考使用。

限于编者水平，错误与疏漏之处在所难免，恳请读者批评指正。

编　者

2018 年 7 月

目录

第 1 章

绪　论

1.1　我国桥梁的发展

21 世纪以来,我国桥梁整体建设水平和规模得到了长足发展。截至 2017 年年底,全国公路总里程达 477.35 万 km,公路密度 49.72km/hkm²(图 1-1),公路养护里程 467.46 万 km,占公路总里程的 97.9%。在高速公路工程中,桥梁工程是跨越高山、峡谷、河流的重要结构物,占有重要比例。截至 2017 年年底,全国公路桥梁总数已达 83.25 万座,其中特大桥 4 646 座,大桥 91 777 座,仅黄河上已建和在建的大桥已达 200 余座,长江上接近 200 座,我国建成的悬索桥、斜拉桥、拱桥和梁桥四类桥梁的跨径均已居世界同类桥梁跨径的前列。

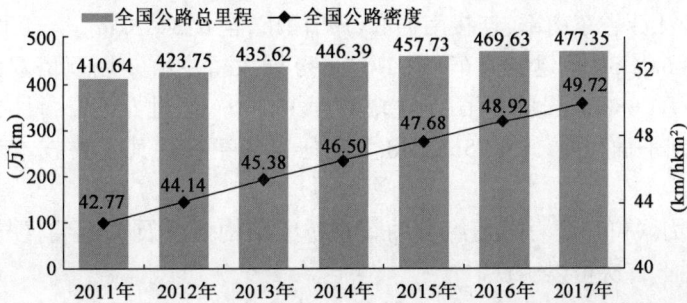

图 1-1　2011—2016 年全国公路总里程及公路密度

从发展历程来看,我国公路桥梁建设经历了从平原区向山岭重丘区,从一般江河湖泊向大江大河再向海湾及联岛工程建设的发展历程;桥梁结构从以常规的梁桥和拱桥为主,向大跨径斜拉桥、悬索桥、高墩、不对称结构及弯桥发展,再向离岸深海长联桥大型上、下部预制结构、大型复合基础及超大跨径结构发展。我国桥梁在建设核心技术、桥型与结构体系、材料性能和装备水平等方面都取得了重大进步,尤其是在建造大跨径桥梁领域的技术处于世界先进水平。代表性的桥梁有已经建好投入运营的杭州湾跨海大桥、苏通大桥、港珠澳跨海大桥等,这些桥梁都创造了世界上多个技术第一,标志着我国的桥梁建造技术越来越成熟。在国际上,其设计和施工工艺越来越来得到世界各国的认可。

1.1.1 杭州湾跨海大桥

杭州湾跨海大桥北起浙江省嘉兴市海盐郑家埭,南至宁波市慈溪水路湾(图1-2),大桥全长36km,其中桥长35.7km,双向六车道,成为目前世界上最长的跨海大桥和世界第三长的桥梁。大桥建设首次引入景观设计概念,借助"长桥卧波"的美学理念,呈现S形曲线,具有较高的观赏性和游览性。其主要技术难点与技术创新包括:

(1)设计方面。工程规模大、海上工程量浩大;结构防腐问题十分突出;大桥运行期间,桥面行车环境受大风、浓雾、暴雨及驾驶人视觉疲劳等不利因素的影响,采取合理有效的设计对策是保障桥面行车安全的关键;设计方案涉及新材料、新工艺、新技术的应用以及多项大型专用设备的研制。

(2)施工技术方面。自然环境恶劣,面临着海上激流区高墩区大吨位箱梁的整体预制、运输及架设,宽滩涂区大吨位箱梁的长距离梁上运梁及架设,超长螺旋钢管桩的设计、制造、防腐与沉桩施工等施工关键技术。

(3)在测量控制方面。因桥梁长度超长,地球曲面效应引起的结构测量变形问题十分突出,受海洋环境制约,传统测量手段已无法满足施工精度和施工进度的要求,如何借助GPS(全球定位系统)技术实现快速、高效测量施工是一个制约全桥施工的核心技术问题。

图1-2　杭州湾跨海大桥

1.1.2 苏通大桥

苏通大桥位于江苏省东南部,连接南通和苏州两市,全长34.2km。该工程于2003年6月27日开工,2008年6月30日建成通车(图1-3)。苏通大桥主桥采用双塔双索面钢箱梁斜拉桥,斜拉桥主孔跨度1 088m,居世界第二;主塔高度300.4m,居世界第二;斜拉索长度577m,居世界第一;群桩基础平面尺寸113.75m×48.1m,居世界第一。其主要技术难点与技术创新包括:

(1)首创了静力限位与动力阻尼组合的新型桥梁结构体系及关键装置与设计方法,使千米级斜拉桥在世界上首次得以实现。

(2)开发了超大群桩基础设计与施工技术。基础位于软弱土层中,承受的静、动力荷载

大,桩基数量多,结构受力传力机理复杂,群桩效
应突出,超大规模钢吊箱水上拼装与沉放风险
高,难度大。

(3)超高钢混桥塔设计与施工方面。索塔
抗风与静力稳定性问题突出,钢—混凝土结构受
力机理复杂,设计难度大,风和温度对施工的影
响十分突出,研发了内置式钢锚箱组合索塔锚固
结构。

(4)防船撞系统研究方面。苏通大桥位于
长江主航道,船撞力大,桥区通航密度高,船撞对
结构受力影响明显,采用主动、被动防撞相结合的方法,充分考虑船撞力对结构的影响,确保受
力安全。

图1-3 苏通大桥

(5)冲刷防护设计与施工技术研究方面。桥墩局部冲刷深度大、冲坑形态复杂,为保证施
工期及运营期结构安全,研究了河床永久冲刷防护技术。

1.1.3 港珠澳跨海大桥

港珠澳跨海大桥连接香港大屿山、澳门半岛和广东省珠海市,采用"人工岛 + 海底隧道 +
桥梁"的设计方案,总长 55km(图 1-4),工程于 2009 年 12 月 15 日开工,2018 年 10 月 24 日建
成通车,创下世界最长跨海大桥的纪录,港珠澳跨海大桥不仅是中国施工难度最大的跨海桥梁
项目之一,也是世界交通史上技术最复杂的建设项目之一,投资额超过千亿元。主体工程包括
一个 6 648m 长的海底隧道,其为世界上最长的
沉管海底隧道。港珠澳跨海大桥海中桥梁全长
约 22.9km,包括青州航道桥、江海直达船航道
桥、九洲航道桥三座通航孔桥及约 20km 非通航
孔桥。其整个工程的技术难点包括人工岛构筑、
海底沉管隧道及主桥工程技术。

主桥工程的主要技术难点是:深海桩基施工
技术、大型钢箱梁拖运及吊装技术及钢箱梁防腐
技术等。

图1-4 港珠澳跨海大桥(效果图)

1.2 国内外典型桥梁垮塌事故

由于在桥梁的施工及运营过程中,人类缺乏理性的认识、设计施工不当、结构病害发展及
加固维修措施不到位,国内外桥梁垮塌事故屡见不鲜,这些桥梁的灾难性事故常造成巨大的人
员伤亡和财产损失,带来了严重的社会影响,引起了世界各国的政府部门、专家和学者们的高
度重视。为了更好地分析桥梁垮塌事故的原因和桥梁加固维修的设计方案,以下列举了一些
国内外典型桥梁的垮塌事故案例。

1.2.1　设计原因

由于对桥梁的力学性质认识不足,设计缺陷引起的桥梁安全事故。例如,对大跨度柔性桥梁空气动力性能认识不足而发生 Tacoma Narrows 大桥垮塌事故,对结构疲劳性能无法计算评估而发生的因眼杆疲劳破坏的 Silver 大桥垮塌事故,以及对吊杆复杂受力不清楚而发生垮塌的宜宾小南门大桥。

1)Tacoma Narrows 大桥

事故发生过程:Tacoma Narrows 大桥位于美国华盛顿州的塔科马海峡(图 1-5),建设周期为 1938 年 11 月至 1940 年 7 月,中跨 853m;在建造最后阶段,人们发现大桥在微风的吹拂下会出现晃动甚至扭曲变形的情况,驾驶人在桥上驾车时可以看到另一端的汽车随着桥面的扭动一会儿消失一会儿又出现的奇观;1940 年 11 月 7 日,大桥在远低于设计风速(19m/s,相当于八级大风)下发生强烈的风致振动,桥面经历了 70min 振幅不断增大的反对称扭转振动,最终导致桥面折断坠落到峡谷中。

事故调查分析:据相关研究表明,发生该桥垮塌的直接原因是人们对自然环境的理论认知有限,此处的风力远大于设计的风力,从而引起桥梁的扭转和倾覆,导致了该桥梁的垮塌。

2)Silver 大桥

事故发生过程:Silver 大桥位于美国俄亥俄河上,连接着俄亥俄州与西弗吉尼亚州,采用"眼杆"型设计方案(图 1-6)。所谓"眼杆"型,是把桥梁设计成自行车链条的样式,中间交织连接并固定在支撑塔上,而两端则被牢牢钉死在两个桥台上。1967 年 12 月 15 日,正值下班高峰期,圣诞购物和下班的人们挤满了这座桥,悲剧就在这时发生了:短短 1min 内,桥梁就彻底垮塌了,垮塌事故直接导致 50 余辆汽车坠入俄亥俄河中,46 人丧生。

图 1-5　Tacoma Narrows 大桥垮塌事故　　　　图 1-6　Silver Bridge 垮塌事故

事故调查分析:据有关研究分析,造成该起事故的直接原因是眼杆的疲劳断裂。另外,链条与桥塔之间的不合理关系,也是导致灾难发生的原因之一。

3)宜宾小南门大桥

事故发生过程:宜宾小南门大桥主桥是中承式钢筋混凝土肋拱桥,矢跨比 1/5,是当时国内跨径最大的钢筋混凝土拱桥,中部 180m 范围为钢筋混凝土连续桥面(图 1-7)。2001 年 11 月 7 日凌晨 4 点,从四川南部宜宾进入云南的咽喉要道宜宾小南门大桥发生吊杆及桥面垮塌事故,大桥两端同时塌陷,造成交通中断。事故使连接拱体和桥面预制板的 4 对 8 根钢吊杆断裂,北端长约 10m、南端长约 20m 的桥面预制板发生垮塌,两边的断裂处都是在主桥与引桥的接合点。

事故调查分析:据有关部门调查分析认为,该桥梁垮塌的直接原因是吊杆的复杂受力,桥面体系依靠吊杆悬挂于拱肋之上,而桥梁伸缩缝的存在,使吊杆在承受拉应力的同时,随"飘浮式"结构的"晃动"承受较复杂的额外应力,复杂的

图 1-7　宜宾小南门大桥垮塌事故

受力状态造成吊杆断裂,一侧垮塌后,桥面的支撑状态发生变化,造成另一侧也垮塌。

1.2.2　施工原因

施工不当引起的桥梁垮塌事故。桥梁施工阶段是其全寿命周期中最薄弱的环节,一些特殊的结构形式如果施工不当容易发生垮塌。发生这类垮塌事故的桥梁主要有:因偷工减料未按设计图纸施工而使承载力不足发生倒塌,如韩国圣水大桥;加(卸)载程序不当而发生垮塌,如我国湖南堤溪沱江大桥;因支架搭设不符规范、施工工艺不当而发生垮塌,如贵州小尖山大桥。

1)韩国圣水大桥

事故发生过程:圣水大桥位于韩国首都首尔的汉江,全长 1 160m,于 1979 年建成(图 1-8)。1994 年 10 月 21 日早上,在车流量高峰时刻,位于圣水大桥第五根与第六根桥柱间的 48m 长混凝土桥面板整体塌落入水,6 辆汽车包括 1 辆载满学生及上班族的公共汽车和 1 辆满载准备参加庆祝会的警员的面包车跌进汉江,导致 33 人死亡、17 人受伤。

图 1-8　韩国圣水大桥垮塌事故

事故调查分析:承建单位没有按照设计图纸施工,且在施工中偷工减料,采用疲劳性能差的劣质钢材;当地交通管理部门管理不善。

2)湖南堤溪沱江大桥

事故发生过程:湖南堤溪沱江大桥位于湖南省凤凰县,大桥全长 328.45m,桥面宽度 13m,桥型为 4 孔 65m 跨径等截面悬链线空腹式无铰石拱桥,且为连拱石拱桥(图 1-9),大桥桥墩高 33m。在施工过程中,随着拱上荷载的不断增加,1 号孔主拱圈受力最大的多个断面接近或达到极限强度,出现了开裂、掉渣,接着落下石块。在最先被完全破坏的 0 号桥台侧的 2 号腹拱下方,主拱断面裂缝扩大下沉,下沉量最大的断面右侧拱段(靠 1 号墩侧)带着 2 号横墙向 0 号台侧倾倒,通过 2 号腹拱挤压 1 号腹拱。1 号腹拱为三铰拱,因其承受挤压能力最低而迅速破坏下塌。受连拱效应影响,整个大桥迅速向 0 号台方向垮塌。事故发生造成了 64 名作业人员死亡、22 人受伤的严重后果。

事故调查分析：据有关部门调查分析认为，事故的直接原因是大桥的主拱圈砌筑材料未满足规范和设计要求，拱桥上部构造施工工序不合理，主拱圈砌筑质量差，降低了拱圈砌体的整体性和强度，随着拱上荷载的不断增加，造成1号孔主拱圈靠近0号桥台一侧3~4m宽范围内，即2号腹拱下的拱脚区段砌体强度达到破坏极限而垮塌，受连拱效应影响，整个大桥迅速垮塌。

3）贵州小尖山大桥

事故发生过程：贵州小尖山大桥全长155m，桥墩高47m（图1-10）。2005年12月14日5时30分，小尖山大桥突然发生支架垮塌，横跨在3个桥墩上的两段正在浇筑的桥面轰然坠下，桥面上施工的工人也同时坠落谷中。事故共造成8人死亡、12人受伤。

图1-9　湖南堤溪沱江大桥垮塌事故

图1-10　贵州小尖山大桥垮塌事故

事故调查分析：据有关部门经过研究分析认为，事故的直接原因是支架搭设时基础施工不符合相关规范要求，部分支架钢管壁厚不够，部分支架主管与枕木之间缺垫板；部分支架预压时，预压范围不充分，每跨都有部分区域未压到。

1.2.3　养护不到位

管理和养护不到位引起的桥梁安全事故主要包括管理养护措施不够到位、桥梁病害急剧发展而产生的桥梁事故，常常引起桥梁的腐蚀破坏、疲劳破坏等，如桁架疲劳损伤未受到重视而发生事故的美国I-35W密西西比河大桥、长期超载运行及难以判断吊杆应力状态的福建武夷山大桥等。

图1-11　美国I-35W密西西比河大桥垮塌事故

1）美国I-35W密西西比河大桥

事故发生过程：I-35W密西西比河大桥是由明尼苏达州运输部于1967年建成。1990年，有研究报告指出，在桥梁支座和桥架接合处附近有腐蚀迹象，将该桥评为有"结构缺陷"，当时全美总共有超过7万座桥梁被评为此等级。2007年8月1日下午6时1分，正值交通高峰时段，该桥突然坍塌（图1-11），造成至少8人死亡、79人受伤。据估计，事故发生时桥上有大量机动车辆，是美国自1983年以来最严重的非天灾或外力因素所造成的桥梁垮塌事件。

事故调查分析:据有关资料调查分析,桥梁荷载相对于设计时已有大幅增加,事故当天车流量大,并在桥面存在较大的施工堆载,桥梁负载过大;事故现场打捞发现,L11W 和 U10W 节点变形严重;桥梁垮塌归因于 U10W 节点板受压超过承载极限,导致节点板损毁,压力杆脱离节点板,失去支撑作用,进而导致整体结构失稳。另外,该桥梁在垮塌前的检查中,检测单位发现了节点板扭曲和变形现象,但是未得到当地交通管理部门重点关注。该事故说明对于某些结构形式,桥梁整体结构的寿命是由桥梁中最薄弱部位决定的。

2)福建武夷山大桥

事故发生过程:福建武夷山大桥为中承式钢架拱桥,于 1996 年 11 月 8 日动工兴建,1999 年 11 月 20 日竣工通车,全长 301m,宽 18m。该桥上部结构为 3 孔中承式悬链线等截面(拱脚处截面加高加厚)钢筋混凝土箱形无铰拱桥(图 1-12)。2011 年 7 月 14 日上午 9 时左右,福建南平市武夷山公馆斜拉大桥将近 50m 的桥梁突然向下断裂垮塌,桥上一辆旅游大巴在事故中坠落,造成 1 人死亡、22 人受伤。

图1-12 福建武夷山大桥垮塌事故

事故调查分析:据有关部门经调查分析认为,长期的严重超载超限车辆是造成桥梁破坏的主要原因,当桥梁出现超过设计荷载或多辆超载车上桥时,将对吊杆产生强度破坏或疲劳损伤,长期超载运行最终导致破坏;该桥吊杆密封、防腐工艺较差,同时无法通过常规检查了解吊杆内部锈蚀程度与工作状况,难以判断吊杆承载能力能否满足原设计要求。总体来说,养护管理不到位、超载超限及吊杆锈蚀损伤无法及时处理造成了大桥垮塌事故。

1.2.4 车辆超载

车辆超载、超限,包括车辆直接的超载、超限以及不按设计规定行驶等,会造成桥梁事故,典型案例如辽宁盘锦田庄台大桥、哈尔滨阳明滩大桥、北京怀柔白河桥等。

1)辽宁盘锦田庄台大桥

事故发生过程:2004 年 6 月 10 日早晨 7 时,辽宁省盘锦市田庄台大桥突然发生垮塌(图 1-13)。大桥从中间断裂 27m,大约有 3 辆汽车落水,2 名落水驾乘人员逃生,无人员死亡。事故发生时,一辆自重 30t 的大货挂车,载着 80t 的水泥,在严重超载情况下通过该桥(该桥在 2000 年 7 月被确定为通行车辆限重 15t、限速 20km/h),重载冲击力使大桥第 9 孔悬臂端预应力结构瞬间脆性断裂。

图1-13 辽宁盘锦田庄台大桥垮塌事故

事故调查分析:据有关部门调查分析认为,该桥在超限车辆长期作用下,内部预应力严重受损,发生桥梁垮塌的直接原因有两个方面:桥梁的损伤病害;车辆超载使用。

　　2)哈尔滨阳明滩大桥

　　事故发生过程:2012 年 8 月 24 日 5 时 30 分,哈尔滨阳明滩大桥引桥——三环路群力高架桥洪湖路段上行匝道发生倾覆,该桥梁上部结构采用钢-混凝土组合简支箱梁,垮塌桥梁 130m 左右,匝道倾覆(图 1-14),车辆翻落地面,事故当日造成 3 人死亡、5 人受伤。

　　事故调查分析:据有关部门调查分析认为,该桥梁独柱墩的结构设计,导致桥梁平衡性差,侧向抗倾覆能力不足;多辆超载车辆在垮塌梁体范围内同时集中靠右侧行驶,造成一侧偏载受力,并严重超荷载,桥梁失去平衡而垮塌倾覆。

　　3)北京怀柔白河桥

　　事故发生过程:北京怀柔白河桥跨越白河,上部结构为 4 孔净跨 50m 的钢筋混凝土刚架拱桥,矢跨比 1/10,下部结构为实体墩台,嵌岩桩基础,桥梁全宽 11.5m,其中桥面宽度 9m,两侧各 1.25m 人行步道,全长 232.81m。该桥始建于 1987 年,2006 年上部结构加固,经检测为二类桥梁,设计荷载为汽车-20 级。2011 年 7 月 19 日凌晨 0 时 40 分,一辆重达 160t 的严重超载沙石 6 轴货车(车长 14m、宽 2.5m、高 2.2m),通过桥梁第一孔时发生桥梁垮塌(图 1-15),而后 4 孔全部垮塌,无人员伤亡。

图 1-14　哈尔滨阳明滩大桥引桥垮塌事故　　　　　图 1-15　北京怀柔白河桥垮塌事故

　　事故调查分析:据有关部门调查分析认为,导致该桥梁垮塌的直接原因是车辆严重超载。

1.2.5　自然灾害等突发事件

　　自然灾害等突发事件包括洪水、泥石流、地震、爆炸以及船舶撞击等,通常造成桥梁的突然倒塌,导致极其严重的后果。

　　1)河南伊河汤营大桥

　　事故发生过程:河南伊河汤营大桥位于河南省栾川县潭头镇汤营村,全长 233.7m,桥面净宽 7.0m,结构形式为空腹式石拱桥,1987 年年底竣工通车。因遭遇特大暴雨袭击,2010 年 7 月 24 日,伊河汤营大桥全部垮塌、废墟一片,部分基石被洪水冲走,只剩下桥两端的汉白玉栏杆(图 1-16),桥上众多滞留人员不幸落入水中。事故造成至少 50 人遇难。

　　事故调查分析:该桥梁的垮塌是由自然灾害洪水所致,洪水来临时,杂物阻塞桥孔泄水断面,导致洪水冲击力急剧增大,瞬间垮塌。

2）美国 I-40 大桥

事故发生过程：I-40 大桥位于美国俄克拉荷马州阿肯色河上。2002 年 5 月 26 日，一艘拖船所拖驳船与大桥桥墩相撞，随着一声轰隆巨响，大桥长达 180m 的一部分塌落（图 1-17）。由于驾驶人看不到前方桥面塌落，随后陆续有 10 辆汽车坠入水中，共造成 14 人死亡。

事故调查分析：据有关资料，该桥梁的垮塌归因于船舶撞击。

图 1-16　河南伊河汤营大桥垮塌事故

3）广东九江大桥

事故发生过程：九江大桥为 $2 \times 160m$ 的独塔双索面预应力混凝土斜拉桥，于 1988 年 6 月正式建成通车。2007 年 6 月 15 日凌晨，一艘佛山籍运沙船偏离主航道航行并撞击九江大桥，23 号、24 号和 25 号 3 个桥墩倒塌，靠近九江方向的 100m 桥面坠入江中，鹤山方向的 100m 桥面以接近垂直的角度插入江内，事故导致 9 人死亡。大桥垮塌下的箱梁压在运沙船上，令船体倾斜插入江中，露出船尾部分（图 1-18）。

图 1-17　美国 I-40 大桥垮塌事故

图 1-18　广东九江大桥垮塌事故

事故调查分析：据有关部门调查分析认为，船舶偏离航道，误入非通航孔，受撞击的桥墩防撞能力低，直接撞击桥墩导致九江大桥坍塌。

1.2.6　统计规律

根据收集公开的 447 座 1981—2015 年各个省份发生的桥梁倒塌事故资料，倒塌桥梁共发生在 29 个省区市，主要集中于长三角（江苏、浙江、上海）、珠三角（广东）以及四川、云贵地区（图 1-19），桥梁倒塌事故主要分布在经济发达地区和重工业发达地区或地震及复杂的地质条件地区。

有关部门依据国内桥梁破坏原因，分别从设计原因、施工原因、超载原因、碰撞事故、自然灾害、腐蚀破坏、疲劳破坏、人为破坏和其他原因 9 个方面进行统计分析（图 1-19、图 1-20），认为桥梁施工原因是桥梁发生倒塌破坏的主要原因，其数量占到所有桥梁事故总数的 30% 左右；其次依次是自然灾害、疲劳破坏、超载及碰撞事故等，车辆超载造成的桥梁事故占比达到

11%以上,由于超载及碰撞事故等与车船因素有关的数量占到总事故数量的20%以上,车船因素已成为桥梁破坏甚至倒塌的主要原因之一,防撞及提升桥梁抗撞能力应是未来桥梁养护发展的重点之一。

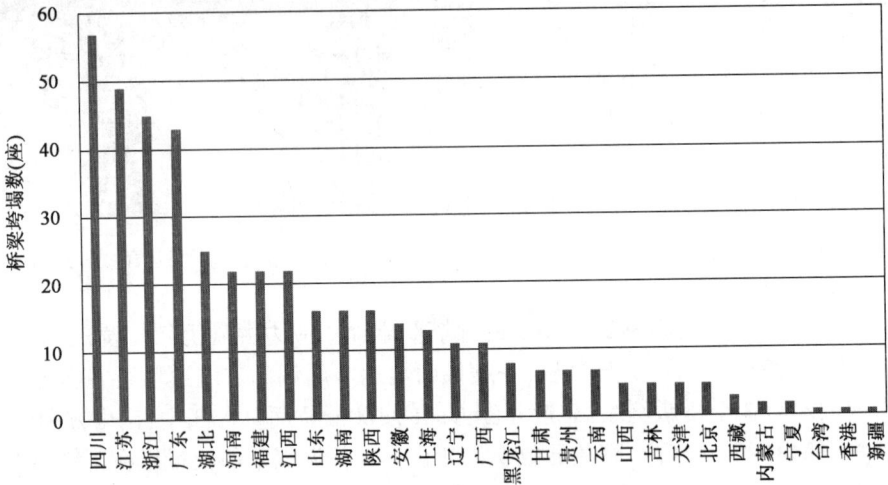

图 1-19 国内倒塌桥梁地区分布情况

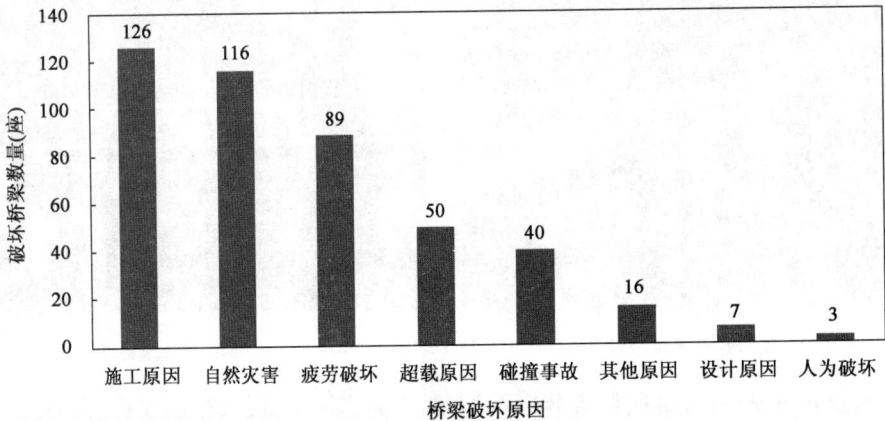

图 1-20 国内倒塌桥梁破坏原因统计分析

1.3 桥梁运营管理及检测加固技术现状

频发的桥梁事故表明,我国桥梁正逐步进入病害集中暴露期。据不完全统计,在我国公路网中,各类危桥数量达8万座以上,约占桥梁总数的10%以上,这些危桥直接影响着我国公路网的安全运行。随着交通运输量大幅度增长,行车密度及车辆载重越来越大,如何保障桥梁的安全性、耐久性和使用功能已成为桥梁工程界的巨大挑战。桥梁工程技术发展也面临以建设为主向建养并重转型,需要在桥梁养护理念、方式、设备与材料及养护设计方法等方面进行创新与改进。

1.3.1 桥梁运营管理技术发展

在桥梁运营管理技术方面,主要创新发展方向包括:

(1)基于 BIM 技术的桥梁管养系统。建筑信息模型(BIM)技术是一种采用数字、可视化等手段表达工程项目物理特征和功能特征等信息的技术。BIM 技术非常适用于桥梁工程的建设与养护。我国桥梁领域 BIM 研究起步较晚,面对我国桥梁长期性能和长大桥梁运营管理的技术需求,需要研发高精度、长寿命、智能化传感器,发展桥梁关键状态参数和性能指标长期跟踪监测技术,构建桥梁健康诊断以及性能和抗力衰变监测技术体系与标准,研发基于 BIM 技术的桥梁管养系统,以推动我国公路桥梁养护管理技术的发展,实现桥梁工程全寿命期 BIM 应用(图 1-21)。BIM 技术结合运营维护管理系统,能够发挥在空间定位和数据记录方面的优势,以便更合理地制订维护计划,提高维护效率。BIM 技术在实现桥梁检查可视化的同时,可以将桥梁检查出的病害情况进行可视化,模拟桥梁部件病害发展的过程,更直观地了解桥梁各部位病害的历史进程与实时状态。

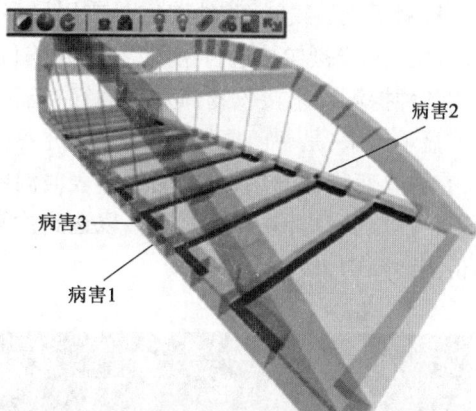

图 1-21 BIM 技术在桥梁运营维护中的应用

(2)桥梁技术状况评定、承载能力和减灾防灾能力鉴定方法。在服役桥梁技术状况评定、承载能力和减灾防灾能力计算中,为体现在役桥梁不同损伤程度对抗力的影响,应根据桥梁的表观质量状况,引入旧桥检算系数。对结构抗力予以修正,旧桥检算系数应科学、准确地反映现有桥梁技术状况。

面对服役桥梁养护科学决策的技术需求,需要构建桥梁安全可靠性评估和使用寿命预测等的理论体系及技术方法,以推动我国桥梁服役可靠性的提升和使用寿命的延长。

(3)桥梁预防性养护技术。桥梁的预防性养护是指为了防止桥梁病害的发生和延迟桥梁轻微病害的进一步扩展,以减缓桥梁病害发展速度、延长桥梁使用寿命为目的的养护作业。它是一种周期性的强制保养措施,并不考虑桥梁是否已经有了某种损坏,而是通过采用先进的检测技术努力拓宽人们对桥梁早期病害的认识空间,提前发现桥梁隐形病害的存在,并施以正确的预防性养护措施,其核心是要求采用最佳成本效益的养护措施,强调养护管理的计划性和科学性。

面对我国服役桥梁养护管理和桥梁资产保全增效的技术需求,需要转变桥梁养护理念,发展桥梁预防性养护技术,提升桥梁机械化养护能力,构建符合我国国情的桥梁养护技术及装备体系,以促进我国桥梁技术向"建养并重"转型发展。

1.3.2 桥梁检测技术发展

桥梁检测、评定对特殊技术和设备的依赖性较高,检测的准确性和养护的科学性通常取决于设备的先进性与可靠性。面对我国桥梁工程材质、损伤、缺陷和受力状态的检测需求,桥梁检测发展需要研发桥梁永久荷载下受力状态非破损检测技术及装备,发展桥梁损伤和缺陷的可视化检测诊断方法及装备体系,构建服役桥梁材质状况高精度量化无损检测技术体系,以支撑我国桥梁养护和安全保障水平的提升。

1）无损检测技术

由于无损检测技术对结构无损伤,检测速度快、方便,一直以来是桥梁检测技术的优先发展方向。传统的桥梁检测方法主要依赖动静载试验和检测人员的现场目测,辅以混凝土硬度试验、超声波探测、腐蚀作用试验等多种检测手段。随着现代传感与通信技术的发展,无损检测技术正向着智能化、快速化、系统化的方向发展。

桥梁无损检测技术首先是混凝土强度、缺陷的无损检测技术。截至目前,混凝土无损检测技术经历了从表面压痕技术、回弹检测技术到超声回弹综合检测技术等发展阶段。

检测桥梁裂纹时,液体渗透是应用最多的无损检测技术;检测钢结构桥梁损伤程度时,主要通过 X 射线摄像法进行检测,找到缺陷位置;检测损伤时,采用红外热成像技术(图 1-22),利用各种探测器来接收物体发出的红外辐射,再进行光电信息处理,最后以数字、信号、图像等方式显示出来,是一门探知、观察和研究各种物体的综合性技术。当物体内部存在裂缝和缺陷时,它将改变物体的热传导,使物体表面温度分布产生差别,利用红外成像仪测量它的不同热辐射,可以确定物体的缺陷位置,以达到检测缺陷的目的。红外热成像技术一般被应用在远距离检测诊断中,检测效率较高。

a)热扫描图　　　　　　　　　　　　　　　b)软件处理后的桥面缺陷图

图 1-22　红外热像仪检测桥面缺陷

检测结构物整体变形时可采用声学成像检测,其利用声波成像仪对结构物整体变形、冲刷状况、变位量及周围地形变化等进行大面积的实时勘测,特别适合于对大规模结构群的整体检测(图 1-23)。其可用于整体结构变形检测,特别适合于前期对水下结构损伤情况的初步了解,只需在水面上进行,检测范围广,效率高,成本低。但是其检测项目单一,只能提供图片资料及定性意见,无法对受损结构做定量分析。

利用磁漏摄动检测钢索、钢结构和混凝土内部的钢筋等。

2）桥梁水下结构检测

国内的桥梁检测仍旧只着眼于水上结构部分,对受损可能更加严重的水下结构有所忽视。长此以往,桥梁的结构安全将无法得到保障,在一次又一次桥梁结构安全事故的推动下,对桥梁水下结构检测的重要性认识逐渐得到提升,桥梁水下结构检测是未来桥梁检测的发展方向。

a)仪器设备　　　　　　　　　　　　　　　　b)处理后的样张

图1-23　声学成像检测及样张

（1）桥梁水下结构人工检测。桥梁水下结构人工检测（图1-24）是较为常用且效率较高的水下检测方法之一。国外将人工潜水检测分为个体潜水检测和水面支持潜水检测两个等级。个体潜水检测是由具有工程经验的潜水员单独实行水下检测，是对所有桥梁定期检测的一个重要组成部分。水面支持潜水检测是由水面供氧，从而实现水上水下工程技术人员的协同工作，适合长时间大范围的水下检测，主要应用在一些特定环境或水下加固工程中。国内由于潜水员都是临时调用的，没有工程经验，再加上设备较落后，水下执行能力偏低，进而导致效率低下，潜水员危险性增大，成本偏高。

（2）水下机器人成像检测。水下机器人成像检测是利用水下机器人（图1-25）通过高清水下摄像系统对桥梁水下结构进行成像检测，实施时通过螺旋桨为水下探测提供前后移动和上下移动的推力。通过电缆与水下机器人完成连接后，技术人员将机器人缓慢投放水中，进行水下视频拍摄，检测工程的缺陷、病害及工程施工是否达到预期设计要求。水下机器人成像检测具有以下特点：下潜深度大，最大使用深度为150m；行进检测速度快，最大行进速度2.10m/s；水下摄像头分辨率高，在较好的水体环境条件下，可以清晰显示水下结构裂缝、空洞、缺损等破损和病变现象；辅助成像系统在水质条件较差的情况下，通过水下机器人携带的二维多波束声呐或其他成像设备可以实现对目标的定位和辨识，得到较直观的图像。但是，其在障碍物众多的河道中操作非常困难，在流动水域难以保持静态悬浮的稳定观察状态，即难以实现病害定位，如对裂缝、空洞、缺损等表面缺陷无法准确量测其长度、宽度、深度等。

图1-24　桥梁水下结构人工检测

图1-25　水下机器人

3) 无人机桥梁检测技术

桥梁外观的检查一般主要依靠肉眼或者辅助工具(如桥检车、望远镜等)来实现,检测桥梁主要构件是否出现裂缝、开裂破损、露筋锈蚀、支座脱空等病害。对于特殊结构桥梁(如斜拉桥、悬索桥、钢管混凝土拱桥等)或者大跨梁桥、高墩桥梁,传统的检测工具无法达到桥梁病害部位或者间接设施费用过大,如对斜拉桥拉索的检测,需人工爬上拉索向下进行检测作业,不仅效率低、难度大、危险系数高,而且检测精细度不够,而无人机技术的应用在很大程度上解决了这一难题。无人机桥梁检测技术(图1-26)利用小型无人直升机达到检测目的,检测人员通过无人机悬挂的高分辨率摄像头,对桥梁进行近距离、全方位观测,对结构病害、变形,尤其是桥梁底部容易出现病害的部位可实现高分辨率拍摄。无人机由飞行控制系统、云台控制系统和微波传输系统组成。飞行控制系统由遥控发射机、接收机、舵机和陀螺仪自主飞行控制器组成;云台控制系统由云台遥控发射机、接收机、舵机、电子陀螺仪和地面接收站组成。拍摄的画面通过微波传输到地面接收设备上进行储存,以备后期技术人员对画面进行分辨处理。

a)无人机

b)梁底检测

图1-26 无人机桥梁检测技术

无人机桥梁检测技术具有以下特点:

(1)无人机可以直接到达检测部位,无需其他辅助措施,节省费用,使用成本远低于搭架检测和桥梁检测车。

(2)对于部分无法企及的桥梁底部、悬索、拉索及吊杆等部位,无人机可以近距离观察,掌握更多细节。

(3)检测桥墩、支座及桥梁底部等危险部位,无需搭架或者吊篮配合人工检测,极大地提高了安全性。

(4)在桥梁日常巡查时,尤其是城市桥梁,无需封闭道路中断交通,在天气情况允许的前提下,实施桥梁检测具备较高的及时性。

(5)不需要专用起降场地,有利于桥梁检测的日常化进行。

(6)对桥梁检测时,只要操控人员在地面对无人机进行遥控即可,大大地降低了作业的难度。

1.3.3 桥梁加固技术的发展

桥梁加固的含义为当桥梁局部损坏或承载力不足时进行的修复和补强工程措施。通过改善结构性能,恢复和提高桥梁结构的安全度,提高其承载能力和通过能力,以延长桥梁的使用寿命,使整个桥梁结构可满足规定的承载力要求,并满足规定的使用功能需求。由于行车密度、吨位的不断提高,服役桥梁负荷日益增加,许多旧桥承载能力已经不能满足新荷载的等级要求等,桥梁病害日益凸显,危桥的数量逐年增加,部分桥梁损坏严重或处于超期运营状态,逐步阻碍交通畅通。因此,桥梁加固是桥梁养护的重点内容之一。桥梁加固技术发展情况如下:

（1）桥梁加固技术需要完善加固设计理论与方法。经过多年的研究与发展应用,我国桥梁加固技术已经日趋成熟,上部结构主要加固技术包括裂缝修复、增加截面加固、粘贴钢板加固、粘贴纤维材料加固、局部材料置换与修补、体外预应力加固、钢绞线网聚合物砂浆加固、预应力钢丝绳聚合物砂浆加固、改变结构体系加固等,下部结构主要加固技术包括桥梁的整体顶升技术（包括桥梁支座更换技术）,桥墩、桥台加固技术,桥梁水下结构加固技术等,基本能够适应桥梁加固的需求。但面对服役桥梁病害处治和提高使用荷载等级的实际需求,仍然需要完善加固设计理论与方法。

（2）模式化加固技术和整体替代技术。现阶段,世界各国的城市交通比较繁忙,对其城市路网中的关键节点进行桥梁的养护、维修、加固、置换严重影响了人们的生活和安全,特别是置换桥梁的上部结构工程。因此,模式化加固技术和整体替代技术等快速施工法已成为最行之有效的方法。通过快速移走旧梁、架设新梁,实现对服役桥梁的快速加固与替换,如北京三元桥的整体替代技术。三元桥旧桥的主梁及桥面板损坏严重,承载力明显下降,采用整体替代技术进行维修（图1-27）。其旧桥重约1 600t,新桥重约1 300t。整体替代换梁主要工程分为拆旧梁、架新梁、桥面沥青层铺装以及伸缩缝等附属设施安装,同时桥下拆解运弃旧梁及新旧梁临时支墩等。

（3）桥梁灾后应急装备与修复技术。面对地震等灾难后应急抢通和保通的需求,需要提升桥梁应急装备跨越和承载能力,拓展桥梁应急装备的品种,增强桥梁应急装备的施工便捷性,以提高我国公路的应急保障能力及水平。灾后应急抢通阶段,对于灾害损伤较轻的桥梁可采用相关紧急修复技术,对于结构受损部位予以修复,从而达到快速抢通的目的。紧急修复技术主要针对灾害损伤较轻的桥梁,以时效性为优先原则。针对不同类型的桥梁常规灾害,采取适宜的紧急修复方法,如设置临时支撑、受损桥墩临时支护、桥头竖向高差找平等。对于灾害中因落梁而阻断交通的桥梁,不论其受灾情形为完全损毁还是部分损毁,应考虑采用紧急便道、便桥的形式予以紧急抢通（图1-28）。紧急便道、便桥一般以时效性为优先考虑原则,结构稳定性及安全性次之。便道、便桥等临时结构,可根据河川历史流量、现场地质情况、现场既有材料等因地制宜进行设置,如土堤便道、涵管便道、临时钢便桥等。

图1-27　北京三元桥整体替代技术

图1-28　汶川地震寿江大桥局部落梁的临时支撑及加强

（4）桥梁加固方案涉及综合因素。由于桥梁加固技术较多,在选取加固方案时,应做到具体问题具体分析,根据每种加固方法的技术特点制订相应的加固方案,力求做到用最节省的经济投资创造最好的加固效果。桥梁维修与加固涉及的综合因素包括:桥梁结构形式;桥位地形、水文、自然状况;桥梁现状分析;施工技术水平;能否封闭交通;预期加固效果;资金投入量。

另外,加固后的桥梁结构承载能力提高幅度受原结构的制约,如原结构配筋率、截面尺寸等,不可能无限制地提高承载能力。对桥梁进行维修加固时,能不更换原有结构的应不更换,能充分利用既有桥的应充分利用。在维修和加固旧桥过程中,尽量减小对现有交通的影响。

1.3.4　相关规范与标准

在相关桥梁设计规范之外,我国桥梁运营管理、检测与加固相关规范与标准经历从无到有、逐渐完善的过程。主要规范与标准有:

（1）《公路桥涵养护规范》（JTG H11）。

（2）《公路桥梁加固设计规范》（JTG/T J22）。

（3）《公路桥梁加固施工技术规范》（JTG/T J23）。

（4）《公路桥梁承载能力检测评定规程》（JTG/T J21）。

（5）《公路桥梁技术状况评定标准》（JTG/T H21）。

（6）《公路桥梁荷载试验规程》（JTG/T J21-01）。

（7）《城市桥梁养护技术规范》（CJJ 99）。

（8）《混凝土结构加固设计规范》（GB 50367）。

（9）《回弹法检测混凝土抗压强度技术规程》（JGJ/T 23）。

第 2 章

桥梁结构病害分析

2.1　材料内部缺陷

　　材料内部缺陷主要有钢筋的锈蚀、混凝土表面剥落、混凝土碳化及混凝土体出现裂缝等。钢筋锈蚀可以分为化学侵蚀和电化学锈蚀两类。钢筋锈蚀直接导致钢筋截面面积减小、强度降低,锈蚀导致的膨胀有时会破坏混凝土保护层。混凝土表面剥落是指混凝土表面的砂、水泥浆脱落,粗集料外露等缺损,主要表现形式有麻面、蜂窝、空洞、剥落、磨损及露筋等。混凝土的碳化是混凝土所受到的一种化学腐蚀,空气中二氧化碳渗透到混凝土内,与其碱性物质起化学反应后生成碳酸盐和水,使混凝土碱度降低的过程称为混凝土碳化,又称中性化。混凝土碳化降低了混凝土的酸碱度(pH)值,破坏了钢筋表面的钝化膜,钢筋更容易生锈。桥梁结构在施工和使用过程中产生裂缝几乎是不可避免的,有些裂缝对结构承载力有显著影响,有些裂缝对结构的耐久性有影响。典型材料内部缺陷如图 2-1 所示。

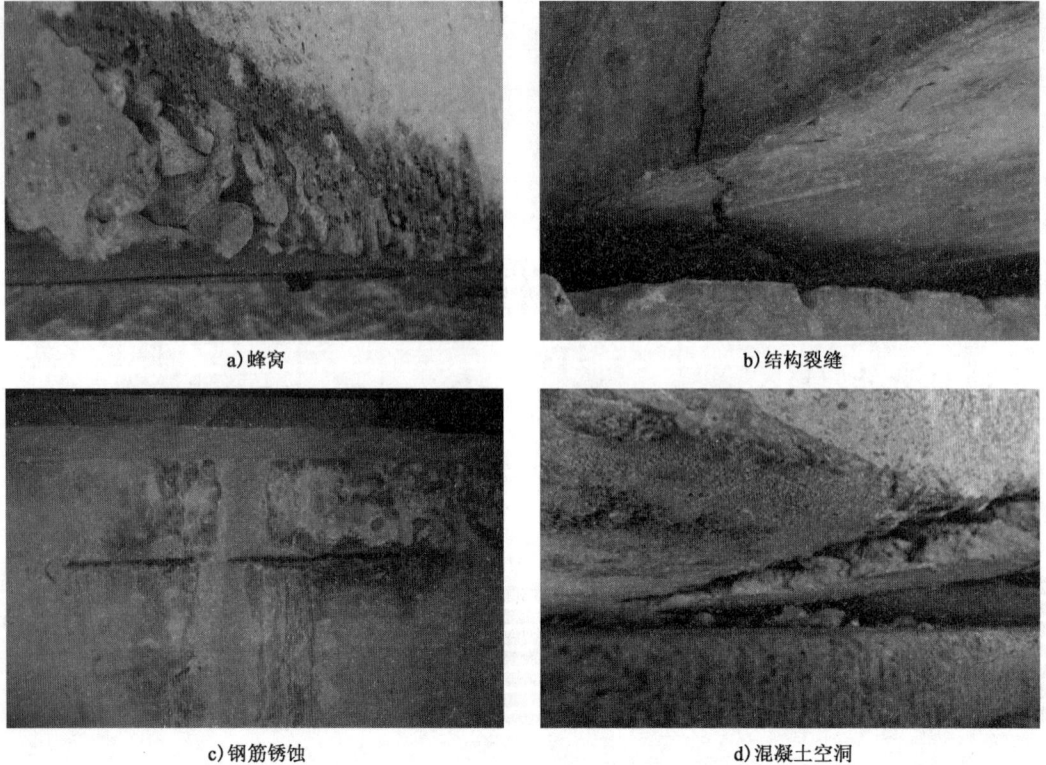

a) 蜂窝

b) 结构裂缝

c) 钢筋锈蚀

d) 混凝土空洞

图 2-1　典型材料内部缺陷

2.2　空心板梁桥结构特点与病害

空心板梁桥是小跨径钢筋混凝土桥中最常用的形式之一(图 2-2),因截面宽且薄而得名,为了提高截面的刚度,节省材料用量,其截面内部为空心形式,空心孔的数量一般为 1~2 个,如图 2-3a)所示。空心板梁桥多数以简支为主,常适用于跨径小于 20m 的桥梁,其简单的截面形式尤其适合工业化批量生产,施工时采用装配式施工。根据有无预应力,又可分为普通钢筋混凝土空心板和预应力混凝土空心板。前者常用于跨径小于 13m 的情况,后者常适用于跨径大于 13m 的情况。装配式混凝土空心板具有外形简单、桥梁建筑高度较低、预制方便及用材经济等优点,一般无需设置抗剪钢筋,仅按构造设置弯起斜筋,是桥梁工程广泛采用的桥型,适宜于桥下净空受到限制的桥梁。

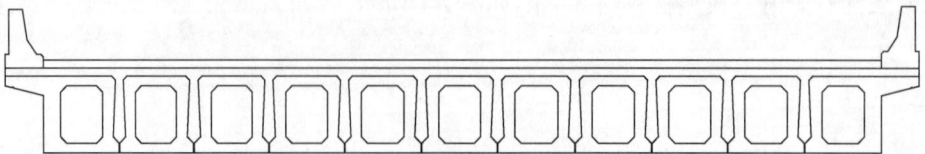

图 2-2　典型空心板梁桥横截面

我国在高速公路的建造中大量采用装配式混凝土空心板桥,该桥型的预制空心板间多用混凝土小企口缝进行铰接连接。早期的铰接空心板桥采用小铰构造,其特点是尺寸小,缝间连接钢筋薄弱,缝内无拉筋;后来的设计,增大了铰缝尺寸,铰缝内设置一定数量的拉结筋,如图 2-3b) 所示,使得空心板梁桥各块空心板在横向实现剪力的传递,达到共同受力的目的。

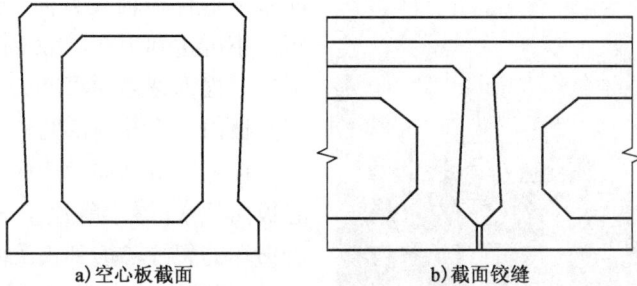

a) 空心板截面   b) 截面铰缝

图 2-3　空心板梁桥典型空心板构造

2.2.1 铰缝连接破坏

铰缝对装配式铰接空心板的受力有着重要的作用,空心板间竖向剪力的传递是靠铰接构造来实现的,通过该剪力的传递实现行车荷载的横向传递及分配。随着我国经济的高速发展,重型车辆和超载车辆出现频繁,当板间连接强度不足以抵抗行车荷载产生的竖向剪力时,板间填缝料混凝土会开裂,出现铰缝的连接破坏(图 2-4)。程度较轻的,企口缝混凝土与空心板侧壁分离,雨水大量渗透并轻微侵蚀混凝土;程度严重的,混凝土已经完全脱落,受水严重侵蚀、压磨而粉碎,完全丧失强度,使空心板失去横向连接能力,出现"单板受力"现象。铰缝连接破坏的根本原因是铰缝抗剪强度不足,除了受混凝土质量影响外,很大程度上取决于新旧混凝土间的黏结力和摩阻力。

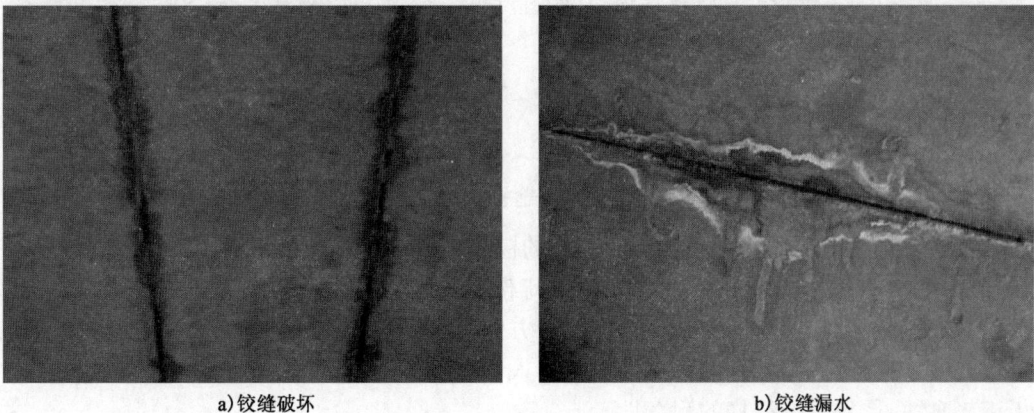

a) 铰缝破坏   b) 铰缝漏水

图 2-4　铰缝破坏及漏水

如果铰缝的连接破坏严重,在行车荷载作用下,即会出现所谓"单板受力"现象,违背了空心板设计的横向分布设计基本原理。"单板受力"现象的出现,使某些板受力过大,引发进一步的病害。铰缝连接破坏造成桥梁"单板受力"已成为桥梁的一种通病,具有非常高的代表性。

2.2.2　板底横向裂缝

在空心板梁桥的跨中,常由于抗弯承载力不足,在板底出现横向的弯曲裂缝(图2-5)。其主要原因是桥梁在汽车荷载作用下,板底产生较大的弯曲应力,由于混凝土的抗拉强度较低,当板底的弯曲拉应力超过混凝土的抗拉强度时,就在桥梁跨中底面产生弯曲裂缝,裂缝发展方

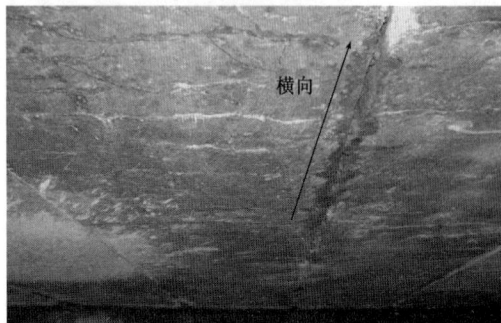

图2-5　板底横向裂缝

向基本垂直于轴线方向,分布于跨中附近,间距最小可达到100~200mm,长度可横向贯通全板。根据裂缝的深度大小,分为浅裂缝和贯穿至板内空心孔内部两种情况,后者危害尤其大。伴随着端部伸缩缝构造的损坏,常引起空心板内积水、渗水等次生病害,甚至使积水顺着损坏的裂缝渗透到板梁内部,从而导致梁体强度下降,加速板梁钢筋的锈蚀,降低结构的耐久性。

2.2.3　铺装层破坏

铺装层破坏是指桥面钢筋混凝土铺装层的开裂、破碎与塌陷(图2-6)。铺装层破坏是桥梁上部结构典型的损坏形式之一,具有普遍性,表现为桥面顺桥向的裂缝,且通常是桥面纵缝产生、发展、加剧甚至难以通过桥面修补予以控制或消除的直接原因。

a)纵向开裂　　　　　　　　　　　　　　　b)路面下陷

图2-6　铺装层破坏

铺装层破坏的主要原因是空心板梁之间的铰缝破坏。空心板梁间沿桥跨方向的铰缝连接损坏,破坏了空心板梁之间的横向整体性,使荷载横向分布能力削弱,甚至横向连接完全失效。伴随铰缝破坏的同时,在桥面铺装层上沿铰缝方向产生不规则的纵向裂缝,严重时形成一条破碎带,雨雪水常通过铺装层及破碎后的铰缝渗入板底,留下明显的渗水痕迹,同时水分造成空心板钢筋腐蚀,严重影响结构的耐久性。

根据铺装层材料的不同,病害情况分述如下:

(1)沥青铺装层常见病害有沉陷、纵裂、龟裂、车辙、推移、波浪、拥包、收缩裂缝、老化开裂、磨耗、松散及泛油等。

(2)普通水泥混凝土铺装层常见病害有表面裂缝、断裂、沉陷、渗水、表面磨耗破损、露骨及坑槽等,其中裂缝最为常见。

（3）钢纤维混凝土铺装层常见病害有表面龟裂、纵裂、横裂、脱皮或局部路面下陷、破损露骨、表面磨损等。

2.2.4　支座脱空或破坏

空心板梁桥在装配安装时，每块空心板底部设置 4 块支座，由于 3 点决定一个平面，而 4 点则难以保证一个平面。且由于预制空心板梁板底面不平，或者支座垫石高程控制精度差，或者构件安装时未按要求对所有支座是否均匀受力进行检查，常出现支座脱空形成"三条腿"的受力现象，轻者 4 块支座受力不均。当桥梁在汽车荷载长期冲击作用下，易产生扭曲受力，且易造成板梁振动，使空心板梁和铰缝的混凝土处于很不利的受力状态，久而久之，铰缝混凝土逐渐破碎脱落，铺装层混凝土也出现纵向开裂。另外，由于设计不当、超载或橡胶自然老化等问题，空心板梁桥支座也常出现破坏或损伤，剪切位移过大，老化剥落，丧失承载力或刚度、变形难以满足现行规范要求等问题。典型支座病害如图 2-7 所示。

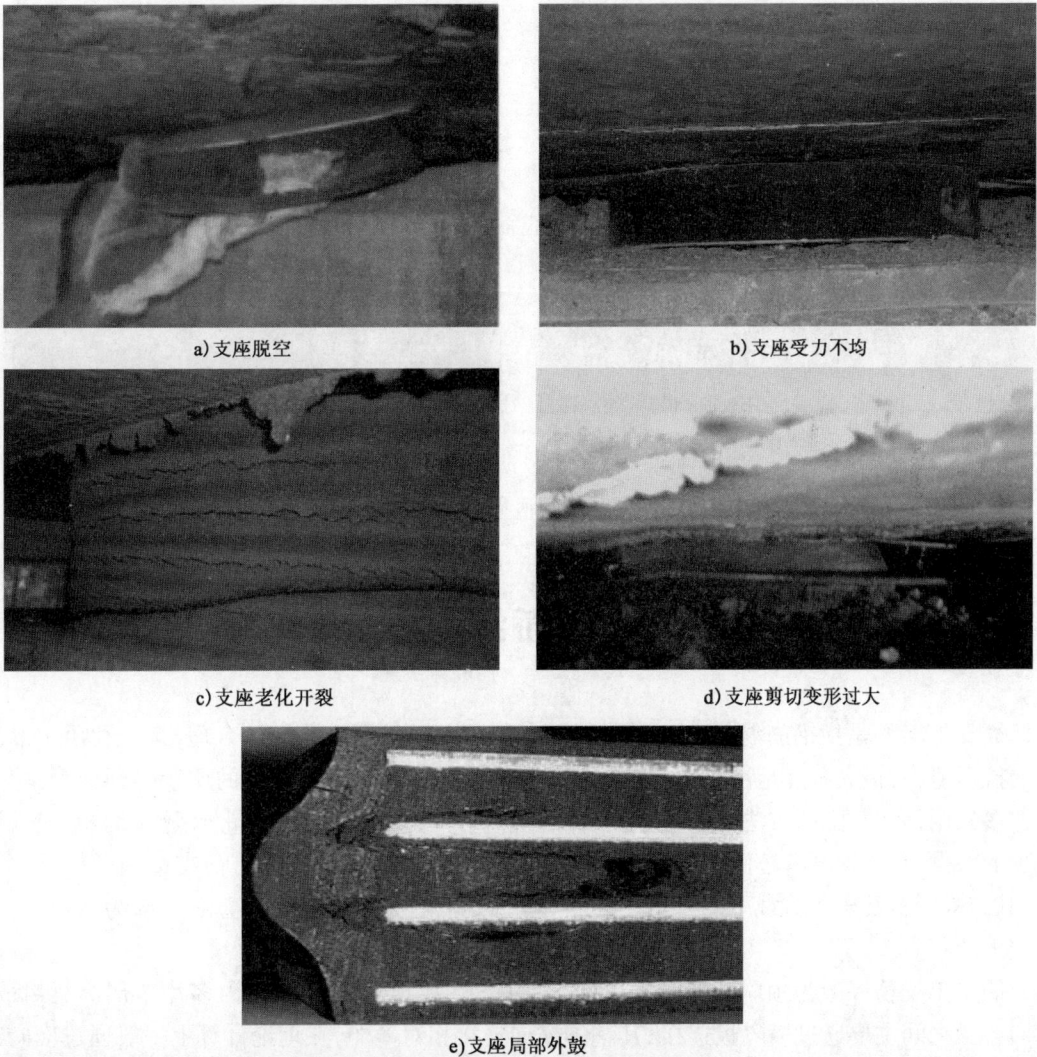

a) 支座脱空

b) 支座受力不均

c) 支座老化开裂

d) 支座剪切变形过大

e) 支座局部外鼓

图 2-7　典型支座病害

2.2.5 板底纵向裂缝及纵筋锈蚀

板底纵向裂缝主要表现为沿着纵筋的纵向裂缝,如图2-8a)所示。

一种情况是施工过程中,由于先张法预应力束放张时钢束的回缩会给混凝土施加强大的预压力,在横向可产生劈裂拉应力,如果预应力放张过早,混凝土强度尚低,易产生纵向开裂。另外预应力放张过快,梁体内部应变无法很快地达到平衡,发生应变滞后也会导致横向拉应力超限而开裂。

另一种情况是由于梁底混凝土保护层厚度不足或环境条件恶劣而导致开裂,尤其对于预应力空心板,预应力筋与混凝土需要较大的黏结应力,如抗劈裂能力不足,在板中间厚度最薄处易产生裂缝,裂缝的出现会引起普通钢筋及预应力钢绞线锈蚀,进而引起周围混凝土胀裂,当混凝土开裂后,这些裂缝更增加了钢筋锈蚀的速度,这种恶性循环使结构出现的裂缝不断发生扩展,导致混凝土剥落、露筋等严重病害,如图2-8b)所示。

a) 纵向裂缝   b) 纵筋锈蚀

图2-8 板底纵向裂缝及纵筋锈蚀

2.3 简支T梁桥结构特点与病害

简支T梁桥是指钢筋混凝土T形截面简支梁。由于截面设计经济合理,充分利用了混凝土的抗压能力,最大限度地减少了受拉区混凝土的面积,使T形梁结构的质量得到减轻,施工工艺多采用预制装配的方法,亦可采用整体现浇的方法,其具有吊装质量轻、施工简单、投入设备少的特点,在我国既有公路中小跨径桥梁中应用广泛。简支T梁具有简支梁的一般受力特点,其结构图示及永久荷载下的弯矩图如图2-9所示,其跨中主要承受弯矩,端部为剪弯区,承受较大的剪力。

简支T梁桥一般为预应力混凝土结构,适用跨径为20~40m,横向由多片T形纵梁组成,横向各梁之间主要通过横隔板连接,其整体横向连接相对薄弱,在理论计算上一般通过横向分布系数将其简化为单片梁进行承载力分析。简支T梁主要构造如图2-10所示。

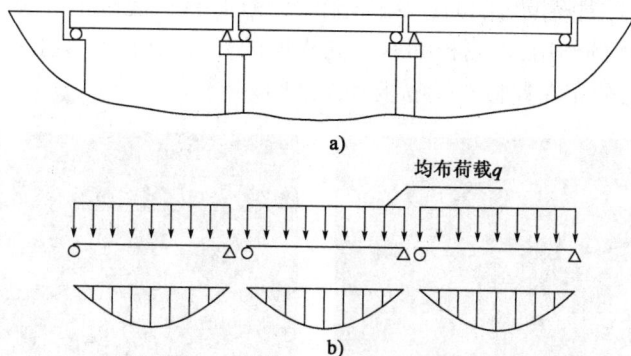

图 2-9 简支 T 梁结构图示及永久荷载下的弯矩

a) T 梁整体   b) 横隔板

图 2-10 简支 T 梁构造

2.3.1 横隔板损坏或横向联系不足

T 梁结构的横向刚度及抗扭性能等方面要比箱梁结构差,横隔板起到将各片 T 梁相互连成整体的作用,其刚度越大,桥梁的整体性越好,在荷载作用下各片 T 梁就能更好地协同受力;横隔板在荷载作用下,主要承受弯矩及剪力,T 梁采用预制装配式施工工艺,横隔板在两片梁连接处,通过焊接等工艺连接,T 梁结构的横隔板横向连接构造如图 2-11 所示。

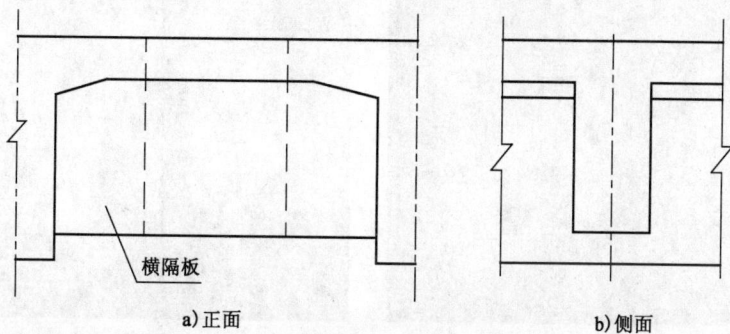

a) 正面   b) 侧面

图 2-11 简支 T 梁横隔板横向连接构造

由于剪力的作用,横隔板之间的连接构造容易纵向错位,混凝土开裂、连接钢板裸露锈蚀(图 2-12)。由于弯矩的作用,横隔板都有不同程度的开裂,在底面发生抗弯承载力不足的弯曲裂缝,裂缝为竖向,分布在翼板与横隔板底面之间。

a)搭接钢板锈蚀　　　　　　　　　　　　　b)横隔板错位

图 2-12　横隔板病害

横隔板除了直接的错位、裂缝、锈蚀等病害,在过去 T 梁的设计中,横隔板的数量往往设置不足,或者病害间接引起横隔板的截面刚度的减小,造成 T 梁构造上横向传递的先天或后天不良,桥梁的整体刚度不足,尤其在横向联系比较薄弱的部位,在经过长时间的超负荷运行后,必然会产生不同程度的二次病害。

2.3.2　翼缘纵向接缝开裂和破碎

T 梁翼板间除了横隔板,横隔板之间的拼装连接在梁安装完成后,通过后浇湿接段实现两片梁的连接,由于湿接段的尺寸较小,工艺技术难度大,如浇筑湿接缝混凝土前未对翼缘板两侧浮浆进行凿除处理,或浇筑时模板设置不好导致漏浆,都会引起湿接段的强度不足等混凝土质量问题,使湿接段板由固端板变成简支板,跨中弯矩增大一倍,现浇湿接段翼板易产生断裂、塌陷、坑洞等病害,导致翼缘局部混凝土出现破碎、坑槽甚至漏空。如图 2-13 所示为 T 梁翼缘出现多处平行于轴线方向的纵向裂缝,多数存在渗水现象;如图 2-14 所示为 T 梁翼缘后浇湿接段严重破碎漏空病害。

a)　　　　　　　　　　　　　　　　　b)

图 2-13　T 梁翼板纵向开裂与渗水

a)　　　　　　　　　　　　　　b)

图 2-14　T 梁接缝漏空与破碎

2.3.3　腹板裂缝与露筋

腹板竖向或斜向裂缝为 T 形梁中最常见的一种裂缝，如图 2-15 所示。裂缝宽度一般在 0.1~0.2mm，且间距无一定规律。通过对既有 T 形梁桥梁损伤形式的综合调查，腹板上的竖向裂缝或斜向裂缝主要是由于混凝土收缩或抗剪承载力不足产生，并且在混凝土的徐变和反复荷载作用下宽度增大，这类裂缝是影响抗剪强度的主要损伤形式之一。

a)　　　　　　　　　　　　　　b)

图 2-15　T 梁腹板裂缝病害

对于明显判断为抗剪承载力不足而引起的斜向裂缝，其对结构的安全性危害很大，裂缝的出现预示着抗剪承载力的不足，同时降低了构件的刚度，裂缝过宽时会导致露筋。

2.3.4　梁底横向裂缝

在 T 梁桥的跨中区域，由于抗弯承载力不足，将在梁底出现横向的弯曲裂缝，弯曲裂缝可导致梁体刚度下降，导致挠度增大，裂缝宽度加速 T 梁钢筋的锈蚀，降低结构的耐久性。因底面横向裂缝向上延伸而形成 U 形或 L 形裂缝，这种裂缝是底面的裂缝宽度最大，随着裂缝往上延伸，裂缝宽度逐渐减小，裂缝逐渐消失。

2.3.5　桥面铺装破碎

后浇接缝处翼缘板端混凝土破坏,周边钢筋严重腐蚀,在局部车辆荷载的作用下,位于接缝处的混凝土桥面铺装层承受很大的正弯矩,由于桥面铺装层厚度小,承受横向弯矩的能力有限,混凝土桥面铺装层出现纵向裂缝,桥面铺装裂缝削弱了桥梁的横向连接,使单片 T 梁受力过大,间接降低了结构的承载能力。

2.3.6　支座劣化

桥梁支座的主要病害包括:制作垫层的油毡老化破裂;橡胶支座老化、变形、变质、失去自由伸缩的能力;滑动盆式支座的固定螺栓剪断损坏、螺母松动、上螺栓卡死,支座的滑动面不平整,轴承有裂纹和切口,滚轴有偏移和下降;梁底填充异物,支座失去变形作用;支座座板翘起、扭曲或者断裂,贴角焊缝开裂,梁体混凝土压坏、剥离、掉角等。如图 2-16 所示为盆式支座病害。

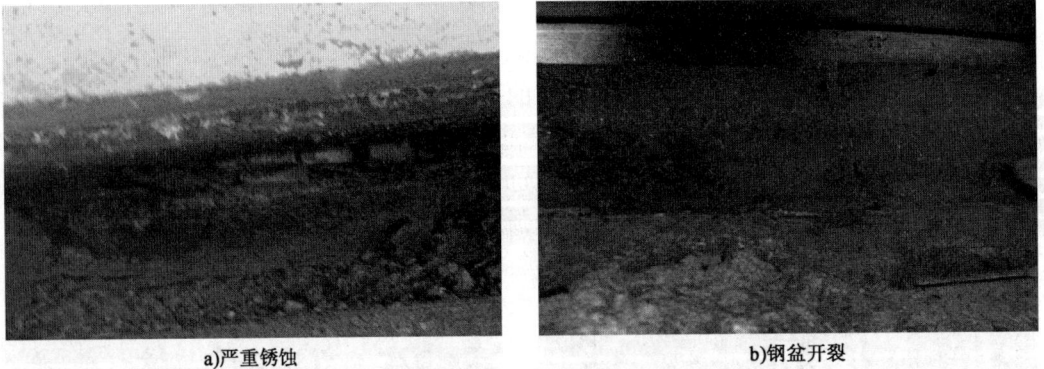

a)严重锈蚀　　　　　　　　　　　　b)钢盆开裂

图 2-16　盆式支座病害

2.3.7　伸缩缝损坏

伸缩缝装置设置在梁端相对薄弱的部位,受桥面温度变化的影响和车辆荷载的作用频繁不断的伸缩变形,极易损坏。伸缩缝的常见病害为:伸缩缝橡胶条老化、脱落、接头活动异常,锚固构件损坏、松脱。伸缩缝凹槽填入其他硬物,不能自由变形,构造部位下陷或凸出等,如图 2-17所示。

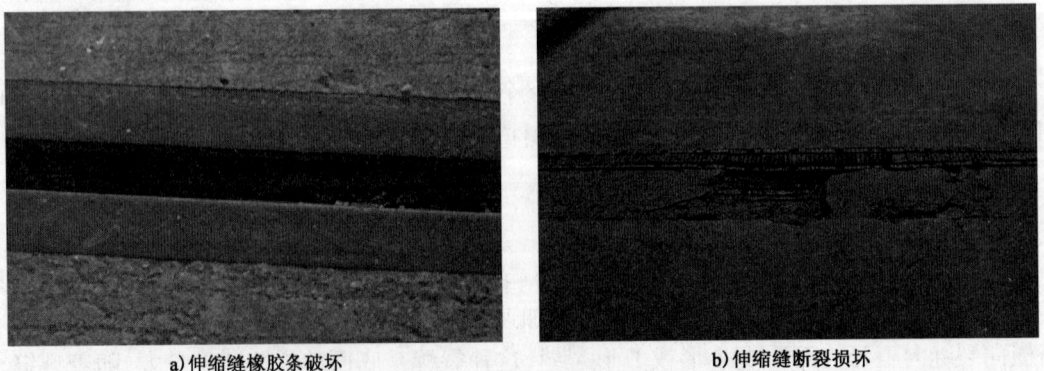

a)伸缩缝橡胶条破坏　　　　　　　　　b)伸缩缝断裂损坏

图 2-17　典型伸缩缝病害

伸缩缝损坏后,不仅影响行车舒适,而且桥面渗水侵蚀支座,进而导致梁主体结构和支座钢筋的锈蚀等,还会使桥梁产生过大的冲击力,诱发或加重桥梁病害,同时影响桥头伸缩缝的工作性能,加速其破坏过程,导致伸缩缝需要频繁维修、更换。

2.4 预应力钢筋混凝土连续箱梁桥结构特点与病害

预应力混凝土连续箱梁桥采用箱形截面,与其他截面相比有诸多自身的优点,如截面抗扭刚度较大,有良好的稳定性,整体性好,底板和顶板都具有较大的混凝土面积,能有效抵抗正负弯矩,并满足配筋的构造。预应力混凝土连续箱梁桥广泛使用预应力技术,能够充分发挥高强度材料的作用,提高构件的抗裂度和刚度。

预应力混凝土连续箱梁桥作为连续梁桥,在结构重力和汽车荷载等恒、活载作用下,主梁受弯,跨中截面承受正弯矩,中间支点截面承受负弯矩,恒载、活载的支点负弯矩均有卸载弯矩,增强其跨越能力(图2-18)。作为超静定结构,温度变化、混凝土收缩徐变、基础变位以及预加力等会使桥梁结构产生次内力。

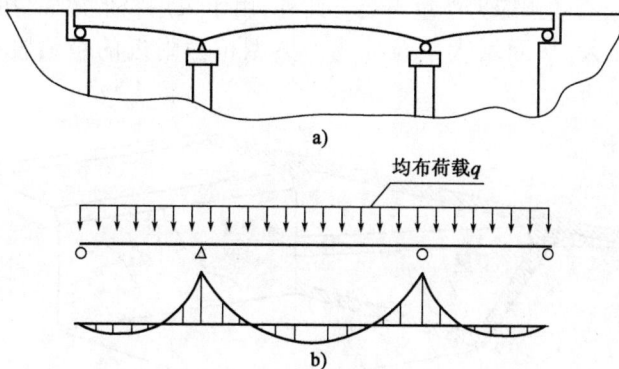

图2-18 连续梁桥结构图示及永久荷载下的弯矩图

预应力混凝土连续梁的桥型简洁美观、整体性和连续性好、行车舒适,且施工工艺较为成熟;目前,在40～150m中等跨径和大跨径范围内,预应力混凝土连续箱梁桥已成为最主要的桥梁形式之一。

2.4.1 跨中下挠

对于一些大跨径预应力混凝土连续箱梁桥,跨中下挠是一个较普遍的现象,其下挠可达到相当大的数值,同时伴随梁体跨中段垂直裂缝或大量斜裂缝的出现,病害较严重。黄石长江公路大桥跨中最大的下挠已达到33.5cm,相当于跨径的1/729;虎门大桥辅航道桥跨中最大下挠已达到22cm,相当于跨径的1/1 227;佛山油金大桥主跨80m,下挠量为17.9cm。这些桥梁的跨中同时存在一些垂直裂缝及主拉应力斜裂缝。分析预应力混凝土连续箱梁桥跨中下挠的原因主要有:①混凝土徐变的严重性和长期性认识不足;②设计缺乏主动控制桥梁恒载下挠的意识;③片面强调缩短施工周期;④存在施工质量缺陷;⑤梁体开裂、刚度下降导致挠度加大。跨中下挠常与垂直裂缝和斜裂缝一起发生,相互促进恶化,截面开裂会导致梁的刚度降低,增大跨中挠度,挠度增大会进一步促进截面裂缝的发展。

2.4.2 弯曲裂缝

混凝土构件受弯矩作用时,当弯曲正应力超过混凝土的抗拉强度限值时会出现垂直裂缝。在连续箱梁的正弯矩区的底部和负弯矩区的顶部(即箱梁的底板和顶板)一般可发现这些裂缝,正弯矩区的弯曲裂缝主要分布于跨中或 1/4 跨位置附近,沿横截面方向发展,严重时将贯通底板宽度,延伸至腹板中。负弯矩区的弯曲裂缝主要分布在支座位置处。其产生的可能原因主要有:后期预应力损失过大;纵向预应力不足;挂篮施工时挂篮局部变形过大;支架施工时沉降过大;混凝土未达到设计要求就提前拆模等。

2.4.3 腹板剪切斜裂缝

腹板剪切斜裂缝常发生在支座附近区域,由于剪切作用和弯曲作用叠加,此处剪应力最大,主拉应力方向抗裂安全储备不足,主拉应力会使腹板中产生倾斜裂缝,由下部开始,沿着与中性轴呈 25°~50° 的角度裂开(图 2-19)。出现斜裂缝的主要原因是:①预应力束中的弯起束布置不足和竖向预应力不足;②腹板特别是根部区段腹板偏薄,配置普通钢筋偏少;③竖向预应力施工操作不规范,有效预应力严重不足。此外,由于采用箱形截面,扭转、翘曲、畸变也会使腹板中的剪应力加大,从而增大主拉应力。典型桥墩附近的箱梁腹板斜裂缝如图 2-20 所示。

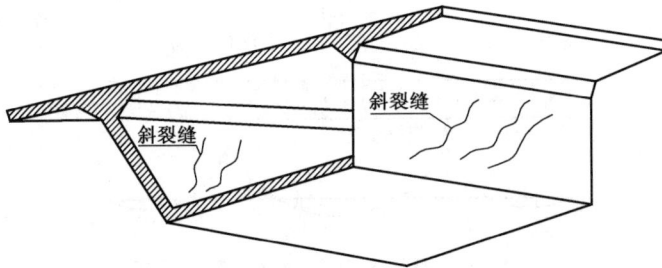

图 2-19 腹板剪切斜裂缝

a)箱梁外侧

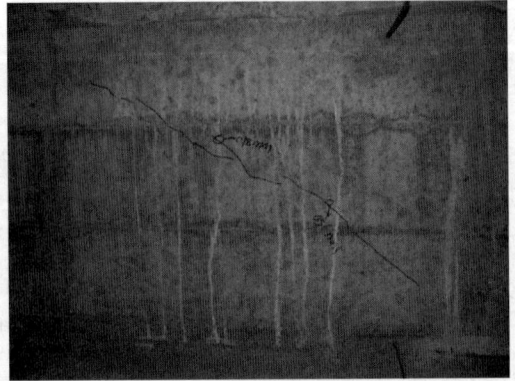
b)箱梁内侧

图 2-20 箱梁腹板在桥墩附近的斜裂缝

2.4.4 局部应力裂缝

局部应力裂缝是由局部应力引起的裂缝,主要出现在支座、锚头等受局部应力较大的部位或受到突然撞击的部位。齿板裂缝一般开始于底板锚块后面,并沿与箱梁纵轴呈30°～45°角向两侧腹板斜向扩展。图2-21所示为连续力筋锚固齿板和背面设在靠近节段接缝处齿板产生的裂缝,该类裂缝严重时还会继续扩展至腹板(图2-22),产生与中性轴呈30°～45°角的腹板斜裂缝,混凝土强度不足或预应力筋锚固端过于集中于某一截面常会产生此种裂缝。

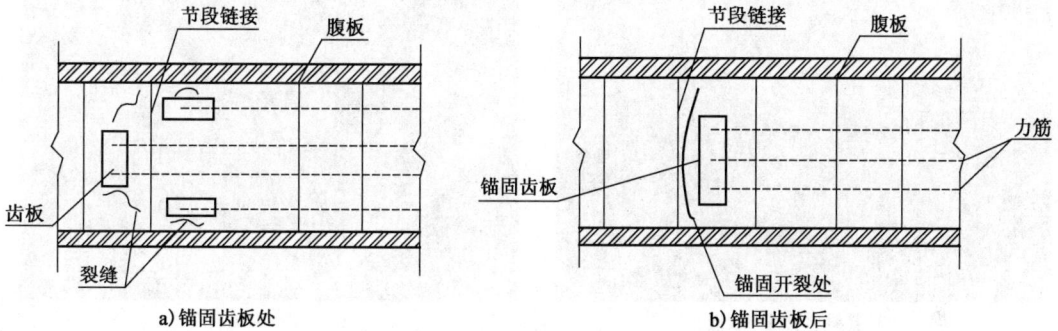

图 2-21 锚固齿板处及锚固齿板后裂缝

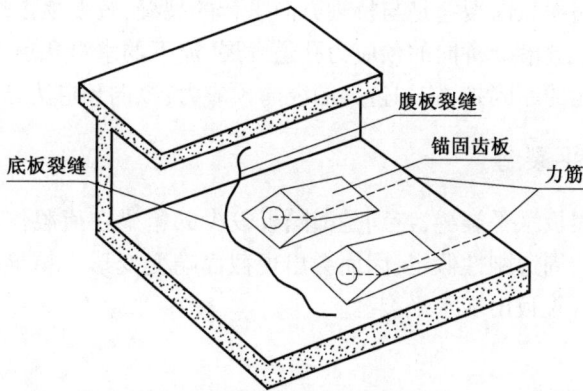

图 2-22 扩展至腹板的锚固齿板裂缝

对于悬臂浇筑的预应力混凝土连续梁,在梁段的悬臂分段浇筑中,预应力弯束的锚头布置于梁段接缝面处,锚固预应力弯束筋时,在锚固区会引起局部高压应力而引起徐变变形,进而使锚后混凝土产生拉应力。当锚后受拉钢筋配置不足时,就会产生该类腹板斜裂缝,如图2-23所示。

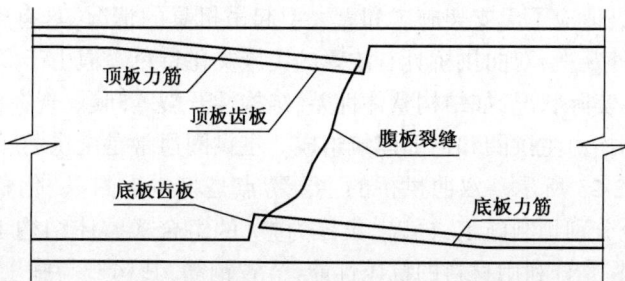

图 2-23 锚后腹板斜裂缝

2.4.5　顶底板纵向裂缝或崩裂纵向裂缝及钢筋锈蚀

顶底板纵向裂缝如图 2-24 所示。顶板纵向裂缝,通常是由于顶板横向弯矩过大,无横向预应力,箱梁横向弯矩空间效应,板厚偏小,横向配筋不足,箱梁内外温差过大产生温度应力等原因所致。

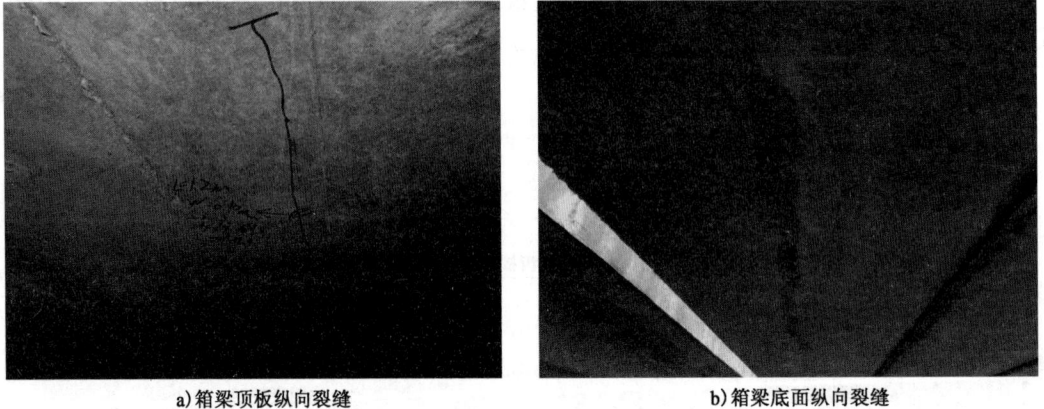

a)箱梁顶板纵向裂缝　　　　　　　　　　　b)箱梁底面纵向裂缝

图 2-24　箱梁顶板、底板纵向裂缝

底板纵向裂缝或崩裂纵向裂缝是与桥轴方向平行的裂缝,较多地出现在底板,主要集中在箱底左右两侧。这种裂缝沿顺桥向的预应力孔道发展,流下的水沿孔道流动,造成锈蚀的危害比垂直裂缝还大。可能的原因是:施加过大的纵向预应力;纵向预应力产生过大的径向力。

2.4.6　腹板水平裂缝

竖向正应力产生腹板水平裂缝,特别是横隔板较少的箱梁在荷载作用下箱梁的变形并不完全符合经典梁理论的周边刚性假定,因而会出现截面畸变变形。箱梁腹板在畸变的作用下会产生竖向正应力导致腹板出现水平裂缝。

2.5　双曲拱桥结构特点与病害

双曲拱桥因拱圈在纵、横向均呈弧形曲线而得名。双曲拱桥于 20 世纪 60 年代发源于江苏无锡,之后在全国各地得到广泛应用。这种桥型在结构上继承圬工结构的优良传统,充分利用了预制装配的优点,适应了无支架施工和无大型起吊机具的情况,具有施工方法便捷、材料用量节省等特点;在外观上,双曲拱桥具有浓厚的民族文化特色。但由于双曲拱桥自身的结构和受力特点以及使用实际状况,如结构整体性差、结构性开裂等问题,现在已很少设计和使用。

双曲拱桥上部结构由主拱圈和拱上建筑组成。主拱圈通常是由拱肋、拱波、拱板和横向联系等部分组成,如图 2-25 所示。双曲拱桥的主要特点是将主拱圈以"化整为零"的方法将拱肋、拱波、拱板等部分分别预制施工,再以"集零为整"的组合式整体结构承载,双曲拱桥的拱波在横向做成弧形,其充分利用材料的抗压性能,节省钢筋,其构造与施工工艺使其拱圈结构复杂,整体性较差。

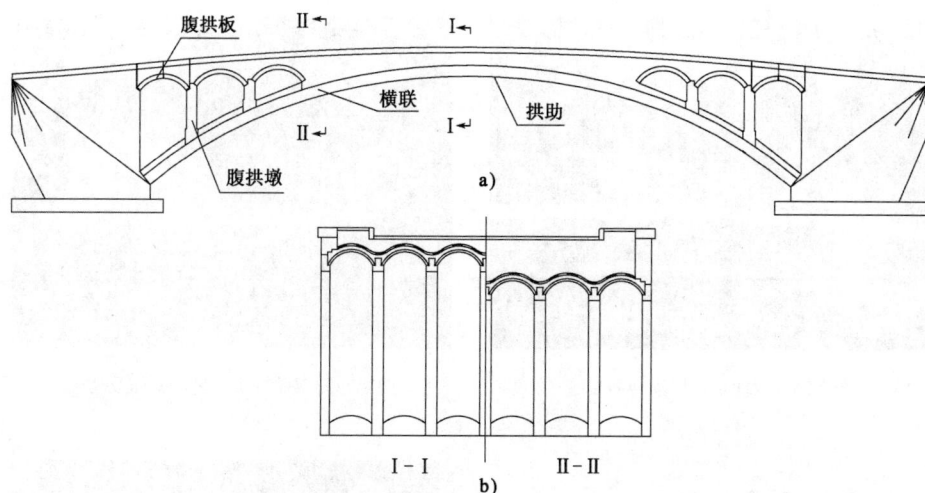

图2-25 双曲拱桥构造示意图

2.5.1 墩台位移

双曲拱桥由于自重较大,其相应的水平推力也较大,对地基的性能要求高,当设计、施工不当时,常容易引起墩台的较大位移和沉降。较大的位移和沉降,会引起拱桥线形的变化,带来结构受力的巨大变化,必将出现拱圈下沉、开裂,拱肋与拱波分离,侧墙与拱肋分离,空腹小拱开裂或立柱严重裂缝等损坏现象。

2.5.2 拱肋裂缝

拱肋是拱桥主拱圈的重要组成部分,它与拱圈共同承受全部恒载和活载,是主要受力构件。当桥台发生过大的水平位移,拱顶正弯矩、拱脚负弯矩大大增加,或构件的截面退化,或横向联系的刚度不足,拱肋受力不均导致单肋受力过大,都会引起拱肋承载力不足。另外,混凝土劣化也会造成拱肋本身的承载能力不足。当拱肋抗弯承载能力不足时,就会出现拱肋裂缝,拱肋裂缝主要表现为垂直于拱轴线的拱底径向裂缝和拱背径向裂缝(图2-26)。

拱底径向裂缝主要发生于拱顶正弯矩较大区段的拱肋部位的下缘,由下向上延伸,下宽上窄,严重时延伸到拱肋顶;拱背径向裂缝产生在拱脚附近负弯矩区段,尤其是桥台水平位移较大时,常出现拱背裂缝,拱背径向裂缝将减弱拱脚的固定作用使主拱圈发生内力重分布,同时使拱顶截面应力增大,加速拱顶开裂。另外,双曲拱桥主拱圈露筋及锈蚀也是常见病害之一(图2-27)。

2.5.3 拱波病害

拱波病害表现为由拱波纵向开裂及微弯板的裂缝、钢筋锈蚀等问题(图2-28)。由于微弯板较薄弱,纵横向连接性差,加之使用中重车较多,交通量大,微弯板的病害非常普遍,常出现开裂现象,尤其是位于拱脚附近的微弯板以及处于路面与桥面线形的过渡区域,承受着较大的冲击力,严重时可导致微弯板断裂和桥面铺装层网裂、破碎并逐渐扩大,以及坑槽、钢筋外露锈蚀等严重病害。

图 2-26 双曲拱桥拱顶径向裂缝

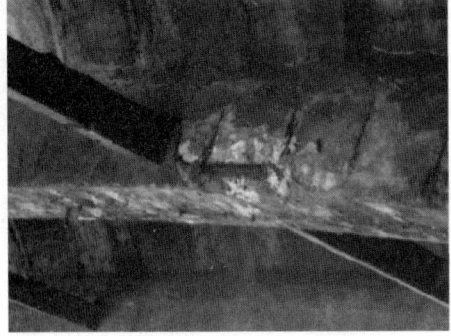

图 2-27 双曲拱桥主拱圈露筋及锈蚀

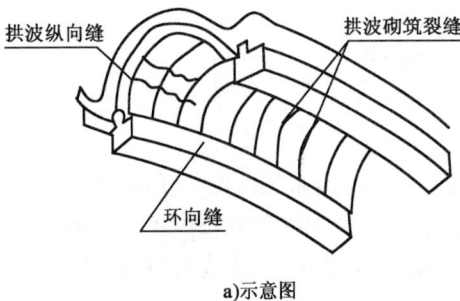

a)示意图

b)实例

图 2-28 拱波病害

2.5.4 横向联系病害

双曲拱桥拱肋间都设置有横向联系梁,这不仅使各片拱肋在集中荷载(车辆荷载)作用下共同分担荷载,变形均匀,而且横向联系的设立使单片拱肋在横向连成整体,形成一个拱形框架,从而大大加强了拱肋的横向刚度,保证了拱肋的横向稳定性。

双曲拱桥的横向联系(如横系梁、横隔板等)存在截面偏小、数量偏少等问题,与拱肋联结处的抗剪能力也偏小,当承受较大的外荷载作用时,产生较大的内力和变形,导致横向联系的开裂、脱落、露筋(图 2-29),刚度减弱,无法有效地横向传递荷载,并引起拱肋的受力与变形不均匀,加剧了横向联系的病害产生;而由于横向联系开裂严重,又将导致拱波开裂,使拱圈的整体受力性能和稳定性降低。

2.5.5 拱上建筑开裂

拱上建筑的开裂主要有腹拱开裂和立柱开裂。拱上建筑病害主要是由主拱变形引起的,主拱的变形相当于腹拱的墩台位移。

腹拱圈开裂主要有腹拱横向和环向开裂。两者中以横向开裂最为严重,在结构上,腹拱多为混凝土板拱,对于多孔构成的连拱,没有按主拱变形的需要设铰,或只设了简易铰,但起不到铰的作用。在使用过程中,由于荷载作用、温度变化、主拱变形、混凝土收缩的作用,腹拱内产生了较大的内力而引起开裂;而未设铰的边腹拱的开裂尤其严重,有些成数列开裂后出现错动,已达破坏程度。腹拱的环向开裂一般是因混凝土收缩、温度变化等引起,主要是主拱横向不均匀变形,使腹拱墩台发生不均匀下沉和位移变形而引起腹拱的环向开裂。

拱上立柱开裂主要产生于立柱与主拱圈相接处(图2-30)。这种裂缝产生的原因是由于主拱圈在活载、温度变化及混凝土收缩和徐变作用下,主拱圈下挠,对立柱形成横向推力。相关计算表明,立柱的最大弯矩发生于桥跨中部的最短立柱中。

图2-29 横向联系梁露筋及锈蚀

图2-30 立柱开裂

2.6 钢筋混凝土桁架拱桥结构特点与病害

钢筋混凝土桁架拱桥是一种具有水平推力的拱型桁架桥,该种桥兼具桁架桥自重轻和拱桥结构受力合理的优点,由于其各杆件受力明确,各杆件的材料可以得到较为充分合理的利用,因此其是十分节省材料的一种桥梁形式,曾在我国广泛应用。

桁架拱桥主要由桥台、桁架拱片、微弯板及横向联结系组成(图2-31)。桁架拱片是主要承重构件,包括上弦杆、下弦杆、腹杆(竖杆、斜杆)及实腹段等。横向联结系包括横系梁、横隔板等。斜杆桁架拱桥是桁架拱桥腹杆布置形式中的一种,特指腹杆为内、外倾斜杆组成的桁架拱桥,其特点是桁架中无竖向杆件,腹杆数量少,节间跨度大,外观较为简洁美观。

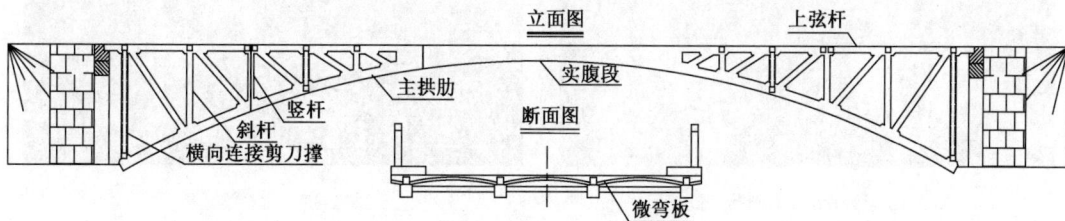

图2-31 钢筋混凝土桁架拱桥结构示意图

2.6.1 桁架拱片病害

桁架拱片包括上弦杆、下弦杆、腹杆及实腹段。桁架拱桥的设计过分强调外形轻巧、节约材料,混凝土的强度等级较低,配筋也较少,桁架拱片病害表现为:

（1）整体刚度不足。变形过大，行车不稳。病害成因主要有混凝土因收缩、徐变使拱片挠度变大，偏离设计的合理位置，杆件截面内应力不均匀程度增大。这是受拉裂缝产生的重要原因之一。

（2）拱片实腹段裂缝。桁架拱片实腹段厚度较小，承受较大弯矩、轴力和一定的剪力，实际为偏心受压构件。另外，由于支座位移，桥跨承受的水平力减小，会引起跨中实腹段承受的弯矩增大，故而实腹段容易产生裂缝，并继而发生钢筋锈蚀等病害。

（3）上弦杆弯曲裂缝。上弦杆一般在承受轴力之外，还承受了局部荷载产生的弯矩，其数值从跨中向两边逐渐增大，尤其是靠近两边的节间，其跨度较大，节间的跨中弯矩效应影响较大，故上弦杆底部经常发生弯曲裂缝病害。

（4）下弦杆开裂或混凝土压碎。水平力、竖直力及弯矩通过拱脚传递给桥台，下弦杆与拱脚结合处是桁架拱桥应力水平较高的部位，因此容易产生裂缝或混凝土压碎病害。计算表明，下弦杆均承受较大压力，在靠近拱脚处还承受较大的剪力和弯矩，易出现弯曲裂缝。

（5）腹杆（竖杆、斜杆）病害。腹杆（竖杆、斜杆）的受力比较明确，以承受轴力为主，剪力和弯矩较小，根据桁架杆件的形式不同，腹杆受力特征不同，一般竖直杆件主要承受轴压力，一侧斜杆承受拉力，另一侧斜杆承受压力，腹杆病害主要表现为裂缝、混凝土剥落、露筋、钢筋锈蚀等（图2-32）。

2.6.2　横向联系病害

横向联结系有横系梁、横隔板等。其主要病害表现为横向联结系的开裂。其原因是原桁架拱桥设计标准较低，横向联结系较薄弱，交通量与荷载的增加，造成桁架竖向变形量大，使横向联结系产生裂缝（图2-33），甚至断裂。

图2-32　腹杆混凝土剥落与露筋

图2-33　横系梁开裂

2.6.3　微弯板病害

微弯板常用结构形式有预制拱板式微弯板和上平下拱的少筋微弯板，极少采用矩形实心板或空心板，微弯板是在矩形板的基础上优化出来的，钢筋和混凝土用量较少，质量小，但施工复杂。预制拱板式微弯板由预制拱板加现浇混凝土填平层组成（图2-34），其跨度一般在2m左右;板的跨中厚度一般为12～16cm，其中预制安装部分6～10cm，现浇混凝土填平层

4～7cm,预制拱板有宽和窄两种形式,窄的每块宽30～40cm,宽的每块拱板约为2m,并在两端增设肋板,这种预制拱板式微弯板的跨径可达3m左右。上平下拱的少筋微弯板,端部沿横桥向通常设置横拉杆作用的横系梁以增强主体刚度,其包括预制安装式少筋微弯板和现浇式少筋微弯板。预制安装式少筋微弯板在支点处通过预留钢筋与拱片和桥面铺张层连接在一起,具有施工方便、工期短等优点;现浇式少筋微弯板通过在现场安装支架或挂篮,现场浇筑微弯板,具有整体刚度大等优点。

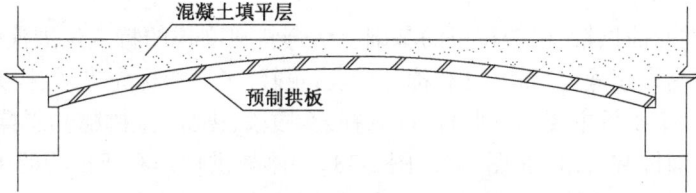

图 2-34 预制拱板式微弯板示意图

微弯板作为桁架拱桥主要桥面结构得到了大量使用,微弯板是桁架拱桥的直接受力构件,车轮荷载直接作用在微弯板上形成集中力,而微弯板内通常配筋较少,随着交通量和超载车的增多,微弯板开裂、断板乃至塌陷时有发生,微弯板作为混凝土结构除有其他普通混凝土结构常见病害(如蜂窝、麻面、孔洞、老化、掉角、剥落、层隙、表面腐蚀、露筋及裂缝等)外,还有在车辆动力效应和重载作用下的微弯板开裂、磨损、断板、穿孔导致渗水及渗白浆乃至塌陷等体现其结构形式和受力特点的病害。微弯板典型病害示意如图2-35所示,微弯板的加劲肋中部底面常由于抗弯承载力不足产生向上延伸的竖向裂缝,其中裂缝延伸至板底,进一步造成板底普遍纵向开裂,部分区域还存在混凝土脱落及钢筋外露等严重损伤,如图2-36所示。

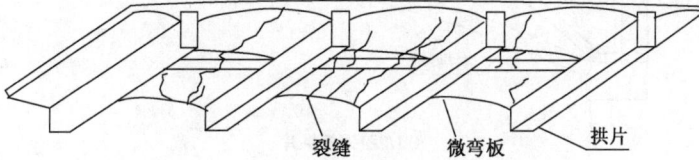

图 2-35 微弯板典型病害

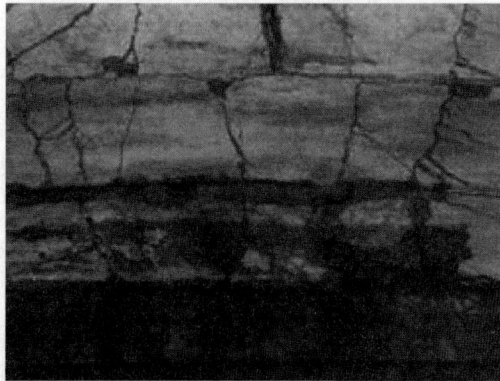

图 2-36 微弯板裂缝

2.6.4　其他病害

其他病害,如伸缩缝、墩台支座及桥面铺装层病害与简支梁桥等无异,详见相关内容。

2.7　刚架拱桥结构特点与病害

刚架拱桥是在双曲拱桥、桁架拱桥的基础上结合斜腿刚构的特点发展演变而来的一种桥型,属于有推力的高次超静定结构,具有构件少、自重轻、经济指标先进、结构美观等优点,曾被广泛推广应用。刚架拱桥主要由外弦杆、内弦杆、实腹段、拱腿(主拱腿)、斜撑(次拱腿)、横向联系、桥面板及桥面铺装层组成(图2-37、图2-38)。刚架拱片是刚架拱桥的主要承重构件,一般由跨中实腹段的主梁、空腹段的次梁主拱腿、斜撑等构成,具有构件少、质量轻、施工简便、造价低、装配化程度高、造型美观等优点,被广泛应用于跨径25~70m的桥梁中。

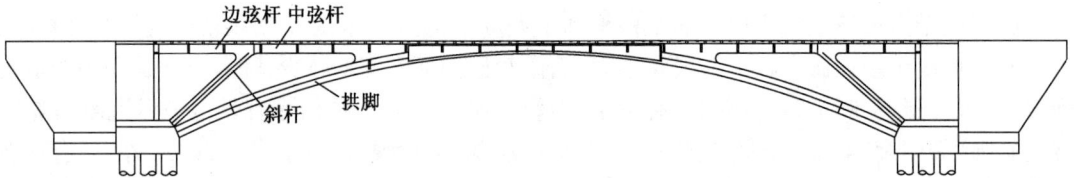

图 2-37　刚架拱桥构造示意图(尺寸单位:cm)

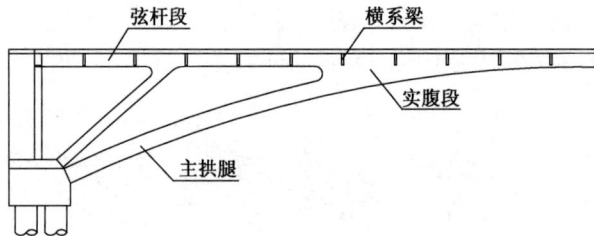

a)1/2跨钢架拱片

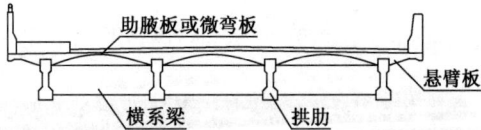

b)跨中断面

图 2-38　刚架拱桥构造细部详图

刚架拱桥作为一种轻型的组合体系拱桥,拱上结构与主拱结合成一个整体共同受力,刚架拱桥综合了拱结构和斜腿刚架结构的特点,与梁桥和一般简单体系拱桥相比,构件的内力峰值得到大大削弱,结构受力特性兼具梁与拱式结构的特点。刚架拱桥的空腹段次梁主要为受弯构件(截面的轴向力很小);主、次拱腿和跨中实腹段主梁为压弯构件,其中跨中实腹段主梁因跨中弯矩较大,而轴向压力相对较小,因此为一大偏心受压构件,主、次拱腿的轴向压力相对较大,而弯矩相对较小,因此主要表现为小偏心受压构件。刚架拱桥的控制截面为:跨中截面的最大正弯矩、节点截面的最大负弯矩、拱脚截面的最大负弯矩和最大水平推力,如图2-39所示。

a)轴力示意图

b)弯矩示意图

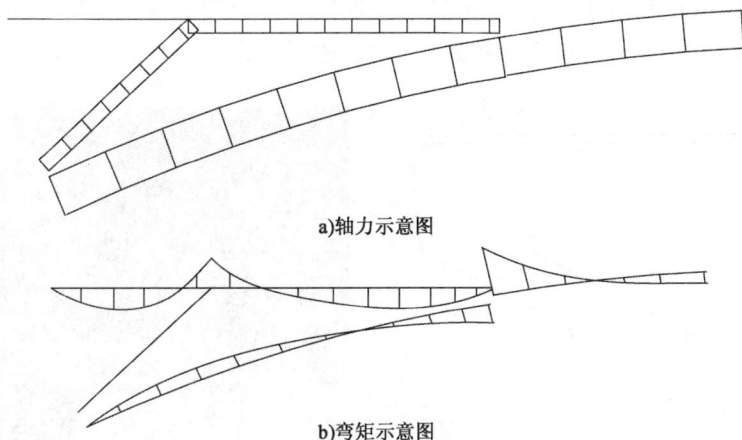

图 2-39 某 70m 刚架拱桥恒载作用下内力

2.7.1 主次拱腿开裂

主、次拱腿的轴向压力相对较大,而弯矩相对较小,因此主要表现为小偏心受压构件;主拱腿、次拱腿开裂调查表明,在役刚架拱桥主拱腿、次拱腿的拱脚处混凝土均出现较明显的横向裂缝。

采用有限元计算分析可知,在结构自重和车道荷载作用下,主拱腿、次拱腿一般不产生拉应力,但在墩、台不均匀沉降时,拱腿底部的负弯矩就非常敏感,较小的不均匀下沉也将产生较大的拉应力,超出其极限抗拉强度,导致拱脚处产生与拱腿轴线相垂直的横向裂缝。图 2-40a)所示为典型的次拱腿横向开裂,裂缝由顶面沿两侧面向下延伸。除了受力裂缝,在拱腿湿接缝处由于施工质量缺陷易出现裂缝等病害;某主拱腿湿接缝处出现裂缝,并出现露筋锈蚀现象,如图 2-40b)所示。

a)次拱腿横向开裂

b)主拱腿湿接缝处出现裂缝

图 2-40 次拱腿与主拱腿裂缝

2.7.2 节点开裂

主节点、次节点结合部位开裂上弦杆、主节点、次节点结合部位出现裂缝具有一定的普遍性,由于该部位应力复杂,易出现不规则裂缝(图 2-41)。节点构造缺陷主拱肋主节点、次节点连接部位裂缝。其产生的原因有:①节点外形不够圆顺,存在尖角,引起局部应力集中;②节点连接刚度不够,构造钢筋连接偏薄弱;③节点连接多为焊接钢板连接,焊接质量无法保障,加之此处应力状态复杂,通常引起焊缝的疲劳裂缝,影响结构安全。

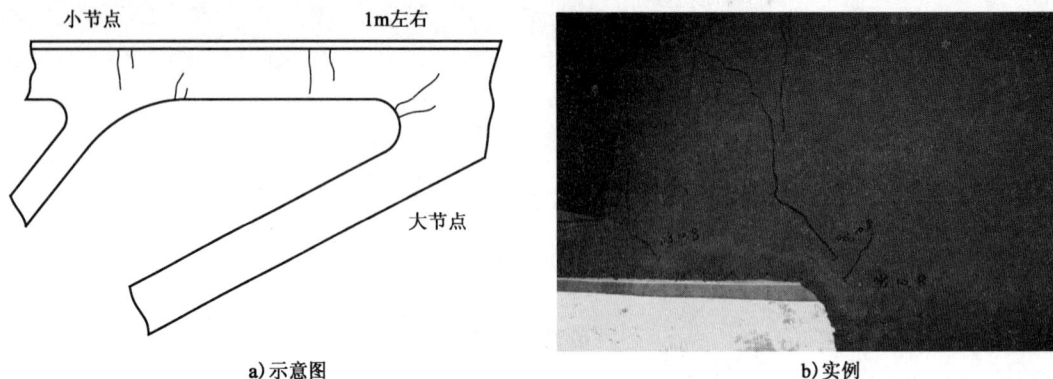

a)示意图

b)实例

图 2-41　节点开裂

2.7.3　弦杆及实腹段开裂

内、外弦杆及实腹段弦杆及实腹段常采用矩形、工字形、箱形截面,外弦杆为受弯构件,内弦杆及实腹段为压弯(偏心受压)构件,一般拱片产生的裂缝,首先出现在外弦杆上,其次是内弦杆和实腹段。外弦杆的承载能力与其他承重构件不一致,外弦杆在恒、活载作用下呈现梁式结构的受力状态,特别是跨径大、单斜撑的刚架拱桥,弦杆病害较突出,主要表现为垂直的受弯裂缝,支座附近受负弯矩影响,多出现斜裂缝,如图 2-42 所示。

图 2-42　弦杆裂缝

内弦杆及实腹段为偏心受压构件,容易在受拉区出现裂缝。拱顶实腹段主要受正弯矩作用,根据对现役的刚架拱桥的检测,实腹段主梁跨中底部受拉区的裂缝较多、较宽,部分裂缝竖向、横向基本贯通,形成 U 形裂缝;除了竖向裂缝外,在大节点内侧常会有斜向裂缝发生,如图 2-43 所示。

2.7.4　横系板(梁)开裂或横向联系不足

刚架拱桥的横向联系,在弦杆及实腹段按一定间距设置,拱腿及斜撑上一般也设置。因刚架拱桥设计标准低,横向联系薄弱而不能适应大交通量或重载交通,横隔板中部大多有上下贯通的竖向裂缝,挖空的横隔板比实心横隔板严重,特别是实腹段横隔板裂缝较多且较宽(图2-44),严重的几乎断裂成只有钢筋相连,甚至横系梁脱落。

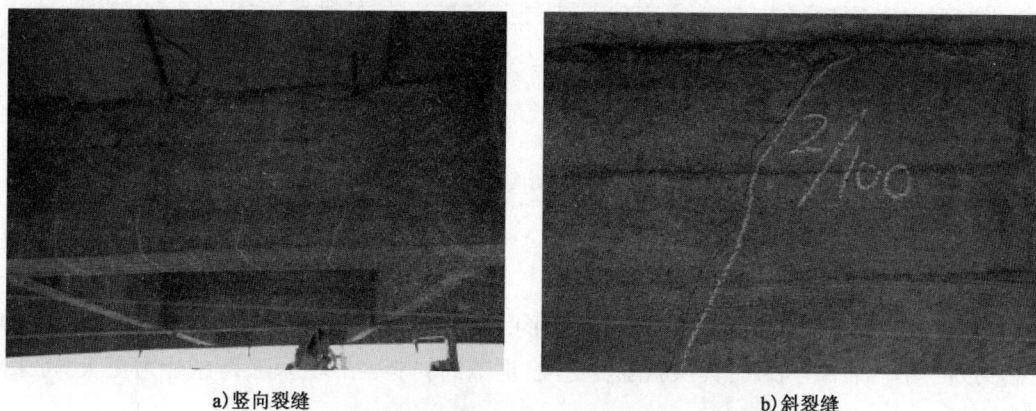

a)竖向裂缝   b)斜裂缝

图 2-43 拱顶实腹段裂缝

图 2-44 横系梁横向裂缝

2.7.5 微弯板病害

微弯板设计标准低,微弯板厚度小,混凝土强度低,随着交通量的大幅增加,特别是超载车辆的破坏作用,致使微弯板开裂,如不及时维修,雨水经过裂缝渗到桥面以下,加剧微弯板的病害,部分微弯板发生破碎的严重破坏,进而形成桥面坑洞等。其病害分析详见桁架拱桥部分。

2.8 钢筋混凝土中承式拱桥结构特点与病害

钢筋混凝土中承式拱桥的桥跨结构一般由拱肋、横向联结系和桥面及其支承结构等部分组成,桥面位于拱肋的中部,中间部分悬吊在拱肋上,两端由立柱支承在拱肋上,如图2-45所示。拱肋是主要的承重构件;桥面及其支承结构包括悬吊桥面及其支承吊杆、支承桥面及其支承立柱;对于双肋结构的中承式拱桥,其横向联结系设置在两片拱肋之间,用以增加两片分离式拱肋的横向刚度和稳定性;桥面荷载直接作用在桥面上,桥面把作用力通过吊杆和立柱传递到主拱肋上,主拱肋把这些作用力传递到桥墩、桥台和基础。

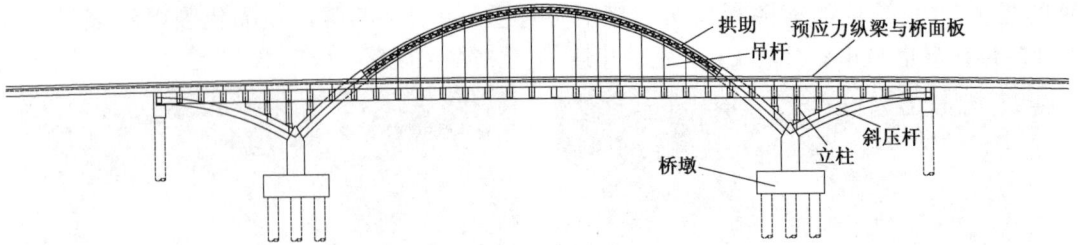

图 2-45　钢筋混凝土中承式拱桥结构总体布置

2.8.1　拱肋病害

　　钢筋混凝土中承式拱桥常采用实心或箱形肋,箱形肋拱桥是在肋拱桥的基础上将实心肋挖空形成的另一种结构形式,其拱肋刚度更大,更节约材料,结构更轻,跨越能力更大,可采用预制安装。

　　拱肋作为主要受力构件,承受弯矩和轴力的作用,常出现不同形式的裂缝,或由于环境因素的影响引起混凝土剥落露筋及钢筋锈蚀问题。裂缝出现的部位一般在拱脚上缘、拱顶部位、拱肋侧面、拱脚侧面等,有的裂缝已深入内部混凝土中,形成贯穿裂缝,严重时会导致混凝土被压碎;拱肋局部病害包括局部混凝土缺损、空洞、粗集料外露,甚至钢筋外露且已锈蚀,有时伴有渗水现象。尤其是箱形肋出现裂缝等病害后,会进一步引起拱箱内积水现象,导致钢筋的锈蚀及混凝土的劣化。拱肋典型病害如图 2-46 所示。

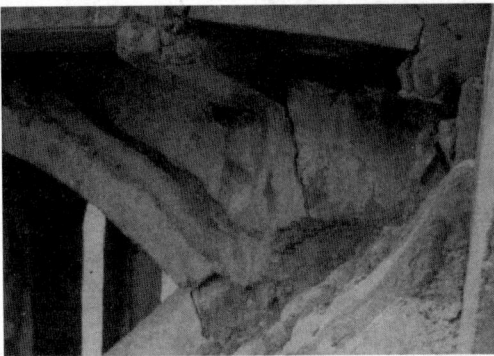

a) 拱脚混凝土开裂压碎

b) 拱肋顶面露筋

c) 拱肋侧部裂缝

d) 拱肋侧面露筋

图 2-46　拱肋典型病害

2.8.2 吊杆病害

拱桥吊杆在使用过程中,由于各种原因极易引起吊杆出现锈蚀等病害,从而造成安全系数降低。

1)PE护套开裂

通过对拱桥吊杆的调查,发现平行钢丝拉索PE护套一般在几年内就开裂,如图2-47所示。相关资料表明,拉索PE护套最短不到1年、最长不到10年就产生开裂,开裂病害主要由于PE护套老化、断裂伸长率降低引起。外包PE护套损坏,雨水能由损坏处渗入,引起吊杆PE套内部潮湿,甚至积水,进一步导致吊杆钢丝锈蚀。

a)实例一   b)实例二

图2-47 吊杆PE护套环向开裂

2)吊杆钢丝锈蚀

PE护套开裂,失去对吊杆内部钢丝的防护,吊杆钢丝常出现不同程度的锈蚀(图2-48):一般锈蚀或轻微锈蚀,个别钢丝有轻微锈坑;锈蚀较重时,有明显锈坑;锈蚀十分严重时,有严重锈坑,钢丝截面削弱明显。锈蚀病害主要是由于PE护套内防护不佳、护套内部有水汽及积水引起。另外,吊杆拉应力水平较高,吊杆出现锈斑等缺陷后便有应力腐蚀现象发生;且疲劳应力幅及疲劳应力循环频率较大。目前吊杆存在应力腐蚀断裂和疲劳断裂的危险性。

a)吊杆实例一   b)吊杆实例二

图2-48 吊杆钢丝严重锈蚀、锈坑明显

如图 2-49 所示为某中承式钢筋混凝土肋拱桥,中部桥面系由两侧钢绞线柔性吊杆通过横梁挂起,该桥两端短吊杆断裂,桥面局部塌落。塌落的主要原因有:吊杆钢绞线外包水泥浆加套筒,由于套筒锈蚀,水泥浆开裂,雨水渗入导致钢绞线锈蚀而断裂。当一辆卡车上桥后,首先断裂一端短吊杆,随后横梁及桥面坠落;当车辆行驶到另一端前,另一端短吊杆也断裂,桥面系坠落。

3)锚头腐蚀及积水

在环境的影响下,上下锚头内的防腐蚀黄油易挥发,进一步引起锚头腐蚀。部分桥梁锚头下端预埋管有进水现象,几乎所有的桥梁下端预埋管均有冷凝水存在。下端预埋管的积水和冷凝水使预埋管及索体内的潮湿度增加,锚头及索体受到腐蚀。北方地区的一些桥梁曾因预埋管内积水发生冻裂预埋管的现象。如图 2-50 所示为典型锚头下端积水现象。

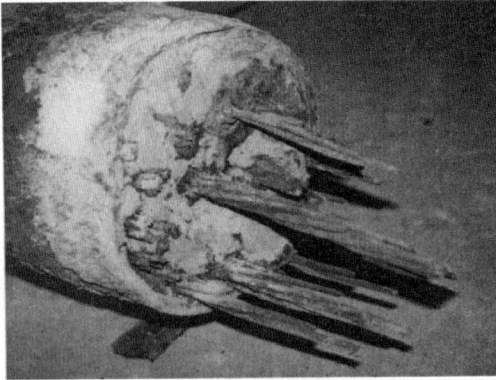

图 2-49　吊杆断裂

图 2-50　锚头下端积水

4)短吊杆病害

在恒载作用下,长吊杆和短吊杆的受力情形是一样的。但短吊杆常处于桥面与立柱交接处附近,该处集中了拱肋的受力变位和受温度作用的变位,致使短吊杆比长吊杆受到较大的弯曲和剪切变形,短吊杆中的拉索(多为平行钢丝索或钢绞线索)受力复杂且不利于弯曲和剪切变形,易使吊杆偏位,保护层断裂,降低吊杆的抗腐蚀性能。早期建设的桥梁,短吊杆的布置不尽合理。短吊杆自由长度太短,受温度变化的影响,桥面反复纵向位移时,短吊杆不能自由摆动,且频频交替出现较大的附加应力,致使短吊杆及结构更容易产生破坏,如图 2-51 所示。

图 2-51　短吊杆变位及破坏

2.8.3 立柱病害

立柱为受压构件,在使用过程中常见的病害有:①由于各种原因,出现不同形式的裂缝,裂缝分布可呈横向、竖向、环向,如图 2-52a)所示;②立柱安装位置偏差较大,表现为立柱与纵梁结合处存在错位现象,立柱顶端与纵梁结合不密贴;③立柱混凝土浇筑质量较差或受到侵蚀或荷载过大,出现蜂窝、麻面现象,严重部分立柱边缘有掉角,混凝土局部缺损,露筋,此病害多发生在立柱柱脚处,如图 2-52b)所示;④立柱两端局部混凝土压碎。

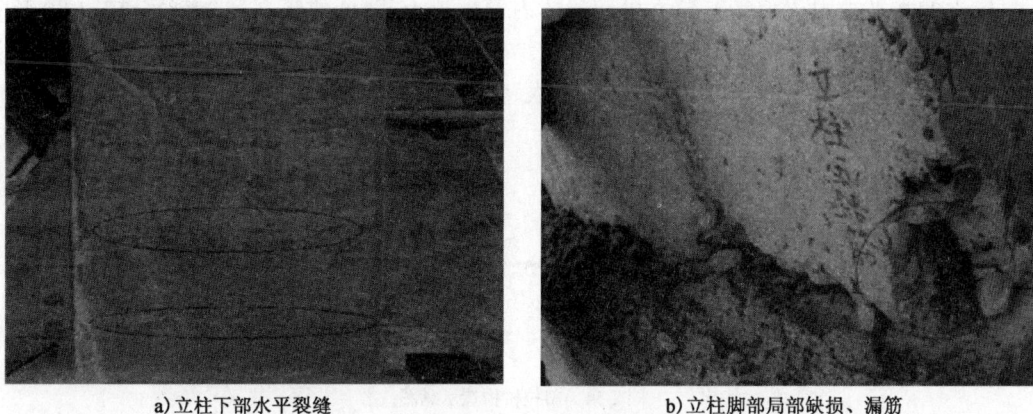

| a)立柱下部水平裂缝 | b)立柱脚部局部缺损、漏筋 |

图 2-52 立柱典型病害

2.8.4 横梁病害

横梁主要受到重力方向的力和弯矩,变形和裂缝主要是梁底面下挠和开裂。目前横梁的侧面也经常出现开裂,且裂缝宽度远比梁底宽,表明横梁发生了顺桥向水平面弯曲(侧弯),即受到了顺桥向水平力及弯矩的作用。肋间横系梁的常见病害主要有:①表面开裂,出现纵、横向裂缝,侧面裂缝;②局部混凝土脱落,出现露筋,使钢筋锈蚀;③横系梁安装位置偏差较大,使拱肋的横向连接大幅度减小,结构的振动加大。横梁典型病害如图 2-53 所示。

| a)横梁侧面裂缝 | b)横梁牛腿混凝土缺损、露筋 |

图 2-53 横梁典型病害

2.9　斜拉桥结构特点与病害

斜拉桥是将主梁用许多拉索直接拉在桥塔上的一种桥梁,是由承压的塔、受拉的索和受弯的梁体组合起来的一种结构体系,如图 2-54 所示。斜拉桥是一种自锚式体系,梁除支承在墩台上外,还支承在由塔柱引出的斜拉索上,其可看作拉索代替中间支墩的多跨弹性支承连续梁,斜拉索的水平力由梁承受。拉索可使梁体内弯矩减小,降低建筑高度,减轻结构质量,节省材料。按梁所用的材料不同可分为钢斜拉桥、结合梁斜拉桥及混凝土梁斜拉桥。斜拉桥作为一种拉索体系,比梁式桥的跨越能力更大,是大跨度桥梁的最主要桥型。

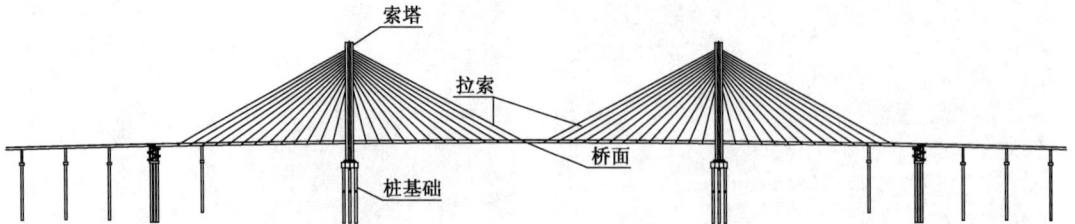

图 2-54　斜拉桥构造示意图

2.9.1　斜拉索病害

1)斜拉索回缩

斜拉索回缩主要是针对高强度热镀锌钢丝制成的斜拉索。此类斜拉索在张拉过程中分丝板会与锚杯内壁相接触(图 2-55),分丝板除了承受拉力和冷铸体的反力外,还将承受侧向挤压力和摩擦力,而分丝板厚度较薄,分丝板常会因受力过大而变形,导致钢丝回缩、受力不均,影响拉索的疲劳寿命。

2)拉索防护体系病害

目前采用的工厂化热挤高密度聚乙烯(HDPE)防护套为核心的斜拉索防腐体系,其斜拉索断面如图 2-56 所示。该斜拉索防腐体是依靠镀锌钢丝的镀锌层和 PE 护层来共同保证。PE 护层在大气中防腐寿命一般为 25 年左右,但 PE 护层在使用过程中经常遭受施工损伤、使用过程中损失及日照、雨淋的环境作用,PE 护层经常在桥梁使用不久后就发生老化开裂、损伤,甚至破坏失效,如图 2-57 所示。PE 护层的防护体系病害可划分为 3 个等级:①较好:PE 护层表面无病害;②一般:PE 护层表面有微裂缝,但不能观察到斜拉索钢丝;③较差:PE 护层表面老化、有裂缝,已能观察到拉索钢丝,防护性能已失效。

3)斜拉索腐蚀

斜拉索的腐蚀主要是由于高强钢丝与周围介质发生电化学作用,产生氧化还原反应所致。在钢丝中的碳元素、合金元素及其他杂质形成阴极,铁元素形成阳极,当斜拉索表面凝结或吸附水汽形成水膜时,构成钢丝表面的局部微差电池,导致阳极(钢丝)腐蚀。一旦防护失效,空气中的氧气、二氧化碳及二氧化硫等还会不断溶解到水膜中去时,促进原电池反应,加快斜拉索的腐蚀。斜拉索腐蚀产生的原因为防护措施失效。

a)分丝板   b)锚杯

c)钢丝受力不均

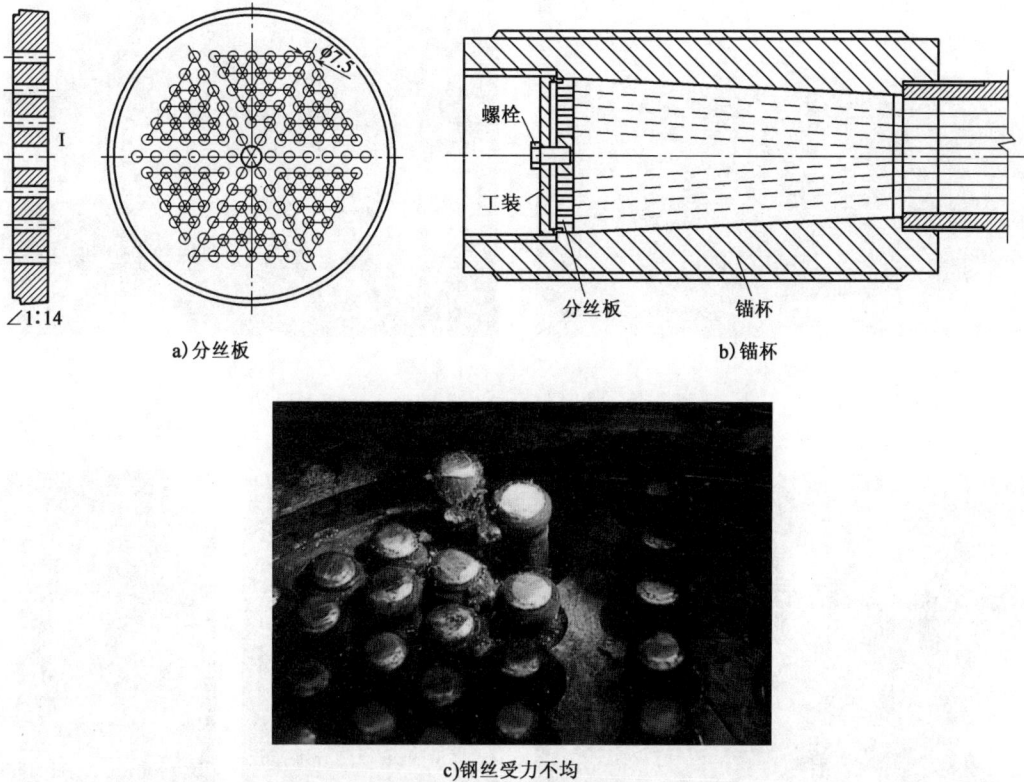

图2-55 分丝板结构和锚杯结构

斜拉索腐蚀实例如图2-58所示。研究表明,斜拉索与钢丝的强度和韧性随着钢丝腐蚀程度的恶化而显著降低,进一步可根据腐蚀钢丝外观形貌、钢丝截面削弱情况,将拉索表层钢丝锈蚀划分为多个不同等级。根据腐蚀的情况,可采取以下措施:若腐蚀较轻,可采用局部除锈,并涂装防锈保护层,修复外端护套;中度或重度腐蚀则需考虑更换斜拉索,并加强外端防腐措施。斜拉索的防腐就是要防止钢丝表面形成可作为电解液的水膜,因此最有效的防腐手段就是将钢丝与大气隔离。

4)斜拉索振动

斜拉索质量轻、阻尼小,振动产生的荷载远超过其自重,常成为斜拉索设计的控制性荷载。斜拉索多暴露于大气中,在风、雨等天气的影响下,斜拉索常发生明显的振动,随着斜拉桥跨度的增加,斜拉索长度的增加,斜拉索振动愈加显著。此外,如果斜拉索的振动频率与主桥结构的基频接近,还会引起整体的振动耦合。斜拉索的振动会增加斜拉索的张力,加剧斜拉索和锚具的疲劳破坏,还会损坏斜拉索的保护装置,破坏与桥塔、主梁连接处的稳定性。在拉索附加阻尼器将会起到显著的减振作用,如图2-59所示。

图2-56 热挤高密度聚乙烯(HDPE)斜拉索断面

 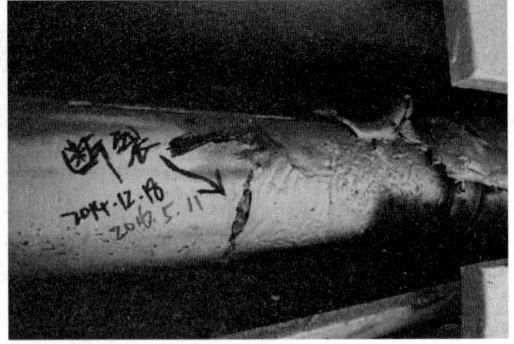

a)实例一 b)实例二

图 2-57 斜拉索 PE 护层开裂

a)整体腐蚀 b)整体腐蚀局部

c)蚀坑

图 2-58 斜拉桥拉索腐蚀实例

5)斜拉索索力退化

索力退化是指斜拉索中索力由各种原因而降低的现象。斜拉桥各个斜拉索索力相互影响,由于某些斜拉索索力退化,直接影响其斜拉索的索力分布,且对主梁的线形、结构内力等产生显著的影响。产生索力退化的原因包括斜拉索断丝、钢丝强度退化、温度影响、锚固松动、锚头病害和自然灾害等因素。

图2-59　斜拉桥拉索减振措施

6）锚固区病害

锚固区受力集中,应力复杂,由于锚头自身的金属材料特性、外部荷载条件以及环境作用等因素,锚头也是斜拉桥中容易出现病害的部位。由于锚头长期暴露于大气环境中,不可避免地会遭受环境侵蚀,出现锈蚀、断裂现象;锚具由于其构造特征,如果外界水分进入,水分将长期存在于锚头内,从而加速了锚头腐蚀。典型斜拉索锚头锈蚀如图2-60所示。

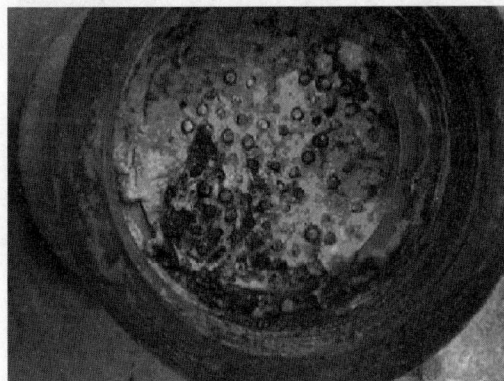

a)锚头锈蚀

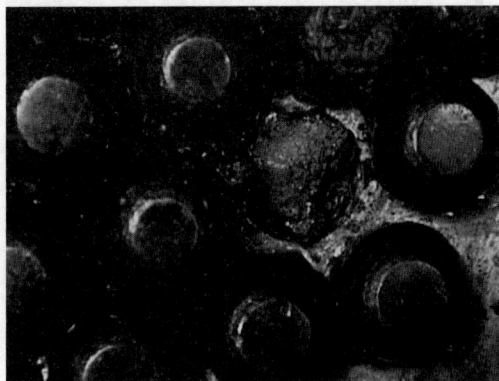

b)锚头断裂

图2-60　典型斜拉索锚头病害

2.9.2　索塔病害

作用于斜拉桥主梁的恒载和活载通过斜拉索传递给索塔,因而索塔是通过斜拉索对主梁起弹性支承作用的重要构件。作用在索塔上的力除索塔自身自重外,还有斜拉索索力的垂直分力引起的轴向力、斜拉索的水平分力引起的弯矩和剪力。此外,温度变化、日照温差、风荷载、地震力、混凝土收缩徐变等都会对索塔内力产生影响。此外,当主梁采用悬臂施工时,索塔还要承受施工阶段相当大的不平衡弯矩,对于单索面独塔斜拉桥,还应考虑抗风稳定性问题。

斜拉桥索塔为主要受力部件,常年裸露在大气中,由于频繁的荷载(甚至超载)作用,再加上受各种自然环境的影响以及一些人为的侵袭,索塔易发生不同程度的老化、腐蚀等。根据索塔材料的不同,可以分为钢筋混凝土索塔和钢索塔。钢筋混凝土索塔由钢筋与混凝土组合而成。钢筋混凝土索塔的病害主要有：

（1）索塔锚固区病害。索塔锚固区是斜拉桥的重点受力部位之一。索塔锚固区的形状和构造复杂，锚下拉索集中力较大，使索塔锚固区成为一个病害多发区域。其主要病害包括：

①应力集中产生的锚固区纵、横向裂缝；

②混凝土收缩的网状裂缝；

③局部承压裂缝引起的劈拉裂缝；

④锚固区环向预应力束断丝；

⑤斜拉索振动产生的混凝土疲劳损伤。

（2）混凝土索塔非锚固区的裂缝。混凝土索塔非锚固区的裂缝一般可由外荷载、变形或综合作用引起。荷载作用下，索塔混凝土的拉应力超过了材料的抗拉强度，致使索塔结构开裂；温度、收缩、徐变和不均匀沉降等原因会引起结构变形，当变形受到索塔结构的约束将产生应力，应力超过材料强度即产生裂缝。其病害常表现为涂层剥落、网状裂纹等，如图 2-61a）所示。

相对于钢筋混凝土索塔，钢索塔具有工厂化加工程度高、自重轻、施工进度快等优点。钢索塔的病害主要有：防腐涂层脱落、钢索塔腐蚀、焊接缺陷、连接件松动脱落、局部裂纹等，如图 2-61b）所示。

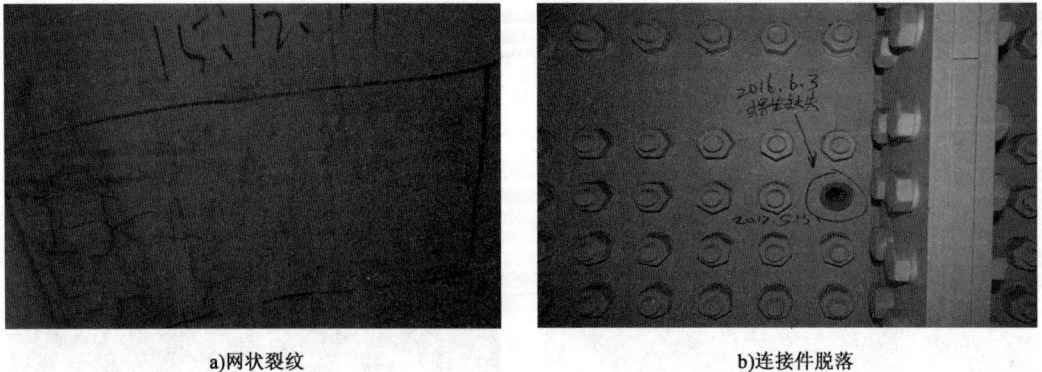

a)网状裂纹　　　　　　　　　　　　　b)连接件脱落

图 2-61　索塔病害

2.9.3　斜拉桥主梁病害

斜拉桥主梁是斜拉桥的主要承重构件之一。主梁主要承受直接的恒载、活载作用，并承受拉索产生的水平分力。主梁出现的病害形式多样，根据主梁的材料形式，主梁分为混凝土梁、钢梁、结合梁等。其病害分析如下：

（1）混凝土主梁。若主梁为混凝土结构，一般采用预应力混凝土箱形梁或∏形梁，容易出现裂缝病害。常见的裂缝有弯曲裂缝、腹板斜裂缝、横隔板裂缝、顶底板纵向裂缝及底板混凝土保护层劈裂等。

（2）钢梁。为了减轻桥梁主跨自重，多数大跨度斜拉桥主梁都采用钢梁，其常采用的形式为钢箱梁。钢箱梁的病害主要为钢箱梁局部涂层剥落、烧伤、点蚀，以及局部构件的脆性断裂、过大的塑性变形、疲劳裂纹、焊接裂纹及局部失稳等（图 2-62），其中，正交异性钢桥面板既作为桥面板承受面外的局部轮载，也作为主梁的上翼缘直接参与主梁受力，其仅在纵向布置加劲肋，在横向则间隔较大距离布置横肋（隔）板，顶板、纵向加劲肋和横肋（隔）板通过焊接连接，由于受力复杂及疲劳受力,表现出更加普遍的病害。

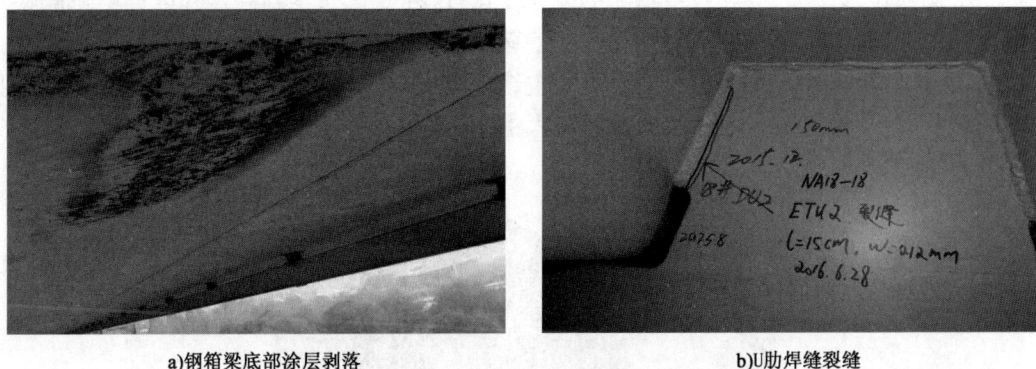

a)钢箱梁底部涂层剥落   b)U肋焊缝裂缝

图2-62 钢箱梁病害

(3)结合梁。结合梁是由钢梁和混凝土两种材料共同组合而成的梁。它的突出特点是充分合理地利用了材料,扬长避短,各尽所能,协同工作,充分发挥结构的作用,兼有施工方便、结构刚度大、整体性与抗震性能好等优点。结合梁除了会出现钢梁和混凝土梁的病害外,还会出现具有其自身特点的病害,如结合梁桥面板裂缝、连接剪力件的疲劳断裂与滑移等。

2.10 悬索桥结构特点与病害

悬索桥是通过索塔悬挂并锚固于两岸(或桥两端)的缆索(或钢链)作为上部结构主要承重构件的桥梁,如图2-63所示。悬索桥一般由桥塔、主缆索、锚碇、吊索、加劲梁及索鞍等主要部分组成。悬索桥的主要承重构件是悬索,它主要承受拉力,一般用抗拉强度高的钢材(钢丝、钢缆等)制作。由于悬索桥可以充分利用材料的强度,并具有用料省、自重轻的特点,其在各种体系桥梁中的跨越能力最大,跨径可以达到1 000m以上。相对于其他桥梁结构,悬索桥可以使用比较少的材料来跨越比较长的距离。

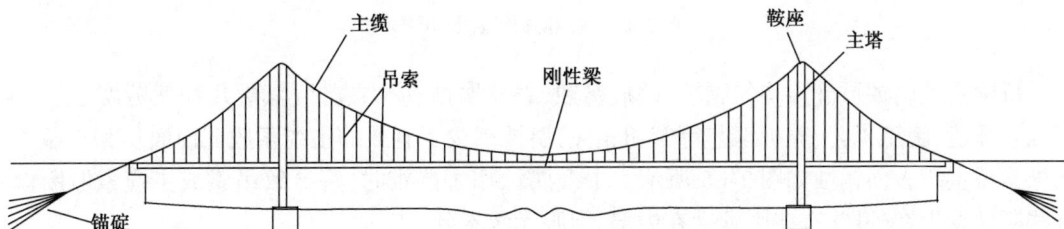

图2-63 悬索桥结构示意图

2.10.1 主缆病害

主缆通过塔顶鞍座悬挂在塔上并锚固于两端锚固体,承受活载和加劲梁的恒载,主缆一般由高强钢丝组成(图2-64),紧缆后安装索夹,涂防腐腻子,缠丝后涂外防护层。主缆的病害主要有主缆线形变化、腐蚀及断丝等。在长期运营中,由于主缆松弛以及荷载质量的改变,如桥面载质量、附属设施增加,会导致主缆线形发生变化,这种变化积累到一定程度便会影响使用功能和美观。由于主缆钢丝缝隙、索夹缝隙、索鞍缝隙的存在,悬索桥主缆已经是实际意义上的开放式主缆。水和氧气可畅通无阻地进入主缆钢丝内部实现交换。另外,外层防护腻子易于老化、开裂、脆化及脱落。水和氧气也可进入主缆钢丝内部,典型主缆防护层老化如图 2-65 所示。

图 2-64　悬索桥施工过程中的主缆

a)防护层老化脱落　　　　　　　　　　　　　　　　b)开裂

图 2-65　主缆防护层老化、开裂

桥梁主缆腐蚀可分为均匀腐蚀、凹痕腐蚀、裂缝腐蚀、应力腐蚀、氢裂化和疲劳腐蚀,主缆腐蚀与环境、施工工艺、养护工艺等密切相关,腐蚀减少了有效的主缆索股截面面积和承载力,某悬索桥主缆表面锈蚀如图 2-66 所示。主缆腐蚀病害严重时,将导致吊索或主缆索股断丝。有些断丝发生在外层,有些则发生在内部、肉眼无法看到。

2.10.2　吊索病害

吊索防护层常见病害有开裂、剥落及破损,其与斜拉桥拉索 PE 护层相似。吊索是以钢丝绳、钢绞线和平行钢丝束构成,在恶劣的环境下,容易生锈、腐蚀,甚至断裂。吊索是一种可替换结构,雨水等渗入吊索护筒可能造成锚具及索体腐蚀,吊索索体一般采用镀锌钢丝,镀锌钢丝的锌层与周围的介质也会发生化学和电化学反应,镀锌层对钢丝有防腐的作用,但其在恶劣的环境下也会发生腐蚀直至伤及内部钢丝。在钢丝和索体制造、储运和安装过程中，也可能损伤镀锌层。

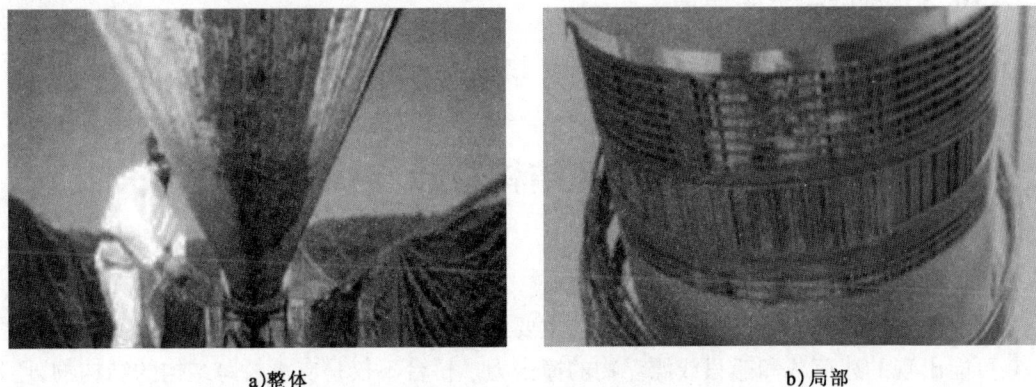

a)整体

b)局部

图2-66　某悬索桥主缆锈蚀

2.10.3　索夹病害

索夹主要病害是索夹在主缆上滑移（图2-67）。吊索索夹在主缆上产生滑移的原因有两个：一是高强度拉杆的预拉力松弛，使索夹与主缆的夹紧程度放松；二是在长期使用后主缆的挤紧程度提高，空隙率减小，使索夹在主缆上产生滑移。

图2-67　索夹滑移

索夹滑移将改变吊索状态，使垂直吊索变成斜吊索，亦使加劲梁的受力状态及吊索的内力改变，对结构产生不利影响；索夹在主缆上滑移的同时会划伤主缆缠丝、损坏防锈层，进而使缠丝破坏，导致主缆损伤。

2.10.4　锚碇病害

锚碇是将主缆拉力传递给地基的锚固系统，其可分为重力式锚碇和岩隧式锚碇。锚碇作为一个刚体，在主缆拉力的水平分力作用下，不应产生滑移。从受力角度来讲，锚碇的尺寸大小首先要保证受力的安全,即满足抗滑移和抗倾覆的要求。锚碇属于大体积混凝土结构,容易产生温度裂缝,锚室顶盖、锚室四壁容易开裂渗漏,锚室内产生积水。

2.10.5 桥塔与主梁病害

悬索桥桥塔与主梁病害,与斜拉桥桥塔与主梁病害相似。

2.11 下部结构特点与病害

桥梁下部结构主要包括桥梁墩台及基础。

桥墩是指多跨桥梁的中间支承结构物,主要承受上部结构的荷载、流水压力、水面以上的风力、可能出现的冰荷载和船只或漂浮物的撞击力。桥台不仅是支承桥跨结构的结构物,还是衔接两岸接线路堤的构筑物,既要能挡土护岸,又要能承受台背填土及填土上车辆荷载所产生的附加侧压力。桥梁墩台的主要作用包括:①承受上部结构传来的荷载;②通过基础又将此荷载及本身自重传递到地基上。桥梁墩台不仅本身应具有足够的强度、刚度和稳定性,而且对地基的承载能力、沉降量、地基与其基础之间的摩阻力等也都提出一定的要求,避免在荷载作用下有过大的水平位移、转动或者沉降发生。桥梁常用的墩台形式大体可以分为重力式桥台和轻型桥台。

墩台基础是桥梁墩台结构直接与地基接触的部分,主要承受墩台身传来的荷载。墩台基础应具有足够的强度、刚度和稳定性,还要考虑避免在荷载作用下产生大的水平位移、转动或沉降。常用的墩台基础分为:浅埋基础(刚性和柔性扩大基础),深基础(桩基础和沉井基础等),深水基础。

2.11.1 桥台结构与病害

对于桥台,软土地基的塑性流动产生向河道中心方向的强大推力,导致桥台向河道中心方向的位移而失稳破坏(图 2-68)。移动量大时,桥台背墙损坏,并引起主梁靠近桥台端局部压曲、开裂、破碎。同时,较大的水平力也会造成支座的破坏。

桥台除了发生整体滑动的失稳破坏外,还经常会出现桥台外倾、台身开裂等病害,如图 2-69a)所示,桥台台帽以下的前墙产生斜裂缝,并且前墙向外倾斜。桥台台帽背墙已顶到梁端,桥面伸缩缝已失去作用。导致桥台前墙侧面开裂、外倾的原因主要有:①砌筑质量差;②在长期超载车辆的作用下,台后土压力增大;③桥台路面开裂,雨水经裂缝渗入填料而无法排出,台后的水压产生侧向压力;④台后路面开裂下沉,造成桥台处车辆跳车,对台帽产生较大的冲击。如图 2-69b)所示为某桥台台身开裂实例,桥台开裂一般是其他病害的直接表现结果。

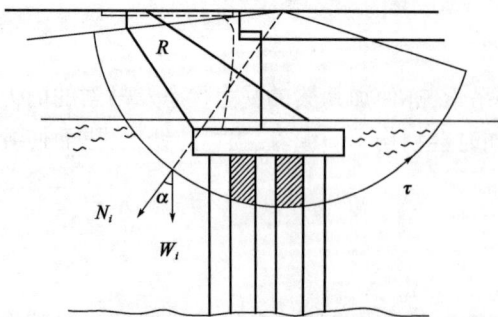

图 2-68 桥台滑动破坏

a)桥台外倾

b)桥台开裂

图 2-69 桥台外倾与开裂

2.11.2 桥墩病害

对于桥墩,典型病害表现为墩身的裂缝,裂缝的出现会引起钢筋的锈蚀、混凝土的碳化、降低混凝土的抗冻融、抗疲劳及抗渗能力等。以下原因可能引起墩身的开裂:①大体积混凝土的温度裂缝,表现为裂缝宽度大小不一,受温度变化影响较为明显,冬季较宽,夏季较窄。②不均匀沉降裂缝,由于地基不均匀沉降,使得某个方向桥墩受到竖向剪力作用,当桥墩不足以抵抗这一剪力时,便产生裂缝,如图 2-70a) 所示,地基不均匀沉降是墩身开裂的外部原因,而墩身抗剪承载力不足是受剪开裂的内在原因。③受力裂缝,由于桥墩承载力不足,不足以承担荷载产生的拉应力,产生受力裂缝,如图 2-70b)、c) 所示。图 2-70b) 所示为 T 形桥墩墩顶两侧悬臂荷载产生的受力裂缝,图 2-70c) 所示为桥墩根部的抗弯承载力不足产生的弯曲裂缝。④船只撞击裂缝,位于航道的桥墩面临着船只的风险,尤其是未考虑防撞措施的桥墩,在受到船只撞击时,裂缝等病害常开展严重,如图 2-70d) 所示,对于空心薄壁墩,抗撞击能力较低,更易产生船只撞击裂缝。

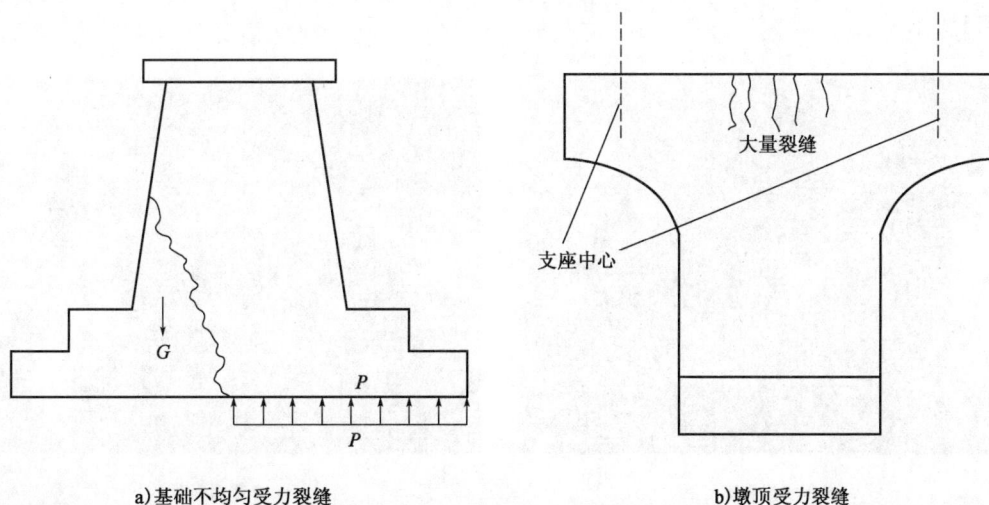

a)基础不均匀受力裂缝

b)墩顶受力裂缝

图 2-70

c) 根部弯曲裂缝

d) 船只撞击裂缝

图 2-70 典型桥墩裂缝

2.11.3 桩基础病害

桩基础位于河流中,在水流的不断作用下,河道也处于不断的演变之中,一些河道因冲刷而下切,而河道的下切会导致墩台基础的埋深不断减小。另外,在既有桥梁中,由于改建和扩建的影响,河床平衡状态发生破坏,冲刷加剧,河床断面不断下降,还有一些桥梁因河道挖沙、取土等因素的影响,使墩台基础的埋置深度不断减小,削弱了墩台的稳定性,减小了墩台的承载力。

桩基础的使用条件和使用环境较之水上结构更为恶劣。例如,水下较高的静态应力和疲劳应力、河水冲刷、淘刷、磨损、气蚀、严寒地区的冻融和侵蚀(化学腐蚀和电化学腐蚀)、浮冰及地震袭击、环境荷载(生物附着)和桥梁上部结构传递的工作荷载等,均易导致桥梁水中桩基础及桥墩形成各类损伤缺陷,包括混凝土剥落、蜂窝、露筋、钢筋锈蚀等,如图 2-71 所示。

a) 保护层剥落

b) 截面削弱

图 2-71

c)桩身与承台连接处破损露筋

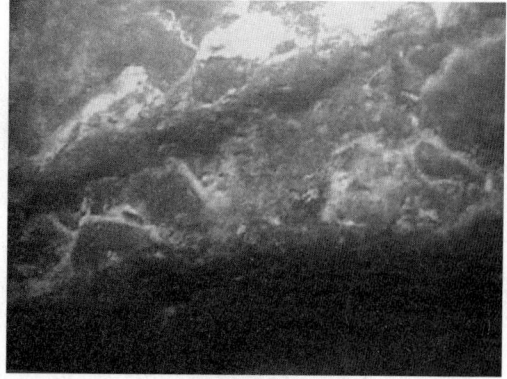

d)桩基钢筋外露锈蚀

图 2-71 典型桩基础病害

2.11.4 盖梁病害

盖梁作为典型受弯构件,主要可能病害有:承载力不足产生的弯曲裂缝及剪切裂缝,环境腐蚀引起的混凝土剥落、蜂窝、露筋、钢筋锈蚀等(图 2-72)。另外,盖梁的挡块经常发生开裂、破损等病害,如图 2-73 所示。

a)竖向裂缝

b)露筋及锈蚀

图 2-72 典型盖梁病害

a)开裂

b)破损

图 2-73 典型盖梁挡块病害

第3章

桥梁检测设备与传感器

　　检测技术、仪器设备、测试元件是桥梁质量检测的重要保障。检测技术的科学性、准确性直接关系桥梁检测能否达到预期的目的。仪器设备是试验工作的重要技术手段,选用不同的仪器设备,其测试精度及适用性也有差异。正确地选配和使用仪器设备,提高测试数据的可靠性,是试验检测技术人员的重要任务。技术人员需要对被测参数的性质和要求有深刻理解,同时要对有关测量仪器的原理、功能和使用要求有深刻认识,还要对有关测量仪器的原理、功能和使用要求有所了解,这样才能正确选择仪器设备,以便取得良好的使用效果。

3.1　一般工具与设备

3.1.1　桥梁检测车

　　桥梁检测车是一种可以在检测过程中为桥梁检测人员提供作业平台,装备有桥梁检测仪器,用于流动检测和维修作业的专用汽车,其工作原理是由液压系统将工作臂弯曲深入桥面下对桥梁进行检测。桥梁检测车可以随时移动位置,能安全、快速、高效地让检测人员进入作业位置进行流动检测或维修作业。工作时不影响交通,而且可以在不收回臂架的情况下慢速行驶。桥梁检测车由汽车底盘和工作臂组成,目前有东风底盘桥梁检测车、欧曼底盘桥梁检测车等。根据专用工作装置的不同,桥梁检测车主要分为吊篮式和桁架式两种。

吊篮式桥梁检测车也称折叠臂式桥梁检测车(图3-1),其结构小巧,受桥梁结构制约少,工作灵活,既可检测桥下,也可升起检测桥梁上部结构,可有线/无线操作,灵活方便,有时候还可以作为高空作业车使用,价格相对桁架式桥检车低。工作时在桥下为点阵式检测,作业平台是装在臂架顶端的一个吊斗,作业面积较小,只可容纳2~3名人员作业,载质量一般只有200~300kg,在工作过程中,检测和维修人员不能自由地上下桥,只有将吊篮收回到车上后才能实现,检测过程中作业幅度小,还需要经常移动和旋转吊篮,作业效率相对较低。

图3-1 吊篮式桥梁检测车

桁架式桥梁检测车(图3-2)采用通道式工作平台,稳定性好,承载能力大,可以在桥下形成独立工作平台,方便工作人员行走。其在底盘上加装了稳定器机构、自行走式支撑脚轮、固定式配重,最大限度地保证了操作人员的安全。其具有实施检测作业方便、不中断交通、工作机动灵活、作业效率高、操作方便、安全可靠性高等突出优点。桁架式桥梁检测车按使用形式又可分为车载式(也称自行式)和拖挂式两种。车载式桥梁检测车的专用工作装置安装在汽车底盘上,加装控制系统与二类汽车底盘构成一体;拖挂式桥梁检测车则需由载货汽车或其他汽车拖动行驶。

a)车载式

b)拖挂式

图3-2 桁架式桥梁检测车

3.1.2 钢筋位置探测仪

钢筋位置探测仪是可以直观显示钢筋分布、显示钢筋位置以及保护层厚度的仪器,其主要由探头、主机以及相关附件组成(图3-3)。其中探头的核心是一个线圈,线圈和混凝土中的钢筋构成一个相互作用的电磁模型。线圈在主机励磁电源下向外辐射电磁场,钢筋在外界电场作用下产生沿钢筋分布的感应电流,使电流的输出电压发生变化。它的原理是电磁感应原理,即将载有交流支线圈探头置于金属料件附近,使金属导体在其交换磁场部分,产生无数漩涡状的涡电流,造成局部电磁场强度发生变化。电磁场强度的变化和金属物大小与探头距离存在一定的对应关系。如果把特定尺寸的钢筋和所要调查的材料进行适当的标定,通过探头测量并由仪表显示出这种对应关系,即可估测钢筋位置、深度和尺寸等物理性质。

当探测仪探头位于钢筋正上方,此时探头距离钢筋的距离最小,电动势达到极大值。因此,可以通过对扫描信号峰值的判断来准确确定钢筋的位置,随后即可定出钢筋的间距。此外,钢筋保护层厚度的检测确定与已知或未知钢筋直径有关,信号幅值 E 与钢筋直径 D 和探头到钢筋的直线距离 L(保护层厚度)有关,即 $E = f(D, L)$。当钢筋直径已知时,信号幅度 E 仅与探头到钢筋的直线距离 L 有关,一般探测仪都预先标定出信号幅值与钢筋直线距离的关系。当钢筋直径未知时,采用同时检测钢筋直径和保护层厚度的方法。此时,探测仪预先标定出每一种钢筋直径 D 的信号幅值 E 与钢筋距探头的直线距离 L 的关系式,并得到关于直径 D 与距离 L 的信号幅值 E 的二维矩阵。采用联合方程法或最小二乘法可解得所检测直径和保护层的厚度。

目前钢筋位置探测仪国产品牌比较多,其中代表性的有 KON-RBL 钢筋探测仪,如图 3-3a)所示,可以测定直径为 6～32mm 的钢筋以及 10～170mm 的保护层厚度,测试钢筋直径误差一般为 1～2mm,显然相对较细的钢筋误差要大一点。国外比较典型的探测仪有瑞士 Profometer 钢筋定位仪,如图 3-3b)所示,具有较好的使用性能。

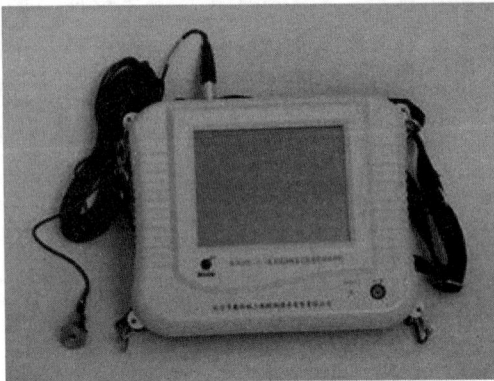

a) KON-RBL钢筋探测仪　　　　　　　　　　　b) Profometer钢筋探测仪

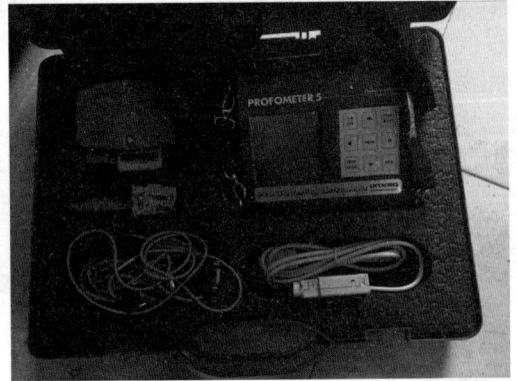

图 3-3　钢筋探测仪

3.1.3　钢筋锈蚀仪

在正常情况下,由于混凝土材料呈弱碱性,混凝土中钢筋表面会形成一层薄的钝化膜,这层钝化膜为钢筋提供良好的保护层而不被腐蚀,所以钢筋混凝土结构的使用寿命长。然而,钢筋混凝土结构在长期使用的过程中由于复杂交变荷载的作用和温度应力的影响,其保护层开裂或逐渐剥落,空气中的二氧化碳、二氧化硫等气体进入裂缝中,使混凝土中的钢筋发生锈蚀,进而使钢筋有效截面面积减小、体积增大,从而导致混凝土膨胀、剥落、钢筋与混凝土的握裹力及承载力降低,直接影响混凝土结构的安全性及耐久性。因此,对混凝土结构内部钢筋锈蚀程度的检测是对桥梁结构安全评估鉴定的重要内容之一。

钢筋锈蚀仪(图 3-4)是指采用电化学方法检测混凝土内部钢筋锈蚀的设备,目前电化学方法检测钢筋锈蚀的应用及仪器开发,几乎都以半电池电位法为基础。半电池电位法检测钢筋的自然腐蚀电位,腐蚀电位是钢筋上某区域的混合电位,其反映金属的抗腐蚀能力。处于不同化学状态的钢筋,其腐蚀电位是不同的。钢筋在钝化时,腐蚀电位升高,电位偏正;而由钝化转入活化状态时,其腐蚀电位降低,电位偏负。活化区(也称阳极区)和钝化区(也称阴极区)的最大电位差达500mV。由此,通过对腐蚀电位的测量可以判断钢筋的锈蚀程度。

a)仪器构成　　　　　　　　　　　　　　　　b)现场检测

图 3-4　钢筋锈蚀仪

3.1.4　非金属超声波检测仪

声波是物体机械振动状态(或能量)的传播形式。超声波振动频率在20kHz以上,超出了人耳听觉的上限(20 000Hz),人们将这种听不见的声波称为超声波。通常以纵波的方式在弹性介质内会传播,是一种能量的传播形式,它的超声频率高、波长短,在一定距离内沿直线传播具有良好的束射性和方向性。

混凝土超声检测目前主要是采用"穿透法",超声仪是超声检测的基本装置。非金属超声波检测仪由脉冲发生器、探头、接收放大器、处理电路及显示设置组成,其基本原理是利用高频电脉冲激励发射换能器产生超声波,超声波在混凝土中传播后被接收换能器接收,并转换成电信号显示在示波屏上(图3-5)。超声仪除了产生、接收、显示超声波外,还具有量测超声波有关参数的功能,如声传播时间、接收波振幅、频率等参数。

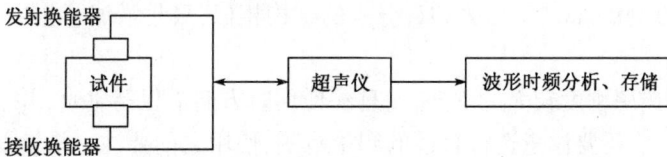

图 3-5　非金属超声波检测仪流程

混凝土超声波检测仪[图3-6a)]主要应用于混凝土强度推定和混凝土结构缺陷检测两方面,其检测原理如图3-6b)所示。超声法可以检测混凝土裂缝深度、不密实区及蜂窝空洞、结合面质量、表面损伤层厚度、钢管混凝土内部缺陷,还可以对混凝土等材料力学性能检测。目前的非金属超声波检测仪除了可以测试声时、声速,可以观察声波波形、读取波幅。

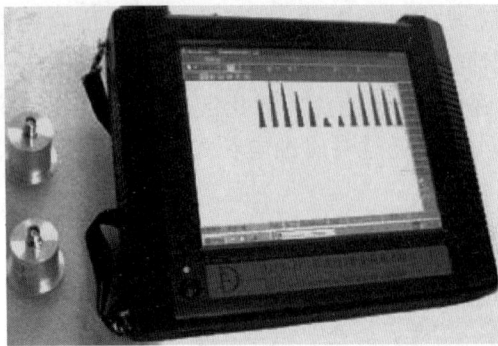

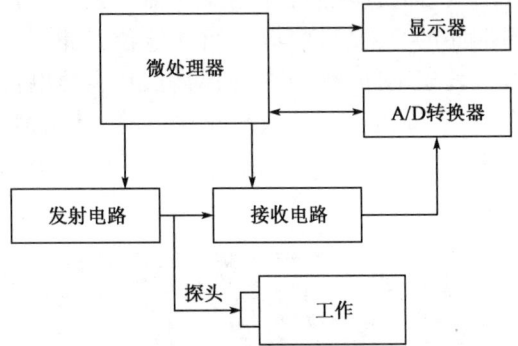

a)检测仪   b)检测原理

图 3-6 非金属超声波检测仪及原理

3.2 位移、裂缝及线形测量设备

结构在外力作用下会产生变形,结构的各种静态变形,包括水平位移、竖向挠度、相对滑移、转角等都是桥梁结构检测中需要量测的重要内容。桥梁结构变形测试常用的仪器有位移计、电子水准仪及全站仪等。

3.2.1 机械式位移计

桥梁测试中最常见的位移测量仪表是百分表、千分表、张线式位移计和动挠度检测仪,这些仪表一般是机械式的,可以非常方便地直接测读结构的位移。

百分表和千分表等机械式位移计是利用精密齿条齿轮机构制成的通用长度测量工具。其工作原理都是利用顶杆、齿轮、滑轮、弹簧、指针和刻度盘等,将被测尺寸引起的测杆微小直线移动,经过齿轮传动放大,变为指计在刻度盘上的转动,从而读出被测尺寸的大小。它一般由传感结构、转换结构、指示装置及附属装置组成。

百分表[图 3-7a)]的最小刻度值为 0.01mm,量程通常为 5mm 或 10mm,大量程的可达 30~50mm,允许误差 0.01mm;千分表[图 3-7b)]的最小刻度值为 0.001mm,量程通常有 1mm 或 3mm,允许误差 0.001mm。千分表和百分表的结构相似,只是增加了相应的放大齿轮,灵敏度提高了 10 倍。

使用时应注意选用刚度较大的支架,而且在使用时方向应保持垂直,并且与被测结构严格分离,如图 3-8 所示。还要注意选择合适的测量范围,使用之前要注意指针摆动正常和标定。

由位移计再配以其他机械装置可组成各种测量其他参数的仪器,如测量应变的千分表引伸仪、测量转角的测角器等。

1)应变测量

这种方法用特制的夹具将位移计安装在结构表面,根据式(3-1),通过测量标距范围内纤维的伸长量再换算得到平均应变。位移计可以常被用来测定混凝土构件轴向应变,常用的测量标距为 10~20m,具有精度高、量程大、标距大等特点,如图 3-9 所示。

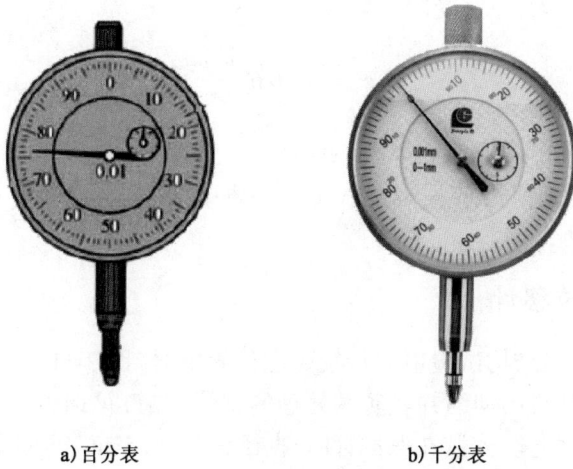

a)百分表

b)千分表

图 3-7 机械式位移计

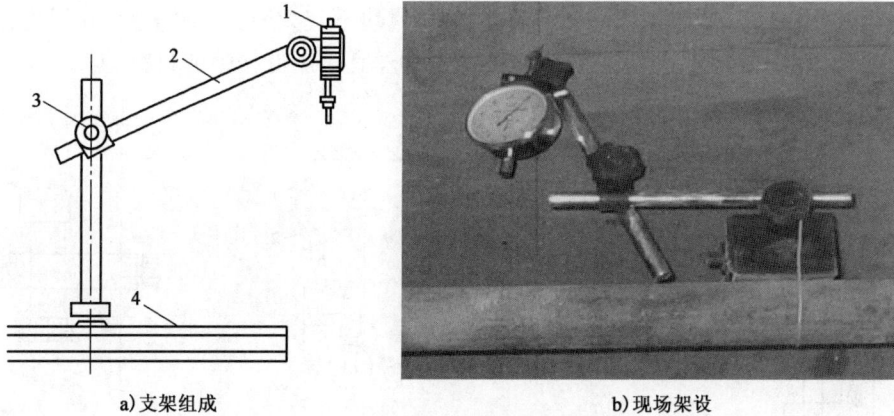

a)支架组成

b)现场架设

图 3-8 试验用支架

1-夹头;2-金属杆件;3-活动铰;4-底座

$$\varepsilon = \frac{\Delta l}{l} \tag{3-1}$$

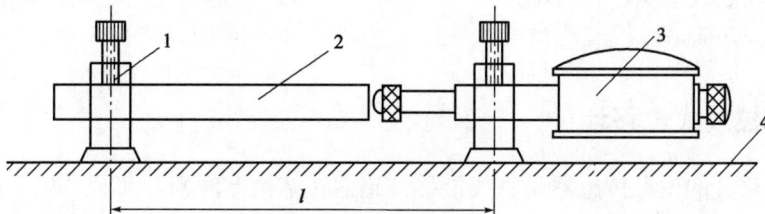

图 3-9 位移计应变量测装置

1-金属夹头;2-顶杆;3-位移计;4-试件

2)水准管式倾角仪

位移计可以配以水准管来测定转角,计算方法如式(3-2)所示。测量时将水准管一端铰接于基座,另一端通过弹簧片被顶在测微计的微调螺丝的下方,将仪器用夹具装在测点后,通过调节微调螺丝使水准管的气泡居中,使水准管处于水平,如图 3-10 所示。其特点是精度高、尺寸小,但受外界温度影响大,不宜受阳光暴晒。

$$\alpha = \arctan\frac{h}{l} \tag{3-2}$$

式中:l——铰接基座与微调螺丝定点之间的距离;

　　　h——微调螺丝定点顶进或后退的位移。这种仪器最小读数有的可达 $1'' \sim 2''$,量程为 30。

3.2.2　张线式位移计

张线式位移计是桥梁结构试验中测量较大位移的仪器(图 3-11)。它的原理是在设计的测点高程上,水平铺设能自由伸缩并经防锈处理的钢管(热镀锌钢管),从测点引出线膨胀系数很小的不锈铟钢合金钢丝(安装在保护管内,直径 0.3 ~ 0.5mm)至固定标点,经导向滑轮在引出线末端挂砝码,将铟钢丝张紧。当测点相对导向轮发生位移时,钢丝相对滑轮产生移动,在固定标点处用测尺或位移计测量钢丝的相对位移,即可测得测点相对于固定标点间的位移变化。张线式位移计算时应注意两个问题:一是质量块不宜太轻,否则钢丝会在风力作用下产生较大的摆动,直接影响测量结果的准确性;二是钢丝宜采用低松弛的材料。

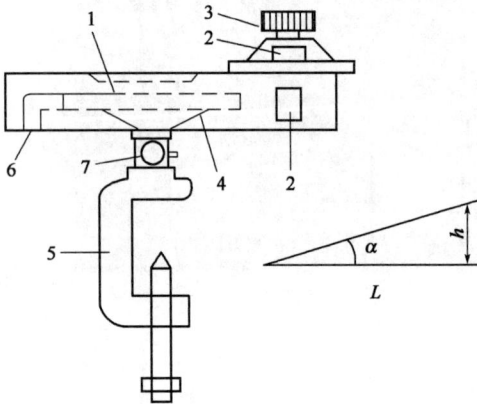

图 3-10　水准管式倾角仪
1-水准管;2-刻度盘;3-微调螺丝;4-弹簧片;
5-夹具;6-基座;7-活动铰

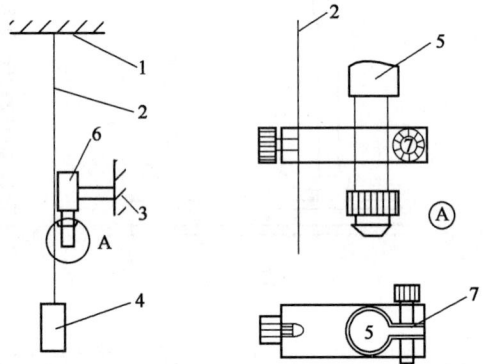

图 3-11　张线式位移量测装置
1-结构上的测点;2-细钢丝;3-不动点;4-重物;
5-位移计测杆;6-位移计;7-夹具

3.2.3　拉线式位移计

拉线式位移计的位移传感器是直线位移传感器在结构上的精巧集成,如图 3-12 所示。它充分结合了角度位移传感器和直线位移传感器的优点,可以将机械位移量转换成可计量的、成线性比例的电信号。被测物体产生位移时,拉动与其相连接的钢绳,钢绳带动传感器传动机构和传感元件同步转动;当位移反向移动时,传感器内部的回旋装置将自动收回绳索,并在绳索伸缩过程中保持其张力不变,从而输出一个与绳索移动量成正比的电信号。其主要用于桥梁、边坡、裂缝、建筑、地铁以及软基处理沉降的监测测量,可长期自动化监测。

 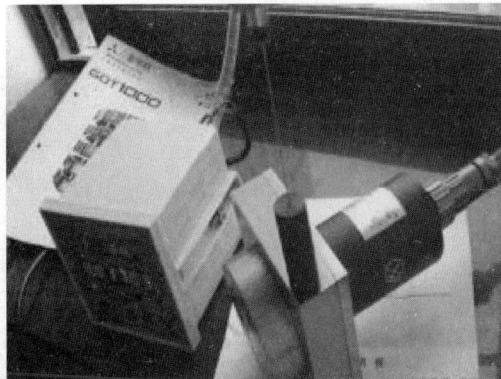

a)位移计   b)测试状态

图 3-12 拉线式位移计

3.2.4 激光位移计

激光位移计是利用激光以非接触方式测量对象物体的距离、尺寸、形状和振动等的仪器，如图 3-13 所示。它由激光器、激光检测器和测量电路组成。激光有直线度好的优良特性，激光位移传感器原理分为激光三角测量法和激光回波分析法。激光三角测量法一般适用于高精度、短距离的测量，而激光回波分析法则用于远距离测量。

（1）三角测量法：激光发射器通过镜头将可见红色激光射向被测物体表面，经物体反射的激光通过接收器镜头，被内部的线性相机接收，根据不同的距离，线性相机可以在不同的角度下"看见"这个光点。根据这个角度及已知的激光和相机之间的距离，数字信号处理器就能计算出传感器和被测物体之间的距离。采取三角测量法的激光位移传感器最高线性度可达 $1\mu m$，分辨率更是可以达到 $0.1\mu m$ 的水平。

图 3-13 典型激光位移计(基恩士)

（2）回波分析法：激光位移传感器采用回波分析原理来测量距离以达到一定程度的精度。传感器内部是由处理器单元、回波处理单元、激光发射器、激光接收器等部分组成。激光回波分析法适合于长距离检测，但测量精度相对于激光三角测量法要低。

3.2.5 动挠度检测仪

桥梁动挠度的检测是目前桥梁检测技术的一个难点。目前，基于图像法的桥梁挠度检测仪能够在几百米范围测量桥跨动挠度，如图 3-14 所示。该仪器主要由测试头、控制器、靶标、标定器、聚焦镜头、三脚架等部分组成，采用图像法测量，能够满足各种桥梁的动挠度、振动位移测量。

图像法的基本原理是在桥梁的测试点上安装一个测试靶，在靶上制作一个光学标志点，通过光学系统把标志点成像在 CCD(电荷耦合器件)的接收面上，当桥梁在通载作用下产生振动

a)动挠度检测仪   b)桥梁动挠度检测

图3-14   桥梁挠度检测仪及检测(DP-HFTQN 型)

时,测试靶相应发生振动,通过测出靶上标志点在 CCD 接收面上图像位置的变化值,可以得到桥梁振动的位移值,其最小可测动态范围由 CCD 器件象元的分辨率决定,最大测量范围由镜头的视场角、光学系统放大率和 CCD 有效象元阵列长度决定。

通过光电转换、电荷储存、传输、输出后,对初始信号进行预处理,从而获得幅度正比于各像素所接收图像光强的电压信号;测量的图像信号经过量化编码后,经过运算处理,数据通过接口传输给计算机。通过专用软件进行数据处理计算,可得到被测桥梁在荷载作用下产生的纵向和横向位移及其对时间的响应曲线。在此基础上,可进一步通过频谱分析给出桥梁的强迫振动频率和固有频率,通过计算分析给出桥梁试验的冲击系数、横向转角等参数。

3.2.6   裂缝观测仪

对于钢筋混凝土桥梁结构,裂缝的产生和发展是桥梁结构行为的重要特征。确定混凝土结构的开裂荷载、裂缝宽度与分布形态,对研究结构的抗裂性能、变形性能及破坏过程均有十分重要的价值。一般地,裂缝出现前,检查裂缝出现的方法是借助于放大镜用肉眼观察;裂缝出现后,可采用读数显微镜或采用振弦式裂缝计量测裂缝宽度的发展变化。

1)读数显微镜及裂缝卡

读数显微镜是光学透镜与游标刻度玻片等组成的复合仪器,如图 3-15a)所示,其最小刻度值要求不大于 0.05mm。其次,也有用印刷有不同宽度线条的裂缝标准宽度板(裂缝卡)与裂缝对比量测,如图 3-15b)所示;或用一组具有不同标准厚度的塞尺进行试插对比。刚好插入裂缝的塞尺厚度,即裂缝宽度。后两种方法比较粗略,但能满足一般测试要求。

2)数显式裂缝测宽仪

数显式裂缝测宽仪(图 3-16)可以远距离非接触地找寻裂缝位置,并对裂缝宽度、长度、形状等进行观测测量,现场测出数据,对裂缝进行拍照,自动生成检测报告,大大提高了工作的效率。它的原理是采用进口高精密度光学镜头及大面阵高灵敏度 CCD,配以超高亮度照明装置,通过高精度视觉系统获得裂缝图像,可以实现观测裂缝,并对裂缝图像采用先进的图像处理系统进行处理,以获得裂缝宽度和长度信息,实现对裂缝远距离、非接触式、高精度、高效率的测量。

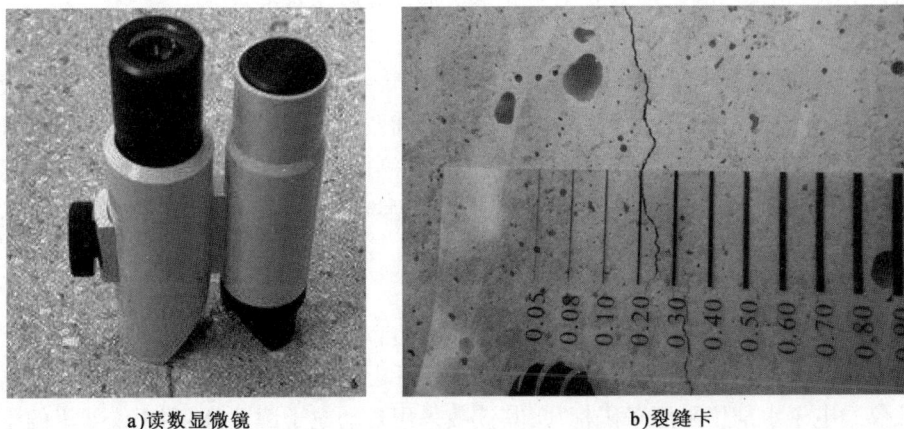

a)读数显微镜   b)裂缝卡

图 3-15　裂缝读数显微镜及裂缝卡

3.2.7　水准仪

利用水准仪测量桥梁挠度的主要原理是借助于水平视线观察竖立在两点上的标尺读数，来测定两立点间的高差，可由已知点的高程推算出未知点的高程，得出桥梁待测点的挠度值。利用水准测量原理测定待测点高程的方法又可分为高差法和仪高法两种。高差法的测量原理如图 3-17 所示，其中利用水准尺可知 A 点的高程 H_A，欲求未知点 B 点的高程 H_B。在 A、B 两点竖直方向上安放两根水准尺，通过水准仪的可以分别读出 A、B 两点的读数为 a 和 b，则 A、B 两点之间的高程高差 h_{AB} 为：

$$h_{AB} = a - b \tag{3-3}$$

于是未知点 B 点的高程 H_B 为：

$$H_B = H_A + h_{AB} \tag{3-4}$$

$$H_B = H_A + a - b \tag{3-5}$$

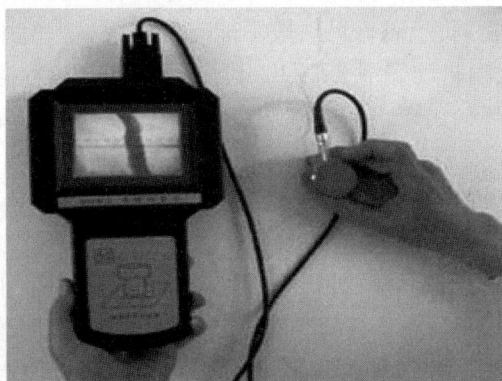

图 3-16　数显式裂缝测宽仪

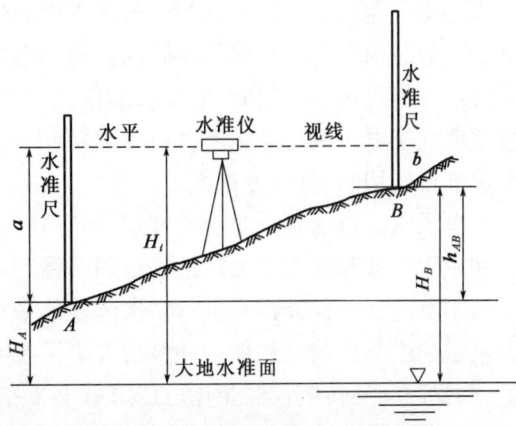

图 3-17　高差法测量未知点高程

目前,桥梁检测常用的水准仪有精密光学水准仪和电子水准仪。

1)精密光学水准仪

精密光学水准仪[图 3-18a)]一般是指精度高于 ±1mm/km 的光学水准仪,与一般光学水准仪相比,其特点是能够精密地整平和准确地读取读数,为此精密水准仪的水准器应具有较高的灵敏度,望远镜应具有良好的光学性能,配有光学测微器装置,视准轴与水准轴之间的联系稳定,受温度变化影响小。我国水准仪系列中 DS_1 等均属于精密水准仪。精密光学水准仪主要用于高精度测量工程。

2)电子水准仪

电子水准仪[图 3-18b)]又称数字水准仪,是以自动安平水准仪为基础,在望远镜光路中增加了分光镜和读数器(CCD 线),并采用条码标尺和图像处理电子系统构成的光机电测一体化的水准仪。电子水准仪采用条码标尺,其读数采用自动电子读数,即利用仪器里的十字丝瞄准的电子照相机,当按下测量键时,仪器就会给瞄准并调焦好的标尺上的条码图片拍一个快照,并将其与仪器内存中的同样尺子的条码图片进行比较和计算,从而标尺的读数即可被计算并且保存。

a)精密水准仪

b)电子水准仪

图 3-18　水准仪测量

目前,电子水准仪的照准标尺和调焦仍需目视进行。人工调试后,标尺条码一方面被成像在望远镜分化板上,供目视观测;另一方面通过望远镜的分光镜,又被成像在光电传感器上,供电子读数。由于各厂家标尺编码的条码图案各不相同,条码标尺一般不能互通使用。当使用传统水准标尺进行测量时,电子水准仪也可以像普通自动安平水准仪一样使用,不过这时的测量精度低于电子测量的精度,特别是精密电子水准仪,由于没有光学测微器,当作普通自动安平水准仪使用时,其精度更低。

电子水准仪的特点是读数客观,不存在误差、误记问题,没有人为读数误差。精度高,视线高和视距读数都是采用大量条码分划图像经处理后取平均得出来的,因此削弱了标尺分划误差的影响。多数仪器都有进行多次读数取平均的功能,削弱了外界条件影响。不熟练的作业人员也能进行高精度测量;速度快,省去了报数、听记、现场计算的时间以及人为出错的重测数量,测量时间与传统仪器相比可以节省 1/3 左右。效率高,只需调焦和按键就可以自动读数,减轻了劳动强度。视距还能自动记录、检核、处理,并能输入电子计算机进行后处理,可实现内、外业一体化。

3.2.8 全站仪

全站仪(图 3-19)的全称是全站型电子监测仪,是集电子经纬仪、光电测距仪和数据记录装置于一体的测量仪器,还可以与计算机通信,利用全站仪专用软件可以进行水平角测量、竖直角测量、距离测量、坐标测量结果的计算。全站仪最早用在桥梁工程上是施工测量,一般测角精度 $2''\sim3''$ 的机器居多,这种测角精度不能满足桥梁结构试验变形的要求。全站仪测量桥梁变形,特别是静力荷载作用下的变形,要求用高精度(测距精度达到毫米级,测角精度不大于 1s)全站仪。但桥梁检测工程中测量桥梁变形主要关注相对精度,以 3% 相对精度计,如桥梁绝对位移有 10cm,仪器至少应有 3mm 精度。有些中小桥绝对位移仅几毫米,即使选用最高精度的全站仪,其测量精度还是不尽如人意。目前使用较多的是徕卡 TS02 智能全站仪,如图 3-19a)所示,该仪器的测距精度 1.5mm $\pm$ 2ppm/D,测角精度是 1s,因其光学和使用性能优异,是目前桥梁测量中比较受青睐的全站仪。

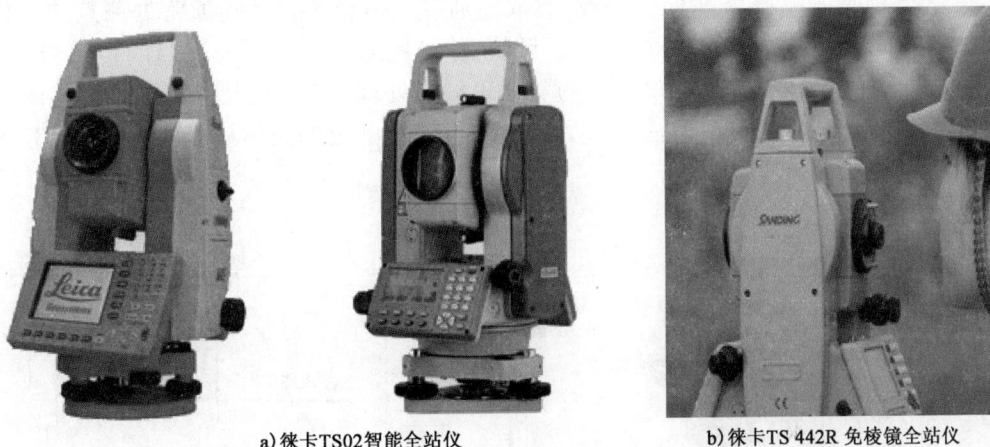

a)徕卡TS02智能全站仪   b)徕卡TS 442R 免棱镜全站仪

图 3-19 全站仪

全站仪一般使用时都需要配合棱镜一起工作,但也有不需要棱镜的免棱镜全站仪,即全站仪无需照准反射棱镜、反射片等专用反射工具即可测距。全站仪都使用激光光源(LD)作为载波信号源,根据各厂家的免棱镜测距不同以及处于激光安全考虑,多使用波长约为 690nm 的 LD。

免棱镜全站仪采用的测距模式分为相位比较式、脉冲式和脉冲相位比较式。其中相位比较式测距模式测距精度高、脉冲式测程远;脉冲相位比较式是近年来的新科技成果,测程远而且测距精度高。免棱镜全站仪适合不宜放置反射棱镜或者反射片的地方的测距。例如,观测悬崖、石壁等的滑坡、变形测量,隧道施工等;但免棱镜测距时由于受到激光束的限制,对角落或者深色表面物件的测距效果不太理想,通常出现不能进行正确测距或者测距误差大的情况。

3.2.9 倾角仪

倾角仪(图 3-20)常用于各种角度的测量,其可间接测量桥梁挠度。利用倾角仪法测量桥梁挠度时应将倾角仪安装在待测点,加载前后其输出电压与倾角值成正比,因此可以利用倾角值来计算该待测点的挠度值。倾角法测量桥梁的挠度,并不同于传统的方法如百分表法、水准仪法直接测得桥梁某一点的挠度值,而是使用倾角仪测得桥梁变形时多个控制的截面的倾角,根据倾角拟合出倾角曲线,进行积分,利用最小二乘法就可以得到桥梁纵轴线方向的挠度值,进而得到挠度曲线,这样就可以求得桥梁上任意一点的挠度值。倾角法实际上是一种间接地利用倾角仪测量得到桥梁挠度的方法。倾角仪可以测量桥梁静态挠度值和动挠度。

利用倾角仪测量桥梁挠度曲线方程至少需要 5 个测点,每一跨支座处(或者支座附近)都应该布置倾角仪,其余倾角仪应该在整跨中均匀布置,均匀对称的布置方式便于计算,也有利于保证计算结果的准确性。利用倾角仪测量桥梁挠度,桥梁不需要静止的参考点,特别适于测量跨河桥、跨线桥、大型的跨海、跨峡谷桥梁和高桥,大大提高了测量效率。

3.2.10　连通管

根据连通管的原理,将一个面积相对较大的容器放置在桥墩等固定不变的位置上(基准点),连通管和桥梁紧密固定,管内装有液体,当桥梁发生竖向位移时各连通管也随桥梁一起移动,连通管液面与基准液面保持一致,读取连通管的液位差值即连通管处测点的位移值(图 3-21),即得到桥梁在该点的挠度值。目前,传统连通管法通常与适当的传感器(如光电液位传感器)相结合,进而实现自动的数据采集及处理,在许多大跨径桥梁位移测量中得到了应用。然而一般采用该法时成本较高,连通管里面的液体易受冻而导致测量精度降低。

图 3-20　倾角仪示例

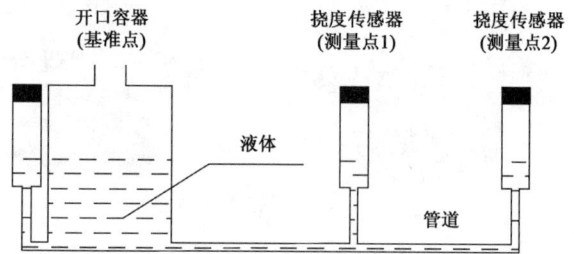

图 3-21　连通管原理图

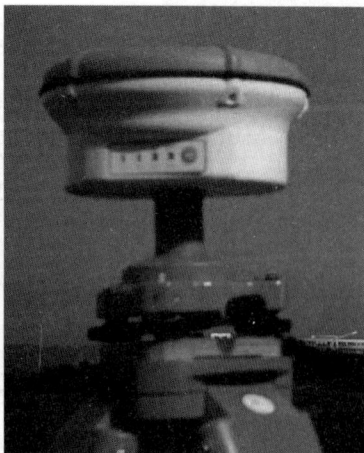

图 3-22　测量用 GPS

3.2.11　GPS 测量

GPS(Global Position System)系统主要由空间星座部分、地面监控部分、用户设备部分组成,利用 GPS 技术可以观测至少 4 颗 GPS 卫星,可实现全天候的三维定位。GPS 测量(图 3-22)可基于 GPS 技术测量桥梁的挠度,桥梁的挠度检测一般利用差分 GPS 系统测量来减小大气等对测量结果的影响,差分 GPS 系统即通过两台或两台以上的流动站接收机对同一组相同的卫星进行观测,以其中一台接收机为基准点来确定另一台接收机的相对变化即为桥梁待测点空间位置的变化(图 3-22)。

GPS 接收机体积小,功耗低,GPS 测量法可以实现远距离的三维测量,测量桥梁静态挠度值,观测结果精度可

达到 ±5mm；测量桥梁动挠度值，测量精度一般可达到 ±40mm。虽然 GPS 测量法可以实现动态测量，但是动态测量的精度不高且测量设备价格较高，因此在实际应用中受到一定限制。

3.3 应变、温度与荷载测量技术

应变量测是结构试验的重要的量测内容。要测量结构在外力作用下内部产生的应力情况，必须先测定应变，而后通过材料已知的应力—应变关系曲线转算为应力值。应变的量测，通常是在预定的标准长度范围 L（称标距）内，量测长度变化增量的平均值 ΔL，由 $\varepsilon = \Delta L/L$ 可求得 ε，这是应变量测的基本原理。L 的选择原则应尽量小，特别是对于应力梯度较大的结构和应力集中的测点。但对某些非均质材料组成的结构，L 应有适当的取值范围。

3.3.1 手持式应变计

手持式应变计（图 3-23）由金属支架、位移计（百分表或千分表）和伸缩调整装置三部分组成。它是一种机械式应变测量仪器，每次测量前，都必须在标准针距尺上标读，然后再在试物上测读，比较两者之间的差数，即为所求变形量。它的特点是便于携带，适合在现场使用，尤其适用于结构的长期变形测量，无论是结构制作过程中变形的测量，还是结构在受力过程中变形的观察。手持式应变计在使用时不能过分施加拉力和压力，以免位移计或弹簧片受损；测量过程中不宜更换测量人员或转换测量方向；试验结束后，仪器应放入盒中，以免灵敏度受到影响。

图 3-23 手持式应变仪

3.3.2 电阻应变片（计）

电阻应变测量技术的基本原理是将电阻应变片粘贴在被测构件上，当构件变形时，应变片与构件一起变形，致使应变计的电阻值发生相应的变化，通过测量装置，可将电阻值变化换算成电压变化信号，从而得到所需测量的应变值。

1）电阻应变片原理与特点

电阻应变片由直径为 $0.02 \sim 0.05$mm 的康铜丝或镍铬丝绕成栅状夹在两层绝缘薄片中（基底）制成，具体构造如图 3-24 所示。

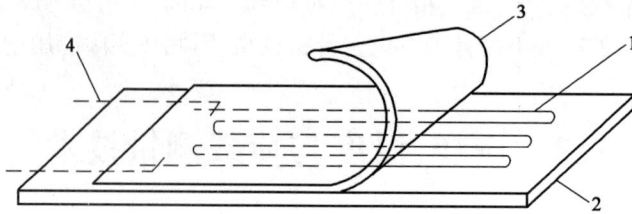

图 3-24　电阻应变片的构造

1-敏感丝栅；2-基座；3-覆盖层；4-引出线

电阻应变片中，每一段确定长度和截面的金属丝都有一个电阻值 R，即：

$$R = \rho \frac{L}{A} \tag{3-6}$$

式中：ρ——金属丝的电阻率；

L——金属丝的长度；

A——金属丝的截面面积。

当金属丝受到拉力（压力）时，长度会增长（缩短），截面面积会减少（增大），电阻值也会发生相应的变化，如图 3-25 所示。

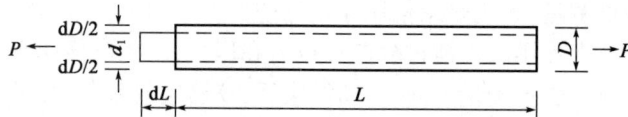

图 3-25　电阻应变片受力示意图

采用数学的极限思想将这种变化变为无穷小，可以得到电阻 R 的微分表达：

$$dR = \frac{\partial R}{\partial \rho}d\rho + \frac{\partial R}{\partial L}dL + \frac{\partial R}{\partial A}dA \tag{3-7}$$

金属丝伸长 ΔL 时，电阻变化率为：

$$\frac{dR}{R} = \frac{d\rho}{\rho} + \frac{dL}{L} - \frac{dA}{A} \tag{3-8}$$

将 dA/A 代入，略去高阶项，得：

则：

$$\frac{dA}{A} = -2\mu\frac{dL}{L} \tag{3-9}$$

$$\frac{dR}{R} = \frac{d\rho}{\rho} + \frac{dL}{L}(1 + 2\mu) = \frac{d\rho}{\rho} + (1 + 2\mu)\varepsilon = K_0\varepsilon \tag{3-10}$$

$$K_0 = (1 + 2\mu) + \frac{d\rho}{\rho}\bigg/\frac{dL}{L} \tag{3-11}$$

其中，K_0 表示应变灵敏系数，其物理意义是每单位应变所造成的相对电阻变化率。它反映了金属丝材料电阻的效应，也可以表示电阻应变片输出信号与输入信号在数量上的关系。$1 + 2\mu$ 这一项是由几何尺寸改变引起的，金属导体以此为主。$(d\rho/\rho)/\varepsilon$ 这一项表示是由材料的电阻率随应变所引起的变化，半导体材料以此为主。K_0 为常数，一般约为 2.0。

电阻应变片具有以下特点:灵敏度高,可以精确地分辨出 1×10^{-6} 应变,这个应变的量级对于钢材而言相当于 0.2MPa 的应力;标距小,粘贴方便,可满足布置空间需要,可以用来测量局部应力,可以小于 1mm;质量小,可以在动态应力分析方面发挥独特作用;易实现自动、多点、同步测量,方便操作。但测量时导线多,易受温度电磁场影响。

2)常用应变片

目前在实验室中较为常用的应变片有金属丝式应变片、箔式应变片、半导体应变片和应变花。金属丝式应变片(图 3-26)最常用的形式为丝绕式。它的敏感元件是丝栅电阻丝,丝式应变片的尺寸从几毫米到几百毫米不等,阻值一般为 $50 \sim 400\Omega$。它的制造设备和技术都较简便,但横向灵敏度较箔式应变片为大(横向灵敏度会给测量带来一定的误差)。丝式应变片常用的金属材料是康铜、镍铬合金、铁镍铬合金和铂铱金等。

a)应变片   b)粘贴效果

图 3-26 金属丝式应变片及粘贴

箔式应变片(图 3-27)的敏感元件是通过光刻技术和腐蚀工艺变成丝状的一种金属箔栅。它的尺寸分布不均匀,有的只有零点几毫米,而有的可以达到几十毫米,阻值一般为 $60 \sim 1\,000\Omega$。它在性能上的优点是散热条件好,逸散功率大,可以允许较大电流、耐蠕变和漂移的能力强,易做成任意形状,但它的工艺较复杂,箔片的材料主要为康铜、镍铬合金等。

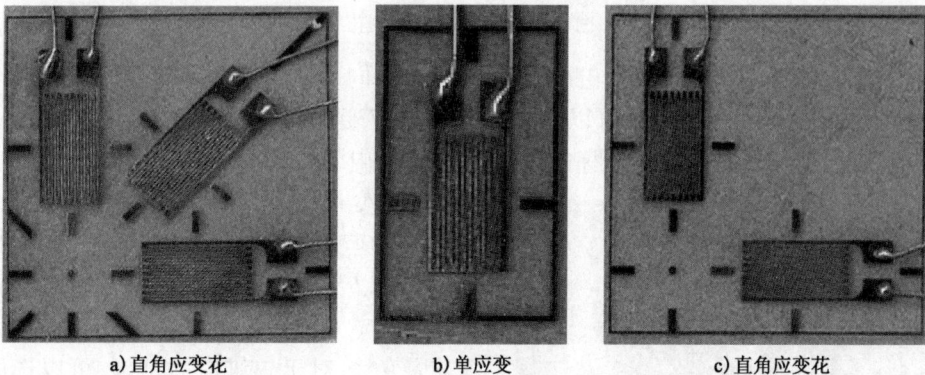

a)直角应变花   b)单应变   c)直角应变花

图 3-27 箔式应变片

半导体应变片(图 3-28)是根据压阻效应制造的。所谓压阻效应,是指对一块半导体材料的某一轴向施加一定的荷载而产生应力时,它的电阻率会发生变化,称为半导体的压阻效应。半导体应变片的突出特点是它的灵敏系数比一般的应变片高出 50 倍以上(可达 140),可以使输出信号大大增强。此外,它的频率响应好,可以做成小型和超小型应变片,其为应变电测技术的发展开创了新的途径。其缺点是温度系数大,稳定性不及金属应变片。

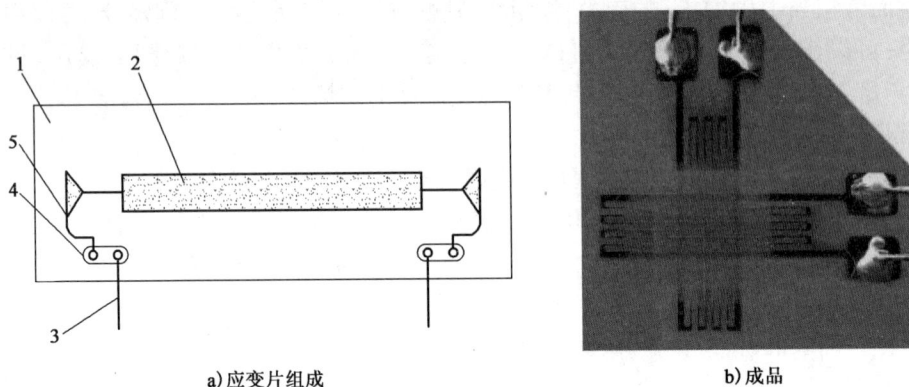

a) 应变片组成   b) 成品

图 3-28 半导体应变片图示

1-胶膜衬底;2-P–SI 片;3-外引线;4-内部接线端子;5-内部引线

应变花是一种具有两个或两个以上不同轴向敏感栅的电阻应变片,用于确定平面应力场中主应变的大小和方向。在两向应力状态时,需要测出一点的两个或三个方向的应变,才可求出此测点的主应力的大小和方向,这时需要使用粘贴在一个公共基底上、按一定方向布置的 2~4 个敏感栅组成的电阻应变片,这种应变片称为电阻应变花,如图 3-29 所示。

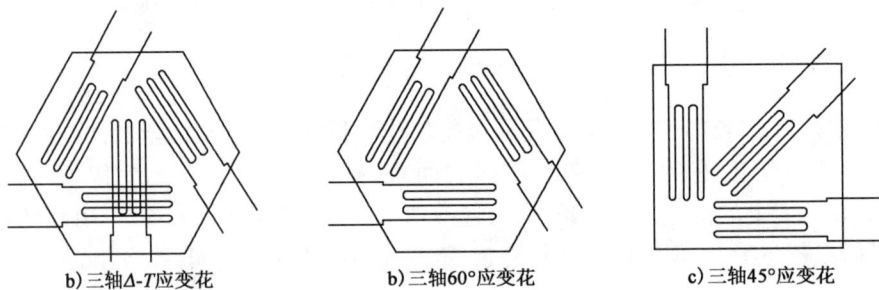

b) 三轴 Δ-T 应变花   b) 三轴 60° 应变花   c) 三轴 45° 应变花

图 3-29 几种常见的应变花

两种常见的应变花即直角应变花和等角应变花,它们是在一个公用的基底上重叠地粘贴 3 个彼此间相互绝缘的电阻丝,也可以用 3 个单独的应变片代替,如果被测试对象尺寸较大时,可以不必重叠而按照需要的角度粘贴在一个小范围内即可,如图 3-30 所示。

图 3-30 三轴 45° 应变花实例

3) 应变片选用

根据应变测量的目的,被测试件的材料及其应力状态以及测量精度,选择应变片的形式。对于测试点应力状态是一维应力的结构,可以选用单轴应变片;对于二维应力结构,可以选用直角应变花,并使其中一条应变栅与主应力方向一致;如主应力方向未知,就必须使用三栅或四栅的应变花。

在选择应变片尺寸时应考虑应力分布、动静态测量、应变大小等因素。若材质均匀、应力梯度大,应采用栅长小的应变片;对于材质不均匀而强度不等的材料(如混凝土)或应力分布变化较为缓和的构件,应选用栅长较大的应变片。对于冲击荷载或高频动荷作用下的应变测量,还要考虑应变片的响应频率。如表3-1所示,一般来说,应变片丝栅越小,测量精度越高,越能正确反映被测量点的真实应变。综合考虑各种因素影响,应变片的栅长小一些比长一些要好。

各种栅长应变片的最高工作频率   表3-1

应变片栅长(mm)	1	2	5	10	20	25	50
可测频率 f(kHz)	250	125	50	25	12.5	10	5

注:表中是在钢材上正弦应变信号测得的数据,$L = \lambda/20, \lambda = C/f$。其中,$C$ 为应变传播速度,对于钢和铝 $C = 5\,000\,m/s, f$ 为正弦应变频率。

国家标准中电阻应变片的电阻值规定为60Ω、120Ω、200Ω、350Ω、500Ω、$1\,000\Omega$,目前传感器生产中大多选用350Ω的应变片,但是由于大阻值应变片具有通过电流小、自然引起的温升低、持续时间长等优点,大阻值应变片应用越来越广。并且大阻值应变片在测力应用范围,特别是材料试验机用的负荷传感器,由于传感器的零漂特性,对测量精度影响极大,而高阻值($1\,000\Omega$)应变片,可以减少应变焦耳热引起的零漂,提高传感器的长期稳定性。在不考虑价格因素的前提下,使用大阻值应变片,对提高传感器精度是有益的。

4)应变片的粘贴步骤和防护

应变片粘贴时应按以下步骤进行,如图3-31所示。

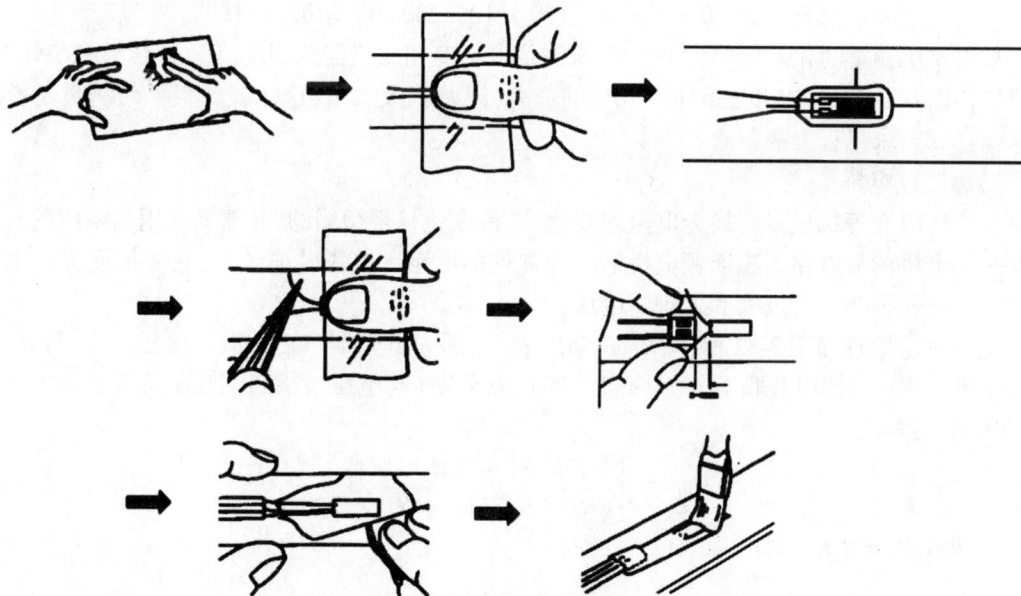

图3-31 应变片焊接流程

(1)选片。首先检查应变片的外观,剔除敏感栅有形状缺陷,片内有气泡、霉斑、锈点的应变片,再用电桥测量应变片的电阻值,其精确度应达到0.1Ω。

(2)打磨。选择的构件表面待测点需经打磨,用砂轮磨平欲测的对象,用细铁砂纸抛光并达到光洁。

(3)画线。在被测点精确地用钢针画好十字交叉线以便定位。

(4)清洗。用浸有丙酮或酒精的药棉清洗欲测部位表面,清除油垢灰尘,保持清洁。

（5）粘贴。将选好的应变片背面均匀地涂在一层粘贴剂，胶层厚度要适中，然后将应变片的十字线对准欲测部位的十字交叉线，轻轻校正方向，然后盖上一层薄膜纸。用手指朝一个方向滚压应变片，挤出气泡和过量的胶水，保持胶层尽可能薄而均匀，再用同样的胶粘贴引线端子。

（6）干燥处理。应变片粘贴必须使粘贴剂充分干燥，以保证应变片能够传递试件的变形。干燥方法分为自然干燥和人工干燥，一般温度高于15℃、湿度低于60%时，在自然干燥条件下干燥24h即可；人工干燥就是用红外灯泡或电吹风烘烤，温度一般控制在50℃以下，干燥速度快。

（7）粘贴质量检查。粘贴质量主要指粘贴层的好坏、几何位置是否正确、粘贴层是否有气泡、引出线是否完好等。还有一个与粘贴质量有关的是试件与应变计引出线之间的绝缘度（绝缘度值至少要大于100MΩ，如果是测量试件较长的情况下，应在200MΩ以上）。

（8）固定导线。将应变片的两根导线引出线焊在接线端上，再将导线由接线端引出。

3.3.3 电阻应变测量的桥路组合

由机械应变引起的电阻应变计阻值的变化通常很小。若用 $R = 120\Omega$、$k = 2.0$ 的电阻应变计来测量钢结构（$E_s = 2.0 \times 10^5 \text{MPa}$）的应变，当某点应力为100MPa时，应变计电阻值的变化 ΔR 为：

$$\Delta R = k \cdot R \cdot \varepsilon = 2 \times 120 \times 100/200\,000 = 0.12(\Omega)$$

如果要求测量的相对误差为1%，那么测量电阻变化的仪器的刻度值要求不大于0.001Ω；如果同样以0.001Ω的精度去测量1MPa的应力，误差就太大了，这样就产生了对测量灵敏度要求高且又要求量程大的矛盾。

1）惠斯顿电桥

由于将应变等机械量转换为电阻的变化，这种变化是很微弱的，必须要采用高精度的测量电路——电桥测量电路。惠斯顿电桥是一种常见的电阻—电压转换装置，它能把应变计电阻的微小变化转换为适合放大和处理的电压。

电桥测量原理如图3-32所示，R_1、R_2、R_3、R_4 分别为电阻器，V_{BD} 为输出电压。R_1 和 R_2 串联，R_3 和 R_4 串联，两组并联于 A、C 两点。当 B、D 开路（与电压桥输出端高阻抗等价）时，B、D 之间的电位差为：

$$U_{BD} = \left[\frac{R_1 R_3 - R_2 R_4}{(R_1 + R_2)(R_3 + R_4)}\right] V_{AC} \tag{3-12}$$

如果 $R_1 R_2 = R_3 R_4$，则：

$$E = 0$$

或

$$\frac{R_1}{R_4} = \frac{R_2}{R_3} \tag{3-13}$$

$$\Delta U_i = V_{AC} \frac{R_1 R_2}{(R_1 + R_2)^2}\left[\frac{\Delta R_1}{R_1} - \frac{\Delta R_2}{R_2} + \frac{\Delta R_3}{R_3} - \frac{\Delta R_4}{R_4}\right] \tag{3-14}$$

在全等臂电桥情况下，即 $R_1 = R_2 = R_3 = R_4$，且应变片的灵敏系数 $K = K_1 = K_2 = K_3 = K_4$，则有：

$$\Delta U_i = \frac{1}{4} V_{AC} K(\varepsilon_1 - \varepsilon_2 + \varepsilon_3 - \varepsilon_4) \tag{3-15}$$

2）温度补偿

接入电桥的电阻应变片的电阻值随温度变化，这一变化同样会引起电桥输出电压，一般每升温1℃，应变放大器输出的变量可达几十 $\mu\varepsilon$。显然，这是非受力应变，需要排除。这种排除温度影响的措施称为温度补偿。

根据应变电桥的输出特性，应用上不难对温度进行补偿，只要用一片与工作片（贴在被测件上的应变片）阻值、灵敏系数和电阻温度系数都相同的应变片，把它贴在一块与被测件材料相同而不受力的试件上，并使它们处于同一温度场，电桥连接时使工作片和补偿片处在相邻桥臂中，如 R_1 接为工作片，R_2 接为补偿片（图3-32），这样温度变化就不会造成电桥的输出电压。

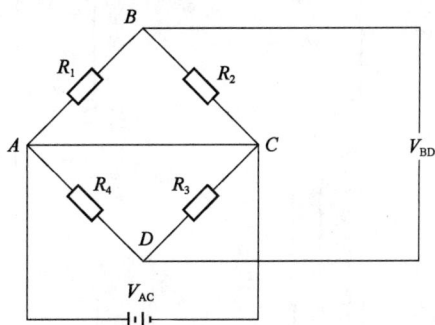

图 3-32 电桥线路原理

补偿片可采用单点补偿多点的办法，具体补偿多少点要根据被测物的材料特性、测点位置及环境条件决定。一般桥梁应变测量（钢结构或混凝土），可以一点补多点。野外应变测试温度补偿时，必须注意大小范围温度场的不同或变化（如迎风面和背风面、桥面上方和下方等），对这种特殊场合的温度补偿一般要求一对一。有些实桥应变测试时，出现数据回零差、重复性差或飘移不稳等问题，很可能是由温度补偿不到位引起的，所以实桥温度补偿要求严格。

补偿片也可参与机械应变，只要知道补偿片与工作片所感受应变之间的比例关系，采取适当的桥路接法就能起到温度补偿的作用，有时还能提高电桥的灵敏度。这一方法称为温度自补偿。

3）桥路组合

电桥桥路的灵敏系数与电桥的有源工作臂数目 n 有关，n 越大，灵敏度越高，电桥的这一特性在实用中非常重要。可以通过合理选择贴应变计的位置、方位并调整应变计在桥臂上的组合，以便从比较复杂的组合应变中测出需求的成分而排除其他成分。这一调整的原则是，在满足特殊要求的条件下，选择测量电桥组合形式时，要优先选用输出电压较高、能实现温度互补偿且便于分析的组合。实际上，利用电桥的桥臂特性，可以把不同数量的应变计接入电桥构成所谓1/4桥［图3-33a)］、半桥［图3-33b)］和全桥［图3-33e)］等，其中最常用的是半桥和全桥。

（1）1/4 桥桥路组合方式

单点测量时，组成测量电桥的 4 个电阻中，R_1 为电阻片电阻，其余三个为精密电阻（无电阻变化），则有：

$$\Delta U_i = \frac{1}{4}V_{AC}K\varepsilon_1 \tag{3-16}$$

（2）半桥桥路组合方式

半桥桥路组合方式是将半桥接电阻片，另半桥为精密电阻（$\Delta R_3 = \Delta R_4 = 0$），则有：

$$\Delta U_i = \frac{1}{4}V_{AC}K(\varepsilon_1 - \varepsilon_2) \tag{3-17}$$

（3）全桥桥路组合方式

全桥桥路组合方式是测量电桥的 4 个电阻全由电阻片组成，即有：

$$\Delta U_i = \frac{1}{4}V_{AC}K(\varepsilon_1 - \varepsilon_2 + \varepsilon_3 - \varepsilon_4) \tag{3-18}$$

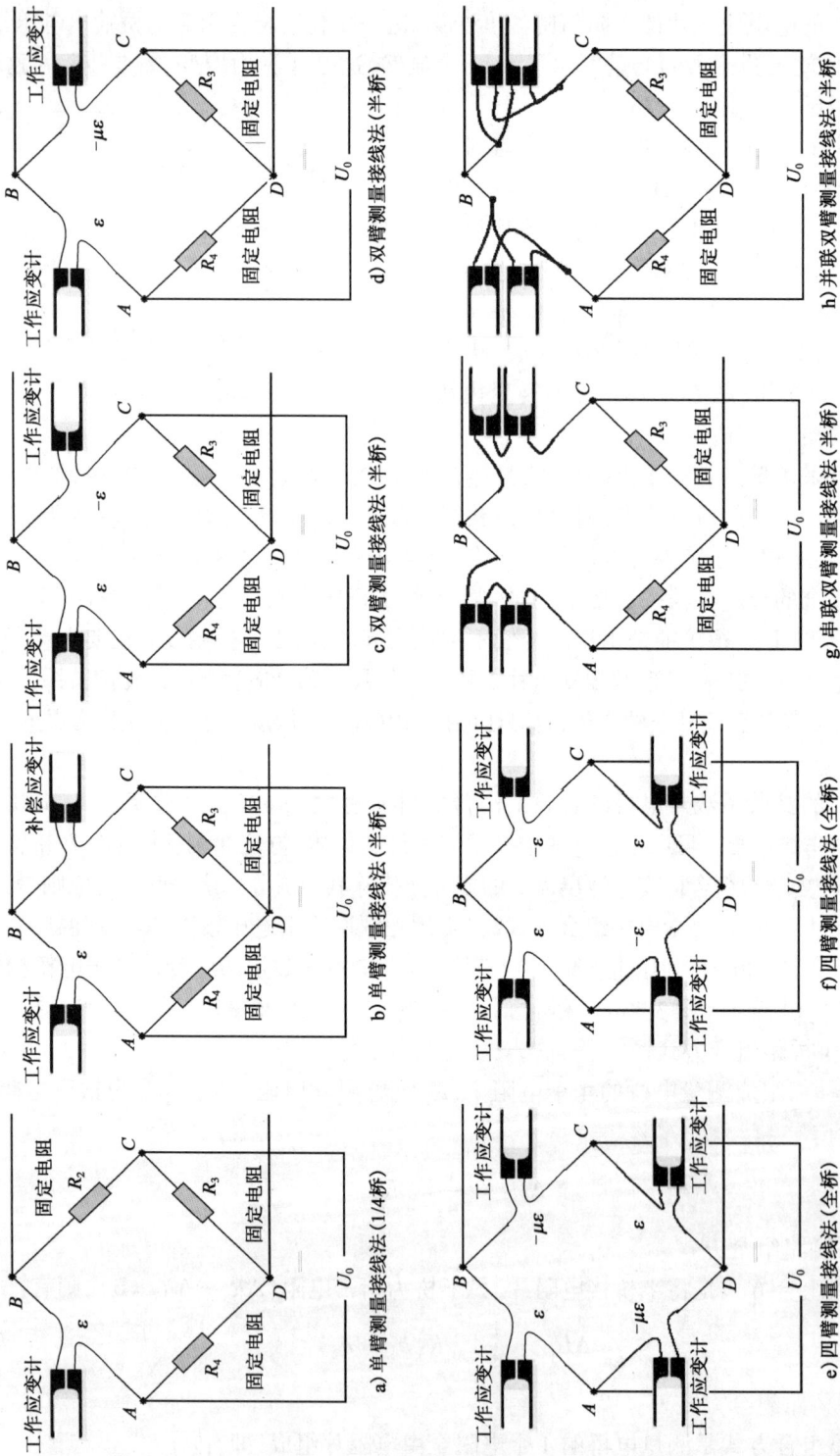

图 3-33 电桥电路

a) 单臂测量接线法 (1/4桥)

b) 单臂测量接线法 (半桥)

c) 双臂测量接线法 (半桥)

d) 双臂测量接线法 (半桥)

e) 四臂测量接线法 (全桥)

f) 四臂测量接线法 (全桥)

g) 串联双臂测量接线法 (半桥)

h) 并联双臂测量接线法 (半桥)

式(3-16)~式(3-18)表明了电桥的输出与桥臂电阻(由测量的接片需要可为电阻片和精密电阻组桥)的相对增量 $\Delta R/R$ 或应变 ε 成正比的关系。由此也可看出电桥的增减特性,即相邻的输出符号相反,电桥输出具有相减特性;相对两臂符号相同,电桥输出具有相加特性。

3.3.4 振弦式应变计

振弦式(钢弦式)应变计的作用原理是以被张紧的钢弦作为敏感元件,利用其固有频率与张拉力的函数关系,根据固有频率的变化来反映外界作用力的大小,如图 3-34a)所示。它的核心元件是一根钢弦,钢弦固定在上、下两夹块之间,用固紧螺钉固紧给钢弦施加确定的初始张力 T,钢弦的中间固定软铁块、永久磁铁和线圈构成钢弦的激励器,同时兼作钢弦的拾振器。将钢弦放置在磁场中,用一定方法对钢弦加以激励后,钢弦将会发生共振,共振的弦线在磁场中做切割磁力线运动,因此会在振线圈中感应出电动势 U,感应电势的频率就是振弦的共振频率。由力学原理知,钢弦的共振频率与弦线所承受的力或位移呈线性关系,因此测得钢弦的振动频率即可求出待测物理量(力或位移)。

钢弦应力与振动频率的关系为:

$$f = \frac{1}{2L}\sqrt{\frac{F}{m}} \tag{3-19}$$

式中:L——钢丝的长度;

    F——拉力;

    m——钢丝单位长度的质量。

典型振弦式应变计如图 3-34b)所示。振弦式应变计的测量范围根据其测试频率,一般为几千微应变,振弦式传感器自身构造简单,测试结果稳定,受温度影响小、抗干扰能力强,易于防潮,适用中长期观测,在桥梁施工监控中广泛应用,也经常应用于桥梁荷载试验的应变测试。在使用振弦式应变计进行应变测试时,事先要进行严格标定,建立频率与应变的相关关系。作为混凝土内部应变测试用途时,振弦式应变计绑扎在钢筋上,同时需做好防水和防机械损伤等处理。

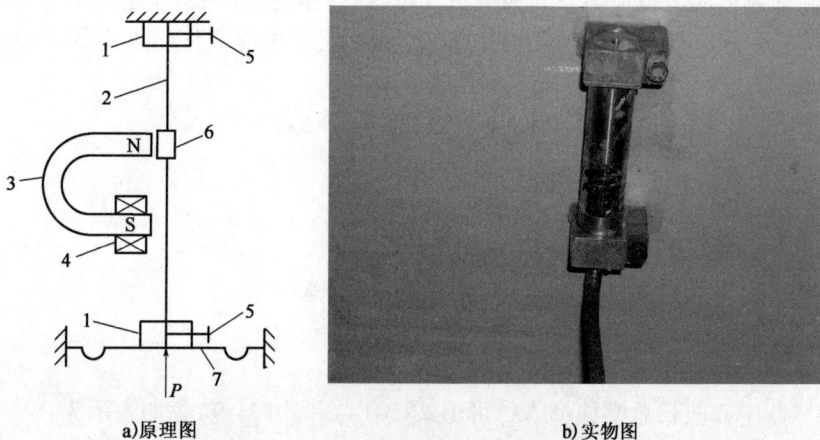

a)原理图   b)实物图

图 3-34 振弦式应变计结构原理及实物图
1-夹块;2-振弦;3-永久磁铁;4-线圈;5-螺钉;6-软铁块;7-膜片

3.3.5　光纤光栅传感器

光纤传感技术是利用光纤敏感材料和机构将被测参量转换为光纤中相应光信号的新一代传感技术。自从 1978 年美国人 Hill 发现掺锗光纤中的光致光栅特性以来,到 1989 年 GMetlz 等人利用高强度的紫外激光所形成的干涉条纹对光纤进行侧面横向曝光形成光纤光栅 (FBG),经过 20 多年的发展,光纤光栅传感器已开始应用于土木工程领域。

光纤布拉格光栅传感器(FBG)的工作原理是通过在光纤内部写入的光栅,反射或透射布拉格波长的检测,实现对被测结构的应变和温度量值的绝对测量,如图 3-35 所示。布拉格波长的变化反映的是外界参量的变化。而光纤光栅的反射或透射波长光谱主要取决于光栅周期和介质的有效折射率,任何使这两个参量发生改变的物理过程都将引起光栅布拉格波长的漂移。光纤布拉格中心波长可表达为:

$$\lambda = 2n\Lambda \tag{3-20}$$

式中:λ——光纤光栅的中心波长;

　　　n——纤芯的有效折射率;

　　　Λ——光栅周期。

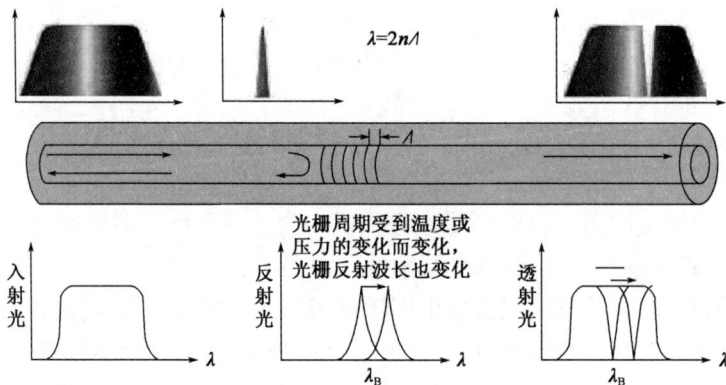

图 3-35　布拉格光纤光栅传感器测试原理

如果光栅周围的温度或应力发生变化使 FBG 产生变形,将导致光栅栅距、周期及纤芯折射率的变化,从而使 FBG 反射光波中心波长发生改变,其中应变作用下引起的中心波长漂移 $\Delta\lambda_{BS}$ 可表示为:

$$\Delta\lambda_{BS} = \lambda_B(1 - P_e)\Delta\varepsilon \tag{3-21}$$

式中:$\Delta\varepsilon$——轴向应变;

　　　P_e——有效弹光系数。

温度作用下引起的中心波长漂移 $\Delta\lambda_{BT}$ 可表示为:

$$\Delta\lambda_{BT} = \lambda_B(\alpha + \xi)\Delta T \tag{3-22}$$

式中:α——热膨胀系数;

　　　ξ——热光系数。

FBG 传感器中心波长总漂移量 $\Delta\lambda_B$ 可由式(3-18)和式(3-19)叠加表示为:

$$\Delta\lambda_B = \lambda_B(1 - P_e)\Delta\varepsilon + \lambda_B(\alpha + \xi)\Delta T \tag{3-23}$$

简化为:

$$\frac{\Delta\lambda_B}{\lambda_B} = K_\varepsilon \cdot \Delta\varepsilon + K_T \cdot \Delta T \qquad (3\text{-}24)$$

式中：K_ε——应变传感灵敏度系数，$K_\varepsilon = 1 - P_e$；

K_T——温度传感灵敏度系数，$K_T = \alpha + \xi$。

一般情况下，温度作用下引起的中心波长漂移可通过温度补偿器测得，即只受温度作用、不受应力作用的 FBG 传感器，温度、应变传感灵敏度系数可通过实验室标定获得。因此，只要测量波长的变化，便可求得结构的应变，从而求出应力，判断结构受力情况。

布拉格光纤光栅（FBG）组成部分包括纤芯、包层和保护层（图 3-36），其中纤芯用来传输光波，包层是用来提高纤芯传输效率、降低传输损耗的，保护层提供保护作用，避免纤芯和包层被腐蚀和外力作用而损伤。FBG 利用光纤的光敏性，在其产生变形时，其纤芯内的空间相位光栅将发生改变，因此光纤传输特性的基本参数，如中心波长将产生变化。

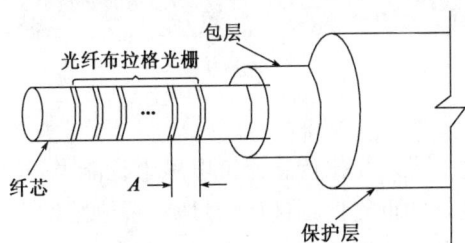

图 3-36 布拉格光纤光栅结构示意图

FBG 传感器的工作实质是将光在传感区域受到的环境信号转换、传输并储存为可以辨别的数字信息。在传感过程中，光源发出的光波由传输通道进入 FBG 传感器，传感器在应力、温度场的作用下，对光波进行调制，然后携带应力、温度场信号光波通过反射进入接收通道而被探测器接收解调并输出。通过改变 FBG 传感器的制作参数，可以形成不同中心波长的光纤光栅，将不同中心波长的 FBG 传感器连在一起，可以组成分布式测量网络，如图 3-37 所示；FBG 传感器可以很方便地在一根光纤上串联多个传感器，根据不同的反射中心波长可以确定测量位置，从而实现单线多点测量。传感器之间或传感器和测量仪器之间可以相距很远，可达几十千米甚至上百千米。

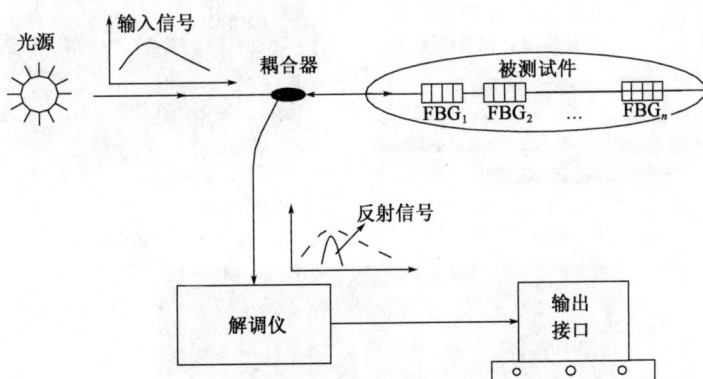

图 3-37 FBG 传感器测试方案工作原理

光纤光栅传感器的安装方式基本可分为内部埋入式和外表粘贴式，两种方式适用于不同情况，如图 3-38 所示。对于那些在建或将要兴建的桥梁工程，用于监测施工过程中材料内部的变化过程或者建成后结构使用期间的状态，采用内部埋入式较好。而对于既有桥梁工程，常采用外表粘贴式，将光纤光栅传感器采用焊接、螺栓、胶粘等方法固定于结构待测部位。

a)内部埋入式　　　　　　　　　　　　　b)外表粘贴式

图 3-38　不同安装方式的光纤光栅传感器

光纤光栅传感器抗电磁干扰能力强、分布性好、精度高、性能稳定、耐腐蚀、测量结果具有良好的重复性,可以实时地对桥梁结构进行动静态监测。相对于普通传感器具有显著优势,尤其适合长期监测。但光纤光栅十分脆弱,在恶劣的工作环境中容易被破坏。

3.3.6　磁通量荷载传感器

磁通量传感器是基于铁磁性材料的磁弹效应原理制成。即当铁磁性材料承受的外界机械荷载发生变化时,其内部的磁化强度(磁导率)发生变化,通过测量铁磁性材料制成的构件的磁导率变化,来测定构件的内力。磁通量传感器与常规传感器的主要不同点在于构件是传感器的一部分,它直接感应构件的磁特性变化来测量应力。

磁通量传感器(图 3-39)可应用于斜拉桥斜拉索的索力测试,系杆拱桥的吊杆和系杆的索力测试,悬索桥的缆索体系的索力测试,预应力混凝土结构中的体外索和预应力筋的张力测试,锚杆索力测试等。安装要求传感器内径比构件的外径大 3～7mm,以方便穿心安装。

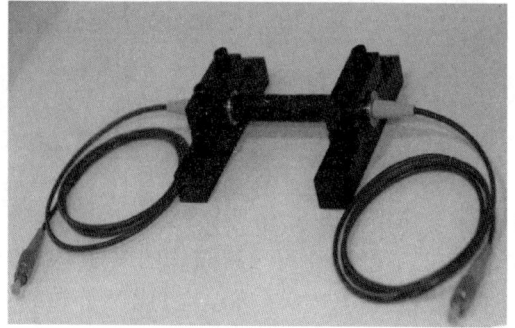

a)原理图　　　　　　　　　　　　　　b)实物图

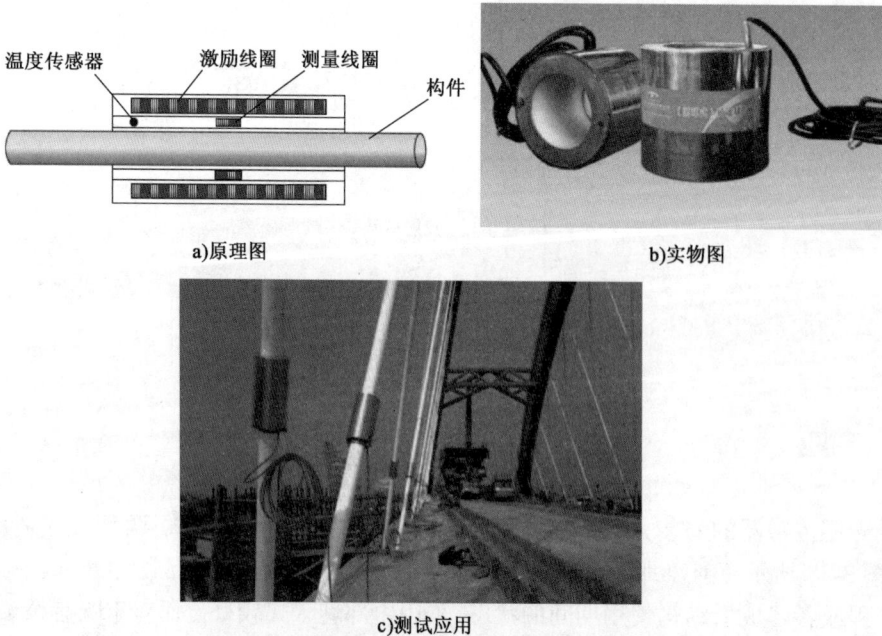

c)测试应用

图 3-39　磁通量荷载传感器

3.4 基于应变测试的衍生传感器

在众多桥梁测试技术的传感器中,有很多传感器是由基本应变测试传感器衍生制作而来,它们具有相似的原理,如电阻应变式传感器、振弦式传感器、光纤光栅式传感器等,基于基本应变传感器可衍生出位移、荷载、裂缝等传感器。

3.4.1 电阻应变式传感器

电阻应变式传感器以电阻应变计为敏感元件,将被测物理量(如位移、荷载等)转换为电信号的器件。电阻应变式传感器一般由敏感元件、传感元件和测量电路三部分组成,具体为弹性元件、粘贴于其上的电阻应变片、输出电信号的电桥电路及补偿电路。其中感受被测物理量的弹性元件是关键,结构形式有多样,旨在提高感受被测物理量的灵敏性和稳定性。它的工作原理是当被测物理量在弹性元件上产生弹性变形(应变)时,粘贴在弹性元件表面的电阻应变计可以将感受到弹性变形转变成电阻值的变化,这样电阻式传感器就将被测物理量的变化量转变为电信号的变化量,再通过电桥电路及补偿电路输出电信号。通过测量此电量值达到测量非电量值的目的。

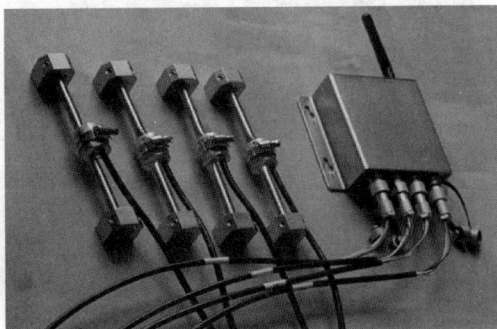

图 3-40　电阻式应变式表面传感器

电阻应变式传感器特点是精度高,测量范围广,寿命长,结构简单,频响特性好,能在恶劣条件下工作,易于实现小型化、整体化和品种多样化,但对于大应变有较大的非线性,输出信号较弱。电阻式应变表面传感器如图 3-40 所示。

电阻式应变式荷载传感器(图 3-41)通过测量弹性体的应变,即可换算荷载的大小。为减少荷载偏心可能带来的误差,一般在弹性体上布置 8 片应变片,并配合全桥互补接法。电阻式

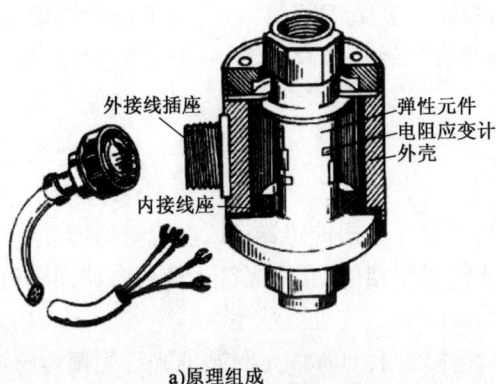

外接线插座
内接线座
弹性元件
电阻应变计
外壳

a)原理组成

b)实物图

图 3-41　电阻应变拉压荷载传感器

应变式荷载传感器的结构形式有圆柱式、环式、悬臂梁式及轮辐式等。当荷载作用于传感器时,传感器的弹性体发生变形,弹性体上的应变片产生电阻应变效应,根据应变与荷载关系换算力值,即 $P = A\sigma = AE\varepsilon$($A$ 为截面面积,σ 为截面应力,E 为弹性模量,ε 为应变值)。此类传感器可以根据实际需要自行设计与制作,在使用前,应在压力试验机上标定出传感器的 P-ε 关系曲线,以便换算荷载量值,并应定期标定以检查其荷载应变的线性性能和标定系数。

3.4.2 振弦式传感器

振弦式传感器(图 3-42)以振弦式应变计为敏感元件,将被测物理量(如位移、荷载等)转换为敏感元件频率的器件。如振弦式裂缝传感器,通过两端支座固定于结构表面,当被测结构物发生变形(位移/开合度)时将会带动裂缝传感器变化,通过两端支座传递给振弦使其产生应力变化,从而改变振弦的振动频率,测出被测结构物裂缝的变形量,同时可同步测量埋设点的温度值。振弦式裂缝传感器可长期测量结构物裂缝(开合度/位移)变形,并可回收重复使用。

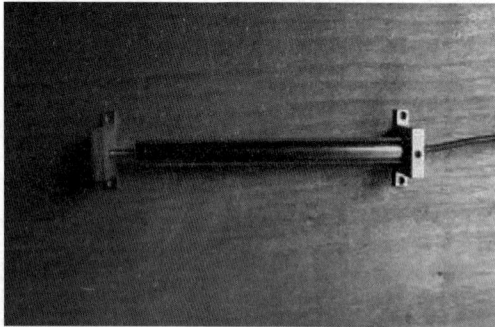 

a)裂缝传感器　　　　　　　　　　　　　　b)荷载传感器

图 3-42　振弦式传感器

振弦式荷载传感器以被拉紧的钢弦作为敏感元件,元件的固有频率与拉紧力的大小有关,当弦的长度确定后,钢弦的振动频率的变化量即可表征拉力的大小,即输入是力信号,输出是频率信号。振弦式荷载传感器本身为高强度的合金钢圆筒,常应用于桥梁拉索、吊杆、锚杆等荷载测量。振弦式荷载传感器具有较强的抗干扰能力及零漂小、温度特性好、结构简单、分辨率高、性能稳定等特点。

3.4.3 光纤光栅式传感器

由于光纤光栅波长对温度与应变敏感,光纤光栅传感器可以实现对温度、应变等物理量的直接测量。与电阻应变式传感器、振弦式传感器相似,利用光纤光栅传感器同样可以实现对位移、荷载、裂缝、加速度等的间接测量(图 3-43)。

如光纤光栅荷载传感器是在金属弹性体轴向,对称固定封装的光纤光栅传感器,并将传感器的尾纤首尾串接,以测量弹性体承受的荷载;同时,安装一个封装好的光纤光栅温度传感器用作温度补偿。

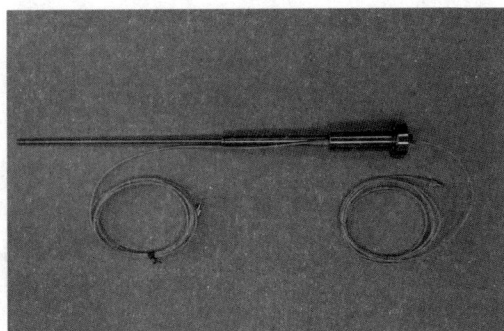

a)位移传感器

b)荷载传感器

图 3-43 光纤光栅式传感器

3.5 测振传感器

测振传感器又称换能器或拾振器(图 3-44),测振传感器固定在振动体上(即传感器的外壳固定在振动体上)与其一起振动;通过测量惯性质量相对于传感器外壳的运动,就可测得振动体的振动。感受的信号通过各种转换方式转换为电信号,转换方式有磁电式、压电式和电阻应变式等。所测的振动量通常有加速度和速度等。测量振动的传感器有两个作用:一是敏感作用,对被测对象某种物理量(如位移、速度、加速度或力)敏感,并完成对该被测量信号的拾取;二是变换作用,将被测非电量变换成电量输出,将这些描述机械振动量的物理量转换成电量(电流、电压、电荷)或电参数(电阻、电容、电感)的变化,然后输至"二次"仪表进行放大及记录、显示或分析。

按照被测物理量来分类测振传感器,可分为加速度传感器及速度传感器等。若按其在工作时与被测对象是否接触,可分为接触式与非接触式传感器。若按信号转换形式来分类,也可将测振传感器分为结构型和物性型。前者在测振过程中内部结构参数的变化导致有信号输出,如涡流传感器将金属位置的变化引起阻抗的变化导致输出;后者则结构参数不变,而是在测振过程中传感元件的物理性质的变化导致信号输出,例如压电式加速度传感器的晶体或陶瓷元件在测振过程中由于受力产生压电效应而有电荷输出。

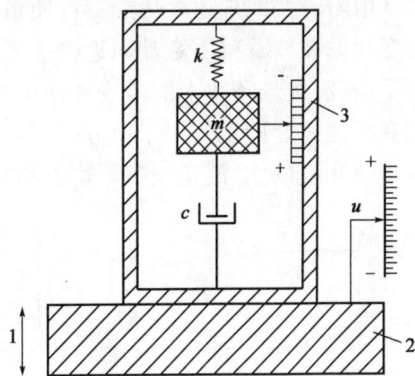

图 3-44 测振传感器原理示意图

1-测振方向;2-振动体;3-测振传感器;k-劲度系数;m-质量;c-阻尼系数;u-电压

在选用测振传感器的时候注意传感器的质量小于被测系统有效质量的 1/10,还要预先估计测试频率范围,使其处于所选测振传感器频率范围内,并确定最大振动加速度数值。

3.5.1 加速度传感器

常见的加速度传感器有压电式加速度传感器、电阻应变式加速度传感器和电容式加速度传感器。

1）压电式加速度传感器

压电式加速度传感器是利用晶体的压电效应制成的。压电效应是指一些晶体材料当受到压力并产生机械变形时,在其相应的两个表面上出现异号信号,当外力去掉后,晶体又重新回到不带电的状态,因此可以通过测量压电晶体的电荷量来得到所测振动的加速度,如图3-45所示。质量块相对于外壳的位移反映加速度,位移乘以晶体刚度即是动压力,动压力与压电晶体两个表面产生的电荷量(或电压)成正比。使用时,传感器固定在被测物体上,感受该物体的振动,惯性质量块产生惯性力,使压电元件产生变形。压电元件产生的变形和由此产生的电荷与加速度成正比。

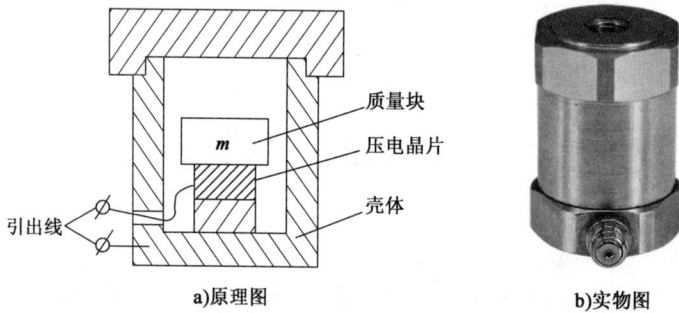

a)原理图　　　　　　　　　b)实物图

图3-45　压电式加速度传感器结构原理及实物图

压电加速度传感器可以做得很小,质量很轻,对被测结构的影响很小。压电加速度传感器的频率范围广、动态范围宽、灵敏度高、稳定性与抗干扰性能比较好,应用较为广泛。

2）电阻应变式加速度传感器

电阻应变式加速度传感器由质量块、悬臂梁、应变片和阻尼液体等构成,如图3-46所示,应变片贴在悬臂梁固定端附近的上下表面上,当有加速度时,质量块受力、悬臂梁弯曲,应变片感受应变,按悬臂梁上的应变片便可测出力的大小,在已知质量的情况下即可计算出加速度。应变片加速度计也适用于单方向(静态)测量。用于振动测量时,最高测量频率取决于固有振动频率和阻尼比,测量频率可达3 500 Hz。

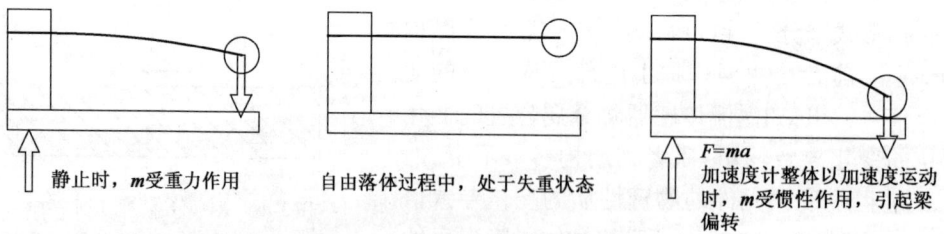

静止时,m受重力作用　　　　自由落体过程中,处于失重状态　　　加速度计整体以加速度运动时,m受惯性作用,引起梁偏转 $F=ma$

图3-46　电阻应变式加速度计结构原理图

电阻应变式加速度传感器的主要优点是灵敏度高(灵敏度误差一般小于1%,横向灵敏度比小于2%),低频效应好,还可以测量直流信号(如测量匀加速度),但体积较大,在实际的工程应用中需要硅油提供大的阻尼力。

3）电容式加速度传感器

电容式加速度传感器是基于电容原理的极距变化型的电容传感器,其中一个电极是固定的,另一个变化电极是弹性膜片,如图 3-47 所示,它的原理是利用惯性质量块在外加速度的作用下与被检测电极间的空隙发生改变,从而引起等效电容的变化来测定加速度的。弹性膜片在外力(气压、液压等)作用下发生位移,使电容量发生变化。这种传感器可以测量气流(或液流)的振动速度,还可以进一步测出压力。电容式加速度传感器具有测量精度高、输出稳定、温度漂移小、测量误差小、稳态响应等特点。

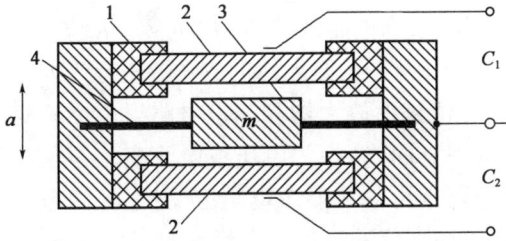

a)原理图 b)实物图

图 3-47 电容式加速度传感器原理及实物图

1-绝缘体;2-固定电极;3-质量块;4-弹簧片

3.5.2 速度传感器

单位时间内位移的增量就是速度,速度包括线速度和角速度,与之相对应的就有线速度传感器和角速度传感器,一般统称速度传感器。速度传感器以磁电式速度传感器应用最为广泛。

磁电式速度传感器是根据电磁感应原理制成。磁电式速度传感器中磁钢和壳体固连,并通过壳体安装在振动体上,与振动体一起振动;芯轴和线圈组成传感器的系统质量,通过弹簧片(系统弹簧)与壳体连动。振动体振动时,系统质量与传感器壳体之间发生相对位移,因此线圈与磁钢之间也发生相对运动,如图 3-48 所示。根据电磁感应定律,传感器的电压输出(感应电动势 E)与相对运动速度 v 成正比。它的特点是灵敏度高(可测非常微弱的振动)、性能稳定、输出阻抗低,频率响应范围有一定的宽度。磁电式速度传感器可以用来测量梁体挠度。

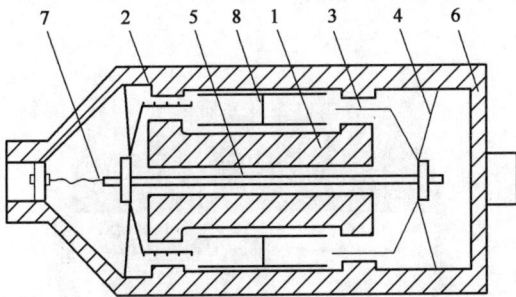

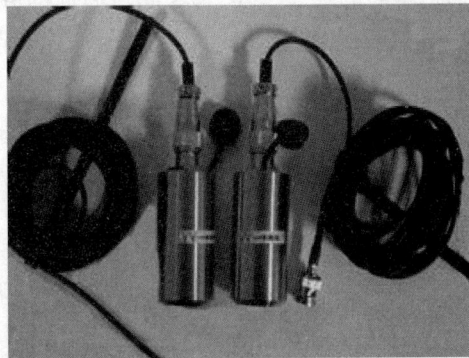

a)制造原理 b) 实物图

图 3-48 磁电式速度传感器结构示意图

1-磁钢;2-绞圈;3-阻尼环;4-弹簧片;5-芯轴;6-外芯;7-输出线;8-铝架

3.6 传感器测试仪器设备

3.6.1 电阻应变仪

电阻应变片的金属电阻丝灵敏系数 K_0 值为 $1.7 \sim 3.6$，制成电阻应变片后，灵敏系数 K 值在 2.0 左右，被测量的机械应变一般为 $10^{-6} \sim 10^{-3}$，则电阻变化率为 $\Delta R/R = K\varepsilon = 2 \times 10^{-6} \sim 2 \times 10^{-3}$。用电器直接测量这样微弱的电信号是很困难的，必须借助放大器进行放大。电阻应变仪就是电阻应变计的专用放大仪器，电阻应变仪是由放大器和测量电路组成。应变片可将结构的应变转换成电阻变化，电阻应变仪将此电阻变化转换为电压或电流变化，并进行放大，然后转换成应变数值。电阻应变仪按频率响应范围可分为静态电阻应变仪、静动态电阻应变仪、动态电阻应变仪和超动态电阻应变仪。各类应变仪的测量频率范围如表 3-2 所示。

各类应变仪的测量频率范围   表 3-2

类 别	测量应变信号	测量频率范围(Hz)
静态电阻应变仪	静态应变	$0 \sim 15$
静动态电阻应变仪	单点动态应变测量	<200
动态电阻应变仪	周期或非周期动态应变多通道	$<5\,000$
超动态电阻应变仪	爆炸、高速冲击	<100

电阻应变仪具有体积小、质量轻的特点，便于携带，因而适合于室内、现场或野外使用。在使用时要注意应变仪的工作频率大于被测量的物理量的频率，以保证不产生幅频失真和相频失真；应变仪的最大量程应大于被测应变的最大值，并使其输出不超过最大线性输出量，以保证不产生非线性失真；应变仪的输出形式应与记录仪相适应，并注意它们之间的阻抗匹配；对于静态测量，应根据测试精度要求和测试量来选择仪器的分辨率和测量点数。

电阻应变仪的常用品牌有江苏东华测试技术股份有限公司 DH3818 系列[图 3-49a)]、日本东京测器研究所生产的 TDS 系列采集仪 [图 3-49b)]等。DH3818 包括 8 个、16 个或 24 个测量通道不同的配置选择，每个测量通道都可以温度、位移或应变等。TDS 系列采集仪一般为 30 个测量通道，可适用于不同类型的桥路测试。

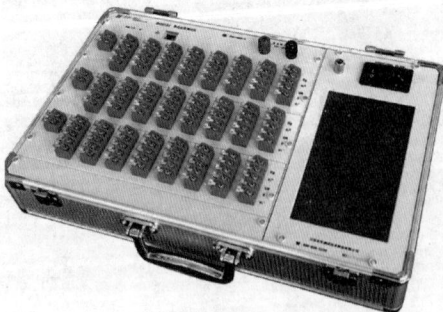

a)东华DH3818   b)日本TDS 530型

图 3-49 静态电阻应变仪

3.6.2 振弦式传感器采集仪

振弦式传感器采集仪就是要将传感器的共振频率精确测量,以便精确计算被测工程的应变。振弦式传感器数据采集仪有多种形式,如手持振弦式传感器读数仪、低耗能无线振弦信号采集仪、多通道振弦式传感器数据采集仪等。

振弦式传感器采集仪主要用来采集振弦式传感器的输出信号。振弦式传感器数据采集仪主要由两大部分组成:主控模块和测量模块。主控模块的作用是设置传感器的采集参数,并向测量模块发出传感器的采集命令。测量模块的作用是测量传感器的输出信号,并将测量数据发送给主控模块。振弦式传感器采集仪(图3-50)一般可显示频率、模数、温度值等,可存储测量数据,并与电脑实现数据通信。

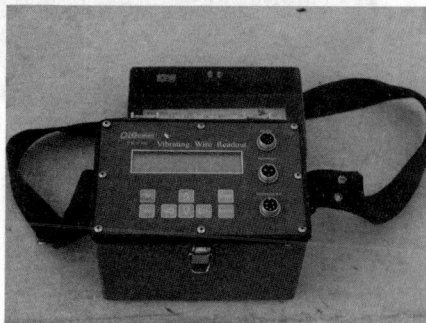

图 3-50　振弦式传感器采集仪

3.6.3 光纤光栅解调仪

光纤光栅解调仪是光纤传感器应用的核心技术之一。对光纤光栅波长进行解调的方法有光谱仪检测法、匹配光栅法、边缘滤波法、可调谐光纤 F-P 滤波法。常用的是可调谐光纤 F-P 滤波法(图3-51),采用宽带光源和可调谐 F-P 滤波器对传感光纤光栅的反射谱进行扫描,可调 F-P 滤波器的作用在于当一束宽带光入射 F-P 腔,有且只有一窄带光出射(谱宽小于 0.3 nm),出射光谱的中心波长与 F-P 腔的腔长相对应。由于腔长随压电体的驱动电压的变化而变化,不同的驱动电压也就对应了不同中心波长的窄带光射出 F-P 滤波器。

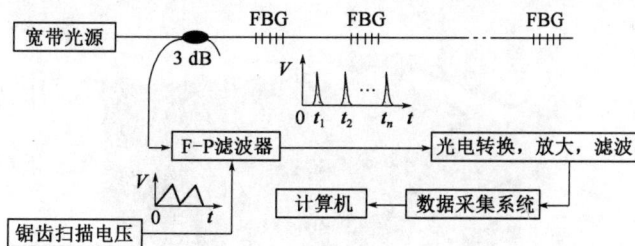

图 3-51　基于 F-P 滤波器的解调原理

在桥梁的实际应用中,光纤光栅解调仪以美国的 MOI 公司的 SM 系列产品为代表。如 SM125 型号光纤光栅解调仪(图3-52),同样是基于光纤 F-P 滤波器的解调技术,可测量应力、温度和压力等参数,具有 1Hz 的扫描频率,具有 4 个光学通道,可允许在一根光纤上同时连接大于 40 个 FBG 传感器,每个通道内不能出现同一波长的传感器,并需考虑波长变化的可能重叠。

此外,也可以采用通道扩展的方法,由光开关进行通道切换,通道切换控制命令由数据采集系统处理器执行。在这种方式下,很容易从 4 通道扩展到 8 通道、16 通道、32 通道,带来的不足在于遍历所有通道需要的时间也成倍增长,而且光开关的使用寿命要求很高,适合于低频扫描测量场合。

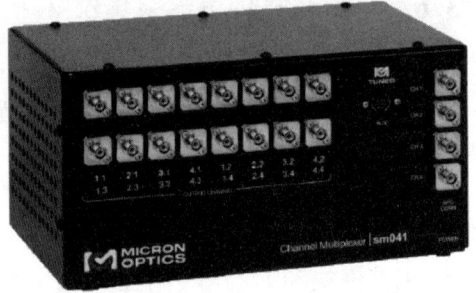

a) SM125解调仪   b) SM041多通道扩展模块

图 3-52   光栅解调仪

3.6.4   动态测试数据采集分析仪

动态信号测试分析仪应用范围广泛,内置数据采集、分析与存储功能的软件,能独立完成各种测试任务,非常适合各种工程现场测试的需要。其可完成应力应变、振动(加速度、速度、位移)、冲击、声学、温度(各种类型热电偶)、力、扭矩、电压、电流等各种物理量的测试和分析,并且与很多电压、电阻、电荷输出型传感器进行配套使用。

国内常用的是东方所、东华、安正等动态信号测试分析仪(图 3-53),具有较高的测试精度和极强的抗干扰能力,保证测试结果相对可靠,采用先进的隔离型技术,使输入、输出、通道间高度隔离,多层屏蔽,有效抑制了辐射和传导干扰,通过以太网通道拓展,实现无限多通道并行同步采样,完美的综合指标,保证了测量更加精准。

配合专用的振动分析软件,借助计算机可存储和打印数据表格、波形图、振型图、频谱图和振动趋势图等。

图 3-53   动态应力应变测试分析系统(东华 DH5921)

第 4 章

桥梁结构材料性能检测

4.1 概　述

在桥梁建设过程中,人们总是会采取各种措施,如选用优质建筑材料,采用合理科学的施工设备以及良好的施工工艺等方式来保证桥梁工程质量。然而,桥梁结构在温度、湿度、大气腐蚀等自然环境以及荷载作用、材料和结构的疲劳效应等使用环境的综合作用下,总是不可避免地出现病害及缺陷等,因此对桥梁结构材料性能检测显得尤为重要。

本章主要对桥梁结构的材料性能检测进行详细介绍,包括桥梁结构混凝土材料的缺陷检测、混凝土的强度测定,以及桥梁结构内部钢筋位置分布、锈蚀状态等检测。

4.2 混凝土结构缺陷检测

混凝土由水泥、砂石、水等材料混合并经由搅拌、浇筑、成型和养护等多种工艺形成强度制成,由于其材料复杂,工序繁多,在混凝土的施工、成型、使用等过程中会造成混凝土产生一些缺陷,导致混凝土强度不足。

4.2.1 超声法检测混凝土的缺陷

根据混凝土结构缺陷的特征及特征大小可将混凝土结构缺陷分为宏观缺陷、细观缺陷及微观缺陷3种。

(1)宏观缺陷。宏观缺陷主要是指由于混凝土施工、设计、材料本身特性等方面原因引起的大的缺陷，或是因为长期在腐蚀介质或冻融作用下由表及里的层状疏松缺陷，主要包括蜂窝、孔洞、缝隙、不密实区和化学腐蚀等缺陷。

(2)细观缺陷。细观缺陷主要是指混凝土材料由于泌水、干缩导致集料和水泥浆基体之间产生的裂纹、孔隙等细小缺陷。

(3)微观缺陷。微观缺陷主要是指混凝土在凝结过程中由于水泥浆硬化干缩和水分蒸发形成的微观裂缝，以及混凝土材料本身的微观缺陷。

超声法是无损检测混凝土结构的一种方式，即采用带波形显示功能的超声波检测仪，测量超声脉冲波在混凝土中的传播速度、幅度和频率等声学参数，并根据这些参数及其对应变化判定混凝土中的缺陷情况。

4.2.2 混凝土主要声学参数

目前混凝土超声检测中所常用的声学参数为声速、频率、波幅及波形，常用这些参数来判别混凝土结构的缺陷。

(1)声速。声速即超声波在混凝土中单位时间内传播的距离，它是混凝土超声检测中的一个主要参数。混凝土的声速与混凝土的性质有关，同时还与混凝土内部结构(材料组成和孔隙等)有关。一般来说，混凝土的密实度越好，弹性模量越高，声速就越大；当混凝土内部有孔洞、蜂窝等缺陷时，混凝土的声速值将比正常部位低。因此，在混凝土的超声检测中，可利用声速的变化判别计算混凝土结构的缺陷。

(2)频率。超声波是由电脉冲激发出的声脉冲信号，它是包含了一系列不同成分的余弦波的复频超声脉冲波。由于混凝土是非均质的弹黏塑性材料，对超声脉冲波的吸收、散射衰减较大，其中高频成分更容易衰减。因此，超声波在混凝土中越向前传播，其所包含的高频分量越少，主频率也逐渐下降。主频率下降的值除了与传播距离有关，还取决于混凝土内部是否存在缺陷。因此，利用超声脉冲各频率成分在遇到缺陷时被衰减的程度不同，从而使接收频率明显降低，或接收波频谱产生差异的方法，也可判别内部缺陷。

(3)波幅。波幅是指超声脉冲波通过混凝土后由接收换能器接收并由超声仪显示的首波信号幅度，即第一个波前半周的幅值，它反映了接收到的声波的强弱。对于内部有缺陷的混凝土，缺陷使超声波的传播路径发生改变，出现反射或绕射现象，使波幅将明显减小。因此，波幅也是判别混凝土缺陷的重要指标之一。

(4)波形。波形是指在仪器示波屏上显示的接收波波形。当超声波在传播过程中碰到混凝土内部的缺陷时，会出现超声波绕射、反射等传播路径改变的现象，导致最终到达接收换能器时的超声波的频率和相位有所不同。除此之外，这些直达波、绕射波和反射波的叠加有时还会导致波形的畸变。一般通过观察接收信号的波形是否畸形或观察包络线的形状来判断混凝土是否存在缺陷。

4.2.3 超声波检测混凝土缺陷的方法

超声波检测混凝土缺陷技术根据被测结构的形状、尺寸以及所处环境等因素,分别有不同的测试方法。常用的测试方法一般分成平面测试法和测试孔测试法两大类。

1)平面测试法(采用厚度振动式换能器)

平面测试法按照换能器的布置方式,可分成如图4-1所示的3种类型。

(1)直测法。一对发射(T)和接收(R)换能器,分别放置于被测混凝土结构的两个相互平行的表面,且两个换能器的轴线位于同一直线上,使超声脉冲波直接传播的方式。

(2)斜测法。一对发射(T)和接收(R)换能器,分别置于被测混凝土结构的两个面上,但两个换能器的轴线不在同一直线,使超声脉冲波半直接传播的方式。

(3)平测法。一对发射(T)和接收(R)换能器,分别置于被测混凝土结构的同一表面进行测试,使超声脉冲波采用间接或表面传播的方式。

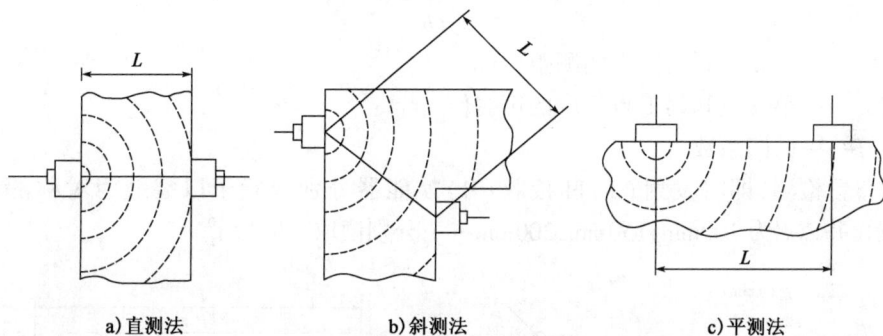

| a)直测法 | b)斜测法 | c)平测法 |

图4-1 探头布置方式

2)测试孔测试法(采用径向振动式换能器)

(1)孔中对测。一对换能器分别置于两个对应的测试孔中,并使其位于同一高度进行测试。

(2)孔中斜测。一对换能器分别置于两个对应的测试孔中,但不在同一高度,而是在保持一定的高程差的条件下进行测试。

(3)孔中平测。一对换能器分别置于同一测试孔中,并以一定的高度差同步移动进行测试。

4.2.4 超声法检测混凝土缺陷的应用

利用超声法可检测出混凝土结构的多种缺陷,包括混凝土裂缝深度、不密实和空洞等。

1)混凝土裂缝深度的检测

(1)单面平测法

当混凝土结构的裂缝部位只有一个可测表面且估计裂缝深度又不大于500mm时,可采用单面平测法进行混凝土的缺陷检测。平测时应在裂缝的被测部位,以不同的测距按跨缝和不跨缝布置测点进行检测。

不跨缝布置检测,即将发射(T)和接收(R)换能器放置于被测裂缝的同一侧,保持发射(T)换能器耦合不动,以两个换能器内边缘间距 l' 为 100mm、150mm、200mm、250mm……移动接收(R)换能器,分别读取相应声时值(t_i)并绘制"时—距"坐标图,如图4-2所示。也可以利用回归分析法求出声时和测距之间的回归直线方程 $l' = a + bt$,式中 a、b 为待求的回归系数。

每一测点超声波实际传播距离为:

$$l_i = l' + |a| \qquad\qquad (4\text{-}1)$$

式中:l_i——第 i 点的超声波实际传播距离(mm);

l'——第 i 点的 T、R 换能器内边缘间距(mm);

a——"时—距"图 l' 轴的截距或回归方程的常数项(mm)。

不跨缝平测的超声波声速值为:

$$v = \frac{l'_n - l'_1}{t_n - t_1} \qquad\qquad (4\text{-}2)$$

或 $$v = b \qquad\qquad (4\text{-}3)$$

式中:l_n'、l_1'——第 n 点和第 1 点的测距(mm);

t_n、t_1——第 n 点和第 1 点读取的声时值(μs);

b——回归系数。

跨缝布置检测,即将发射(T)和接收(R)换能器分别放置于以裂缝为对称的两侧,如图4-3所示,并以 l' 为 100mm、150mm、200mm……分别读取声时值 t_i^0。

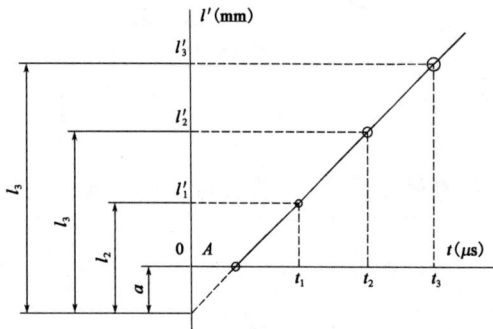

图4-2　平测"时—距离"

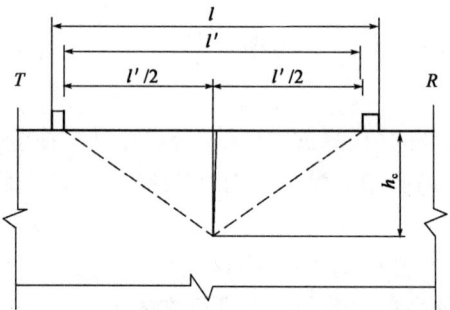

图4-3　超声绕过裂缝示意图

裂缝深度的计算式为:

$$h_{ci} = \frac{l_i}{2}\sqrt{\left(\frac{t_i^0 v}{l_i}\right)^2 - 1} \qquad\qquad (4\text{-}4)$$

式中:h_{ci}——第 i 点计算的裂缝深度值(mm);

l_i——不跨缝平测时第 i 点的超声波实际传播距离(mm);

t_i^0——第 i 点跨缝平测的声时值(μs)。

(2)双面斜测法

当结构的裂缝部位位于具有两个相互平行的测试表面时,可采用双面穿透斜测法检测。测点布置如图4-4所示,将 T、R 换能器分别置于两个测试表面,并使其一同按一定的测试距离、倾斜角移动,读取相应的声时值、波幅值和频率值。当 T、R 换能器的连线通过裂缝时,由于混凝土的不连续性,超声波在裂缝界面产生很大的衰减,接收到的首波信号很微弱,其波幅和频率与不经过裂缝的测点值比较有很大的差异。据此便可判断裂缝的深度及是否在水平方向贯通。斜测法检测裂缝深度具有直观、可靠的特点,若条件允许宜优先选用。

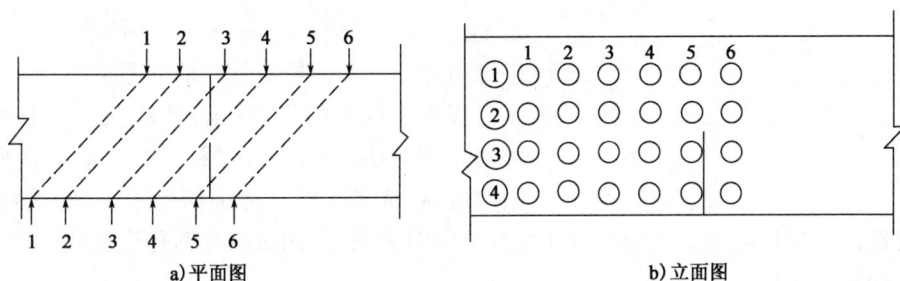

a)平面图   b)立面图

图4-4 斜测裂缝测点布置示意图

(3)钻孔对测法

对大体积结构,若裂缝深度超过500mm,用平测法难以测量,又不具备斜测法所需要的一对相互平行的测试面,此时可用钻孔对测法检测。其方法是在裂缝两侧钻测试孔,将换能器置于测试孔中进行测试,如图4-5所示,在裂缝两侧分别钻测试孔 A、B,同时在裂缝的一侧多钻一个较浅的孔 C 来测试无缝混凝土的声学参数,供对比判别用。此外,测试孔应满足以下要求:孔径比所用换能器的直径大5～10mm;孔深应至少比裂缝的预计深度深700mm,经试测如其深度浅于裂缝深度,则应加深测试孔;对应的两个测试孔 A、B 必须始终位于裂缝两侧,其轴线应保持平行;两个对应的测试孔的间距宜为2 000mm,同一检测对象各对测孔间距应保持相同;孔中粉末碎屑应清理干净。

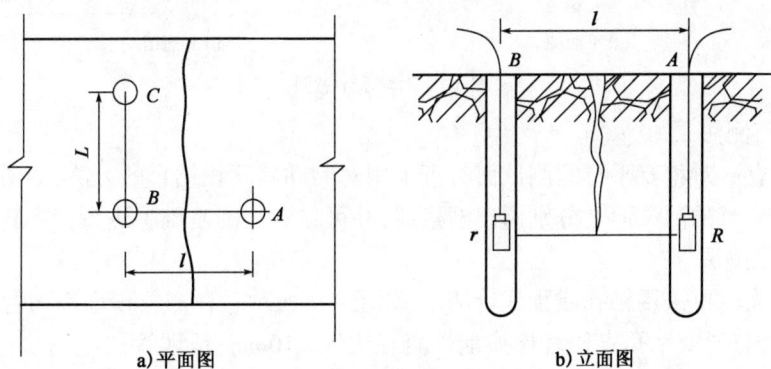

a)平面图   b)立面图

图4-5 钻孔测裂缝深度

裂缝深度检测时,应选用频率为20～60kHz 的径向振动式换能器,检测前应先向测试孔内注满清水,然后将 T、R 换能器分别置于裂缝两侧的对应孔中,以相同高程等间距从上至下同步移动,逐点读取声时、波幅和换能器所处的深度。

以换能器所处深度 d 与对应的波幅值 A 绘制 d-A 坐标图,如图4-6所示,随着换能器位置的下移,波幅逐渐增大,当换能器下移至某一位置后,波幅达到最大并基本稳定,该位置所对应的深度便是裂缝深度 d_c。

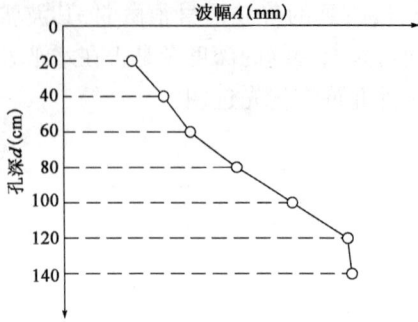

图 4-6　d – A 坐标

2）混凝土不密实区和空洞检测

混凝土和钢筋混凝土结构在施工过程中,有时会因漏振、漏浆或因石子架空在钢筋骨架上,导致混凝土内部形成蜂窝状不密实区或空洞。这种结构物内部的隐蔽缺陷,应及时检查出并进行技术处理。超声法即可用于这类混凝土缺陷的检测。

混凝土内部的隐蔽缺陷情况,无法直接判断,因此对于这类缺陷的测试区域,一般总要大于所怀疑的缺陷区域,或者先做大范围的粗测,根据粗测情况再着重对可疑区域进行细测。其检测方法主要分成对测法、斜测法以及钻孔法几种。

（1）平面对测法

当构件具有两对相互平行的测试面时,可采用对测法如图 4-7 所示,在测区的两对相互平行的测试面上分别画出等间距的网格,网格间距一般为 100 ~ 300mm,可适当放宽。将网格编号确定对应的测点位置,然后将 T、R 换能器分别置于对应测点上,逐点读取相应的声时、波幅和频率,并量取测试距离。

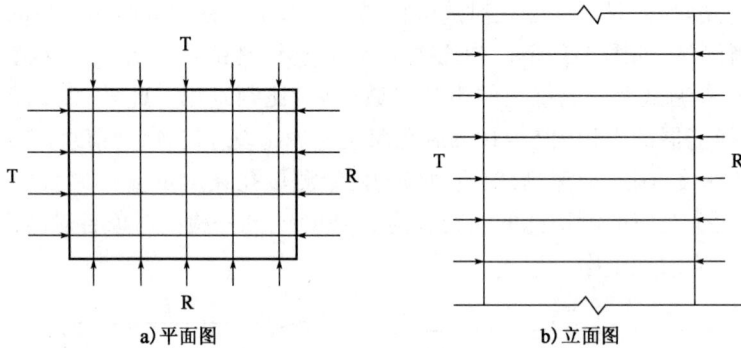

a）平面图　　　　b）立面图

图 4-7　对测法示意图

（2）平面斜测法

当构件只有一对相互平行的测试面时可采用对测和斜测相结合的方法,如图 4-8 所示,在测位两个相互平行的测试面上分别画出网格线,并可在对测的基础上进行交叉斜测。

（3）钻孔检测法

当测距较大时可采用钻孔或预埋管测法,如图 4-9 所示。在测位预埋声测管,或钻出竖向测试孔预埋管内径,或钻孔直径宜比换能器直径大 5 ~ 10mm;预埋管或钻孔间距宜为 2 ~ 3m,其深度可根据测试需要确定。检测时可用 2 个径向振动式换能器分别置于两测孔中进行测试,或用 1 个径向振动式与 1 个厚度振动式换能器,分别置于测孔中和平行于测孔的侧面进行测试。

由于混凝土本身的不均匀性,即使是没有缺陷的混凝土,测得的声时、波幅等声学参数也在一定范围内波动,因此我们一般利用统计方法进行判别。当一个测区的混凝土不存在裂缝、空洞等缺陷时,则认为这个测区的混凝土质量基本符合正态分布;但若混凝土结构内部

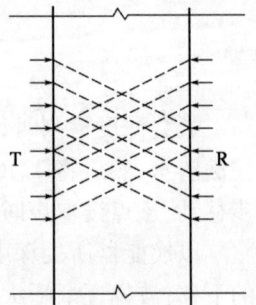

图 4-8　斜测法立面图

存在缺陷时,则该区域混凝土与无缺陷混凝土的声学参数必然存在着一定差异。

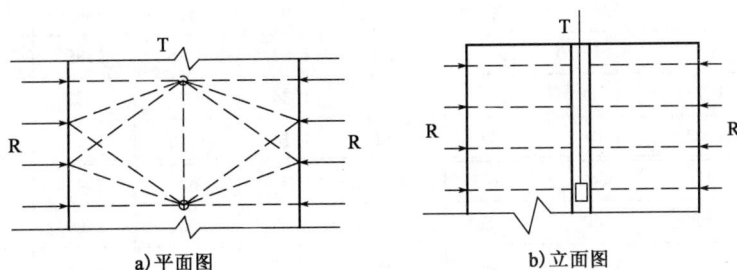

图4-9 钻孔法示意图

①混凝土声学参数的统计计算

测区混凝土声时(或声速)、波幅、频率测量值的平均值(m_x)和标准(S_x)应按下式计算:

$$m_x = \frac{1}{n}\sum_{i=1}^{n} X_i \tag{4-5}$$

$$S_x = \sqrt{\frac{\sum_{i=1}^{n} X_i^2 - n m_x^2}{n-1}} \tag{4-6}$$

式中:X_i——第 i 点的声时(或声速)、波幅、频率的测量值;

n——测区参与统计的测点数。

②测区中异常数据的判断

将一测区各测点的波幅、频率或由声时计算的声速值由大到小按顺序排列,即 $X_1 \geqslant X_2 \geqslant \cdots X_n \geqslant X_{n+1} \geqslant \cdots$ 将排在后面明显小的数据视为可疑,再将这些可疑数据中最大的一个(假定 X_n)连同其前面的数据带入式(4-5)和式(4-6)计算出 m_x 及 S_x,并代入下式计算出异常情况的判断值(X_0):

$$X_0 = m_x - \lambda_1 \cdot S_x \tag{4-7}$$

式中:λ_1——异常值判定系数,应按表4-1取值。

将判断值(X_0)与可疑数据的最大值(X_n)比较:当 $X_n \leqslant X_0$ 时,X_n 及排列于其后的各数据均为异常值,并且去掉 X_n,再用 $X_1 \sim X_{n-1}$ 进行计算和判别,直到判不出异常值为止;当 $X_n > X_0$,应再将 X_{n+1} 放进去重新进行统计计算和判别。

当测位中判出异常测点时,可根据异常测点的分布情况,按下式进一步判别其相邻测点是否异常:

$$X_0 = m_x - \lambda_2 \cdot S_x \qquad 或 \qquad X_0 = m_x - \lambda_3 \cdot S_x \tag{4-8}$$

式中:λ_2、λ_3——异常值判定系数,应按表4-1取值;当测点布置为网格状时取 λ_2;当单排布置测点时(如在声孔中检测)取 λ_3。

需要注意的是,若耦合条件无法保证测幅稳定,则波幅值不能作为统计法的判据。

统计数的个数 n 与对应的 λ_1、λ_2、λ_3 值   表4-1

n	20	22	24	26	28	30	32	34	36	38
λ_1	1.65	1.69	1.73	1.77	1.80	1.83	1.86	1.89	1.92	1.94
λ_2	1.25	1.27	1.29	1.31	1.33	1.34	1.36	1.37	1.38	1.39
λ_3	1.05	1.07	1.09	1.11	1.12	1.14	1.16	1.17	1.18	1.19
n	40	42	44	46	48	50	52	54	56	58
λ_1	1.96	1.98	2.00	2.02	2.04	2.05	2.07	2.09	2.10	2.12
λ_2	1.41	1.42	1.43	1.44	1.45	1.46	1.47	1.48	1.49	1.49
λ_3	1.20	1.22	1.23	1.25	1.26	1.27	1.28	1.29	1.30	1.31
n	60	62	64	66	68	70	72	74	76	78
λ_1	2.13	2.14	2.15	2.17	2.18	2.19	2.20	2.21	2.22	2.23
λ_2	1.50	1.51	1.52	1.53	1.53	1.54	1.55	1.56	1.56	1.57
λ_3	1.31	1.32	1.33	1.34	1.35	1.36	1.36	1.37	1.38	1.39
n	80	82	84	86	88	90	92	94	96	98
λ_1	2.24	2.25	2.26	2.27	2.28	2.29	2.30	2.30	2.31	2.31
λ_2	1.58	1.58	1.59	1.60	1.61	1.62	1.62	1.62	1.63	1.63
λ_3	1.39	1.40	1.41	1.42	1.42	1.43	1.44	1.45	1.45	1.45
n	100	105	110	115	120	125	130	140	150	160
λ_1	2.32	2.35	2.36	2.38	2.40	2.41	2.43	2.45	2.48	2.50
λ_2	1.64	1.65	1.66	1.67	1.68	1.69	1.71	1.73	1.75	1.77
λ_3	1.46	1.47	1.48	1.49	1.51	1.53	1.54	1.56	1.58	1.59

③不密实区和空洞范围的判别

测区中某些测点的声时值(或声速值)、波幅值(或频率值)被判为异常值时,可结合异常测点的分布及波形状况确定混凝土内部存在不密实区和空洞的范围。当判定混凝土缺陷是空洞时,其尺寸可按以下方法进行估算。

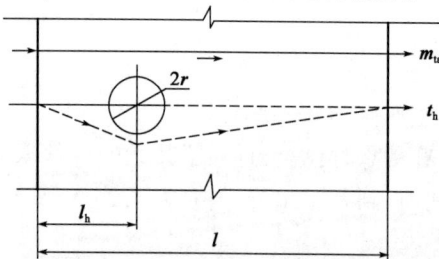

图4-10 空洞尺寸估算原理

如图4-10所示,设检测距离为 l,空洞中心(在另一对测试面上,声时最长的测点位置)距一个测试面的垂直距离为 l_h,声波在空洞附近无缺陷混凝土中传播的时间平均值为 m_{ta},绕空洞传播的时间(空洞处的最大声时)为 t_h,空洞半径为 r。

根据 l_h/l 值和 $(t_h - m_{ta})/m_{ta} \times 100\%$ 值,查得空洞半径 r 与测距 l 的比值,再计算空洞大致尺寸 r。

如被测部位只有一对可供测试的表面,只能按空洞位于测距中心考虑,空洞尺寸可用式(4-9)计算:

$$r = \frac{l}{2}\sqrt{\left(\frac{t_h}{m_{ta}}\right)^2 - 1} \tag{4-9}$$

式中：r——空洞半径(mm)；

l——T、R 换能器之间的距离(mm)；

t_h——缺陷处的最大声时值(μs);

m_{ta}——无缺陷区的平均声时值(μs)。

4.3 回弹法检测混凝土强度

回弹法检测混凝土强度是混凝土无损检测技术的典型方式之一,自其应用于土木建设工程,已有半个多世纪的历史。在此期间,国内外研究学者先后研制了一系列用于混凝土无损检测的仪器,并创建了与之对应的新技术理论,但利用回弹仪检测混凝土结构强度的方法仍凭借其操作简单、轨迹有效、测试精准等独特优势在混凝土的无损检测技术领域占有重要地位。

4.3.1 回弹法基本原理

回弹法是采用回弹仪(图4-11)的弹簧驱动重锤,使其以一定的冲击动能装机顶在混凝土表面的冲击杆后,测出重锤被反弹回来的距离,以回弹值(反弹距离与弹簧初始长度的比值)作为强度相关指标来推算混凝土强度的一种方法。

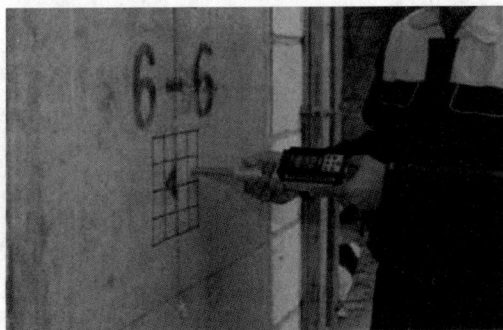

图4-11 回弹法检测混凝土强度

回弹值的大小取决于冲击能量相关的回弹能量,而回弹能量主要取决于被测混凝土的弹塑性性能。其能量的传递和变化概述如下:

设回弹仪的动能为 E 则由功能原理:

$$E = \sum A_i = A_1 + A_2 + A_3 + A_4 + A_5 + A_6 \tag{4-10}$$

式中:A_1——使混凝土产生塑性变形的功;

A_2——使混凝土弹击杆及弹击锤产生弹性变形的功;

A_3——弹击锤在冲击过程中和指针在移动过程中因摩擦损耗的功;

A_4——弹击锤在冲击过程中和指针在移动过程中克服空气阻力的功;

A_5——混凝土产生塑性变形时增加自由表面所损耗的功;

A_6——仪器冲击时由于混凝土构件的颤动和弹击杆于混凝土表面移动损耗的功。

由于 A_3、A_4、A_5、A_6 一般很小,当混凝土构件具有足够的刚度且在冲击过程中仪器始终紧贴混凝土表面时,均可忽略不计。在一定的冲击能量作用下,A_2 的弹性变形接近常数。因此,弹回距离主要取决于混凝土的塑性变形。混凝土的强度越低,则塑性变形越大,消耗于产生塑性变形的功越大,弹击锤所获得的回弹功能越小,回弹距离相应越小,从而回弹值越小,反之亦然,即混凝土强度大小与回弹值大小在一定基础上呈正比关系。

因此,只要测得混凝土结构的回弹值,就可由已建立的公式或曲线换算出构件混凝土的强度。

4.3.2 回弹法使用原则

回弹法检测混凝土强度的方法是对常规检验的一种补充。当对构件混凝土质量有所怀疑时,如对试件的检验结果有怀疑或供检验用的试件数量不足等情况下,可采用回弹法检测混凝土,并将检测结果作为处理混凝土质量问题的一个主要依据。除此之外,在施工阶段,如构件拆模、预应力张拉或吊装时,回弹法亦可作为评估混凝土强度的依据。

回弹法检测混凝土强度,是通过回弹仪测定混凝土表面硬度,进而推定其抗压强度的方法。因此,该法使用前提是要求被测结构或构件混凝土的内外质量基本一致。当混凝土表层与内部质量有明显差异,如遭受化学腐蚀或火灾、硬化期间遭受冻伤等表面或内部存在缺陷时,不允许回弹法检测混凝土的强度,否则检测结果误差可能偏大。因此,遇到混凝土结构表面受害时,应采用超声法或钻芯法等检测方式。如果条件不具备,必须对混凝土表面进行处理,达到内外一致后,才能进行回弹检测。

4.3.3 回弹法的测强曲线

回弹法测定混凝土结构强度的基本依据,就是回弹值与混凝土抗压强度之间的相关性。这种相关性可以用基准曲线"$f_{cu}\text{-}R$"(或经验公式)的形式予以确定,通常称为测强曲线。

测强曲线是在试验的基础上制定的,即制作一定数量的,考虑不同原料、不同龄期、不同强度等因素的混凝土立方体试块,测定其回弹值、碳化深度及抗压强度等参数,然后进行回归分析,求得拟合程度最好、相关系数最大的回归方程,以此作为经验公式或画出基准曲线即测强曲线。测强曲线是回弹法检测混凝土强度的基础,在实际工程使用过程中,利用回弹值与碳化深度值等一系列相关检测数据,对照测强曲线,即可进行查询或计算混凝土强度的推定值。因此,提高回弹法检测精度通常从测强曲线的角度着手。

为了方便测试,提高回弹法测强的精度,充分考虑各地区的材料差异,目前我国常用的测强曲线可分为三类。三类曲线的技术条件和适用范围如表4-2所示。

回弹法测强曲线类型 表4-2

名称	统 一 曲 线	地 区 曲 线	专 用 曲 线
定义	由全国有代表性的材料、成型、养护工艺配制的混凝土试块;通过大量的破损与非破损试验所建立的曲线	由本地区有代表的材料、成型、养护工艺配制的混凝土试块,通过较多的破损与非破损试验所建立的曲线	由与构建混凝土相同的材料、成型、养护工艺配制的混凝土试块,通过一定数量的破损与非破损试验所建立的曲线
适用范围	适用于无地区曲线或专用曲线时检测符合规定条件的构件或结构混凝土强度	适用于无专用曲线时检测符合规定条件的构件后结构混凝土强度	适用于检测与该构件相同脚尖的混凝土强度
误差	$\delta \leqslant \pm 15\%$, $e_r \leqslant 18\%$	$\delta \leqslant \pm 14\%$, $e_r \leqslant 17\%$	$\delta \leqslant \pm 12\%$, $e_r \leqslant 14\%$

注:δ 表示测强曲线的平均相对误差,e_r 表示测强曲线的相对标准差。

测强相关曲线一般可用回归方程来表示。对于未碳化混凝土或在一定条件下成型养护的混凝土,可用式(4-11)所示的回归方程表示:

$$f_{cu}^c = f(R) \tag{4-11}$$

式中：f_{cu}^c——回弹法测区混凝土强度值；

    R——混凝土的回弹值。

对于已经碳化的混凝土或龄期较长的混凝土，可用式(4-12)或式(4-13)的函数表示：

$$f_{cu}^c = f(R,d) \tag{4-12}$$

$$f_{cu}^c = f(R,d,t) \tag{4-13}$$

式中：d——混凝土的碳化深度；

    t——混凝土的龄期。

对于已测得含水率的硬化混凝土，可采用式(4-14)的函数表示：

$$f_{cu}^c = f(R,d,t,W) \tag{4-14}$$

式中：W——混凝土的含水率。

目前我国应用最为广泛的是式(4-12)，即采用回弹值和碳化深度两个指标来推定混凝土强度。

4.3.4 检测流程

回弹法检测混凝土缺陷的流程一般有选取试样、布置测区、测量回弹值和测量碳化深度等。

检测结构或构件混凝土强度的方法一般可根据试样选取方式的不同分为两种：一是单个检测方法，此法主要适用于单独的结构或构件的检测；二是批样检测法，主要适用于在相同的生产工艺条件下，混凝土强度等级相同，原材料、配合比、成型工艺、养护条件基本一致且龄期相近的一批同类构件。按批样检测时，应随机抽取试件，所选构件应具有一定的代表性，且保证抽检数量不得少于同批构件总数的30%且不少于10件，还要求测区数量不得少于100个。

当选择好检测试件并了解被测混凝土构件的情况后，就需要在构件上选择及布置测区。测区是指每一试样的测试区域，每一个测区代表了试样同条件混凝土的一组试块。根据行业标准《回弹法检测混凝土抗压强度技术规程》(JGJ/T 23)规定，单个构件的测区选择与布置应符合以下规定：

对于一般构件，其测区数不少于10个；当受检构件数量大于30个且不需要提供单个构件推定强度或受检构件的某一方向的尺寸不大于4.5m且另一方向尺寸不大于3m时，其测区数量可适当减少，但不应少于5个；测区的大小以能容纳16个回弹测点为宜，一般控制在0.04m²；测区宜均匀布置在构件或结构的检测面上，相邻测区间距不宜过大，一般控制在2m以内，测区离构件端部或施工缝边缘的距离不宜大于0.5m，且不宜小于0.2m；测区宜选在能使回弹仪处于水平方向的混凝土浇筑侧面，当不能满足这一要求时，可选在使回弹仪处于非水平方向的混凝土浇筑表面或底面；测区宜选在构件的两个对称的可测面上，当不能布置在对称的可测面上时，也可布置在一个可测面上，且均匀分布。在构件的受力部位及薄弱部位必须布置测区，并应避开预埋件；测区表面应为混凝土原浆面，并应清洁、平整、干燥，不应有疏松层、浮浆、油垢、涂层以及蜂窝麻面等情况，必要时可采用砂轮清除表面杂物和不平整处。

按上述方法选取试样和布置测区后，便可进行回弹值的测量。一般来说，每一测区应读取16个回弹值。测试时，回弹仪的轴线应始终垂直于混凝土检测面，并保证测点不应在气孔和外露石子上，否则该数不能计入每一测区的16个点中。每一测区的两个测面用回弹仪各弹击8点，如一个测区只有一个测面则需要测16个点。同一测点只允许弹击一次，测点宜在测区范围内均匀布置,相邻两测点的净距离不宜小于 20mm,测点距外露钢筋、预埋件的距离不宜小于 30mm。

回弹值测量完毕后,即进行测量构件的碳化深度。一般应在有代表性的测区上测量碳化深度,测点数不应小于构件测区数的 30%,并取其平均值作为该构件每测区的碳化深度值。其操作步骤是:用冲击钻在测区表面形成直径约为 15mm 的孔洞(其深度应大于混凝土的碳化深度),清除孔洞中的粉末和碎屑(注意不能用水擦洗),用 1% ~2% 的酚酞酒精溶液滴在孔洞内壁的边缘处,一般碳化部分的混凝土不变色,而未碳化部分的混凝土会变成紫红色。当已碳化与未碳化界限清楚时,应采用碳化深度测量仪测量已碳化和未碳化混凝土交界面到混凝土表面的垂直距离,测量 3 次(每次读数应精确至 0.25mm),取 3 次测量的平均值作为该测区的碳化深度值并精确至 0.5mm。

4.3.5 数据处理

1)回弹值的计算

计算测区平均回弹值时,应从该测区的 16 个回弹值中剔除 3 个最大值和 3 个最小值,然后将余下的 10 个回弹值按式(4-15)计算,求得该测区的平均回弹值。

$$R_{\mathrm{m}} = \frac{\sum\limits_{i=1}^{10} R_i}{10} \tag{4-15}$$

式中:R_{m}——测区平均回弹值,精确至 0.1;

R_i——第 i 个测点的回弹值。

由于回弹法测强曲线是根据回弹仪水平方向测试混凝土试件侧面的试验数据计算出的,当回弹仪于非水平方向检测混凝土浇筑侧面时,应按下列公式修正:

$$R_{\mathrm{m}} = R_{\mathrm{m}\alpha} + R_{\mathrm{a}\alpha} \tag{4-16}$$

式中:$R_{\mathrm{m}\alpha}$——非水平方向检测时测区的平均回弹值,精确至 0.1;

$R_{\mathrm{a}\alpha}$——非水平方向检测时回弹值的修正值。

当回弹仪于水平方向检测混凝土浇筑表面或浇筑底面时,测区的平均回弹值应按下列公式修正:

$$R_{\mathrm{m}} = R_{\mathrm{m}}^{\mathrm{t}} + R_{\mathrm{a}}^{\mathrm{t}} \tag{4-17}$$

$$R_{\mathrm{m}} = R_{\mathrm{m}}^{\mathrm{b}} + R_{\mathrm{a}}^{\mathrm{b}} \tag{4-18}$$

式中:$R_{\mathrm{m}}^{\mathrm{t}}$、$R_{\mathrm{m}}^{\mathrm{b}}$——水平方向检测混凝土浇筑表面、底面时,测区的平均回弹值;

$R_{\mathrm{a}}^{\mathrm{t}}$、$R_{\mathrm{a}}^{\mathrm{b}}$——混凝土浇筑表面、底面回弹值的修正值。

回弹法检测混凝土强度时,当回弹仪为非水平方向且测试面为混凝土的非浇筑侧面,则应先对回弹值进行角度修正,然后再对修正后的回弹值进行浇筑面修正。

2)混凝土强度的推算

测区混凝土强度换算是指将测得的回弹值和碳化深度值换算成被测构件的测区的混凝土抗压强度值。根据每个测区的平均回弹值(R_{m})以及平均碳化深度值(d_{m}),查阅由专用曲线、地区曲线或统一曲线编制的测区混凝土强度换算表,得出结构或构件第 i 个测区混凝土强度换算值 $f_{\mathrm{cu},i}^{\mathrm{c}}$。

一般来说,结构或构件混凝土的强度平均值应根据各测区的混凝土强度换算值计算。除

此之外,当测区数不少于 10 个时,还应计算强度标准差。测区混凝土的轻度平均值和强度标准差可按下列公式计算:

$$m_{f_{cu}^c} = \frac{\sum_{i=1}^{n} f_{cu,i}^c}{n} \tag{4-19}$$

$$S_{f_{cu}^c} = \sqrt{\frac{\sum_{i=1}^{n} (f_{cu,i}^c)^2 - n(m_{f_{cu}^c})^2}{n-1}} \tag{4-20}$$

式中:$m_{f_{cu}^c}$——各测区强度换算值的平均值(MPa),精确至 0.1MPa;

$\quad n$——测区数、对于单个检测的构件,取该构件的测区数;对于批量检测的构件,取被抽检构件的测区数之和;

$\quad S_{f_{cu}^c}$——各测区强度换算值的标准差(MPa),精确至 0.01MPa;

$\quad f_{cu,i}^c$——构件第 i 个测区强度换算值。

构件的混凝土强度推定值($f_{cu,e}$)是指相应于强度换算值总体分布中保证率不低于 95% 的结构或构件中混凝土抗压强度值,其值可根据下列公式进行计算。

(1)单个检测法测量混凝土强度

①当构件测区数小于 10 个时,以测区混凝土强度换算值的最小值作为构件混凝土的强度推定值,即:

$$f_{cu,e} = f_{cu,min}^c \tag{4-21}$$

式中:$f_{cu,e}$——构件的混凝土强度推定值,精确至 0.1MPa;

$\quad f_{cu,min}^c$——构件中最小的测区混凝土强度换算值。

②当构件测区中混凝土强度出现小于 10.0MPa 时,应按下式确定:

$$f_{cu,e} < 10.0MPa \tag{4-22}$$

③当构件测区数不小于 10 个时,应按下列公式计算:

$$f_{cu,e} = m_{f_{cu}^c} - 1.645 S_{f_{cu}^c} \tag{4-23}$$

(2)抽样检测法测量混凝土强度

当批量检测时,应按下列公式计算:

$$f_{cu,e} = m_{f_{cu}^c} - k S_{f_{cu}^c} \tag{4-24}$$

式中:k——推定系数,宜取 1.645。

特殊的,对于按批量检测的构件,当该批构件混凝土强度标准差出现下列情况之一时,则该批构件应全部按单个构件检测:

①当该批构件混凝土强度平均值小于 25MPa,$S_{f_{cu}^c}$ 大于 4.5MPa 时。

②当该批构件混凝土强度平均值不小于 25MPa 且不大于 60MPa,$S_{f_{cu}^c}$ 大于 5.5MPa 时。

4.4 超声回弹综合法检测混凝土强度

超声回弹综合法是目前我国使用较广的一种结构中混凝土强度非破损检测方法。它是指采用超声仪和回弹仪,在构件混凝土同一测区分别测量声音和回弹值,然后利用已建立起的测强公式推算测区混凝土强度的一种方法。

4.4.1 超声回弹综合法特点

超声回弹综合法即超声法和回弹法两种单一测强的综合测试,较之单一的超声或回弹非破损检验方法,其优势具体有以下几点:

(1)可减少混凝土龄期和含水率的影响。混凝土的龄期和含水率对超声波波速和回弹值的影响有着本质的不同:混凝土的含水率越大,超声声速偏高而回弹值偏低;混凝土龄期长,超声声速的增长率下降,而回弹值则因混凝土碳化程度增大而提高。因此,用将两者结合起来的超声回弹综合法测定混凝土的强度可以部分减少混凝土龄期和含水率的影响。

(2)互相弥补。一般来说,一个物理参数只能从一个方面、在一定范围内反映混凝土的力学性能,超过一定范围,它可能不很敏感或不起作用。如回弹值 R 主要是以表层混凝土的弹性性能来反映混凝土强度,当构件截面尺寸较大或内外质量有较大差异时,就很难反映混凝土的实际强度;又如超声声速主要反映材料的弹性性质,由于超声波穿过材料,也反映材料内部的信息,但对于强度较高的混凝土(一般认为大于 35MPa),其"声速—抗压强度"的相关性则较差。因此,利用超声回弹综合法测定混凝土的强度,既可以内外结合,又能在较高或较低的强度区间互相弥补各自的不足,能够较准确地反映混凝土强度。

(3)提高测试精度。因为综合法能够减少一些因素的影响程度,较全面地反映整体混凝土的质量,所以对提高无损检测混凝土强度的精度具有明显的效果。

4.4.2 测区回弹值及声速值测量原则

检测构件时,测区布置应符合以下规定:当按单个构件检测时,应在构件上均匀布置测区,每个构件上的测区数不应少于 10 个;对于同批构件按批抽样检测,构件抽样数应不少于同批构件的30%且不少于 10 件,每个构件测区数不应少于 10 个;对于长度小于或等于 2m 的构件,其测区数可适当减少,但不应少于 3 个。

当按批抽样检测时,符合下列条件的构件才可作为同批构件:混凝土强度等级相同;混凝土原材料、配合比、成型工艺、养护条件及龄期基本相同;构件种类相同;在施工阶段所处状态相同。

每一构件的测区,应满足下列要求:测区布置在构件混凝土浇筑方向的侧面;测区均匀分布,相邻两测区的间距不宜大于 2m;测区避开钢筋密集区和预埋件;测区尺寸为 200mm × 200mm;测试面应清洁、平整、干燥,不应有接缝、饰面层、浮浆和油垢,并避开蜂窝、麻面部位,必要时可用砂轮片清除杂物和磨平不平整处,并擦净残留粉尘。

超声回弹综合法检测构件强度时,每一测区宜先进行回弹测试,再进行超声测试。对于非同一测区内的回弹值及超声声速值,在计算混凝土强度换算值时不得混用。

4.4.3 回弹值计算

超声回弹综合法中回弹值的测试和计算与本章4.3节回弹法检测混凝土强度相同,这里不再重复介绍。

4.4.4 超声声速值测量与计算

1)超声测量的注意事项

超声测点应布置在回弹测试的同一测区内。测量超声声速值前,需检测换能器与混凝土耦合状况是否良好,测试的声时值应精确至 $0.1\mu s$,声速值应精确至 $0.01km/s$。超声测距的误差应不大于 $\pm 1\%$。在每个测区内的相对测试面上,应各布置 3 个测点,且发射和接收换能器的轴线应在同一轴线上,如图 4-12 所示。

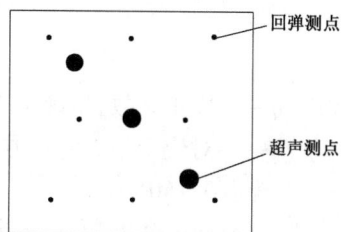

回弹测点

超声测点

图 4-12 测点布置

2)声速值的计算

测区声速值应按下列公式计算:

$$v = \frac{l}{t_m} \tag{4-25}$$

$$t_m = \frac{t_1 + t_2 + t_3}{3} \tag{4-26}$$

式中:v——测区声速值(km/s);

l——超声测距(mm);

t_m——测区平均声时值(μs);

t_1、t_2、t_3——测区中 3 个测点的声时值。

特殊地,当在混凝土浇灌的顶面与底面测试时,测区声速值应按下列公式修正:

$$v_a = \beta V \tag{4-27}$$

式中:v_a——修正后的测区混凝土中声速代表值(km/s);

β——超声测试面的声速修正系数;当在混凝土浇筑面的顶面及底面测试时,$\beta = 1.034$;在混凝土侧面测试时,$\beta = 1$。

4.4.5 混凝土强度推定

超声回弹综合法检测混凝土强度时,构件第 i 个测区的混凝土强度换算值 $f_{cu,i}^c$,应根据修正后的测区回弹值 R_{ai} 及修正后的测区声速值 v_{ai},优先采用专用测强曲线或地区测强曲线推定。当无专用和地区测强曲线,可按规范查阅混凝土强度或按下列全国统一测区混凝土抗压强度换算公式计算。

当集料为卵石时:

$$f_{cu,i}^c = 0.0056 v_{ai}^{1.439} R_{ai}^{1.769} \tag{4-28}$$

当集料为碎石时:

$$f_{cu,i}^c = 0.0162 v_{ai}^{1.656} R_{ai}^{1.410} \tag{4-29}$$

式中:$f_{cu,i}^c$——第 i 个测区混凝土抗压强度换算值(MPa),精确至 0.1MPa。

当结构或构件所采用的材料及其龄期与制订测强曲线所采用的材料及其龄期有较大差异时,应采用同条件立方体试件或从结构或构件测区中钻取的混凝土芯样试件的抗压强度进行修正,且试件数量不应少于 4 个。此时,测区混凝土强度换算值应乘以下列修正系数。换算值应乘以修正系数 η。修正系数可按下列公式计算:

采用同条件立方体试件修正时:

$$\eta = \frac{1}{n} \sum_{i=1}^{n} \frac{f_{cu,i}^0}{f_{cu,i}^c} \tag{4-30}$$

采用混凝土芯样试件修正时:

$$\eta = \frac{1}{n}\sum_{i=1}^{n}\frac{f_{\text{cor},i}^{c}}{f_{\text{cu},i}^{c}} \tag{4-31}$$

式中：η——修正系数，精确至小数点后两位；

$f_{\text{cu},i}^{c}$——对应于第 i 个立方体试件或芯样试件的混凝土抗压强度换算值（MPa），精确至 0.1MPa；

$f_{\text{cu},i}^{0}$——第 i 个混凝土立方体（边长 150mm）试件的抗压强度实测值（MPa），精确至 0.1MPa；

$f_{\text{cor},i}^{c}$——第 i 个混凝土芯样（$\phi100 \times 100$mm）试件的抗压强度实测值（MPa），精确至 0.1MPa；

n——试件数。

4.5 钻芯法检测混凝土强度

混凝土质量的检测方法可分为非破损法和半破损法，除了超声法、回弹法、超声回弹综合检测法等非破损检测方法检测混凝土强度外，钻芯法、拔出法、射击法则是典型的半破损检测方法。这类方法是以局部破坏性试验获得结构混凝土的实际抵抗破坏的能力，因此较为直观可靠。其中，钻芯法（图 4-13）由于具有不受混凝土龄期限值、测试结果误差范围小、直观、能真实地反映混凝土强度等诸多优点，在实际工程中得到了广泛的应用。

图 4-13 钻芯取样

4.5.1 钻芯法特点

钻芯法是利用专用钻机，从结构混凝土中钻取芯样以检测混凝土强度或观察混凝土内部质量的方法。钻芯法可直观检测裂缝、接缝、分层、孔洞或离析等缺陷，且用此法检测混凝土的强度较非破损法精度更高，因此广泛适用于工业与民用建筑、大坝、桥梁、公路、机场跑道等混凝土结构的质量检测。

但钻芯法必须对混凝土结构进行钻孔取芯，对构件的损害较大，检测成本较高，因此只有在下列情况下才能进行钻芯取样测量混凝土强度：

（1）对立方体试块的抗压强度产生怀疑。可能是试块强度很高，而结构混凝土的外观质量很差;或是试块强度较低,而结构外观质量较好,或者是因为试块的形状、尺寸、养护等不符合要求,从而影响试验结果的准确性。

(2)结构中混凝土因水泥、砂石等质量较差,或因施工、养护不良发生质量问题。

(3)结构检测部位的表层和内部质量有明显差异,或者在使用期间遭受化学腐蚀、火灾,硬化期间遭受冻害的混凝土均可采用钻芯法检测强度。

(4)使用多年的桥梁、建筑物中的混凝土结构,如需加固改造或因工艺流程的改变,荷载发生变化,需要了解某些部位的混凝土强度。

(5)对施工有特殊要求的结构和构件。

另外,钻芯会对混凝土结构造成局部损伤,这对于钻芯位置的选择及钻芯数量等均有一定限制,而且它所代表的区域是有限的;钻芯机及芯样加工配套机具与非破损测试仪器相比较为笨重,移动不够方便,测试成本也较高;钻芯后的孔洞需要修补,尤其当钻断钢筋时,更增加了修补工作的困难;混凝土的龄期过短或强度没有达到 10MPa 时,在钻取过程中容易破坏砂浆和粗集料之间的黏结力,钻出的芯样表面较粗糙,甚至很难取出完整芯样,无法保证检测结果的准确性。

4.5.2 芯样钻取与加工

1)钻芯位置的选择

钻芯时会对结构混凝土造成局部损伤,因此钻芯位置的选择显得尤为重要。为减少对结构的损害,钻芯位置应尽量选在构件受力较小的部位;在一个混凝土构件中,由于多种因素的影响,混凝土各部分强度并不是均匀一致的,因此应选择混凝土强度质量具有代表性的部位;此外,还应选择便于钻芯机安装与操作的部位。在钻芯过程中,应设法避免主筋、预埋件和管线的位置,以免损坏钻头或给钻孔修复工作带来困难。若采用超声、回弹或综合法等非破损方法与钻芯法共同检测结构中混凝土的强度时,取芯位置应选择具有代表性的非破损测区内,这样才能建立非破损测试强度与芯样抗压强度之间的良好对应关系。

2)芯样尺寸的确定

一般根据检测目的选取合适尺寸的钻头,从而确定芯样的尺寸。当钻取的芯样是为了进行抗压试验时,则芯样的直径为混凝土粗集料粒径的 3 倍;在混凝土内钢筋过密或因取芯位置不允许钻取较大芯样的特殊情况下,芯样直径可为粗集料直径的 2 倍。为了减少结构构件的损伤程度,确保结构的安全,在粗集料最大粒径范围限制内,应尽量选取小直径钻头。若取芯是为了检测混凝土内部缺陷或受冻害、腐蚀的深度时,则钻头直径的选取可不受粗集料最大粒径的限制。

3)钻芯数量的确定

取芯的数量一般根据检测的目的而定。若按单个构件进行强度检测时,每个构件上的取芯数量一般不少于 3 个,取芯位置应尽量分散以减少对构件强度的影响。当单个构件的体积或截面较小,取芯过多会影响结构承载力时,钻芯数量可取 2 个。

对于检验批的混凝土,其芯样试件的数量应根据检验批的容量确定。标准芯样试件的最小样本量不宜少于 15 个,小直径芯样试件的最小样本量应适当增加。

4)芯样的加工

为减少混凝土强度检测的偏差,锯切后的芯样试件需进行编号,如图 4-14 所示,并进行加工修补,应检测平均直径、高度、垂直度和平整度等几何尺寸,只有在这些尺寸符合规范要求时方能进行抗压试验。当芯样试件尺寸偏差及外观质量超过下列数值时,相应的测试数据无效:芯样试件的实际高径比 H/d 小于要求高径比的 0.95 或大于 1.05;沿芯样试件高度的任一直径与平均直径相差大于 2mm;抗压芯样试件端面的不平整度在 100mm 长度内大于 0.1mm;芯样试件端面与轴线的不垂直度大于 1°;芯样有裂缝或有其他较大缺陷。

图 4-14　芯样编号

4.5.3　抗压强度计算与混凝土强度推算

由于芯样的含水率对抗压强度有一定影响,结合国外的经验,我国规范规定,芯样试件应在自然干燥状态下进行抗压试验。当结构工作条件比较潮湿,需要确定潮湿状态下混凝土的强度时,芯样试件宜在 20(±5)℃的清水中浸泡 40~48h,从水中取出后立即进行试验。一般建筑物的梁、板、柱是在干燥状态下工作的,地基基础、桩等是在潮湿状态下工作的。

芯样试件的抗压强度等于试件破坏时的最大压力除以截面积,截面积用平均直径进行计算。试验研究表明,高径比为 1:1 时,公称直径为 70~75mm 芯样试件的抗压强度与标准芯样试件(边长为 150mm 的立方体试块)的抗压强度基本相当。

因此,芯样试件的混凝土抗压强度可按下式计算:

$$F_{cu,cor} = \frac{F_c}{A} \tag{4-32}$$

式中:$F_{cu,cor}$——芯样试件的混凝土抗压强度(MPa);

$\quad\quad F_c$——芯样试件的抗压强度试验测得的最大压力(N);

$\quad\quad A$——芯样试件抗压截面面积(mm²)。

在外力作用下,结构中混凝土的破坏一般都是首先出现在最薄弱的区域。为了结构安全,对于单个构件或单个构件的局部区域,应按有效芯样试件混凝土抗压强度值中的最小值确定该构件的强度代表值。

钻芯法确定检验批的混凝土强度推定值时,应按以下方法进行。

检验批的混凝土强度推定值应计算推定区间,推定区间的上限值和下限值按下列公式计算:

上限值

$$f_{cu,e1} = f_{cu,cor,m} - k_1 S_{cor} \tag{4-33}$$

下限值

$$f_{\mathrm{cu,e2}} = f_{\mathrm{cu,cor,m}} - k_2 S_{\mathrm{cor}} \tag{4-34}$$

平均值

$$f_{\mathrm{cu,cor,m}} = \frac{\sum\limits_{i=1}^{n} f_{\mathrm{cu,cor,i}}}{n} \tag{4-35}$$

标准差

$$S_{\mathrm{cor}} = \sqrt{\frac{\sum\limits_{i=1}^{n} \left(f_{\mathrm{cu,cor,i}} - f_{\mathrm{cu,cor,m}} \right)^2}{n-1}} \tag{4-36}$$

式中：$f_{\mathrm{cu,cor,m}}$——芯样试件的混凝土抗压强度平均值（MPa），精确 0.1MPa；

$f_{\mathrm{cu,cor,i}}$——单个芯样试件的混凝土抗压强度值（MPa），精确 0.1MPa；

$f_{\mathrm{cu,e1}}$——混凝土抗压强度上限值（MPa），精确 0.1MPa；

$f_{\mathrm{cu,e2}}$——混凝土抗压强度下限值（MPa），精确 0.1MPa；

k_1、k_2——推定区间上限值系数和下限值系数；

S_{cor}——芯样试件强度样本的标准差（MPa），精确 0.1MPa。

$f_{\mathrm{cu,e1}}$ 和 $f_{\mathrm{cu,e2}}$ 所构成推定区间的置信度宜为 0.85，$f_{\mathrm{cu,e1}}$ 和 $f_{\mathrm{cu,e2}}$ 之间的差值不宜大于 5.0MPa 和 $0.10 f_{\mathrm{cu,cor,m}}$ 两者中的较大值。一般宜以 $f_{\mathrm{cu,e1}}$ 作为检验批混凝土强度的推定值。

4.6 钢筋锈蚀检测

桥梁混凝土中钢筋锈蚀是影响桥梁混凝土结构耐久性的一个重要问题，也是桥梁安全鉴定过程中经常遇到的问题。钢筋锈蚀对钢筋混凝土结构性能的影响主要有以下体现：钢筋锈蚀直接使钢筋截面积减小，从而使钢筋的承载力下降；产生应力集中，造成疲劳破坏；钢筋锈蚀后体积比锈蚀前的体积大 2~3 倍，混凝土顺筋开裂，使结构物耐久性降低；钢筋锈蚀使钢筋与混凝土之间的黏结力下降。钢筋锈蚀对结构的承载力和耐久性都造成了严重影响，因此桥梁结构中钢筋锈蚀的检测是十分重要的。

4.6.1 钢筋锈蚀原因

一般来说，钢筋锈蚀的主要原因有两大类：一是盐害；二是中性化。盐害是指当混凝土中钢筋表面的氯离子超过一定浓度时，钢筋表面的保护性钝化膜开始破坏，接着钢筋开始腐蚀膨胀，造成混凝土的龟裂或崩落。

所谓混凝土的中性化，即混凝土的碳化。混凝土中的水泥水化物呈强碱性，当混凝土包裹在钢筋表面时，将在钢筋表面形成一层具有保护作用的"钝化膜"保护钢筋免受侵蚀，即通常所说的混凝土对钢筋的"碱性保护"。随着时间的流逝，空气中的二氧化碳和水分子与混凝土的碱性成分缓慢发生化学反应，致使混凝土逐渐失去碱性成分，作为保护层的混凝土由外到内逐渐碳化，一旦碳化深度达到或超过保护层厚度，钢筋表面的"钝化膜"就会被破坏，混凝土就将失去对钢筋的保护作用，这时外界水分和腐蚀性物质通过混凝土毛细孔侵入钢筋表面，钢筋就将开始锈蚀。

4.6.2　钢筋锈蚀的破损型检测方法

混凝土破损型检测是指去掉混凝土保护层后露出锈蚀的钢筋,观察钢筋的锈蚀情况,再测定钢筋因锈蚀造成的横截面积损失率和质量损失率的方法。此两种方法分别称为失重法和截面法。

试验前称重(用酸清洗并用纱布打磨钢筋至光亮在干燥器里烘干)并计算钢筋的表面积,将试验钢筋放在模拟混凝土孔隙液中一定时间后,取出钢筋测量锈积率和失重率。锈积率的标定方法为用玻璃纸绘出钢筋表面的锈蚀面积,然后将其复印在方格纸上,计算锈蚀面积,即:

$$P = \frac{S_n}{S_0} \times 100\% \tag{4-37}$$

式中:P——钢筋的锈积率(%);

　　S_n——钢筋的锈蚀面积(mm^2);

　　S_0——钢筋的表面积(mm^2)。

失重率的标定方法为:将钢筋通过酸洗把锈蚀产物洗掉,用两根光亮钢筋作为空白对照试验,在干燥器中烘干、称重,计算钢筋的失重率:

$$M = \frac{W_0 - W - \dfrac{(W_{01} - W_1) + (W_{02} - W_2)}{2}}{W_0} \times 100\% \tag{4-38}$$

式中:M——钢筋失重率(%);

W_{01}、W_{02}——空白试验用的两个钢筋的初始质量(g);

　W_1、W_2——空白试验用的两个钢筋经过酸洗后的质量(g);

　　W_0——试验钢筋的初始质量(g);

　　W——试验后钢筋的质量(g)。

钢筋的截面法和失重法简单、直观、容易操作,是一种测量钢筋腐蚀的基本方法,但是只适用于全面腐蚀,对于有选择性的局部腐蚀不适用。而且,这种测量方法受环境、样品制备以及操作过程等影响很大,在计算锈蚀面积和失重质量时,由于锈蚀点的深度不同,结果存在较大误差,测量实验数据时还需要对构件进行破坏。

4.6.3　钢筋锈蚀的无损检测方法

钢筋锈蚀的无损检测检测方法主要有综合分析法、物理法和电化学法。分析法是根据现场实测钢筋的直径、保护层厚度、混凝土强度、碳化深度、氯离子含量等数据,综合考虑构件所处环境来推定钢筋的锈蚀情况;物理法是通过测量电阻、电磁、热传导、声传播等物理特性的变化分析钢筋的锈蚀情况;电化学法是通过测定钢筋混凝土腐蚀体系的电化学特性来确定混凝土中钢筋锈蚀程度或速度,是反映钢筋锈蚀本质的检测技术。

1)综合分析法——混凝土的碳化

当混凝土材料暴露于空气中,尤其是工业污染的环境下,空气中的二氧化碳或二氧化硫等酸性气体渗透到混凝土中,与混凝土中的碱性物质发生反应产生碳酸钙和水,使混凝土的 pH 值降低,它使混凝土由强碱性向弱酸性发展,由外到内逐渐碳化,这对钢筋不利。因此,对于长期处于潮湿环境的桥梁结构,通过检测其混凝土的碳化深度,并结合钢筋的混凝土保护层厚度状况,可以评判混凝土碳化对钢筋锈蚀的影响,并准确把握受力钢筋的锈蚀现状。

混凝土构件碳化深度可采用在混凝土新鲜面观察酸碱指示剂反应厚度的方法测定,测量流程与本章4.4节回弹法检测混凝土强度中的相同,这里不再重复介绍。

碳化深度对钢筋锈蚀的影响,应根据测区混凝土碳化深度平均值与实测保护层厚度平均值之比 K_c,按表4-3进行评价。

混凝土碳化深度对钢筋锈蚀的影响评价　　　　　　　表4-3

K_c	<0.5	[0.5,1.0)	[1.0,1.5)	[1.5,2.0)	≥2.0
影响程度	无影响	较小	有影响	较大	保护层失效

2)物理法

物理检测法主要是通过测定钢筋锈蚀引起物理特性的变化来反映钢筋的锈蚀情况。其优点是操作简便,受环境的影响小。其缺点是只能用于定性分析,比较难以进行定量分析,目前基本停留在实验室阶段。物理检测法主要包括电阻棒法、射线法、声发射探测法、红外热像法以及基于磁场的检测方法等。

电阻棒法是测量因钢筋锈蚀引起的钢筋电阻值变化,再运用导电原理推断钢筋的剩余截面积,从而判断钢筋锈蚀的检测方法。由于这种方法是对电阻的测量,容易受温度、湿度等的影响。该法通常是在浇筑混凝土结构时预先埋设电阻探头,适用于均匀腐蚀的场合;对于以局部腐蚀为特征的钢筋,则无法定量检测其腐蚀速度。

射线法是用 X 射线或 γ 射线拍摄混凝土中钢筋的照片,从而观察钢筋的锈蚀状况射线的方法。其优点是直观;缺点是只能定性判断,不能定量测量。

声波发射波法是采用仪器接收钢筋锈蚀产物产生体积膨胀导致周围混凝土开裂时的应力波,从而确定钢筋发生锈蚀膨胀的确切位置的方法。其缺点是容易受到非检测声波的干扰,因此可能出现判断误差。

红外热像法是通过测量混凝土表面的温度分布图的变化来分析钢筋锈蚀的位置和程度的。其原理是钢筋锈蚀会引起锈蚀部位的结构和成分发生变化,这些变化会导致钢筋辐射出来的红外线不同。红外热像法分为两步进行操作:利用电磁感应的方法加热钢筋;用红外热像仪进行成像。采用红外热像法的优点是可以避免混凝土其他损伤的干扰。

基于磁场的检测方法是利用钢筋的铁磁属性并且钢筋的缺陷会引起外加磁场扰动,通过外加磁场扰动状况判断钢筋的损伤程度。该方法给钢筋施加足够强度的外磁场,使钢筋完全磁化,这时磁场顺着钢筋的方向移动;此时钢筋横截面积的任何变化都会引起磁通量的变化,通过磁通量的变化可以得知钢筋横截面积的变化。这种方法的优点是通过一次测量可以知道整个构件钢筋锈蚀的情况。

3)电化学法

电化学法是通过测定钢筋混凝土腐蚀体系的电化学特性来确定混凝土中钢筋锈蚀程度或速度。因此,电化学方法能反映钢筋腐蚀的本质。它具有灵敏度高、原位测量、可连续跟踪和测试速度快等优点。一般常见的电化学检测法主要有半电池电位检测法和混凝土电阻率法两种。

(1)半电池电位检测法

①检测原理

半电池电位法是一种典型的钢筋锈蚀电化学检测方法。它是采用"铜 + 硫酸铜饱和溶液"半电池,与"钢筋+混凝土"半电池构成一个全电池系统,通过测定钢筋/混凝土组成的电极和混凝土表面的铜/硫酸铜参考电极的电位差评定混凝土中钢筋的锈蚀程度。

在全电位系统中,参考电极"铜+硫酸铜饱和溶液"的电位值相对恒定,而混凝土中的钢筋因锈蚀产生的电化学反应会引起全电池电位的变化。一般混凝土中的钢筋的活化区(阳极区)和钝化区(阴极区)显示不同的腐蚀电位:钢筋在钝化时,腐蚀电位升高,电位偏正;由钝态转入活化态(锈蚀)时,腐蚀电位降低,电位偏负。最终根据混凝土中钢筋表面各点的电位评定钢筋的锈蚀状态。

简单来说,钢筋锈蚀的检测就是给钢筋—混凝土体系施加微弱的扰动电流,如图 4-15 所示,根据钢筋处的电压推断出钢筋表面锈蚀状况。

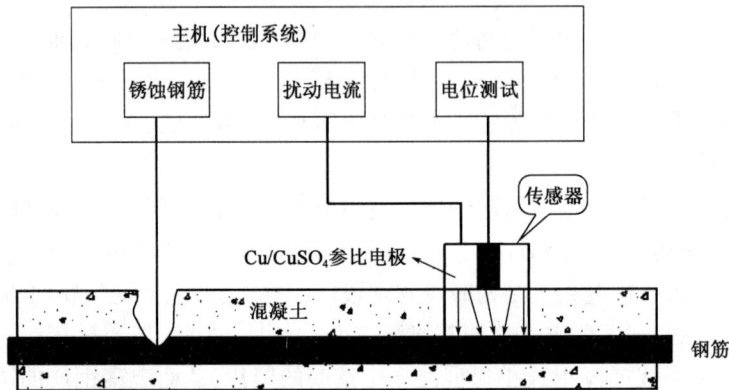

图 4-15　电位检测示意图

②检测流程

半电池电位法检测钢筋锈蚀通常按照以下步骤进行:测区的选择与测点的布置、被测区域的表面处理以及电位的测量。

a. 测区的选择与测点的布置

当主要构件或主要受力部位有锈迹时,应在这些区域布置测区检测钢筋半电池电位;测区数量一般根据锈蚀面积确定,每 $3 \sim 5m^2$ 可设 1 个测区;1 个测区的测点数一般不宜少于 20 个,通常是在测区上布置测试网格(间距可选 20cm×20cm、30cm×30cm、20cm×10cm),以网格节点为测点。需要注意的是,测点位置距构件边缘应大于 5cm。

b. 被测区域的表面处理

半电池电位法的原理要求混凝土成为电解质,因此测量前必须对钢筋混凝土表面进行处理,预先润湿其表面。一般用钢丝刷、砂纸打磨测区混凝土表面,去除涂料、浮浆、污迹、尘土等,并采用适量家用液体清洁剂(或洗衣粉)加上饮用水充分混合构成的液体,充分润湿钢筋锈蚀测定仪测试端海绵和混凝土结构表面,同时保证检测时混凝土表面湿润但无自由水。此外,检测前还需对钢筋表面进行处理,除去锈斑或钝化层。

c. 电位的测量

将钢筋锈蚀测定仪的湿润海绵端与混凝土表面接触,另一端与钢筋相连。当测区附近有钢筋露出结构以外时(确认该钢筋与测区钢筋是连接的),可以方便地直接连接;否则,需要在测区附近凿除钢筋保护层部分的混凝土,使钢筋外露,再进行连接(最好选在钢筋网的节点处)。检测时,根据钢筋分布确定测线及测点位置,测线和测点间距一般为钢筋间距,用钢锈蚀置测定仪读取每条测线上各测点的电位值,读数保持稳定后,记录保存电位值。

③钢筋锈蚀电位判定标准

在对已处理的数据(已进行温度修正)进行判读之前,按惯例将这些数据加以负号,绘制等电位图,按照表4-4的规定判断混凝土中钢筋发生锈蚀的概率或钢筋正在发生锈蚀的锈蚀活动程度。

结构混凝土中钢筋锈蚀电位的判定标准   表4-4

评定标度	电位水平(mV)	钢 筋 状 态
1	≥ −200	无锈蚀活动性或锈蚀活动性不确定
2	(−200, −300]	有锈蚀活动性,但锈蚀状态不确定,可能坑蚀
3	(−300, −400]	锈蚀活动性较强,产生锈蚀概率大于90%
4	(−400, −500]	锈蚀活动性强,严重锈蚀可能性极大
5	< −500	构件存在锈蚀开裂区域

注:1.表中电位水平为采用铜/硫酸铜电极时的量测值。

    2.混凝土湿度对量测值有明显影响,量测时构件应为自然状态,否则误差较大。

(2)混凝土的电阻率法

①检测原理

混凝土的电阻率测试法是目前现场无损钢筋锈蚀检测中较为先进的一种方法。混凝土的导电性是水泥浆体孔隙液中离子流动时发生的电解过程,电阻率法则是通过测定钢筋锈蚀电流和测定混凝土的电阻率,反映混凝土的导电性。若钢筋发生锈蚀,钢筋的锈蚀速度状态由混凝土电阻率的高低来判断,混凝土电阻率测试值越高,则发展速度越慢,扩散能力弱;电阻率测试值越低,发展速度越快,扩散能力强。

混凝土的电阻率的测量是利用如图4-16所示的混凝土电阻率测试仪对混凝土施加外部电压测量电流,以两者的比值作为混凝土的电阻,通过测量混凝土表面规定间距之间的电阻率值来判别钢筋锈蚀速度的状态。

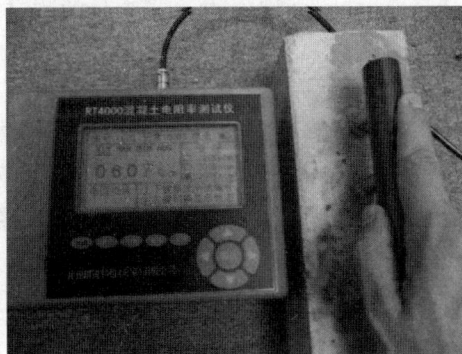

图4-16 混凝土电阻率测试仪

②混凝土电阻率评定标准

钢筋锈蚀速率的评定标准如表4-5所示,评定中应按照测区电阻率最小值确定混凝土电阻率评定标度。

混凝土电阻率的判定标准   表4-5

评定标度	混凝土电阻率(Ω·cm)	可能的锈蚀速率	钢筋混凝土结构状态
1	>20 000	很慢	完好
2	[15 000, 20 000)	慢	承重构件有轻微锈蚀现象
3	[10 000, 15 000)	一般	承重构件钢筋发生锈蚀,混凝土表面有沿钢筋的裂缝或混凝土表面有锈迹
4	[5 000, 1 000)	快	承重构件钢筋锈蚀引起混凝土剥落,钢筋裸露,表面膨胀性锈层显著
5	<5 000	很快	承重构件大量钢筋锈蚀引起混凝土剥落,部分钢筋屈服或锈断,混凝土表面严重,影响结构安全

4.7 混凝土氯离子浓度检测

在我国,混凝土结构的耐久性问题十分严重,其中钢筋的锈蚀是影响混凝土结构耐久性的主要因素。钢筋锈蚀的原因主要有混凝土的碳化、氯离子侵蚀以及酸性介质的腐蚀作用,而因氯离子侵蚀导致的钢筋锈蚀最为普遍。因此,对混凝土氯离子浓度的检测对控制氯盐侵蚀、加强混凝土结构的耐久性具有重大意义。

4.7.1 氯离子侵蚀问题

氯离子是诱发混凝土内部钢筋锈蚀的主要成分之一,其来源主要分成两类:第一类是氯离子作为混凝土拌和料的组分进入混凝土,包括水泥中含的氯化物、某些工程使用的海砂中的氯化物、拌和水中的氯化物、化学外加剂中的氯化物等;另一类是环境中的氯离子通过混凝土宏观或微观缺陷侵入混凝土中,影响混凝土的结构和使用寿命,如我国沿海地区的混凝土结构中氯离子含量较内陆地区高。

如今,沿海和近海地区由于海水海砂引起的氯离子腐蚀问题已经开始逐步显露,并已引起社会各界的广泛关注。根据实际的工程经验,对于已经掺入氯离子的混凝土结构,最好的办法就是通过对混凝土中氯离子含量的测定,对早期建筑物进行排查,及早发现问题,及早处理。

4.7.2 氯离子的腐蚀机理

钢筋混凝土是多相、不均质的特殊复杂体系。钢筋表面具有电化学不均匀性,存在电位较负的阳极区和电位较正的阴极区;一般钢筋表面总处于混凝土孔隙液膜中,即钢筋表面阳极区和阴极区之间存在电解质溶液;由于混凝土的多孔性,其构筑物总是透气和透水的,即通常氧可以通过毛细孔到达钢筋表面作为氧化剂接受钢筋发生腐蚀产生的自由电子。因此,钢筋表面存在活化状态,则可构成腐蚀电池,钢筋就会发生电化学腐蚀。但在正常情况下,钢筋在混凝土中不会发生腐蚀。这是因为钢筋表面在碱性混凝土孔隙液中生成钝化膜,发生阳极钝化以阻止钢筋的腐蚀。因此,长期保持混凝土固有的高碱性是保护钢筋不受腐蚀、保证钢筋混凝土构筑物耐久性的有效途径。但是,在氯离子侵蚀严重的情况下钢筋的腐蚀还是时有发生的。

混凝土中钢筋的腐蚀是电化学腐蚀,但有其特殊性。钢筋腐蚀的先决条件是表面去钝化。通常认为其基本反应是在阳极区铁失去电子变为铁离子,导致铁的溶解。铁离子可进一步反应生成氢氧化物和氧化物,在阴极区进行氧的还原反应。由于腐蚀产生的多种形式的氢氧化物和氧化物的体积比铁原来的体积大好几倍,可造成混凝土结构的膨胀开裂,进一步促进钢筋的腐蚀。

其中,氯离子是很强的去钝化剂。氯离子半径小、活性大,具有很强的穿透能力,因此氯离子能够很容易地进入混凝土内部并到达钢筋表面。当氯离子吸附于钢筋表面的钝化膜处时,可使该处酸性有所增加,破坏钢筋表面的钝化膜,使钢筋发生局部腐蚀,又称点蚀或坑腐蚀。点蚀对断面小、应力高又比较脆的预应力筋危害较大。如果混凝土中含有大量均布的氯离子,而且混凝土保护层比较薄,有足够的氧可以到达钢筋的表面,则钢筋表面就会发生大量的氯离子去钝化作用,导致许多点蚀坑扩大与合并,形成大面积的钢筋锈蚀。

在上述钢筋锈蚀过程中,氯离子不仅促成了钢筋表面的腐蚀电池,而且加速电池作用的过程。Cl^- 与 Fe^{2+} 相遇生成 $FeCl_2$,Cl^- 使 Fe^{2+} 消失,从而加速阳极反应。而生成的 $FeCl_2$ 是可溶性的,在向混凝土内部扩散时遇到 OH^-,生成俗称"褐锈"的 $Fe(OH)_2$(沉淀),遇孔隙液中的水和氧很快又转化成其他形式的锈。$FeCl_2$ 与生成 $Fe(OH)_2$ 后,同时释放出 Cl^-,新的 Cl^- 又向阳极区迁移,带出更多的 Fe^{2+}。由此可见,氯离子只起搬运作用,不被消耗,即凡是进入混凝土中的氯离子,会周而复始地起破坏作用,这是氯离子侵蚀的特征之一。另外,由于混凝土中氯离子的存在,强化了离子通路,降低了阴、阳极之间的电阻,提高了腐蚀电池的效率,从而加速了电化学腐蚀的过程。

4.7.3 氯离子含量检测流程

对于已经硬化固结的混凝土中氯离子含量的检测主要包括取样规划、取样以及氯离子含量的检测若干步骤。

1)取样规划

取样规划是指在混凝土材料取样前必须规划考虑取样的位置及深度等方面,全面检测氯离子浓度,其是氯离子含量检测中最重要的过程。根据混凝土中氯离子的来源的不同,取样规划工作方式也有所差异。对于氯离子作为拌和料的组分掺入混凝土中的情况,如以海水、海砂等形式在拌制混凝土时掺入,则在取样时需要将混凝土中已经中性化的部分去除,针对没有中性化的部分进行氯离子含量分析;对于环境中的氯离子进入混凝土中,如海风或海水带来的盐分渗入混凝土中的情况,取样时则需要将试件分成多个部分各自分析研究,以此了解在混凝土中不同深度下的氯离子含量。

2)取样方法

混凝土氯离子检测的取样方法主要有钻芯取样和钻取粉末取样两种方式。钻芯法适用于对于氯离子含量检测要求高的状况,其优点是氯离子含量不会因为钻取的位置的选择而有所改动;钻取粉末取样法适用于混凝土取样位置特殊的情况,其缺点是由于钻头尺寸较小,在同一位置的粉末取样必须进行多次,否则最终测得的氯离子含量不具有代表性,容易偏高或偏低。

3)氯离子含量检测

氯离子主要以游离氯离子和固化氯离子的方式存在在已硬化混凝土中。一般实验室中检测硬固混凝土中的氯离子有酸溶法和水溶法两种。其中,以酸溶法测得的氯离子含量较接近于总氯离子含量(包括游离氯离子和固化氯离子);水溶法测得的氯离子含量则更接近于游离氯离子的含量。

(1)AASHTO 试验法

AASHTO 试验法属于酸溶法检测氯离子含量,可测得总氯离子的含量。一般取 3g 的混凝土试样(量至 mg),放入 3mL 浓硝酸及 10mL 蒸馏水中煮沸,用双层滤纸将溶液过滤,取 125 ~ 150mL 的过滤液,放置于室温冷却。利用电位滴定法、Gran 图标法或自动滴定法等方法即可检测氯离子的含量。

(2)ASTM 法

ASTM 法主要是用于检测混凝土中水溶性氯离子的有效方法,该方法选择大约 10 g 的样品(由混凝土样品制成的粉末),质量精确到 0.01g,倒入 250mL 的烧杯中。加入 $50 \pm (1)$ mL

的试剂(符合 ASTM D1193 的要求),用透明玻璃盖上,煮沸 5min,并放置 24 h。使用 ASTM·E832中规定的 Fine-Texture II 型 G 级滤纸进行过滤。将滤液倒入 250mL 烧杯中,并加入 3.0(±0.1)ML、1∶1 的硝酸和 3.0±(0.1)ML、30% 的过氧化氢溶液(加入过氧化氢是为了减小硫化物对检测结果的影响)。用透明玻璃盖住并放置 1~2min,然后加热并快速煮沸,冷却后用滴定法进行氯离子含量的检测。

(3)RCT 法

考虑上述实验室检测氯离子浓度的方法过程复杂、历时较久且费用较大等问题,一些检测机构使用来自丹麦 Germann 公司的一种现场检测混凝土中氯离子含量的方法——RCT 法。该方法检测程序是:将一定量的混凝土样品粉末放入配制好的某种酸性萃取液中,摇匀并放置一定时间后,将选择性电极浸入溶液中,读取电压毫伏值,然后根据事先标定的电压值—氯离子含量曲线,直接计算出氯离子含量。RCT 法操作简单快速,并且能够满足现场测试的要求。

4.7.4　氯离子含量的评判标准

氯离子浓度检测完毕后可根据如表 4-6 所示的氯离子对钢筋锈蚀影响程度的评定标准来判断确定混凝土结构的耐久性。

氯离子对钢筋锈蚀影响程度的评定标准　　　　表 4-6

氯离子含量 (占水泥含量的百分比)	<0.15	0.15~0.4	0.4~0.7	0.7~1.0	≥1.0
评定标准	1	2	3	4	5
诱发钢筋锈蚀的可能性	很小	不确定	有可能诱发钢筋锈蚀	会诱发钢筋锈蚀	钢筋锈蚀活化

4.8　混凝土内钢筋分布及保护层厚度检测

混凝土结构的钢筋保护层是指最外层钢筋外边缘至混凝土表面的距离。实际工程中,钢筋保护层厚度的质量与混凝土结构及其构件的承载力和耐久性有着直接的关系。钢筋保护层厚度不足或偏厚会影响钢筋与混凝土的黏结力或构件承载力,使钢筋与混凝土不能很好地协同工作。因此,对钢筋保护层厚度进行检测是保证建筑工程质量的重要措施。

4.8.1　检测原理

按照《混凝土中钢筋检测技术规程》(JGJ/T 152)的规定,钢筋混凝土保护层厚度的检测有非破损方法和局部破损法两类。电磁感应法和雷达法是最为典型的两种非破损方法,但其原理是完全不同的。电磁感应法是利用电磁感应原理,使用仪器在构件混凝土表面向内部发射电磁波,形成电磁场,混凝土内部的钢筋切割磁力线产生感应电磁场,由于感应电磁场的强度和空间梯度变化受钢筋位置、直径、保护层厚度的制约,通过测量感应电磁场的梯度变化,并通过技术分析就能确定钢筋的位置、保护层厚度和钢筋直径等参数;雷达法则是通过发射和接收到的毫微秒级电磁波来检测混凝土结构及构件中间距、混凝土保护层厚度。采用破损方法检测时,先用合适的工具凿开钢筋表面的混凝土,然后用游标卡尺测量钢筋表面至构件混凝土表面的垂直距离,即为此钢筋的保护层厚度。

虽然破损法检测的测量精度比较高,但容易造成对构件的伤害,而且花费的人力与物力比较多。为了提高工作的效率,又能保证检测结果的准确性,一般情况下我们可采用非破损法检测钢筋保护层厚度。但当钢筋的直径不能确定、相邻钢筋对当前检测有影响时或者是对检测结果有怀疑时、构件饰面层未清除的情况下、钢筋以及混凝土材质与校准试件有显著差异时应采用局部破损法进行验证。

4.8.2 保护层厚度检测前期准备

钢筋探测仪是根据电磁感应原理检测混凝土结构、构件中钢筋间距和保护层厚度的一种仪器。

为了保证数据的准确性,每次检测前都需要对钢筋探测仪预热、调零并进行标定校准。钢筋探测仪使用期间的标定校准,需要在无外界磁场干扰的情况下,使用专用的标定块进行。标定块由一根 $\phi16$ 的普通碳素钢筋垂直浇铸在长方体无磁性的塑料块内,如图 4-17 所示,使钢筋距 4 个侧面分别为 15mm、30mm、60mm、90mm。当测量标定块所给定的保护层厚度时,测读值应在仪器说明书所给定的准确度范围之内,若达不到应有准确度,应送专门机构维修检验。

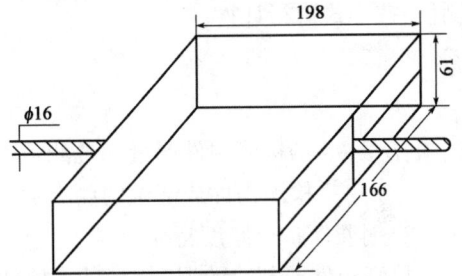

图4-17 标定块(尺寸单位:mm)

除了仪器的标定外,进行检测前还需要结合设计资料了解结构钢筋的布置状况。检测时,应避开钢筋接头和绑丝,钢筋间距应满足钢筋探测仪的检测要求,探头在检测面上移动,直到钢筋探测仪保护层厚度示值最小,此时探头中心线与钢筋轴线应重合,在相应位置做好标记;找到钢筋位置后,将探测仪在原处左右转移一定角度,仪器显示最小值时探测仪长轴线的方向即为钢筋走向;按上述步骤将相邻的其他钢筋位置与走向逐一标出。

4.8.3 钢筋分布及保护层厚度检测的流程

测试前应了解有关图纸资料,以确定钢筋的种类和直径,并确定测区和测点的位置。测区的布置遵循以下原则:

按单个构件检测时,应根据尺寸大小,在构件上均匀布置测区,每个构件上的测区数不应少于 3 个,对于最大尺寸大于 5m 的构件,应适当增加测区数量;测区应均匀分布,相邻两测区的间距不宜小于 2m;测区表面应清洁、平整,避开接缝、蜂窝、预埋件等部位。对于抽样检测的被测试件,其抽样试件数应不少于同类构件的 30%,且不少于 3 件,每个构件测区的布置原则与单个构件的布置原则一致。测点布置的原则如下:对构件上每一测区应检测不少于 10 个测点,且测点间距应小于保护层测试仪传感器长度。

需要确定测区内钢筋的位置与走向,即将保护层测试仪传感器在构件表面平行移动,当仪器显示值最小时,传感器正下方即所测钢筋的位置;找到钢筋位置后,将传感器在原处左右转移一定角度,仪器显示最小值时传感器长轴线的方向即为钢筋的走向;最终进行钢筋保护层厚度的测读,即将传感器置于钢筋所在位置正上方(避免在钢筋交叉位置进行测量),并左右稍微移动,读取仪器显示最小值即该处保护层厚度。每一测点宜读取 2~3 次稳定读数,取其平均值,精确至1mm。对于缺少资料、无法确定钢筋直径的构件,应首先测量钢筋直径。对钢筋直径的测量宜采用5~10次测读,剔除异常数据,求其平均值的测量方法。

在实际操作中,常有很多因素对保护层厚度的测量精度造成影响,因此在检测中需要考虑这些影响因素并对其加以修正。例如,外界磁场的存在会对仪器的准确性造成影响,应予以避免;混凝土若具有磁性,测量值需加以修正;钢筋品种对测量值有一定影响,主要是对高强钢筋需加以修正;不同的布筋状况,钢筋间距影响测量值,当$D/S < 3$时需修正测量值。其中,D为钢筋净间距(mm),即钢筋边缘至边缘的间距;S为保护层厚度,即钢筋边缘至保护层表面的最小距离。

4.8.4 检测数据处理

1)钢筋保护层厚度平均值

检测构件或部位的钢筋保护层厚度平均值$\overline{D}_n$应根据实际测量部位各测点混凝土厚度实测值,按下式进行计算:

$$\overline{D}_n = \frac{\sum\limits_{i=1}^{n} D_{ni}}{n} \tag{4-39}$$

式中:D_{ni}——结构或构件测量部位测点混凝土保护层厚度(mm),精确至0.1mm;

n——检测构件或部位的测点数。

2)钢筋保护层厚度特征值

检测构件或部位的混凝土保护层厚度特征值D_{ne}应按下式进行计算:

$$D_{ne} = \overline{D}_n - k_p S_D \tag{4-40}$$

式中:S_D——测量部位测点保护层厚度的标准差,精确至0.1mm,按下式计算:

$$S_D = \sqrt{\frac{\sum\limits_{i=1}^{n} (D_{ni})^2 - n(\overline{D}_n)^2}{n-1}} \tag{4-41}$$

k_p——判定系数值,按表4-7取用。

钢筋保护层厚度判定系数   表4-7

n	10~15	16~14	≥25
k_p	1.695	1.645	1.595

4.8.5 钢筋混凝土保护层厚度评定标准

根据检测构件或部位的钢筋保护层厚度特征值D_{ne}与设计值D_{nd}的比值,按表4-8的规定确定钢筋保护层厚度评定标度。

钢筋保护层厚度的评定标准   表4-8

评定标准	D_{ne}/D_{nd}	对结构钢筋耐久性的影响
1	>0.95	影响不显著
2	(0.8,0.95]	有轻度影响
3	(0.70,0.85]	有影响
4	(0.55,0.70]	有较大影响
5	≤0.55	钢筋易失去碱性保护,发生锈蚀

4.9 钢结构超声波探伤检测

钢结构作为重要的承重支撑结构体系,凭借其自重轻、跨度大、可重复利用等优点,已被越来越广泛地应用各类桥梁工程建设中。超声波探伤技术作为一种现代化技术,以其操作方便、检验准确等优点被广泛应用于钢结构无损检测过程中。本节主要介绍钢结构超声波探伤的原理、典型方法以及焊缝缺陷在探伤检测中的现象。

4.9.1 探伤原理

超声波探伤是利用超声能透入金属材料的深处,并由一截面进入另一截面时,在界面边缘发生反射的特点来检查零件缺陷的一种方法。当超声波脉冲(通常为 1.5 MHz)自零件表面由探头通至金属内部,如果其内部有缺陷,缺陷和材料之间便会存在界面,则一部分射入的超声波在缺陷处被反射或折射,原来单方向传播的超声能量有一部分被反射,通过此界面的能量就会相应减少。这时,在反射方向可以接收到此缺陷处的反射波;在传播方向接收到的超声能量会小于正常值,这两种情况都能证明缺陷的存在。前者称为反射法,后者称为穿透法。

4.9.2 脉冲反射法

脉冲反射法是指根据射入被检测试件内部超声波脉冲波的反射波的情况来检测试件缺陷的方法,具体有缺陷回波法、底波高度法及多次底波法。

缺陷回波法是反射法的基本方法,它是根据仪器示波屏上显示的缺陷波形进行判断的方法。当被测工件中无缺陷存在时,超声波可顺利传播到达底面,检测图形中只有表示发射脉冲 T 及底面回波 B 两个信号,如图 4-18a)所示;若试件中存在缺陷,在检测图形中,底面回波前有表示缺陷的回波 F,如图 4-18b)所示。

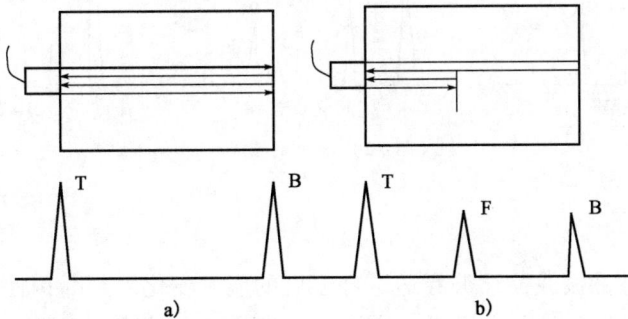

图 4-18 缺陷回波法

底波高度法是依据底面回波的高度变化判断试件缺陷情况的检测方法。当试件的材质和厚度不变时,底面回波高度是基本不变的。如果试件内存在缺陷,底面回波高度会下降甚至消失,如图 4-19 所示。底波高度法的特点在于同样投影大小的缺陷可以得到同样的指示,而且不出现盲区,但是要求被探试件的探测面与底面平行,耦合条件一致。由于该方法检测缺陷定位定量不便,灵敏度较低,因此实用中很少作为一种独立的检测方法,而经常作为一种辅助手段,配合缺陷回波法发现某些倾斜的和小而密集的缺陷,锻件探伤中常用。

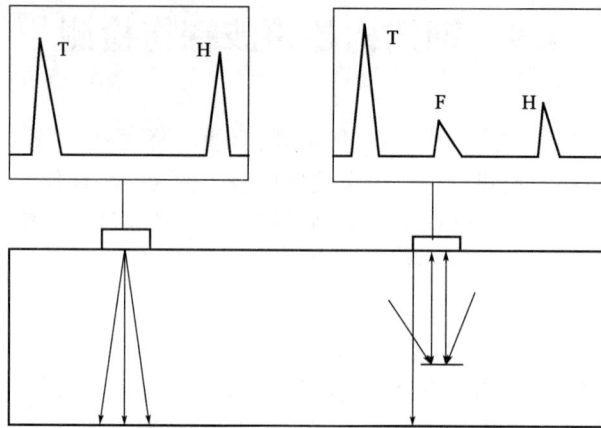

图 4-19　底波高度法

多次底波法则依据底面回波次数,而判断试件有无缺陷的方法。当透入试件的超声波能量较大,而试件厚度较小时,超声波可在探测面与底面之间往复传播多次,示波屏上出现多次底波 B_1、B_2、B_3、…如果试件存在缺陷,则由于缺陷的反射和散射而增加了声能的损耗,底面回波次数减少,同时也打乱了各次底面回波高度依次衰减的规律,并显示缺陷回波,如图 4-20 所示。多次底波法主要用于厚度不大、形状简单、探测面与底面平行的试件检测,缺陷检出的灵敏度低于缺陷回波法。

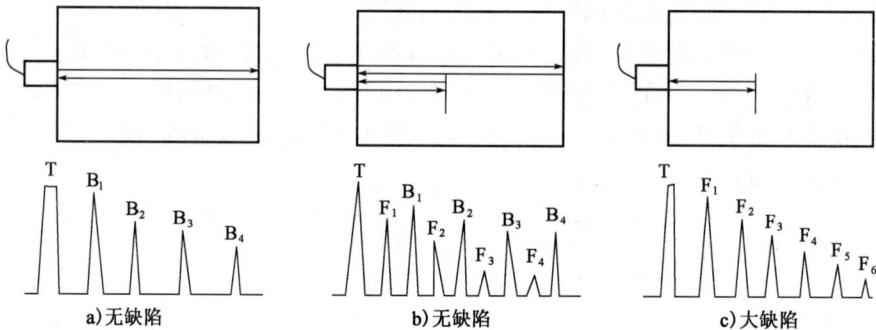

图 4-20　多次底波法

4.9.3　穿透法

穿透法是根据脉冲波或连续波穿透试件之后的能量变化来判断构件内部缺陷的一种方法。穿透法一般采用两个探头,分别为发射探头和接收探头,将其分别置于工作的两个相对表面。工作时,发射探头发射的超声波能量是一定的,在试件不存在缺陷时,超声波穿透试件一定厚度后,在接收探头上所接收到的能量也是一定的;而试件存在缺陷时,缺陷的反射使接收到的能量减小,从而断定试件存在缺陷。图 4-21a) 为无缺陷时的波形;图 4-21b) 为有缺陷时的波形。

穿透法探伤的灵敏度不如脉冲反射法高,且受工件形状的影响较大,但较适宜检查成批生产的工件。

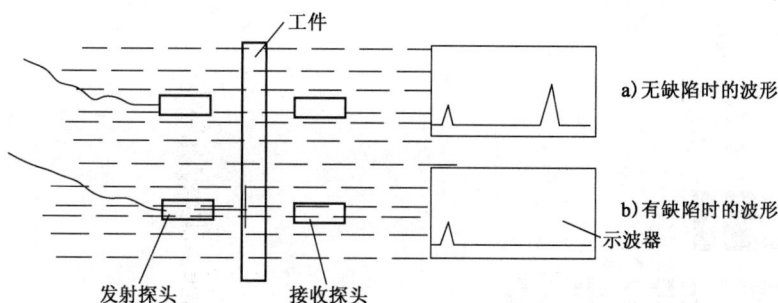

图 4-21　穿透法

4.9.4　焊缝中缺陷在超声探伤中的识别

焊缝中常见的缺陷主要有气孔、夹渣、未焊透、未熔合和裂纹等,它们各自的回波均有其特性。

气孔是在焊接过程中,焊接熔池高温时吸收了过量的气体或冶金反应产生的气体,在冷却凝固之前来不及逸出而残留在焊缝金属内所形成的空穴,多呈球形或椭球形。气孔可分为单个气孔和密集气孔。单个气孔回波高度低,波形较稳定。从各个方向探测,反射波高且大致相同,但稍一移动探头就消失。密集气孔为一簇反射波,其波高随气孔的大小而不同,当探头进行定点转动时,会出现此起彼落的现象。

夹渣是指焊后残留在焊缝金属内的熔渣或非金属夹杂物,夹渣表面不规则。夹渣分点状夹渣和条状夹渣。点状夹渣的回波信号与点状气孔相似。条状夹渣回波信号多呈锯齿状。它的反射率低,一般波幅不高,波形常呈树枝状,主峰边上有小峰。探头平移时,波幅有变动,从各个方向探测,反射波幅不相同。

未焊透是指焊接接头部分金属未完全熔透的现象。一般位于焊缝中心线上,有一定的长度。探伤中探头平移时,未焊透波形较稳定;焊缝两侧探伤时,均能得到大致相同的反射波幅。

未熔合主要是指填充金属与母材之间没有熔合在一起或填充金属层之间没有熔合在一起。未熔合反射波的特征是探头平移时,波形较稳定。两侧探测时,反射波幅不同,有时只能从一侧探到。

裂纹是指在焊接过程中或焊接后,在焊缝或母材的热影响区局部破裂的缝隙。一般来说,裂纹的回波高度较大,波幅宽,会出现多峰。探头平移时,反射波连续出现,波幅有变动;探头转动时,波峰有上、下错动现象。

第5章

桥梁荷载试验

5.1 概　　述

桥梁荷载试验是对桥梁结构物进行直接加载测试的一项科学试验工作,是对服役桥梁结构进行承载能力评定最有效、最直接的方法。其目的是通过荷载试验了解桥梁结构在试验荷载作用下的实际工作状态,从而判断桥梁结构的安全承载能力及评价桥梁的运营质量;验证桥梁结构的设计理论与计算方法,充实与完善桥梁结构的计算理论与施工技术,积累科学技术资料;掌握桥梁结构的工作性能,判断桥梁结构的实际承载能力。桥梁荷载试验是新型桥梁结构性能研究、各类桥梁施工质量与结构承载能力评定工作的重要手段。

桥梁荷载试验主要分为静载试验和动载试验。静载试验是指将静止的荷载作用于桥梁上的指定位置,测试结构的静应变、静位移以及裂缝等,从而推断桥梁结构在荷载作用下的工作状态和使用能力。动载试验是指给桥梁施加激振力而使桥梁发生振动,测得相应的振动信号,得出相应的桥梁结构频率,从而确定其工作状态。

桥梁荷载试验的任务是根据试验目的和要求来确定的。一般来说,桥梁荷载试验的主要任务包括以下内容:

(1)确定桥梁结构的承载能力及运营条件

①对于重要的桥梁结构,除了在设计阶段即进行必要项目的试验研究外,通常在桥梁建成

竣工后,通过荷载试验来鉴定桥梁结构的质量和营运条件,分析判断桥梁的实际承载能力。

②对于需改建或加固的桥梁,通过荷载试验可进一步提供桥梁改造技术依据,尤其对于缺少技术资料的旧桥更为重要。

③对于新型桥梁及运用新材料、新工艺等的复杂桥梁结构,通过系统的荷载试验,可以了解和掌握结构在荷载作用下的实际受力状态,验证结构计算图式,并探索具有普遍意义的规律,为充实和发展桥梁结构的计算理论和施工工艺积累科学资料。

(2)分析桥梁病害原因及其变化规律

对于遭受到洪水、冰冻、地震、撞击、河床挖坑或冲刷而损伤的桥梁结构,或在桥梁建造或使用期间发现有严重缺陷,如过大的变形或裂缝等,常通过桥梁荷载试验进行综合分析研究,提出合理的整治方案和养护措施。

(3)检验桥梁结构的内在质量

对新型桥梁或加固、改建桥梁进行竣工验收鉴定,以对桥梁结构整体受力性能是否达到设计文件和规范标准的要求做出评价,检验预期的设计效果。

桥梁荷载试验的主要工作包括试验准备、加载方案设计、测点设置与测试、加载控制与安全措施、试验结果分析与承载力评定以及试验报告编写等内容。参考的依据主要是《公路桥梁荷载试验规程》(JTG/T J21-01—2015)、《公路桥梁承载能力检测评定规程》(JTG/T J21—2011)、《公路工程质量检验评定标准》(JTG F80/1—2017)等相关技术规程。

一般情况下,桥梁荷载试验应按3个阶段进行,即计划与准备阶段、加载与测试阶段、分析总结阶段。

5.2 荷载试验预备工作

计划与准备阶段的工作是顺利地进行桥梁荷载试验的必要条件。计划与准备阶段的工作内容主要有:收集、研究试验桥梁的有关技术文件,考察试验桥梁的现状和试验的环境条件,拟定试验方案及试验程序,确定试验组织及人员组成、测试系统的构成、仪器的组配及标定、必要的器材准备等工作。具体分析如下:

(1)资料收集

①设计资料。设计资料包括设计图纸、变更设计图纸和作为设计依据的其他原始资料。

②施工和监理资料。施工和监理资料包括材料性能试验报告、各分项或分部工程验收报告等。

③施工监控资料。施工监控资料包括施工监控报告、成桥线形、内力(应力)、索力(杆力)等。

④竣工资料。竣工资料包括竣工图纸和工程验收报告等。

(2)桥梁现场考察

在试验准备时,应考察桥址情况,包括桥上和两端线路技术状况、线路容许车速、桥下净空、水深和通航情况、线路交通量、桥址供电情况等,并了解可供试验车辆及其称重地点等。

确定荷载试验方案时应综合考虑桥梁受力特点、施工情况与试验方便性,有针对性地选择试验桥联及桥跨。

（3）桥梁结构基本参数确定

荷载试验前,应对桥梁结构的总体尺寸,主要构件截面尺寸,主要部位的高程,桥面平整度,支座位置及功能,材料的物理力学性能,结构物的裂缝、缺陷、损坏和钢筋锈蚀状况等进行详细检查。如发现结构尺寸误差超过规定,或材料质量未达到设计要求,应按结构的实际状况重新进行结构分析,确定是否需要调整加载试验方案。

（4）试验方案制订

根据试验目的,制订完善试验方案。

5.3 静载试验

5.3.1 基本概念

桥梁静载试验是指将静止的荷载作用于桥梁上的指定位置,测试结构的静应变、静位移以及裂缝等,从而推断桥梁结构在荷载作用下的工作状态和使用能力。一般桥梁静载试验主要解决以下问题:

（1）检测桥梁结构的设计与施工质量,验证结构的安全性与可靠性。对于大、中跨径桥梁,都要求在竣工之后,通过试验来具体、综合地鉴定其工程质量的可靠性,并将试验报告作为评估工程质量优劣的主要依据之一。

（2）验证桥梁结构的设计理论与计算方法,完善桥梁的计算理论与施工技术,积累科学资料。随着交通事业的发展,采用新结构、新材料、新工艺的桥梁结构日益增多,这些桥梁在设计、施工中必会遇到一些新的问题,其设计理论与计算方法需要通过桥梁试验予以验证,在大量试验检测数据积累的基础上,就可以逐步建立或完善这类桥梁的设计理论和计算方法。

（3）掌握桥梁的工作性能,判断结构的实际承载力。目前,我国已建成数十万座各种形式的桥梁,在使用过程中,随着时间的推移,不能满足承载力的要求,对于这些桥梁,经常采用荷载试验的方法来确定其承载能力和使用性能。

5.3.2 加载工况的确定

桥梁静载试验时的荷载工况选择应反映桥梁设计的最不利受力状态,简单结构可选 $1 \sim 2$ 个工况,复杂结构可适当多选几个工况,但不宜过多。表 5-1、表 5-2 列举的是常规桥梁的静载试验荷载工况及其测试控制截面,主要工况为必做工况,附加工况可视具体情况由试验检测者确定是否进行。跨径小于 10m 的简支结构可只进行跨中截面试验工况。

常规桥梁静载试验工况及测试截面 表 5-1

桥梁结构形式	试验工况		测试截面
简支梁桥	主要工况	跨中截面主梁最大正弯矩	跨中截面
	附加工况	（1）$L/4$ 截面主梁最大正弯矩; （2）支点附近主梁最大剪力	（1）$L/4$ 截面; （2）梁底距支点 $h/2$ 截面内侧向上 $45°$ 斜线与截面形心线相交位置

续上表

桥梁结构形式	试 验 工 况		测 试 截 面
连续梁桥	主要工况	(1)主跨支点位置最大负弯矩; (2)主跨跨中截面最大正弯矩; (3)边跨主梁最大正弯矩	(1)主跨(中)支点截面; (2)主跨最大弯矩截面; (3)边跨最大弯矩截面
	附加工况	主跨(中)支点附近主梁最大剪力	计算确定具体截面位置
悬臂梁桥	主要工况	(1)墩顶支点截面最大负弯矩; (2)锚固孔跨中最大正弯矩	(1)墩顶支点截面; (2)锚固孔最大正弯矩截面
	附加工况	(1)墩顶支点截面最大剪力; (2)挂孔跨中最大正弯矩; (3)挂孔支点截面最大剪力; (4)悬臂端最大挠度	(1)计算确定具体截面位置; (2)挂孔跨中截面; (3)挂孔梁底距支点 $h/2$ 截面向上45°斜线与挂孔截面形心线相交位置; (4)悬臂端截面
三铰拱桥	主要工况	(1)拱顶最大剪力; (2)拱脚最大水平推力	(1)拱顶两侧 $1/2$ 梁高截面; (2)拱脚截面
	附加工况	(1)$L/4$ 截面最大正弯矩和最大负弯矩; (2)$L/4$ 截面正负挠度绝对值之和最大;	(1)主拱 $L/4$ 截面; (2)主拱 $L/4$ 截面及 $3L/4$ 截面
两铰拱桥	主要工况	(1)拱顶最大正弯矩; (2)拱脚最大水平推力	(1)拱顶截面; (2)拱脚截面
	附加工况	(1)$L/4$ 截面最大正弯矩和最大负弯矩; (2)$L/4$ 截面正负挠度绝对值之和最大	(1)主拱 $L/4$ 截面; (2)主拱 $L/4$ 截面及 $3L/4$ 截面
无铰拱桥	主要工况	(1)拱顶最大正弯矩及挠度; (2)拱脚最大负弯矩; (3)系杆拱桥跨中附近吊杆(索)最大拉力	(1)拱顶截面; (2)拱脚截面; (3)典型吊杆(索)
	附加工况	(1)拱脚最大水平推力; (2)$L/4$ 截面最大正弯矩和最大负弯矩; (3)$L/4$ 截面正负挠度绝对值之和最大	(1)拱脚截面; (2)主拱 $L/4$ 截面; (3)主拱 $L/4$ 截面及 $3L/4$ 截面
门式刚架桥	主要工况	(1)跨中截面主梁最大正弯矩; (2)锚固端最大或最小弯矩	(1)跨中截面; (2)锚固端或立墙截面
	附加工况	锚固端截面最大剪力	锚固端梁截面

常规桥梁静载试验工况及测试截面(续表) 表 5-2

桥梁结构形式	试 验 工 况		测 试 截 面
斜腿刚架桥	主要工况	(1)跨中截面主梁最大正弯矩; (2)斜腿顶主梁截面最大负弯矩	(1)中跨最大正弯矩截面; (2)斜腿顶中主梁截面或边主梁截面
	附加工况	(1)边跨主梁最大正弯矩; (2)斜腿顶最大剪力	(1)边跨最大正弯矩截面; (2)斜腿顶中或边主梁截面或斜腿顶截面; (3)斜腿脚截面

桥梁结构形式	试 验 工 况		测 试 截 面
T形刚构桥	主要工况	(1)墩顶截面主梁最大负弯矩； (2)锚固孔主梁最大正弯矩	(1)墩顶截面； (2)锚固孔主梁最大正弯矩截面
	附加工况	(1)墩顶支点附近主梁最大剪力； (2)挂孔跨中截面主梁最大正弯矩； (3)挂孔支点截面最大剪力	(1)计算确定具体截面位置； (2)挂孔跨中截面； (3)挂孔梁底距支点 $h/2$ 截面向上45°斜线与挂孔截面形心线相交位置
连续刚构桥	主要工况	(1)主跨墩顶截面主梁最大负弯矩； (2)主跨跨中截面主梁最大正弯矩及挠度； (3)边跨主梁最大正弯矩及挠度	(1)主跨墩顶截面； (2)主跨最大正弯矩截面； (3)边跨最大正弯矩截面
	附加工况	(1)墩顶截面最大剪力； (2)墩顶纵桥向最大水平变形	(1)计算确定具体截面位置； (2)墩顶截面
斜拉桥	主要工况	(1)主梁中孔跨中最大正弯矩及挠度工况； (2)主梁墩顶最大负弯矩工况； (3)主塔塔顶纵桥向最大水平变形与塔脚截面最大弯矩	(1)中跨最大正弯矩截面； (2)墩顶截面； (3)塔顶截面(变形)及塔脚最大弯矩截面
	附加工况	(1)中孔跨中附近拉索最大拉力； (2)主梁最大纵飘	(1)典型拉索； (2)加劲梁两端(水平变形)
悬索桥	主要工况	(1)加劲梁跨中最大正弯矩及挠度； (2)加劲梁 $3L/8$ 截面最大正弯矩； (3)主塔塔顶纵桥向最大水平变形与塔脚截面最大弯矩	(1)中跨最大弯矩截面； (2)中跨 $3L/8$ 截面； (3)塔顶截面(变形)及塔脚最大弯矩截面
	附加工况	(1)主缆锚跨索股最大张力； (2)加劲梁梁端最大纵向漂移； (3)吊杆(索)活载张力最大增量； (4)吊杆(索)张力最不利	(1)主缆锚固区典型索股； (2)加劲梁两端(水平变形)； (3)典型吊杆(索)； (4)最不利吊杆(索)

组合体系桥梁进行荷载试验时，主要试验荷载工况，并根据组合体系所呈现的主要力学特征，结合上述各类桥梁主要工况综合确定。附加工况可根据组合体系所呈现的主要力学特征，结合上述各类桥梁附加工况综合确定。

此外，对于桥梁施工中的薄弱截面或缺陷修补后的截面，或者旧桥结构损坏部位、比较薄弱的桥面结构，可以专门进行荷载工况设计，以检验该部位或截面对结构整体性能的影响。对于梁式结构（如简支梁、连续梁、T构、连续刚构等）的最大挠度工况，一般与最大正弯矩工况相同。

使用车辆加载而又未安排动载试验项目时,可在静载试验项目结束后,将加载车辆(多辆车则相应地进行排列)沿桥长慢速行驶一趟,以全面了解荷载作用于桥面不同部位时桥跨结构的承载状况。

5.3.3　测试内容

静载试验的测试内容应反映桥梁结构内力、应力及变位最不利控制截面的力学特征,试验过程中应关注可能出现的异常现象。应变(应力)观测主要是针对测试截面的受拉和受压区,可沿截面高度或横向位置分布测点,以测试结构的应力分布特征。变形测试包括主梁控制截面的挠度、水平或横向变形、主塔三维坐标等的测试,反映的是桥梁结构整体或局部的刚度特性。倾角既可以用来计算难以直接测试的变形,也可反映桥塔等结构的竖直度。试验荷载下的索(杆)力增量及其分布反映结构的受力特点。结构的裂缝变化、异常振动及响声等试验现象观测,可以帮助了解结构或构件在试验过程中的表观状况。除此之外,还应对试验所处的环境进行观测,如环境温度等。

为全面反映桥梁的受力特性,根据结构形式可增加以下观测内容:桥跨结构挠度沿桥长或沿控制截面桥宽的分布,结构控制截面应变分布,行车道板或结构上翼缘板控制截面挠度或应变,组合构件控制截面的结合面上、下缘应变,支点附近构件斜截面的主应力等。常规桥梁荷载试验测试内容可按表5-3确定。

荷载试验的测试内容　　　　　　　　　　　　　表5-3

简支梁桥	主要内容	(1)跨中截面挠度和应力(应变); (2)支点沉降; (3)混凝土梁体裂缝观测
	附加内容	(1)$L/4$截面挠度; (2)支点斜截面应力(应变)
连续梁桥	主要内容	(1)主跨支点截面应力(应变); (2)主跨最大正弯矩截面应力(应变)及挠度; (3)边跨最大正弯矩截面应力(应变)及挠度; (4)支点沉降; (5)混凝土梁体裂缝观测
	附加内容	支点附近斜截面应力(应变)
悬臂梁桥	主要内容	(1)墩顶支点截面应力(应变); (2)锚固孔最大正弯矩截面应力(应变)及挠度; (3)悬臂端挠度; (4)墩顶沉降; (5)混凝土梁体裂缝观测
	附加内容	(1)墩顶附近斜截面应力(应变); (2)悬臂跨最大挠度; (3)挂孔跨中截面应力(应变)及挠度; (4)牛腿部分局部应力(应变)
三铰拱桥	主要内容	(1)$L/4$截面挠度和应力(应变); (2)墩台顶的水平变形; (3)混凝土梁体裂缝观测
	附加内容	(1)$L/8$截面挠度和应力(应变); (2)拱上建筑控制截面的变形和应力(应变)

两铰拱桥	主要内容	(1)拱顶截面应力(应变)和挠度; (2)L/4 截面挠度和应力(应变); (3)墩台顶水平变形; (4)混凝土梁体裂缝观测
	附加内容	(1)L/8 截面挠度和应力(应变); (2)拱上建筑控制截面的变形和应力(应变)
无铰拱桥	主要内容	(1)拱顶截面应力(应变)和挠度; (2)L/4 截面挠度和应力(应变); (3)墩台顶水平变形; (4)拱脚截面应力(应变); (5)混凝土梁体裂缝观测
	附加内容	(1)L/8 截面挠度和应力(应变); (2)拱上建筑控制截面的变形和应力(应变)
门式刚架桥	主要内容	(1)主梁最大正弯矩截面应力(应变)及挠度; (2)锚固端最大或最小弯矩截面应力(应变); (3)支点沉降; (4)混凝土梁体裂缝观测
	附加内容	锚固端附近斜截面应力(应变)
斜腿刚架桥	主要内容	(1)中跨主梁最大正弯矩截面应力(应变)及挠度; (2)主梁最大负弯矩截面应力(应变); (3)支点沉降; (4)混凝土梁体裂缝观测
	附加内容	(1)边跨主梁最大正弯矩截面应力(应变)及挠度; (2)斜腿顶附近主梁或斜腿斜截面应力(应变); (3)斜腿脚最大或最小弯矩截面应力(应变)
T 形刚构桥	主要内容	(1)墩顶支点截面应力(应变); (2)T 构悬臂端的挠度; (3)T 构墩身控制截面的应力(应变); (4)混凝土梁体裂缝观测
	附加内容	(1)挂梁支点截面附近或悬臂端附近斜截面应力(应变); (2)挂孔跨中截面应力(应变); (3)T 构墩墩身倾斜度
连续刚构桥	主要内容	(1)主跨墩顶截面主梁应力(应变); (2)主跨最大正弯矩截面应力(应变)及挠度; (3)边跨最大正弯矩截面应力(应变)及挠度; (4)混凝土梁体裂缝观测
	附加内容	(1)墩顶支点截面附近斜截面应力(应变); (2)墩身控制截面应力(应变); (3)墩顶纵桥向水平变形
斜拉桥	主要内容	(1)主梁中孔最大正弯矩截面应力(应变)及挠度; (2)主梁墩顶支点截面应力(应变); (3)主塔塔顶纵桥向水平变形与塔脚截面应力(应变); (4)塔柱底截面应力(应变); (5)混凝土梁体裂缝观测; (6)典型拉索索力测试
	附加内容	(1)边跨最大正弯矩截面应力(应变)及挠度; (2)加劲梁纵桥向漂移

续上表

悬索桥	主要内容	(1)加劲梁最大正弯矩截面应力(应变)及挠度; (2)主塔塔顶纵桥向最大水平变形与塔脚截面应力(应变); (3)塔、梁体混凝土裂缝观测; (4)最不利吊杆(索)力增量
	附加内容	(1)主缆锚跨索股最大张力增量; (2)加劲梁梁端最大纵向漂移; (3)吊杆(索)活载张力最大增量

5.3.4 加载方式

为了保证静载试验效果,应根据试验目的确定试验控制荷载,一般控制桥梁设计的可变作用包括汽车和人群荷载以及需通行的特殊重型车辆荷载。试验前需要分别计算设计时所采用的控制荷载或由试验目的所决定的荷载对结构控制截面产生的内力(或变形)的最不利值,并进行比较,取其中最不利者对应的荷载作为控制荷载。荷载试验应尽量采用与控制荷载相同的荷载,而组成控制荷载的车辆是由运管车辆统计而得的概率模型。当客观条件所限,采用的试验荷载与控制荷载有差别时,为保证试验效果,在选择试验荷载的大小和加载位置时应采用静载试验荷载效率进行控制。

静载试验荷载效率是指试验荷载作用下被检测部位的内力(或变形)的计算值与包括动力扩大效应在内的标准设计荷载作用下,同一部位的内力(或变形)计算值的比值。静载试验荷载效率按式(5-1)进行计算:

$$\eta_q = \frac{S_s}{S(1+\mu)} \tag{5-1}$$

式中:S_s——静载试验荷载作用下,某一加载试验项目对应的加载控制截面内力或位移的最大效应计算值。

   S——控制荷载产生的同一加载控制截面内力或位移的最不利效应计算值。

   μ——按规范取用的冲击系数值。

   η_q——静载试验荷载效率,一般取值 $0.95 \sim 1.05$;当桥梁调查、验算工作比较充分时,η_q 可采用低限值,当桥梁调查、验算不充分,尤其是缺乏设计计算资料时,η_q 可采用高限值。一般情况下,η_q 值不宜小于 0.95。

静载试验加载设备可根据加载要求及具体条件选用,一般有可行式车辆加载和重物直接加载两种方式。

(1)可行式车辆加载

可行式车辆加载可选用装载重物的汽车或平板车,也可就近利用施工机械车辆。选择装载的重物时,要考虑车厢体积,装载是否方便。装载的重物应置放稳妥,以避免车辆行驶时因摇晃而改变重物的位置。采用车辆加载优点很多,如便于调运和加载布置,加卸载迅速等。采用汽车荷载既能进行静载试验又能进行动载试验,这是目前较常采用的一种方法。

（2）重物直接加载

重物直接加载一般按控制荷载的着地轮迹先搭设承载架,再在承载架上堆放重物或设置水箱进行加载。如加载仅为满足控制截面内力要求,也可采取直接在桥面堆放重物或设置水箱的方法加载。承载架的设置和加载物的堆放应安全、合理,能按要求分布加载量,并不使加载设备与桥梁结构共同承载而形成"卸载"现象。重物直接加载准备工作量大,加卸载所需周期一般较长,交通中断时间亦较长,且试验时温度变化对测点的影响较大,因此宜安排在夜间进行试验。加载需要对加载物进行称量,可根据不同的加载方法和具体条件选用以下方法对所加重物进行称量:

①称重法。当采用重物直接在桥上加载时,可将重物化整为零称重后按逐级加载要求分堆置放,以便加载取用。当采用车辆加载时,可将车辆逐轴驶上称重台进行称重。如没有现成可供利用的称重台,可自制专用称重台进行称重。

②体积法。如采用水箱加载,可通过量测储水体积来换算储水的重力。

③综合计算法。根据车辆出厂规格确定空车轴重,再根据装载重物的重力及其重心将其分配至各轴。装载物最好采用外形规则的物体整齐码放,或采用松散均匀材料(如砂子等)在车厢内摊铺平整,以便准确确定其重心位置。无论采用何种方法确定加载物重力,均应做到准确可靠,其称量误差最大不得超过 5%。最好能采用两种称量方法互相校核。

加载时,为了加载安全,了解结构应变和变位随试验荷载增加的变化关系,各主要工况的加载应分级进行,一般安排在开始的几个加载程序中。当加载分级较为方便时,可按最大控制截面内力荷载工况均分为 4~5 级。若使用载重车加载,车辆称重有困难时,也可分成 3 级加载。当桥梁的调查和验算工作不充分,或桥况较差,应尽量增多加载分级。如限于条件分级较少,应注意每级加载时,车辆荷载应逐辆缓慢驶入预定加载位置,必要时可在加载车辆未到达预定加载位置前分次对控制测点进行读数监控,以确保试验安全。应注意加载过程中防止其他截面最大内力超过控制荷载作用下的最不利内力。若条件允许,最好每级加载后卸载,也可逐级加载达到最大荷载后逐级卸载。分级加载时应逐渐增加加载车数量,先上轻车后上重车,加载车应位于内力影响线的不同部位。

为减少温度变化对试验造成的影响,加载试验时间以深夜 22:00 至早晨 6:00 为宜,尤其是采用重物直接加载、加卸载周期比较长的情况下只能在夜间进行试验。对于采用车辆等加卸载迅速的试验方式,如夜间试验照明等有困难时亦可安排在白天进行试验,但在晴天或多云的天气下进行加载试验时,每一加卸载周期所花费的时间不宜超过 20min。

附加工况一般不分级加载,只进行最大内力加载程序。

5.3.5　测点布置

静载试验布设的测点不宜过多,但要保证观测质量。有条件时,同一测点可用不同的测试方法进行校对。一般情况下,对主要测点的布设应能控制结构的最大应力(应变)和最大挠度(或位移)。一般采用单向应变计(片)测试正应变(应力),采用应变花测试主应变(应力),为保证观测质量,有条件时同一测点可用不同测试方法进行校核。一般情况下,应在结构纵向的所有控制截面的横向、竖向均应布置能反映结构最大应变(应力)及其变化规律的测点。几种常用桥梁体系的主要测点布设如表 5-4 所示。

常用桥梁体系的主要测点布设位置　　　　　　　　　　　　　　表 5-4

简支梁桥	跨中挠度,支点沉降,跨中截面应变
连续梁桥	跨中挠度,支点沉降,跨中和支点截面应变
悬臂梁桥/T形刚构桥	悬臂端部挠度,支点沉降,支点截面应变
拱桥	跨中与$L/4$处挠度,拱顶、$L/4$和拱脚截面应变,墩台顶水平变形
斜拉桥	主梁中孔跨中挠度,支点沉降,跨中截面应变;塔顶纵桥向最大水平位移,塔脚截面应变
悬索桥	加劲梁跨中与$L/8$和$3L/8$处挠度,支点沉降,跨中与$L/8$和$3L/8$处截面应变;塔顶纵桥向最大水平位移,塔脚截面应变

组合体系桥可根据组合体系所呈现的主要力学特征,结合上述各类桥梁的主要测点布设情况综合确定测点位置。

对于挠度(变位)观测点,整体式梁桥一般对称于桥中轴线布设。截面设单点时,布置在桥中轴线上;截面设双点时,布置在梁底或梁顶面两侧,其横向间距尽可能大一些。多梁式桥可在每梁底布置一个或两个测点;索塔测点一般布置在索塔纵桥向对称面相应位置。

截面抗弯应变测点应设置在截面横桥向应力可能分布较大的部位,沿截面上、下缘布设,横桥向测点设置一般不少于3处,以控制最大应力的分布。当采用测定混凝土表面应变的方法来确定钢筋混凝土结构中钢筋承受的拉力时,考虑到混凝土表面可能已经产生的裂缝对观测的影响,测点的位置应合理进行选择。如凿开混凝土保护层直接在钢筋上设置拉应力测点,则在试验完后必须修复保护层。

试验时,除布置主要测点外,可根据桥梁调查和检算工作的深度,综合考虑结构特点和桥梁目前状况等可适当加设附加测点,主要包括挠度沿桥长或沿控制截面桥宽方向分布;应变沿控制截面桥宽方向分布;应变沿截面高度分布;组合构件的结合面上、下缘应变;墩台的沉降、水平位移与转角,连拱桥多个墩台的水平位移;剪切应变;其他结构薄弱部位的应变裂缝的监测等。

常见截面单向应变测点布置应体现左右对称、上下兼顾、重点突出的原则,并能充分反映截面的高度方向的应变分布特征。单点应变花测点的布置不宜少于两组。测点布置完毕,应准确测量其位置。测试单向应变时,根据测试构件形状特点,沿宽度及高度方向布置的应变测点可以反映应变沿构件截面的横向和高度方向的变化特征;腹(肋)板应变测点应能够反映截面高度方向应变分布规律,顶缘应变测点布置于腹(肋)板最上缘。

常见截面的单向应变测点布置如表5-5所示。对称时一个1/2横截面的应变测点可减少一半,但不宜少于2个。

截面应变测点布置示意　　　　　　　　　　　　　　表 5-5

构件名称	主要截面类型		应变测点布置示意图	备　注
混凝土主梁	板式截面	整体式实心板		(1)板底面测点不少于5个,对称布置; (2)侧面测点不少于2个
		整体式空心板		(1)板底面测点不少于5个,对称布置; (2)侧面测点不少于2个; (3)腹板对应位置宜置测点

构件名称	主要截面类型		应变测点布置示意图	备 注
混凝土主梁	板式截面	装配式空心板		（1）每片板底面测点不少于2个； （2）侧面测点不少于2个
	梁式截面	钢筋混凝土T梁		（1）每片梁底面测点为1~2个； （2）每片梁侧面测点不少于2个
		预应力混凝土T梁		（1）每片梁底面测点为1~2个； （2）每片梁侧面测点不少于2个
		I形梁		（1）每片梁底面测点为1~2个； （2）每片梁侧面测点不少于2个
		π形梁		（1）每片梁底面测点为1~2个； （2）每片梁侧面测点不少于2个
		分离式箱梁		（1）每片梁底面测点不少于2个； （2）单腹板侧面测点不少于2个
		整体式箱梁	 内侧布置　　　外侧布置	（1）在箱室内布置测点时，每箱室顶、底板不少于3个； （2）单肋侧面测点不少于2个；当箱梁未预留检修孔时，测点布置于箱梁外侧
		钢箱梁		（1）每箱室顶、底板测点不少于3个，边测点应贴近腹板布置； （2）每腹板测点不少于3个； （3）加劲肋有选择进行测点布置

130

构件名称	主要截面类型		应变测点布置示意图	备 注
钢箱梁及钢混组合梁	钢箱梁	钢I混组合梁		(1)单纵梁顶、底板测点不少于2个; (2)单纵梁侧面测点不少于3个; (3)混凝土下缘测点不少于5个,对称布置
	钢混组合梁	I形		(1)顶、底面测点不少于2个; (2)单侧面测点不少于3个
拱肋	钢筋混凝土	矩形		(1)顶、底面测点不少于2个; (2)单侧面测点不少于3个
		箱形		(1)顶、底面测点不少于2个; (2)单侧面测点不少于3个
	钢管混凝土	单肢		不少于4个,对称布置
		双肢		单肢不少于5个,钢管与缀板连接处宜布置测点,并准确测量其几何中心
		四肢		单肢不少于5个,钢管与缀板连接处宜布置测点,并准确测量其几何中心

构件名称	主要截面类型	应变测点布置示意图	备　注
拱肋	整体式板（箱） 整体式板		（1）顶、底面测点不少于个 5个,对称布置; （2）单侧面测点不少于2个
	整体式箱		（1）顶、底面测点不少于5个,对称布置; （2）侧面测点不少于2个; （3）腹板对应位置须布置测点; （4）当箱内布置测点时,同整体式箱梁
桥墩	桥墩 圆形		不少于4个,对称布置
	矩形		（1）横桥向每侧不少于3个; （2）纵桥向每侧不少于2个
	箱形		（1）横桥向每侧不少于3个; （2）纵桥向每侧不少于3个
盖梁	盖梁 矩形		（1）底板测点不少于3个; （2）单侧面测点不少于3个

对于裂缝观测,部分预应力混凝土或钢筋混凝土结构中,如在混凝土表面不会出现裂缝,则可任意测定位置和标距,但标距 l 不小于4倍混凝土最大粒径,若加载后可能出现裂缝,可分别选用 20cm、30cm 或 20cm + 30cm 标距进行裂缝读数,标距应适应裂缝间距(图5-1)。对于已产生裂缝的情况,应根据裂缝间距合理选择测点位置与标距。

对于剪切应变测点,可从梁底支座中心起向跨中作与水平线呈45°斜线,此斜线与截面中性轴高度线相交的交点作为梁最大剪应力位置,此时,距支座最近的加载点应设置在45°斜线与桥面的交点上(图5-2)。

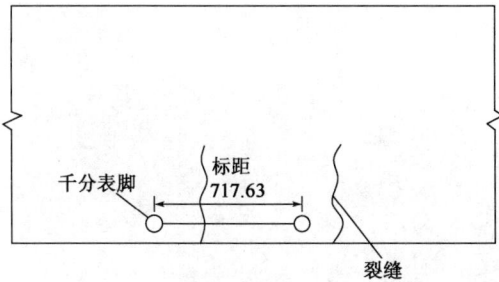

图 5-1 可能出现裂缝(尺寸单位:mm)

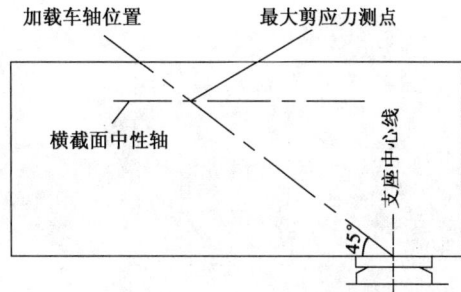

图 5-2 最大剪应力位置情况

5.3.6 现场静载试验过程

静载试验应在现场指挥人员统一指挥下按荷载试验方案中的计划有秩序地进行。首先检查不同分工的测试人员是否各行其职;交通管理、加载(或驾驶人)和联络人员是否到位;加载设备、通信设备和电源(包括备用电源)是否准备妥当;加载位置、测点放样和测试仪器安装是否正确;然后调试仪器(自动记录时对测试仪表数据采集和记录设备进行连接),利用过往车辆(或初试荷载)检查各测点观测值的规律性,使整个测试系统进入正常工作状态。记录天气情况和试验开始时间,进行正式试验。

1)观测与记录

对测试系统进行不少于 15min 的测试数据稳定性观测。当测试周期较长时,温度变化引起的结构内力和变形会对测试结果产生影响。因此,需选择温度变化相对较小的时间段进行试验,或用于对观测成果进行温度影响修正。测试数据记录宜采用自动记录系统,应做好时间、环境温度、工况等记录。试验现象主要观测以下内容:

(1)裂缝

当裂缝数量较少时,可根据试验前后观测情况用裂缝观测表对裂缝状况进行描述。当裂缝发展较多时,应选择有代表性的结构部位描绘主要受力裂缝的开展图,图上应注明各加载工况的裂缝长度、宽度的发展及其卸载后的恢复情况。裂缝标注后,宜采用影像进行记录。

(2)其他现象

记录试验过程中结构出现的其他异常现象,如异常响动、失稳、扭曲、晃动等。

2)加载实施与控制

(1)加载程序

加载应在试验指挥人员指挥下严格按试验方案中拟定的加载程序进行。采用重物加载时,按荷载分级逐级施加,每级荷载堆放位置准确、整齐稳定。荷载施加完毕后,逐级卸载。采用车辆加载时,先由零载加至第 1 级荷载,卸载至零载;再由零载加至第 2 级荷载,卸至零载,直至所有荷载施加完毕(有时为了确保试验结果准确无误,每一级荷载重复施加 1~2 次)。每一级荷载施加次序为纵向先施加重车,后施加前后标准车;横向先施加桥中心的车辆,后施加外侧的车辆,如图 5-3 所示。

(2)加载稳定时间控制

为控制加卸载稳定时间,应选择一个控制观测点(如简支梁的跨中挠度或应变测点),在每级加载(或卸载)后立即测读一次,计算其与加载前(或卸载前)测读值之差值 S_g,然后每隔

a)荷载等级

b)荷载等级二

图 5-3　车辆分级加载

2min 测读一次,计算 2min 前后读数的差值 ΔS。当差值小于 1% 或小于量测仪器的最小分辨值时,即认为结构基本稳定,可进行各观测点读数。但当进行主要控制截面最大内力荷载工况加载程序时,荷载在桥上稳定时间应不少于 5min;对尚未投入运营的新桥应适当延长加载稳定时间。某些桥梁如拱桥,有时当拱上建筑或桥面系参与主要承重构件的受力时,因连接较弱或变形缓慢,测点观测值稳定时间较长,如结构的实测变位(或应变)值远小于计算值,可将加载稳定时间定为 20~30min。

（3）加载过程的观察

加载试验过程中应对结构控制点位移(或应变)、结构整体行为和薄弱部位破损实行监控,并将结果随时汇报给指挥人员作为控制加载的依据。随时将控制点实测位移与计算结果比较,如实测值超过计算值较多,应暂停加载,待查明原因再决定是否继续加载。试验人员如发现其他测点的测值有较大的反常变化也应查找原因,并及时向试验指挥人员报告。加载过程中,应指定人员随时观察结构各部位可能产生的新裂缝,注意观察构件薄弱部位是否有开裂、破损,组合构件的结合面是否有开裂错位,支座附近混凝土是否开裂,横隔板的接头是否拉裂,结构是否产生不正常的响声,加载时墩台是否发生摇晃现象等。如发生这些情况,应报告试验指挥人员,以便采取相应的措施。

（4）试验过程中应中途终止加载的情况

①控制测点应力值已达到或超过用弹性理论按规范安全条件反算的控制应力值时。

②控制测点变位(或挠度)超过规范允许值时。

③由于加载使结构裂缝的长度、宽度急剧增加,新裂缝大量出现,裂缝宽度超过允许值的裂缝大量增多,对结构使用寿命造成较大的影响时。

④拱桥加载时,沿跨长方向的实测挠度曲线分布规律与计算值相差过大或实测挠度超过计算值过多时。

⑤发生其他损坏,影响桥梁承载能力或正常使用时。

试验荷载加载控制分析是一项相当严肃的重要工作,试验人员务必认真对待,仔细观测并对比分析,严格按照加载控制条件,实施静载试验控制流程如图 5-4 所示。每座桥的试验跨度设置多个确定工况,每个工况下重复试验 3 次,最终试验结果为 3 次试验的平均值,每次试验前做好充分准备。

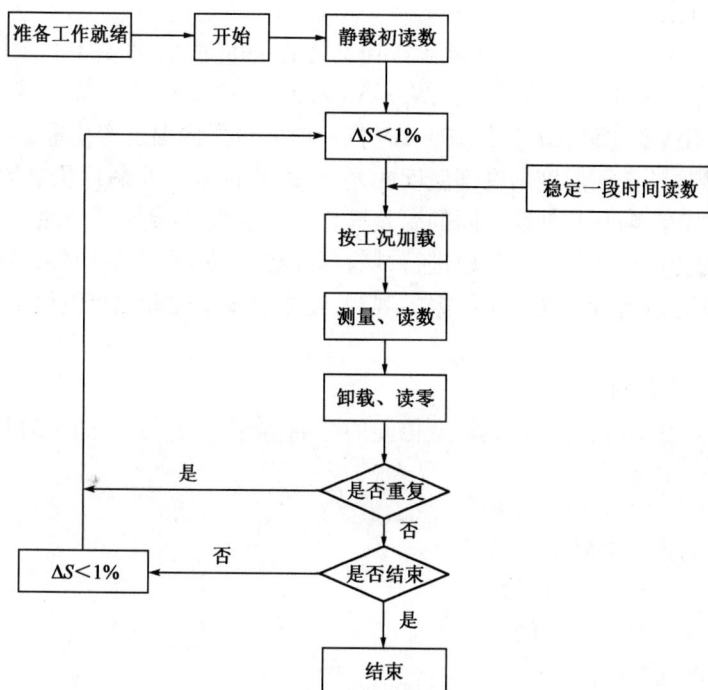

图 5-4　静载试验程序

5.3.7　静载试验结果分析

通过静载试验得到的原始数据、文字和图像描述材料是荷载试验最重要的资料。虽然它们是可靠的,但这些原始资料数量庞大,不能直接用于评定桥梁承载能力,故进行承载能力评定之前必须对它们进行处理、分析,得出直接进行桥梁结构承载能力评定的指标,以满足承载力评定的需要。

1)试验资料的修正

(1)测值修正

根据各类仪表的标定结果进行测试数据的修正,如考虑机械式仪表校正系数、电测仪表的率定系数与灵敏系数、电阻应变观测的导线电阻影响等。当这类因素对测值的影响小于1%时,可不予修正。

(2)温度影响修正

温度对测试的影响比较复杂。结构构件的各部位不同的温度变化、结构的受力特性、测试仪表或元件的温度变化、电测元件的温度敏感性与自补性等均对试件精度造成一定的影响。逐项分析这些影响是困难的,一般可采用综合分析的方法来进行温度影响修正,即利用加载试验前进行的温度稳定观测数据,建立温度变化(测点处构件表面温度或空气温度)和测点测值(应变和挠度)变化的线性关系,然后按式(5-2)进行温度修正计算。

$$\Delta S_{\mathrm{t}} = \Delta S - \Delta t \cdot K_{\mathrm{t}} \tag{5-2}$$

式中:ΔS_{t}——温度修正后测点加载测值的变化量;

ΔS——温度修正前测点加载测值的变化量;

Δt——相应于 ΔS 观测时间段内的温度变化量(℃),对应变宜采用构件表面温度,对挠度宜采用气温；

K_t——空载时温度上升 1℃ 时测点测值变化量，如测值变化与温度变化关系较明显时，可采用多次观测的平均值，$K_t = \Delta S_1 / \Delta t_1$，其中 ΔS_1 为空载时某一时间区段内测点测值变化量，Δt_1 为相应于 ΔS_1 同一时间区段内温度变化量。

应注意，被测构件表面温度与内部温度的差异、贴片位置与非贴片位置的温差、局部贴片与整体贴片间的温差、贴片与补偿片间的温差等构成了温度影响的复杂性。通常采取缩短加载时间，选择温度变化较稳定的时间段进行试验等办法，尽量减小温度对测试精度的影响。必要时，可在加载试验前进行温度稳定数据的观测，建立温度变化和测点测值变化的关系曲线进行温度修正。

(3)支点沉降的影响修正

当支点有沉降发生时，应修正其对变位值的影响，修正量 C 可按式(5-3)计算：

$$C = \frac{l-x}{l} \cdot a + \frac{x}{l} \cdot b \tag{5-3}$$

式中：C——测点的支点沉降影响修正量；

l——A 支点到 B 支点的距离；

x——挠度测点到 A 支点的距离；

a——A 支点沉降量；

b——B 支点沉降量。

(4)测点变位或应变计算

测点变位或应变可按式(5-4)计算：

$$\begin{aligned} S_t &= S_1 - S_i \\ S_e &= S_1 - S_u \\ S_p &= S_t - S_e = S_u - S_i \end{aligned} \tag{5-4}$$

式中：S_t——试验荷载作用下量测的结构总变位(或总应变)值；

S_e——试验荷载作用下量测的结构弹性变位(或应变)值；

S_p——试验荷载作用下量测的结构残余变位(或残余应变)值；

S_i——加载前的测值；

S_1——加载达到稳定时的测值；

S_u——卸载后达到稳定时的测值。

(5)测点的相对残余变位(或应变)

测点的相对残余变位(或应变)可按式(5-5)计算：

$$\Delta S_p = \frac{S_p}{S_t} \times 100\% \tag{5-5}$$

式中：ΔS_p——相对残余变形(或应变)；

S_p、S_t——意义同前。

(6)测点校验系数

测点校验系数可按式(5-6)计算：

$$\eta = \frac{S_e}{S_s} \tag{5-6}$$

式中:η——校验系数;

其余符号意义同前。

2)试验曲线的绘制

试验曲线能直观地反映试验结果。可通过试验曲线来表示实测应变和理论计算值的比较情况、主要控制点的变形(应变)与荷载的历程曲线、挠度及应变分布情况。通过这些曲线可对试验结果进行评价,判断异常点、结构工作状态、应变(变形)分布是否符合一般规律等。试验曲线应绘制各加载工况下主要测点实测变形(或应变)与相应的理论计算值的对照表及其关系曲线,各加载工况下主要控制点的变形(或应变等)与荷载的关系曲线,以及各加载工况下控制截面变形(或应变)分布图、沿纵(横)桥向挠度图、截面应变沿高度(宽度)分布图等。

3)试验结果与理论分析的比较

为了评定桥梁结构整体受力性能,需对桥梁荷载试验结果与理论分析值进行比较,以检验新建桥梁是否达到设计荷载标准,或判断旧桥的承载能力。可以将结构位移、应变等实测值与理论计算值列表进行比较,对结构在最不利荷载工况作用下主要控制截面测点的位移、应变的实测值与理论计算值,要分别绘出荷载—位移(P-w)曲线、荷载—应变(P-ε)曲线,并绘出最不利荷载工况作用下位移沿结构纵、横向分布曲线和控制截面应变沿高度分布图,以及绘制结构裂缝分布图。绘制时应按裂缝编号注明长度、宽度、初裂荷载及裂缝发展情况。

4)试验结果评定

(1)校验系数

校验系数 η 包括应变(应力)校验系数及挠度校验系数。常见桥梁结构试验的应变(应力)和挠度校验系数的常值范围见表5-6。

常见桥梁结构试验校验系数

表5-6

桥 梁 类 型	应变(或应力)校验系数	挠度校验系数
钢筋混凝土板桥	0.20 ~ 0.40	0.20 ~ 0.50
钢筋混凝土梁桥	0.40 ~ 0.80	0.50 ~ 0.90
预应力混凝土桥	0.60 ~ 0.90	0.70 ~ 1.00
圬工拱桥	0.70 ~ 1.00	0.80 ~ 1.00
钢筋混凝土拱桥	0.50 ~ 0.90	0.50 ~ 1.00
钢桥	0.75 ~ 1.00	0.75 ~ 1.00

校验系数越小,结构的安全储备越大,校验系数过大或过小时,应从多个方面分析原因。过大,可能因为组成结构的材料强度或弹性模量较低,结构各部分连接性能较差,刚度较低等;过小,可能因为材料的强度或弹性模量较高,桥面铺装及人行道等与主梁(肋)共同受力,拱上建筑与拱圈共同作用,计算理论或简化图式的影响等。试验时加载物的称量误差,仪表的观测误差等也对校验系数有一定影响。一般来说,新建桥梁的效验系数较小,旧桥的校验系数较大。校验系数超出常值范围时,应结合动载试验成果进行综合判断。

对于钢结构桥梁,试验及研究表明,由于其结构变异性较小,理论计算值与试验值常有较好的吻合,校验系数的区间较小。实际试验中,可能会出现大于 1 的情况,通常是由于理论分析中未考虑剪力滞效应等附加应力的影响所致。

（2）实测值与理论值的关系曲线

测点实测变形（或应变）与其理论值呈线性关系，则说明结构处于线弹性工作状况。

（3）截面应变分布状况

对于常规结构，实测的结构或构件主要控制截面应变沿梁高分布图符合平截面假定，实测的控制点变形或应变与荷载的关系曲线接近于直线，说明桥梁结构或构件处于弹性工作状况。

（4）相对残余变位（或应变）

测点在控制荷载工况作用下的相对残余变位（或应变）ΔS_p 越小，说明结构越接近弹性工作状况。一般要求值 ΔS_p 不大于 20%。当 ΔS_p 大于 20% 时，表明桥梁结构的弹性状态不佳，应分析原因，必要时再次进行荷载试验以确定。如确定桥梁强度不足，应在结构评定时酌情降低桥梁的承载能力。

5.4 动载试验

桥梁结构在移动的车辆、人群、风力和地震等动力荷载作用下会产生振动。桥梁结构的振动分析是桥梁结构分析的又一项重要内容。桥梁结构的振动问题影响因素复杂，仅靠理论分析还不能满足工程应用需要，一般需采用理论分析与试验测试相结合的方法解决，桥梁动载试验就成为解决该问题必不可少的手段。动载试验是指测试桥梁结构或构件在动荷载激励和环境荷载作用下的受迫振动特性和自振特性的现场试验。桥梁结构的动力特性（如振型、频率和阻尼比等）是桥梁承载力评定的重要参数，同时也是识别桥梁结构工作性能和桥梁抗震分析的重要参数。随着我国公路桥梁检验评定制度的推行，桥梁动载试验将会越来越受到重视。

5.4.1 基本概念

桥梁动载试验是利用某种激振方法激起桥梁结构的振动，测定桥梁结构的固有频率、阻尼比、动力冲击系数、动力响应（加速度、动挠度）等动态参量的试验项目，从而宏观地判断桥梁结构的整体刚度与运营性能。

桥梁的动载试验可以划分为 3 类基本问题：首先是测定动荷载的动力特性，即引起桥梁结构产生振动的作用力数值、方向、频率和作用规律；其次是测定桥梁结构的动力特性，即桥梁结构或构件的自振频率、阻尼比、振型等桥梁结构模态参数等；最后测定桥梁结构在动荷载作用下的强迫振动响应，即桥梁结构动位移、动应力和冲击系数。

桥梁承受动载时，引起结构振动的动荷载是随时间而改变的，同时结构在动荷载作用下的反应与结构本身动力特性有密切关系。动荷载所产生的动力效应，有时远大于其相应的静力效应，可能使结构遭受严重破坏。

桥梁动载试验时的荷载效率为：

$$\eta_d = \frac{S_d}{S_{1max}} \tag{5-7}$$

式中：S_d——动载试验荷载作用下控制截面最大计算内力值；

S_{1max}——控制荷载作用下控制截面的最大内力或变形（不计冲击）。

动载试验荷载效率 η_d 一般取高值，但不应超过 1.0。η_d 不仅取决于试验车型及车重，而且取决于实际跑车时的车间距。因此,在动载试验跑车时应注意保持试验车辆之间的车间距,并应实际测定跑车时的车间距以作为修正动载试验效率 η_d 的计算依据。

5.4.2 动载试验的激振方法

动载试验常见的激振方法包括自振法(瞬态激振法)、共振法(强迫振动法)及脉动法3种。

1)自振法(瞬态激振法)

自振法的特点是使桥梁产生有阻尼的自由衰减振动,记录的振动图形是桥梁的衰减振动曲线。为使桥梁产生自由振动,一般常用突加荷载和突卸荷载两种方法。

(1)突加荷载法(冲击法)

突加荷载法又称初速度法。它是对被测结构或构件产生一冲击力,使得结构或构件获得一初速度而自由振动起来。在被测结构上急速地施加一个冲击作用力,由于施加冲击作用的时间短促,施加于结构的作用实际上是一个冲击脉冲作用。对于中、小型桥梁结构,可用落锤激振器(或枕木)垂直地冲击桥梁,激起桥梁竖直方向的自由振动。工程界常利用试验车辆在桥面上驶越三角垫木,利用车轮的突然下落对桥梁产生冲击作用,激起桥梁的竖向振动。但此时所测得的结构固有频率包括了试验车辆这一附加质量的影响。此种方法可分为垂直加载和水平加载两种。

①垂直加载。垂直加载是将重物提升到一定的高度,通过脱钩或断绳索的方法使重物自由落体到结构或构件上,也可用打桩设备施加一冲击荷载使结构或构件产生一初速度而自由振动,如图5-5所示。一般要求重物的质量不大于试件跨度内结构或构件自重的0.1%。此外,为防止重物在结构上弹跳或砸损结构或构件,须在结构或构件上垫上 10~20cm 砂垫层,并规定落物高度在 2.5m 以下。

②水平加载。水平加载是针对质量和刚度不是很大的结构或构件而言的,可采用撞击的方法,使其发生自由振动,如图5-6所示。

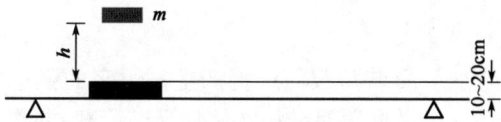

图 5-5　垂直加载示意图　　　　　　　　图 5-6　水平加载示意图

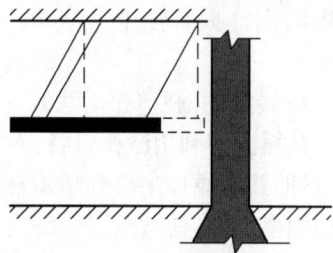

近年来,在桥梁的动载试验中,还采用了爆炸和发射小型火箭产生脉冲荷载等办法来进行激振,但还不普及。

如果要激起结构的整体振动,冲击荷载的位置可按所测结构的振型来确定,如为了获得简支梁桥的第一振型,则冲击荷载作用于跨中部位,测试第二振型时冲击荷载应加于跨度的四分之一处。

(2)突然卸载法(位移激振法)

突然卸载法又称初位移法。它是先使结构产生一初始位移,然后突然卸载,利用结构的弹性使其自由振动起来的方法。具体做法可有以下几种：

①采用如图 5-7 所示的张拉释放装置开动绞盘,通过钢丝绳牵拉被测结构物使其产生初始位移,当拉力足够大时,脆性棒突然拉断,使其突然卸载,结构由于弹性而自由振动。调整脆性棒的截面积即可获得不同的初始位移。

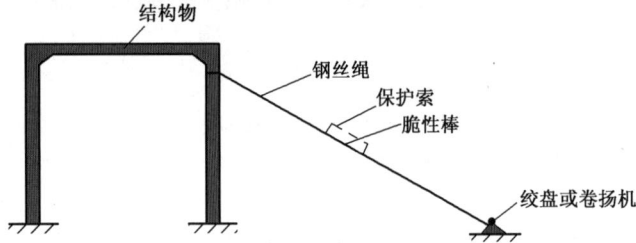

图 5-7 大型构件突然卸载法

②对于小型构件,可采用如图 5-8 所示悬挂物的方法。即采用剪断悬挂质量块的钢丝绳来突然卸载,使其自由振动。

③脆性材料断裂法如图 5-9 所示,是在着力点上附加一脆性材料,用千斤顶施加一推力,当推力使结构达到一定位移时,脆性材料突然断开而突然卸载,使结构自由振动。

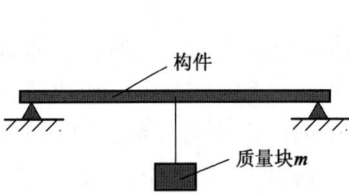

图 5-8 小型构件突然卸载法

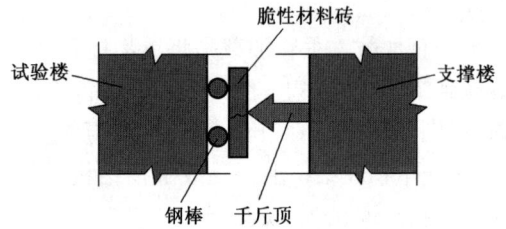

图 5-9 脆性材料断裂法

自由振动法是实测结构自振特性中最常见的方法。此法易于实施,利用此法能同时获得结构自振特性中的结构固有频率、阻尼、振型,但不适于实测结构的高次频率和高次振型。

2)共振法(强迫振动法)

共振法即利用激振设备,对被测结构物施加一简谐荷载使结构产生一恒定的强迫简谐振动,借助共振原理来得到结构自振特性的方法。由激振器对结构物施加简谐荷载,并作由低到高的频率扫描,使被测结构物发生周期性强迫振动。当激振器的频率由低到高(扫频)时,即可得到一组振幅与频率的关系曲线,如图 5-10 所示。

激振设备有机械式激振器、电磁式激振器和电气液压式振动台。激振器在结构上的安装位置和激振方向要根据试验的要求和目的而定。使用时,激振器应牢固地固定于结构上,由底座将激振器产生的交变激振力传给结构。如果将两台激振器安放于结构的适当位置上,反向激振,则可进行扭转振动试验。

连续改变激振器的频率。当激振力的频率与结构的固有频率相等时,结构出现共振现象。此时,所记录到的频率即结构的固有频率。

对于较复杂的结构,可以连续改变激振力的频率,进行"频率扫描",使结构连续出现第 1 次共振,第 2 次共振……同时记录结构的振动图形。由此可得到结构的第一频率(基频),第

a)加速度时程图

b)各个测点频谱图

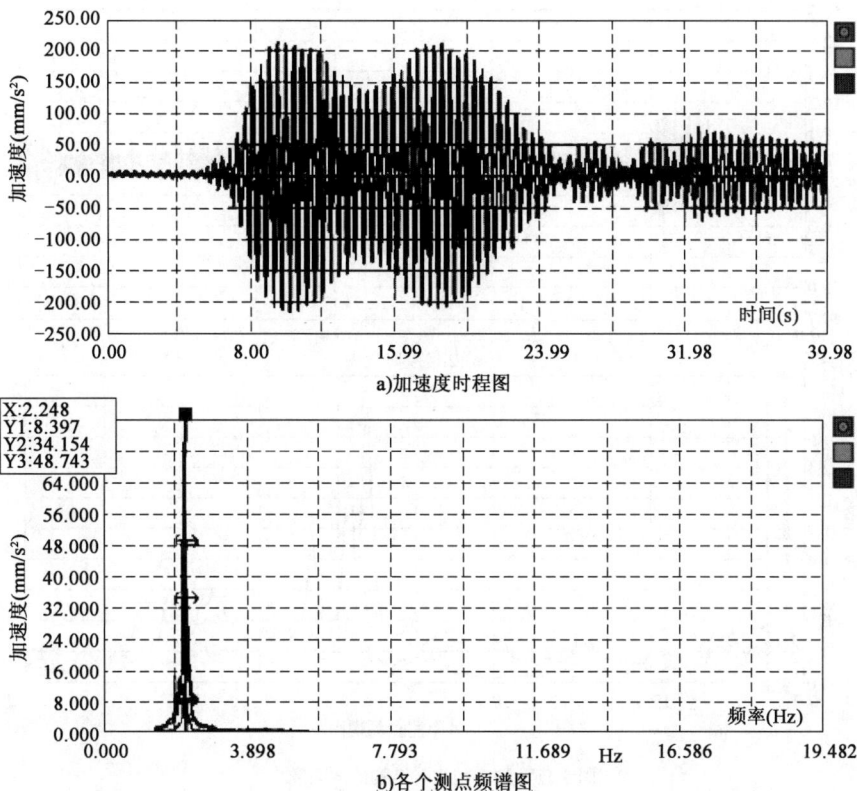

图 5-10　振幅与频率关系

二频率等,在此基础上,再在共振频率附近进行稳定的激振试验,则可准确地测定结构的固有频率与振型。频率扫描时结构的振动图如图 5-11 所示。

在上述频率扫描试验时,同时记录结构的振幅变化情况,则可作出共振曲线,即频率—振幅关系曲线,从而确定结构的阻尼特性。

在桥梁动载试验中,常用载重车队由低到高的不同速度驶过桥梁,使结构产生不同程度的强迫振动。在若干次运行车辆荷载试验中,当某一行驶速度产生的激振力的频率与结构的固有频率相近时,结构便产生共振现象,此时结构各部位的振动响应达最大值。

在车辆离桥后,结构作自由衰减振动的波形记录,从中可分析计算出结构的固有频率和阻尼特性,自由衰减振动的波形如图 5-12 所示。

3) 脉动法

脉动法的原理与激振设备来作为激励的共振法原理相类似。不难理解,坐落在地面上的结构物使地脉动对结构物的作用类似于激振设备,它也是一种强迫振动。只不过这种振动不再是稳态的简谐振动,而是近似于白噪声的多种频率成分组合的随机振动。当地面各种频率的脉动"干扰"被测结构物时,与此结构物自振频率相接近的地脉动频率成分由于"共振",其波形被放大而突出。一般来说,脉动法能较容易地得到被测物的基频,而高次频率很难出现。对于高层、高耸或跨度大的柔性结构物,有可能出现二、三次频率,但相对于基频出现的可能性还是要小些。通常在用脉动法实测结构自振特性时,其记录的时间需长些,直至出现"拍振"

a)加速度时程图

b)各个测点频谱图

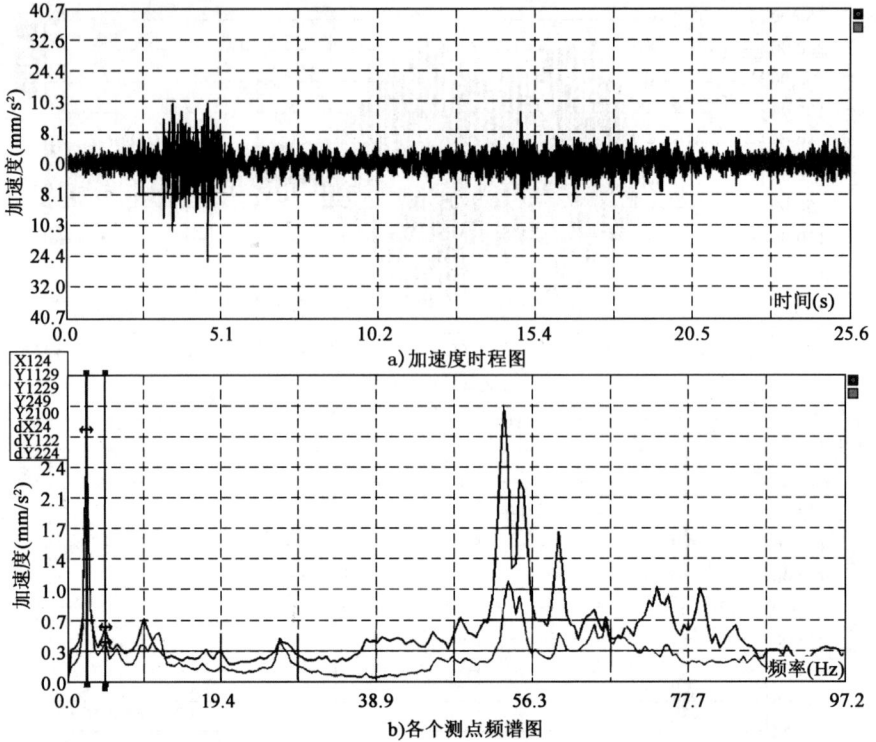

图 5-11　频率扫描时结构的振动频率

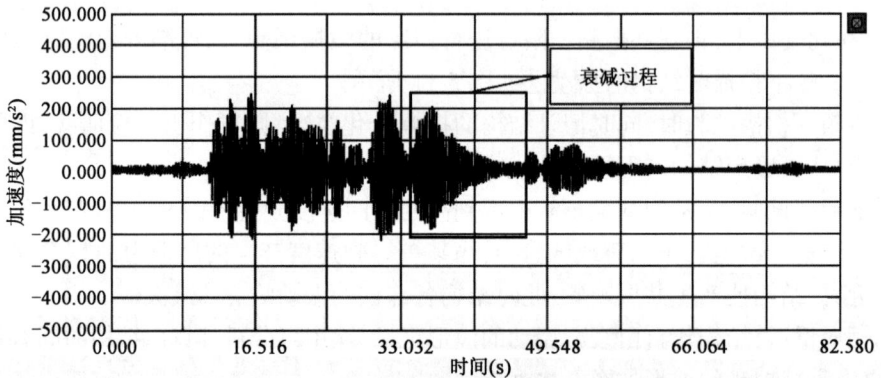

图 5-12　自由衰减振动的波形

波形。此外,记录的时间长,测得高次频率的概率也就会大些。出现"拍振"表明出现了与被测结构物相同或相接近的脉动频率。因此,"拍振"是脉动实测波形中一个重要的标志。结构的脉动曲线如图 5-13 所示。

　　这种方法充分借用了周围环境振动的特性来测量桥梁的振动特征,不需要大型的激振设备,只需要在桥梁的振动位置上安装传感器、信号收集器和放大器,以及谱分析的软件,就可以对振动数据进行收集,测量桥梁结构的自振特点。对于桥梁结构,它有属于自己的振动频率,通过外界环境的振动可以激励桥梁结构振动,增大桥梁结构在外界振动激励下的频率。与外

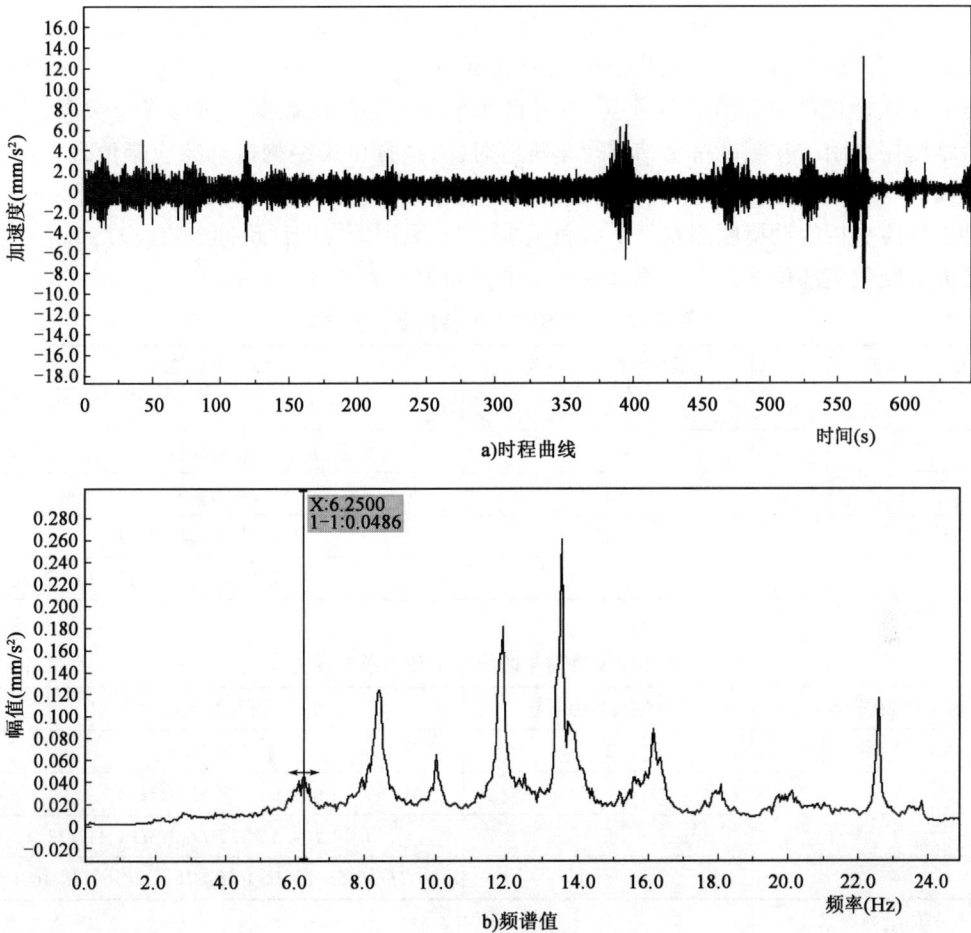

a)时程曲线

b)频谱值

图 5-13 结构的脉动曲线

界频率差别大的激励能量很难被桥梁结构吸收,甚至会相互抵消,用传感器可以对桥梁结构在环境激励下的振动频率进行记录和分析,然后得出桥梁的自振特点。对称性的桥梁结构采用脉动法,可以布置出半桥测点,在各个特征测点处记录振动情况,并通过谱分析软件分析频率波动图。根据相关要求,试验测量的桥梁频率必须大于理论模型的振动频率,因为在模型中忽视了桥梁的桥面铺装和桥梁的横隔梁。一般来讲,桥梁新建之后,阻尼比值非常小,建成时间比较长的桥梁阻尼比值比较大,如果桥梁的阻尼比值比较大,则说明桥梁结构存在裂缝损伤。对于大跨度悬吊结构,如悬索桥、斜拉索桥跨结构、塔墩以及具有分离式拱肋的大跨度下承式或中承式拱桥,可利用脉动测量结构的固有频率。因为结构的脉动是用于外界不规则的干扰所引起,所以它具有各种频率成分,而结构固有频率的谐量是脉动的主要成分,在脉动图上可直接量出,振幅呈现有规律的增减现象,凡振幅大、波形光滑之处的频率都相同,而且多次重复出现,此频率即为结构的基频。

5.4.3 动载试验的截面及测点布置

桥梁动载试验的测试截面应根据桥梁结构振型特征和行车动力响应最大的原则确定。一一般可根据桥梁结构规模按跨径 8 等分或 16 等分简化布置。如遇桥塔或高墩,尽可能按高度 3～4等份布置。对于常见的简支梁桥及连续梁桥,根据具体情况可参照表 5-7 选择测试截面。大型桥梁振型测试可将结构分成几个单元分别测试,整个试验布置一固定参考点(应避开振型节点),每次测试都包含固定参考点,即可将几个单元的测试数据通过参考点关联,拟合得到全桥结构振型图。在测试桥梁结构行车响应时,应选择桥梁结构振动响应幅值最大部位为测试截面。简单结构宜选择跨中一个测试截面,复杂结构应适当增加测试截面,但不宜过多。用于冲击效应分析的动挠度测点每个截面至少 1 个,采用动应变评价冲击效应时,每个截面在结构最大活载效应部位的测点数不宜少于 2 个。如表 5-8、表 5-9 所示。

简支梁桥前 5 阶模态的传感器布置方案 表 5-7

前 n 阶模态阶数	最少需要传感器数	测点布设位置
1	1	$L/2$
2	2	$L/4,3L/4$
3	3	$L/6,L/2,L/4$
4	4	$L/8,3L/8,5L/8,7L/8$
5	5	$L/10,3L/10,L/2,7L/10,9L/10$

注:L 为简支梁桥的计算跨径。

两等跨连续梁桥前 4 阶模态的传感器布置方案 表 5-8

前 n 阶模态阶数	最少需要传感器数	测点布设位置
1	2	$L/4,3L/4$
2	4	$L/8,3L/8,5L/8,7L/8$
3	6	$L/12,L/4,5L/12,7L/12,3L/4,11L/12$
4	8	$L/16,3L/16,5L/16,7L/16,9L/16,11L/16,13L/16,15L/16$

注:L 为桥梁跨径总长。

三等跨连续梁桥前 3 阶模态的传感器布置方案 表 5-9

前 n 阶模态阶数	最少需要传感器数	测点布设位置
1	3	$L/6,L/2,5L/6$
2	6	$L/12,L/4,5L/12,7L/12,3L/4,11L/12$
3	9	$L/18,L/6,5L/18,7L/18,L/2,11L/18,13L/18,5L/6,17L/18$

注:L 为桥梁跨径总长。

拾振器的布置应按照结构振型形状,在变位较大的部位布置测点,尽可能避开各阶振型的节点,以免丢失模态。常见桥梁的前几阶振型如下所示。动载试验应变测点的布置与静载试验静应变测点的布置原则相同。

(1)简支梁

简支梁的前几阶振型如图 5-14 所示。

(2)固端梁

固端梁的前几阶振型如图 5-15 所示。

(3)悬臂梁

悬臂梁的前几阶振型如图 5-16 所示。

$$\omega_n = \frac{n^2\pi^2}{l^2}\sqrt{\frac{EI}{m}}$$

$n=1$

$n=2$

$n=3$

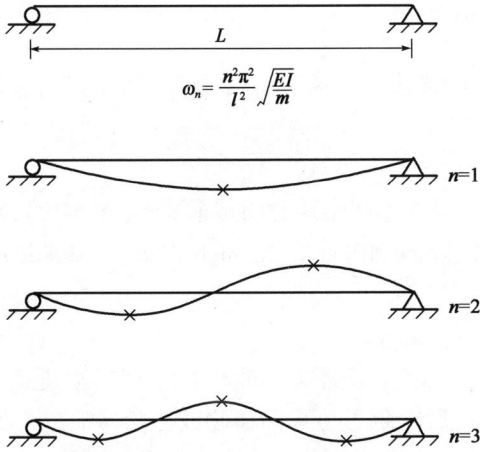

图 5-14 简支梁（×表示测点）

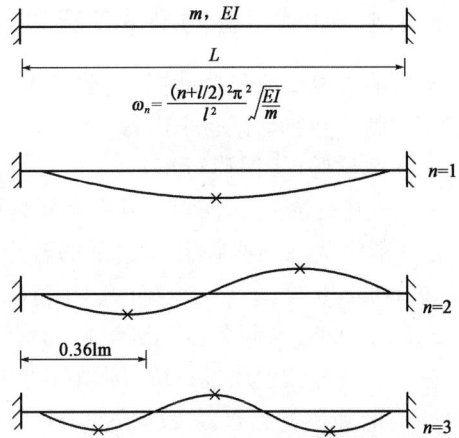

$$\omega_n = \frac{(n+l/2)^2\pi^2}{l^2}\sqrt{\frac{EI}{m}}$$

$n=1$

$n=2$

0.36lm

$n=3$

图 5-15 固端梁（×表示测点）

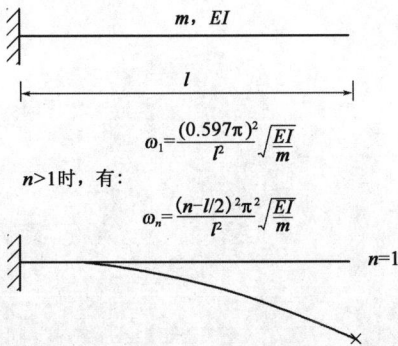

$$\omega_1 = \frac{(0.597\pi)^2}{l^2}\sqrt{\frac{EI}{m}}$$

$n>1$时，有：

$$\omega_n = \frac{(n-l/2)^2\pi^2}{l^2}\sqrt{\frac{EI}{m}}$$

$n=1$

0.77l

$n=2$

0.77l

0.50l

$n=3$

图 5-16 悬臂梁（×表示测点）

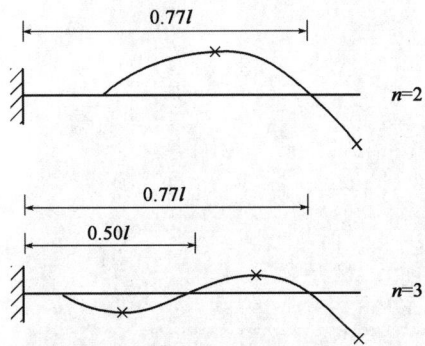

（4）三跨连续梁

三跨连续梁的前几阶振型如图 5-17 所示。

（5）双铰拱桥

双铰拱桥的前几阶振型如图 5-18 所示。

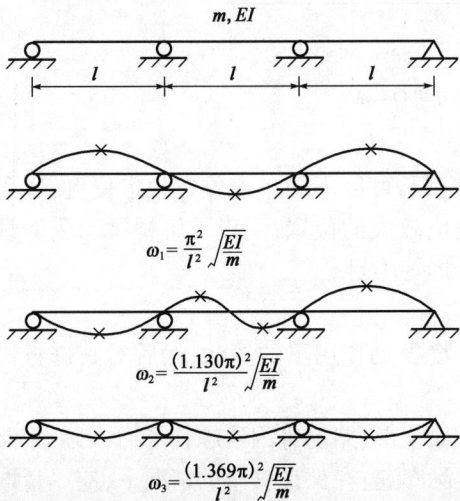

$$\omega_1 = \frac{\pi^2}{l^2}\sqrt{\frac{EI}{m}}$$

$$\omega_2 = \frac{(1.130\pi)^2}{l^2}\sqrt{\frac{EI}{m}}$$

$$\omega_3 = \frac{(1.369\pi)^2}{l^2}\sqrt{\frac{EI}{m}}$$

图 5-17 三跨连续梁（×表示测点）

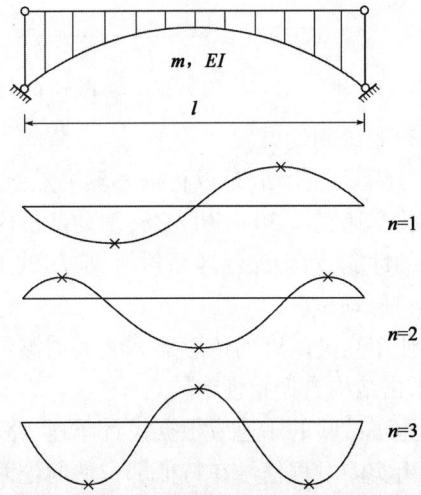

$n=1$

$n=2$

$n=3$

图 5-18 双铰拱桥（×表示测点）

5.4.4　动载试验的测试工况和内容

动力响应测试应包括动挠度、动应变、振动加速度或速度。动力荷载试验一般主要通过跑车、跳车、制动和脉动试验来进行。

1）跑车试验（无障碍行车）

一般安排标准汽车车列（对小跨径桥也可用单排车）在不同车速时的跑车试验（图5-19），跑车速度一般定为在最高设计车速下的若干等级，如5km/h、10km/h、20km/h、30km/h、40km/h、50km/h、60km/h等，车速在桥梁（孔）上宜保持恒定。

2）跳车试验（有障碍行车试验）

在预定激振位置放置一块弓形障碍物或三角木等，试验车辆以不同的速度行驶，车速宜取5～20km/h，障碍物宜布置在结构冲击效应显著部位，后轮越过弓形障碍物或三角木后立即紧急制动（图5-20、图5-21）。

图5-19　跑车试验

图5-20　跳车试验

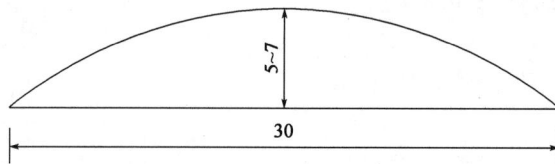

图5-21　弓形障碍物（尺寸单位：cm）

3）紧急制动试验

车辆紧急制动，是以行进车辆突然停止作为激振源，可以不同车速停在预定位置，紧急制动试验车速宜取30～50km/h，制动部位应为动态效应较大的位置；用以了解桥梁承受活载水平力的性能，对于漂浮体系桥梁，应测试主梁纵向变形等项目。

4）脉动试验

使用高灵敏度的传感器和放大器测量结构在环境振动作用下的振动，然后对其进行谱分析，求出结构自振特性。

跑车试验的车速应根据设计车速、路幅宽度、桥面线形、路况等因素综合考虑，可采用测速仪或由实测时程信号在特征部位的起讫时间确定实际车速；在保证安全的情况下，应尽量取较宽的车速范围。鉴于冲击系数是与桥面平整度、车—桥耦合振动等相关的随机变量，单次试验的随机性较大,影响评价的客观性,因此每个车速工况宜进行 2~3 次重复试验。

跳车试验是采用人工模拟的方法考察桥面不平整时的结构冲击效应,制动试验是模拟桥面车辆制动力对结构的冲击效应,而这些模拟带有较大的不确定性。此类试验属于辅助性项目,因此可有选择地采用。

一般情况下宜首选跑车试验,跳车试验和紧急制动试验可根据实际情况选择。典型动载试验过程流程如图 5-22 所示。

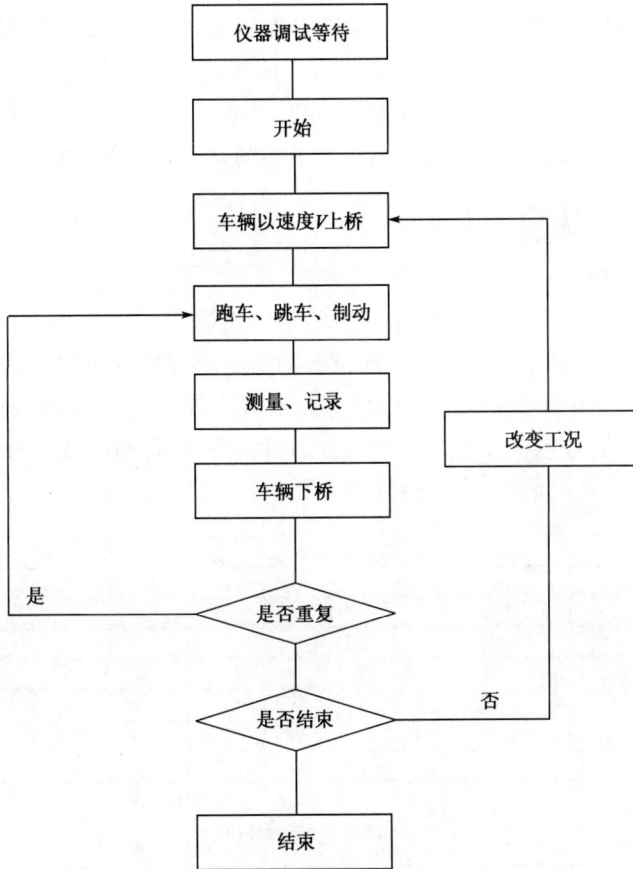

图 5-22 动载试验流程

5.4.5 试验过程的控制与记录

正式试验前应对测试系统进行稳定性检查。桥梁空载状态下,动应变、动挠度信号在预定采集时间内的零点漂移不宜超过预计最大值的 5%。根据预加载试验具体情况,对试验方案或测试仪器参数设置做必要的调整,按照调整确定后试验方案与试验程序进行加载试验,观测并记录各测试参数,并采取必要措施避免电磁场以及对讲机、手机等对测试结果的影响。正式试验过程中,应根据观测和测试结果,实时判断结构状态是否正常,测试数据是否异常,是否需要终止试验,确保试验安全。各工况试验完成后,应对测试数据进行检查和确认。如发现幅值异常或突变、零点严重偏离、异常电磁干扰、噪声过大等,应在排除故障后重新进行试验。全部试验完成后,应在现场对主要的测试数据进行检查和分析,确保测试数据的准确性和完整性。

同时,及时记录试验荷载参数(规格、数量、纵横向布置、车速、行进方向),传感器规格、灵敏度、编号、连接通道号,采集器采样频率、滤波频率、换算系数等信息。

桥梁动态测试仪器属弱电设备,设备应远离电磁干扰源,必要时可采取屏蔽措施。在仪器附近使用对讲机、手机等通信设备可能会产生意想不到的干扰,试验前应进行必要验证,以控制此类干扰。动载试验测试系统的性能应满足试验对量程、精度、分辨率、稳定性、幅频特性、相频特性的要求。传感器安装须与主体结构保持良好接触,确保无相对振动。用于冲击系数计算分析的动挠度、动应变信号的幅值分辨率应不大于最大实测幅值的1%。对行车试验的动挠度、动应变信号进行采集和处理时,若幅值分辨率太低,结构动态增量的冲击系数分析结果就会产生较大误差。当幅值分辨率为实测时程曲线最大幅值的1%时,并假定冲击系数为0.10,则幅值分辨率这一因素产生的冲击系数测试误差不超过5%。数据采集和频谱分析时,应合理设置采样、分析参数,频率分辨率不宜大于实测自振频率的1%。

5.4.6 动载试验结果分析

1)自振频率的分析

结构自振频率可采用频谱分析法、波形分析法或模态分析法得到。自振频率宜取用多次试验、不同分析方法的结果相互验证。单次试验的实测值与均值的偏差不应大于±3%。

(1)波形分析法适用于单一频率自振信号。取若干周期自振波形,通过时间坐标计算自振频率均值。当测试信号包含多阶自振信号叠加时,可利用带通滤波进行信号分离,如图5-23所示,得到单一频率的自振信号,再进行频率计算。

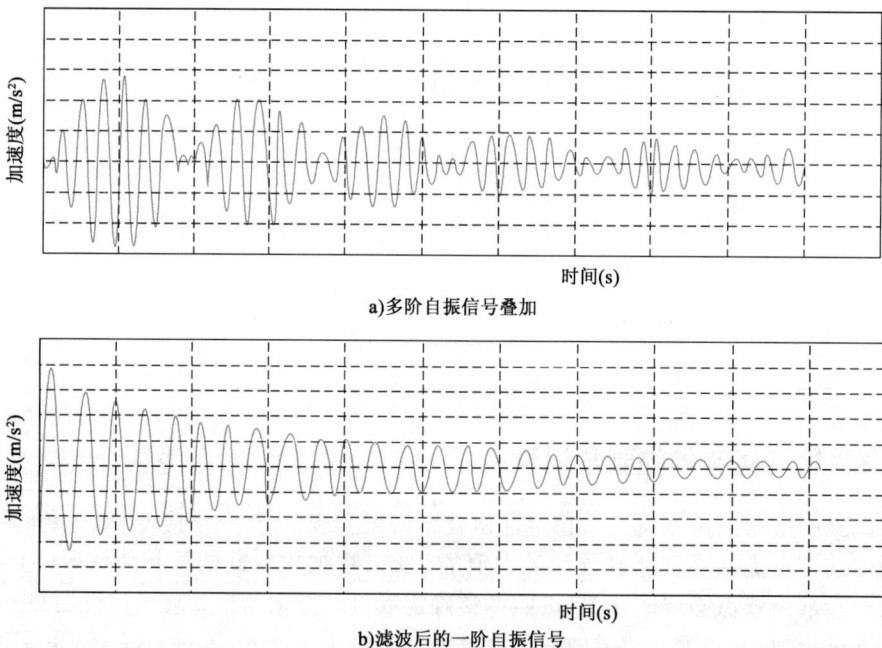

图5-23 某桥多阶叠加自振信号的分离

(2)频谱分析法可用于确定自振信号的各阶频率。用于分析的数据块中不得包含强迫振动成分。

（3）采用跳车激振法时，对于跨径小于20m的桥梁，应按式（5-8）对实测结构自振频率进行修正：

$$f_0 = f\sqrt{\frac{M_0 + M}{M_0}} \tag{5-8}$$

式中：f_0——结构的自振频率；

f——有附加质量影响的实测自振频率；

M_0——桥梁结构在激振处的换算质量；

M——附加质量。

桥梁结构的换算质量可用两个不同重量的突加荷载依次激振，分别测定自振频率f_1和f_2，其附加质量为M_1和M_2，可用式（5-8）求得换算质量M_0。

（4）采用跑车余振法激励时，要确定车辆驶离桥梁的准确时刻，以免将强迫振动当作自由振动进行处理，导致自振频率误判。具体方法是根据同时采集的动挠度、动应变实测信号中静态分量的起始位置判定余振起点（图5-24），再利用分析仪中数据截断功能将强迫振动响应舍弃。截断后的数据块长度应满足频率分辨率的要求。

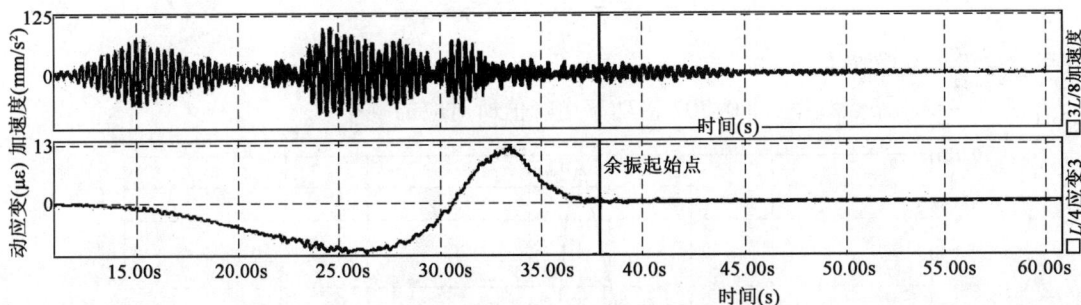

图5-24　跑车激励余振起始点确定

2）阻尼参数的分析

桥梁结构阻尼参数可采用波形分析法、半功率带宽法或模态分析法得到。结构阻尼参数宜取用多次试验、不同分析方法所得结果的均值，单次试验的实测结果与均值的偏差应不超过±20%。

（1）波形分析法

多阶自振信号叠加的波形应首先分离为单一频率的自振信号（图5-25），再按式（5-9）计算阻尼比：

$$D = \frac{1}{2\pi n}\ln\left(\frac{A_i - A_i'}{A_{i+n} - A_{i+n}'}\right) \tag{5-9}$$

式中：D——阻尼比；

n——参与计算的波的个数，应不小于3；

A_i——参与计算的首波峰值；

A_i'——参与计算的首波波谷值；

A_{i+n}——参与计算的尾波峰值；

A_{i+n}'——参与计算的尾波波谷值。

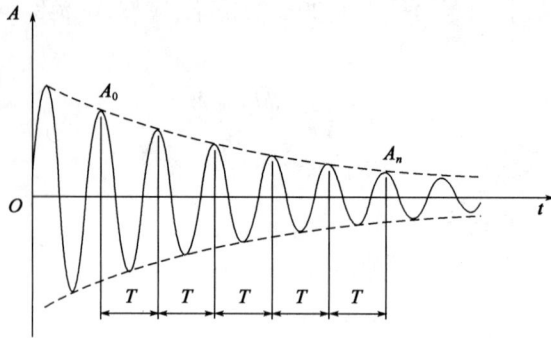

图 5-25 波形法阻尼计算图例

（2）半功率带宽法

在自振频谱图上对每一阶自振频率采用半功率点带宽求取阻尼参数的方法。采用此方法时频率分辨率 Δf 宜不大于 1% 的自振频率值，以保证插值计算的精度，计算方法见图 5-26 和式（5-10）。阻尼比为：

$$D = \frac{n}{\omega_o} = \frac{\omega_2 - \omega_1}{2\omega_0} = \frac{f_2 - f_1}{2f_0} \tag{5-10}$$

式中：f_0——自振频率；

f_1、f_2——半功率点频率，即 0.707 倍功率谱峰值所对应的频率。

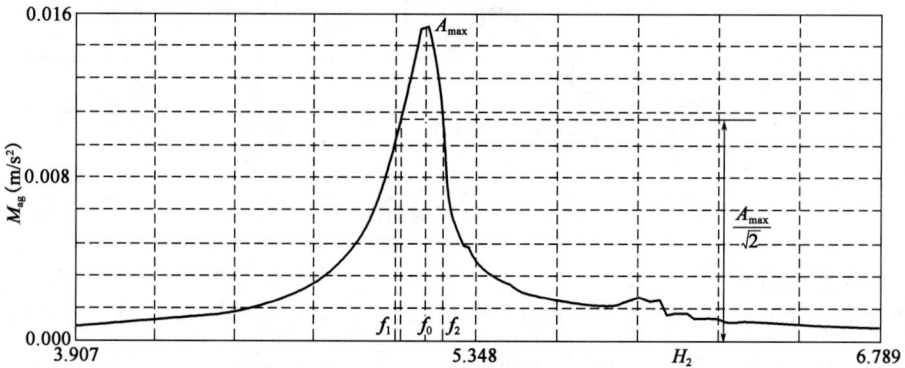

图 5-26 半功率点法阻尼识别

（3）软件分析法

采用环境激振等方法进行模态参数识别时，可采用专用软件计算各阶模态阻尼。

振型参数识别可采用的计算方法较多，也较复杂。研究表明，对采用环境激振法进行模态参数识别时，随机子空间法精度和效果较好，因此可优先采用。

3）冲击系数的分析

计算冲击系数时应优先采用桥面无障碍行车下的动挠度时程曲线计算。受现场条件限制无法测定动挠度时，可采用动应变时程曲线计算冲击系数，计算方法参照图 5-27 和式（5-11）。冲击系数为：

$$\mu = \frac{f_{dmax}}{f_{jmax}} - 1 = \frac{f_{dmax}}{\frac{f_{dmax} + f_{dmin}}{2}} - 1 \tag{5-11}$$

式中：f_{dmax}——最大动挠度（动应变）幅值；

　　　f_{jmax}——取波形振幅中心轨迹的顶点值，或通过低通滤波求取；

　　　f_{dmin}——与f_{dmax}对应的波谷值。

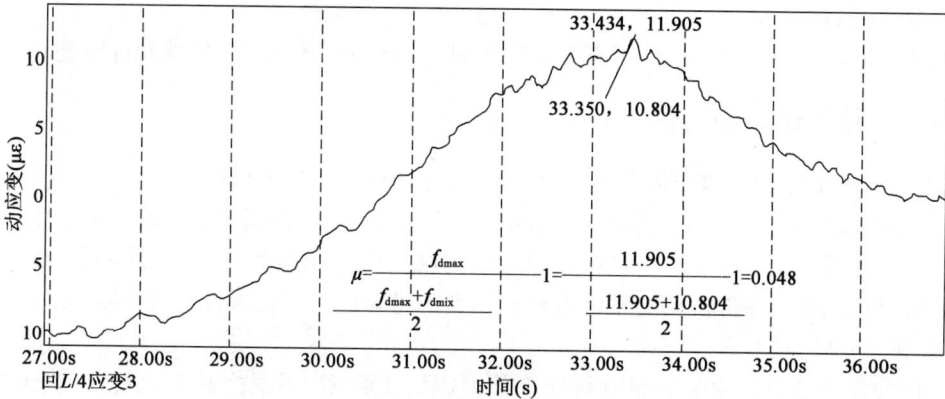

图5-27　冲击系数计算图例

（1）对于特大跨桥梁，目前尚缺乏实用性、可靠性、分辨率均能较好满足要求的动挠度测试设备。因此在现场条件受限无法测定动挠度时，可采用动应变来计算冲击系数。尽管动应变是一项局部指标，但相关统计资料表明，在绝大多数情况下，应变增大系数与冲击系数存在较好的一致性。试验时宜采用多点平均，以保证结果的可靠性。

（2）在动挠度或动应变时程曲线中直接求取最大静挠度，其计算结果受人为因素影响较大，这种影响在小跨径桥梁高速行车试验中尤为明显。当判断直接求取法误差较大时，宜根据实际情况采用数字低通滤波法求取最大静挠度或应变，采用低通滤波法求取的冲击系数通常比直接求取法略小。

（3）对于石拱桥和部分混凝土梁桥实测动力响应通常较小，如动应变幅值经常会处于$5 \times 10^{-6} \sim 20 \times 10^{-6}$，仪器的噪声影响不可忽视。假定冲击系数为0.10，最大动应变幅值为10×10^{-6}，动应变噪声为0.3×10^{-6}，则噪声这一因素产生的冲击系数测试误差会达到30%左右。因此，噪声大于信号最大幅值3%的样本不宜用于冲击系数的计算。

此方法在计算冲击系数时，考虑时程曲线上最大峰值处动效应与相应的静效应之比或者用最大峰值与相应的等效"静"效应之比，原理清晰，但通过滤波求荷载的静效应值的计算较为复杂，且仅考虑了车辆行驶至某一位置处时对关键截面的冲击作用，无法考虑车辆行驶至不同位置处对该截面的综合冲击效应。若对所有局部"波谷"动响应值与相应"静"载作用下该点响应值之比计算得到的冲击系数进行加权处理，可得到冲击系数计算公式，即：

$$1 + \mu_i = \frac{Y_{maxi}}{Y_{meani}}$$

$$Y_{meani} = \frac{1}{2}(Y_{maxi} + Y_{mini})$$

$$\alpha_i = \frac{Y_{maxi}}{\sum_{i=1}^{n} Y_{maxi}}$$

$$\mu = \sum_{i=1}^{n} \mu_i \alpha_i$$

(5-12)

式中：Y_{maxi}——车辆荷载过桥时动挠度或动应变时程曲线上的一个"波谷"值；

$Y_{\text{min}i}$——与 $Y_{\text{max}i}$ 相应的"波峰"动响应值;

Y_{mean_i}——相应"静"载作用下该点响应值;

μ_i——"波谷"处所对应的局部冲击系数。

α_i——权重。

该方法虽然计算较为复杂,但可真实反映车辆的全程冲击作用,在条件允许时建议使用。

5.4.7 桥梁结构动力性能评价

动载试验完成后,对桥梁结构性能评价时主要考虑以下 3 个方面:

(1)比较实测自振频率与计算频率,当实测频率大于计算频率,可认为结构实际刚度大于理论刚度,反之则实际刚度偏小。自振频率与结构刚度有着明确的关系。自振频率也容易精确测量,利用自振频率评价桥梁的刚度也具有较高的可靠性。结构部件出现缺损时,一般自振频率会降低,振型出现变异。

(2)比较振型及阻尼比的实测值与计算数据或历史数据,可根据其变化规律初步判断桥梁技术状况是否发生变化。桥梁结构存在或出现缺损时,一般会造成振型的变异,一般来讲变异区段即缺损所在区段。阻尼比参数,可以通过和同一座桥的历史数据对比,或同类桥梁历史经验数据对比,粗略判断桥梁结构的技术状况或是否出现劣化,如阻尼比明显偏大,则桥梁结构技术状况可能存在缺损或出现劣化。

(3)比较实测冲击系数与设计所用的冲击系数,实测值大于设计值时应分析原因。

5.5 试验报告编写

在全部试验资料整理与分析的基础上编写桥梁结构静载和动载试验报告,其主要内容应该包括以下 10 个方面:

1)桥梁概况

桥梁概况即简要介绍被试验桥梁的结构形式、构造特点、施工概况,如为旧桥,则说明旧桥的外观状况等。对于鉴定性试验,要说明在设计与施工中存在的技术问题及其对桥梁使用的影响等。对于科研性试验,还要说明设计中需要解决的计算理论问题等。文中要附上必要的结构简图。

2)试验目的

试验目的是指根据试验对象的特点,要有针对性地说明结构动、静载试验所要达到的目的和要求。

3)试验方案

根据荷载试验目的,在试验方案设计中要说明以下主要内容:

(1)确定测试项目和测试方法、测点布置和仪器配备情况,并附以简图。

(2)试验荷载的形成情况(是标准车列或汽车荷载,还是等效荷载)。

(3)根据有限元软件计算桥梁结构控制截面内力(或挠度、变形)影响线,相应布置标准设计荷载和试验荷载,从而确定试验荷载效率,并通过调整试验荷载的布置(如载质量、车辆间距等),满足 η_q 在 0.95 ~ 1.05 的要求。

（4）确定试验荷载工况，并分别以简图示出。

4）试验过程

试验过程是说明具体组织桥梁静载试验的起讫日期、试验准备阶段的情况、整个试验阶段的特殊问题及其解决办法，以及试验加载控制情况等。

5）仪器设备及精度

将试验中使用的各种仪器、设备的类型、精度（最小读数）列表说明。

6）试验成果与分析

依据桥梁结构动、静载试验项目，将理论计算值、实测值以及有关的参考限值进行对比，说明理论与实践两者的符合程度，从中得出试验桥梁所具有的实际承载能力、抗裂性及使用的安全度，以及从试验中所发现的问题。从现场检查的综合情况判断说明试验桥梁的施工质量；对于一些科研性试验，还要从综合分析中说明设计计算理论的正确性和实用性，以及存在尚未解决的问题。

7）试验记录摘录

将试验获得的主要实测数据以列表或曲线的形式表达出来。

8）技术结论

根据综合分析的结果得出最后的技术结论，对试验桥梁做出科学的评价，同时根据存在的问题，对新建桥提出改进设计或加强养护方面的建议；对旧桥提出加固方案或维修养护方面的建议。

9）经验教训

从桥梁荷载试验的角度，对本次试验的计划、程序、测试方法指出存在的不足并提出改进意见。

10）图表信息

在报告的最后一般要附上有关具有代表性的图表、照片等。

第 6 章

桥梁检查与评定

6.1　公路桥梁检查

6.1.1　公路桥梁养护一般规定

（1）建立、健全公路桥涵的检查、评定制度。对公路桥涵构造物进行周期检查，系统地掌握其技术状况，及时发现缺损和相关环境的变化。按桥梁检查结果对桥梁技术状况进行分类评定，制定相应的养护对策。

（2）建立公路桥梁管理系统和公路桥梁数据库，实施桥涵病害监控，实施科学决策。逐步建立特大型桥梁荷载报警系统，地震、洪水和流冰等预警系统。

（3）公路桥涵养护应做到桥涵外观整洁，桥面铺装坚实平整、横坡适度，桥头连接顺适，排水通畅，结构完好无损，标志、标线等附属设施齐全完好。

（4）桥涵构造物的养护，首先应使原结构保持设计荷载等级的承载要求及设计交通量的通行要求。根据交通发展的需要，也可通过改造和改建来提高承载能力和通行能力。

（5）在确定改造或改建工程方案时，应注意新旧结构之间的关系，充分发挥原有结构的作用。

（6）养护作业和工程实施应注意保障车辆、行人的安全通行及环境保护。

(7)桥涵构造物养护应有应对洪水、流冰、泥石流和地震等灾害的防护措施,同时备有应急交通方案。

(8)新建或改建桥梁交工接养,应有完备的交接手续并提供成套技术资料。特大桥、大桥应配置养护设施、机具,设置养护工作通道、扶梯、吊杆、平台,设计单位应提供养护技术要点及要求。未配置或配置不能完全满足养护工作需要的,可根据实际需要予以增添。

(9)桥涵构造物的检查及技术状况评定、养护对策,维修、加固、改建的竣工验收等有关技术文件,均应按统一格式完整地归入桥梁养护技术档案及数据库。

(10)为利于分析判断桥梁可能发生的病害原因,应在结构正常状况时设置永久性控制检测点,控制检测项目见表6-1。新建大中桥和特大桥交付使用前,公路管理机构应事先要求在竣工测量时设置便于校验复测的永久性控制检测点;没有设置永久性控制检测点的既有大中桥和特大桥,应在定期检查时按规定补设。

桥梁永久性控制检测项目

表6-1

	检测项目	检测点	检测方法
1	墩、台身、索塔锚碇的高程	墩、台身底部(距地面或常水位 0.5~2m 内),桥台侧墙尾部顶面和锚碇的上、下游两侧各 1~2 点	水准仪
2	墩、台身、索塔倾斜度	墩、台身底部(距地面或常水位 0.5~2m 内),桥台侧墙尾部顶面和锚碇的上、下游两侧各 1~2 点	垂线法、经纬仪或测斜仪
3	桥面高程	沿行车道两边(近缘石处),按每孔跨中、$L/4$、支点等不少于 5 个位置(10 个点)。测点应固定于桥面板上	水准仪
4	拱桥桥台、吊桥锚碇水平位移	在拱座、锚碇的上、下游两侧各 1 点	经纬仪

注:1. 上下行分离式桥按两座桥分别设点。
    2. 倾斜度测点应用于上下相距 0.5~1m 的两点标记检测。
    3. 永久性测点宜用统一规格的圆头锚钉和在铝板上有钢印编号,或靠地固定于被测部件上。
    4. 所有测点的位置和编号,以及检测数据必须在桥梁总体图和数据表中注明,并归档。

6.1.2 公路桥梁的检查

公路桥梁的检查按照检查的范围、深度、方式和检查结果的用途等的不同,大致可归纳为三类,即经常检查、定期检查和特殊检查。

1)经常检查

经常检查也称日常检查或例行检查,主要是指采用目测方法对桥面设施、上部结构、下部结构及附属构造物(如外观、铺装、排水设施、伸缩缝、人行道、栏杆、支座、基础、墩台、护坡等)的技术状况进行的日常巡视检查。

规范规定经常检查每季度不少于一次。经常检查中发现桥梁重要部件存在明显缺损时应及时向上级提交专项报告,安排一次定期检查。经常检查的目的是确保结构功能正常,使结构能得到及时的养护和小修保养或紧急处理,对需要检修和一些重大问题做出报告。

2）定期检查

定期检查是指为评定桥梁使用功能,对桥梁结构主体结构及附属物的技术状况进行的全面检查。主要采用目测结合仪器的手段进行(包括使用回弹仪对混凝土强度进行测试,使用钢筋位置探测仪测试保护层厚度,使用裂缝观测仪测试裂缝宽度等)。

检查周期为每半年、1 年或 3 年,最长不得超过 3 年。定期检查的内容包括经常检查内容,但更全面、深入、详细。实地判断缺损原因,确定维修范围及方式,对于难以判断的部件,提出特殊检查的要求。对于损坏严重、危及安全运行的危桥,提出限制交通和改建的建议,需提交定期检查报告。定期检查通过对结构物进行彻底、全视觉和系统的检查,建立结构管理和养护档案,对结构的缺损状况做出评估,评定结构构件和整体结构的技术状况,确定改进工作和特别检查之需求,并确定结构维修、加固或更换的优先排序。

3）特殊检查

特殊检查是为查清桥梁的病害原因、破损程度、承载能力,确定桥梁技术状况的工作。依据检查目的可划分为专门检查和应急检查两种。专门检查即根据经常检查和定期检查的结果,需要进一步判明损坏原因、缺损程度或使用能力的桥梁,针对病害进行专门的现场试验检测、验算与分析等鉴定工作。

当桥梁受到灾害损伤后,为查明破损状况,采取应急措施,组织恢复交通,对结构进行的详细检查和鉴定工作称为应急检查。当遇到以下情况时应做专门检查:定期检查中难以判明损坏原因和程度的桥梁;桥梁技术状况为四、五类者;拟通过加固手段提高荷载等级的桥梁;特殊重要的桥梁可周期性地进行荷载试验。在发生特别事件之后,如洪水灾害、流冰、漂流物和船舶撞击事故、滑坡、地震、风灾及超重车过桥等,应安排应急检查,委托有相应资质和能力的单位承担。

特殊检查需要鉴定以下 3 个方面:

(1)桥梁结构材料缺损状况。桥梁结构材料缺损状况包括对材料物理、化学性能退化程度及原因的测试鉴定,以及结构或构件开裂状态的检测及评定。

(2)桥梁结构承载能力。桥梁结构承载能力包括对结构强度、稳定性和刚度的计算、试验和鉴定。

(3)桥梁防灾能力。桥梁防灾能力包括桥梁抵抗洪水、流冰、风、地震等能力的检测鉴定。

最终需要提交特殊检查报告,描述目前桥梁技术状况,详述检查部位的损坏程度及原因,并提出结构部件总体的维修加固改建建议方案。

6.1.3 公路桥梁检查重点部位

1）上部结构

上部结构检查时,应检查圬工有无风化、剥落、破损及裂缝,注意变截面处、加固修复处及防水层的情况;钢筋混凝土梁应重点检查宽度超过 0.25 mm 的竖向裂缝,并注意检查有无斜向裂缝及顺主筋方向的纵向裂缝;对于预应力混凝土梁要观测梁的上拱度变化,并注意检查有无不容许出现的垂直于主筋的竖向裂缝;对于拱桥应测量主拱圈实际拱轴线和拱圈(或拱肋)尺寸,检查拱圈(或拱肋)有无横向(垂直路线方向)的裂缝发生;若上部结构有严重裂缝时,应测量具体位置及尺寸,并绘制裂缝图。桥梁上部结构需检查的重点部位见表 6-2。

桥梁上部结构检查的重点部位 表6-2

构 造 形 式		示 意 简 图	重点检查部位
上部结构	简支梁	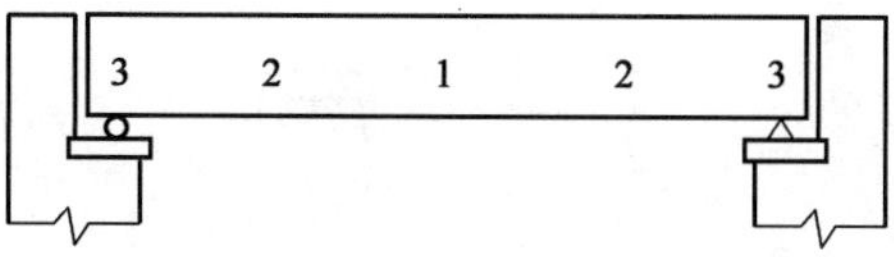	1-跨中处； 2-1/4跨径处； 3-支座处
	连续梁	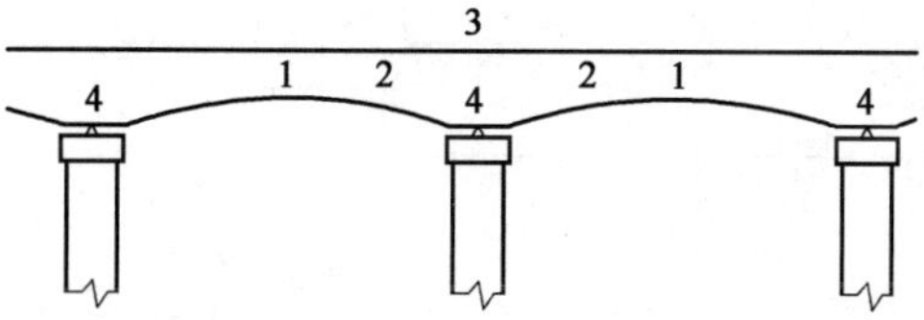	1-跨中处； 2-反弯点处； 3-桥墩处梁顶； 4-支座处
	悬臂梁	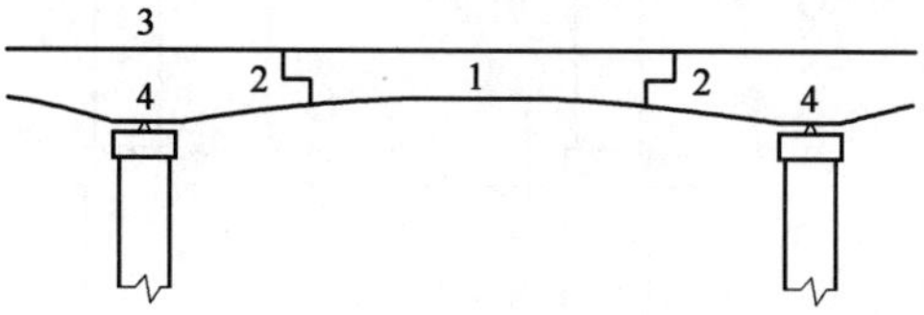	1-跨中处； 2-牛腿处； 3-桥墩处梁顶； 4-支座处
	刚构	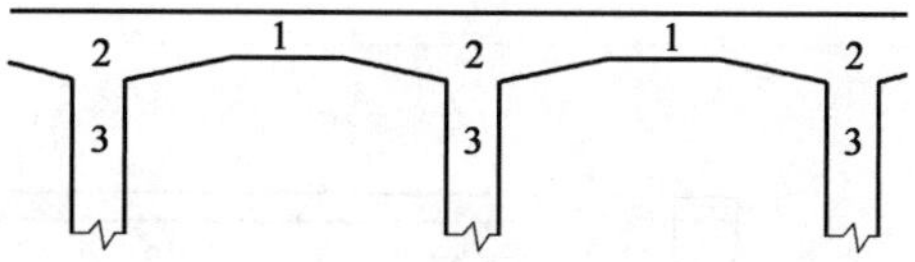	1-跨中处； 2-角隅处； 3-立柱处
	斜腿刚构	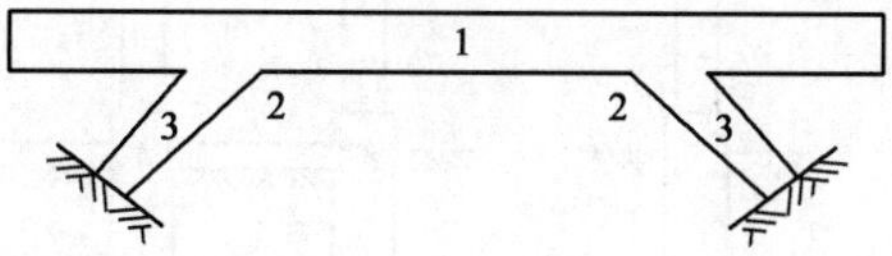	1-跨中处； 2-角隅处； 3-斜腿处
	拱式	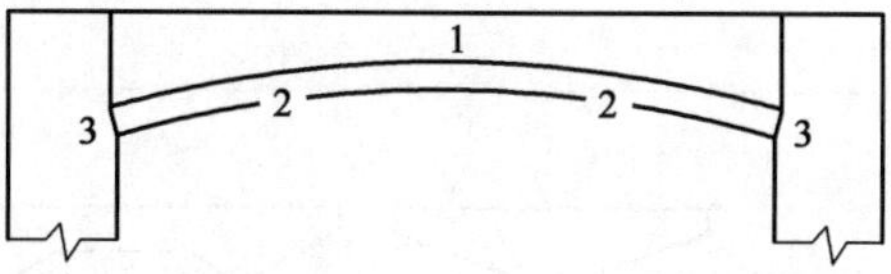	1-跨中处； 2-拱肋连接处； 3-拱脚处

2）下部结构

下部结构检查时，应检查墩台结构有无风化剥落、破损及裂缝；对于严重的裂缝应测量其具体位置及尺寸，并绘制裂缝图；对于有下沉、位移、倾侧变位等情况的墩台，应查清地基情况，并检查梁端部、支座及墩台的相对位置关系。桥梁下部结构检查的重点部位见表6-3和表6-4。

除此之外，还应进行材质及地基的检验。钢材应切取标准试件进行强度试验，决定其极限强度、屈服点、延伸率、冲击韧性等；混凝土的实际强度宜采用非破损检验法测定，必要时，亦可从构件上钻取试样，然后在实验室内测定混凝土相关力学性能；基底地质情况根据工程复杂程度和实际要求，可查考原设计时的工程地质资料或采用钻孔取原状土样检验、钻探或触探等方法确定。

桥墩检查的重点部位 表6-3

构 造 形 式	示 意 简 图	重点检查部位
重力式桥墩	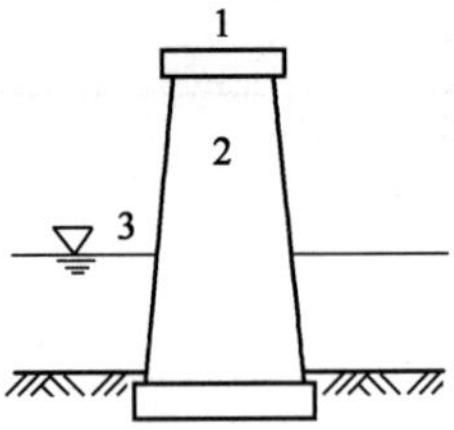	1-支座底面； 2-墩身； 3-水面处
单柱式桥墩	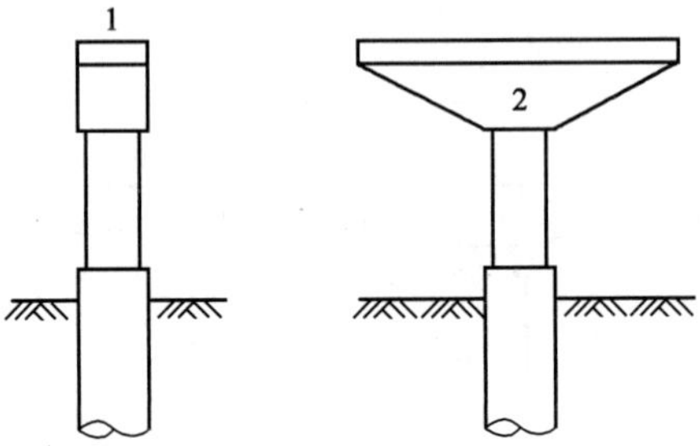	1-支座底面； 2-盖梁顶面
钻孔桩 桩式桥墩	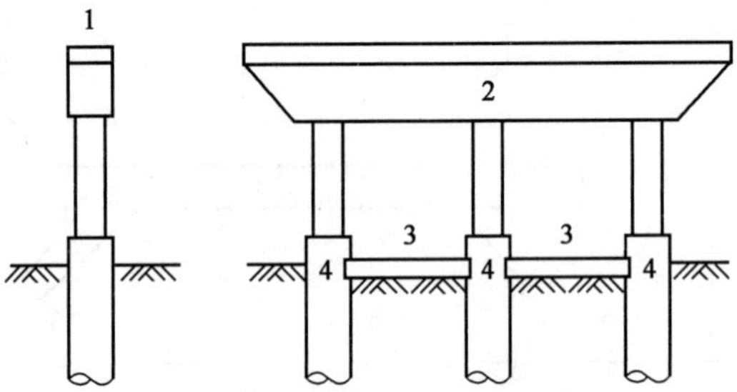	1-支座底面； 2-盖梁； 3-横系梁； 4-横系梁与桩连接 处
T形桥墩 Ⅱ形桥墩	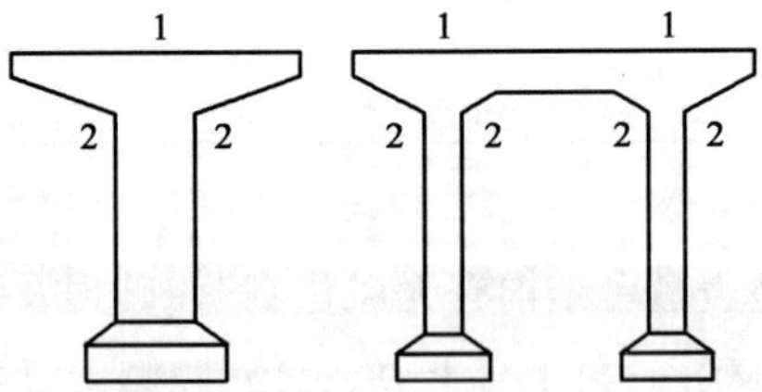	1-支座底面； 2-悬臂根部；
Y形桥墩	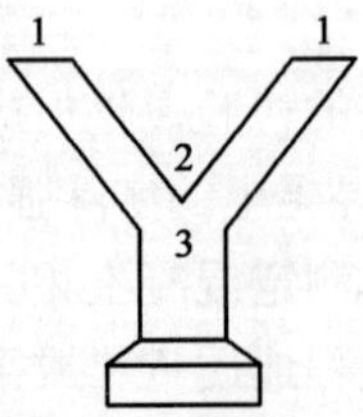	1-支座底面； 2-Y形交接处； 3-混凝土接缝处

下部结构

桥台检查的重点部位 表6-4

构 造 形 式		示 意 简 图	重点检查部位
下部结构	轻型桥台		1-支座底面; 2-支撑梁; 3-耳墙
	扶壁式桥台		1-支座底面; 2-台身; 3-基顶
	重力式桥台		1-支座底面; 2-台身
	框架式桥台		1-支座底面; 2-混凝土浇筑界面; 3-角隅处

6.2 公路桥梁技术状况分部件综合评定法

6.2.1 桥梁部件缺损状况评定

按照《公路桥涵养护规范》(JTG H11—2004)相关规定,全桥总体技术状况等级评定,一般宜采用考虑桥梁各部件权重的综合评定方法,也可以按重要部件最差的缺损状况评定,或对照桥梁技术状况评定标准进行评定。桥梁各部件技术状况的评定方法如下:

根据缺损程度(大小、多少、轻重)、缺损对结构使用功能的影响程度(无、小、大)和缺损发展变化状况(趋向稳定、发展缓慢、发展较快)3 个方面,以累加评分方法对各部件缺损状况做出等级评定。评定结果从 0 ~ 5 即从完好到危险共 6 个标度,详见表6-5。

桥梁部件缺损状况评定方法　　　　　　　　　　　　　　　表6-5

缺损状况及标度			组合评定标度				
缺损程度及标度		程度	小→大 少→多 轻度→严重				
		标度	0	1	2		
缺损对结构使用功能的影响程度	无、不重要	0	0	1	2		
	小、次要	+1	1	2	3		
	大、重要	+2	2	3	4		
以上两项评定组合标度			0	1	2	3	4
缺损发展变化状况的修正	趋向稳定	−1		0	1	2	3
	发展缓慢	0		0	1	2	3	4
	发展较快	+1		1	2	3	4	5
最终评定结果			0	1	2	3	4	5
桥梁技术状况及分类			完好	良好	较好	较差	坏的	危险
				一类	二类	三类	四类	五类

注:"0"表示完好状态,或表示没有设置的构造部件,如调治构造物。"5"表示危险状态,或表示原无设置,而调查表明需要补设的结构部件。

对于重要部件(如墩台、基础、上部承重构件、支座等),以其中缺损最严重的构件评分;其他部件,根据多数构件缺损状况评分。

6.2.2　桥梁部件权重及综合评定

采用考虑桥梁各部件权重的综合评定方法,或以重要部件最差的缺损状况,对全桥技术状况等级做出评定。

推荐的桥梁各部件权重见表6-6。

推荐的桥梁各部位权重　　　　　　　　　　　　　　　表6-6

部 件	部 件 名 称	权重 W_i	部 件	部 件 名 称	权重 W_i
1	翼墙、耳墙	1	10	桥头与路堤连接部	3
2	锥坡、护坡	1	11	伸缩缝	3
3	桥台及基础	23	12	人行道	1
4	桥墩及基础	24	13	栏杆、护栏	1
5	地基冲刷	8	14	灯具、标志	1
6	支座	3	15	排水设施	1
7	上部主要承重构件	20	16	调治构造物	3
8	上部一般承重构件	5	17	其他	1
9	桥面铺装	1			

综合评定采用下列计算式：

$$D_r = 100 - \sum_{i=1}^{n} \frac{R_i W_i}{5} \qquad (6-1)$$

式中：R_i——依据桥梁部件缺损状况评定方法，所得各部件的评定标度（0~5）；

W_i——各部件权重，$\sum W_i = 100$；

D_r——全桥结构技术状况评分（0~100）。

综合评定评分高表示结构状况好，缺损少，评定分类采用下列界限：$D_r \geqslant 88$，一类；$60 \leqslant D_r < 88$，二类；$40 \leqslant D_r < 60$，三类；$D_r < 40$，四类、五类。

6.2.3 养护措施

根据评定结果，采取不同的养护措施。一类桥梁进行正常保养；二类桥梁需进行小修；三类桥梁需进行中修，酌情进行交通管制；四类桥梁需进行大修或改造，及时进行交通管制，如限载、限速通过，当缺损较严重时应关闭交通；五类桥梁需要进行改建或重建，及时关闭交通。对于 $D_r \geqslant 60$ 的桥梁，并不排除其中有评定标度 $R_i \geqslant 3$ 的部件，仍有维修的需要。

6.3 公路桥梁技术状况分层综合评定法

6.3.1 评定方法

按照《公路桥梁技术状况评定标准》（JTG/T H21—2011）相关规定，公路桥梁技术状况评定包括桥梁构件、部件、桥面系、上部结构、下部结构和全桥评定。公路桥梁技术状况评定应采用分层综合评定与五类桥梁单项控制指标相结合的方法，先对桥梁各构件进行评定，然后对桥梁各部件进行评定，再对桥面系、上部结构、下部结构分别进行评定，最后进行桥梁总体技术状况的评定。评定指标如图 6-1 所示。

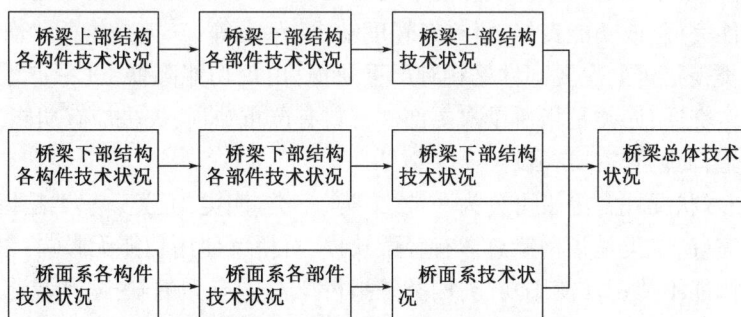

图 6-1 桥梁技术状况评定指标

当单个桥梁存在不同结构形式时，可根据结构形式的分布情况划分评定单元，分别对各评定单元进行桥梁技术状况的等级评定。由于实际当中桥梁可能由两种或者多种不同结构形式组成，当单个桥梁存在既有梁桥又有拱桥或其他桥型，或者主桥和引桥结构形式不同等情况时，可根据结构形式的分布情况采用划分评定单元的方式，逐一对各评定单元进行桥梁技术状况的等级评定，然后以技术状况等级评定结果最差的一个评定单元作为全桥的评定结果。

6.3.2 桥梁技术状况等级分类

由于不同的桥梁构件对桥梁技术状况影响程度不同,将桥梁结构分成两大部分,分别为主要部件和次要部件。各结构类型桥梁主要部件见表6-7,其他部件为次要部件。

各结构类型桥梁主要部件 表6-7

序 号	结 构 类 型	主 要 部 件
1	梁式桥、板式桥	上部承重构件、桥墩、桥台、基础、支座
2	板式桥(圬工、混凝土)肋拱桥、箱形拱桥、双曲拱桥	主拱圈、拱上结构、桥面板、桥墩、桥台、基础
3	刚架拱桥、桁架拱桥	刚架(桁架)、横向联结系、桥面板、桥墩、桥台、基础
4	钢—混凝土组合拱桥	拱肋、横向联结系、立柱、吊杆、系杆、行车道板(梁)、支座
5	悬索桥	主缆、吊索、加劲梁、索塔、锚锭、桥墩、桥台、基础、支座
6	斜拉桥	斜拉索(斜拉索、锚具)、主梁、索塔、桥墩、桥台、基础、支座

桥梁主要部件技术状况评定标度分为一类、二类、三类、四类、五类。一类是指桥梁主要部件处于全新状态、功能完好;二类是指桥梁主要部件功能良好,材料有局部轻度缺损或污染;三类是指桥梁主要部件材料有中等缺损,或出现轻度功能性病害,但发展缓慢,尚能维持正常使用功能;四类是指桥梁主要部件材料有严重缺损,或出现中等功能性病害,且发展较快,结构变形小于或等于规范值,功能明显降低;五类是指桥梁主要部件材料严重缺损,出现严重的功能性病害,且有继续扩展现象,关键部位的部分材料强度达到极限,变形大于规范值,结构的强度、刚度、稳定性不能达到安全通行的要求。

桥梁次要部件技术状况评定标度分为一类、二类、三类、四类。一类是指桥梁次要部件处于全新状态、功能完好,或功能良好,材料有轻度缺损、污染等;二类是指桥梁次要部件有中等缺损或污染;三类是指桥梁次要部件材料有严重缺损,出现功能降低,进一步恶化将不利于主要部件、影响正常交通;四类是指桥梁次要部件材料有严重缺损,失去应有功能,严重影响正常交通,或原无设置,而调查需要补设。

桥梁总体技术状况评定等级可分为一类、二类、三类、四类、五类。一类是指桥梁总体处于全新状态、功能完好;二类是指桥梁总体有轻微缺损,对桥梁使用功能无影响;三类是指桥梁总体有中等缺损,尚能维持正常使用功能;四类是指桥梁总体有大的缺损,严重影响桥梁使用功能,或影响承载力,不能保证正常使用;五类是指桥梁总体存在严重缺损,主要构件不能正常使用危及桥梁安全,桥梁处于危险状态。

6.3.3 桥梁技术评定工作流程

桥梁技术评定的工作流程如图6-2所示。依次对桥梁构件、桥梁部件、桥梁总体技术状况进行评定。

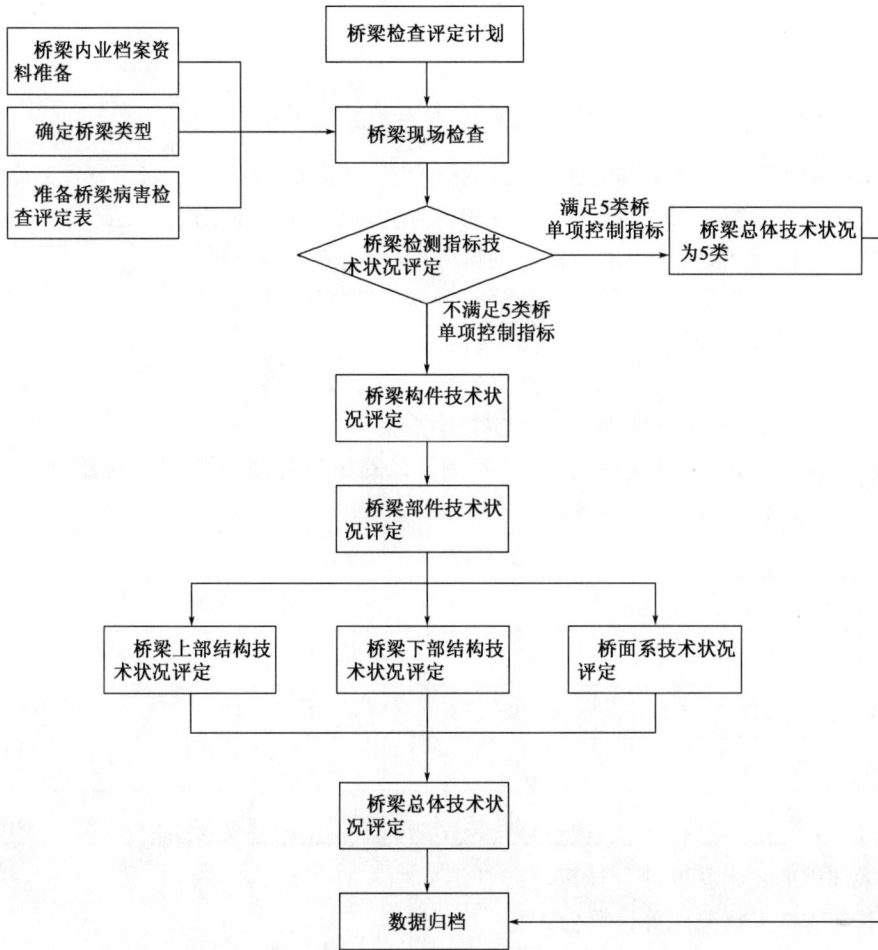

图6-2 桥梁技术评定工作流程

6.3.4 桥梁技术状况评定计算

本节公路桥梁技术状况评定计算主要依据《公路桥梁技术状况评定标准》（JTG/T H21—2011）中规定的方法进行计算。根据不同桥型的部件类型制定评定细则，将评定指标进行细分并提出量化标准，提出了5类桥梁技术状况单项控制指标。

1）桥梁构件的技术状况评分计算

桥梁构件的技术状况评分计算公式为：

$$PMCI_i(BMCI_i \text{ 或 } DMCI_i) = 100 - \sum_{x=1}^{k} U_x \qquad (6-2)$$

当 $x = 1$ 时：

$$U_1 = DP_{i1} \qquad (6-3)$$

当 $x \geqslant 2$ 时：

$$U_x = \frac{DP_{ij}}{100\sqrt{x}}\left(100 - \sum_{y=1}^{x-1} U_y\right)(\text{其中}\ j = x) \tag{6-4}$$

当 $DP_{ij} = 100$ 时：

$$PMCI_i(BMCI_i\ \text{或}\ DMCI_i) = 0 \tag{6-5}$$

式中：$PMCI_i$——上部结构第 i 类部件 l 构件的得分，值域为 $0 \sim 100$ 分；

  $BMCI_i$——下部结构第 i 类部件 l 构件的得分，值域为 $0 \sim 100$ 分；

  $DMCI_i$——桥面系第 i 类部件 l 构件的得分，值域为 $0 \sim 100$ 分；

  k——第 i 类部件 l 构件出现扣分的指标的种类数；

  U_x、U_y——引入的变量；

  i——部件类别，例如 i 表示上部承重构件、支座、桥墩等；

  j——第 i 类部件 l 构件的第 j 类检测指标；

  DP_{ij}——第 i 类部件 l 构件的第 j 类检测指标的扣分值，根据构件各种检测指标扣分值进行计算，扣分值按表 6-8 规定取值。

构件各种检测指标扣分值　　　　　　　　　　　　表 6-8

检测指标所能达到的最高等级类别	指标类别				
	一类	二类	三类	四类	五类
三类	0	20	35		
四类	0	25	40	50	
五类	0	35	45	60	100

2）桥梁部件的技术状况评分计算

桥梁部件的技术状况评分计算公式为：

$$PCCI_i = \overline{PMCI} - (100 - PMCI_{\min})/t \tag{6-6}$$

或 $$BCCI_i = \overline{BMCI} - (100 - BMCI_{\min})/t \tag{6-7}$$

或 $$DCCI_i = \overline{DMCI} - (100 - DMCI_{\min})/t \tag{6-8}$$

式中：$PCCI_i$——上部结构第 i 类部件的得分，值域为 $0 \sim 100$ 分；当上部结构中主要部件某一构件评分值 $PMCI_l$ 在 $[0,60)$ 区间时，其相应部件评分值 $PCCI_i = PMCI_l$；

  $\overline{PMCI}$——上部结构第 i 类部件各构件的得分平均值，值域为 $0 \sim 100$ 分；

  $BCCI_i$——下部结构第 i 类部件的得分，值域为 $0 \sim 100$ 分；当上部结构中主要部件某一构件评分值 $BMCI_l$ 在 $[0,60)$ 区间时，其相应部件评分值 $BCCI_i = BMCI_l$；

  $\overline{BMCI}$——下部结构第 i 类部件各构件的得分平均值，值域为 $0 \sim 100$ 分；

  $DCCI_i$——桥面系第 i 类部件的得分，值域为 $0 \sim 100$ 分；

  $\overline{DMCI}$——桥面系第 i 类部件各构件的得分平均值，值域为 $0 \sim 100$ 分；

  $PMCI_{\min}$——上部结构第 i 类部件中分值最低的构件得分值；

  $BMCI_{\min}$——下部结构第 i 类部件中分值最低的构件得分值；

  $DMCI_{\min}$——桥面系第 i 类部件分值最低的构件得分值；

  t——随构件的数量而变的系数，见表 6-9。

系 数 *t* 值

表 6-9

n(构件数)	*t*	*n*(构件数)	*t*	*n*(构件数)	*t*
1	∞	14	7.3	27	5.76
2	10	15	7.2	28	5.64
3	9.7	16	7.08	29	5.52
4	9.5	17	6.96	30	5.4
5	9.2	18	6.84	40	4.9
6	8.9	19	6.72	50	4.4
7	8.7	20	6.6	60	4.0
8	8.5	21	6.48	70	3.6
9	8.3	22	6.36	80	3.2
10	8.1	23	6.24	90	2.8
11	7.9	24	6.12	90	2.8
12	7.7	25	6.00	100	2.5
13	7.5	26	5.88	≥200	2.3

3)桥梁上部结构、下部结构、桥面系的技术状况评分计算

桥梁上部结构、下部结构、桥面系的技术状况评分计算公式为:

$$SPCI(SBCI \text{ 或 } BDCI) = \sum_{i=1}^{m} PCCI_i(BCCI_i \text{ 或 } DCCI_i) \cdot W_i \tag{6-9}$$

式中:SPCI——桥梁上部结构技术状况评分,值域为 0 ~ 100 分;

SBCI——桥梁下部结构技术状况评分,值域为 0 ~ 100 分;

BDCI——桥面系技术状况评分,值域为 0 ~ 100 分;

m——上部结构(下部结构或桥面系)的部件种类数;

W_i——第 *i* 类部件的权重,按表 6-10 ~ 表 6-15 规定取值;对于桥梁中未设置的部件,应根据此部件的隶属关系,将其权重值分配给各既有部件,分配原则是按照各既有部件权重在全部既有部件权重中所占比例进行分配。

梁式桥各部件权重值

表 6-10

部 位	类 别 *i*	评价部件	权 重
上部结构	1	上部承重构件(主梁、挂梁)	0.70
	2	上部一般构件(湿接缝、横隔板等)	0.18
	3	支座	0.12
下部结构	4	翼墙、耳墙	0.02
	5	锥坡、护坡	0.01
	6	桥墩	0.30
	7	桥台	0.30
	8	墩台基础	0.28

部　　位	类　别　i	评价部件	权　　重
下部结构	9	河床	0.07
	10	调治构造物	0.02
桥面系	11	桥面铺装	0.40
	12	伸缩缝装置	0.25
	13	人行道	0.10
	14	栏杆、护栏	0.10
	15	排水系统	0.10
	16	照明、标志	0.05

板拱桥、肋拱桥、箱形拱桥、双曲拱桥各部件权重值　　　　表 6-11

部　　位	类　别　i	评价部件	权　　重
上部结构	1	主拱圈	0.70
	2	拱上结构	0.20
	3	桥面板	0.10
下部结构	4	翼墙、耳墙	0.02
	5	锥坡、护坡	0.01
	6	桥墩	0.30
	7	桥台	0.30
	8	墩台基础	0.28
	9	河床	0.07
	10	调治构造物	0.02
桥面系	11	桥面铺装	0.40
	12	伸缩缝装置	0.25
	13	人行道	0.10
	14	栏杆、护栏	0.10
	15	排水系统	0.10
	16	照明、标志	0.05

刚架拱桥、桁架拱桥各部件权重值　　　　表 6-12

部　　位	类　别　i	评价部件	权　　重
上部结构	1	刚架拱片(桁架拱片)	0.50
	2	横向联结系	0.25
	3	桥面板	0.25
下部结构	4	翼墙、耳墙	0.02
	5	锥坡、护坡	0.01
	6	桥墩	0.30

续上表

部 位	类 别 i	评 价 部 件	权 重
下部结构	7	桥台	0.30
	8	墩台基础	0.28
	9	河床	0.07
	10	调治构造物	0.02
桥面系	11	桥面铺装	0.40
	12	伸缩缝装置	0.25
	13	人行道	0.10
	14	栏杆、护栏	0.10
	15	排水系统	0.10
	16	照明、标志	0.05

钢—混凝土组合拱桥各部件权重值　　　　　　　　　　表 6-13

部 位	类 别 i	评 价 部 件	权 重
上部结构	1	拱肋	0.28
	2	横向联结系	0.05
	3	立柱	0.13
	4	吊杆	0.13
	5	系杆(含锚具)	0.28
	6	桥面板(梁)	0.08
	7	支座	0.05
下部结构	8	翼墙、耳墙	0.02
	9	锥坡、护坡	0.01
	10	桥墩	0.30
	11	桥台	0.30
	12	墩台基础	0.28
	13	河床	0.07
	14	调治构造物	0.02
桥面系	15	桥面铺装	0.40
	16	伸缩缝装置	0.25
	17	人行道	0.10
	18	栏杆、护栏	0.10
	19	排水系统	0.10
	20	照明、标志	0.05

悬索桥各部件权重值 表6-14

部　位	类别 i	评价部件	权　重
上部结构	1	加劲梁	0.15
	2	索塔	0.20
	3	支座	0.05
	4	主鞍	0.04
	5	主缆	0.25
	6	索夹	0.04
	7	吊索及钢护筒	0.17
	8	锚杆	0.10
下部结构	9	锚碇	0.40
	10	索塔基础	0.30
	11	散索鞍	0.15
	12	河床	0.10
	13	调治构造物	0.05
桥面系	14	桥面铺装	0.40
	15	伸缩缝装置	0.25
	16	人行道	0.10
	17	栏杆、护栏	0.10
	18	排水系统	0.10
	19	照明、标志	0.05

斜拉桥各部件权重值 表6-15

部　位	类别 i	评价部件	权　重
上部结构	1	斜拉索系统 （斜拉索、锚具、拉索护套、减震装置等）	0.40
	2	主梁	0.25
	3	索塔	0.25
	4	支座	0.10
下部结构	5	翼墙、耳墙	0.02
	6	锥坡、护坡	0.01
	7	桥墩	0.30
	8	桥台	0.30
	9	墩台基础	0.28
	10	河床	0.07
	11	调治构造物	0.02
桥面系	12	桥面铺装	0.40
	13	伸缩缝装置	0.25

续上表

部 位	类 别 i	评价部件	权 重
桥面系	14	人行道	0.10
	15	栏杆、护栏	0.10
	16	排水系统	0.10
	17	照明、标志	0.05

4)桥梁总体的技术状况评分计算

桥梁总体的技术状况评分计算公式为：

$$D_r = \text{BDCI} \cdot W_D + \text{SPCI} \cdot W_{SP} + \text{SBCI} \cdot W_{SB} \tag{6-10}$$

式中：D_r——桥梁总体技术状况评分，值域为 0～100 分；

W_D——桥面系在全桥中的权重，取 0.20；

W_{SP}——上部结构在全桥中的权重，取 0.40；

W_{SB}——下部结构在全桥中的权重，取 0.40。

6.3.5 五类桥梁技术状况单项控制指标

在桥梁技术状况评价中，有下列情况之一时，整座桥应评为 5 类桥。

(1)上部结构有落梁；或有梁、板断裂现象。

(2)梁式桥上部承重构件控制截面出现全截面开裂；或组合结构上部承重构件结合面开裂贯通，造成截面组合作用严重降低。

(3)梁式桥上部承重构件有严重的异常位移，存在失稳现象。

(4)结构出现明显的永久变形，变形大于规范值。

(5)关键部位混凝土出现压碎或杆件失稳倾向；或桥面板出现严重塌陷。

(6)拱式桥拱脚严重错台、位移，造成拱顶挠度大于限值；或拱圈严重变形。

(7)圬工拱桥拱圈大范围砌体断裂，脱落现象严重。

(8)腹拱、侧墙、立墙或立柱产生破坏，造成桥面板严重塌落。

(9)系杆或吊杆出现严重锈蚀或断裂现象。

(10)悬索桥主缆或多根吊索出现严重锈蚀、断丝。

(11)斜拉桥拉索钢丝出现严重锈蚀、断丝，主梁出现严重变形。

(12)扩大基础冲刷深度大于设计值，冲空面积达 20% 以上。

(13)桥墩(桥台或基础)不稳定，出现严重滑动、下沉、位移、倾斜等现象。

(14)悬索桥、斜拉桥索塔基础出现严重沉降或位移；或悬索桥锚碇有水平位移或沉降。

6.4 公路桥梁承载能力分析与评定

《公路桥梁承载能力检测评定规程》(JTG/T J21—2011)规定对在役桥梁应从结构或构件的强度、刚度、抗裂和稳定性 4 个方面进行承载能力检测评定。

6.4.1 圬工结构桥梁承载能力评定

圬工结构桥梁在计算桥梁结构承载能力极限状态的抗力效应时,应根据桥梁试验检测结果,采用引入承载能力检算系数 Z_1 或 Z_2、截面折减系数 ξ_c 的方法进行修正计算。

$$\gamma_0 S \leq R(f_d, \xi_c a_d) Z_1 \tag{6-11}$$

式中:γ_0——结构的重要性系数;

　　S——荷载效应函数;

　$R(.)$——抗力效应函数;

　　f_d——结构强度设计值;

　　a_d——结构的几何尺寸。

抗力效应值应按现行设计规范进行计算,Z_1 应综合考虑桥梁结构或构件表观缺损状况、材质强度和桥梁结构自振频率等的检测评定结果,按照表6-16确定承载能力检算系数 Z_1。

圬工及配筋混凝土桥梁的承载能力检算系数 Z_1 值 表6-16

承载能力检算系数 评定标度 D	受弯	轴心受压	轴心受拉	偏心受压	偏心受拉	受扭	局部承压
1	1.15	1.20	1.05	1.15	1.15	1.10	1.15
2	1.10	1.15	1.00	1.10	1.10	1.05	1.10
3	1.00	1.05	0.95	1.00	1.00	0.95	1.00
4	0.90	0.95	0.85	0.90	0.90	0.85	0.90
5	0.80	0.85	0.75	0.80	0.80	0.75	0.80

注:承载能力检算系数评定标度 D 应考虑桥梁结构或构件表观缺损状况、材质强度和桥梁结构自振频率等的检测评定结果。

截面折减系数 ξ_c 是依据结构或构件截面损伤的综合评定标度 R 确定的,其中 $R = \sum_{j=1}^{n} R_j \alpha_j$。而截面损伤的综合评定标度又与材料风化、碳化、物理与化学损伤3项检测指标有关。

材料风化评定标准根据构件表面是否有砂粒滚动摩擦的感觉,手掌上附着物和构件表面状态分为微风化、弱风化、中度风化、较强风化和严重风化5个标度(1.0~5.0)。

物理与化学损伤评定标准根据构件表面剥落面积的多少、损伤最大深度与截面损伤发生部位及构件最小尺寸之比的大小分为5个标度(1.0~5.0)。

碳化评定标准根据测区混凝土碳化深度平均值与实测保护层厚度平均值之比的大小分为5个标度(1.0~5.0),对混凝土碳化,不需要进行检测评定时,其评定标度值应取1.0。

各项检测指标权重值见表6-17,截面折减系数 ξ_c 的值根据截面损伤综合评定标度 R 选取见表6-18。

材料风化、碳化及物理与化学损伤权重值 表6-17

结 构 类 别	检测指标名称	权 重 值 α_j
砖、石结构	材料风化	0.20
	物理与化学损伤	0.80
混凝土及配筋混凝土结构	材料风化	0.10
	混凝土碳化	0.35
	物理与化学损伤	0.55

圬工与配筋混凝土桥梁截面折减系数 ξ_c 值 表 6-18

截面损伤综合评定标度 R	截面折减系数 ξ_c	截面损伤综合评定标度 R	截面折减系数 ξ_c
$1 \leqslant R < 2$	$(0.98, 1.00]$	$3 \leqslant R < 4$	$(0.85, 0.93]$
$2 \leqslant R < 3$	$(0.93, 0.98]$	$4 \leqslant R < 5$	$\leqslant 0.85$

圬工桥梁正常使用极限状态一般按照现行公路桥涵设计和养护规范计算评定。

6.4.2 配筋混凝土桥梁承载能力评定

配筋混凝土桥梁在计算桥梁结构承载能力极限状态的抗力效应时,应根据桥梁试验检测结果,采用引入承载能力检算系数 Z_1 或 Z_2、承载能力恶化系数 ξ_e、截面折减系数 ξ_c 和 ξ_s 的方法进行修正计算。

$$\gamma_0 S \leqslant R(f_d, \xi_c a_{dc}, \xi_s a_{ds}) Z_1 (1 - \xi_e) \tag{6-12}$$

式中:γ_0——结构的重要性系数;

$\quad\quad S$——荷载效应函数;

$\quad R(.)$——抗力效应函数;

$\quad\quad f_d$——结构强度设计值;

$\quad\; a_{dc}$——构件混凝土几何参数值;

$\quad\; a_{ds}$——构件钢筋几何参数值;

$\quad\quad \xi_e$——承载能力恶化系数;

$\quad\quad \xi_c$——配筋混凝土结构的截面折减系数;

$\quad\quad \xi_s$——钢筋的截面折减系数。

抗力效应值应按现行设计规范进行计算,配筋混凝土桥梁承载能力检算系数 Z_1 和截面折减系数 ξ_c 均与圬工桥梁相同,见表 6-16 和表 6-18。

配筋混凝土结构中,发生腐蚀的钢筋截面折减系数 ξ_s 见表 6-19。

配筋混凝土钢筋截面折减系数 ξ_s 表 6-19

评定标度	性状描述	截面折减系数 ξ_s
1	沿钢筋出现裂缝,宽度小于限值	$(0.98, 1.00]$
2	沿钢筋出现裂缝,宽度大于限值,或钢筋锈蚀引起混凝土发生层离	$(0.95, 0.98]$
3	钢筋锈蚀引起混凝土剥落,钢筋外露,表面有膨胀薄锈层或抗蚀	$(0.90, 0.95]$
4	钢筋锈蚀引起混凝土剥落,钢筋外露,表面膨胀性锈层显著,钢筋断面损失在 10% 以内	$(0.80, 0.95]$
5	钢筋锈蚀引起混凝土剥落,钢筋外露,出现锈蚀剥落,钢筋断面损失在 10% 以上	$\leqslant 0.80$

配筋混凝土桥梁承载能力恶化系数 ξ_e 根据缺损状况、钢筋锈蚀电位、混凝土电阻率、混凝土碳化状况、钢筋保护层厚度、氯离子含量和混凝土强度 7 项指标确定构件恶化状况评定标度 E,然后根据恶化状况评定标度 E 及桥梁所处的环境条件,按表 6-20 确定配筋混凝土桥梁承载能力恶化系数。

配筋混凝土桥梁的承载能力恶化系数值 ξ_e 表6-20

恶化状况评定标度 E	环境条件			
	干燥不冻 无侵蚀性介质	干、湿交替不冻 无侵蚀性介质	干、湿交替冻 无侵蚀性介质	干、湿交替冻 有侵蚀性介质
1	0.00	0.02	0.05	0.06
2	0.02	0.04	0.07	0.08
3	0.05	0.07	0.10	0.12
4	0.10	0.12	0.14	0.18
5	0.15	0.17	0.20	0.25

注:恶化系数 ξ_e 值可按结构或构件恶化状况评定标度值线性内插。

配筋混凝土桥梁正常使用极限状态,宜按照《公路桥梁承载能力检测评定规程》(JTG/T J21)及检测结果分以下3个方面进行计算评定。

(1)限制应力

限制应力需满足:

$$\sigma_d < Z_1 \sigma_1 \tag{6-13}$$

式中:σ_d——计入活载影响修正系数的截面应力计算值;

σ_1——应力限值。

(2)荷载作用下的变形

荷载作用的变形需满足:

$$f_{d1} < Z_1 f_L \tag{6-14}$$

式中:f_{d1}——计入活载影响修正系数的荷载变形计算值;

f_L——变形限值。

(3)各类荷载组合作用下裂缝宽度

各类荷载组合作用下裂缝宽度应满足:

$$\delta_d < Z_1 \delta_L \tag{6-15}$$

式中:δ_d——计入活载影响修正系数的短期荷载变形计算值;

δ_L——变位限值。

6.4.3 钢结构桥梁承载能力评定

钢结构桥梁在计算桥梁结构承载能力极限状态的抗力效应时,应根据桥梁试验检测结果,采用引入承载能力检算系数 Z_1 或 Z_2 的方法进行修正计算。

钢结构桥梁结构构件强度、总体稳定性和疲劳强度验算应按现行《公路桥涵设计通用规范》(JTG D60—2015)执行,其应力限值取值为 $Z_1[\sigma]$。钢结构荷载作用下的变形按下式计算评定:

$$f_{d1} < Z_1[f] \tag{6-16}$$

式中:f_{d1}——计入活载影响修正系数的荷载变形计算值;

$[f]$——容许变形值;

Z_1——承载能力检算系数,见表6-21。

钢结构桥梁承载能力检算系数 Z_1 值

表 6-21

缺损状况评定标度	性 状 描 述	Z_1 值
1	(1)焊缝完好,各节点铆钉、螺栓无松动; (2)构件表面完好,无明显损伤,防护涂层略有老化、污垢	(0.95,1.05]
2	(1)焊缝完好,少数节点有个别铆钉、螺栓松动变形; (2)构件表面有少量锈迹,防护涂层油漆变色、起泡剥落,面积在10%以内	(0.90,0.95]
3	(1)少数焊缝开裂,部分节点有铆钉、螺栓松动变形; (2)构件表面有少量锈迹,防护涂层油漆明显老化变色并伴有大量起泡剥落,面积在10%～20%以内; (3)个别次要构件有异常变形,行车稍感振动或摇晃	(0.85,0.90]
4	(1)焊缝开裂,并造成截面削弱; (2)联结部位铆钉、螺栓松动变形,10%～30%已损坏;构件表面锈迹严重,截面损失在3%～10%以内,防护涂层油漆明显老化变色并普遍起泡剥落,面积在50%以上; (3)个别主要构件有异常变形,行车有明显振动或摇晃并伴有异常声音	(0.80,0.85]
5	(1)焊缝开裂严重,并造成截面削弱在10%以上; (2)联结部位30%以上铆钉、螺栓已损坏; (3)构件表面锈迹严重,截面损失在10%以上,材质特性明显退化; (4)防护涂层油漆完全失效; (5)主要构件有异常变形,行车振动或摇晃显著并伴有不正常移动	≤0.80

6.4.4 拉吊索承载能力评定

拉吊索强度按下式计算评定:

$$\frac{T_1}{A} \leq Z_1 [\sigma] \tag{6-17}$$

式中:T_1——计入活载影响修正系数的荷载变形计算值;

A——索的计算面积;

$[\sigma]$——容许应力限值;

Z_1——承载能力检算系数,见表6-22。

拉吊索承载能力检算系数 Z_1 值

表 6-22

缺损状况评定标度	性 状 描 述	Z_1 值
1	表面防护完好,锚头无积水,锚下混凝土无裂缝	(1.00,1.10]
2	表面防护基本完好,有细微裂缝,锚头无锈蚀,锚固区无裂缝	(0.95,1.00]
3	表面防护有少量裂缝,伴有少量锈迹,锚头有轻微锈蚀,锚固区有细小裂缝	(0.90,0.95]
4	表面防护普遍开裂,并有部分脱落,锚头锈蚀,锚固区有明显的受力裂缝	(0.85,0.90]
5	表面防护普遍开裂,并有大量脱落,钢索裸露,钢索锈蚀严重,锚头积水锈蚀,锚固区有明显的受力裂缝,裂缝宽度大于0.2mm	≤0.85

6.5 城市桥梁养护管理

6.5.1 城市桥梁养护一般规定

城市桥梁的养护包括城市桥梁及其附属设施的检测评估、养护工程及建立档案资料。城市桥梁应根据类别、等级和技术级别进行养护。根据城市桥梁在道路系统中的地位,城市桥梁养护类别一般分为如下 5 类:

(1) Ⅰ类养护的城市桥梁,单孔大于跨径 100m 的桥梁及特殊结构的桥梁。

(2) Ⅱ类养护的城市桥梁,城市快速路网上的桥梁。

(3) Ⅲ类养护的城市桥梁,城市主干路上的桥梁。

(4) Ⅳ类养护的城市桥梁,城市次干路上的桥梁。

(5) Ⅴ类养护的城市桥梁,城市支路和街坊路上的桥梁。

根据各类桥梁在城市中的重要性,本着"保证重点,养好一般"的原则,城市桥梁养护等级又分为Ⅰ等、Ⅱ等、Ⅲ等。养护等级及养护要求应符合表 6-23 所述的要求。

城市桥梁养护等级及养护要求 表 6-23

城市桥梁养护等级	范 围	养 护	巡 检 周 期
Ⅰ 等	Ⅰ~Ⅲ类养护的城市桥梁及Ⅳ、Ⅴ类养护的城市桥梁中的集会中心、繁华地区、重要生产科研区及游览地区附近的桥梁	重点养护	不应超过 1d
Ⅱ 等	Ⅳ、Ⅴ类养护的城市桥梁中区域集会点、商业区及旅游路线或市区之间的联络线、主要地区或重点企业所在地附近的桥梁	有计划地进行养护	不宜超过 3d
Ⅲ 等	Ⅴ类养护的城市桥梁及居民区、工业区的主要道路上的桥梁	一般养护	不宜超过 7d

结构定期检测应在规定的时间间隔进行,Ⅰ类养护的城市桥梁宜为 1~2 年,关键部位可设一起监控测试;Ⅱ~Ⅴ类养护的城市桥梁间隔宜为 6~10 年。

6.5.2 城市桥梁的检查

城市桥梁的检查评估应根据其内容、周期、评估要求分为经常性检查、定期检测、特殊检测。检测、评估与养护宜按如图 6-3 所示的流程进行。相关规定与公路桥梁的检查规定相似。

1)经常检查

经常性检查是采用目测方法对结构变异、桥及桥区施工作业情况的检查和桥面系、限载标志、交通标志及其他附属设施等状况进行日常巡检。经常性检查应由经过培训的专职桥梁管理人员或具有一定经验的工程技术人员负责。经常性检查的周期比较短,一般规定为 1~7d 巡检一次。根据《城市桥梁养护技术标准》(CJJ 99—2017)的相关规定,按照城市桥梁的养护等级不同,确定经常性检查的周期,见表 6-23。

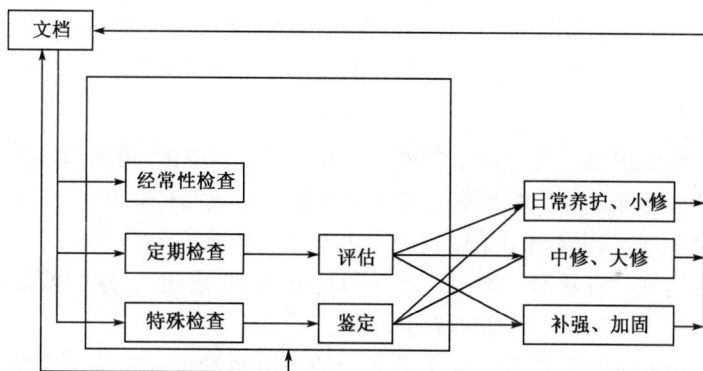

图6-3　城市桥梁养护流程

经常检查内容包括:桥面系及附属结构物的外观情况,即平整性、裂缝、局部坑槽、拥包、车辙、桥头跳车,桥面泄水孔的堵塞、缺损,人行道铺装、栏杆扶手、端柱等部位的污秽、破损、缺失、露筋、锈蚀等,墩台、锥坡、翼墙的局部开裂、破损、塌陷等;上下部结构异常变化、缺陷、变形、沉降、位移,伸缩装置的阻塞、破损、联结松动等情况;城市道路管理条例中规定的各类违章现象;在桥区内的施工作业情况;桥梁限载标志及交通标志设施等各类标志完好情况;其他较明显的损坏及不正常现象。通过经常性检查可以确保结构功能正常,使结构能得到及时的养护和小修保养或紧急处理,对需要检修和一些重大问题做出报告。经常性检查记录应定期整理归档并提出评价意见。巡检过程中发现设施明显损坏,影响车辆和行人安全,应及时采取相应维护措施,并应立即向主管部门报告。

2)定期检测

定期检测分为常规定期检测和结构定期检测。

常规定期检测应每年1次,可根据城市桥梁实际运行状况和结构类型、周边环境等适当增加检测次数。常规定期检测应由专职桥梁养护工程技术人员或实践经验丰富的桥梁工程技术人员负责,并应对每座桥梁制定相应的定期检测计划和实施方案。

常规定期检测应包括:①桥面系,即桥面铺装、桥头搭板、伸缩装置、排水系统、人行道、护栏等;②上部结构,即主梁、主桁架、主拱圈、横梁、横向联系、主节点、挂梁、联结件等;③下部结构,即支座、盖梁、墩身、台帽、台身、翼墙、锥坡及河床冲刷情况。

结构定期检测应由相应资质的专业单位承担,并应由具有城市桥梁养护、管理、设计、施工经验的人员参加。检测负责人应具有5年以上城市桥梁专业工作经验。结构定期检测应包括下列内容:①查阅历次检测报告和常规定期检测中提出的建议;②根据常规定期检测中桥梁状况评定结果,进行结构构件的检测;③通过材料取样试验确认材料特性、退化的程度和退化的性质;④分析确定退化的原因,以及对结构性能和耐久性的影响;⑤对可能影响结构正常工作的构件,评价其在下一次检查之前的退化情况;⑥检测桥梁的淤积、冲刷等现象和水位记录;⑦必要时进行荷载试验和分析评估,城市桥梁的荷载试验评估应按有关标准进行;⑧通过综合检测评定,确定具有潜在退化可能的桥梁构件,提出相应的养护措施。

结构定期检测应在规定的时间间隔进行,Ⅰ类养护的城市桥梁宜为3～5年,关键部位可设仪器监控测试;Ⅱ～Ⅴ类养护的城市桥梁间隔时间宜为6～10年。

3）特殊检测

特殊检测应由专业人员采用专门技术手段,并辅以现场和实验室测试等特殊手段进行详细检测和综合分析,检测结果应提交书面报告。城市桥梁在下列情况下应进行特殊检测:

（1）城市桥梁遭受洪水冲刷、流冰、漂流物、船舶或车辆撞击、滑坡、地震、风灾、火灾、化学剂腐蚀、车辆荷载超过桥梁限载的车辆通过等特殊灾害造成结构损伤。

（2）城市桥梁常规定期检测中难以判明是否安全的桥梁。

（3）为提高或达到设计承载等级而需要进行修复加固、改建、扩建的城市桥梁。

（4）超过设计年限,需延长使用的城市桥梁。

（5）常规定期检测中桥梁技术状况Ⅰ类养护的城市桥梁被评定为不合格级的桥梁Ⅱ～Ⅴ类养护的城市桥梁被评定为 D 级或 E 级的桥梁。

（6）常规定期检测发现加速退化的桥梁构件需要补充检测的城市桥梁。

特殊检测报告应包括:

（1）概述、桥梁基本情况、检测组织、时间背景和工作过程。

（2）描述目前桥梁技术状况、试验与检测项目及方法、检测数据与分析结果、桥梁技术状况评价。

（3）阐述检测部位的损坏原因及程度,评定桥梁继续使用的安全性。

（4）提出结构及局部构件的维修、加固或改造的建议方案,提出维护管理措施。

6.6　城市桥梁技术状况评定

Ⅱ～Ⅴ类养护的城市桥梁的完好程度,应以桥梁状况指数 BCI 确定桥梁技术状况的评估指标,按分层加权法根据定期检查的桥梁技术状况记录,对桥面系、上部结构和下部结构分别进行评估,再综合得出整个桥梁技术状况的评估。

6.6.1　桥面系技术状况指数

桥面系的技术状况应采用桥面系技术状况指数 BCI_m 表示,桥面系的结构状况应采用桥面系结构状况指数 BSI_m 表示,根据桥面铺装、伸缩装置、排水系统、人行道、栏杆及桥头平顺等要素的损坏扣除分值,按式（6-18）计算 BCI_m 和 BSI_m 数值。

$$\left. \begin{array}{l} BCI_m = \sum_{h=1}^{a} (100 - MDP_h) w_h \\ BSI_m = \min (100 - MDP_h) \\ MDP_h = \sum_i DP_{hi} \cdot w_{hi} \end{array} \right\} \quad (6\text{-}18)$$

式中：h——桥面系的评估要素,表示桥面铺装、桥头平顺、伸缩装置、排水系统、人行道和栏杆;

　　　a——桥面系评估要素的总数;

　　MDP_h——桥面系第 h 类要素中损坏的综合扣分值;

　　DP_{hi}——桥面系第 h 类要素中第 i 项损坏的扣分值,按《城市桥梁养护技术标准》

（CJJ 99—2017）附录表 D-1 取值；

w_{hi}——桥面系第 h 类要素中第 i 项损坏的权重，由式 $w_{hi} = 3.0\mu_{hi}^3 - 5.5\mu_{hi}^2 + 3.5\mu_{hi}$ 计算而得；其中，μ_{hi} 根据第 h 类要素中第 i 项损坏的扣分值 DP_{hi} 占桥面系第 h 类要素中所有损坏扣分的比例 $\left(\mu_{hi} = \dfrac{DP_{hi}}{\sum DP_{hi}}\right)$ 计算而得；

w_h——桥面系第 h 类要素的权数，其中，桥面铺装取 0.3，排水系统取 0.1，桥头平顺取 0.15，人行道取 0.1，伸缩装置取 0.25，护栏取 0.1。

6.6.2　桥梁上部结构技术状况指数

桥梁上部结构技术状况的评估应逐跨进行，然后按式（6-19）计算整座桥梁上部结构的技术状况指数 BCI_s。桥梁上部结构的结构状况应采用上部结构技术状况指数 BSI_s 表示。BCI_s 和 BSI_s 应按下列公式计算：

$$
\left.
\begin{aligned}
BCI_s &= \frac{1}{b}\sum_{i=1}^{b} BCI_{si} \\
BSI_s &= \min(BCI_{s_i}) \\
BCI_{s_i} &= \sum_{j=1}^{c}(100 - SDP_{ij})w_{ij} \\
SDP_{ij} &= \sum_k DP_{ijk} \cdot w_{ijk}
\end{aligned}
\right\}
\qquad (6\text{-}19)
$$

式中：BCI_{si}——第 i 跨上部结构技术状况指数；

b——桥梁跨数；

SDP_{ij}——第 i 跨上部结构中第 j 类构件损坏的综合扣分值；

w_{ij}——第 i 跨上部结构中第 j 类构件的权重，按表 6-24 的规定取值；

c——第 i 跨上部结构的桥梁构件数；

DP_{ijk}——第 i 跨上部结构中第 j 类构件第 k 项损坏的扣分值，见《城市桥梁养护技术标准》（CJJ 99—2017）附录表 D-2 取值；

w_{ijk}——第 i 跨上部结构中第 j 类构件第 k 项损坏的权重，由 $w_{ijk} = 3.0\mu_{ijk}^3 - 5.5\mu_{ijk}^2 + 3.5\mu_{ijk}$ 计算而得，μ_{ijk} 根据第 i 跨上部结构中第 j 类构件第 k 项损坏的扣分值 DP_{ijk} 占第 j 类构件所有损坏扣分值的比例 $\left(\mu_{ijk} = \dfrac{DP_{ijk}}{\sum_k DP_{ijk}}\right)$ 计算而得。

桥梁上部结构各构件的权重　　　　表 6-24

桥梁结构形式	构件类型	权重	桥梁结构形式	构件类型	权重
梁桥	主梁	0.6	桁架桥	桁片	0.5
				主节点	0.1
				纵梁	0.2
	横向联系	0.4		横梁	0.1
				连接件	0.1

续上表

桥梁结构形式	构件类型	权重	桥梁结构形式	构件类型	权重
悬臂 + 挂梁	悬臂梁	0.6	拱桥	主拱圈(桁)	0.7
	挂梁	0.2		横向联系	0.3
	挂梁支座	0.1	刚构桥	主梁	0.8
	防落梁装置	0.1		横向联结	0.2

6.6.3 桥梁下部结构技术状况指数

桥梁下部结构技术状况的评估应逐墩(台)进行,然后按(6-20)计算整座桥梁下部结构的技术状况指数 BCI_x。桥梁下部结构的结构状况应采用下部结构结构状况指数 BSI_x 表示。BCI_x 和 BSI_x 应按下列公式计算:

$$\left.\begin{aligned} BCI_x &= \frac{1}{b+1}\sum_{j=0}^{b} BCI_{xj} \\ BSI_x &= \min\left(BCI_{xj}\right) \\ BCI_{xj} &= \sum_{k=1}^{d}\left(100 - SDP_{jk}\right)w_{jk} \\ SDP_{jk} &= \sum_{l} DP_{jkl} \cdot w_{jkl} \end{aligned}\right\} \tag{6-20}$$

式中:BCI_{xj}——第 j 号墩(台)下部结构技术状况指数;

b——桥梁跨数;

SDP_{jk}——第 j 号墩(台)下部结构中第 k 类构件损坏的综合扣分值;

w_{jk}——第 j 号墩(台)下部结构中第 k 类构件的权重,按表6-25的规定取值;

d——第 j 号墩(台)下部结构的构件类型数

DP_{jkl}——第 j 号墩(台)下部结构中第 k 类构件第 l 项损坏的扣分值,按《城市桥梁养护技术标准》(CJJ 99 —2017)附录表 D-3 取值;

w_{jkl}——第 j 号墩(台)下部结构中第 k 类构件第 l 项损坏的权重,由 $w_{jkl} = 3.0\mu_{jkl}^{3} - 5.5\mu_{jkl}^{2} + 3.5\mu_{jkl}$ 计算而得,μ_{ijk} 根据第 i 跨上部结构中第 j 类构件第 k 项损坏的扣分值 DP_{jkl} 占第 k 类构件所有损坏扣分值的比例 ($\mu_{jkl} = DP_{jkl}/\sum_{l} DP_{jkl}$) 计算而得。

桥梁下部结构各构件权重   表6-25

部 位	构件类型	权 重	部 位	构件类型	权 重
梁式桥 桁架桥 刚构桥 悬臂 + 挂梁					
桥墩	盖梁	0.15	桥台	台帽	0.15
	墩身	0.30		台身	0.20
	基础	0.40		基础	0.40
	支座	0.45		耳墙(翼墙)	0.30
				支座	0.15

续上表

部 位	构件类型	权 重	部 位	构件类型	权 重
拱桥					
桥墩	盖梁	0.10	桥台	台帽	0.10
	墩身	0.30		台身	0.30
	基础	0.45		基础	0.35
	拱脚	0.15		耳墙(翼墙)	0.10
				拱脚	0.15

6.6.4 桥梁整体技术状况指数

整个桥梁的技术状况指数 BCI 根据桥面系、上部结构和下部结构的技术状况指数,由下式计算:

$$BCI = BCI_m \cdot w_m + BCI_s \cdot w_s + BCI_x \cdot w_x \tag{6-21}$$

式中: w_m、w_s、w_x——桥面系、上部结构和下部结构的权重,分别取 0.15、0.40 及 0.45。

6.6.5 直接评定不合格级桥和 D 级桥

各种类型桥梁有下列情况之一时,即可直接评定为不合格级桥和 D 级桥。

(1)Ⅲ、Ⅳ类环境下的预应力梁产生受力裂缝,且裂缝宽度超过规范限制。

(2)拱桥的拱脚处产生水平位移或无铰拱拱脚产生较大的转动。

(3)钢结构节点板及连接铆钉,螺栓损坏在 20% 以上,钢箱梁开焊,钢结构主要构件有严重扭曲、变形、开焊、锈蚀削弱截面积 10% 以上。

(4)墩、台、桩基出现结构性断裂缝,或裂缝有开合现象,倾斜、位移、沉降变形危及桥梁安全时。

(5)关键部位混凝土出现压碎或压杆失稳、变形现象。

(6)结构永久变形大于设计标准值。

(7)结构刚度达不到设计标准要求。

(8)支座错位、变形、破损严重,已失去正常支承功能。

(9)基底冲刷面积达 20% 以上。

(10)承载能力下降达 25% 以上(需通过桥梁验算检测得到)。

(11)人行道栏杆累计残缺长度大于 20% 或单处大于 2m。

(12)上部结构有落梁和脱空趋势或梁、板断裂。

(13)预应力钢筋锚头严重锈蚀失效。

(14)钢—混凝土组合梁、桥面板发生纵向开裂,支座和梁端区域发生滑移或开裂,斜拉桥拉索、锚具损伤;吊桥钢、锚具损伤;吊杆拱桥钢丝、吊杆和锚具损伤。

(15)其他各种对桥梁结构安全有较大影响的部件损坏。

6.6.6 评估标准及养护措施

根据城市桥梁技术状况、完好程度,对不同养护类别,要求 I 类养护的城市桥梁完好状态宜分为合格及不合格两个等级。合格级对应于桥梁结构完好或结构构件有损伤,但不影响桥梁安全,应进行保养、小修;不合格级对应于桥梁结构构件有损伤,影响结构安全,应立即修复。

Ⅱ~Ⅴ类城市桥梁完好状态一般分为 5 个等级(表 6-26):A 级为完好状态,BCI 达到 90~100分,应进行日常保养;B 级为良好状态,BCI 达到 80~89 分,应进行日常保养和小修;C 级为合格状态,BCI 达到 66~79 分,应进行专项检测后保养、小修;D 级为不合格状态,BCI 达到 50~65 分,应提出处理措施,检测后进行中修或大修工程,需紧急抢修的桥梁应提出时间要求;E 级为危险状态,BCI 小于 50 分,应立即限制交通,测评估后进行大修、加固或改扩建工程。

桥梁完好状况评估标准　　　　　　　　　　　　　　　　表 6-26

BCI	[90,100]	[80,90)	[66,80)	[50,66)	[0,50)
评估等级	A	B	C	D	E

城市桥梁的养护工程一般分为保养小修,中修工程,大修工程以及加固、改扩建工程 4 种类型。其中,保养、小修是指对管辖范围内的城市桥梁进行日常维护和小修作业;中修工程是指对城市桥梁的一般性损坏进行修理,恢复城市桥梁原有的技术水平和标准的工程;大修工程是指对城市桥梁的较大的损坏进行综合治理,全面恢复到原有技术水平和标准的工程及对桥梁结构维修改造的工程;加固、改扩建工程是指对城市桥梁因不适应现有的交通量、载质量增长的需要及桥梁结构严重损坏,需恢复和提高技术等级标准,显著提高其运行能力的工程。

第7章

桥梁缺陷与裂缝修复技术

7.1 桥梁缺陷修复技术

7.1.1 混凝土桥梁缺陷

(1)蜂窝。混凝土由于多砂少浆,粗集料间出现间隙,造成混凝土局部疏松而形成像蜂窝样孔洞状的现象。

(2)麻面。混凝土局部表面出现缺浆和许多小凹坑、麻点,形成粗糙面,但无钢筋外露现象。

(3)空洞。混凝土表面或内部,由于在浇筑过程中缺少振捣或漏浆,出现孔洞。

(4)露筋。钢筋混凝土在浇筑过程中振捣不到位,保护层垫块未设置或者固定不牢,混凝土坍落度小,或拆模早,混凝土硬化前受外力而剥落,从而使构件出现成型后钢筋外露的现象。

(5)风化剥落。混凝土表面在外界物理、化学作用下而使表面材质分解或蚀变的现象。

(6)裂缝。由于受力、收缩、温度等原因,混凝土表面产生裂缝。

(7)磨损缺损。混凝土在外界的作用下,集料和砂浆磨损、脱落的一种缺损现象。其成因多为混凝土强度不足,表层细集料太多;桥面受到车轮磨耗;墩、桩受到高速水流冲刷,水流中又有大量砂石或冰凌等。

（8）锈蚀。钢构件与钢板的表面与周围介质发生化学或电化学作用而引起锈蚀现象。典型混凝土桥梁缺陷如图 7-1 所示。

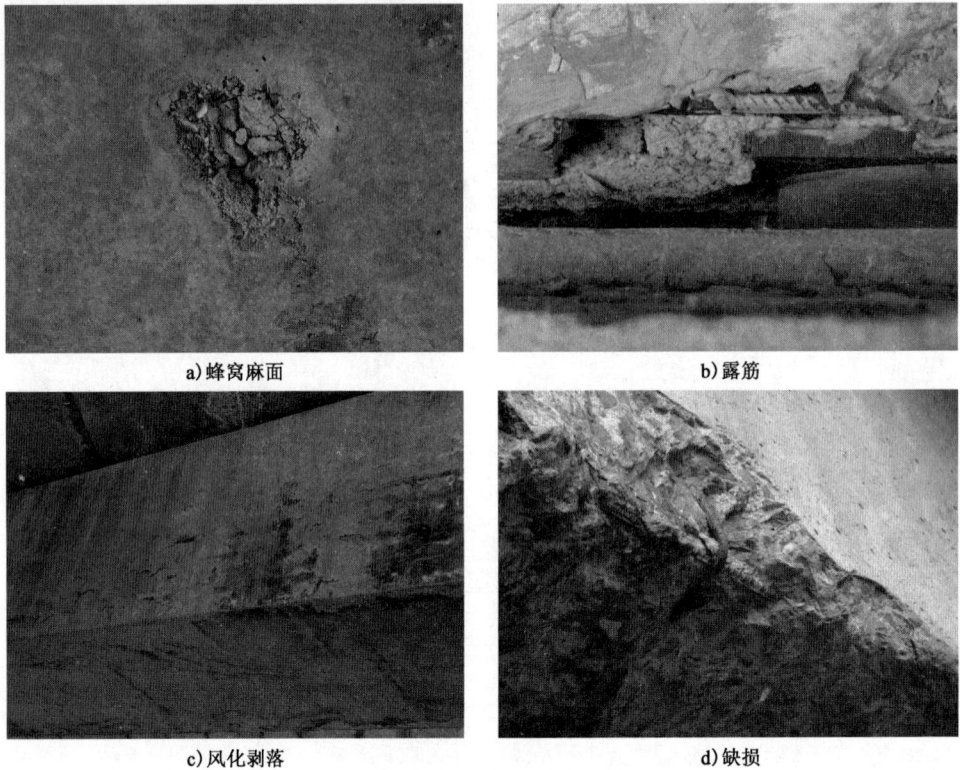

a) 蜂窝麻面

b) 露筋

c) 风化剥落

d) 缺损

图 7-1　混凝土桥梁缺陷

7.1.2　混凝土缺陷修复

桥梁混凝土缺陷是由于多方面因素而产生的，如施工、设计、养护、地震等过程中都可能会产生造成桥梁缺陷的因素。

在进行正式修补前，应先将已损坏的混凝土去除，露出完好的混凝土，达到钢筋除锈所需要的范围。清除方法有人工凿除法、气动凿除法和高速射水法。其中，高速射水法与人工凿除法、气动凿除法相比，无振动、噪声和灰尘，在清除工作完成后，混凝土表面干净、湿润。采用高速射水法，可以使混凝土或砂浆获得良好的黏结效果。

在对桥梁混凝土缺陷修补时，一般可采用 4 种方法，即混凝土修补法、水泥砂浆修补法、聚合物水泥砂浆修补法和环氧树脂类黏结材料修补法。其中，环氧树脂类黏结材料包括环氧胶液、环氧砂浆和环氧混凝土等，一般用于修补质量要求较高或者其他材料无法满足要求的部位。

1）混凝土修补法

混凝土修补法，宜采用比原混凝土强度高一等级的细石混凝土，但是修补用的混凝土的技术指标不能低于原混凝土的技术指标，水泥强度不能低于原混凝土的水泥强度，水灰比要选用较小值，也可加入适量的减水剂来提高修补混凝土的和易性。若修补的部位较深，可以掺入适量的砾料，用来增强砂浆的强度，减少砂浆的干缩。修补用混凝土组成材料要求如下：

（1）水泥应采用42.5以上强度等级。

（2）对于易浇筑密实者，可采用一般配合比，在较薄断面和不易浇筑处，粗集料粒径不应大于10mm。

（3）对于不易浇筑密实的区域，应采用强塑性混凝土人工填充。

（4）浇筑施工时应注意振捣和养护。

修补方法可采用现浇、压浆、涂抹等。面积较大的修补工作，在浇筑前要立上模板，保证修补的外观质量。在新旧混凝土接缝的表面各宽度范围内，刷除掉所有软弱的浮浆、尘土，并涂抹封闭浆液两层，第二层的涂抹方向与第一层的方向垂直，在混凝土浇筑或涂抹完成后，应及时进行浇水保湿养护，并保证养护时间。混凝土修补露筋和蜂窝、麻面如图7-2所示。

a）混凝土修补露筋　　　　　　　b）混凝土修补蜂窝、麻面

图7-2　混凝土修补法

2）水泥砂浆修补法

水泥砂浆修补法包括人工涂抹法和喷浆修补法。

（1）人工涂抹法

人工涂抹法主要用于小面积的缺陷，特别是损坏较浅缺陷的修补，该法工艺简单。在修补前，将构件中的缺陷部分凿除，并对混凝土需修补的部位进行凿毛处理，混凝土表面要保持湿润、清洁；然后在周围的混凝土上涂抹一层水泥浆液或者其他胶结剂，将浆液刷进混凝土内和钢筋上；在浆液未凝固时，用铁抹将拌和好的砂浆抹到需修补的部位，并反复压实，然后按普通混凝土的养护要求进行养护。

（2）喷浆修补法

喷浆修补法主要用于混凝土表面的大面积缺损修补或者重要混凝土结构物的修补。喷浆修补法所采用水泥砂浆应采用小水灰比，并加入大剂量的速凝剂的硅酸盐类水泥；也可采用具有快凝、早强、高强性能的专用喷射水泥。该法经高压将水泥、砂和水的混合料通过喷嘴喷射到需修补的部位。其主要特点是用较小的水灰比和较多的水泥，获得较高的密实度和强度，喷射的砂浆与受喷面之间形成较高的强度和耐久性，而且施工工艺简单，效率较高；但是材料的消耗大，在喷浆层较薄或者不均匀时，干缩率较大，容易产生裂缝。

喷浆修补法施工工艺要求如下（图7-3）：

①喷浆前应准备充足的砂子和水泥。

②喷射水泥砂浆前应对旧混凝土表面进行凿毛，并将表面清理干净，喷浆前1h，应洒水以

保持受喷面充分湿润。

③当修补要求设置钢筋网时,应有效固定。

④如需安装模板,应安装牢固,避免喷射作业的冲击力使模板脱落。

⑤分层喷射时,应在第一层没有完全凝固时开始第二层的喷射,每层的间歇时间以 2～3h 为宜,若上层已凝固,应采用铁刷子将层间松层刷除,然后再继续喷射施工。

⑥喷射完工后应及时进行表面处理,采取遮阴和保湿等养护措施。

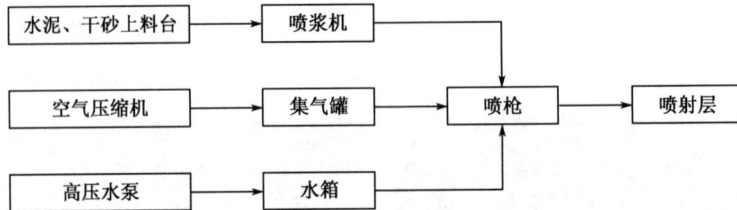

图 7-3　喷浆修补工艺流程

3）聚合物水泥砂浆修补

聚合物水泥砂浆是由水泥、集料和可以分散在水中的有机聚合物搅拌而成的。聚合物可以是由一种单体聚合而成的均聚物,也可以是由两种或更多的单聚体聚合而成的共聚物,聚合物水泥砂浆具有较高黏结力,同时具有极为优良的抗渗性、抗裂性和抗冲击性。

聚合物水泥砂浆适用于混凝土桥梁表面的风化、剥落、露筋及小面积的破损等缺陷的修补,其具有良好的施工和易性、黏结性、抗渗性、抗剥落性、抗冻融性、抗碳化性、抗裂性、钢筋阻锈性能,并具有高强度等性能;操作简便,可潮湿基层施工,健康环保。

施工工艺:施工前应清除混凝土表面待修补部分的浮尘、油污及铁锈,将混凝土表面凿毛;在涂抹聚合物砂浆前,用水冲洗待修补部位的混凝土表面,使混凝土表面处于充分湿润状态,但表面不能有明水;人工修补时,首层应压紧、压实,同时聚合物水泥砂浆修补施工过程中应避免振动。

养护措施:修补部位的聚合物砂浆终凝前,应采取保护措施,避免其表面受雨水、风及阳光直射影响,并应及时养护。

4）环氧树脂类黏结材料修补

环氧树脂类黏结材料包括环氧胶液、环氧砂浆和环氧混凝土等,常可用于桥梁缺陷的修补。环氧树脂类黏结材料具有较高的强度、抗渗能力,并可与混凝土材料牢固地黏结,使混凝土结构物形成整体,同时具有养护时间短等优点。采用环氧树脂类黏结材料的混凝土缺陷修补方案,应充分考虑新老混凝土的良好结合,有利于共同受力。以环氧砂浆为例,其主要施工工艺及要求如下:

（1）混凝土表面处理。表面处理可用人工凿毛,然后用高压水或压缩空气吹净,表面要做到无水湿、无灰尘、无油渍及其他污物,保持平整、干燥、坚固、密实。

（2）涂抹环氧基液。在涂抹环氧砂浆时,应该首先在表面涂一层环氧基液,使老混凝土表面能充分地被环氧树脂浆液所润湿,从而保持良好的黏结力。涂刷环氧基液时,从施工技术角度应尽力做到涂刷层薄而且均匀。

（3）涂抹环氧砂浆。涂抹环氧砂浆时应做到涂抹均匀,每层厚度不宜超过 1.0～1.5cm,底层厚度应控制在0.5~1.0cm,并且在施工过程中用铁抹反复地压抹,使表面翻出浆液。

(4)分层及填料。在斜、立面涂抹时,由于砂浆在自重作用下产生流淌,可采用铁抹不断地压抹,同时适当增加砂浆内的填料增大环氧砂浆的稠度。如涂层过厚应该进行分层涂抹,厚度超过4cm时最好在涂抹前先立模。

(5)养护。环氧砂浆的养护与水泥砂浆的养护方式不同,环氧树脂的养护最重要的是要控制好温度,在夏季施工的工作面如果向阳,应设凉棚,以防止阳光直接照射导致环氧树脂涂层的温度过高。如果在冬季施工气温温度太低的情况下,应采用加温设施来保暖。环氧树脂涂层的养护温度一般控制在15~25℃,在冬季施工时,养护时间则须控制在7d以上。

环氧混凝土修补技术与环氧砂浆修补相似。

7.1.3 混凝土表层缺陷分类修补

1)麻面的处理措施

先将麻面处凿除到密实处,用清水清理干净,再用喷壶向混凝土表面喷水直至吸水饱和,将配制好的水泥干灰均匀涂抹在表面,此过程应反复进行,直至有缺陷的地方全部被水泥灰覆盖。待24h凝固后用镘刀将凸出于表面的水泥灰清除,然后按照涂抹水泥灰方法进行细部的修复,保证混凝土表面平顺、密实。

用水泥灰修复的具体操作过程如下:

(1)首先是调配水泥灰,用喷壶对调制好配比的水泥灰进行层层洒水。

(2)用水把需要修补的部分充分湿润,待2h后即可修复。

(3)处理完一处面积后,用手背(不能用手指)对修复过的混凝土表面进行拂扫,抚平应按从上而下的方向进行。

(4)对于局部凸出混凝土面的湿润水泥灰应该用镘刀铲平。

2)蜂窝的处理措施

(1)对于小蜂窝,用镘刀将调好的砂浆压入蜂窝面,同时刮掉多余的砂浆。

(2)对于大一点的蜂窝,先凿去蜂窝处薄弱松散的混凝土,用钢丝刷洗刷干净后支模,再用高一强度等级的细石混凝土填塞捣实、养护。对于较深的蜂窝,可埋压浆管、排气管、表面抹砂浆或浇筑混凝土封闭后,再放水泥砂浆,把蜂窝的石子包裹起来,填满缝隙结成整体,必要时可进行水泥灌浆处理。

3)露筋的处理措施

出现露筋时,应首先分析露筋的原因和严重程度,再考虑修补所需要达到的目的,修补后不得影响混凝土结构的强度和正常使用。露筋的修补一般都是先用锯切槽,划定需要处理的范围,形成整齐而规则的边缘,再用冲击工具对处理范围内的疏松混凝土进行清除。

(1)对表面露筋,刷洗干净后,用水泥砂浆将露筋部位抹压平整,并认真养护。

(2)如露筋较深,应将薄弱混凝土和突出的颗粒凿去,洗刷干净后,用比原来高一强度等级的细石混凝土填塞压实,或采用喷射混凝土工艺或压力灌浆技术进行修补,并认真养护。

4)孔洞的处理措施

孔洞修补办法有:①先将孔洞凿去松散部分,使其形成规则形状;②用钢丝刷将破损处的尘土、碎屑清除;③用压缩空气吹干净修补面;④用水冲洗修补面,使修补面周边混凝土充分湿润;⑤填上所选择的修补材料,振捣、压实、抹平。

推荐可选择的材料有聚合物水泥砂浆和环氧树脂类黏结材料等。

7.1.4 钢筋缺陷修复

1) 钢筋锈蚀的危害

钢筋锈蚀在桥梁的内部缺陷中较普遍,危害性也较大。其危害性主要表现在钢筋锈蚀引起很大的体积膨胀,使混凝土产生剥离和开裂,严重影响其受力性能,降低材料耐久性,削弱钢筋的受力面积,对受力危害更大、沿钢筋纵向的裂缝,极大地削弱了混凝土与钢筋共同作用的能力。

2) 钢筋锈蚀的几种状态

钢筋锈蚀的常见状态有:

(1)钝化状态。钝态是钢筋在 pH 值高的强碱性的混凝土内被保护的正常状态。在强碱性环境中,钢筋表面被氧化,形成一层很薄的水化氧化膜,使钢筋处于钝化状态,钢筋不会发生锈蚀。

(2)点锈蚀。由于氯离子存在或者侵入而引起的典型的局部锈蚀状态,氧化膜由于氯离子的侵入而遭受破坏。

(3)全面锈蚀。由于混凝土内有大量氯盐或混凝土碳化,钢筋普遍失去钝化(图7-4)。

图7-4 桥梁钢筋锈蚀示例

3) 钢筋锈蚀的维修

钢筋锈蚀的维修工艺如下:将松脱、剥离等已经损坏的部分混凝土凿除,全部露出钢筋;用钢丝刷或喷砂枪对钢筋进行除锈处理,除锈后要及时清除钢筋及混凝土表面上的铁锈与灰尘,必要时还要对钢筋进行防锈处理。

为提高新、老混凝土的黏结力,要涂上环氧胶液等黏结剂,用新混凝土或者砂浆进行填补,可用普通混凝土立模浇筑法、干(湿)式喷浆法,也可用环氧混凝土、环氧砂浆或其他防腐蚀材料来修补;对新喷涂浇筑的混凝土要进行表面处理,防止混凝土的表面再次碳化。

7.1.5 圬工缺陷修复

圬工表层缺陷主要有抹灰层、砌缝脱落,砌体表面麻面、起皮、起鼓、粉化、剥落以及材料变质、风化和裂缝等(图7-5)。修补的方法很多,可根据实际需要及适用、美观和耐久性的要求对圬工结构表层缺陷进行修补。

1) 勾缝修补

将松散、破坏的砌缝凿去,彻底冲洗干净,用水泥砂浆重新勾缝。勾缝前把砂浆用抹子填入缝内,然后用勾缝器进行压紧,切去飞边,使其密实。

2) 砌体表面修补

对于砌体表面的风化、剥落、蜂窝和麻面处,可抹喷一层 M10 砂浆进行防护。抹喷方法有手工抹浆法和压力喷浆法。手工抹浆先彻底凿除风化、剥落的表层,并将表面凿毛,冲洗干净,保持湿润,然后分层进行抹浆。面积较大的抹面工程一般用压力喷浆。

a)砌缝脱落

b)砌体裂缝

图7-5 圬工缺陷示例

当砌体表面局部损伤且脱落不很严重时,可将破损部分消除,凿毛洗净,并用 M10 水泥砂浆分层填补至需要厚度,并将表面抹平;当损坏部位较深时,可在新旧结构结合处设置牵钉,必要时可挂钢筋网,并立模浇筑混凝土。

3)镶面石修补

当镶面石仅松动而未破碎时,将其周围灰缝凿去,并取下镶面石,将内部失效灰浆全部铲除,用水冲洗干净,再用 M10 砂浆填实,安上镶面石,并在其周围捣垫半干硬性砂浆;当镶面石破损时,更换破损的镶面石或用预制混凝土块代替。

7.1.6 钢材缺陷修复

钢杆件和钢板的锈蚀是钢桥表层最普遍的病害,在锈蚀之前,首先发生油漆剥落(图7-6),所以要重视钢桥的钢杆件和钢板表面除锈及油漆工作。钢桥的除锈方法有化学法和物理法:化学法是在无机酸中加入面粉、树胶、煤焦油等缓蚀剂,然后将锈蚀清洗干净;物理法是用喷砂除锈(图7-7)。

要定期进行油漆以防桥梁钢杆件和钢板表面锈蚀。在涂刷油漆前,要仔细清除铁锈、旧漆、污垢、尘土和油水等。对所有节点杆件的易锈蚀部位如凹处、缝隙、纵横梁及主桁架的弦杆处等,要仔细进行清理。油漆涂刷一般分为两层漆底和两层面漆。但是工作条件艰难或易遭受损坏的部位要多涂一层面漆。第一层底漆干燥后,用油性腻子填塞裂缝、不平整处和局部凹痕等部位,检查腻封质量,现场解决发现的问题。

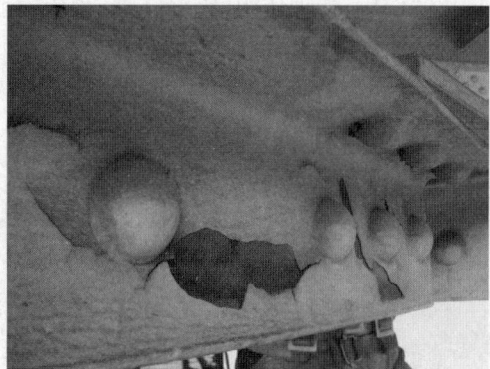
图7-6 钢桥油漆剥落

钢桥的油漆工作在天气干燥和温暖季节进行。被漆钢构件表面温度应与刷油漆时的气温相近,不能在雾天、雨天或者风沙大的天气进行油漆作业。可采用金属涂层进行钢桥的防腐,金属涂层分为阳极防腐蚀涂层和阴极防腐蚀涂层。阳极防腐蚀涂层的防腐效果较好。

a)钢构件除锈　　　　　　　　　　　　　b)钢桥面局部除锈

图 7-7　钢桥喷砂除锈

7.2　桥梁裂缝修复技术

桥梁结构在施工和使用过程,常出现各种不同形式的裂缝,裂缝可从不同角度进行分类。

1)根据裂缝形成时间划分

(1)先天裂缝:先天裂缝是指由于设计不当,不可避免地在结构中产生的裂缝。

(2)原生裂缝:原生裂缝是指由于施工工艺不当,造成的结构中原本可以避免的裂缝。

(3)后天裂缝:后天裂缝是指正常使用荷载造成的累积损伤裂缝以及非正常荷载造成的突然损伤裂缝。

2)根据裂缝形成原因划分

裂缝产生的外界原因包括荷载和变位、成桥内力、温度变化、材料时效(混凝土收缩、徐变)、化学作用、物理作用(钢筋锈蚀、预应力筋锚头锈蚀、酸碱腐蚀)等。

3)受力裂缝的划分

受力裂缝可分为弯曲裂缝、剪切裂缝、弯剪裂缝、局部承压裂缝等,典型受力裂缝如图7-8所示。

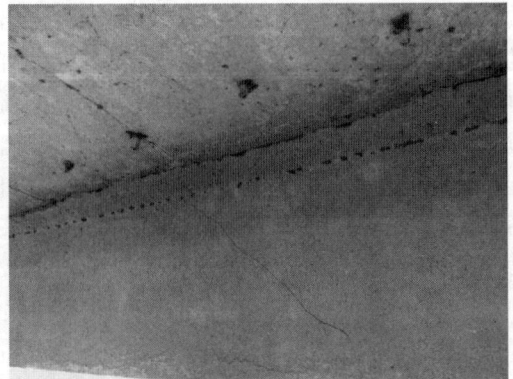

a)弯曲裂缝　　　　　　　　　　　　　b)剪切裂缝

图 7-8　典型受力裂缝

针对裂缝的修补目的及相关技术主要分为两大类:第一类是为了保障结构耐久性而进行的修补,主要有表面粘贴修补法、表面封闭修补法;第二类是在保障耐久性的同时,考虑满足受力要求而进行的修补,主要有结构灌浆修补法和气球注浆法(壁可法)等。

7.2.1 表面封闭修补法

表面封闭修补法是一种在微细裂缝(裂缝宽度≤0.2mm)的表面上涂抹低黏度且具有良好渗透性的裂缝封闭材料,封闭裂缝通道,以提高其防水性及耐久性的方法。其主要有:填缝、表面抹灰、钢箍加固、表面喷浆、凿槽嵌补法等。表面封闭修补法针对非受力裂缝和一些稳定的裂缝,填缝和表面抹灰用于裂缝细小、数量不多的情况。凿槽嵌补用于裂缝较宽、数量少、有振动易脱落的情况。

1)填缝法

填缝法是砖石砌体裂缝修理中最简便的一种方法。操作时,将缝隙清理干净,根据裂缝宽度不同分别用勾缝刀、抹子、刮刀等工具进行操作,所用灰浆通常采用1:2.5或1:3水泥砂浆,一般不得低于砌筑灰浆的强度。填缝处理后可在美观、耐久性等方面起到一定的作用,对砌体的整体性、强度等方面所起的作用甚微。

2)表面抹灰法

表面抹灰是指用水泥浆、水泥砂浆、环氧砂浆等材料涂在裂缝部位的砖石砌体或混凝土表面上的一种修补方法。先将裂缝附近的混凝土凿开,并尽可能使糙面平整,经洗刷干净后,洒水使之保持湿润,然后用水泥砂浆涂抹其上;再将水泥砂浆一次或分次抹完,一次涂抹过厚容易在侧面和顶部引起流淌或因自重下坠脱壳;太薄则容易在收缩时引起开裂。涂抹的总厚度一般为1.0~2.0cm,待收水后,最后压实、抹光。温度高时,涂抹3~4h后即需洒水养护,并防止阳光直射;冬季应注意保温,切不可受冻,否则所抹水泥砂浆受冻后,轻则强度降低,重则报废。

3)钢箍加固法

当钢筋混凝土梁件产生主应力裂缝时,可采用在裂缝处加设U形钢箍使裂缝封闭的方法。U形钢箍可用扁钢焊成或圆钢制成,可以直箍,也可以斜箍,其方向应和裂缝方向垂直。钢箍与梁的上、下面接触处可垫以角钢或钢板。角钢或钢板面积及加箍的横截面积,按修补加固部位主应力的大小、钢箍的安全性及混凝土的抗压强度通过计算而定。

4)表面喷浆法

表面喷浆法是在经凿毛处理的裂缝表面,喷射一层密实而且强度高的水泥砂浆保护层来封闭裂缝的一种修补方法。根据裂缝的部位、性质和修理要求与条件,可分别采用无筋素喷浆、挂网喷浆或挂网喷浆结合凿槽嵌补等修补方法。进行喷浆之前,必须完成各项准备工作。需要喷浆的结构表层应仔细敲击。在敲击中发现剥离的部分,应当敲碎并除去。有缺陷的地方应填塞起来。如为钢筋混凝土,还须清除露筋部分钢筋上的铁锈。

5)凿槽嵌补法

凿槽嵌补法是沿混凝土裂缝走向骑缝凿出槽深和槽宽分别不小于20mm和15mm的U形沟槽,当裂缝较细时,也可凿成V形沟槽;然后在槽内嵌补填补材料的一种修补方法。填补材料可以为环氧砂浆、沥青、甲基丙烯酸酯类化学补强剂等,并粘贴纤维复合材以封闭其表面。

7.2.2 结构灌浆修补法

结构灌浆修补法通过施加一定的压力,在结构内部的裂缝中灌入浆液,用来封闭裂缝,恢复并提高其强度、刚度、耐久性和抗震性的方法。该方法依据灌入材质的不同,可分为水泥灌浆法和化学灌浆法。水泥灌浆法的灌浆材料有水泥砂浆、纯水泥、水泥黏土、石灰、石灰水泥、石灰黏土等。裂缝修补用聚合物水泥注浆材料的安全性能指标见表7-1。化学灌浆法的灌浆材料有改性环氧树脂类、改性丙烯酸酯类、改性聚氨酯类等浆液,该方法一般用于裂缝宽度大于0.25mm、裂缝多并且深入结构内部或者结构有空隙的部位。

裂缝修补用聚合物水泥注浆材料的安全性能指标　　　　　　表7-1

项　目	性 能 指 标
劈裂抗拉强度(MPa)	≥5
抗压强度(MPa)	≥40
抗折强度(MPa)	≥10
注浆材料与混凝土的正拉黏结强度(MPa)	≥2.5且为混凝土破坏

灌浆法的基本流程如图7-9所示。

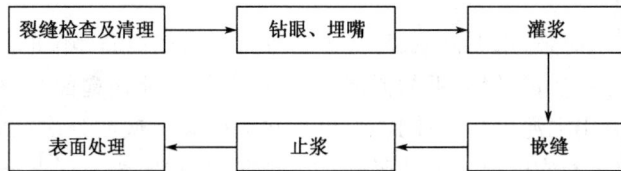

图7-9　注浆工艺流程示意图

1)水泥灌浆法

水泥灌浆法的施工要点如下:

(1)对修补部位裂缝仔细检查,确定修补数量、范围、钻孔孔眼位置及浆液数量。

(2)骑着裂缝进行钻孔,孔眼开好后,必须进行清孔,即用水由上向下冲洗各孔,孔眼冲洗干净之后,使用压缩空气吹干。

(3)灌浆前应把裂缝和孔隙堵塞起来,进行止浆与堵漏处理,止浆或堵漏可用水泥砂浆或环氧砂浆涂抹,也可用棉絮或麻布条嵌塞,或用环氧胶泥粘贴。

(4)进行压水或压风试验,检查孔眼畅通情况及止浆效果。

(5)调整灌浆施工中灌浆压力和浆体稠度,可分为两种情况:一种是灌浆自始至终使用同一个稠度的浆体,这种灌浆依次成型,施工方便,适用于可灌性能良好且灌浆量不大的情况;另一种是采用压力和浆液稠度有所变化,先用低压、后用高压,先用稀浆、后用稠浆,以适应裂缝粗细不均、灌浆体渗漏较大的情况。

(6)在工程量较大时,宜采用灌浆机、压浆泵,也可以风泵加压。高压灌浆机示例如图7-10所示。

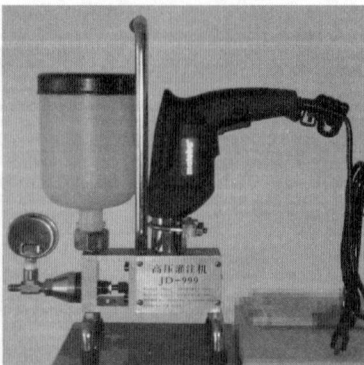

图7-10　高压灌浆机

2）化学灌浆法

利用化学灌浆法修补桥梁结构裂缝的工艺流程及施工要求与前述水泥灌浆基本相同,裂缝修补用化学浆液(注射剂)的安全性能指标见表7-2。

裂缝修补用化学浆液(注射剂)的安全性能指标 表7-2

项 目	性 能 指 标
抗拉强度(MPa)	≥20
抗拉弹性模量(MPa)	≥1 500
抗压强度(MPa)	≥50
抗弯强度(MPa)	≥30 且不得呈脆性破坏
钢—钢拉伸抗剪强度标准值(MPa)	≥10
不挥发物含量(固体含量)(%)	≥99
可灌注性	在规定的压力下,能注入的宽度为0.1mm

化学灌浆法的施工技术要点如下:

(1)修补前先检查、记录修补部位的裂缝情况,据此进行有关化学灌浆材料配量、埋嘴、灌浆注射等方面的具体计算和安排。清除裂缝周围的油污,清洗时应注意不要将裂缝堵塞。

(2)沿裂缝走向埋设灌浆嘴,间距视缝宽度,一般为200~400mm。埋贴前,先把灌浆嘴底盘用丙酮擦洗干净,然后用灰刀将环氧胶泥抹在底盘周围,骑缝埋贴到结构裂缝处。灌浆嘴是化学灌浆材料的喷入口,也是裂缝的排气口。

(3)嵌缝止浆的目的是防止浆液流失,确保浆液在灌浆压力下将裂缝填充密实。当灌浆嘴埋贴后,必须把其余裂缝全部封闭,进行嵌缝或堵漏处理。封闭严实程度是压浆补强的关键,必须认真对待。

(4)上述封闭工作完成后相隔1d,即可进行压水或压气试验,以便检查裂缝的封闭及灌浆嘴的畅通情况。

(5)向裂缝里灌注化学浆液,根据裂缝状况及施工条件的不同,分别采用手压泵灌注和注射器灌注两种方法。当裂缝较大时可用手压泵;当裂缝细微、灌浆量不大时,多采用注射器的方法。

(6)目前使用的化学灌注材料一般都具有不同程度的毒性,包括刺激性、腐蚀性、致敏性及易燃易爆等。对这些危害健康的因素,除要有正确的认识外,施工时必须采取有效的防护措施。

(7)采用的化学灌浆材料,如具有毒性或刺激性臭味,应采用有效的通风设施。现场施工时,工作人员应尽量避免在浆液的下风位置操作,以减少吸入有毒气体的机会。施工人员一般应戴防护口罩,必要时应戴防护眼镜,以防有毒气体刺激眼膜。

(8)有毒性和刺激性臭味的挥发性化学灌浆材料,应密封储存,防止气体逸出,污染周围环境。

（9）对易燃易爆材料,如丙酮、甲苯等,储存处必须远离施工现场,隔绝火源。

图 7-11 和图 7-12 分别给出了注射器化学灌浆法的原理及实施过程。

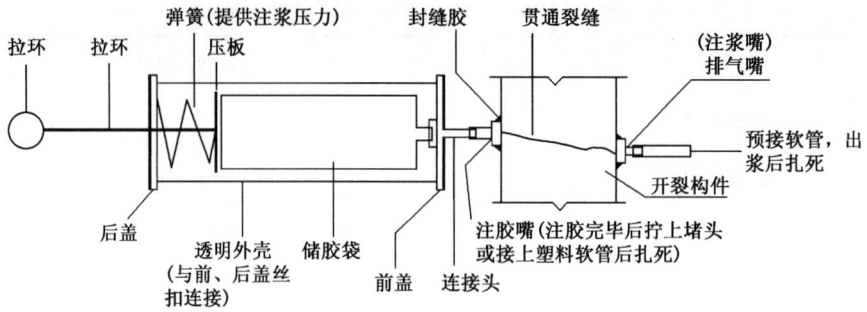

图 7-11　注射器化学灌浆法原理

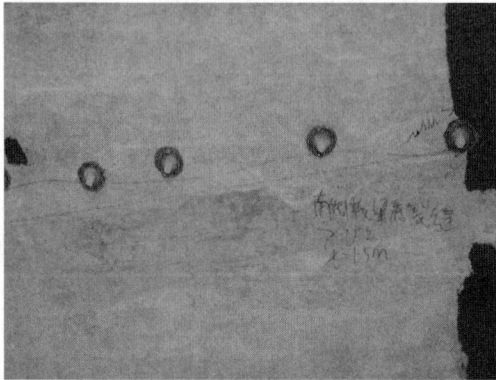

a)埋设灌浆嘴

b)注射压浆

图 7-12　注射器化学灌浆法实施过程

裂缝灌浆材料应符合下列要求:浆液的黏度小,可灌性好;浆液固化后的收缩量小,抗渗性好;浆液固化后的抗压、抗拉强度高,有较高的黏结强度;浆液固化时间可以调节,灌浆工艺简便;浆液应为无毒或低毒。

7.2.3　气球注浆法

气球注浆法又称壁可法,翻译于 BICS(Balloon Injection for Concrete Structures)。气球注浆法法利用橡胶注入器自身的内部压力将环氧树脂胶缓慢地注入混凝土裂缝中并达到裂缝的微细末端,从而达到对混凝土结构裂缝修补的要求,其具有低压、低速的理想注浆条件。橡胶注入器能自动保持低压匀速的持续注入工作,既节省了人力,又弥补了人工注入时的费时费力、压力各异的缺陷,同时避免了机器注入时压力过大,注入材料无法深入裂缝的弊端,其原理如图 7-13 所示。

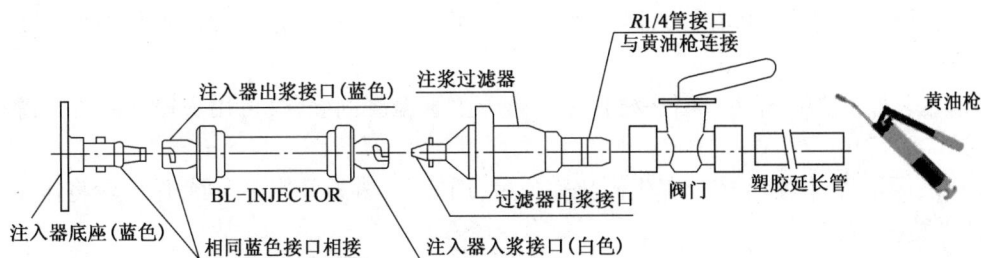

图 7-13　气球注浆法原理

1）施工器具

气球注浆法所需要的主要施工器具是注入器,如图 7-14 所示。注入器的作用是将灌缝浆压入橡胶管内部,随着压力的增加,橡胶管一点点膨胀,直到橡胶管的外径达到规定的尺寸。当橡胶管的外径达到规定尺寸,注入工作即由注入器自行完成,橡胶管内部压力一直保持在一定水平,并持续把灌缝浆渗透入最末端的细缝中。

2）材料特性

施工器具主要包括灌注材料和辅助密封材料。这些材料具有以下特点:

（1）强大黏结力。施工器具具有特强的黏结力、优异的物理力学性能和稳定的化学性能,保证对混凝土结构裂缝实现一体化的修复。

（2）良好的渗透能力。具有超低黏度、特强的渗透能力,保证微细裂缝的修复。

（3）最佳的柔韧性。注浆材料固化后仍能保持韧性,可承受冲击和振动荷载。

（4）不含挥发性溶剂。注浆材料不含挥发性溶剂,固化后不会发生收缩。

（5）早期强度高。

（6）操作方法简便,材料瞬间固化。

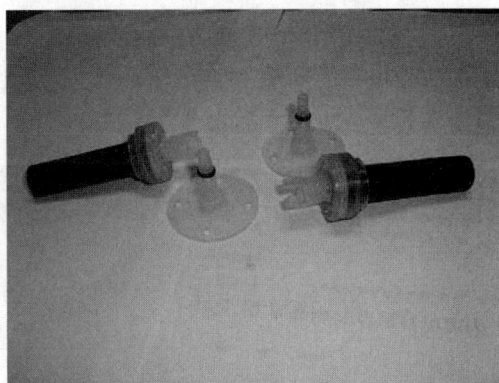

图 7-14　气球注浆法注射器

材料固化过程分两个阶段:临界点前,始终以液态存在;到达临界点时,在极短的时间内固化,并立即达到最终强度的 70%。因此,在施工过中受到振动不会影响修复效果。

3）施工工艺

气球注浆法实施过程的主要工艺如图 7-15 所示。

（1）表面处理。使用砂轮、钢丝刷或类似工具除去混凝土表面裂缝两边宽约 5cm 范围内的污物、灰尘等。

（2）黏结注入座。使用密封材料将注入座粘在裂缝的中心;由于注入座的间距是根据裂缝的宽度和深度变化,故而要预先勘查裂缝的状态。

（3）密封裂缝、养生。使用密封胶将注入座周围的区域沿裂缝走向按 5cm 宽、3mm 厚进行密封。密封后对密封胶进行养生直到凝固硬化。

（4）安装注入器。将注入器的连接端牢固地安装在注入座上。

（5）注入。按照灌注材料要求的混合比，将主剂和硬化剂混合搅拌，将搅拌后的混合物倒入泵中，将供料管的接头接在注入器的注入端，开始注入工作，当注入器的外径增加至要求量时停止注入。

（6）灌注材料凝固养生。灌注材料后进行养生直至凝固硬化，可用手捏注入管了解凝固情况。

（7）表面清理、作业完成。养生固化完成后，用锤子、凿子敲掉注入器，用砂轮将作业面打磨光洁平整，完成施工。

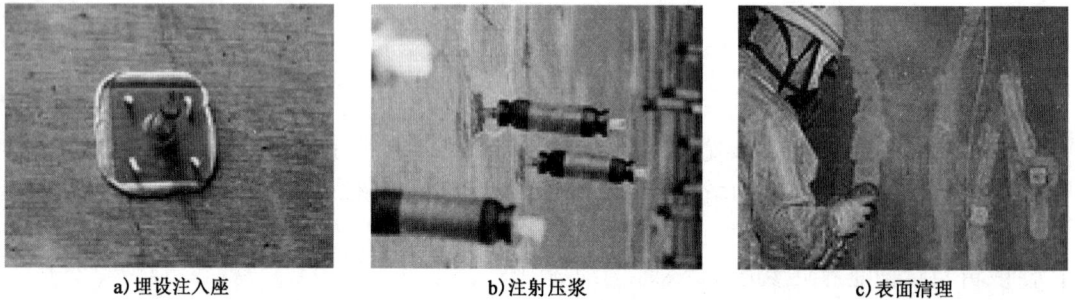

a) 埋设注入座   b) 注射压浆   c) 表面清理

图 7-15 气球注浆法实施过程

4）技术特点

（1）对裂缝中的任何凹槽和角落都能进行可靠的注入。借助注入器的内部压力，注入过程可持续较长时间而无需人力干预。注入材料可以完全地渗入仅 0.02mm 的裂缝末端，甚至包括钢筋与混凝土间的空隙。

（2）在由管体的均匀收缩作用产生的压力下进行注入，从而实现简单而可靠的压力控制。特殊的橡胶材质以及严谨的工艺设计是注入器恒定压力的保证，内芯的设计最大限度地避免了浪费。

（3）大幅度缩短人工注入作业时间。注入材料的凝固确认简单容易，只需检查余留在注入器中的注入材料即可知道已经注入裂缝中材料的硬化状态。施工管理和工艺控制简单精确。

（4）两种不同的注入器可满足不同情况的需求。快速密封材料与十几种固化无收缩灌缝材料几乎可以修复各种结构产生的各种裂缝，包括潮湿渗水裂缝和宽度可能扩大达一倍的活动裂缝。

（5）选用合适的材料，可适用于各种潮湿及酸、碱环境。

7.2.4 裂缝修复与质量验收

对于裂缝修复，除了基本的施工要求外，还应符合以下几点质量要求：

（1）表面封缝材料固化后应均匀、平整，不出现裂缝，无脱落。

（2）灌浆裂缝表面不应遗留注浆器、注浆嘴、胶泥等施工垃圾。

（3）裂缝封闭胶表面颜色与原结构混凝土颜色基本一致。

对混凝土有补强要求的裂缝，其修补效果的检验以取芯法最为有效。若能在钻芯前辅以超声探测混凝土内部情况，则取芯成功率将会大大提高。芯样的检验以采用劈裂抗拉强度试验方法为宜,因为该法能查出裂缝修补液的黏结强度是否合格,当劈裂抗拉强度测定检验结果符合下列条件之一时应判为符合设计要求:

(1)沿裂缝方向施加的劈力,其破坏应发生在混凝土内部,即内聚破坏。

(2)破坏虽有部分发生在裂缝界面上,但这部分破坏面积不大于破坏面总面积的15%。

第8章

桥梁上部结构改造与加固技术

8.1 桥梁上部结构现有加固技术

桥梁上部结构现有的加固技术包括：增大构件截面加固技术、粘贴钢板加固技术、粘贴纤维加固技术、体外预应力加固技术、高强不锈钢绞线网—聚合物砂浆外加层加固技术、预应力钢丝绳—聚合物砂浆加固技术、改变结构体系加固技术等。

8.2 增大截面加固技术

8.2.1 技术原理与特点

目前有相当一部分桥梁，由于修建年代较早、荷载等级较低，面对不断增加的交通量，表现出承载能力不足的弱点。对于这部分桥梁，可以采用增大构件截面的技术进行加固。增大截面加固技术又称"外包混凝土"加固技术（图8-1），是在构件表面增大混凝土尺寸，增加受力钢筋，使其与原结构形成整体，从而增大构件有效高度和受力钢筋面积，增加构件的刚度，提高构件承载力。

增大构件截面的途径一般有增加主筋截面、加大混凝土截面、加厚桥面板、喷锚加固等。增大截面加固法广泛应用于梁(板)桥及拱桥拱肋的加固。其有如下优点:主梁受力明确,计算简单方便,加固后主梁承载力、刚度、稳定性明显提高,加固效果较好;施工方便,经济有效。其缺点如下:加大构件截面,会使上部结构恒载有所增加,对原桥梁的下部结构有一定影响;现场湿作业量大,养护周期长,影响桥梁的外观和净空;加固期间需要适当中断交通;如果增大梁底尺寸,则会使桥下净空有所减小,对桥下通行或通航有所影响。

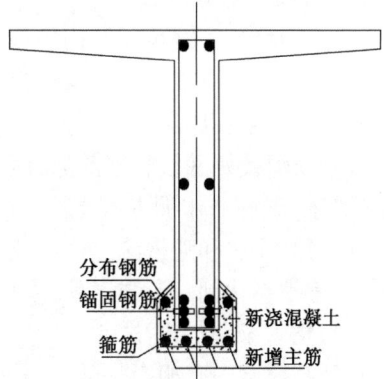

图 8-1　梁结构下部加固

8.2.2　主要途径与施工工艺

1)增焊主筋法

当梁内所设置的主要受力钢筋截面不足,无法满足抗弯承载能力的要求,而桥下净空又受到限制,不允许过多地增加主梁高度,同时,桥面高程也不允许提高,此时即可采用增焊主筋的方法(图 8-2)进行加固补强,所增加的主筋采用焊接工艺与梁内主钢筋相焊。具体加固要点如下:

(1)增焊主筋

首先凿开梁体保护层,露出主筋,将原箍筋切断拉直,再把新增钢筋焊在原主筋上,增焊钢筋截断位置宜设在弯矩较小的截面;为降低焊接时的温度应力,应采用断续双面焊缝,从跨中向两端依次施焊。

(2)增设箍筋

增加的主筋焊好后即可接长箍筋,如果原桥梁的箍筋不足,出现剪切裂缝,则加固过程中,在增焊主筋的同时,应在梁的侧面增设箍筋。通过梁腹上埋入销钉或锚固螺栓,把增设的箍筋固定起来,并将箍筋的上端埋入混凝土桥面板内。

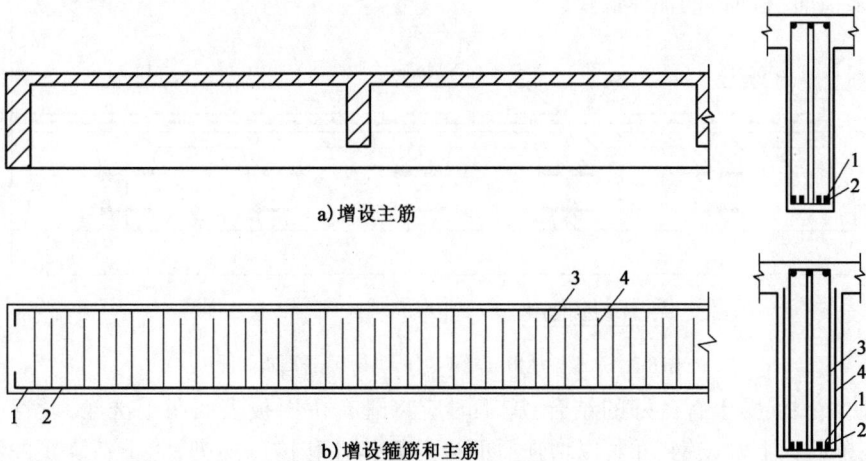

a)增设主筋

b)增设箍筋和主筋

图 8-2　主梁加固

1-原有钢筋;2-加固钢筋;3-原有箍筋;4-加固箍筋

（3）卸除部分恒载

加固时，为了减少原结构的截面应力，使新增加的钢筋充分发挥作用，在条件允许时，应封闭交通，采取多点顶起措施，将梁顶起，或凿除部分桥面铺装，卸除部分恒载后，再进行加固。

（4）恢复保护层

钢筋焊接好并接长箍筋后，应重新修复混凝土保护层，材料最好是用环氧树脂小石子混凝土（砂浆）或膨胀水泥混凝土（砂浆）。修复保护层，通常有3种可供选择使用的方法，即涂抹法、压力灌注法和喷护法。采用喷护法时，应采取分层喷护水泥砂浆，每次喷涂厚度以 $1 \sim 3\,cm$ 为宜，待砂浆达到一定强度后，最后进行表面修整。

2）增大梁肋加固法

现有桥梁中有相当一部分属于多梁（肋）式结构，如装配式T梁桥和钢筋混凝土肋拱桥等。这类桥梁常因原截面高度较小、面积过小，导致承载能力不足，出现了病害。对于这部分桥梁，可以将梁（肋）的下缘加宽加强，增大截面，并在新混凝土截面中增设受力主筋，在靠近支座处主筋上弯，主筋通常在内力较小的部位与原结构主筋焊接起来，以提高混凝土梁（肋）的有效高度和抗弯承载力。

在浇筑新混凝土截面时，为了保证新旧混凝土之间有良好的黏结，须在浇筑混凝土前将结合部位的旧混凝土表面凿毛，露出集料，清洗干净。同时每隔一定距离凿露出主筋，以便通过锚固钢筋将新增加的主筋与原结构中的主筋相连接，然后悬挂模板，采用附壁式振捣器，现场浇筑新增加的混凝土。

3）加厚桥面板加固法

当既有桥梁的承载能力不足、截面过小、刚度不足时，也可根据实际情况将原有桥面铺装层拆除，通过一定的工艺和结构措施，在梁顶面（桥面）上加铺一层钢筋混凝土面层，使其与原有主梁形成整体，达到加厚主梁高度、增大梁的抗压截面以及提高桥梁抗弯刚度的目的，提高桥梁的承载能力和抗变形能力（图8-3）。由于这种方法使梁体自重和恒载弯矩增加较多，仍由既有结构下缘受拉钢筋应力控制设计，故这种方法一般只适用于跨径较小的T梁桥或板梁桥，而且在加固前应对梁（板）的受力状况进行详细的分析，在梁（板）下缘应力、裂缝容许的限度内确定梁顶面（桥面）的加厚高度。

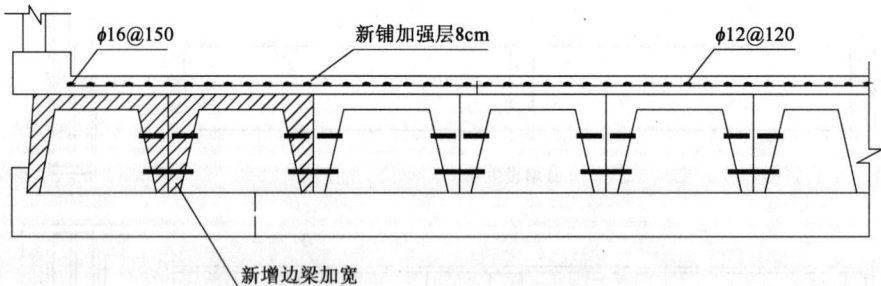

图8-3 从板梁结构上部新铺加强层加厚桥面板加固法

为了使新旧混凝土有良好的结合，施工时应将既有桥面板表面凿毛洗净，设置剪力连接件，同时在桥面板上敷设钢筋网，以增强桥面板的整体性和抗压能力，防止新浇筑的混凝土补强层开裂。

对于采用垫层的桥面板，可将原垫层凿去，代之以与原桥面板结合为整体、共同受力的钢筋混凝土补强层,或用钢筋混凝土补强层取代桥面铺装层。这样在不增加桥梁自重的情况下进行加固补强,效果会更加明显。

4)喷射混凝土加固法

当既有梁体截面过小,下缘主拉应力超过规范容许值出现裂缝,而桥下净空又允许时,可采用喷射混凝土加固法进行加固。喷射混凝土是借助于喷射机械将混凝土高速喷射到受喷面上凝结硬化而成的一种混凝土。喷射混凝土加固主要由以下两个步骤组成:首先是将锚杆锚入拟补强部位,挂设补强钢筋网;再喷射一定厚度的混凝土,形成与原结构共同承受外荷载作用的组合结构。喷射混凝土采用较小的水灰比,因而具有较好的强度和耐久性,且与砖石、混凝土以及钢材等有良好的黏结强度。同时,喷射混凝土的施工不受场地和其他条件的限制,可与其他工种平行作业,工期短、施工速度快,工程质量可靠,是一种先进的施工方法。

在梁体下缘挂设钢筋网,通常可采用两种方法加强新旧混凝土的结合:其一是按一定间距将梁底的保护层凿除、洗净,通过连接钢筋,先将部分钢筋沿桥的纵横向焊接到原有主筋上,构成钢筋骨架;其二是钻孔,在梁底打入膨胀螺栓或剪力连接件,喷涂界面黏结剂,然后根据加固设计计算要求,布设、形成新增的钢筋骨架。钢筋骨架的作用在于承受可变荷载产生的拉应力及温度应力,减少收缩裂纹,加强喷射混凝土的整体性等。

喷射混凝土的厚度根据设计需要确定,但每次喷护厚度不宜超过 5~8cm,若需加厚,应待前次喷射混凝土结硬后方可再次喷射,以免在重力作用下导致新旧混凝土之间剥离,复喷混凝土时间应视水泥品种、施工时的气温和速凝剂掺量等因素而定。

8.2.3 设计构造

增大构件截面加固技术的构造要求如下:

(1)新浇混凝土强度等级宜比原构件混凝土强度提高一级,且不低于C25。

(2)新浇混凝土层的最小厚度,对板不宜小于100mm,对梁和受压构件不宜小于150mm。

(3)当新浇混凝土层厚度小于100mm时,可采用小石子混凝土或喷射高性能抗拉复合砂浆;在结构尺寸复杂和新浇混凝土施工条件差的情况下,可采用微膨胀或自密实混凝土。

(4)当采用钢筋补强时,加固用受力钢筋的直径不小于12mm且不宜大于25mm;构造钢筋直径不小于10mm;箍筋直径不宜小于8mm。

(5)需要在原构件混凝土中植入抗剪钢筋时,数量应根据受力及构造要求确定。

(6)构件结合面应凿除原构件混凝土缺陷部分,凿毛凹凸差不宜小于6mm,并露出粗集料。

(7)在受拉区增设混凝土加固的受弯构件,新增纵向钢筋需截断时,应从计算截断点外至少增加一个锚固长度。

(8)新增受力钢筋与原受力钢筋的净间距不应小于25mm,并应采用短筋或箍筋与原钢筋焊接(图8-4),短筋的直径不宜小于12mm,长度不小于$5d$(d为新增纵筋和原有纵筋直径的最小值),各短筋的中距不应大于500mm。

(9)当用单侧或双侧加固时,应设置 U 形箍筋或封闭式箍筋并与原构件牢固连接;U 形箍筋应焊在原有箍筋上,单面焊缝长度为$10d$,双面焊缝为$5d$(d为 U 形箍筋直);U 形箍筋还可焊在增设的锚钉上,或直接伸入锚孔内锚固,锚钉直径 d 不应小于10mm,锚钉距构件边沿不小于$3d$,且不小于40mm,锚钉锚固深度不小于$10d$,并采用环氧砂浆或高强度等级水泥砂浆将锚钉锚固于原构件内,钻孔直径应大于锚钉直径 4mm。

（10）当受构造条件限制而需采用植筋方式埋设 U 形箍时,应采用锚固型结构胶种植,不得采用未改性的环氧类胶黏剂和不饱和聚酯类胶黏剂种植,也不得采用无机锚固剂(包括水泥基灌浆料)种植。

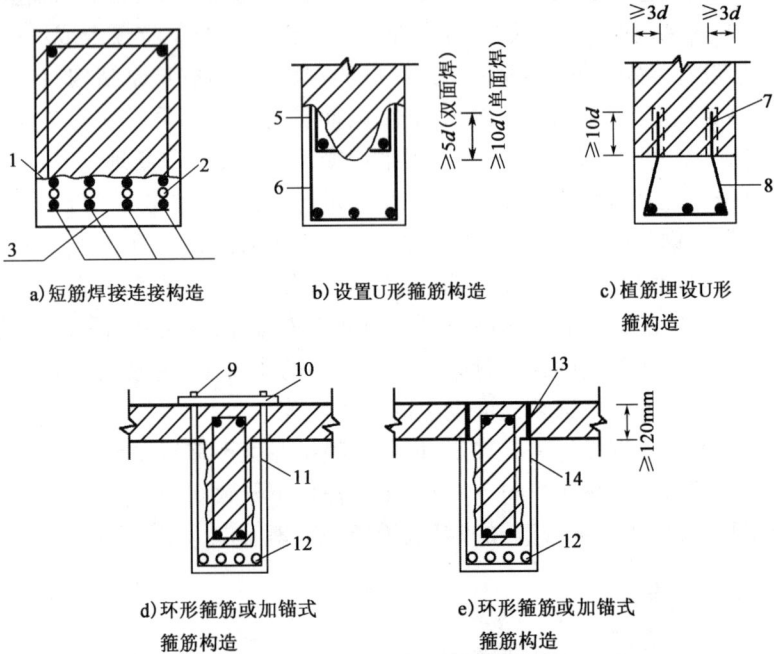

a)短筋焊接连接构造　　b)设置U形箍筋构造　　c)植筋埋设U形箍构造

d)环形箍筋或加锚式箍筋构造　　e)环形箍筋或加锚式箍筋构造

图 8-4　增大截面配置新增箍筋的连接构造

1-原钢筋;2-连接短筋;3-ϕ6 连系钢筋,对应在原箍筋位置;4-新增钢筋;5-焊接于原箍筋上;6-新加 U 形箍筋;7-植箍筋用结构胶锚固;8-新加箍筋;9-螺栓,螺帽拧紧后加点焊;10-钢板;11-加锚式箍筋;12-新增受力钢筋;13-孔中用结构胶锚固;14-胶锚式箍筋;d-箍筋直径

8.2.4　计算原理

增大截面加固桥梁构件的作用(或荷载)效应,按下列两个阶段进行计算:

（1）第一阶段,新浇混凝土层达到强度标准值之前,构件按原构件截面计算,荷载应考虑加固时包括原构件自重在内的恒载、现浇混凝土层自重及施工荷载。

（2）第二阶段,新浇混凝土层达到强度标准值后,构件按加固后整体截面计算,作用(或荷载)应考虑包括加固后构件自重在内的恒载、二期作用的恒载及使用阶段的可变作用。作用效应组合系数取值:恒载的荷载效应分项系数取 1.2;使用阶段的可变作用效应分项系数按《公路桥涵设计通用规范》(JTG D60—2015)取用。

受弯构件截面增大后的相对界限受压区高度 ξ_b 可根据原构件混凝土强度等级和截面受拉区钢筋种类,按照《公路钢筋混凝土及预应力混凝土桥涵设计规范》(JTG 3362—2018)规定取用。

计算现浇混凝土加厚层与原构件之间混凝土收缩差效应时,应考虑混凝土徐变的影响。无可靠技术资料作依据时,对于整体浇筑的混凝土加厚层,可按相应于温度降低 15～20℃考虑;对于分段浇筑的混凝土加厚层,可按相应于温度降低 10～15℃考虑。

若计算结果表明增设现浇混凝土加厚层即可满足要求,也应按构造要求配置加厚层内的钢筋。

在矩形截面或翼缘位于受拉边的 T 形截面钢筋混凝土受弯构件的受拉区进行抗弯加固时(图 8-5),其正截面受弯承载力应按下式计算:

$$\gamma_0 M_d \leqslant f_{cd} bx \left(h_0 - \frac{x}{2} \right) + f'_{sd} A'_s (h_0 - a'_s) + (f'_{pd} - \sigma'_p) A'_p (h_0 - a'_p) \tag{8-1}$$

混凝土受压区高度 x 应按下式计算:

$$f_{sd} A_s + f_{pd} A_p = f_{cd} bx + f'_{sd} A'_s + (f'_{pd} - \sigma'_{p0}) A'_p \tag{8-2}$$

截面受压区高度应符合下列要求:

$$x \leqslant \xi_b h_0 \tag{8-3}$$

当受压区配有纵向普通钢筋和预应力钢筋,且预应力钢筋受压即 $(f'_{pd} - \sigma'_{p0})$ 为正时:

$$x \geqslant 2a'$$

当受压区仅配有纵向普通钢筋,或配有普通钢筋和预应力钢筋且预应力钢筋受拉即 $(f'_{pd} - \sigma'_{p0})$ 为负时:

$$x \geqslant 2a'_s$$

式中: γ_0 ——桥涵结构重要性系数;

M_d ——弯矩设计值;

f_{cd} ——混凝土轴心抗压强度设计值;

f_{sd}、f'_{sd} ——纵向普通钢筋抗拉强度设计值和抗压强度设计值;

A_s、A'_s ——受拉区、受压区纵向普通钢筋截面面积;

A_p、A'_p ——受拉区、受压区纵向预应力钢筋截面面积;

b ——矩形截面宽度或 T 形截面腹板宽度;

h_0 ——截面有效高度, $h_0 = h - a$,此处 h 为截面全高;

a、a' ——受拉区、受压区普通钢筋和预应力钢筋的合力点至受拉区边缘、受压区边缘的距离;

a'_s、a'_p ——受压区普通钢筋合力点至受压区边缘的距离;

σ'_{p0} ——受压区预应力钢筋合力点处混凝土法向应力等于零时预应力钢筋的应力。

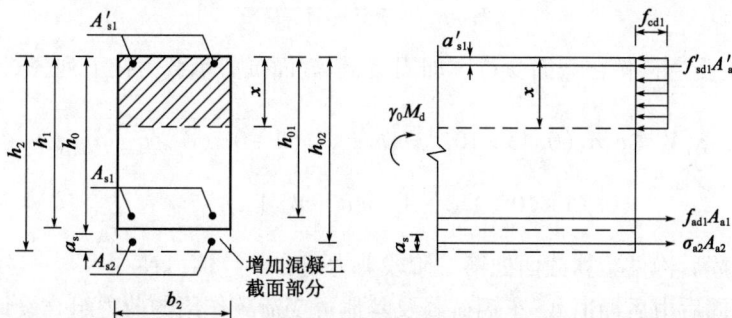

图 8-5 受弯构件的抗弯承载力计算

当 $x < 2a'_{s1}$ 时,正截面抗弯承载力按下列公式计算:

$$\gamma_0 M_d \leqslant f_{sd1} A_{s1}(h_{01} - a'_{s1}) + \sigma_{s2} A_{s2}(h_{02} - a'_{s1}) \tag{8-4}$$

式中: h_{02} ——新增纵向普通钢筋的合力点至截面受压边缘的距离。

在受拉区采用增大截面加固的钢筋混凝土受弯构件达到受弯承载能力极限状态时,新增纵向普通钢筋的拉应变 ε_{s2} (图 8-6)按下列公式计算:

$$\varepsilon_{s2} = \frac{\varepsilon_{cu}(\beta h_{02} - x)}{x} - \frac{\varepsilon_{c1}(h_{02} - x_1)}{x_1} \tag{8-5}$$

$$\varepsilon_{c1} = \frac{M_{d1}}{E_c I_{cr}} x_1 \tag{8-6}$$

式中: M_{d1} ——第一阶段弯矩组合设计值;

ε_{cu} ——混凝土极限压应变,当混凝土强度等级为 C50 及 C50 以下时,取 $\varepsilon_{cu} = 0.0033$;

β ——截面受压区矩形应力图高度与实际受压区高度的比值,当混凝土强度等级为 C50 及 C50 以下时,取 $\beta = 0.8$;

h_{02} ——受拉区新增纵向普通钢筋 A_{s2} 合力点至截面受压区边缘距离;

ε_{01} ——在 M_{d1} 作用下,原构件截面上边缘的混凝土压应变;

x_1 ——加固前原构件开裂截面换算截面的混凝土受压区高度;

I_{cr} ——加固前原构件开裂截面换算截面的惯性矩;

E_c ——原构件混凝土的弹性模量。

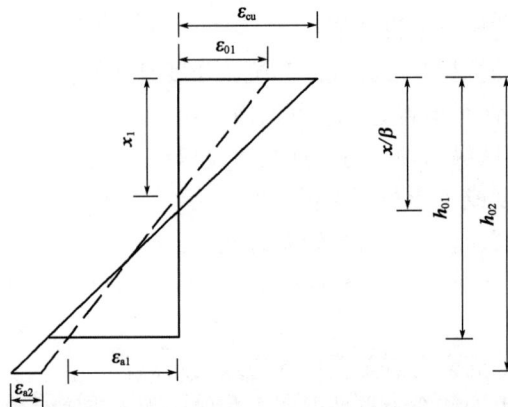

图 8-6   拉应变 ε_{s2} 计算简图

钢筋混凝土受弯构件在截面受拉区加固后,斜截面抗剪承载力按下列公式计算:

$$\gamma_0 V_d \leqslant \alpha_1 \alpha_3 (0.43 \times 10^{-3}) b_2 h_0 \psi_{cs} \sqrt{(2 + 0.6p)\sqrt{f_{cu,k}} \rho_s f_{sv}} +$$
$$(0.75 \times 10^{-3}) f_{sd} \sum A_{sb} \sin\theta_s + \psi_{vb} V_{d2} \tag{8-7}$$

式中: V_d ——加固后构件验算截面处第二阶段剪力组合设计值(kN);

V_{d2} ——加固后由后期恒载、车辆荷载及其他可变荷载作用的剪力组合设计值(kN);

γ_0 ——桥梁结构的重要性系数;

α_1——异号弯矩影响系数;计算简支梁和连续梁近边支点梁段的抗剪承载力时,$\alpha_1 = 1.0$;
计算连续梁和悬臂梁近中间支点梁段的抗剪承载力时,$\alpha_1 = 0.9$;

α_3——受压翼缘的影响系数;对于具有受压翼缘的截面,取 $\alpha_3 = 1.1$;

b_2——加固后梁斜截面顶端正截面处腹板宽度(mm);

h_0——加固后梁斜截面受压端正截面的有效高度(mm);

p——斜截面内纵向受拉钢筋的配筋率,$p = 100\rho$,$\rho = A_s/bh_0$,当 $p > 2.5$ 时,取 $p = 2.5$;

$f_{cu,k}$——混凝土立方体抗压强度标准值(MPa);

ρ_{sv}——原梁斜截面内箍筋配筋率,$\rho_{sv} = A_{sv1}/(S_v b_2)$,其中,$s_v$——原梁斜截面内箍筋的间距(mm);

f_{sv}——原梁箍筋抗拉强度设计值(MPa);

f_{sd}——普通弯起钢筋的抗拉强度设计值(MPa);

A_{sb}——与斜裂缝相交的普通弯起钢筋的总截面面积(mm^2);

θ_s——弯起钢筋的切线与构件水平纵向轴线的夹角(°);

ψ_{vb}——修正系数,ψ_{vb} 计算公式为:$\psi_{vb} = \dfrac{0.8A_{sv2}}{A_{sv1} + 0.707A_{sb}A_{sv2}}$;

A_{sv2}——与斜裂缝相交的同一截面后增箍筋各肢总截面面积(mm^2)。

8.2.5 应用实例

1)箱梁增大截面加固示例

某大桥是一座特大型的双线分离式公路大桥,其中主航道桥为 70m + 2×125m + 70m 的连续刚构桥,大桥于 1993 年建成通车。2010 年起对大桥进行外观检测与荷载试验及专项检测,发现大桥已出现不同程度的病害,总体技术状况综合评定为三类桥梁。为了确保桥梁结构与运营安全,对主航道桥进行增大截面加固处理。针对主航道桥病害类型及现状形态,为恢复桥梁承载力和结构刚度、抑制跨中下挠进一步恶化的趋势、保证桥梁的使用安全,采用增大箱梁腹板截面并设置体内预应力的加固处理方案。在腹板内侧增加 18cm 厚 C50 自密实聚丙烯纤维混凝土,腹板每侧新增混凝土范围内,布置 5 孔纵向预应力钢束。原腹板变厚度区域根据部位不同,新增厚度为 44~70cm,腹板增厚结构示意如图 8-7 所示。

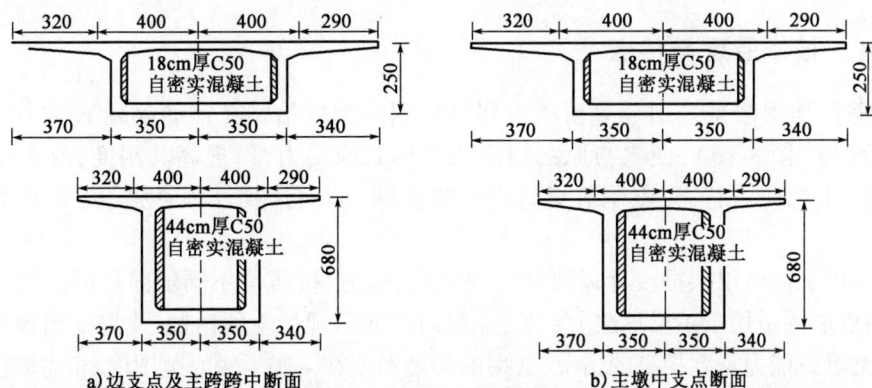

a)边支点及主跨跨中断面   b)主墩中支点断面

图 8-7 腹板增厚结构示意图(尺寸单位:cm)

2）拱桥主拱圈加固示例

主拱圈是石拱桥的主要承重结构,加强主拱圈是石拱桥加固中最常用的方法。拱圈可以用增加厚度的方法来加固,其较常用的两种方法是在拱腹下和拱背上增设钢筋混凝土拱圈。

（1）原拱圈拱腹下增设拱圈加固法

在桥下净空容许或根据水文资料,桥下泄水面积容许缩小时,可在拱圈下部增设拱圈,即紧贴原拱圈下面,喷射钢丝网水泥拱圈或浇筑钢筋混凝土新拱圈,如图8-8所示。该方法不用开挖拱上填料,具有不中断交通的优点,但是施工难度较大,应特别注意新旧拱圈的密切结合,为了新老拱圈能共同作用,需要采用在拱腹打锚筋等措施。同时应验算墩台能否满足加固要求,在多数情况下必须增大墩台尺寸。

（2）原拱圈拱背上增设钢筋混凝土拱圈加固法

从拱圈上面加一层新拱圈,即挖开原拱顶填土层直到拱背,洗净修补好,凿毛,浇筑新拱圈,如图8-9所示。该方法不仅加固了拱圈,而且将原有开裂的拱连在一起,也利于桥梁排水。原拱圈如有损坏,应先喷注高强度等级水泥砂浆等方法修理后再砌新拱圈。在考虑加厚拱圈时,应同时考虑墩台受力是否安全可靠等因素。当多孔石拱桥需全部加新拱圈时,拆除拱上填料时,须特别注意保持两边对称、同时进行,以确保连拱作用的均匀受力。

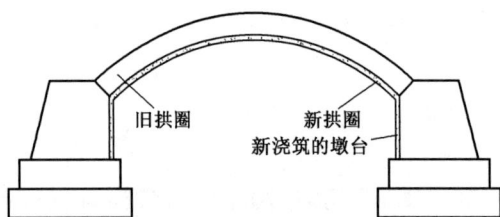

图8-8 原拱圈拱腹下增设新拱圈	图8-9 原拱圈拱背上增设新拱圈

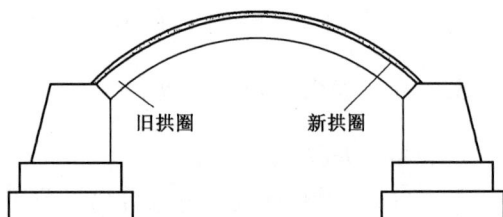

与从拱腹下增设新拱圈相比,从拱背上增设新拱圈,虽然施工难度较低,但是需要开挖拱上填料,必须中断交通。

8.3 粘贴钢板加固技术

8.3.1 技术原理与特点

粘贴钢板加固法是采用环氧树脂系列黏结剂将钢板粘贴在钢筋混凝土结构的受拉边缘或薄弱部位（图8-10）,使之与原结构形成整体共同受力,以提高其刚度,改善原结构的钢筋及混凝土的应力状态,限制裂缝的进一步发展,从而达到加固补强、提高桥梁承载力的目的。

粘贴钢板加固可以根据设计需要而实现抗弯、抗剪、抗压等不同加固目的。对于抗弯加固,粘贴钢板加固适用于主梁承载力不足,或纵向主筋出现严重的锈蚀,或主梁出现严重横向裂缝等桥梁承载能力需要提高的情况,适用的环境温度在 -20 ~60℃ 范围内,相对湿度不大于70% 及无化学腐蚀地区。其具有如下优点:不需要破坏原结构物、几乎不增大原结构的尺寸,不影响被加固结构外观和使用空间,施工快捷方便,对环境的干扰少。其主要缺点表现在:

①加固钢板因遭受污染大气侵蚀等原因造成各种化学腐蚀而影响其加固效果,故后期的养护问题变得异常突出;②由于钢板刚度较大、施工误差等原因,结构在使用过程中容易在黏结面上发生剥离脱空,特别是钢板端部更容易发生剥离破坏,因而加固设计时一般需附加螺栓加以辅助锚固;③对于超过60℃的高温条件下,由于环氧树脂胶容易因为软化而丧失承载力,故而不适用。

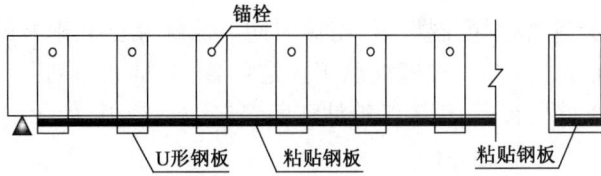

图 8-10　粘贴钢板加固法施工流程

8.3.2　主要途径与施工工艺

粘贴钢板加固法的主要施工流程如图 8-11 所示。

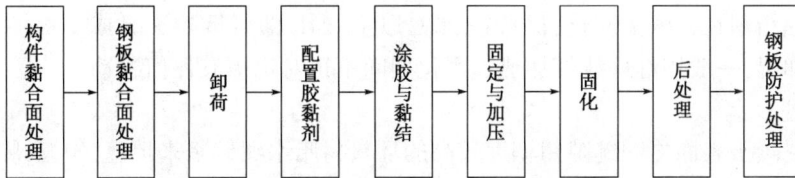

图 8-11　粘贴钢板加固法施工流程

其施工工艺要点如下:

1)加固构件黏合面处理

(1)对脏旧的混凝土构件的黏合面,应先用硬毛刷蘸高效洗涤剂,刷除表面油垢污物后用冷水冲洗,对黏合面进行凿毛、至少凿除 5mm 厚表层并基本达到能见到混凝土粗集料的程度,并用压缩空气除去粉尘。处理后,若表面严重凹凸不平,可用环氧树脂砂浆修补。

(2)对于不是很脏旧的混凝土表面,可直接对黏合面进行打磨,去掉 1～2mm 厚表层,用压缩空气除去粉尘,用棉花蘸丙酮擦拭表面。

(3)对于新混凝土黏合面,先用角磨机将黏合面磨平,再用钢丝刷将表面松散浮渣刷去,用棉花沾丙酮擦拭表面。

(4)对于龄期在 3 个月以内,或湿度较大的混凝土构件,粘贴钢板前尚须进行人工干燥处理。

2)钢板黏合面处理

(1)如钢板未生锈或轻微锈蚀,可用喷砂、砂布或平砂轮打磨,直至出现金属光泽。打磨粗糙度越大越好,打磨纹路尽量与钢板受力方向垂直,然后再用脱脂棉花蘸丙酮擦拭干净。

(2)如钢板锈蚀严重,须先用适度盐酸浸泡 20min,使锈层脱落,再用石灰水冲洗中和酸离子,随后用平砂轮打磨出纹道,再用丙酮擦拭干净。

3)卸荷

为了减轻粘贴钢板的应力、应变滞后现象,粘贴钢板后的环氧树脂胶固化期间宜封闭交通。

4）配置胶黏剂

胶黏剂采用环氧类胶黏剂，其为膏状，由甲、乙两个组分合成，使用前应进行现场质量检验，合格后方能使用。将甲、乙两个组分按配比混合，用机械充分搅拌均匀，每次搅拌量不宜过多。搅拌机具及容器不得有油污，应避免任何杂物进入容器。

5）涂胶与黏结

以压贴施工法为例，胶黏剂配制好后，用抹刀同时涂抹在已处理好的混凝土表面和钢板上，厚度1~3mm，中间厚边缘薄。将钢板贴于预定位置，若是立面粘贴，为防止流淌，可加一层脱蜡玻璃丝布。粘贴好钢板后，用手锤沿粘贴面轻轻敲击钢板，如无空洞声，表示已粘贴密实，否则应剥下钢板补胶，重新粘贴。

6）固定与加压

钢板粘贴好后立即用特制U形夹具夹紧或用木杆顶撑，压力保持为0.05~0.1MPa，以使胶液刚好从钢板边缝挤出为度。若用膨胀螺栓固定，膨胀螺栓一般是钢板的永久附加锚固，其埋设孔洞应与钢板同时于涂胶前形成。

7）固化

环氧类黏结剂在常温下固化，保持在20℃以上，24h即可拆除夹具或支撑；若低于15℃，应采用人工加温，一般用红外线灯加热。固化期间不得对钢板有任何扰动。

8）后处理

钢板与混凝土表面之间缝隙用稠度较高的环氧树脂水泥砂浆来填塞、勾缝，膨胀螺栓帽用环氧树脂水泥砂浆封住。

9）钢板防护处理

钢板应按设计要求进行防护处理。当外抹砂浆保护层防护时，为利于砂浆黏结，可在钢板表面粘一层粒石或粗砂；若不抹砂浆保护层时，可在钢板表面涂刷防锈漆。一般底漆用红丹油性防锈或红丹酚醛防锈漆涂刷两遍，面漆用防锈漆涂刷两遍。

以上为压贴法施工粘贴钢板，当钢板厚度大于5mm时，宜使用液状黏结剂，采用注入施工法（图8-12）。此两种施工方法仅在黏结剂的施工方面不同，其工艺相同。

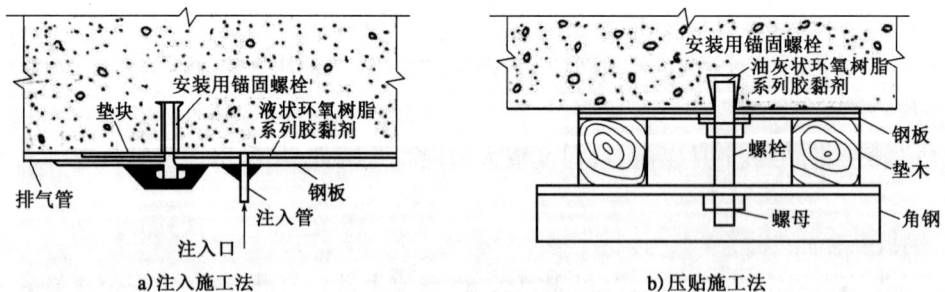

图8-12 钢板粘贴补强的不同施工方法

8.3.3 设计构造

1）设计要点

（1）在进行构造设计时，加固用的钢板可按实际需要采用不同的形状，但钢板的厚度必须大于计算厚度。

（2）用于抗弯能力补强的钢板尺寸应尽可能薄而宽,厚度一般为 4～6mm,较薄的钢板可有足够的弹性来适应构件表面形状。

（3）用于提高抗剪能力的钢板厚度宜厚,其设计依实际情况而定,一般宜采用 10～15mm;应将钢板的两端延伸到低应力区,以减少钢板锚固端的黏结应力集中,防止黏结部位构件出现裂缝或粘贴钢板被拉脱现象的发生。

（4）充分考虑整体受力问题,黏钢法加固桥梁,如何确保钢板和被加固构件形成整体受力是加固成功与否的关键。在补强设计时,除应考虑钢板具有足够的锚固长度、黏结剂的黏结强度和耐久性外,为避免钢板在自由端脱胶拉开,端部可用夹紧螺栓固定,或设置 U 形箍板、水平锚固板等,并在钢板上按一定的距离用螺栓固定,确保钢板与混凝土之间的黏结力满足强度的需要。

（5）钢板条采用 Q345 扁钢带,锚固螺栓采用全螺纹非焊接螺杆,钢材等级应为 Q345 或 Q235,钢板条的防护材料应对钢板和胶黏剂无害,胶黏剂应满足设计和《公路桥梁加固设计规范》(JTG/T J22—2008)中相关规定的要求。

2）材料和构造要求

（1）采用直接涂胶粘贴的钢板的厚度不应大于 5mm,钢板厚度大于 5mm 时,应采用压力注胶固结。

（2）对钢筋混凝土受弯构件进行正截面加固,钢板宜采用条带粘贴,钢板的宽厚比不应大于 50 mm。

（3）当加固的受弯构件需粘贴一层以上钢板时,相邻两层的截断位置应错开一定距离,错开的距离不应小于 300mm,并应在截断处加设 U 形箍(对梁)或横向压条(对板)进行锚固。

（4）对受弯构件正弯矩区的正截面加固,受拉钢板的截断位置距其充分利用截面的距离应不小于按下式确定的粘贴延伸长度：

$$l_p = \frac{f_{sp}A_{sp}}{\tau_p b_p} + 300 \tag{8-8}$$

式中：l_p——受拉钢板粘贴延伸长度(mm)；

$\quad b_p$——对梁为受拉面粘贴钢板的总宽度(mm),对板为 1m 板宽范围内粘贴钢板的总宽度(mm)；

$\quad f_{sp}$——加固钢板的抗拉强度设计值；

$\quad A_{sp}$——加固钢板的截面面积；

$\quad \tau_p$——钢板与混凝土之间的鼓结强度设计值(MP)。

（5）不满足规范延伸长度的要求时,应采取 U 形箍、压条锚固措施。对于梁,应在延伸长度范围内均匀设置 U 形箍,且应在延伸长度的端部设置一道加强箍。U 形箍应伸至梁翼缘板底面。U 形箍的宽度,对于端箍不应小于 200mm;对于中间箍不应小于受弯加固钢板宽度的 1/2,且不应小于 100mm。U 形箍的厚度不应小于受弯加固钢板厚度的 1/2。U 形箍的上端应设置纵向钢压条;压条下面的空隙应加胶粘钢垫块填平,如图 8-13 所示。

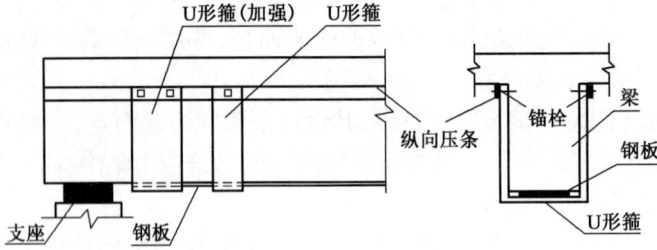

图 8-13 梁粘贴钢板端部锚固措施

（6）负弯矩区的加固构造（图 8-14）。

当采用钢板对受弯构件负弯矩区进行正截面承载力加固时，应采取下列构造措施：

①对负弯矩区进行加固时，钢板应在负弯矩包络图范围内连续粘贴，其延伸长度的截断点应按本规范延伸长度确定。

②对无法延伸的一侧，应粘贴钢板压条进行锚固。钢压条下面的空隙应加胶黏钢垫块填平。

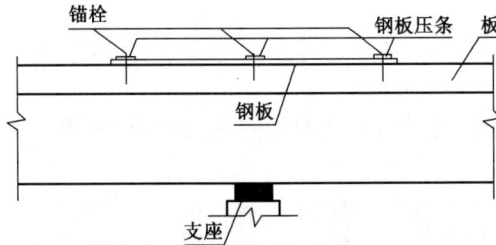

图 8-14 负弯矩区粘贴钢板端部锚固措施

（7）当采用钢板进行斜截面承载力加固时，应粘贴成斜向钢板 U 形箍或 L 形箍，上端应粘贴纵向钢压条予以锚固（图 8-15）。

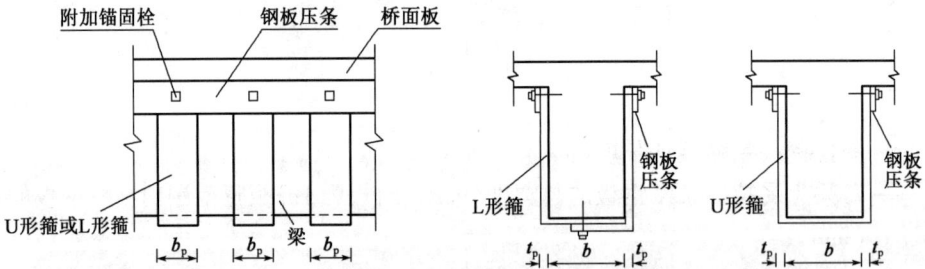

图 8-15 钢板抗剪箍及其粘贴方式示意图

（8）锚固螺栓。直接涂胶粘贴钢板宜使用锚固螺栓，锚固深度不应小于 6.5 倍螺栓直径。螺栓布置的间距应满足下列要求：

①螺栓中心最大间距为 24t；最小间距为 3d 孔。

②螺栓中心距钢板边缘最大距离为 8t 或 120mm 中的较小者；最小距离为 2d 孔。

8.3.4 计算原理

粘贴钢板加固桥梁构件的作用效应宜分别按下列两个阶段进行计算：

（1）第一阶段：粘贴钢板加固施工前，作用（或荷载）应考虑加固时包括原构件自重在内的实际恒载及施工时的其他荷载。

（2）第二阶段：粘贴钢板加固后，作用（或荷载）应考虑包括构件自重在内的恒载、二期恒载作用及使用阶段的可变作用。作用效应组合系数取值：恒载的荷载效应分项系数1.2；使用阶段的可变作用效应分项系数按现行《公路桥涵设计通用规范》（JTG D60—2015）取用。

采用粘贴钢板对钢筋混凝土受弯构件进行抗弯加固时，除应遵守《公路钢筋混凝土及预应力混凝土桥涵设计规范》（JTG 3362—2018）第5.1.4条"正截面承载力计算的基本假定"外，尚应符合下列规定：

①构件达到受弯承载能力极限状态时，应按平截面假定确定钢板的拉应变 σ_{sp}。钢板应力 σ_{sp} 等于拉应变 ε_{sp} 与弹性模量 E_{sp} 的乘积，且小于钢板抗拉强度设计值。

②在达到受弯承载能力极限状态前，必须采取可靠的锚固措施，避免发生钢板与混凝土之间的黏结剥离破坏。

在矩形截面或翼缘位于受拉区的钢筋混凝土 T 形截面受弯构件的受拉面粘贴钢板进行加固时，其正截面承载力（图8-16）应按下列公式计算：

$$\gamma_0 M_d \leqslant f_{cd_1} bx\left(h_0 - \frac{x}{2}\right) + f'_{sd}A'_s(h_0 - a'_s) + E_{sp}\varepsilon_{sp}A_{sp}a_s \tag{8-9}$$

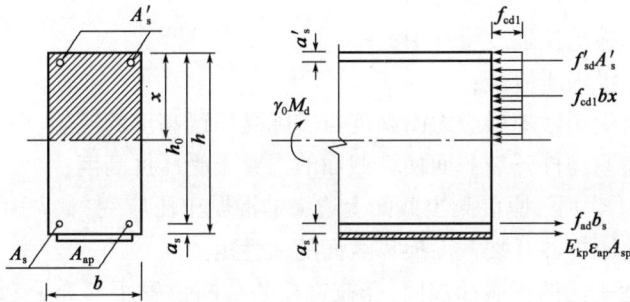

图8-16 抗弯加固正截面承载力计算简图

混凝土受压区高度应按下式确定：

$$f_{cd_1} bx = f_{sd}A_s + E_{sp}\varepsilon_{sp}A_{sp} - f'_{sd}A'_s \tag{8-10}$$

混凝土受压区高度尚应符合下列条件：

$$2a'_s \leqslant x \leqslant \xi_b h_0 \tag{8-11}$$

式中：γ_0——桥梁结构的重要性系数，按照《公路钢筋混凝土及预应力混凝土桥涵设计规范》（JTG 3362—2018）规定采用；

M_d——第二阶段弯矩组合设计值；

f_{cd_1}——原构件混凝土抗压强度设计值；

x——等效矩形应力图形的混凝土受压区高度，简称混凝土受压区高度；

b——原构件截面宽度；

f_{sd}、f'_{sd}——原构件纵向普通钢筋的抗拉强度设计值和抗压强度设计值；

E_{sp}——加固钢板的弹性模量；

ε_{sp}——构件达到承载能力极限状态时,加固钢板的拉应变;

A_{sp}——加固钢板的截面面积;

A_s、A'_s——原构件受拉区、受压区纵向普通钢筋的截面面积;

a_s、a'_s——受拉区、受压区普通的钢筋合力点至受拉区边缘、受压区边缘的距离;

h_0——原构件截面有效高度,$h_0 = h - a_s$,h 为原构件截面高度;

ξ_b——相对界限受压区高度,按原构件混凝土和受拉普通钢筋强度级别,应按照《公路钢筋混凝土及预应力混凝土桥涵设计规范》(JTG 3362—2018)表 5.2.1 规定选用。

当 $x < 2a'_s$ 时,正截面抗弯承载力按下式计算:

$$\gamma_0 M_d \leq f_{sd} A_s (h_0 - a'_s) + E_{sp} \varepsilon_{sp} A_{sp} (h_0 - a'_s) \tag{8-12}$$

加固钢板的拉应变 ε_{sp} 按下列公式计算:

$$\varepsilon_{sp} = \frac{\varepsilon_{cu}(\beta h - x)}{x} - \frac{\varepsilon_{c_1}(h - x_1)}{x_1} \tag{8-13}$$

$$\varepsilon_{c_1} = \frac{M_{d_1} x_1}{E_c I_{cr}} \tag{8-14}$$

式中:M_{d_1}——第一阶段弯矩组合设计值;

f_{sp}——加固钢板抗拉强度设计值;

ε_{cu}——混凝土极限压应变;

β——混凝土受压区矩形应力图高度与实际受压区高度的比值,取 0.8;

x_1——加固前原构件开裂截面换算截面的混凝土受压区高度;

ε_{c_1}——在 M_{d_1} 作用下,原混凝土截面上边缘的混凝土压应变;

I_{cr}——加固前原构件开裂截面换算截面的惯性矩。

对受弯构件正弯矩区的正截面加固,受拉钢板的截断位置距其充分利用截面的距离应不小于按下式确定的粘贴延伸长度:

$$l_p = \frac{f_{sp} A_{sp}}{\tau_p b_p} + 300 \tag{8-15}$$

式中:l_p——受拉钢板粘贴延伸长度(mm);

b_p——对梁为受拉面粘贴钢板的总宽度(mm),对板为 1m 板宽范围内粘贴钢板的总宽度(mm);

f_{sp}——加固钢板的抗拉强度设计值;

A_{sp}——加固钢板的截面面积;

τ_p——钢板与混凝土之间的黏结强度设计值(MPa),设计时可参照表 8-1 的设计值采用。

钢板与混凝土之间的黏结强度设计值(单位:MPa)　　　　　　　　　表 8-1

混凝土强度等级	C15	C20	C25	C30	C35	C40	C45	C50	≥C60
黏结强度设计值 τ_p	0.61	0.80	0.94	1.05	1.14	1.21	1.26	1.31	1.35

受弯构件加固后的斜截面应满足下列条件：

$$\gamma_0 V_d \leqslant 0.51 \times 10^{-3} \sqrt{f_{cu,k}} b h_0 \tag{8-16}$$

式中：V_d——加固后构件验算截面处的第二阶段剪力设计组合值(kN)；

γ_0——桥梁结构的重要系数，按照现行《公路钢筋混凝土及预应力混凝土桥涵设计规范》(JTG 3362—2018)规定采用；

$f_{cu,k}$——原构件混凝土强度等级；

b——原构件截面宽度(mm)；

h_0——原构件截面有效高度(mm)。

8.3.5 应用实例

1）粘贴钢板加固技术加固石拱桥

某石拱桥由于临时通过超重车辆需要承载力提高加固，该桥是一座 5 跨 11.2m 的实腹式拱桥，总长为 70m，矢跨比为 1/2，拱轴线为圆弧线，拱圈宽度 $W_0 = 9m$，拱圈实际厚度 $d_0 = 0.6m$，密度 $\gamma_0 = 24kN/m^3$。极限抗压强度 $R_{aj} = 3.0MPa$，极限抗拉强度 $R_{lj} = 0.6MPa$，弹性模量 $E_s = 4\,800MPa$，拱顶填料厚度 $h_d = 1.0m$，$\gamma_2 = 18kN/m^3$，桥面计算厚度取 0.25m，$\gamma_1 = 24kN/m^3$。加固方案采用环氧树脂粘贴钢板加固拱圈，所用钢板弹性模量 $E_g = 200GPa$，密度 $\gamma_g = 78.5kN/m^3$，贴 2 层，总厚度 $H_g = 2.0cm$，总宽度 $W_g = 5m$，加固立面如图 8-17 所示，加固后满足超重车辆通过需求，在车辆通过后，桥梁安然无恙，充分证明了用环氧树脂粘贴钢板加固，可以极大地提高拱桥的承载力，是大件运输安全经济的加固方法。

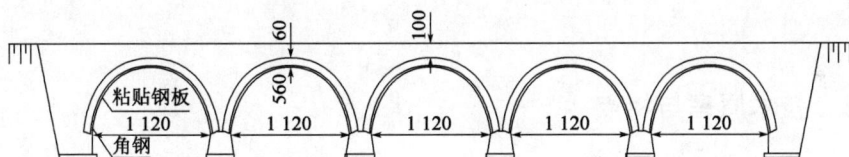

图 8-17 粘贴钢板技术加固石拱桥(尺寸单位:cm)

2）粘贴钢板加固技术加固钢筋混凝土 T 梁桥

某钢筋混凝土 T 梁桥建成至今已 40 多年，原设计荷载较低。随着交通量增大，超载车辆增多，桥梁长期处于超负荷运营状态，出现诸多病害。桥梁检测显示：①混凝土强度，T 梁混凝土原设计强度等级 C30，实测 32MPa。混凝土表面有腐蚀现象，主梁混凝土未剥落和漏筋；②T 梁裂缝，T 梁腹板在跨中 $L/4 \sim 3L/4$ 范围出现多条竖向裂缝，最大缝宽 0.23mm，超过规范规定值 0.2mm；③桥面铺装出现多条纵向通缝，T 梁单板受力严重；④桥墩盖梁斜向裂缝。

对该桥梁，加固提载方案如下：在 T 梁底部粘贴厚度 8mm 的钢板，提高其抗弯能力；在 T 梁梁端粘贴厚度 4mm 的 U 形钢板箍，增加底部钢板的锚固和梁端的抗剪能力；在 U 形钢板箍的上端设置厚度 4mm 的纵向钢压条，压条下面的空隙应加胶黏钢垫块填平。T 梁加固用钢板采用 Q345-C 和 Q235 钢板，如图 8-18 所示。

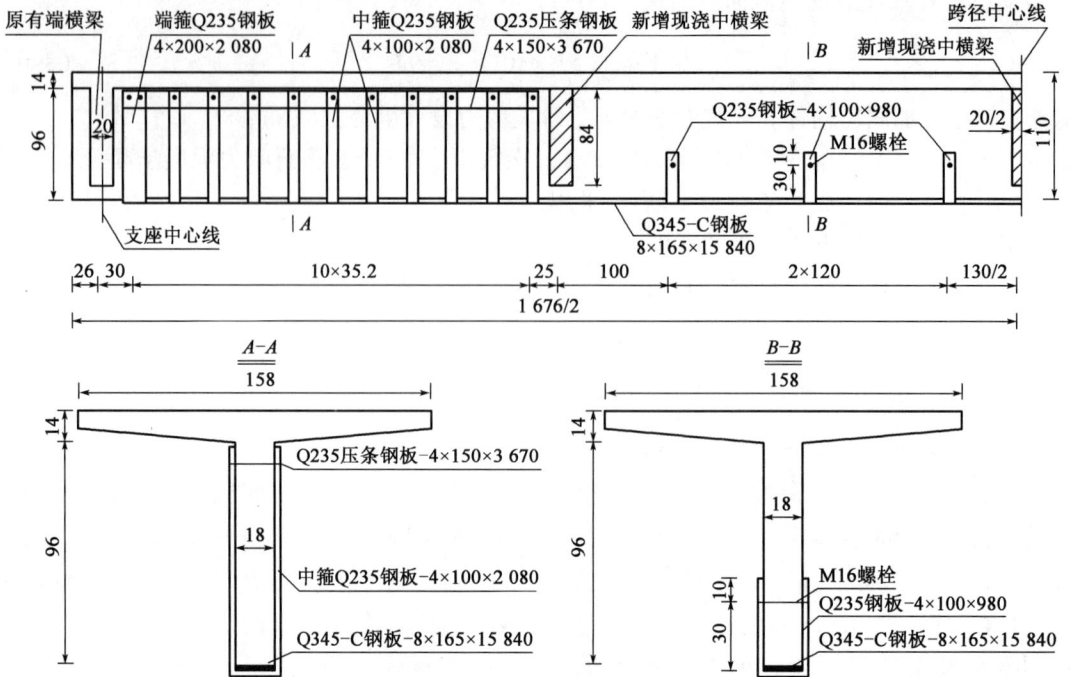

图 8-18　粘贴钢板技术加固钢筋混凝土 T 梁(尺寸单位:mm)

8.4　粘贴纤维复合材料加固技术

8.4.1　技术原理与特点

从 20 世纪 90 年代起,纤维增强复合材料(Fiber Reinforced Plastics 或 Fiber Reinforced Polymer,简称 FRP)在土木工程中的应用一直是国内外研究的热点。粘贴纤维复合材料加固技术的应用原理与钢筋混凝土结构的工作原理相似,变内部钢筋为外部粘贴的 FRP,其是将 FRP 布用树脂类黏结胶黏贴在待加固混凝土结构的表面(图 8-19),使纤维布、树脂胶、钢筋混凝土有机地组合成一个完整结构,在荷载作用下变形协调、共同受力、共同工作,充分发挥 FRP 的高强度抗拉作用,从而可以有效地提高被加固构件的承载力,包括抗弯承载力、抗剪承载力及抗震能力。图 8-20 给出了碳纤维布、树脂黏结胶合纤维布的粘贴过程示意图,FRP 加固对提高受弯构件的抗弯能力特别有效。已有的试验研究表明,FRP 加固对既有梁极限抗弯承载力的提高可以达到60%左右,由于 FRP 的截面积较小,常用的厚度为 0.111mm 和 0.167mm 两种规格,其对加固截面的惯性矩增加很小,因此 FRP 加固技术对加固构件的裂缝宽度及挠度的减小不是十分明显。

通过合理的设计,在基本上不改变梁体的截面尺寸和质量情况下,FRP 加固技术能较大地提高原梁体承载力。但是,FRP 加固存在多种脆性黏结破坏模式,如混凝土—胶界面破坏、胶—FRP 界面破坏等,此类破坏模式影响 FRP 材料发挥系数,制约其在抗弯加固中的推广应用。实际工程中,通过保证一定的构造措施来避免此类破坏模式的发生。利用 FRP 加固技术,对桥墩等竖向构件进行约束包裹以提高其抗震能力是十分有效的,FRP 沿着桥墩环向粘贴,一方面可以提高其抗剪能力,另一方面可以提高其内部混凝土的强度及变形能力,从而可转变桥墩的破坏模式,提高其耗能能力,从而实现桥墩良好的抗震能力。

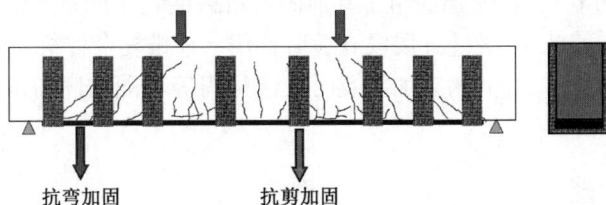

图 8-19　粘贴纤维加固技术原理图

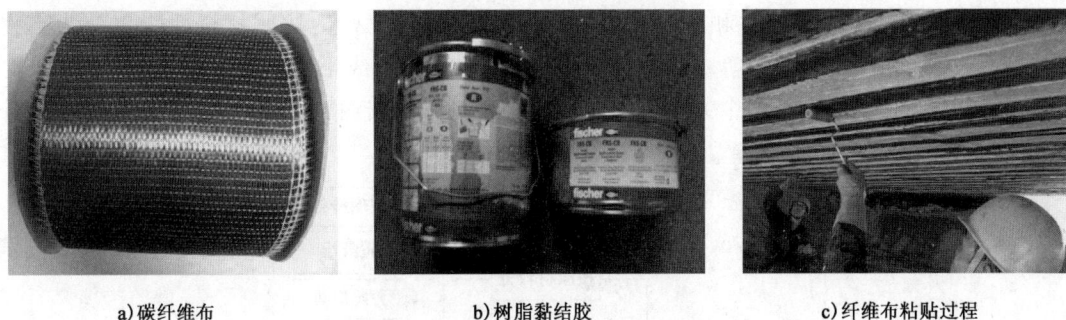

a)碳纤维布　　　　　　　b)树脂黏结胶　　　　　　c)纤维布粘贴过程

图 8-20　纤维复合材料加固与粘贴过程

与传统的桥梁加固方法相比,纤维复合材料加固技术具有以下显著优势:

(1)轻质、高强、施工便捷、不受构件形状限制、不改变截面尺寸

FRP 具有高强度、高弹模、质量轻等特点,纤维材料抗拉强度为普通钢材的 10 倍以上,弹性模量与钢相近,不增加荷载,施工无需大型施工机械,施工空间要求小、速度快,不影响交通,能适应各种结构外形的抗弯加固而不改变构件外形尺寸。

(2)FRP 加固对原结构不产生损伤

FRP 加固是通过黏结材料将 FRP 粘贴在混凝土表面,不需要对原结构打孔和埋设锚固螺栓,不会对既有结构产生新的破坏。

(3)优异的耐久性能

FRP 及其黏结材料可以抵抗各种外部酸、碱、盐介质的腐蚀,特别在受弯构件底部存在裂缝的情况下,可以阻止水的进入,对内部的混凝土结构也起到保护作用,解决了其他加固方法所遇到的化学腐蚀问题,提高了既有结构的耐久性,大大减少了防腐和维修费用。

(4)不增加自重、不减小净空

纤维布质量轻且厚度薄,单位体积质量仅为钢材的 1/4 左右,加固后不增加构件的自重及断面尺寸。经加固修补后的构件,基本上不增加原结构的自重、尺寸和改变截面外形,也就不会减少桥下的净空高度。

(5)具有良好的适应性

由于纤维布是一种柔性材料,而且可以任意地裁减,可以适应各种结构的外形进行粘贴和裹缠,成型方便,可广泛地应用于各种结构类型、各种结构形状和结构中的各种部位。

纤维复合材料加固技术在具有优点的同时,也具有一定的局限性,如裂缝修复、刚度提高效果不明显、防火性能差,采用该种方法加固的混凝土梁经常发生早期的剥离破坏现象,混凝土强度越低,越容易发生剥离破坏,在低强度混凝土结构的加固中受到了限制,不适用于长期使用温度过高环境(60℃)。FRP加固由于其加固材料截面较小的抗弯惯性矩,其对旧桥既有裂缝无闭合效果,对挠度减小、裂缝开展没有显著作用。纤维复合材料加固技术可适用于各种桥梁结构的抗弯加固、抗剪加固、约束加固及耐久性加固等不同加固需求,但在应用时应注意其局限性。

8.4.2 材料性能

纤维复合材料根据依据的不同可划分为不同的种类(图 8-21)。纤维复合材料从材料构成上主要有碳纤维(CFRP)、玻璃纤维(GFRP)、芳纶纤维(AFRP)及玄武岩纤维(BFRP)等;按结构形式分为片材(包括板材和纤维布)、型材、短切纤维棒材等;按照材料性能划分为高强度、高弹性模量和高延性纤维等。根据需要,可将纤维单丝织成不同几何形状的纤维织物,可以是单一方向的,也可以是两个方向的,它决定复合材料的结构特性。纤维布常见的几种的外观如图 8-22 所示。

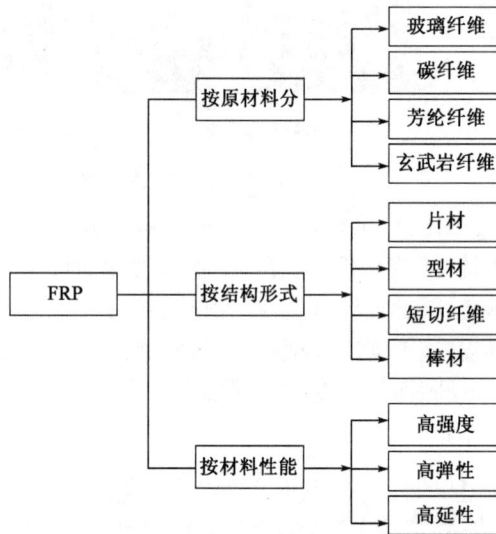

图 8-21　纤维材料分类

a)芳纶纤维(黄色)　　　　　b)碳纤维　　　　　c)玻璃纤维

图 8-22　纤维布外观

用于粘贴加固的纤维布和板的主要力学性能指标见表8-2。纤维复合材料的抗拉强度标准值,应根据置信水平为0.99、保证率为95%的要求确定。弹性模量和伸长率应取平均值。纤维材料的抗拉强度与弹性模量通过拉伸力学性能测试试验测得,如图8-23所示。

纤维复合材抗拉强度标准值及弹性模量 表8-2

品　　种	等级或代号	抗拉强度标准值(MPa)		弹性模量(MPa)	
		单向织物(布)	单向织物	单向织物	条形板
碳纤维复合材料	高强度Ⅰ级	3 400	2.3×10^5	2.3×10^5	2 400
	高强度Ⅱ级	3 000	2.0×10^5	2.0×10^5	2 000
	高强度Ⅲ级	1 800	1.8×10^5	1.8×10^5	
芳纶纤维复合材料	高强度Ⅰ级	2 100	1.1×10^5	1.1×10^5	1 200
	高强度Ⅱ级	1 800	0.8×10^5	0.8×10^5	800
玻璃纤维复合材料	高强玻璃纤维	2 200	0.7×10^5	0.7×10^5	
	无碱玻璃纤维、耐碱玻璃纤维	1 500	0.5×10^5	0.5×10^5	

 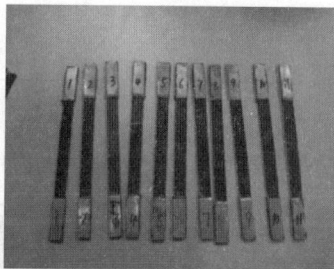 

a)试样裁剪　　　　　　　　b)试样制备　　　　　　　　c)拉伸测试

图8-23　FRP布拉伸性能试验

黏结材料的性能是保证碳纤维布与混凝土共同工作的关键,也是两者之间传力途径中的薄弱环节。黏结材料应有足够的刚度,以保证碳纤维与混凝土之间剪力的传递,同时应有足够的韧性,以避免因混凝土开裂导致脆性黏结破坏。黏结材料还应在一般气候条件下固化,且固化时间合适(一般保证3h左右),对组分含量不敏感,具有适宜的流动性和黏度,固化收缩率小。黏结材料主要包括底涂胶、找平胶、浸渍树脂和罩面胶4种。

(1)底涂胶。在处理好的混凝土表面,涂一层很薄的底涂胶,既可以浸入混凝土表面,强化混凝土表面强度,又可以改进胶结性能,使混凝土与纤维布能够很好地黏结。底涂胶必须具有很低的黏度和良好的黏结性能,以便涂刷后,胶黏剂能够渗入混凝土结构中。为保证性能,应尽量避免使用溶剂型胶。

(2)找平胶。加固补强处的混凝土表面有锐利突起物、错位和转角部位等都可能降低碳纤维布补强效果。若经过基底处理仍未彻底清除,应在涂敷底层涂胶指触干燥后,用找平胶进行找平。找平胶应具有优良的力学性能以及良好的施工性能与触变性能。找平胶易于施工操作,且不随时间的延长出现明显的变形。

(3)浸渍树脂(粘贴主胶)。浸渍树脂是连接底胶与纤维布,在黏结材料中起着至关重要作用的关键材料。浸渍树脂应具有一定的黏度,防止粘贴的碳纤维布塌落而形成空洞或空隙。

浸渍树脂应具有良好的触变性,易于施工且不会发生明显的流淌现象。浸渍树脂应具有良好的渗透性与相容性,以利于浸透纤维布,形成复合性整体,共同抵抗外力的作用。纤维复合材料浸渍/黏结用胶黏剂的安全性能指标见表8-3,胶体抗拉强度与抗压性能测试试件如图8-24所示。

纤维复合材料浸渍/黏结用胶黏剂的安全性能指标 表8-3

性能项目		性能要求	
		A级胶	B级胶
胶体性能	劈裂抗拉强度(MPa)	≥40	≥30
	受拉弹性模量(MPa)	≥2 500	≥1 500
	伸长率(%)	≥1.5	
	抗弯强度(MPa)	≥50	≥40
		且不得呈脆性(碎裂状)破坏	
	抗压强度(MPa)	≥70	
黏结能力	钢—钢拉伸抗剪强度标准值(MPa)	≥16	≥13
	钢—钢不均匀扯离强度(kN/m)	≥20	≥15(−)
	与混凝土的正拉黏结强度(MPa)	≥max{2.5,f_{tk}}且为混凝土内聚破坏	
不挥发物含量(固体含量)(%)		≥99	

注:1. 表中的胶黏剂性能指标,应根据置信水平 $C = 0.99$、保证率为95%的要求确定。

2. 表中的性能指标除标有标准值外,其余均为平均值。

3. 用于粘贴碳纤维板的胶凝剂,当涂抹厚度小于3mm时,材料的流挂应小于1mm。

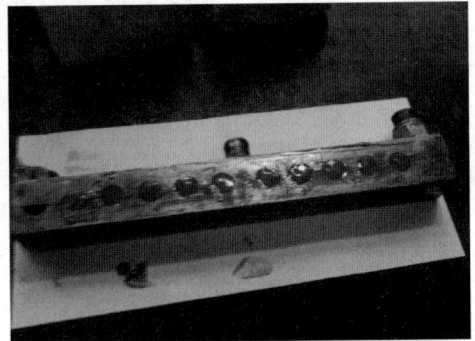

a)抗拉试件   b)抗压试件

图8-24 胶体抗拉强度与抗压性能测试试件

(4)防护涂装(罩面胶)。防护涂装可保证施工表面的美观和纤维布的完好。所选材料应能涂敷在碳纤维布表面,不脱层,不掉落,能长期在冷热干湿的空气中稳定,能防止复合材料被紫外线直接照射。罩面材料的选择范围较大,丙烯酸体系、聚氨酯体系、不饱和聚酯体系、有机硅和有机氟体系等都适合。

8.4.3 主要途径与施工工艺

外贴纤维复合材料加固钢筋混凝土结构构件时,应将纤维受力方式设计成仅承受拉应力作用,纤维应粘贴于结构截面的受拉部分,如受弯构件的受拉侧及侧面靠近受拉边缘(图8-25)。采用纤维复合材料对受弯构件的斜截面受剪承载力进行加固时,应粘贴成垂直于构件轴线方向的环形、U形、双L形、I形等(图8-26),当不能粘贴呈封闭的环形时,应在条带自由端粘贴压条锚固(图8-27);仅在侧面粘贴时,也可沿着斜截面主拉应力方向斜向粘贴(图8-28)。

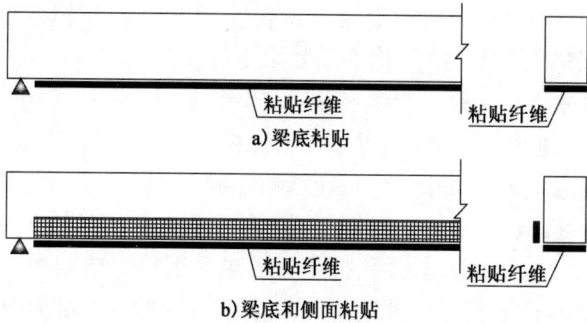

a) 梁底粘贴

b) 梁底和侧面粘贴

图 8-25 粘贴纤维抗弯加固粘贴方式

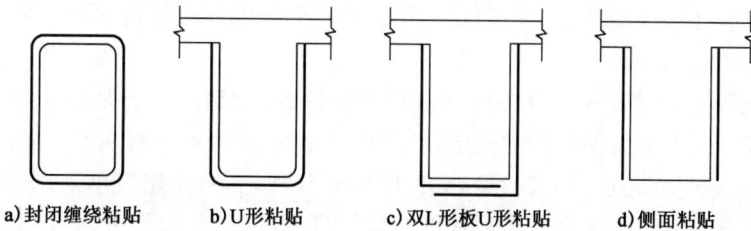

a) 封闭缠绕粘贴   b) U形粘贴   c) 双L形板U形粘贴   d) 侧面粘贴

图 8-26 粘贴纤维抗剪加固的粘贴形式

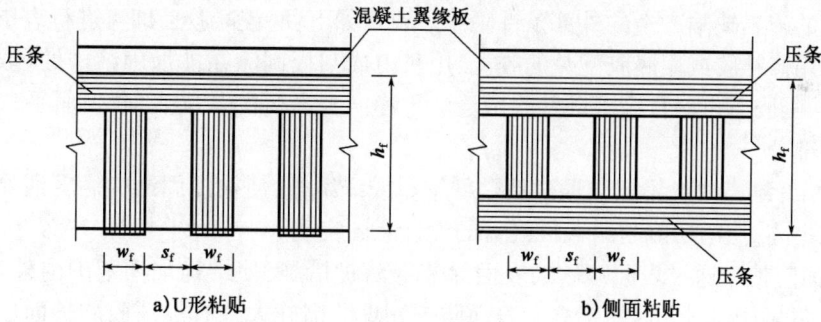

a) U形粘贴

b) 侧面粘贴

图 8-27 粘贴纤维抗剪加固压条构造

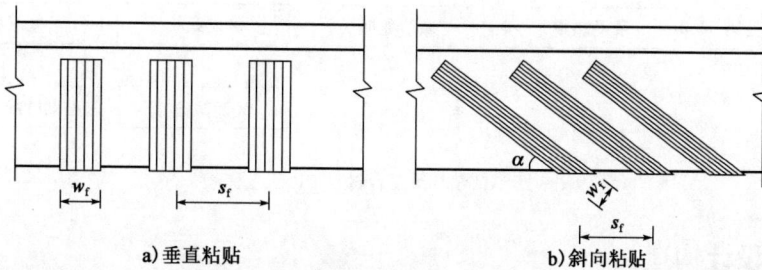

a) 垂直粘贴

b) 斜向粘贴

图 8-28 粘贴纤维抗剪加固不同角度

粘贴纤维复合材料加固技术的工艺流程如图8-29所示,具体如下:

(1)搭设施工支架。根据桥位地形、水流条件和桥梁结构形式、维修加固工程内容和施工部位,选择搭设固定式或活动式施工支架。

(2)桥梁卸载。主要通过交通组织限制车辆数量、质量、速度等以减少活载。对于允许减少恒载的结构加固,先卸载,后加固,结构加固效果更好。

(3)基层处理。通过修补混凝土裂缝和剔除破碎混凝土、修补孔洞等缺陷,提供可粘贴纤维布或板的坚实基面,通过表层打磨、除尘、清洁,提供干净、易粘的粘贴基面。要点如下:在结构上画线标示粘贴纤维复合材料的部位,明确结构加固范围。对加固范围内裂缝宽度不小于0.15mm的混凝土裂缝,按设计要求先行修复;剔除混凝土破碎、孔洞、蜂窝麻面部分至坚实层,对裸露锈蚀钢筋除锈至露出金属光泽,按设计要求采用比原结构高一级的混凝土或环氧—砂浆或环氧—细石—混凝土修复基层混凝土缺陷至原结构表面。对加固范围的混凝土表面打磨除去污染表层和外凸部分并增糙,吹风清洁后,涂刷丙酮或用丙酮擦拭,进一步清洁和去脂;结构的拐角处打磨成圆弧状,圆弧半径对于梁不小于20mm,对于柱不小于25mm。结构渗水处,先堵水和防水,再进行表层处理;潮湿构件表面粘贴纤维复合材料加固施工,须先烘干构件表面或使用潮湿型粘贴胶。

(4)涂刷底胶。通过底胶的低黏度和混凝土表层的毛细作用,使底胶经涂刷渗进混凝土表层内一定深度,改善被加固结构的表层性能,提高其可黏性和抗剥离性。要点如下:按设计要求或产品说明书配兑底胶,要求精确计量、搅拌充分和均匀,排出气泡。用毛刷或特制滚筒将底胶均匀、无遗漏地涂刷或涂抹于被加固结构处理好的基层表面,要求纵横向、正反向反复涂刷,使更多的胶渗入混凝土表层内。

(5)基层整平。通过基层整平,使被加固结构能与粘贴的纤维复合材料更密贴,杜绝空鼓等粘贴不牢的施工缺陷产生的外部条件隐患。要点如下:底胶凝胶后即可进行表层整平,表层整平材料采用修补胶或用底胶配兑的胶泥,用灰刀或刮板刮涂在被加固结构处理好的基层表面凹陷部位,凝胶后再次打磨平顺并吹风清洁干净。整平后的基层表面,大面平顺,局部无明显凸凹不平部分。

(6)粘贴纤维布或纤维板。通过粘贴纤维布或纤维板,使被加固结构病害消除、承载能力与荷载标准提高、使用功能与耐久性改善的设计意图实现。

(7)表面防护。通过表面喷砂或表面涂装等防护措施,使结构加固范围内外表面色彩相近,防火、防腐、耐湿、耐久性能提高。表面防护处理的措施大致有浸渍胶防护面层、喷砂防护面层、防火涂料面层和特种防护面层。

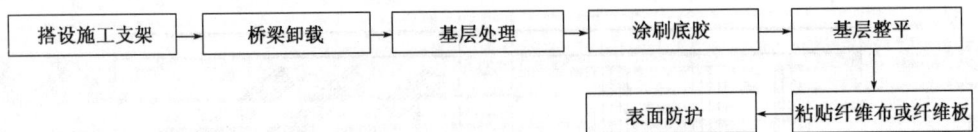

图8-29　粘贴纤维复合材料加固工艺流程

8.4.4　设计构造

纤维复合材料加固设计构造时应符合下列有关规定:

（1）纤维复合材料宜粘贴成条带状，非围束时板材不宜超过两层，布材不宜超过3层。

（2）加固受拉构件时，纤维方向应与构件受拉方向一致。梁的受拉区两侧粘贴纤维复合材料进行抗弯加固时，粘贴高度不宜高于1/4梁高。

（3）采用封闭式粘贴或U形粘贴对梁、柱构件进行斜截面加固，纤维方向宜与构件轴线垂直或与其主拉应力方向平行。

（4）纤维复合材料沿纤维受力方向的搭接长度不应小于100mm（图8-30）；当采用多条或多层纤维复合材加固时，其搭接位置应相互错开。

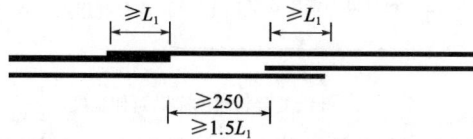

图8-30 纤维布搭接长度和搭接间距的要求（尺寸单位:cm）

（5）当纤维复合材料绕过构件（截面）的外倒角时，构件的截面棱角应在粘贴前打磨成圆弧面（图8-31）。圆弧化半径，对于梁不应小于20mm，对于柱不应小于25mm。

（6）对于主要受力纤维复合材料，不宜绕过内倒角。粘贴多层纤维复合材料加固时，宜将纤维复合材料逐层截断，并在每层截断处最外侧加压条，其粘贴形式采用内短外长式，如图8-32所示。

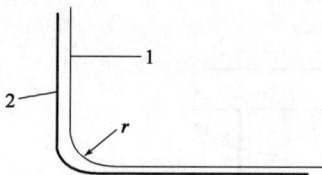

图8-31 倒角构造
1-构件;2-纤维复合材料

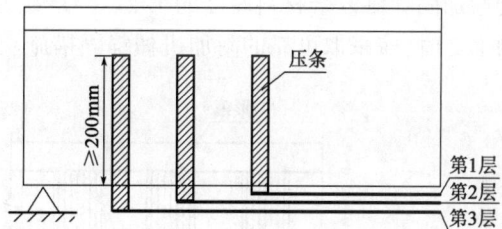

图8-32 多层纤维复合材料粘贴构造

（7）采用纤维复合材料对钢筋混凝土梁或柱的斜截面承载力进行加固时，宜选用环形箍或加锚固的U形箍，一般情况下，在梁的中部应增设一道纵向中压带。

（8）对梁、板进行抗弯加固时，可在纤维复合材料两端设置U形箍或横向压条。其切断位置距其充分利用截面的距离不应小于按下式计算得出的黏结长度 l_d（图8-33）：

$$l_d = \frac{E_f \varepsilon_f A_f}{\tau_f b_f} + 200 \tag{8-17}$$

式中: l_d——纤维复合材料从强度充分利用截面向外延伸所需的黏结长度（mm）；

E_f——充分利用截面处纤维复合材料的拉应变；

τ_f——纤维复合材料与混凝土间的黏结强度设计值（MPa），一般取0.5MPa；

b_f——受拉面上粘贴的纤维复合材料的宽度（mm）。

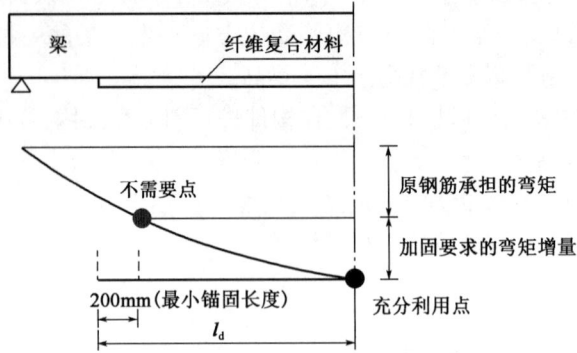

图 8-33　纤维复合材料的粘贴延伸长度

当纤维复合材料延伸至支座边缘仍不满足黏结长度 l_d 的规定时,应采取以下锚固措施:

①对于梁,在纤维复合材料延伸长度范围内至少应设置两道纤维复合材料 U 形箍锚固,如图 8-34a)所示。U 形箍宜在延伸长度范围内均匀布置,且在延伸长度端部必须设置一道。U 形箍的粘贴高度宜伸至顶板底面。每道 U 形箍的宽度不宜小于受弯加固纤维复合材料宽度的 1/2,U 形箍的厚度不宜小于受弯加固纤维复合材料厚度的 1/2。

②对于板,在纤维复合材料延伸长度范围内至少设置两道垂直于受力纤维方向的压条图,如图 8-34b)所示。压条宜在延伸锚固长度范围内均匀布置,且在延伸长度端部必须设置一道。每道压条的宽度不宜小于受弯加固纤维复合材料条带宽度的 1/2,压条的厚度不宜小于受弯加固纤维复合材料厚度的 1/2。当纤维复合材料的黏结长度小于按(8-16)计算所得长度的 1/2 时,应采取可靠的附加机械锚固措施。

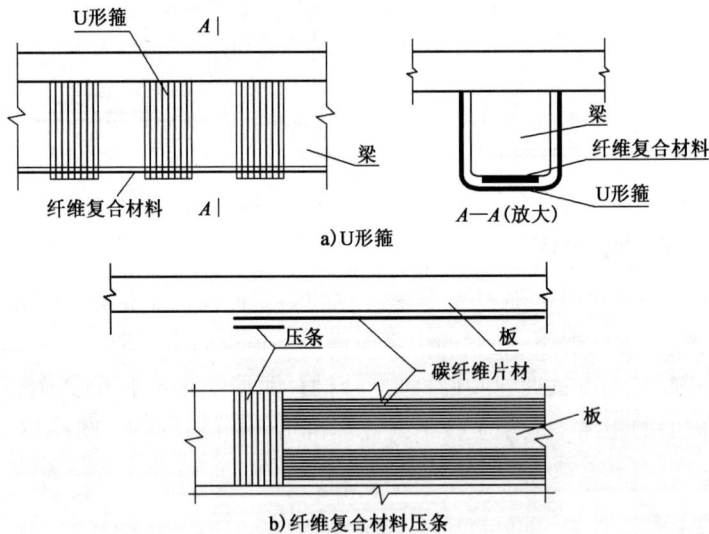

图 8-34　抗弯加固时纤维复合材料端部附加锚固措施

(9)对钢筋混凝土柱进行粘贴纤维复合材料加固时,条带应粘贴成环形箍,且纤维方向应与柱的纵轴线垂直。

(10)对钢筋混凝土柱进行粘贴纤维复合材料加固时,条带应粘贴成环形箍,且纤维方向应与柱的纵轴线垂直。沿柱轴向粘贴纤维复合材料加固时,应有足够的锚固长度。必要时可在纤维复合材料两端增设锚固措施。采用纤维复合材料的环向围束对钢筋混凝土柱进行延性加固时,其构造应符合下列规定:

①环向围束的纤维复合材料层数,对圆形截面不应少于 2 层,对矩形截面不应少于 3 层。

②环向围束上下层之间的搭接宽度不应小于 50mm,纤维织物环向截断点的延伸长度不应小于 200mm,且各条带搭接位置应相互错开。

(11)加固大偏心受压构件,可将纤维复合材料粘贴于构件受拉区边缘混凝土表面,纤维方向应与柱的纵轴线方向一致。

8.4.5　计算原理

对钢筋混凝土受弯构件进行抗弯加固时,除应遵守现行《公路钢筋混凝土及预应力混凝土桥涵设计规范》(JTG 3362—2018)相关假定外,尚应遵守下列规定:

(1)受弯构件的作用荷载效应应按两个阶段受力进行计算。

①第一阶段:加固前,作用(或荷载)应包括原构件自重在内的实际荷载及施工荷载。

②第二阶段:加固后,作用(或荷载)应考虑包括构件自重在内的恒载、二期作用的恒载及使用阶段的可变作用。作用效应组合系数取值:恒载的荷载效应分项系数取 1.2;使用阶段的可变作用效应分项系数按《公路桥涵设计通用规范》(JTG D60—2015)取用。

(2)达到受弯承载能力极限状态时,按平截面假定确定纤维复合材料的拉应变 ε_f,且纤维复合材料的拉应变 ε_f 不应超过纤维复合材料的允许拉应变 $[\varepsilon_f]$。

纤维复合材料应力 δ_f 取拉应变 ε_f 与弹性模量 E_f 的乘积,即 $\delta_f = E_f \varepsilon_f$。

(3)构件达到正截面承载能力极限状态时,纤维复合材料与混凝土之间不应发生黏结剥离破坏。

对矩形截面或翼板位于受拉边的钢筋混凝土 T 形截面受弯构件在受拉面粘贴加固时,正截面承载力按下列公式计算:

①当混凝土受压区高度 x 大于 ξ_{fb},且小于 $\xi_b h_0$ 时:

$$\gamma_0 M_d \le f_{cd} b x \left(h_0 - \frac{1}{2} x \right) + f'_{sd} A'_s (h_0 - a'_s) + E_f \varepsilon_f A_f a_s \tag{8-18}$$

混凝土受压区高度 x 和受拉面纤维复合材料拉应变 ε_f 按下列公式联立求解:

$$f'_{sd} A'_s + f_{cd} b x = f_{sd} A_s + E_f \varepsilon_f A_f$$
$$\varepsilon_{cu} + \varepsilon_f + \varepsilon_1 = 0.8 \varepsilon_{cu} h \tag{8-19}$$

②当混凝土受压区高度 $x \le \xi_{fb} h$ 时:

$$\gamma_0 M_d \le f_{sd} A_s (h_0 - 0.5 \xi_{fb} h) + E_f \varepsilon_f A_f h (1 - 0.5 \xi_{fb}) \tag{8-20}$$

③当混凝土受压区高度 $x < 2a'_s$ 时:

$$\gamma_0 M_d \le f_{sd} A_s (h_0 - a'_s) + E_f \varepsilon_f A_f (h - a'_s) \tag{8-21}$$

式中:A_f——受拉面粘贴的纤维复合材料的截面面积;

f_{cd}——原构件混凝土抗压强度设计值,可根据现场检测强度推算值按照《公路钢筋混凝

土及预应力混凝土桥涵设计规范》(JTG 3362—2018)确定;

E_f——纤维复合材料的弹性模量;

ε_f——纤维复合材料的拉应变;

ξ_{fb}——纤维复合材料达到其允许拉应变与混凝土压坏同时发生时的界限相对受压区高度,即:

$$\xi_{fb} = \frac{0.8\varepsilon_{cu}}{\varepsilon_{cu} + [\varepsilon_f] + \varepsilon_1}h \tag{8-22}$$

ε_1——考虑二次受力影响时,加固前构件在初始弯矩作用下,截面受拉边缘混凝土的初始应变,按式(8-24)计算;当不考虑二次受力时,取 0。

其中:

$[\varepsilon_f]$——纤维复合材料的允许拉应变,取$[\varepsilon_f] = K_m\varepsilon_{fu}$,且不应大于纤维复合材料极限拉应变的 2/3 和 0.007 两者中的较小值,其中,ε_{fu}为纤维复合材料的极限拉应变 K_m 为纤维复合材料强度折减因子,取 K_{m1} 与 K_{m2} 中的较小值,K_{m1} 由(8-23)计算,K_{m2} 取值见表8-4。

$$K_{m1} = \begin{cases} 1 - \dfrac{n_f E_f t_f}{428\,000} & n_f E_f t_f \leqslant 214\,000 \\[3mm] \dfrac{107\,000}{n_f E_f t_f} & n_f E_f t_f > 214\,000 \end{cases} \tag{8-23}$$

当 $K_m > 0.9$ 时,取 $K_m = 0.9$;

n_f——纤维复合材料的层数;

t_f——每层纤维复合材料的厚度。

纤维复合材料环境影响折减系数 K_{m2}　　　　　　　　表8-4

环 境 分 类	片 材 类 型	折 减 系 数
I 类	碳纤维	0.85
	芳纶纤维	0.75
	玻璃纤维	0.65
II、III、IV 类	碳纤维	0.85
	芳纶纤维	0.70
	玻璃纤维	0.50

加固前在第一阶段弯矩 M_{d1} 作用下,截面受拉边缘混凝土的初始应变 ε_1(纤维复合材料的滞后应变)按下式计算:

$$\varepsilon_1 = \frac{M_{d1} x_1}{E_c I_{cr}} \tag{8-24}$$

式中:符号意义同前面所述。

当弯矩 M_{d1} 小于未加固截面受弯承载力的 20% 时,可忽略二次受力的影响。

粘贴纤维复合材料的矩形截面正截面受弯承载力计算如图 8-35 所示。

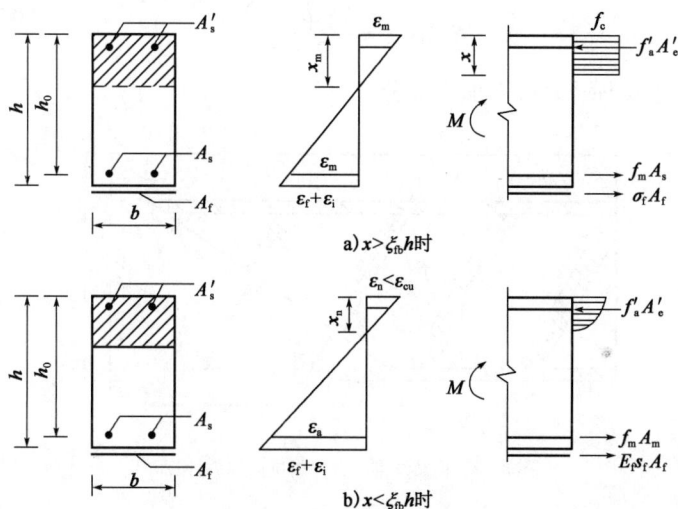

图 8-35 粘贴纤维复合材料的矩形截面正截面受弯承载力计算

注：x_n 为混凝土实际受压区高度。

采用纤维复合材料对梁、板构件进行斜截面加固时,其斜截面承载能力计算(图 8-36)应满足下列要求:

$$\gamma_0 V_d \leq 0.43 \times 10^{-3} \alpha_1 \alpha_3 bh_0 \psi_{cs} \sqrt{(2 + 0.6P)\rho_{sw} f_{sv} \sqrt{f_{cu,k}}} +$$
$$0.75 \times 10^{-3} f_{sd} \sum A_{sb} \sin\theta_b + V_f \tag{8-25}$$

$$V_f = D_{sh} K_m f_f n_f b_f \frac{C - C_1}{S} \sin\alpha \tag{8-26}$$

$$C_1 = \frac{C(h_1 + h_2)}{h - h'_f}$$

式中:V_f——粘贴纤维复合材料加固后抗剪承载力的提高值;

　　C——斜裂缝水平投影长度,$C = 0.6mh_0$;

　　h_1——纤维上侧锚固区压条宽度;

　　h_2——纤维下侧锚固区压条宽度,对于 U 形粘贴取 0;

　　h'_f——梁顶面至上侧锚固区上边缘的距离;

　　m——原构件的剪跨比;

　　D_{sh}——纤维应力分布系数,$D_{sh} = 1 - \dfrac{L_e}{h - h'_f - h_1}\sin\theta$;

　　α——纤维受力方向与梁轴线的夹角(≤90°);

　　L_e——有效粘贴长度,$L_e = \sqrt{\dfrac{E_f n_f t_f}{\sqrt{1.18 f_{ck}}}}$;

　　b_f——纤维条带宽度(mm);

　　f_f——复合纤维材料的抗拉强度设计值;

　　S——斜截面加固纤维条带间距,应满足:

$$S \leqslant S_{max} = \frac{h - h_f' - h_1}{2\tan\alpha} \tag{8-27}$$

其他符号意义见本书增大截面加固部分。

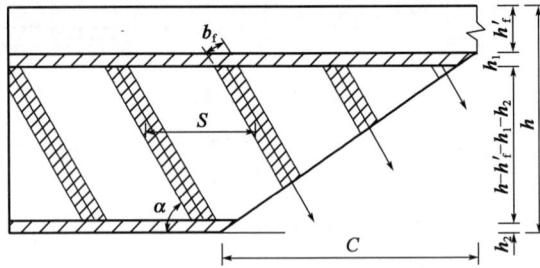

图 8-36　粘贴纤维复合材料抗剪加固计算

8.4.6　应用实例

1）粘贴纤维复合材料加固箱梁

某连续刚构连续梁结构，主桥形式为 $65 + 160 + 210 + 160 + 65 = 660（m）$ 的 5 跨预应力连续刚构连续梁结构，引桥为 35m 预应力 T 梁结构。桥梁单幅全宽为 17.75m，单幅桥面净宽为 15.75m。双向 6 车道，设计行车速度 120km/h，大桥于 1999 年 7 月 6 日竣工通车。主桥箱梁分左右两幅，为三向预应力混凝土结构，采用单箱单室断面，顶面宽度为 17.15m，底面宽度为 8.35m，箱梁顶面设置 2% 的横坡，主跨刚构墩墩顶梁高 10.5m，跨中截面梁高 3.5m，边跨连续墩墩顶梁高 5.8m，跨中梁高 3.5m，共用墩墩顶梁高 3.5m，其间箱梁下缘按二次抛物线变化。底板厚度在刚构墩和连续墩的 0 号块相接处分别为 120cm 和 60cm，跨中 32cm，并按二次抛物线变化；腹板厚度分别为 40cm、50cm、60cm、80cm 和 120cm，在渐变梁段梁肋厚度沿腹板内侧按直线过渡。

该桥建成通车后，交通量增长迅速。通过对该桥的检查，发现主桥的预应力箱梁出现较多裂缝，箱内裂缝存在于顶板、腹板及齿板处，箱外裂缝则主要分布于翼板、腹板、底板处。从结构安全性考虑，对梁腹板、顶板及底板裂缝病害比较严重的区域，采用粘贴碳纤维布加固技术，对箱梁外腹板、顶板及底板加固，方案如图 8-37 所示。图 8-38 给出了另外某桥梁粘贴纤维复合材料横向抗弯加固箱梁顶板的现场图。

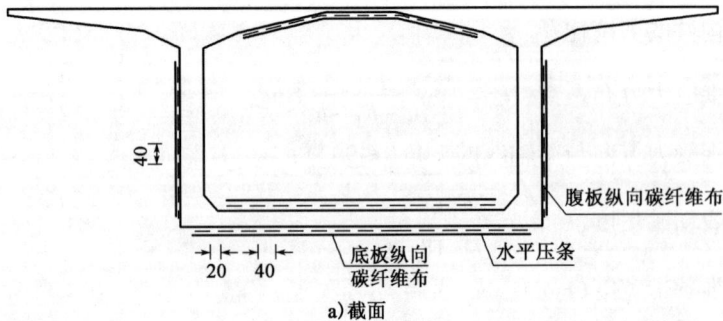

图　8-37

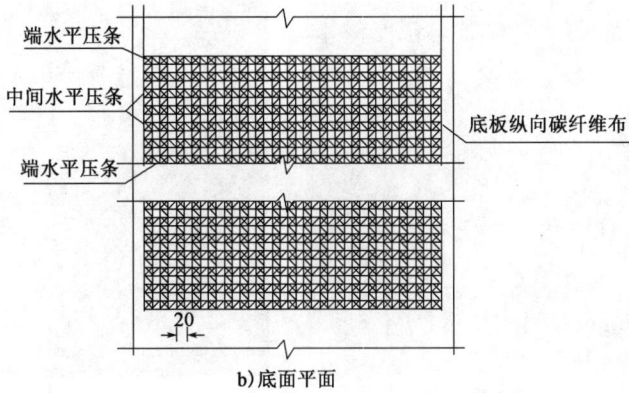

b)底面平面

图 8-37 粘贴纤维复合材料加固箱梁示意图(尺寸单位:cm)

图 8-38 粘贴纤维复合材料横向抗弯加固箱梁顶板

2)粘贴纤维复合材料加固的其他形式

粘贴纤维复合材料加固可应用于空心板梁底部抗弯加固、简支 T 梁的梁底抗弯加固及腹板的抗剪加固,以及桥墩与盖梁连接区域的抗剪加固,典型实例如图 8-39 所示。应用粘贴纤维复合材料加固可以提高构件的抗弯承载力和抗剪承载力。

a)空心板梁底部抗弯加固

图 8-39

b)T梁抗弯及抗剪加固

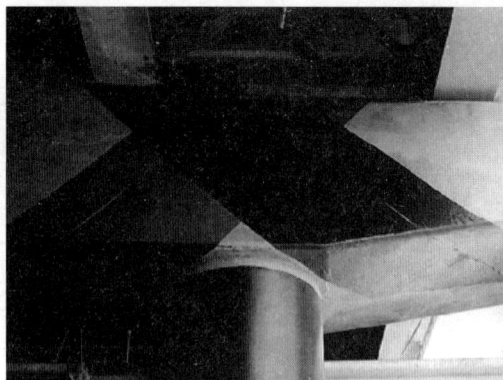

c)盖梁节点加固

图 8-39　粘贴纤维复合材料加固典型实例

8.5　体外预应力加固技术

8.5.1　技术原理与特点

体外预应力加固技术是通过增设体外预应力筋(包括钢绞线、高强钢丝束和精轧螺纹钢筋)对既有混凝土梁体主动施加外力,以改善原结构的受力状况的加固方法。其是在桥梁结构构件的受拉区施加体外预应力,使其产生与原桥的不利弯矩方向相反的轴向压力和弯矩,以抵消部分自重及外荷载产生的应力,从而提高桥梁的承载能力,如图 8-40 所示。

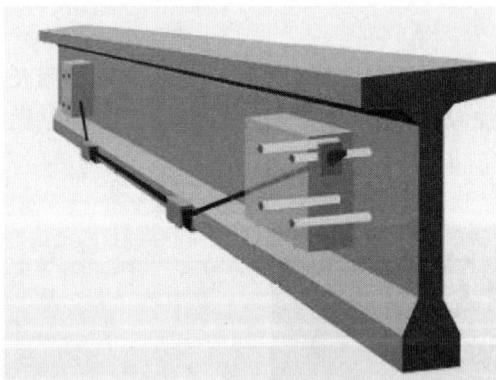

a)原理效果

b)工程应用效果

图 8-40　体外预应力加固原理

体外预应力法有如下优点:

(1)对交通影响小。

体外预应力加固可在不中断交通的条件下进行,对桥梁的运营影响小,预应力筋布置在加固构件截面以外,施工过程对结构主体无影响,原结构仍可使用,不影响交通。

(2)主动性强。

由于体外预应力对结构施加了预应力,能够有效地控制原结构的裂缝,使裂缝部分全部闭合,增加截面的刚度,同时施加预应力对结构的反拱可以减小结构的跨中挠度。

(3)对桥下净空影响小。

体外预应力可以根据需要布置于结构的侧面,做到不影响桥下净空,即使布置于桥梁底面,对净空影响也很小。

(4)承载力提高显著。

体外预应力筋的布置,增加了受力筋的面积,可大幅提高结构的承载能力。

同时,体外预应力加固也有如下缺点:

(1)由于体外预应力筋无混凝土的保护,易在火灾下失效。

(2)转向和锚固装置因承受着较大的局部受力,局部应力复杂,易产生局部裂缝等损伤。

(3)体外预应力无黏结,完全依靠端部锚固,锚固的失效则意味着预应力的丧失,对锚具的锚固性能及耐久性要求高。

(4)体外预应力结构在极限状态下可能因延性不足而产生没有预兆的失效。

体外预应力加固方法的关键在于合理选择体外预应力筋的布置和张拉方案以及体外预应力筋的锚固和转向装置的构造设计,此外要注意体外预应力的防腐处理。体外预应力加固适用于以下范围:正截面受弯承载能力不足或正截面受拉区钢筋锈蚀的结构;由于正截面承载力不足,跨中裂缝开展比较严重的结构;梁抗弯刚度不足导致的梁挠度超过规范或由于刚度太小导致梁的受拉区裂缝宽度超过规范规定的结构;梁斜截面受剪承载能力不足的结构。

8.5.2　主要途径与施工工艺

采用体外预应力加固法加固钢筋混凝土或预应力混凝土梁桥,其预应力筋一般采用钢绞线、型钢、粗钢筋或钢丝束等筋材。根据施加预应力的方式不同,施加预应力的方法有纵向张拉法、横向张拉法、竖向张拉法和顶弯梁法等。

1)纵向张拉法

纵向张拉法是沿预应力筋(束)的轴线施加预应力的方法。预应力筋沿梁底布置,到梁的两端设转向块处弯起,锚固于梁的腹板或顶板上,再沿梁顶进行纵向张拉,以减小梁端的剪力。体外预应力筋(束)布置方式必须考虑桥梁结构的内力分布状况。体外预应力筋(束)可根据原结构的构造及断面形式布置在梁体的外侧或内侧。

图8-41给出的是常用的体外预应力加固桥梁的4种加固体系,其大致可分为3种类型。第1类:体外预应力筋(束)由水平和倾斜布置的钢筋、钢绞线或钢丝束组成,两者以滑块相连接[图8-41a)和b)],图8-41a)和b)分别为斜筋的上端锚固在梁顶和腹板之上,对于斜筋的上端锚固在梁顶的情况,还可以在梁顶张拉斜筋,牵动水平筋受力;第2类:水平筋和斜筋由一根钢索组成[图8-41c)],一般用钢丝绳、钢绞束或钢绞线,在其转折点应设置转向滑块,滑块应固定在主梁的横隔板或横隔梁底面,可用手动葫芦张拉水平筋,亦可用千斤顶张拉斜筋;第3类:斜向部分由带楔形滑块的槽钢组成[图8-41d)],水平筋可用粗钢筋、钢丝绳、钢绞线或高强钢丝束,采用张拉水平筋的方式对梁体施加预应力。

2)横向收紧张拉法

当梁的两端间隙很小时,可采用横向收紧张拉法(图8-42)。此方法是在梁的下缘对称于梁的中线安装预应力筋,在距梁端适当的距离处弯起,并通过支点锚固于梁端的锚固钢板上,锚固钢板呈U形套在梁端的下翼缘。水平段的预应力筋通过撑棍分成若干段,两端的撑棍同时起到支点作用。在每段中点用拉紧螺栓将两侧对称筋收紧,拉杆即产生预应力。由于体外索多为水平的直线形,在梁的两端向上弯曲不多,这种加固方法对提高梁端的抗剪承载力帮助不大。

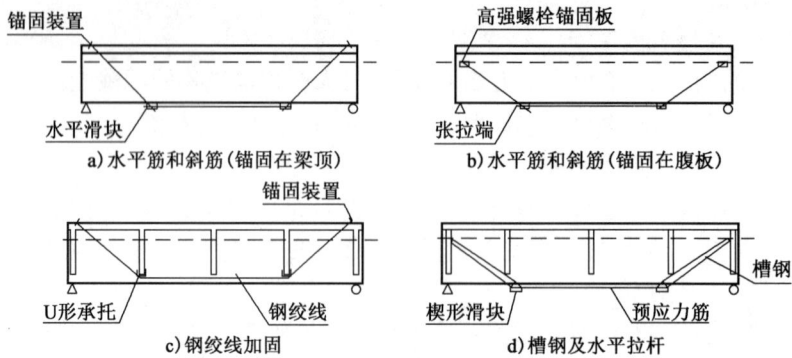

图 8-41　常用的体外预应力纵向张拉布索形式

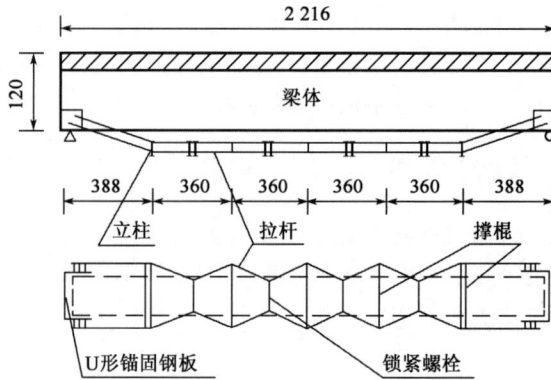

图 8-42　横向张拉法张拉预应力(尺寸单位:cm)

3)竖向张拉法

当采用纵向张拉法不便施工时,可采用竖向张拉法(图 8-43)。此法采用在梁肋两侧对称布置预应力筋,并锚固于梁端两侧,在预应力筋中部竖直张拉,在梁肋底部用小横梁固定预应力。这种方法克服了纵向张拉力大而张拉行程短、应力损失大的缺点,增大了行程、减小了张拉力,也减小了张拉力的损失,同时可以对预应力筋施加较高的预应力,能有效地弥合旧桥梁体原有的裂缝。预应力张拉可以逐片梁进行,但必须对称于中线张拉,这样可以减小弹性压缩损失的不均匀性。横梁的作用在于固定竖向张拉产生的钢筋预应力,根据具体情况,横梁可以设计成锚固于梁肋上不能滑动预应力筋的固定支点或可以在梁底活动的活动支点,横梁位置最好布置于张拉点,可以减小因张拉点与横梁固定点不同而造成的张拉力损失。

4)顶弯梁法

以下举例说明预弯梁法:某简支钢板梁桥,由于荷载的增大,需要改善钢板梁的受力状态并提高桥面板的刚度,在采用体外预应力筋加固的同时,采用增厚桥面板的方法提高刚度,为了抵消体外索张拉后在桥面板内产生的拉应力,缓和新增桥面板混凝土的收缩引起的拉应力,在浇筑之前,先搭设支架将主梁顶起,待新浇桥面板达到一定强度后再落下支架,让桥面板在主梁的自重下产生一定的压应力。然后再张拉体外预应力筋,对钢板梁和桥面施加轴力和弯矩。

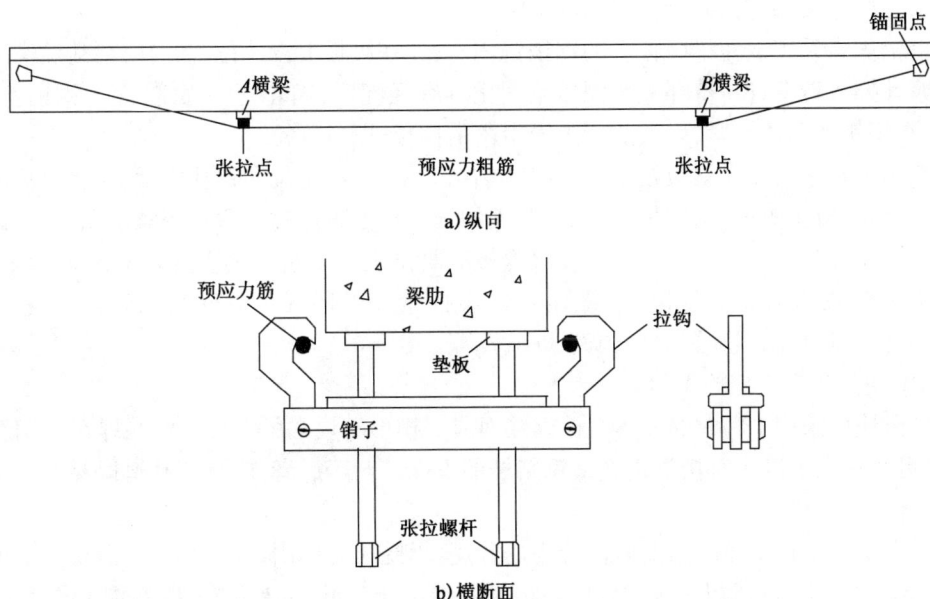

a)纵向

b)横断面

图8-43 竖向张拉预应力

典型体外预应力加固技术的工艺一般流程如图8-44所示,具体如下:

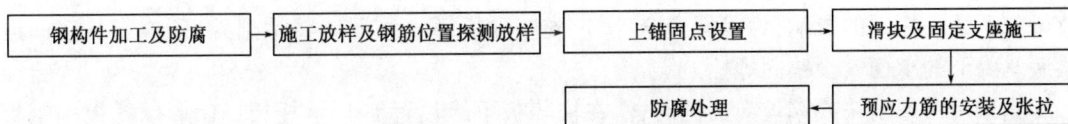

图8-44 体外预应力加固一般流程

(1)钢构件加工及防腐

对涉及的钢构件按照设计尺寸进行加工,加工过程应结合加固桥梁现场情况进行,能够在加工厂提前完成的制作过程应提前完成,同时做好钢构件的防腐处理。

(2)施工放样及钢筋位置探测

体外预应力束加固施工时,首先应对上锚固点、转向块等的位置进行准确的放样定位。加固施工放样中必须探测钢筋位置,放样确定锚固点、转向块等的位置时,不应将受力钢筋切断,可将锚固点位置做适当的调整以避开这些钢筋。

(3)上锚固点设置

对于上锚固点在梁顶面及梁端顶面的情况,需按设计的斜筋穿出位置,在桥面板或梁端顶面凿穿两个具有与斜筋角度相同的斜孔。

首先应去除桥面铺装层,将梁顶面混凝土保护层凿去,露出钢筋,再将锚固垫板下面的混凝土进行细凿。然后,先在开凿后的混凝土表面涂一层环氧胶液,再用环氧水泥砂浆铺平。上锚固设在梁顶时,应使锚垫板的上表面与梁顶面平齐,或略低一点,以确保锚固点上有较厚的混凝土保护层。上锚点设在梁端顶面时,亦保证锚后有足够的混凝土封锚。

229

当上锚点设在梁端底部时,可将钢板热弯成 U 形,直接套在梁端的底部,拉筋焊在锚固钢板的两个侧面上。安装 U 形钢板时要先凿除梁端混凝土保护层,露出梁端主筋,以环氧砂浆粘贴钢板并堵塞梁端与锚固钢板之间的空隙。

当上锚固点采用设在梁腹板上的钢销锚固时,先在腹板上设计位置钻孔,清孔后灌入环氧水泥砂浆并插入钢套管。待环氧水泥砂浆固化具有强度后,钢套管已固定,穿入钢销,套上钢丝绳,并在钢销的两端旋紧,以防止钢丝绳滑落的挡板,以备张拉。

当上锚固点采用设在梁腹板上的摩阻—黏结式锚固,在定位和钻孔之后,应将锚板下混凝土凿毛,清洁混凝土表面、锚固板,在涂好胶液的锚固板上先摊铺一薄层环氧水泥砂浆、铺设钢丝网、再摊铺一层环氧水泥砂浆,同时在梁腹板混凝土表面上也可铺上层环氧水泥砂浆,将带有环氧水泥砂浆的锚固板就位,上螺栓并适当拧紧。当环氧水泥砂浆黏结层硬化并达到30MPa 强度时,再将高强度螺栓拧到设计吨位。

(4)滑块及固定支座施工

水平滑块多采用 18～30mm 的钢板焊接而成。楔形滑块常用钢材制作并焊在型钢斜杆的下端,也可用钢筋混凝土直接浇筑在型钢斜杆的下端。对于后者,应预留孔道以穿入水平预应力钢筋。

水平滑块的垫板由于受斜筋竖向分力的作用,承受压力作用。因此,水平滑块的垫板只需用环氧砂浆贴在梁的底面上。施工时,先将梁底混凝土凿除 2cm 左右,并在混凝土表面抹一层环氧胶液,再用环氧砂浆找平,然后用临时吊架将支承板粘贴在梁底。当在水平滑块上设置四氟乙烯滑板时,可用环氧胶液将其预先粘贴在钢垫板底面或滑块的顶面上。

水平预应力钢筋的固定支座可粘贴在跨中梁底处,由于粘贴面上受到固定支座自重作用及梁在活载下振动的影响,为确保安全,固定支座除用环氧水泥砂浆粘贴外,还应在其底面或梁底马蹄形的上面安设锚固螺栓。

当采用楔形滑块或钢丝绳加固时,需在横隔板下缘设置 U 形承托板。U 形承托板用钢板热弯成型,然后用环氧砂浆或螺栓固定在横隔板下部。为防止钢丝绳横向滑动,在 U 形承托板的两端焊接防滑钢板。

(5)预应力筋的安装及张拉

体外预应力筋的张拉方法亦与其构造形式有关。对于同一根梁的两侧,预应力钢筋应尽量做到同步张拉,以保证梁两侧的钢筋具有相等或相近的预应力状态。对于有水平筋的情况,在张拉过程中还应注意调整跨中预应力筋固定支座的位置,尽量不使固定支座上的钢套管碰及预应力钢筋,以免影响实际张拉力。

(6)防腐处理

体外预应力加固体系中的主要金属部件均应进行防腐处理,防腐处理应尽量在张拉前完成。凡在工厂制作加工的金属加固杆件,应先除锈并刷一层防锈漆,再涂一层红丹及两层防锈灰漆,且每一道涂料工序均应等前一道工序的涂料完全干了之后再进行。而杆件的丝头部分应涂上黄油并套以塑料套管保护,以免运输及手动过程中损坏螺纹。高强钢丝束或钢丝绳宜采用热塑 PE 塑料保护套防护及防腐;在张拉工作全部完成后,应用水泥砂浆或环氧水泥砂浆填平锚固板和各种垫板的凹槽,并防止钢垫板锈蚀及锚固螺栓松动;当斜筋上端设在梁顶或梁端时,还应做好封锚混凝土,并恢复桥面铺装。

8.5.3 设计构造

1)T形梁及I形梁加固体系构造

（1）水平滑块

水平滑块由连接斜筋和水平筋（束）的活动滑块、支撑座或固定在梁底的支撑钢板组成。水平滑块通常用钢板制作，其构造形式如图 8-45 所示。

（2）楔形滑块

楔形滑块一般用钢件焊接，亦可用混凝土结构，可在滑块的斜面（滑动面）上加一层四氟乙烯板或不锈钢板。楔形滑块的构造形式如图 8-46 所示。

（3）U形承托

U形承托可用钢板弯制而成，套在横隔梁（板）的底部，并用环氧砂浆和锚固螺栓固定在横隔板上，其构造形式如图 8-47 所示。

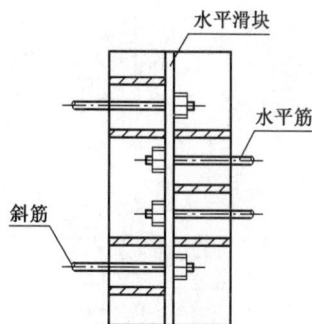

图 8-45 水平滑块构造平面

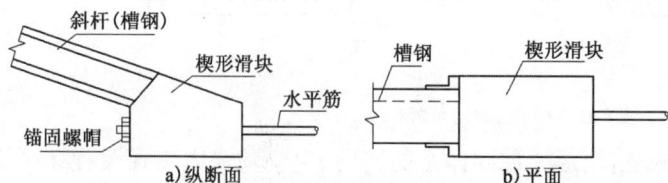

图 8-46 楔形滑块的构造

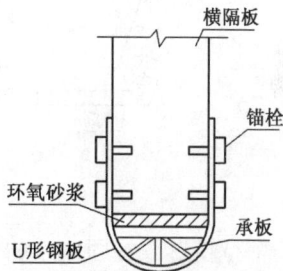

图 8-47 U形承托构造形式

（4）定位器

当体外索自由长度超过 10m 时，应设置定位器（或减振器），其构造如图 8-48 所示。

（5）黏结—摩擦锚固

黏结—摩擦锚固的构造图如图 8-49 所示。

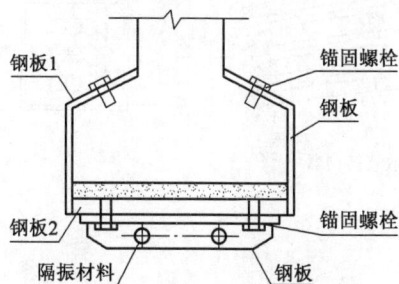

图 8-48 水平筋（束）的定位器示意图

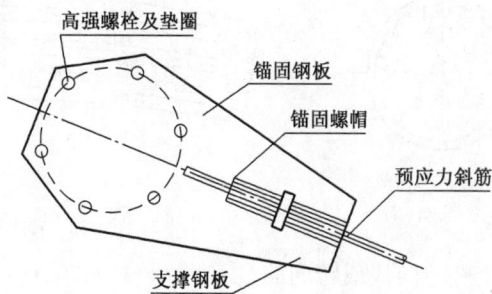

图 8-49 黏结—摩擦锚固的构造示意图

2)箱梁体外预应力加固构造

（1）纵横向布置

当对箱梁宜将体外预应力筋（束）布置在箱（室）的内侧（图 8-50）。体外预应力筋（束）沿桥梁纵向长线布置,横桥向应对称(图8-51)。

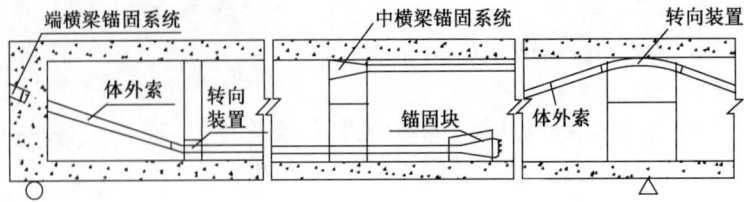

图8-50　箱梁内纵向布束形式

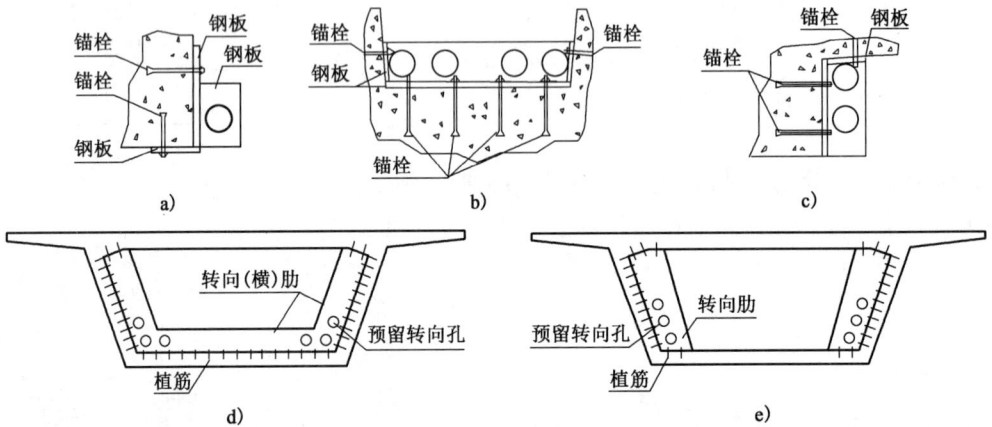

图8-51　箱梁内横向布束形式

(2)箱形梁加固体系的转向构造:箱形梁加固体系的转向、定位及锚固装置设置在箱梁内部时,转向装置应为符合预应力束弯转角度的弧形转向钢管,其管口应适当扩大。转向装置可以是整束式,也可以是分束式。整束式转向为预应力束整束在转向钢管中转向,如图8-52a)所示。分束式转向为钢绞线按一定次序、间距分散在转向器的截面上,如图8-52b)所示。转向管径应比钢绞线束或钢丝束外径大20mm,其壁厚不宜小于6mm。

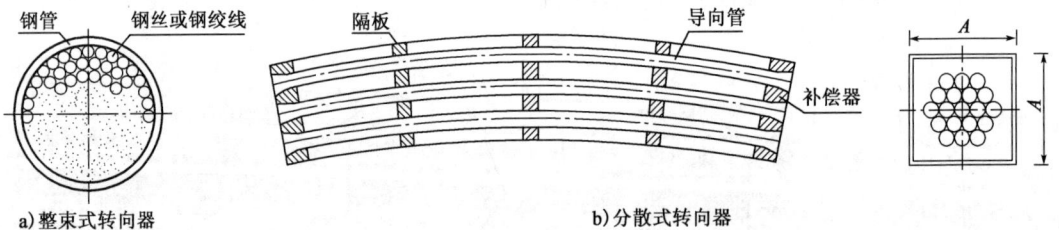

图8-52　转向器构造示意图

(3)转向块或转向肋

体外索转向装置包括转向块或转向肋。转向装置的平面尺寸与体外索的断面尺寸、束数、间距及转向力大小等因素有关。新浇筑混凝土转向装置的厚度不宜小于800mm。根据其受力要求选择如下:

①块式转向构造[图8-53a)],简称转向块,用于转向钢束较少的情况,或用于两个转向构造之间的钢束定位,以减小钢束的振动及其引起的二次效应。转向块通常用混凝土或钢板

制作。

②底横肋式转向构造［图 8-53b)］,简称横向转向肋,用于横桥向转向较大的情况,或用于两个转向构造之间的钢束定位。

③带竖肋式转向构造［图 8-53c)］,简称竖向转向肋,用于体外索竖向转向力较大的情况。

④竖横肋式转向构造［图 8-53d)］,简称转向横隔板,用于体外索竖、横向力均较大的情况。

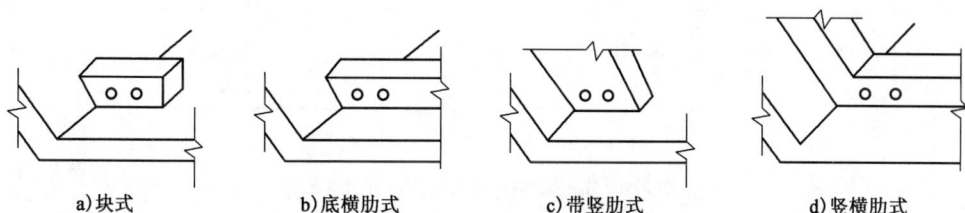

| a)块式 | b)底横肋式 | c)带竖肋式 | d)竖横肋式 |

图 8-53 转向构造示意图

块式转向块主要特征为仅在顶板、底板根部设置很小的混凝土块;横隔板式转向块主要特征为横隔板转向块与结构的顶板、底板紧密相连,造成自重较块式与肋板式相比类型要大一些;肋式转向块主要特征为较横隔板式体积小,自重轻一些。

混凝土转向块中应设置封闭箍筋如图 8-54 所示。箍筋宜采用植筋技术与混凝土箱体锚固。箍筋距离转向器上缘的最小距离为25mm,直径不宜大于 20mm;设置多层封闭箍筋时,层间距不宜小于50mm;箍筋的纵向间距不小于 150mm。混凝土集料粒径不宜超过 15mm。设置在箱内的转向块受力较小时,亦可采用钢结构。钢制转向块可通过植筋、锚栓及胶黏剂将其可靠锚固。锚栓设计要求参见《公路桥梁加固设计规范》(JTG/T J22—2008)附录 B。钢制转向块如图 8-55 所示。

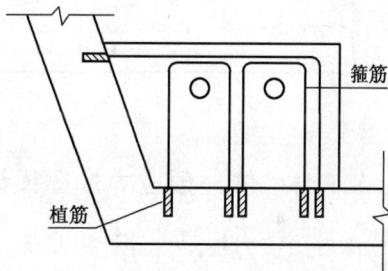

图 8-54 混凝土转向块的配筋形式

锚固块的平面尺寸按锚具布置要求确定。锚块内钢束不转向时,锚块长度可按锚固力传递至箱梁腹板和顶底板所需长度取值。

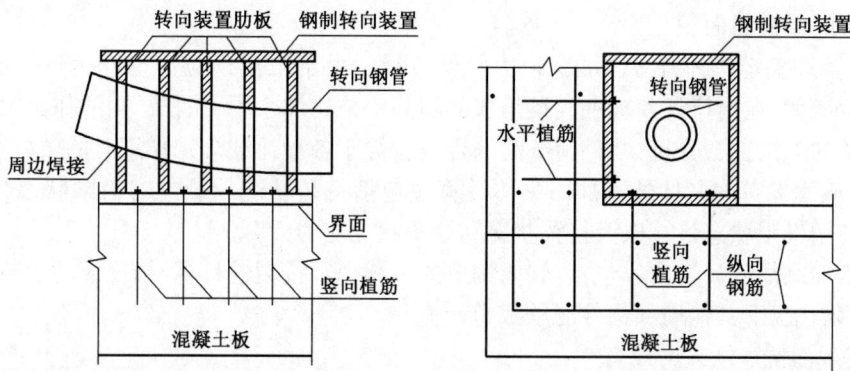

图 8-55 钢制转向块示意图

（4）新增设横（隔）梁或加劲肋

对新增设的横（隔）梁或加劲肋,按整体受力要求的配筋,如图8-56所示。其锚固钢筋可采用植筋或锚栓锚固于原梁混凝土中,并应验算其锚固强度。

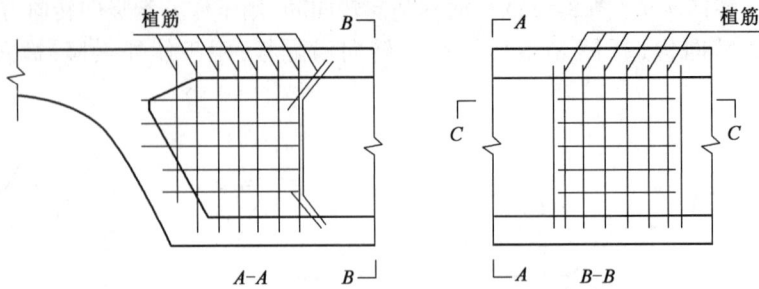

图8-56 锚固横隔板受力钢筋布置示意图

（5）定位装置

体外预应力筋（束）的定位及减振装置的构造如图8-57所示。在定位装置中,钢束与护套之间应用隔振材料填实。后浇筑的混凝土定位（或减振）装置的厚度不宜小于400mm。

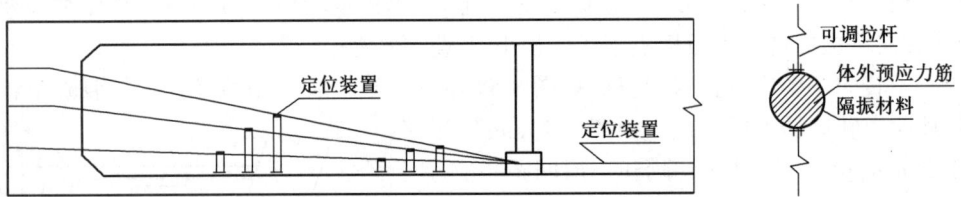

图8-57 体外预应力的定位及减振装置构造示意图

8.5.4 体外预应力加固设计计算步骤

体外预应力加固设计计算步骤如下:

（1）计算求出被补强构件提高荷载等级前所受荷载及其引起的内力,包括恒载和活载内力。方法与通常桥梁设计时内力计算相同。

（2）计算提高荷载标准后的活载内力,并由恒载与活载的组合来验算加固的必要性。

（3）由上面两项之差求出内力的提高值（即需补强加固的抵抗力矩及剪力等）,估算出补强拉杆应有的横截面面积。

（4）计算和确定拉杆所必需的张拉力与伸长量。由于张拉预应力拉杆达到一定应力后,外荷载有所增大;在由拉杆和被加固梁组成的超静定结构体系中,拉杆产生的作用效应增量可按结构力学的方法进行分析,几种荷载的综合效应等于各种荷载分别作用时的效应叠加。

（5）承载力验算。其体外索加固整体计算应包括持久状况承载能力极限状态计算、持久状况正常使用极限状态计算以及持久状况和短暂状况应力计算。

体外索加固局部计算内容包括:转向构造的承载力和抗裂性计算、锚固区的承载力和抗裂性计算、持久状况下其他局部构件的承载力计算。

（1）正截面抗弯承载力计算

体外预应力加固梁的正截面抗弯承载力计算图式如图8-58所示。加固结构抗弯承载力计算时应根据截面形状和中性轴的位置分如下两种情况考虑。

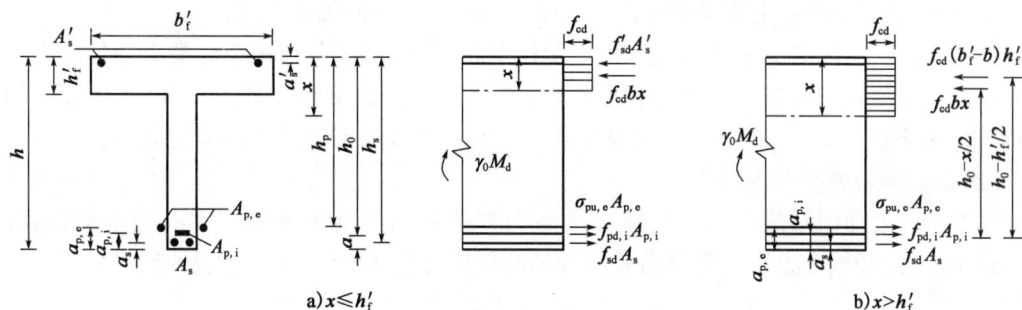

图 8-58 矩形、T 形截面梁正截面抗弯承载力计算图式

① 矩形截面或中性轴位于 T 形或 I 形截面翼板内 ($x \leqslant h'_f$)：

$$f_{cd} b'_f x + f'_{sd} A'_s = \sigma_{pu,e} A_{p,e} + f_{pd,i} A_{p,i} + f_{sd} A_s \tag{8-28}$$

$$\gamma_0 M_d \leqslant f_{cd} b'_f x \left(h_0 - \frac{x}{2} \right) \tag{8-29}$$

② T 形或 I 形截面且中性轴位于截面腹板内 ($x > h'_f$)：

$$f_{cd} b x + f_{cd} (b'_f - b) h'_f + f'_{sd} A'_s = \sigma_{pu,e} A_{p,e} + f_{pd,i} A_{p,i} + f_{sd} A_s \tag{8-30}$$

$$\gamma_0 M_d \leqslant f_{cd} b x \left(h_0 - \frac{x}{2} \right) + f_{cd} (b'_f - b) h'_f \left(h_0 - \frac{h'_f}{2} \right) + f'_{sd} A'_s (h_0 - a'_s) \tag{8-31}$$

为确保加固后的混凝土梁仍为塑性破坏，上述公式中的截面受压区高度 x 应满足下列条件：

$$x \leqslant \xi_b h_s \text{ 或 } x \leqslant \xi_b h_p \tag{8-32}$$

$$x \geqslant 2a'_s \tag{8-33}$$

式中：γ_0——桥梁结构重要性系数；

M_d——计算截面弯矩组合设计值；

$A_{p,e}$——体外预应力水平钢筋(束)的截面面积；

$\sigma_{pu,e}$——当构件达到极限抗弯承载能力时，体外预应力筋(束)的极限应力计算值；

$A_{p,i}$——原梁体内预应力筋的截面面积；

$f_{pd,i}$——原梁体内预应力筋的抗拉强度设计值；

A_s——原梁体内纵向受拉普通钢筋的截面面积；

A'_s——原梁体内纵向受压普通钢筋的截面面积；

f_{sd}——原梁体内纵向受拉普通钢筋的抗拉强度设计值；

f_{cd}——混凝土的抗压强度设计值；

b'_f——受压翼板的有效宽度，按《公路钢筋混凝土及预应力混凝土桥涵设计规范》(JTG 3362—2018)的规定取用；

b——矩形截面宽度或 T 形截面的腹板宽度；

h'_f——受压翼板的厚度；

h_0、h_p——原梁中普通钢筋和预应力钢筋的合力作用点至梁顶面的距离；

h_0——体(内)外预应力筋和原梁普通钢筋的合力点到梁顶面的距离，$h_0 = h - a$；

a——受拉区体内(外)预应力筋(束)和普通钢筋的合力作用点至受拉区边缘的距离；

a'_s——受压区普通钢筋的合力作用点至受压区边缘的距离；

ξ_b——原钢筋混凝土梁或原预应力混凝土梁的相对界限受压区高度。

相对界限受压区高度 ξ_b 可根据原梁中受拉钢筋的种类由《公路钢筋混凝土及预应力混凝土桥涵设计规范》（JTG 3362—2018）相关规定查取。正截面抗弯承载力计算中,体外索的水平筋（束）极限应力 $\sigma_{pu,e}$ 按《公路桥梁加固设计规范》（JTG/T J22—2008）规定计算。

（2）斜截面抗剪承载力计算

体外预应力加固梁的斜截面的抗剪承载力可按钢筋混凝土或预应力混凝土梁计算,如图8-59所示,但必须考虑穿过验算斜截面的体外预应力斜筋的竖向分力的影响,即:

$$\gamma_0 V_d \le \alpha_1 \alpha_2 \alpha_3 \times 0.45 \times 10^{-3} bh_0 \sqrt{(2+0.6P) \sqrt{f_{cu,k}} \rho_{sv} f_{sd,v}} +$$
$$0.75 \times 10^{-3} f_{sd,b} \sum A_{sb} \sin\theta_s + 0.75 \times 10^{-3} f_{pb,i} \sum A_{pb,i} \sin\theta_i + \quad (8\text{-}34)$$
$$0.8 \times 10^{-3} \sigma_{pub,e} \sum A_{pb,e} \sin\theta_e$$

式中:γ_0——桥梁结构的重要性系数;

$f_{pb,i}$——体内预应力筋的抗拉强度设计值（MPa）;

$A_{pb,i}$——斜裂缝范围内体内弯起预应力筋的截面面积（mm^2）;

A_{sb}——原钢筋混凝土梁中,一排普通弯起钢筋（或斜筋）的截面面积（mm^2）;

$A_{pb,e}$——体外预应力弯起筋（束）的截面面积（mm^2）;

θ_i——体外预应力筋（束）在斜截面受压端正截面处与梁轴线的夹角（°）;

θ_e——体外预应力筋（束）在竖直平面内的弯起角度（竖弯角）（°）,$\theta_e \le 45°$;

θ_s——体外普通弯起钢筋的弯起角度（°）;

其他符号意义见增大截面加固技术部分。

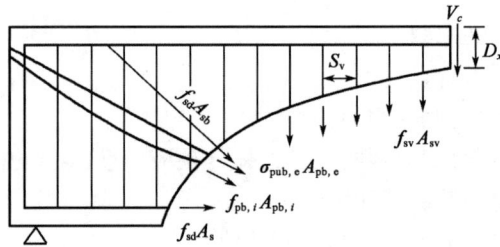

图8-59　体外预应力加固梁斜截面抗剪承载力计算图式

体外索的斜筋极限应力 $\sigma_{pub,e}$,与转向块处的摩阻情况有关,可由水平筋（束）的极限应力 $\sigma_{pu,e}$ 求得:

$$\sigma_{pub,e} = \lambda \sigma_{pu,e} \quad (8\text{-}35)$$

式中:λ——体外索斜筋（束）拉力与水平筋（束）拉力的比例系数,按如下方法确定:

采用有水平向移动的滑块或有转向块时:

$$\lambda = \frac{1}{\cos\theta_e + f_0 \sin\theta_e} \quad (8\text{-}36)$$

采用楔形滑块时:

$$\lambda = \cos\theta_e - f_0 \sin\theta_e \quad (8\text{-}37)$$

式中:f_0——摩擦系数,在缺少可靠试验数据的情况下,钢材间的摩擦取 $f_0 = 0.16$;采用四氟乙烯滑板时取 $f_0 = 0.06$;混凝土与钢材间的摩擦取 $f_0 = 0.25$。

8.5.5 体外预应力加固的工程示例

1）体外预应力加固 T 梁

某 T 梁桥建于 1992 年 10 月 8 日,桥面宽度:2 × 净 9 + 1.0 中央(分隔带) + 2 × 1.5(人行道)m,双向四车道。主桥共 3 跨,边跨采用钢筋混凝土单悬臂梁、中跨采用预应力混凝土吊梁,设计荷载为汽—20,挂—100(图 8-60)。桥下净空高度为最高通航水位以上 7m。

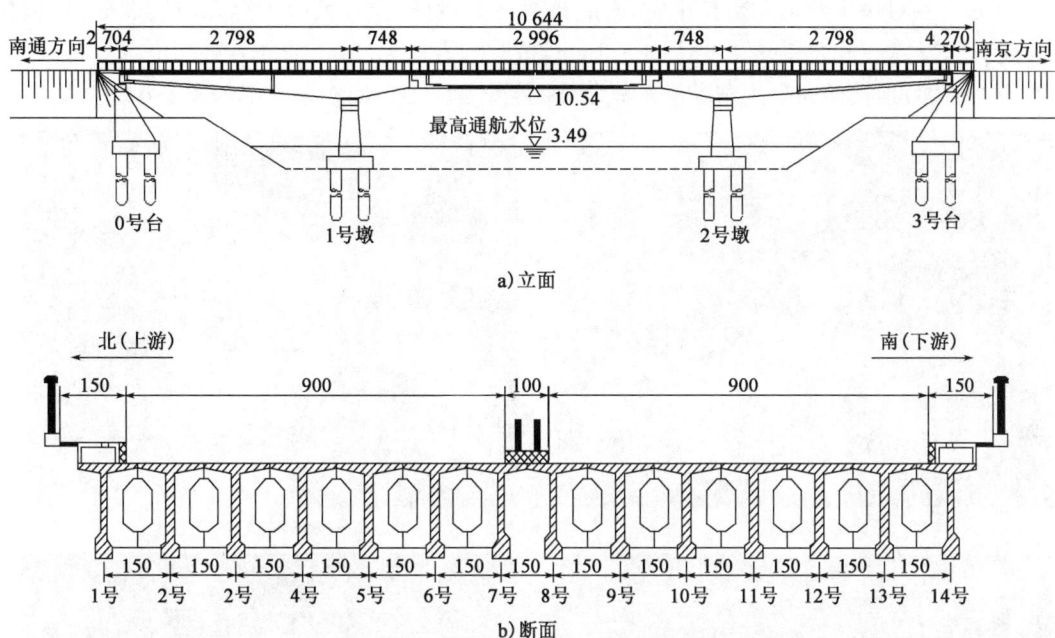

a)立面

b)断面

图 8-60　受损大桥结构(尺寸单位:cm)

该桥梁于 2007 年 6 月遭受一次船撞,该桥 1 号挂梁损伤严重,挂梁跨度 30m,受撞位置为 5m 左右范围,梁体混凝土破碎,预应力丢失严重,形成梁体卸载,卸下的桥面荷载由邻近的挂梁承担,增加了这些梁的负载,影响了桥梁的安全。采取了如下加固措施,对直接撞损的局部采用黏钢加固(注浆法施工),通过注胶恢复受损部分混凝土的整体性。整体采用体外预应力加固,以弥补损失的预应力,大桥受损外观及加固效果如图 8-61 所示。

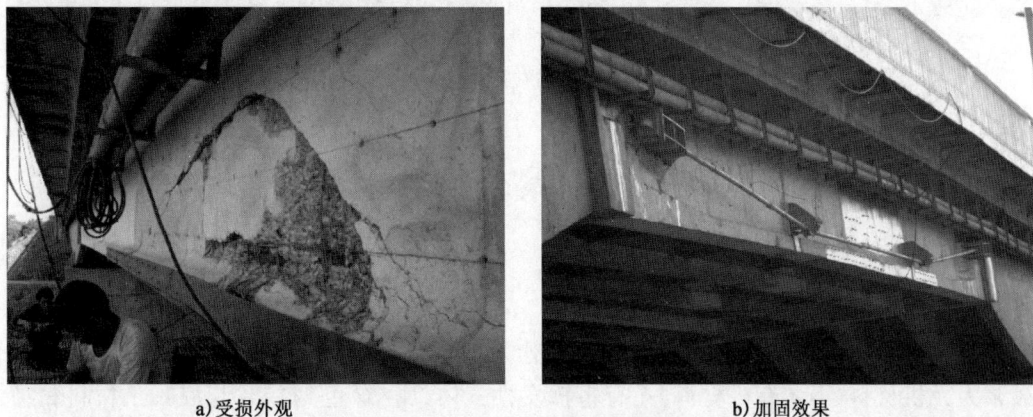

a)受损外观

b)加固效果

图 8-61　大桥受损外观及加固效果

2）体外预应力加固箱梁

某大桥于 1999 年 9 月建成通车,主桥为预应力混凝土连续箱梁,桥面全宽 33.8m,双向六车道,分上下行两幅,大桥荷载等级为汽—超 20,挂—120 设计。截面中心高 3m,翼缘悬臂长 4.275m,底板厚度自根部 120cm 渐变至跨中 20cm,腹板厚度自根部 60cm 渐变至跨中 40cm;梁体混凝土强度等级为 C50。纵向预应力采用 19-7φ5 钢绞线;横向预应力采用 4-7φ5 钢绞线,间距 75cm,扁锚;竖向预应力采用单根 75/100 级冷拉精轧螺纹粗钢筋,直径 32mm,间距 45~50cm。在对桥梁的定期检查中发现,底板存在大量横向裂缝,腹板存在斜向裂缝,顶板存在大量纵向裂缝。最大裂缝宽度达到 0.4mm,桥梁病害情况严重,加固方案如下:纵向采用体外预应力加固,顶板横向采用粘贴碳纤维加固,体外预应力加固箱梁效果如图 8-62 所示。

a)体外索

b)锚固支座

c)端部锚具

d)减震装置

图 8-62　体外预应力加固箱梁效果

8.6　钢绞线网—聚合物砂浆加固技术

8.6.1　技术原理与特点

高强钢绞线网为高强钢绞线编织而成的钢绞线网,强度高、不生锈、运输及施工方便,聚合物砂浆为无机材料,不含有机材料,无有害挥发性气体,属"绿色"材料,与混凝土材料黏结性能良好,耐久、耐高温。这些材料的生产全部在现代化工厂完成,然后运送到施工现场进行加固施工。用高强钢绞线(不锈钢或镀锌)代替钢筋,将钢绞线网通过固定销装置固定于待加固结构底面或侧面,分层压抹聚合物砂浆,聚合物砂浆与原结构黏结为一体而共同工作,实现对结构受拉区或截面侧面的加固,发挥加固效果(图8-63)。

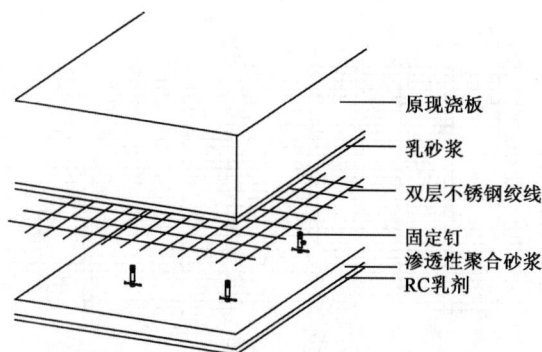

图8-63　高强钢绞线网—聚合物砂浆加固技术原理

采用高强钢绞线网和渗透性聚合物砂浆对混凝土结构进行抗弯及抗剪加固均可取得很好的加固效果,不仅抗弯承载力和抗剪承载力可以得到显著提高,而且抗弯刚度也能够得到显著的提高。

与传统的桥梁加固方法相比,高强钢绞线网—聚合物砂浆外加层加固技术具有以下特点:

(1)良好的耐久性能

钢绞线网由于不锈钢或镀锌钢绞线,不存在钢材腐蚀的问题;由于渗透性聚合物砂浆为无机材料,它不存在如碳纤维加固、粘贴钢板加固需要使用结构胶这样的有机加固材料的老化等问题,加固结构具有良好的耐久性能。

(2)黏结性能好

渗透性聚合物砂浆为无机材料,具有良好的黏结性能;钢绞线为传统材料,该技术是对传统材料在加固领域的开发应用,加固性能可靠,可靠的黏结保证了加固材料的强度利用。

(3)耐火和耐高温

与粘贴纤维加固技术和粘贴钢板加固技术相比,由于不涉及树脂胶材料,该技术具有良好的耐火性能及耐高温性能。

(4)适合大面积结构加固

施工便捷,适合机械化施工,在结构加固的过程中不影响建筑的使用,对被加固的母体表面没有平整要求,节点处理方便,可以加固有缺陷或强度低的混凝土结构,非常适合楼板、江堤及桥梁等大体积混凝土结构的加固。

(5)性价比高

高强钢绞线强度高,其标准强度约为普通钢材的5倍,其抗弯加固不仅可以显著地提高承载力,而且可以显著地提高刚度。这是粘贴纤维加固所不可比的,高强钢绞线网和聚合物砂浆的成本低,加固技术不涉及大型机械,整体造价低。

8.6.2　材料性能

1)钢绞线

钢绞线网典型规格如图8-64所示,其纵向钢绞线间距30mm,横向钢绞线间距150mm,网片采用小直径、不松散的高强度钢绞线制作。常用钢绞线的直径有2.4～4.8mm等不同规格,其性能指标如表 8-5 和表 8-6 所示,钢绞线的结构形式有 6 ×7 + IWS 金属股芯右交互捻钢丝绳和 1 ×19 单股左捻钢丝绳如图 8-65 所示,钢绞线网固定销示意如图 8-66 所示,主要起固定钢绞线网的作用。

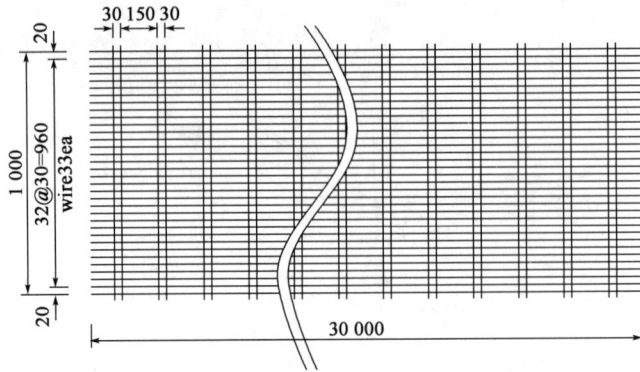

图 8-64   钢绞线网典型规格(尺寸单位:mm)

高强钢绞线抗拉强度设计值(MPa)   表 8-5

种　　类	高强不锈钢丝绳			高强镀锌钢丝绳		
	钢丝绳公称直径(mm)	抗拉强度标准值	抗拉强度设计值	钢丝绳公称直径(mm)	抗拉强度标准值	抗拉强度设计值
6 ×7 + IWS	2.4 ~4.0	1 600	1 200	2.5 ~4.5	1 650	1 100
1 ×19	2.5	1 470	1 100	2.5	1 580	1 050

高强钢绞线弹性模量及拉应变设计值   表 8-6

类　　别		弹性模量设计值 E_{rw}	拉应变设计值 ε_{rw}
不锈钢丝绳	6 ×7 + IWS	1.2×10^5	0.01
	1 ×19	1.1×10^5	0.01
镀锌钢丝绳	6 ×7 + IWS	1.4×10^5	0.008
	1 ×19	1.3×10^5	0.008

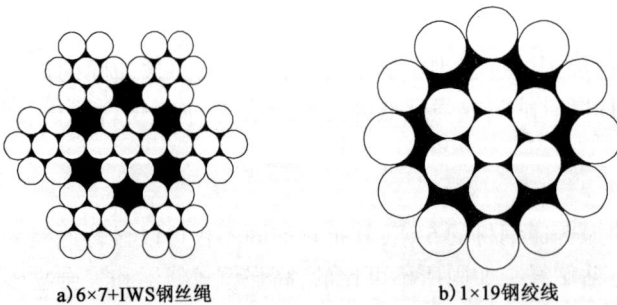

a) 6×7+IWS钢丝绳　　　　　b) 1×19钢绞线

图 8-65   钢绞线的结构形式

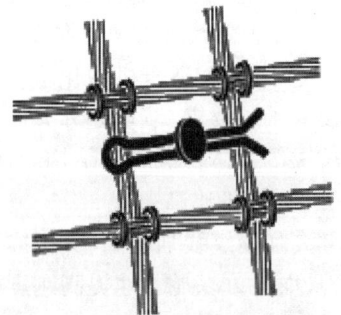

图 8-66   钢绞线固定销示意图

2)聚合物砂浆

聚合物砂浆在工厂生产封装之后,在工地现场按照一定的比例进行调和并不断搅拌均匀。其具有较好的力学性能,如黏结强度、热膨胀系数、抗压强度、抗弯强度等。聚合物砂浆具有下列特点:

（1）强度比一般混凝土要高,并且早期强度增长快。

（2）具有较强的渗透性,即使不使用底漆,与原混凝土结构的黏结性能也很好,如使用界面剂,黏结强度还会提高。

（3）收缩性小,因此基本不会产生收缩裂缝。

（4）材料无毒,对人体无害。

3）界面剂

乳状灰浆界面剂可以增强原混凝土和聚合物砂浆的黏结力。其作为无机材料,是与混凝土结构物的物性相同的优秀补修材料。

8.6.3 主要途径与施工工艺

采用高强不锈钢绞线网—渗透性聚合砂浆加固技术混凝土结构构件时,应将钢绞线网片设计成仅承受拉应力作用,并能与混凝土变形协调、共同受力,如图 8-67 所示。高强不锈钢绞线网—渗透性聚合砂浆可以设置在受弯构件的受拉侧对其抗弯加固,也可设置于受弯构件的侧面对其抗剪加固,并宜采用三面或四面围套的面层构造或双面的外夹层构造;当采用单面的面层构造时,应加强面层与原构件的锚固与拉结。

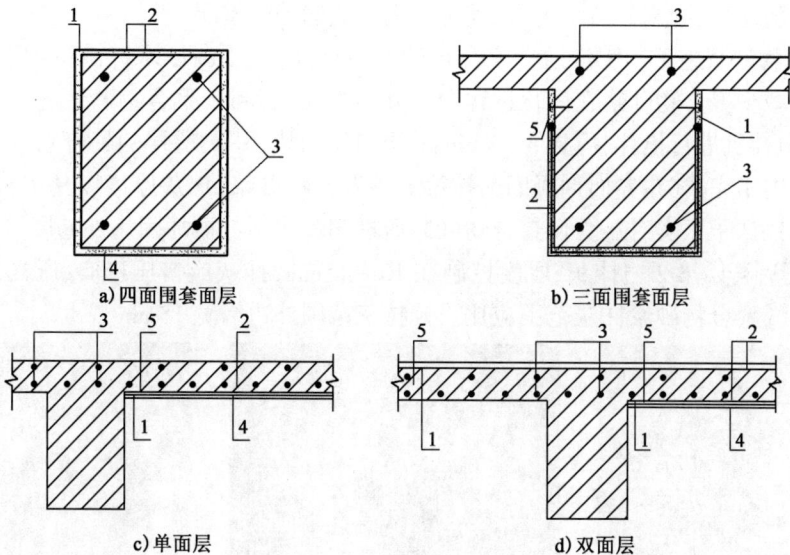

a) 四面围套面层 b) 三面围套面层

c) 单面层 d) 双面层

图 8-67　高强不锈钢绞线网—渗透性聚合砂浆加固构造示意图
1-固定板;2-钢绞线网片;3-原钢筋;4-聚合物砂浆面层;5-胶黏型锚栓

高强不锈钢绞线网—聚合砂浆加固技术的施工工艺如图 8-68 所示,主要包括定位放线、基面处理、钢绞线网下料、钢绞线网固定、张紧与销固、涂刷界面剂、聚合物砂浆施工、养护等,其主要工艺的现场图片如图 8-69 所示。具体如下:

（1）定位放线。通过现场勘查确定加固的分布范围及具体位置,严格按照设计图纸要求的尺寸并结合实际部位尺寸,核对无误后进行定位放线。

（2）基面处理。对于加固构件表面的油垢、污物等杂质,用角磨机打磨除去 1～2mm 厚表层,打磨完毕用压缩空气吹净浮尘,并用高压水枪清洗干净;结构表面松散碳化的混凝土应剔除,直至露出新的结构面,用聚合物砂浆对凹陷部位进行修补;对于有裂缝的构件混凝土加固构件要先进行修补,当原构件钢筋有锈蚀现象时,应对外露钢筋进行除锈及阻锈处理;若原构件钢筋经检测认为结构内部钢筋有锈蚀,宜采用喷涂型阻锈剂进行处理。

（3）钢绞线网下料。应按照设计文件和加固的具体尺寸进行钢绞线网片下料,平行于主受力方向钢绞线在加固面的外侧,垂直于主受力方向钢绞线在加固面的内侧。采用钢绞线网切割机切割钢绞线,在钢丝绳网片的端头套上专用紧固环,并使紧固环扎紧钢丝绳线头,钢绞线的端部应从拉环包裹处露出20mm左右。

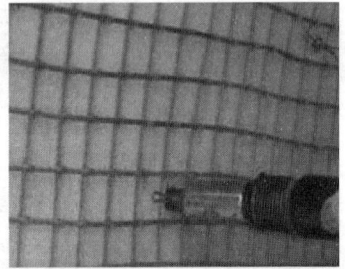

（4）钢绞线网固定、张紧与销固。不锈钢绞线网在施工时采用一端固定、一端张拉的方式,并采用绳卡进行固定。

（5）涂刷界面剂。界面剂施工前,待加固构件表面清理干净并洒水3~4次,充分湿润,晾至表面无明水,然后均匀涂刷1~2mm厚界面剂。界面剂按照产品说明书进

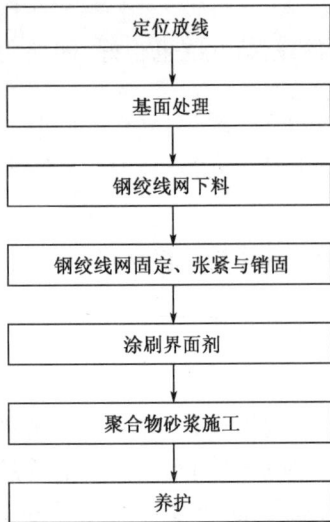

图8-68　钢绞线网—聚合物砂浆外加层加固技术工艺流程

行配制,随用随搅拌,涂刷分布均匀,尤其是被钢绞线遮挡的基层。

（6）聚合物砂浆施工。①渗透性聚合物砂浆施工前,应用高压水冲洗待加固构件并保持潮湿状态,以减少聚合物砂浆在固化过程中水分的损失,有利于聚合物砂浆的充分固化;②采用小型砂浆搅拌机进行搅拌,搅拌3~5min至均匀无结块,一次搅拌的聚合物砂浆不宜过多,确保在0.5h内用完;③在界面剂凝固前抹第1层聚合物砂浆,抹灰厚度以基本覆盖钢绞线网片为宜,采用铁抹子压实、拉毛,使聚合物砂浆透过钢绞线网与被加固构件基层结合紧密;④第1层抹灰初凝后开始第2遍抹灰,厚度控制在10~15mm,抹灰应挤压密实、压光,使前后抹灰层结合紧密;⑤聚合物砂浆抹灰范围应比设计抹灰范围外边缘宽15mm以上。

a) 基面处理　　　　　b) 钢绞线网下料　　　　c) 钢绞线网固定、张紧与销固

d) 涂刷界面剂　　　　e) 聚合物砂浆施工——喷涂　　f) 聚合物砂浆施工——压抹

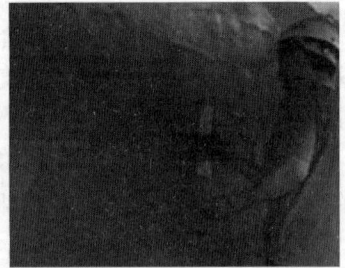

图8-69　钢绞线网—聚合物砂浆外加层加固技术关键工艺

（7）养护：聚合物砂浆层终凝后，应及时进行喷水养护，养护时间不得少于7d，养护期间应保持表面湿润。聚合物砂浆层未达到硬化状态时，不得浇水养护或直接受雨水冲刷。

8.6.4　设计构造

（1）原结构、构件按现场检测结果推定的混凝土强度等级不应低于C15，且混凝土表面的正拉黏结强度不应低于1.5MPa。

（2）网片应在工厂使用专门的机械和工艺制作。

（3）网的主筋（即纵向受力钢绞线）与横向筋（横向钢绞线，也称箍筋）的交点处，应采用同品种钢材制作的绳扣束紧；主筋的端部应采用固定结固定在固定板上；固定板以胶黏型锚栓锚于原结构上，胶黏型锚栓的材质和型号的选用应经计算确定。

（4）网中受拉主筋的间距应经计算确定，但不应小于20mm，也不应大于40mm。网中横向筋的间距：当用作梁、柱承受剪力的箍筋时，应经计算确定，但不应大于50mm；当用作构造箍筋时，梁、柱不应大于150mm；板和墙，可按实际情况取为150~200mm。

（5）钢绞线网与基材混凝土的固定，应在网片就位并张拉绷紧的情况下进行。一般情况下，应采用尼龙锚栓或胶黏螺杆植入混凝土中作为支点，以开口销作为绳卡与网连接。锚栓或螺杆的长度不应小于55mm；其直径不应小于4.0mm；净埋深不应小于40mm；间距不应大于150mm。构件端部固定套环用的锚栓，其净埋深不应小于60mm。

（6）锚固销的节点锚固点应在不锈钢丝网竖线之间的结合部。

（7）界面剂的喷涂每次应在2mm以下，须保证喷涂均匀，防止龟裂发生。

（8）聚合物砂浆面层的厚度，不应小于25mm，也不宜大于35mm；当采用镀锌钢绞线时，其保护层厚度尚不应小于15mm。

（9）聚合物砂浆面层的表面应喷涂一层与该品种砂浆相适配的防护材料，提高面层耐环境因素作用的能力。

8.6.5　计算原理

采用钢绞线网—聚合砂浆进行加固时，除应符合现行国家标准《混凝土结构设计规范》（GB 50010—2010）正截面承载力计算的基本假定，尚应符合下列规定。

（1）构件达到受弯承载能力极限状态时，钢绞线网的拉应变 ε_{rw} 可按截面应变保持平面的假设确定。

（2）钢绞线网应力 σ_{rw} 可近似取等于拉应变 ε_{rw} 与弹性模量 E_{rw} 的乘积。

（3）当考虑二次受力影响时，应按构件加固前的初始受力情况，确定钢绞线网片的滞后应变。

（4）在达到受弯承载能力极限状态前，钢绞线网与混凝土之间不出现黏结剥离破坏。

（5）对梁的不同面层构造，统一采用仅按梁的受拉区底面有面层的计算简图，但在验算梁的正截面承载力时，应引入修正系数 η_{rl}，以考虑梁侧面围套内钢丝绳网对承载力提高的作用。

采用高强不锈钢绞线网—聚合砂浆进行加固时，其正截面承载力计算的计算简图如图8-70所示，正截面承载力应按下列公式确定：

$$f_{cd}bx = f_{sd}A_{so} + \eta_{rl}\psi_{rw}f_{rw}A_{rw} - f'_{sd}A'_{so} \tag{8-38}$$

$$\gamma_0 M_d \leqslant f_{cd} bx \left(h - \frac{x}{2} \right) + f'_{sd} A'_{so} (h - a') - f_{sd} A_{so} (h - h_0) \tag{8-39}$$

$$\psi_{rw} = \frac{0.8 \varepsilon_{cu} h/x - \varepsilon_{cu} - \varepsilon_{rw,o}}{f_{rw}/E_{rw}} \tag{8-40}$$

$$2a' \leqslant x \leqslant \xi_{b,rw} h_0 \tag{8-41}$$

式中：M_d——弯矩组合设计值,按《公路钢筋混凝土及预应力混凝土桥涵设计规范》(JTG 3362—2018)的规定计算；

γ_0——结构重要性系数；

x——等效矩形应力图形的混凝土受压区高度；

b、h——矩形截面的宽度和高度；

f_{rw}——钢绞线网片抗拉强度设计值；

f_{cd}——原混凝土梁的抗压强度设计值；

f_{sd}——原梁纵向受拉钢筋的抗拉强度设计值；

A_{rw}——钢丝绳网片受拉截面面积；

a'——纵向受压钢筋合力点至混凝土受压区边缘的距离；

h_0——构件加固前的截面有效高度；

h_{rl}——自梁侧面受拉区边缘算起,配有与梁底部相同的受拉钢丝绳网片的高度,设计时应取 h_{rl} 小于等于 $0.25h$；

η_{rl}——考虑梁侧面围套 h_{rl} 高度范围内配有与梁底部相同的受拉钢丝绳网片时,该部分网片对承载力提高的系数；对梁侧面高度范围配置网片按表 8-7 的规定值采用；对单面面层,取 $\eta_{rl} = 1.0$；

ψ_{rw}——考虑受拉钢丝绳网片的实际拉应变可能达不到设计值而引入的强度利用系数；当 ψ_{rw} 大于 1.0 时,$\psi_{rw} = 1.0$；

ε_{cu}——混凝土极限压应变,取 $\varepsilon_{cu} = 0.0033$；

$\varepsilon_{rw,o}$——考虑二次受力影响时钢丝绳网片的滞后应变,若不考虑二次受力影响,取 $\varepsilon_{rw,o} = 0$。

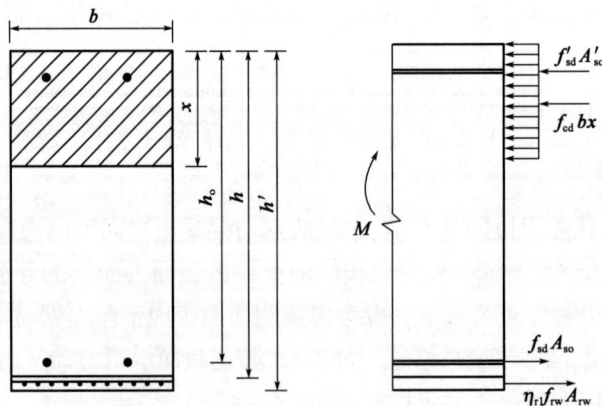

图 8-70　钢绞线网—聚合物砂浆加固正截面受弯承载力计算

梁侧面 h_{rl} 高度范围配置网片的承载力提高系数 表8-7

h_{rl}/h	h/b							
	1.0	1.5	2.0	2.5	3.0	3.5	4.0	4.5
0.05	1.09	1.14	1.18	1.23	1.28	1.32	1.37	1.41
0.10	1.17	1.25	1.34	1.42	1.50	1.59	1.67	1.76
0.15	1.23	1.34	1.46	1.57	1.69	1.80	1.92	2.03
0.20	1.28	1.42	1.56	1.70	1.83	1.97	2.11	2.25
0.25	1.32	1.47	1.63	1.79	1.95	2.10	2.26	2.42

受弯构件加固后的相对界限受压区高度 $\xi_{b,rw}$ 应按下式计算,即加固前控制值的 0.85 倍:

$$\xi_{b,rw} = 0.85\xi_b \qquad (8-42)$$

式中:ξ_b——构件加固前的相对界限受压区高度,按现行国家标准《混凝土结构设计规范》
（GB 50010—2010）的规定计算。

当考虑二次受力影响时,钢丝绳网片的滞后应变 $\varepsilon_{rw,o}$ 应按下式计算:

$$\varepsilon_{rw,o} = \frac{\alpha_{rw}M_{ok}}{E_{so}A_{so}h_o} \qquad (8-43)$$

式中:M_{ok}——加固前受弯构件验算截面上原作用的弯矩标准值;

E_{so}——原钢筋的弹性模量;

α_{rw}——综合考虑受弯构件裂缝截面内力臂变化、钢筋拉应变不均匀以及钢筋排列影响
的计算系数,按表8-8的规定采用。

计算系数 α_{rw} 值 表8-8

ρ_{te}	≤0.007	0.010	0.020	0.030	0.040	≥0.060
单排钢筋	0.70	0.90	1.15	1.20	1.25	1.30
双排钢筋	0.75	1.00	1.25	1.30	1.35	1.40

注:1. ρ_{te} 为混凝土有效受拉截面的纵向受拉钢筋配筋率,即 $\rho_{te} = A_{so}/A_{te}$,其中,$A_{te}$ 为有效受拉混凝土截面面积,按现行
国家标准《混凝土结构设计规范》（GB 50010—2010）的规定进行计算。

2. 当原构件钢筋应力 $\sigma_{so} \leq 150$MPa 且 $\rho_{te} \leq 0.05$ 时,表中 α_{rw} 值可乘以调整系数 0.9。

8.6.6 应用实例

某简支 T 梁桥建设于 20 世纪 80 年代（图 8-71）,设计荷载为汽车—20 级,挂车—100,该
桥孔跨为 7×20m,桥面净宽($9 + 2 \times 1.2$)m,上部
为装配式混凝土 T 形梁式结构,下部为双柱式墩,
钻孔灌注摩擦桩基础,桥台为双柱式桥台。根据
需要,该桥需要提档升级,将原二级公路改建为一
级公路。经过多种加的施工技术和经济性比较,
最终采用高强不锈钢绞线网—聚合物砂浆加固技
术对其进行加固,以提高其承载力,达到一级公路
荷载要求。加固方案如图 8-72 所示,T 梁底部 6
根、侧面各 5 根高强不锈钢绞线网。加固施工如
图 8-73 所示。

图 8-71 某简支 T 梁桥结构现场照片

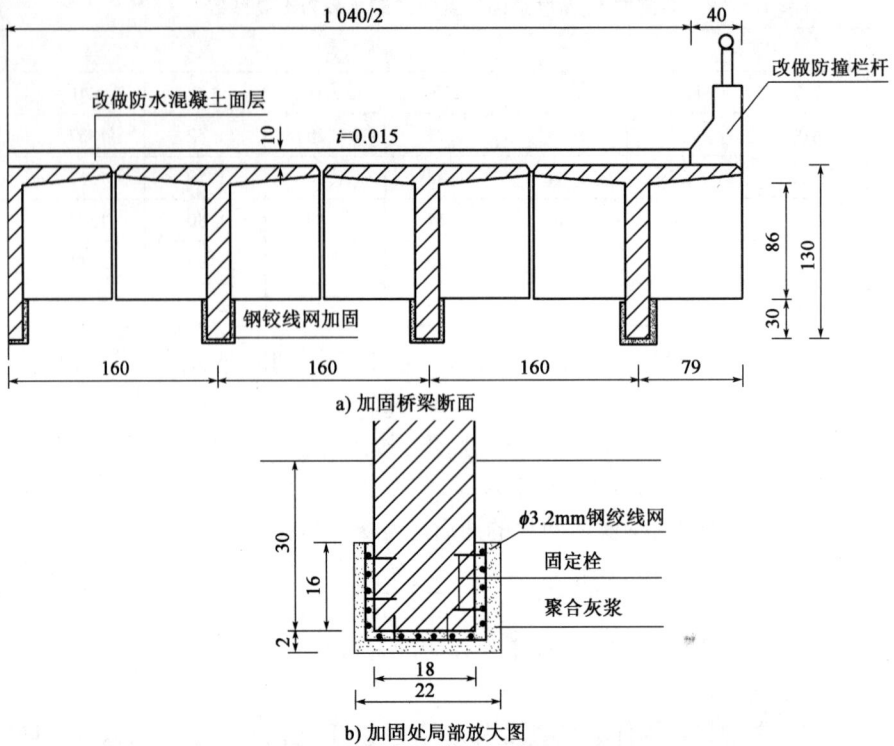

图 8-72　某简支 T 梁桥钢绞线网—聚合物砂浆加固方案示意图(尺寸单位:cm)

图 8-73　钢绞线网—聚合物砂浆加固 T 梁施工现场

该桥梁加固前后的车辆静载试验表明,加固后桥梁达到加固设计要求。与加固前对应状态相比,加固使桥梁最大挠度减小 14.97% ,一阶频率提高 6.94% 。桥梁整体刚度和承载力获得较大幅度的提高,加固效果明显,实际运营荷载作用下,加固后的桥梁能够达到一级公路汽车荷载的要求。

8.7　预应力钢丝绳—聚合物砂浆加固技术

8.7.1　技术原理与特点

预应力钢丝绳—聚合物砂浆加固技术通过对小直径的高强钢丝绳施加预应力,并将预应力钢丝绳与结构内部已有纵筋(或预埋的化学螺栓)在两端锚固于一体,从而实现受弯构件底部受拉纤维的加强(图8-74)。整个加固系统包括预应力钢丝绳、挤压锚头、端部锚具和反力支点,加固系统设置在待加固混凝土构件的底部,预应力钢丝绳通过两端安装的挤压锚头嵌置于两端的端部锚具内,反力支点设置于待加固混凝土构件底面与预应力钢丝绳之间,端部锚具采用纵筋焊接法或化学螺栓法实现固定,聚合物砂浆设置在预应力钢丝绳的底部,并覆盖整个加固系统。

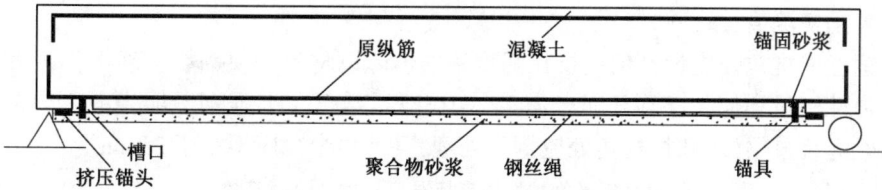

图8-74 预应力钢丝绳—聚合物砂浆加固技术原理

预应力钢丝绳—聚合物砂浆加固技术对刚度和承载力的提高都非常明显,对承载力甚至可以提高到超筋破坏的极限状态。与传统的桥梁加固方法相比,其具有以下特点:

(1)待加固结构混凝土强度不受限制

对低强度混凝土也能进行加固,因为加固的预应力钢丝绳通过纵筋焊接法或化学螺栓法实现力的传递,对待加固结构混凝土强度不受限制。

(2)耐腐蚀、防火性能好

预应力钢丝绳采用不锈钢或镀锌钢绞线,不存在钢材腐蚀的问题,耐腐蚀性和防火性能好,对环境条件无特别要求,可应用于高温等特殊环境。

(3)具有理想的破坏模式

能够避免黏结破坏等脆性破坏或无法估计承载力的破坏,其是发生受压区混凝土压坏和钢筋屈服、加固材料拉伸断裂的延性破坏的经典破坏模式,对其承载力可以估计得非常准确。

(4)基本不影响结构外观

基本不影响原结构的净空;多道防线保证其疲劳性能、抗腐蚀性能等施工成本低,施工操作方便,适用面广泛。

(5)基本不影响结构外观

加固增加厚度小,基本不影响原结构的净空,预应力钢丝绳可适宜地布置于结构侧面,完全不影响净空。

(6)施工便利

不涉及复杂的施工工艺,无需大型机械,施工速度快。

(7)主动性强

由于施加了预应力,和体外预应力效果相近,是一种主动加固技术,尤其适用于挠度过大、裂缝病害严重的结构加固。

该技术适用于桥梁由于施工缺陷、材料老化、荷载增加、梁板损坏等原因导致的原有结构的承载力不足的加固,尤其适用于已有损伤、无法卸载的结构加固,比现有其他加固方法更有优势。

8.7.2　材料性能

1）高强钢丝绳

可采用的钢丝绳包括高强不锈钢钢丝绳和高强镀锌钢丝绳。加固酸碱、潮湿、露天等腐蚀环境下的结构、构件，宜采用高强不锈钢钢丝绳。一般环境下，可选用高强镀锌钢丝绳，但应采取有效的防锈措施。采用高强钢丝绳加固混凝土结构时，应按《混凝土结构设计规范》（GB 50010—2010）的规定进行承载力极限状态计算和正常使用极限状态验算。钢筋和混凝土材料强度应采用实测值。

高强钢丝绳抗拉强度设计值由抗拉强度标准值除以材料分项系数 γ_r 确定（表8-9）。高强钢丝绳的弹性模量和伸长率应不低于如表8-10所示数值。高强钢丝绳表面不得沾有油脂。当高强钢丝绳绕过梁棱角时，棱角处应倒角处理，且倒角半径应不小于25mm。

高强钢丝绳抗拉强度标准值及材料分项系数　　　　表8-9

种　类	符　号	公称直径（mm）	不锈钢钢丝绳		镀锌钢丝绳	
			抗拉强度标准值（MPa）	材料分项系数 γ_r	抗拉强度标准值（MPa）	材料分项系数 γ_r
1×19	Φ^s	$3.0 \sim 7.0$	1 650	1.47	1 560	1.47
			1 770	1.47	1 650	1.47

高强钢丝绳的弹性模量和伸长率　　　　表8-10

类　别	弹性模量 E_{rw}（MPa）	伸长率（%）
不锈钢钢丝绳	1.10×10^5	1.6
镀锌钢丝绳	1.40×10^5	2.1

2）砂浆

砂浆的基本性能指标见表8-11。端部锚固区及反力支撑范围的砂浆应选用Ⅰ级砂浆，端部锚固为自锚具中心两边各不小于250mm 的范围，反力支撑范围为圆钢棒中心两侧各不小于200mm 的范围。其余范围可选用Ⅱ级砂浆。

砂浆的基本性能指标（单位：MPa）　　　　表8-11

砂浆等级	劈裂抗拉强度	正拉黏结强度	抗折强度	抗压强度	钢套筒黏结抗剪强度标准值
Ⅰ	≥7.0	≥2.5且为混凝土内聚破坏	≥12.0	≥50.0	≥12.0
Ⅱ	≥5.5		≥10.0	≥40.0	≥9.0

注：以上指标值为28d 龄期指标。

砂浆保护层厚度根据《混凝土结构设计规范》（GB 50010—2010）规定的结构所处的环境类别，满足下列要求：一类环境，不应小于20mm；二类以上环境，不应小于30mm；三类以上环境，应优先选用不锈钢钢丝绳。

砂浆黏结剪切性能需经湿热老化检验，在严寒和寒冷地区使用时，应具有耐冻融性能，砂浆现场配制时，应按预先确定的配合比进行。

8.7.3 主要途径与施工工艺

预应力钢丝绳—聚合物砂浆加固技术,根据其端部锚具固定的方式不同,可采用纵筋焊接法或化学螺栓法,以下主要以纵筋焊接法说明该技术的实现工艺,如图 8-75 所示。

1) 板端部槽口的开凿

根据设计,对板梁进行量测、放线确定两端设置端部锚具的中心线位置,在中心线处沿跨度方向凿出宽度约 10cm 的端部槽口,深度以暴露梁内部的构件已配纵筋并能牢固焊接端部锚具即可,深度约为底部混凝土保护层厚度。

对于化学螺栓法,预应力高强钢丝绳的锚固系统由锚头、锚具和锚板组成(图 8-76),且锚具与锚板应通过焊接连接,锚板应通过胶黏剂、锚栓、锚固胶或植筋胶与混凝土构件连接成整体。

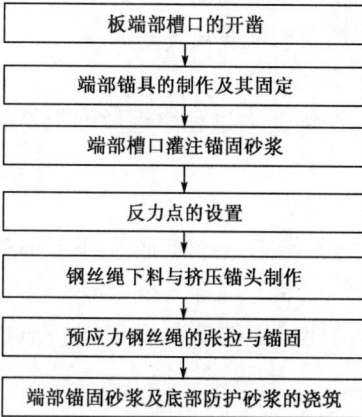

图 8-75 预应力钢丝绳—聚合物砂浆
加固技术工艺流程

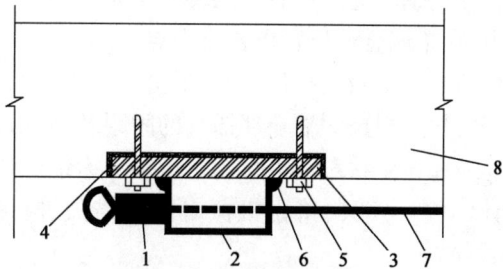

图 8-76 锚固系统
1-锚头;2-锚具;3-锚板;4-胶黏剂;5-锚栓;6-焊接点;
7-钢丝绳;8-混凝土构件

2) 端部锚具的制作及其固定

端部锚具由钢丝绳所承担的拉力荷载专门设计。为确保预应力钢丝绳张拉与锚固的方便,其外侧为开口形式,高强钢丝绳锚具(图 8-77)及槽道的宽度和间距应由高强钢丝绳直径(d)、锚头直径(D)及高强钢丝绳数量确定,且尺寸应符合表 8-12 的规定。端部锚具的具体结构需根据对钢丝绳所承担的拉力荷载进行设定,厚度不宜过大,为 20~30mm,宽度为 30~50mm,开槽深度不小于锚头挤压后的半径。以预应力钢丝绳直径为 3mm 为例,开口上宽 4mm,下宽 5mm,深度 10mm,整个端部锚具厚度充分考虑了焊接厚度的需要,锚具长度根据板梁截面宽度确定。

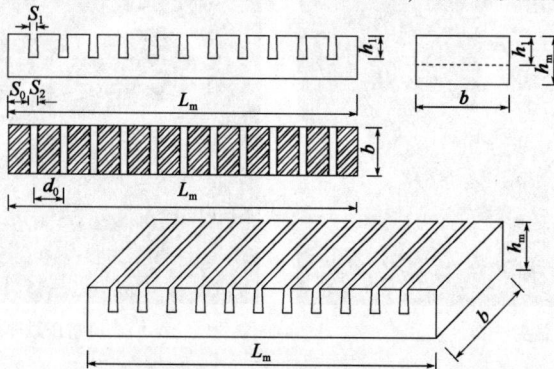

图 8-77 高强钢丝绳锚具

锚具及槽道尺寸(单位:mm) 表8-12

项　　目	槽道上口宽度 (S_1)	槽道下口宽度 (S_2)	开槽边距 (S_0)	开槽深度 (h_1)	锚具高度 (h_m)	锚具宽度 (b)
尺寸要求	$\geqslant d+1$	$\geqslant d+2$	$\geqslant D/2$	$\geqslant(d+D)/2$	$\geqslant 1.5D+10$	$\geqslant 30$
公差	±0.5	±0.5	+0.5	−0.5	−0.5	−0.5

锚具和锚板宜采用 Q235 或 Q345 钢;对于重要结构的构件,应采用可焊性好的钢材,且不应低于 Q235B。

3)端部槽口灌注锚固砂浆

端部槽口灌注高强度、固化时间短、微膨胀、黏结性能好的高性能砂浆。灌注前将周围混凝土表面凿毛、清除浮渣、冲洗干净,灌注后保持砂浆面与加固构件底面齐平。

4)反力点的设置

为保证钢丝绳张拉后与混凝土梁完全密实接触,同时在梁受力过程中钢丝绳能产生向上的反力,在梁底合适位置设置反力点。

5)钢丝绳下料与挤压锚头制作

下料长度根据两端端部锚具的间距及预应力钢丝绳的工作应力计算确定,下料时需要保证钢丝绳在拉紧状态下进行。挤压锚头为铝合金双孔套筒式,钢丝绳穿入挤压锚头内孔,由专门设计的挤压模具、挤压机械对挤压锚头进行强力挤压,使挤压锚头与钢丝绳挤压成一体(图8-78)。

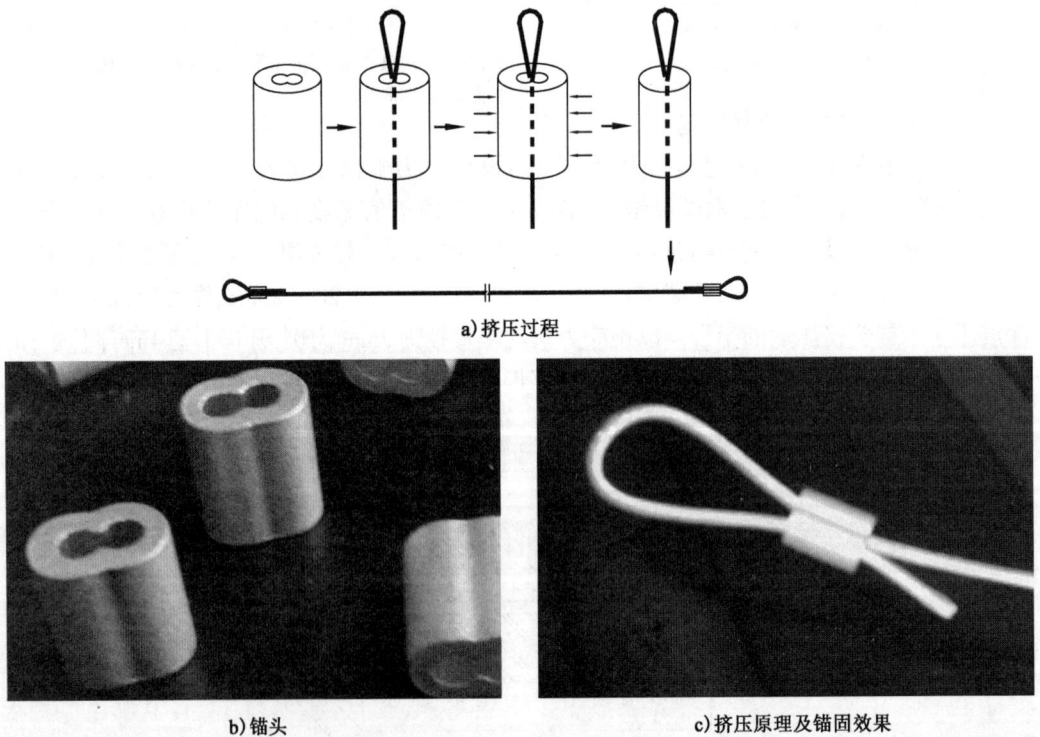

a)挤压过程

b)锚头

c)挤压原理及锚固效果

图8-78　挤压锚头及其挤压与锚固效果

6）预应力钢丝绳的张拉与锚固

根据端部锚具间距及预应力钢丝绳的工作应力要求，对预应力钢丝绳两端的挤压锚头进行挤压安装以后，预应力钢丝绳的一端可直接穿入端部锚具的开口，另一端通过张拉器进行张拉，张拉长度满足两端的端部锚具间距时，将预应力钢丝绳从端部锚具的开口嵌入，对挤压锚头进行锚固。

7）端部锚固砂浆及底部防护砂浆的浇筑

为保护钢丝绳，可在其外侧采用喷射、涂刷砂浆等方法进行防护，同时该砂浆也能共同参与锚固钢丝绳，减轻锚具压力，减少预应力钢丝绳的松弛等。端部锚固砂浆采用日本高性能砂浆，强度高、硬化快；底部防护砂浆采用聚合物砂浆，具有较好的延展性，不易出现横向裂缝；在砂浆完成以后，涂刷一层涂料，以达到美观的效果。

采用化学螺栓固定端部锚具时，通过在待加固混凝土受弯构件的底部两端埋置化学螺栓，分别锚固一块钢板，继而将端部锚具焊接于锚固钢板底部，实现预应力高强钢丝绳中拉力的传递，其他工艺同焊接纵筋法。

8.7.4 设计构造

1）保护层厚度

预应力高强钢丝绳的保护层厚度应从钢丝绳外表面算起，并应根据现行国家标准《混凝土结构设计规范》（GB 50010—2010)规定的环境类别，分别满足下列规定：

（1）一类环境，保护层厚度不应小于20mm。

（2）二类以上环境，保护层厚度不应小于30mm。

2）抗弯加固层数布置

预应力高强钢丝绳受弯加固混凝土梁，当加固量较大时，可在梁底布置双层高强钢丝绳，两层钢丝绳锚具应交叉设置，且内层锚具宜比外层锚具低10mm 及以上，如图8-79 所示。

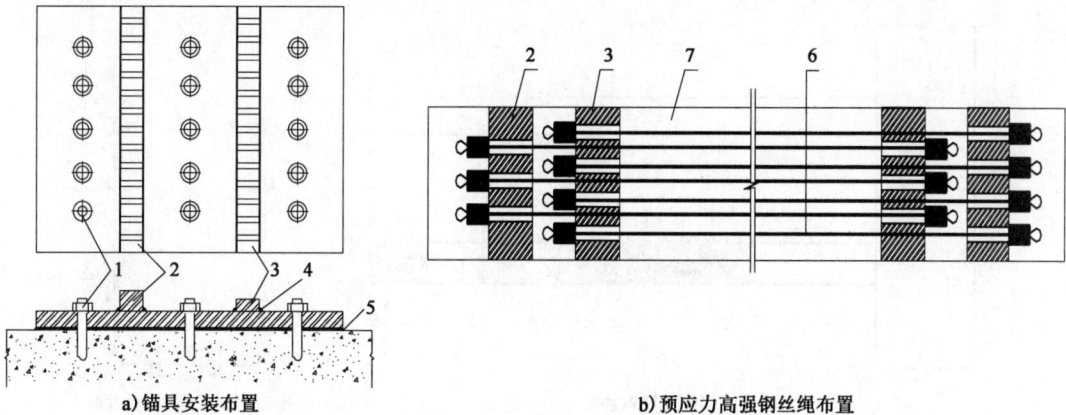

a) 锚具安装布置　　　　　　　　　　　　　　**b) 预应力高强钢丝绳布置**

图8-79　预应力高强钢丝绳双层布置构造
1-锚栓;2-外层锚具;3-内层锚具;4-焊缝;5-结构胶;6-钢丝绳;7-原结构梁

3）抗剪加固布置

预应力高强钢丝绳受剪加固混凝土梁，可根据工程情况选择布置方式，并应符合下列规定（图8-80）：

（1）宜选用封闭箍形式;当采用其他布置形式时,高强钢丝绳的布置高度不应小于梁高的3/4。

（2）锚具上边缘至混凝土上翼缘下表面的距离不应小于锚头与钢丝绳端头尺寸之和。

（3）当高强钢丝绳绕过构件的棱角时,棱角处应倒角处理,且倒角半径不应小于25mm。

（4）高强钢丝绳的布置间距不应大于200mm。

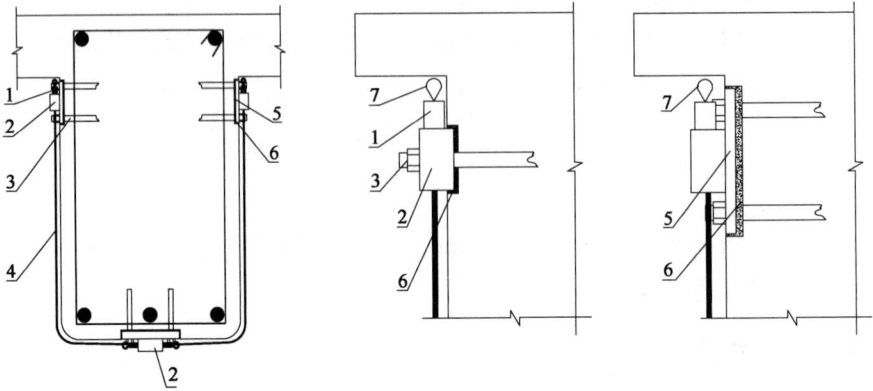

图 8-80　受剪加固锚具布置构造

1-锚头;2-锚具;3-锚栓;4-钢丝绳;5-锚板;6-Ⅰ级砂浆;7-端头

4）开槽要求

锚固系统安装前,原结构混凝土应开槽,混凝土开槽深度不宜小于锚板厚度,并不得破坏原构件受力钢筋。

5）植筋构造

原混凝土结构表面应植筋(图 8-81)。植筋宜为直径为6mm 的钢筋,植筋深度不应小于50mm。端部外露部分应设置90°或180°弯头,植筋间距不应大于500mm,如图 8-80 所示。

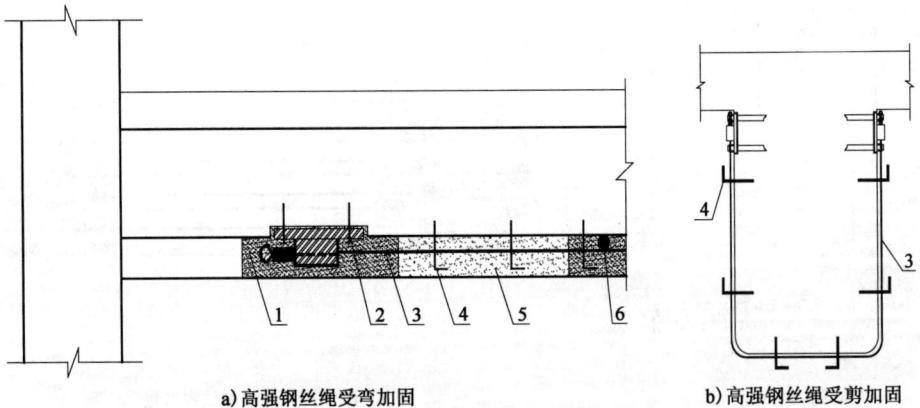

a)高强钢丝绳受弯加固　　　　　　　　　b)高强钢丝绳受剪加固

图 8-81　混凝土结构加固面植筋构造

1-Ⅰ级砂浆;2-锚栓;3-钢丝绳;4-弯头钢筋;5-Ⅱ级砂浆;6-圆钢棒

6）分布钢丝绳

预应力高强钢丝绳加固混凝土构件时,应垂直于受力钢丝绳的方向均匀设置分布钢丝绳,分布钢丝绳的直径不应小于加固用钢丝绳直径,且间距不应大于200 mm。

7）钢丝绳下料、锚固及张拉

预应力高强钢丝绳受弯加固混凝土梁施工时,应按下列规定进行预应力高强钢丝绳下料及张拉:钢丝绳下料前,应先通过试验实测张拉控制应力下拉应变(ε)、锚具外缘尺寸(L_i),并应按下式计算预应力高强钢丝绳的下料长度(L_0,图8-82):

$$L_0 = \frac{L_i}{1+\varepsilon} + 2L_e \tag{8-44}$$

式中:L_e——钢丝绳锚固端预留长度(mm)。

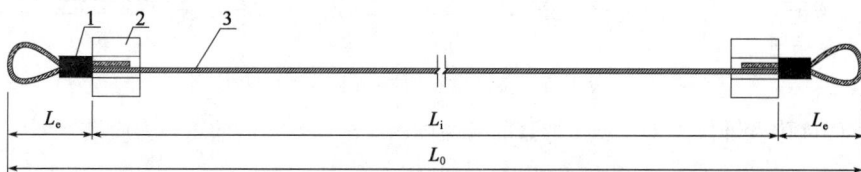

图8-82 预应力高强钢丝绳的下料长度
1-锚头;2-锚具;3-钢丝绳

每根预应力高强钢丝绳应在其设置的槽道内预紧,并应编号与锚具槽道一一对应。预应力高强钢丝绳端部应折成双股穿入套管内孔,采用挤压模具对套管强力挤压,使预应力高强钢丝绳与挤压套管形成整体。套管挤压前,模具接合面及膜腔应预先清洁;挤压时,套管截面长轴应与加压方向一致,且套管应与模腔槽口完全对齐后再实施挤压;挤压锚头应一次压制完成,且在挤压过程中不得损伤钢丝绳。

锚头外观及尺寸应逐一检验,表面应光滑,无裂纹、飞边和毛刺。预应力高强钢丝绳张拉时应横向对称,对称轴两边张拉完成的高强钢丝绳的数量之差不应多于3根。

8）砂浆涂抹要求

砂浆应分层涂抹,每层的压抹厚度不应超过25mm,两层砂浆之间的涂抹时间间隔应以前一层砂浆初凝为准,第1层应采用Ⅰ级砂浆涂抹于原结构表面,涂抹厚度不小于高强钢丝绳直径;第2层可采用Ⅱ级砂浆或细石混凝土涂抹。两层砂浆的厚度之和不应大于40mm。

砂浆涂抹厚度,可采用埋设混凝土预制块的方法控制,达到设计厚度要求时,应做好压抹收光。浆压抹收光后的30min~4h内,应进行养护,并应防止砂浆涂抹部位受到冲击。

9）其他要求

采用焊接纵筋法固定端部锚具时,灌注锚固砂浆宜采用一级环氧砂浆,强度至少比待加固桥梁混凝土等级提高一级。

受弯加固和受剪加固时,被加固混凝土构件的实际混凝土强度等级不应低于C15。

预应力高强钢丝绳的自由长度超过10m时,应设置定(限)位装置;预应力高强钢丝绳张拉时,应采用应力和伸长量双重控制。拉力偏差应在±100N范围内,伸长量偏差应在±0.5mm范围内;预应力高强钢丝绳曲线布置时,曲率半径不应小于4m。

8.7.5 计算原理

受弯构件加固后相对极限受压区高度($\xi_{b,r}$)应符合下列规定:

(1)对于重要构件,$\xi_{b,r}$应采用加固前控制值(ξ_b)的0.90倍。

(2)对于一般构件,$\xi_{b,r}$应采用加固前控制值(ξ_b)的0.95倍。

对矩形、T 形或 I 形截面构件受弯加固时,其正截面受弯承载力计算应符合下列规定(图 8-83)。

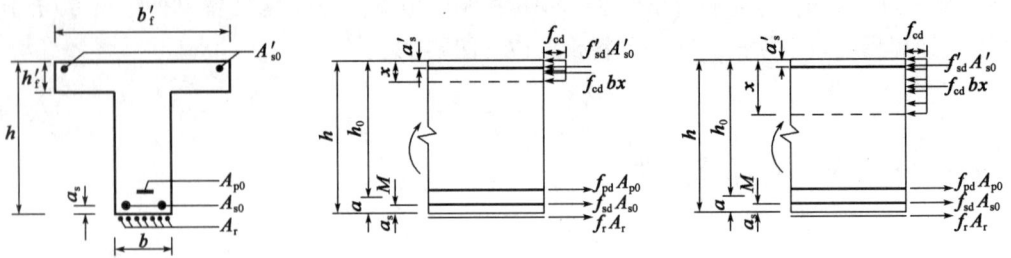

图 8-83　矩形、T 形截面受弯构件正截面抗弯承载力计算

矩形截面或中性轴位于 T 形或 I 形截面翼板内($x \leqslant h_{\mathrm{f}}'$)时,正截面承载力应按下列公式确定:

$$f_{\mathrm{cd}} b_{\mathrm{f}}' x + f_{\mathrm{sd}}' A_{\mathrm{s0}}' = f_{\mathrm{sd}} A_{\mathrm{s0}} + f_{\mathrm{pd}} A_{\mathrm{p0}} + f_{\mathrm{r}} A_{\mathrm{r}} \tag{8-45}$$

$$\gamma_0 M_{\mathrm{d}} \leqslant f_{\mathrm{cd}} b_{\mathrm{f}}' x \left(h_0 - \frac{x}{2} \right) + f_{\mathrm{sd}}' A_{\mathrm{s0}}' (h_0 - a_{\mathrm{s}}') \tag{8-46}$$

T 形或 I 形截面且中性轴位于截面腹板内($x > h_{\mathrm{f}}'$)时,正截面承载力应按下列公式确定:

$$f_{\mathrm{cd}} (b_{\mathrm{f}}' - b) h_{\mathrm{f}}' + f_{\mathrm{cd}} bx + f_{\mathrm{sd}}' A_{\mathrm{s0}}' = f_{\mathrm{sd}} A_{\mathrm{s0}} + f_{\mathrm{pd}} A_{\mathrm{p0}} + f_{\mathrm{r}} A_{\mathrm{r}} \tag{8-47}$$

$$\gamma_0 M_{\mathrm{d}} \leqslant f_{\mathrm{cd}} b \left(h_0 - \frac{x}{2} \right) + f_{\mathrm{cd}} (b_{\mathrm{f}} - b) \left(h_0 - \frac{h_{\mathrm{f}}'}{2} \right) + f_{\mathrm{sd}}' A_{\mathrm{s0}}' (h_0 - a_{\mathrm{s}}') \tag{8-48}$$

$$h_0 = h - a \tag{8-49}$$

$$a = \frac{f_{\mathrm{sd}} A_{\mathrm{s0}} a_{\mathrm{s}} + f_{\mathrm{pd}} A_{\mathrm{p0}} a_{\mathrm{p}} + f_{\mathrm{r}} A_{\mathrm{r}} a_{\mathrm{r}}}{f_{\mathrm{sd}} A_{\mathrm{s0}} + f_{\mathrm{pd}} A_{\mathrm{p0}} + f_{\mathrm{r}} A_{\mathrm{r}}} \tag{8-50}$$

式中:M_{d}——弯矩组合设计值,按《公路钢筋混凝土及预应力混凝土桥涵设计规范》(JTG 3362—2018)计算;

　　　γ_0——结构重要性系数;

　　　x——等效矩形应力图形的混凝土受压区高度;

　　　b——矩形截面宽度或 T 形截面的腹板宽度;

　　　b_{f}'——受压翼缘的有效宽度;

　　　h_{f}'——受压翼缘的厚度;

　　　h_0——截面有效高度;

　　　a_{p}、a_{r}——受拉区原预应力筋合力点、预应力高强钢丝绳合力点至截面受拉边缘的距离;当钢丝绳布置于梁底时,$a_{\mathrm{r}} = 0$;当钢丝绳布置于梁侧面时,按实际取值;

　　　a_{s}、a_{s}'——受拉区、受压区原普通钢筋的合力作用点至受拉区、受压区边缘的距离;

　　　a——受拉区原普通钢筋、原预应力筋及预应力高强钢丝绳合力作用点至受拉区边缘的距离;

　　　A_{r}——预应力高强钢丝绳截面面积;

　　　f_{cd}——原混凝土梁的抗压强度设计值;

　　　f_{sd}——原梁纵向受拉钢筋的抗拉强度设计值;

　　　f_{pd}——原梁体内预应力筋的抗拉强度设计值;

　　　f_{r}——预应力高强钢丝绳抗拉强度设计值。

8.7.6 应用实例

1）预应力钢丝绳—聚合物砂浆加固技术加固空心板梁

某高速公路某正交8m分离式立交桥,上部结构为采用1×8m的简支空心板梁,全桥共1跨。下部结构采用扩大桥台基础,橡胶支座。设计荷载:汽车—超20级,挂车—120;桥面净空:净−9.74m+2×0.5m(图8-84)。由于超重车辆的长期作用,造成桥面铺装层的大面积破损和梁体底板的裂缝,使钢筋发生锈蚀,从而引起混凝土的进一步开裂、剥落。箱梁梁体由于开裂等损伤,空心板梁的结构竖向抗弯刚度偏弱,承载能力不足。根据检测报告,大桥主要病害如下:①空心板梁底板多处开裂,钢筋有部分锈蚀现象,部分破损;②空心板板间纵向湿接缝破损;③空心板板间纵向湿接缝的破坏现象比较普遍,出现大面积的钢筋锈蚀和混凝土剥落。

图8-84 空心板桥梁结构外观

根据检测报告及计算,本桥主要是因为重车的长期作用导致桥面破损,并且导致主梁承载能力下降,横向联系减弱。加固思路主要是根据桥梁现有病害,结合已有的加固设计经验,提出加固方案:底板采用预应力钢丝绳—聚合物砂浆加固技术进行加固。在每片空心板梁梁底增设1层49根高强预应力钢丝绳,采用ϕ3不锈高强预应力钢丝绳,种类为1×19的钢丝绳,采用I级聚合物砂浆进行结构加固,砂浆厚度3cm,如图8-85、图8-86所示。

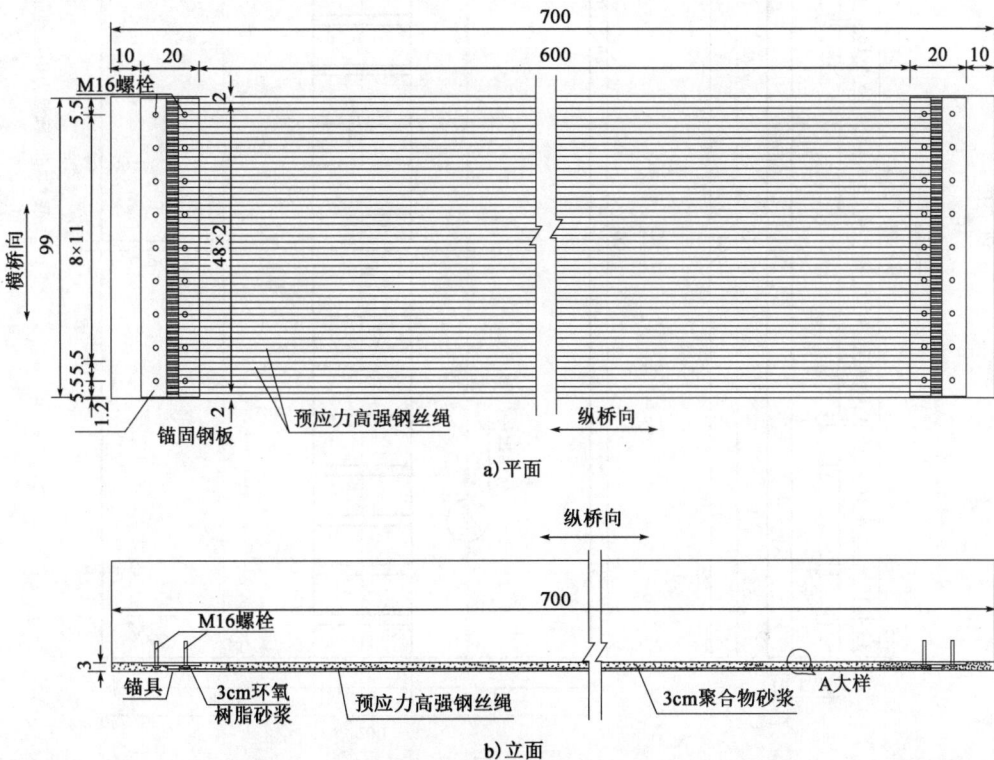

a) 平面

b) 立面

图8-85 预应力钢丝绳结构布置(尺寸单位:cm)

255

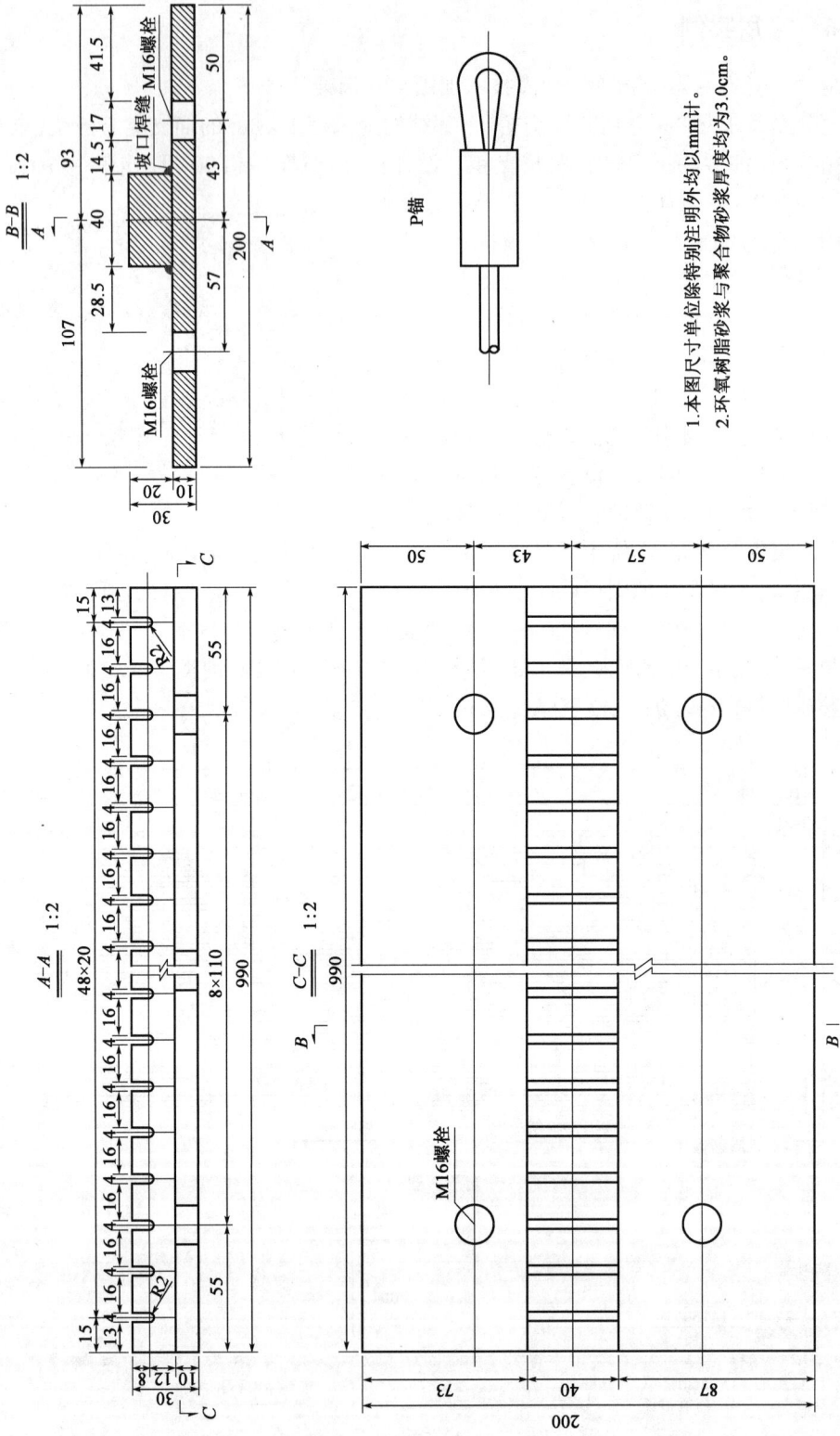

$$\frac{B-B}{} \quad 1:2$$

坡口焊缝　M16螺栓

M16螺栓

P锚

1.本图尺寸单位除特别注明外均以mm计。
2.环氧树脂砂浆与聚合物砂浆厚度均为3.0cm。

$$\frac{A-A}{} \quad 1:2$$

$$\frac{C-C}{} \quad 1:2$$

M16螺栓

图8-86　预应力钢丝绳张拉锚具（尺寸单位：mm）

2）预应力钢丝绳—聚合物砂浆加固技术加固 T 梁

某桥位于北京市通州区九德路上,桥梁总长 16.4m,为 1 孔 12m 普通钢筋混凝土宽腹 T 梁结构(图 8-87、图 8-88),下部结构为钻孔灌注桩。该桥横断面共 11 片 T 梁,其中 7 片为 1989 年建造,汽车荷载等级为汽—15 级;4 片为 2003 年新建 T 梁,荷载等级为汽—20 级。根据检测报告及现场观测,本桥主梁跨中受弯部分裂缝较多,尤其旧梁情况更为严重,裂缝已经由底板向腹板贯通,呈 U 形裂缝,缝宽大部分大于 0.2mm;主梁支点受剪区出现斜裂缝,裂缝宽度大于 0.2mm。混凝土老化,支座存在变形;重车通过等因素的影响,也使本桥承载能力有所降低。

图 8-87 预应力钢丝绳—聚合物砂浆加固某 T 梁桥桥梁结构外观

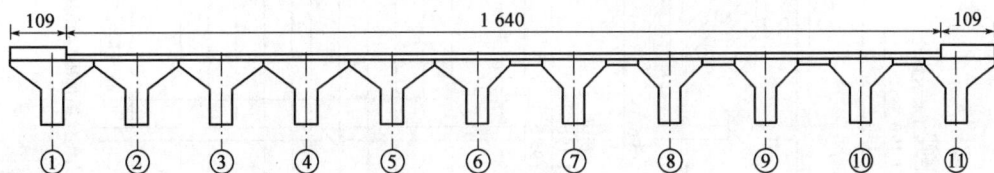

图 8-88 某 T 梁桥桥梁结构横断面(尺寸单位:cm)

由于旧梁荷载等级已经不能满足现代交通的需求,并且在检测中发现受力裂缝,需对主梁进行结构加固设计,以提高其荷载等级。针对主梁腹板板底采用张拉预应力钢丝绳的加固方法,按照《公路桥梁加固设计规范》(JTG/T J22—2008)规范,采用钢丝绳对旧桥进行体外预应力加固成部分预应力混凝土桥。加固所用钢丝绳公称直径 4.0mm,公称面积 9.55mm²,抗拉强度标准值 $f_{pk}=1\,670$MPa。张拉控制应力 $\sigma_k=0.5f_{pk}=835$MPa。本次只计算旧桥加固效果,即腹板底张拉双排共 45 根预应力钢丝绳,如图 8-89～图 8-91 所示。

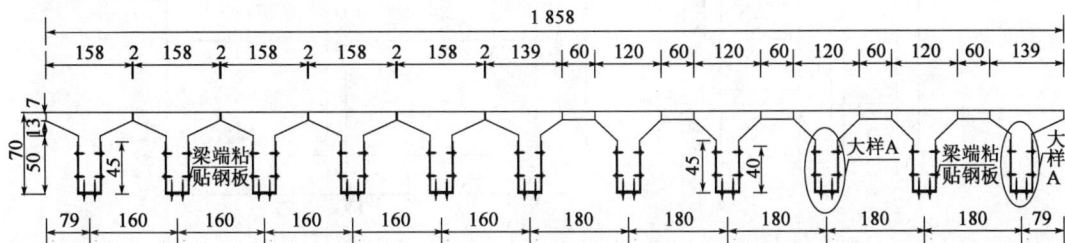

图 8-89 预应力钢丝绳加固 T 梁桥桥梁结构横断面(尺寸单位:cm)

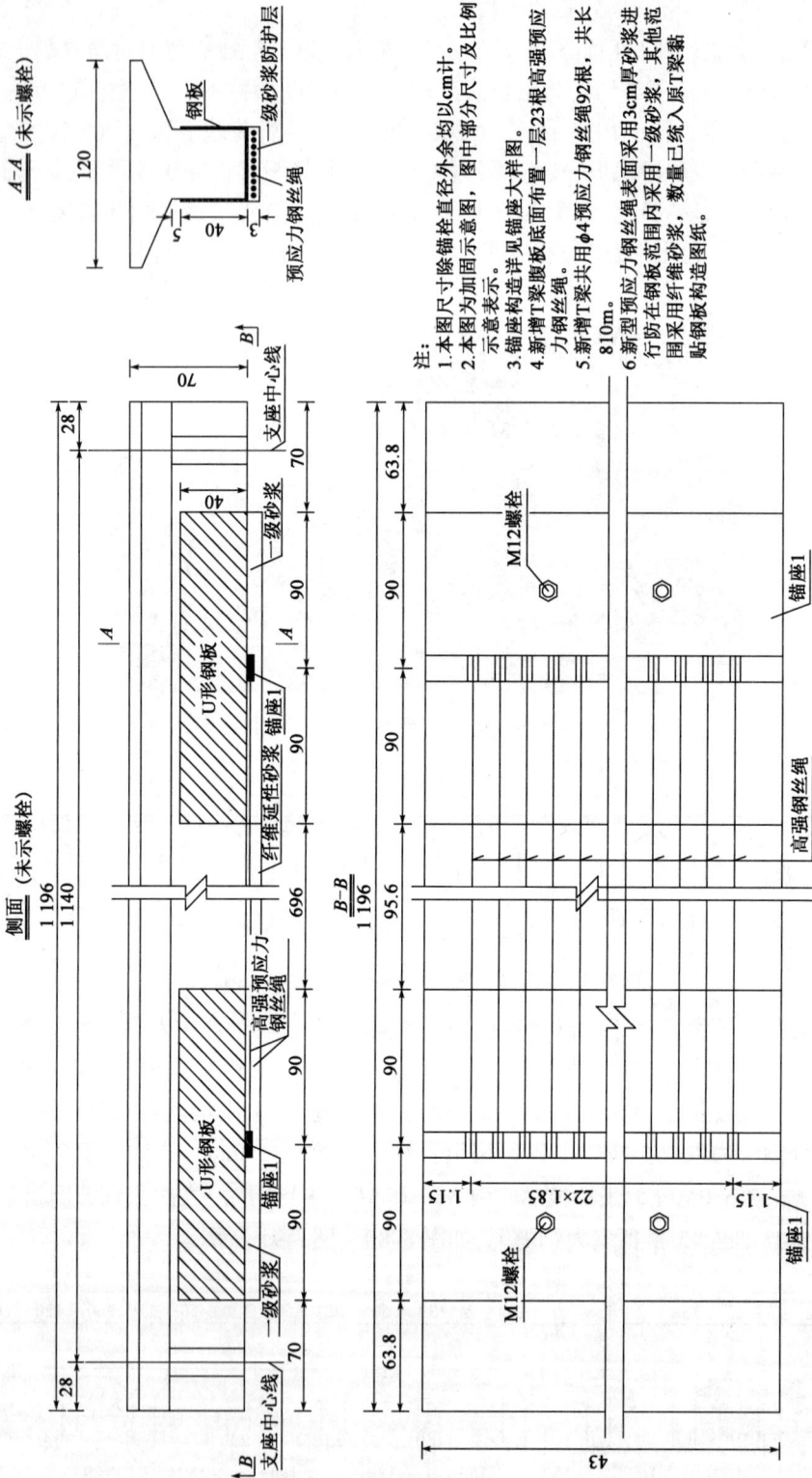

图8-90 预应力钢丝绳加固T梁桥桥梁立面与平面布置（尺寸单位:cm）

注:

1.本图尺寸除锚栓直径外余均以cm计。

2.本图为加固图示意图，图中部分尺寸及比例示意表示。

3.锚座构造详见锚座大样图。

4.新增T梁腹板底面布置一层23根高强预应力钢丝绳。

5.新增T梁共用φ4预应力钢丝绳92根，共长810m。

6.新型预应力钢丝绳表面采用3cm厚砂浆进行防在钢板范围内采用一级砂浆，其他范围采用纤维砂浆，数量已统入原T梁黏贴钢板构造图纸。

$\underline{A-A}$ （22孔张拉端锚座）

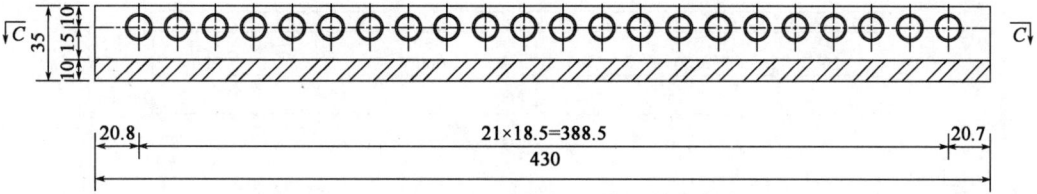

35　10,15,10

20.8　21×18.5=388.5　20.7
430

$\underline{B-B}$ （23孔P锚锚座）

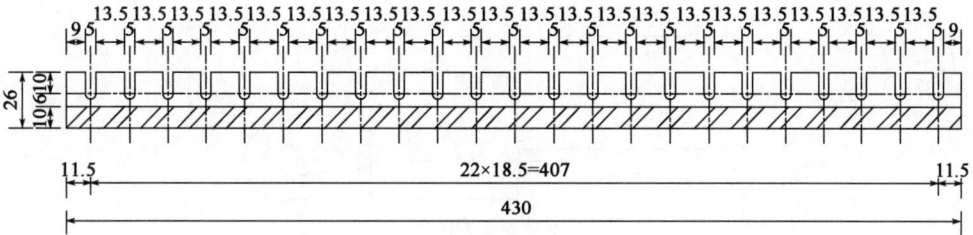

13.5 13.5 13.5 13.5 13.5 13.5 13.5 13.5 13.5 13.5 13.5 13.5 13.5 13.5 13.5 13.5 13.5 13.5 13.5 13.5 13.5 13.5

9　5

26　10,6,10

11.5　22×18.5=407　11.5
430

a) 张拉锚具立面

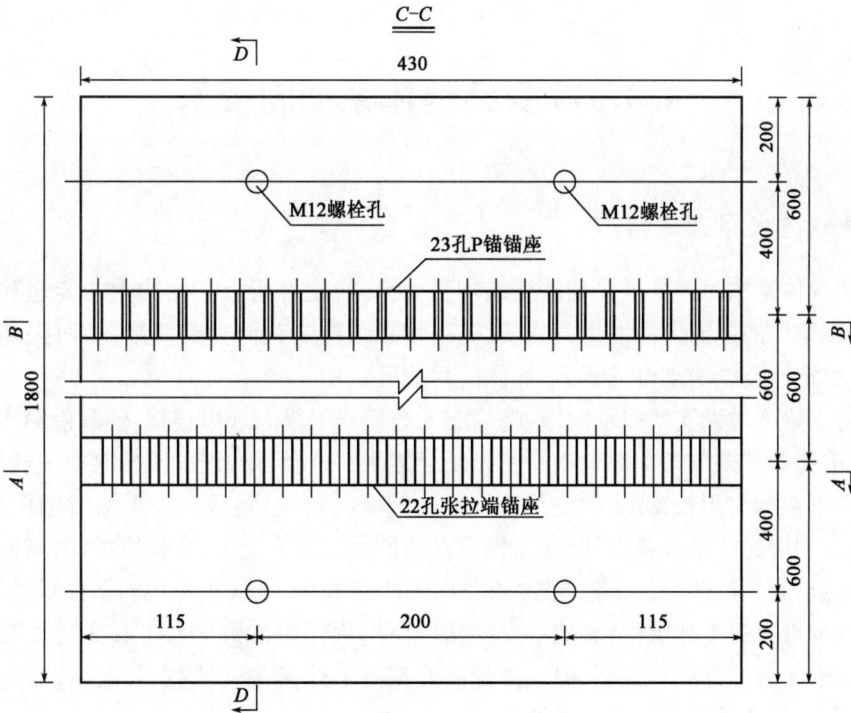

$\underline{C-C}$

430

200
600

M12螺栓孔　M12螺栓孔

400

23孔P锚锚座

B

1800

600
600

B

A

22孔张拉端锚座

400

600

115　200　115

200

D

b) 张拉锚具平面

图 8-91

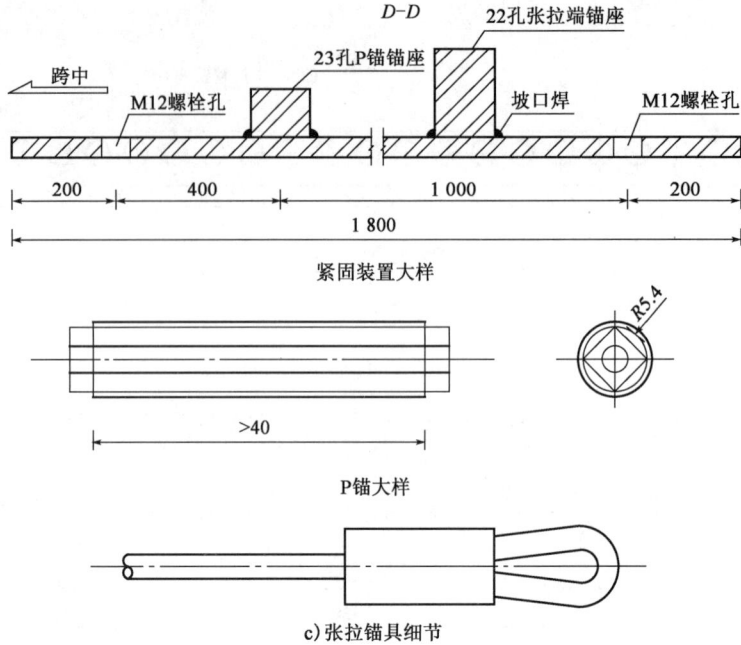

图 8-91　预应力钢丝绳加固 T 梁预应力钢丝绳张拉锚具平面(尺寸单位:mm)

8.8　改变结构体系加固技术

8.8.1　技术原理与特点

改变结构体系加固技术是采用改变结构受力图式,使外荷载在结构内的传递和分布发生改变,达到原结构的截面内力发生改变或转移,使受力控制截面得到缓解,从而提高了结构的承载能力、稳定性及结构刚度,达到了加固的目的。

如在简支梁下增设支架或临时墩;将简支梁与简支梁纵向加以连接,使其由简支梁转换成连续梁;将单孔简支梁改为支撑梁拱—斜拉组合体系;将连续梁、连续刚构改变为矮塔斜拉桥;将带挂梁 T 形刚构封闭铰支承,改变为连续刚构钢桁(箱)梁桥;或在梁下增设钢桁架,以减小梁内应力,达到提高全桥承载力的目的;拱桥在条件允许的情况下,在拱脚增设拉杆,改善拱圈的受力状况;空腹式拱改变拱上建筑结构形式;在中承式、下承式拱桥增加系杆承受推力,成为无推力系或少推力的系杆拱桥;其他增设结构(杆件)而使原结构受力体系发生改变的方法。

改变结构体系的方法有很多,但通常都需要在桥下操作,或设置永久设施,在施工时影响通航,所以必须保证桥下净空或泄洪能力。

改变结构体系加固技术具有以下特点:

(1)承载力提高大,结构内力通常有着根本性的变化;施工复杂,加固后体系改变大大减少了原结构所承受的内力,工程量较大,只有在较复杂的情况下考虑体系改变;故适用于临时加固及承载力提高较大情况;一般病害桥梁结构分析比新建桥梁复杂得多。

(2)材料变异,结构弱化,边界条件的改变,施工及使用的损伤缺失等给结构分析带来了各式各样、各不相同的改变。

(3)通过改变结构体系,增加新的构件,使之形成材料各异、刚度不一的新老组合构件,需要重新认识其传力路径和承载能力,以便建立新的分析模型。

8.8.2 简支梁变为连续梁加固方法

此加固方法是将原两跨及两跨以上简支梁的梁端连续起来,是受力体系由原来的简支转换为连续,减小跨中正弯矩,提高结构的承载能力,同时减小了伸缩数量,提高了行车舒适性。图 8-92 给出简支梁变连续梁的加固原理,这种方法主要适用于多跨简支梁(板)因配筋不足、截面尺寸偏小、使桥跨中截面抗弯承载能力明显不足及下弯挠度大的情况。

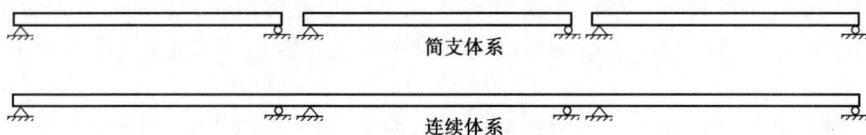

图 8-92 简支梁变连续梁原理

将该方法应用在旧桥桥梁的加固过程中,通过对于梁端进行结构改造,形成墩顶连续,实现结构体系的转换,从而充分利用原有结构,有效地发挥旧桥结构的潜在承载能力,提高结构的整体承载能力。改造之后跨中的弯矩显著减小(图 8-93)。

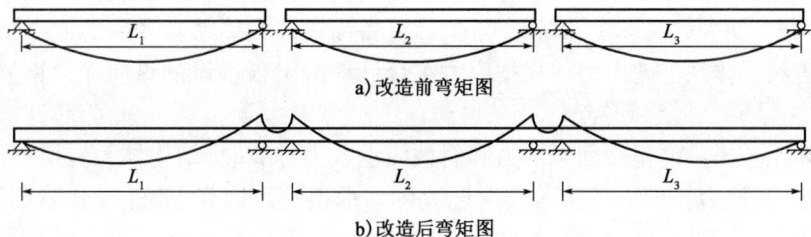

图 8-93 简支变连续弯矩分布变化

1)结构构造

简支梁变为连续梁加固的关键结构构造如下:

(1)连续方式

简支变连续加固的结构,可采用在墩顶部位结构上缘加设普通钢筋或增设预应力束并现浇接头混凝土形成结构连续体系。原梁的截面尺寸不足时,需采用增大截面法等措施。

(2)伸缩缝与支座

由多跨简支改为连续,必将拆除部分伸缩缝,而剩余伸缩缝将因伸缩量不足需要更换,伸缩量需重新计算。更换伸缩缝时,位于伸缩两侧浇筑的混凝土铺装必须有一个养生时间,使其达到设计强度。改变后体系可以为单支座或双支座两种,墩顶宜采用新设单支座。确需保留双排支座形式时,应对墩柱承载力进行计算。双支座支撑体系的连续梁相对于单支座支撑体系,减少中间支撑上的负弯矩,有消减负弯矩峰值的作用,但是受力更为复杂。

因为伸缩缝与支座的影响,建议连续跨数不超过 4 跨,最好为 2~3 跨一联,具体要依据伸缩缝与支座的计算。改造时,必须充分考虑原桥的地基条件,防止由于基础沉降等对新形成的连续体系上部结构产生不利影响。

对于中支点处 T 梁,应新增横系梁。

(3)桥面铺装

加固方案需要凿除部分梁端桥面铺装,加固后势必要做好新旧铺装的连续。如果凿除面积已大于原桥面面积的 1/2,或桥面铺装本身已破损,则建议全部凿除,重新铺装会使加固效果提高。梁端在变换体系后会有负弯矩,梁端连接不好会直接影响加固效果。

(4)其他构造

墩顶采用设置普通钢筋形成连续构造时,纵向受力钢筋应为螺纹钢筋,直径不应小于 12mm;布设长度应超出连续梁墩顶的负弯矩包络图范围,应不小于梁高的 2 倍,还应与原梁钢筋牢固连接;连接困难时,亦可用植筋技术或锚栓技术与原梁形成整体。

墩顶采用设置预应力钢束形成连续构造时,宜采用小吨位预应力扁锚分散错位锚固,纵向错位间距不宜小于 1.5m,布设长度应超出连续梁墩顶负弯矩包络图范围,且不宜小于梁高的 4 倍。

墩顶连续构造处顶面应设置一定数量的防裂钢筋,新老混凝土接合面应设置一定数量抗剪钢筋。墩顶两端横隔板间宜现浇形成整体横梁,混凝土强度应高于原梁一个等级,并采取措施做好桥面防水。

2)计算原则与步骤

根据现有支座以及伸缩缝计算适宜的连续跨数,或先定出连续跨数,再验算伸缩缝以及支座是否满足要求;计算简支梁恒载、栏杆、人行道荷载,若栏杆、人行道加固时也拆除并在体系连续后新建,则二期内力应按实际情况考虑;计算桥面铺装在体系转变后的连续梁上的内力;计算活载在连续梁体系上的内力。根据内力组合计算沿梁顶增设的纵向受力钢筋数量,进行强度验算。

简支梁体系转换后的正截面承载力和斜截面承载力计算时,结构体系转换前的恒载仍由简支体系承担,转换后新加恒载及活载由连续体系承担。其计算方法按《公路钢筋混凝土及预应力混凝土桥涵设计规范》(JTG 3362—2018)执行。对于桥龄 10 年以上的桥梁,可不考虑原混凝土收缩、徐变的影响。

3)施工工艺

凿除桥面铺装,拆除伸缩缝,梁顶凿毛;凿开简支梁要做连续的端部上缘混凝土保护层,使梁端顶层纵向钢筋及箍筋外露;将需要连接的相邻梁端间隙用膨胀混凝土填塞密实;焊接梁端顶层外露纵向钢筋,作为支点负弯矩配筋的一部分;配置剩余负弯矩钢筋;重新安装伸缩缝,浇筑桥面铺装。

加固的构造要求包括梁(板)端头结构应无破损现象。

为保证桥面铺装与原梁体共同参与结构作用,梁顶要凿毛,有条件时还要设置抗剪栓钉,桥面铺装采用收缩较少的混凝土。梁端间隙截面也要凿毛有利于膨胀混凝土的填塞密实。

对于焊接连续钢筋,焊缝满足规范要求。

新增负弯矩钢筋可绑扎或焊接在外露的箍筋上,若无箍筋可用栓钉固定。

4)技术特点

采用简支梁变为连续梁加固方法,加固改造后桥梁能够体现连续结构所具有的结构整体刚度好、伸缩缝少,行车平顺舒适、跨中弯矩小、抗震性能好等优点,改变以往简支梁桥由于长年运营所形成的桥面连续较差、变形较大、耐久性差等缺点。加固效果显著。适用于桥下净空有利用空间的梁、板、桁架等结构的加固。

8.8.3 减小跨径法

1)增设支撑法

增设支撑法是在原桥主梁下加设八字形斜撑作支撑,斜撑用型钢或钢筋混凝土预制件制作,其下端支撑在桥墩上或承台顶面及河床上(此时,桥下净空应不致影响通航和受漂浮物撞击),其上端支承于梁底,中部有时加设托梁。各片主梁下斜撑及托梁均设置横系梁,以加强整体性,如图 8-94 所示。通过斜撑的设置使一跨简支梁变为弹性支承的 3 跨连续梁,利用结构体系的改变使结构的受力状况得到改善,达到提高原桥承载能力的目的。

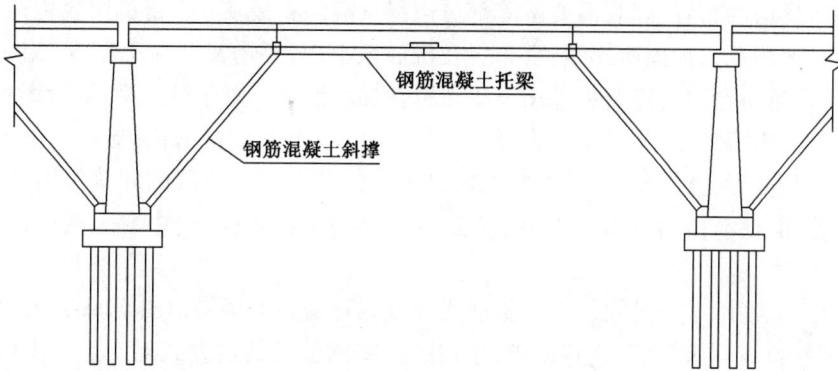

图 8-94 增设支撑法

按支承结构与原结构的连接形式不同分为固结法和铰支法两种;按照支承结构的竖向刚度大小分为刚性支撑和弹性支撑。支承结构的竖向变形对主梁内力的影响可以忽略时,按刚性支撑计算,否则按弹性支撑考虑。

为充分发挥新增构件的作用,宜采用预顶措施。预顶力的大小及施力位置以保证结构恒载下的安全为原则。

这种方法由于加固效果较好,也是国内外用来解决临时通行超重车辆问题较好的方法。重车通过后,临时支撑可以拆除,故对通航影响不大,不影响河道排洪能力。应该注意的是,用临时支架加固后,改变了既有桥梁结构的受力体系,支点处将产生负弯矩,故必须进行受力验算。在桥下净空和墩台基础受力许可的条件下,可采用在梁(板)底下加八字支撑的方法加固。

2)斜拉加固法

斜拉加固法是依靠原桥墩在桥墩两侧修筑矮塔,支柱顶面布置刚性或柔性拉索,拉吊起桥底已布置的钢梁或加强后的梁横隔板,为原桥上部结构提供一个或几个弹性支撑,使原简支梁变为连续梁(图 8-95)。

结构体系的这一改变使结构受力状况得到改善,从而提高结构的承载能力。此方法适用于梁挠度过大、承载能力不足的情况,特别适用于简支跨数多、桥墩高度低的梁桥,在墩侧重新修筑基础建造矮塔,或利用桥墩伸出的墩帽在墩帽上修筑矮塔。

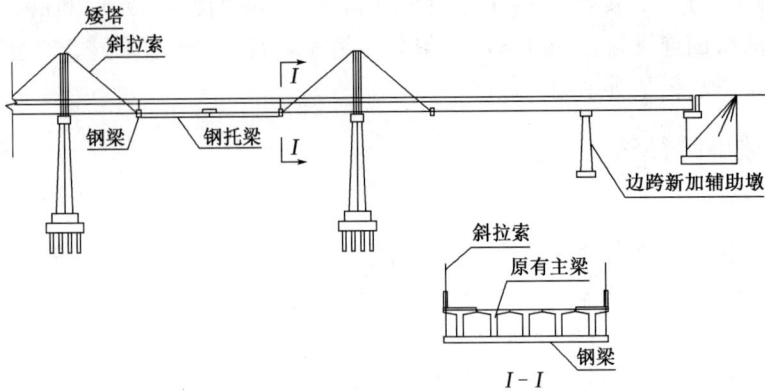

图 8-95　斜拉加固法示意图

为了提供矮塔的布置空间,需要凿除部分边梁梁端的翼板及其上部的附属构造,拉索穿过翼板的地方需要凿孔。加固所用索、塔布置在桥面系上部,桥塔需要对称布索,相应成对布置梁底支点,如靠近桥台边跨需要另外增设支点可新加辅助墩。对于柱式墩,要对墩帽适当的加固。此方法的力学特点是:原结构的自重产生的力,由原 T 梁自行承担;支点处预加拉力只是改善原梁非弹性变形,支撑架与梁紧密结合,可不考虑其对主梁恒载的卸载作用,即拉索不承受原梁恒载作用;活载由斜拉索与 T 梁组成的组合体系共同承受,跨中弯矩减小,支点处出现负弯矩。

施工工序为:凿除墩顶处梁端翼缘板或墩顶处人行道板为矮塔留出空间;原桥墩帽作为矮塔基础,设置栓钉或嵌入钢筋,浇筑桥塔;采用如粘贴钢板等其他方式对支点梁上缘进行补强加固;布置斜拉索并施加预应力,锚固于已设置的钢横梁或加强后的梁横隔板。

斜拉索可用钢丝绳、钢绞线或粗钢筋,需防锈防腐处理;拉索贯穿过塔顶,在塔顶不固定,塔顶部用 U 形承托或滑轮,使拉索在塔顶无水平拉力;施加预应力,消除梁体部分塑性变形,并使钢梁与梁底结合密实;为消除钢梁跨中产生挠曲使其对中部主梁的贡献减少,钢梁做成鱼腹式或跨中与中部主梁相接处加厚支座;支座采用板式橡胶支座;托梁与钢梁或加强的横隔板应锚固或焊接;拉索两端可做成一端锚固、一端可调。

8.8.4　连续梁(连续刚构、T 构)变为矮塔斜拉桥

矮塔斜拉加固方法属于改变结构体系加固的一种方法,是将原有连续梁桥或连续刚构、T构改变为矮塔斜拉加固方法,属于前面论述的改变结构体系。

将斜拉索结构用于桥梁改造加固,结构构思新颖,加固效果显著。由于斜拉索的作用,改变了结构体系和截面应力分布状态,减轻了原结构的负担,在保持原结构断面尺寸和配筋基本不变的前提下,可以大幅度地提高设计荷载标准。

作为示例,图 8-96 为某黄河公路大桥的连续梁变为矮塔斜拉桥加固法方案,该桥在运营过程中,箱梁腹板开裂和跨中下挠,随着时间的推移,主桥箱梁腹板的开裂和跨中下挠进一步加剧,但下挠变形速度趋缓,且基本趋于稳定。其采取连续梁变为矮塔斜拉桥加固法进行了加固处理,通过在箱梁内增设底板体外束,增加箱梁跨中附近截面下缘压应力储备;同时,通过加厚腹板和粘贴钢条,提高箱梁抗剪强度,增箱梁的整体性。

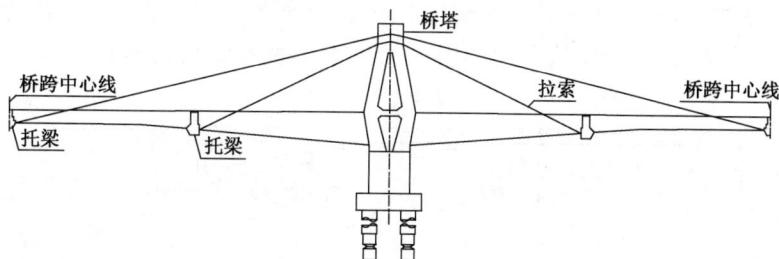

图 8-96 连续梁变为矮塔斜拉桥加固法示意

如图 8-97 所示为某 T 构变为矮塔斜拉桥加固法的设计构想图。该桥梁原为带挂孔 T 形刚构桥梁,后进行了加宽和荷载等级提高的加固,拟采用在箱梁两侧将悬臂板加厚并加宽、T构墩顶设一矮塔,两边张拉斜拉索加固的方法。

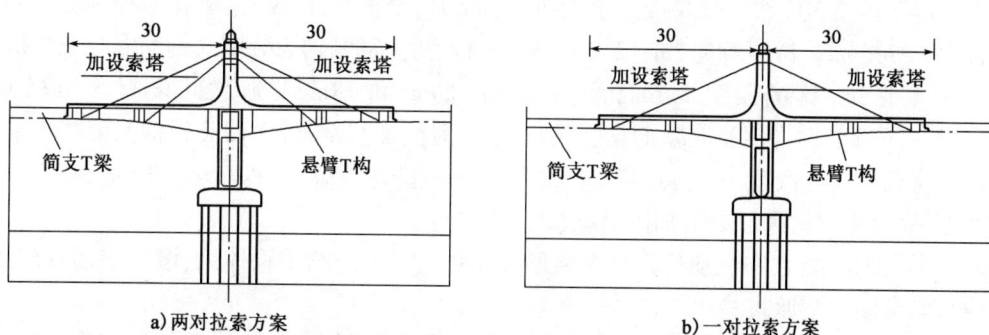

图 8-97 T 构变为矮塔斜拉桥加固法示意(尺寸单位:m)

连续梁(连续刚构、T 构)变为矮塔斜拉桥的加固技术具有以下优点:

1)加固效果显著

能有效改善原结构不利的受力状态,提高结构整体承载能力,降低挠度,加固效果显著。

2)方法新颖独特

对于采用连续梁(连续刚构、T 构)变为矮塔斜拉桥的方法,国内外的研究还不太多,但是该方法思路新颖,是一种新的探索。

3)具有景观效应

斜拉桥相对于原来梁式具有鲜明的景观效应,更有可能成为城市标志性结构。

同时,连续梁(连续刚构、T 构)变为矮塔斜拉桥的加固技术存在计算难度大、超静定次数增多、新建桥塔构造复杂、施工难度大、对过程监控要求高等问题。

8.8.5 其他结构体系变换法

除了上述一些改变结构体系方法外,还有梁拱组合结构、改桥梁为涵洞等方法。

对于梁桥,当原桥承载能力严重不足,需要较大幅度地提高荷载等级,而原桥墩台地基应力及稳定性均满足要求时,可采用对梁式体系加入拱式体系而改变为梁拱组合的加固法(图 8-98)对梁桥进行加固改造。新增拱肋与既有梁体共同承受荷载的作用,提高了承载能力。其主要加固过程如下:根据加固改造设计需要在既有墩台处补砌墩台,设置拱座;采用外加预应力使梁体产生一定的上拱度,或用千斤顶将梁体在跨中部位适当顶起,对原桥部分卸载,以减小桥梁的恒载应力;按照设计所规定的工序,装配预制的拱肋或现浇拱肋;卸除千斤顶或部分拆除预应力索,使新老结构共同作用,由梁式桥转为拱梁组合体系。

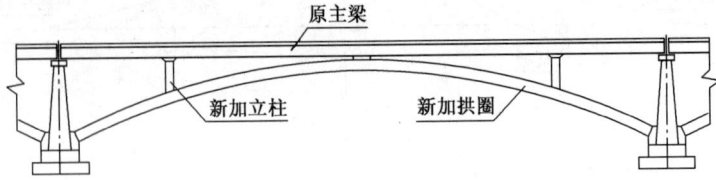

图 8-98 梁拱组合加固法示意图

8.8.6 应用实例

1)简支变连续加固 T 梁

某桥位于国道 305 线。该桥竣工于 1970 年 11 月,全桥共计 48 孔,单孔跨径为 22.2m,桥梁总长为 1 070.4m。桥面净宽 7m + 2 ×0.75m 人行道;上部结构为装配式钢筋混凝土 T 形梁,每孔 5 片 T 形梁,翼缘板宽 1.6m,梁高 1.3m,肋宽 0.18m,T 形梁间设有 5 道横隔板(图 8-99)。下部结构为钢筋混凝土双柱式墩,钻孔灌注桩基础;桥面铺装为钢筋混凝土铺装。原桥设计荷载等级为汽车—13 级、拖车—60 级。加固设计荷载等级:汽车—20 级,挂车—100级。因此,综合考虑后采取如下加固措施(图 8-100):

(1)利用原桥墩台,在墩顶处将简支梁形成 6 孔一联的连续结构体系,墩顶采用预应力连续结构和单支座支撑形式。

(2)对主梁采用粘贴玻璃纤维布加固,适当提高截面的承载能力;横隔板局部浇筑形成刚结;对于宽度大于 0.25mm 的裂缝,进行封闭注胶处理。

(3)桥面铺装全部凿除,重新浇筑混凝土及摊铺沥青混凝土;对于损坏的 T 形梁翼缘,凿除其损坏部分,现浇翼缘混凝土。

(4)变换支座位置,并全部更换为普通橡胶支座;原钢板伸缩缝更换为 XF80 伸缩缝。

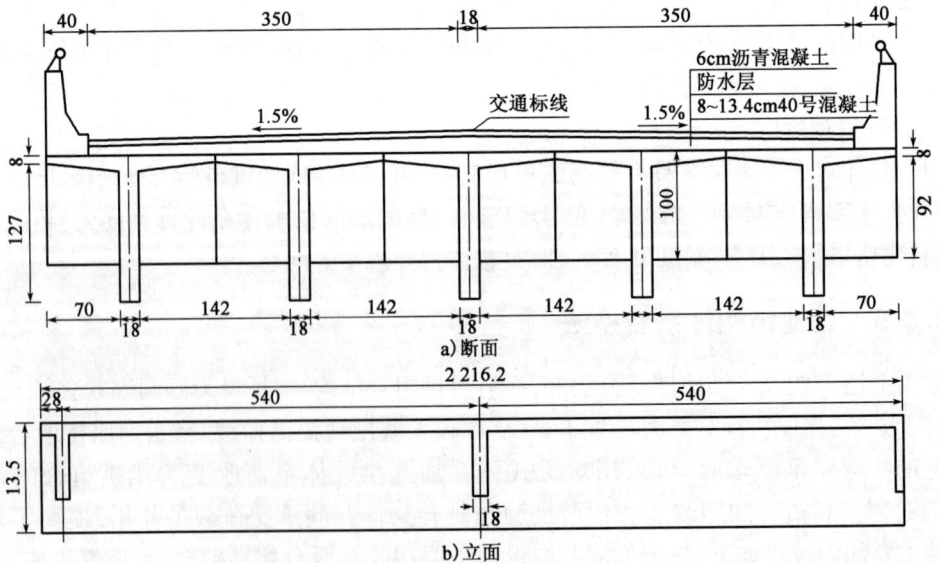

图 8-99 简支变连续加固 T 形梁结构(尺寸单位:cm)

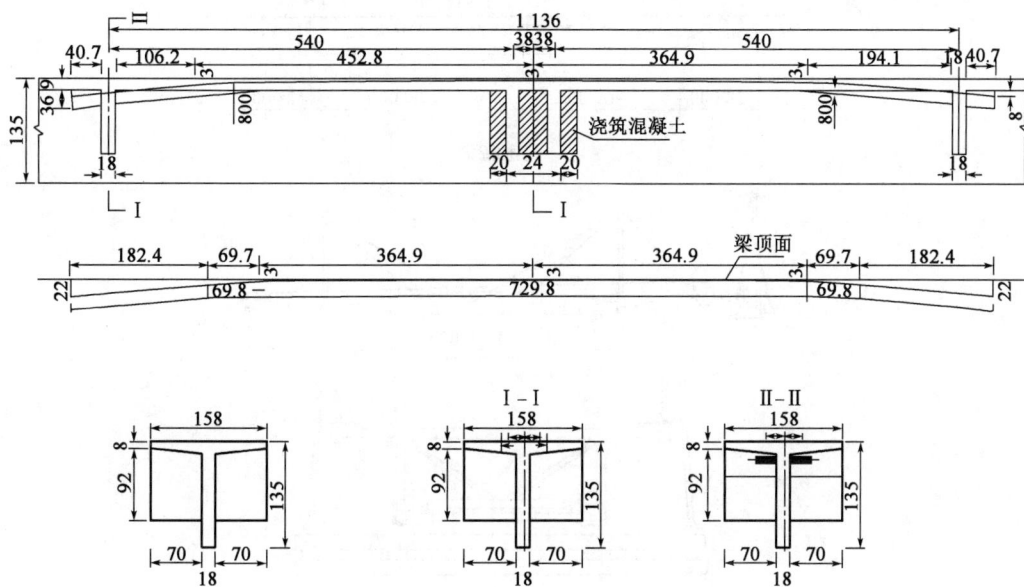

图8-100 简支变连续加固T形梁新增横系梁及墩顶T形梁连续(尺寸单位:cm)

2)连续梁变为矮塔斜拉桥加固

位于挪威首都奥斯陆以南约100km处的普特桑德(Puttesund)大桥建成于1970年,是一座采用悬臂施工法修建的预应力混凝土单室箱梁桥。该桥主跨138m,跨中设铰,由两侧填充岩石、各长28m的桥台段来平衡主跨质量。

由于随时间变化的悬臂过量下挠,普特桑德大桥在其设铰处,经受着严重的坡度不连续性的问题,主跨中心处下挠约450mm(图8-101),此外该桥的某些部位抗剪能力也不足,尤其是后者是决定该桥需要加固的主要原因。

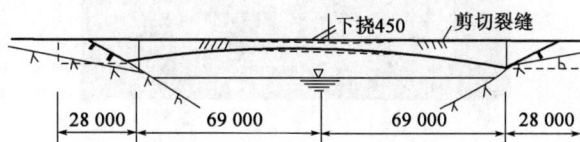

图8-101 加固前示意图(尺寸单位:mm)

对普特桑德大桥悬臂的各种提升及加固方案进行了研究,决定将原来的整个结构改建成一种所谓的斜拉桥。为此选择了在原有结构主跨原支点处采用倒Y形钢桥塔及在每一部分悬臂上设置两对斜拉索的设计方案(图8-102)。斜拉索支承体系对称地布置在铰附近,索间距18m。"主跨"与"背跨"的斜拉索分别在上部结构箱梁底板外缘及填充岩石的锚碇段(桥台)处张拉。斜拉索所有的固定端锚具均设在公路路面以上高33.5m的桥塔上部。这一方案很好地解决了抗剪能力不足的问题,也几乎解决了悬臂下挠的大部分问题。加固过程及完成效果如图8-103所示。

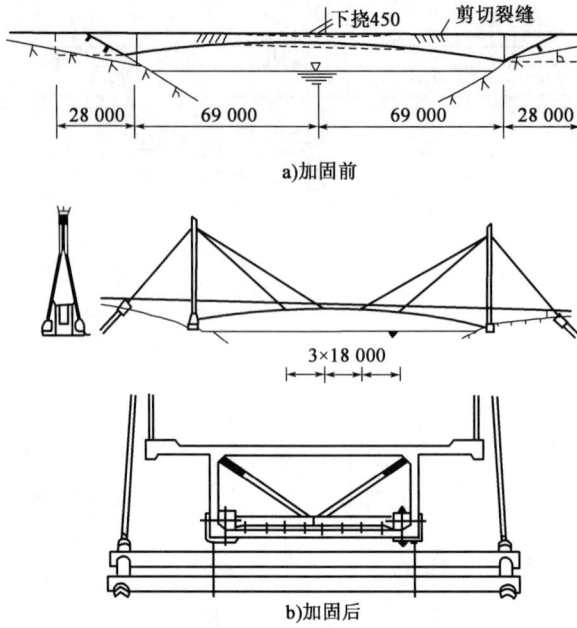

a)加固前

b)加固后

图 8-102　加固前后情况(尺寸单位:mm)

图 8-103　钢桥塔设置及完成效果

第9章

不同桥型上部结构加固方法

9.1 加 固 原 则

桥梁上部结构常用的加固方法大致有:增大构件截面加固法、粘贴加固法、体外预应力加固法、改变结构体系加固法及增加辅助构件加固法等。对于无黏结部分预应力板桥,尚可根据其受力特点采取一些专用加固方法,如重新制作锚固端、外包混凝土增加预应力钢筋。在实施过程中,应充分考虑桥梁实际状况、病害特点及改造需求,采用合理可靠的、技术可行的、经济简便的加固方案。现将不同桥梁常用的加固方法简述如下。

1)简支梁桥

简支梁桥抗弯能力不足或主梁挠度过大时,宜优先采用施加体外预应力、增大截面、简支变连续等加固方法。

(1)个别主梁(板)出现严重病害,而其他主梁良好,可采用更换主梁法加固。

(2)提高承载能力幅度不大时,可采用粘贴钢板或纤维复合材料法加固。

(3)梁(板)横向联系不足时,可采用增强横梁、增设横向预应力或加强桥面横向联系等方法加固。

(4)主梁斜截面抗剪能力不足时,可采用粘贴钢板或纤维复合材料法加固。

（5）预制预应力混凝土箱梁（板）的底面沿纵向预应力钢束位置开裂时，宜进行裂缝处理，并进行耐久性加固。

2）连续梁桥、悬臂梁桥、连续刚构桥

（1）箱梁的刚度不足且产生严重下挠时，应采用施加体外预应力进行加固，也可采用改变体系法进行加固。

（2）箱梁的抗剪承载能力不足时，可采用增大截面、粘贴钢板、粘贴纤维复合材料或增设竖向预应力等方法进行加固。

（3）箱梁的抗弯承载能力不足时，可采用体外预应力、粘贴钢板、粘贴纤维复合材料或增大截面等方法进行加固。

（4）箱梁顶、底板因承载力不足纵向开裂时，可采用粘贴钢板、粘贴纤维复合材料或新增横肋等方法进行加固。

（5）箱梁齿板局部承压不足引起齿板破坏或锚固区箱梁局部开裂时，可采用增大截面或粘贴钢板等方法进行加固。

（6）悬臂端牛腿开裂时，宜采用粘贴钢板、粘贴纤维板材或施加体外预应力等方法加固。

3）拱桥

（1）圬工拱桥可采用增大主拱截面、调整拱上建筑恒载及增强横向整体性等方法加固。

（2）双曲拱桥可采用增大截面或改变截面形式、粘贴钢板和纤维复合材料以及增强横向整体性等方法加固。

（3）桁架（刚架）拱桥可采用增强横向整体性、粘贴钢板和纤维复合材料、施加体外预应力以及增大构件截面等方法加固。

（4）钢筋混凝土箱板（肋）拱桥可采用增大截面、调整拱上建筑恒载、增加拱肋、增强横向整体性以及粘贴纤维复合材料等方法加固。

（5）钢管混凝土拱桥可采用外套钢管混凝土增大截面、粘贴纤维复合材料、更换吊杆或系杆、改善桥面系结构以及增强横向整体性等方法加固。

4）悬索桥、斜拉桥

（1）悬索桥可采用更换吊索（杆）、增设斜拉索、设置中央扣及加强加劲梁等方法进行整体加固；可采用更换加劲梁构件、增大截面、粘贴钢板或纤维复合材料等方法进行索塔和加劲梁的局部加固。

（2）斜拉桥可采用更换拉索、增设辅助墩、增设纵横向主梁限位装置、增设斜拉索减震装置等方法进行整体加固；可采用增大截面、粘贴钢板或纤维复合材料等方法进行桥塔和加劲梁的局部加固。

9.2　空心板梁桥维修加固技术

9.2.1　裂缝的修复与处理

对空心板出现裂缝病害后，需要分析裂缝产生的具体原因，针对不同类型的裂缝采用不同的处理措施。对于板梁跨中底面的横向弯曲裂缝,应进行压力灌浆封闭处理,以防止裂缝继续扩大或钢筋的锈蚀。对于板底纵向裂缝引起的钢筋锈蚀、混凝土剥落以及露筋等病害,应采用表面修补设计方案:凿除松散混凝土,露出新鲜混凝土,钢筋除锈,涂钢筋阻锈漆,然后用环氧砂浆修补。对于空心板梁桥底板纵向裂缝,也可采用水泥基灌浆材料进行灌浆处治,即采用压力灌浆设备向空心板腔内灌注一定厚度的水泥基灌浆材料,通过灌浆料与底板混凝土的有效黏结,从源头上对宽、深且长的底板纵向裂缝进行主动封闭,防止板梁内部的渗漏水以及空气中水蒸气、有害介质等进入裂缝内部导致内部钢筋的锈蚀断裂,进而提高空心板梁桥结构的耐久性和安全性。

9.2.2　铰缝破坏的加固

针对空心板梁桥铰缝破坏的加固应根据铰缝破坏的情况及桥梁实际使用条件制定相应的加固方案,目前,常用的加固方法有以下几种。

1)重新浇筑铰缝

该方法主要针对铰缝混凝土严重破碎、塌陷的情况,需要重新浇筑铰缝,且同时需要进行铺装更换补强。即凿除、清理既有桥面铺装及铰缝损坏混凝土,重新浇筑铰缝及铺装桥面,恢复铰缝的剪力传递。在灌注铰缝可采用 C50 微膨胀砂浆、无收缩性灌浆材料;灌注材料要求有适宜的流动度、微膨胀性及早强特点,如图 9-1 所示。

图 9-1　重新浇筑铰缝

2)锚固连接钢板法

该方法通过锚固螺栓和黏结剂把钢板垂直粘贴于相邻两块板梁梁底,代替铰缝的传力作用,恢复桥梁横向分布荷载能力,提高结构整体性能。通过设置适宜间距的锚固于两侧板底的钢板实现剪力传递,将铰缝下口内的松散混凝土凿除并用砂浆勾缝,待砂浆具有一定强度后将铰缝位置骑缝底用砂轮机打磨平整,清除混凝土表面浮浆和碳化层,然后将打磨面清洗干净晾干,随后按粘贴钢板工艺跨缝对称粘贴钢板。例如,采用 15cm、宽 6mm 厚的钢板,钢板纵向距离为 0.8~1.5m,根据受力特点,跨中部分可布置得较密些,向两边支点处布置得较疏些,钢板四角用螺栓锚固,钢板粘贴后用防锈材料进行涂装;如果结合铺装层的修复,可在铰缝顶部增加局部钢筋网,增加桥梁的整体性及刚度。锚固联结钢板法如图 9-2 所示。

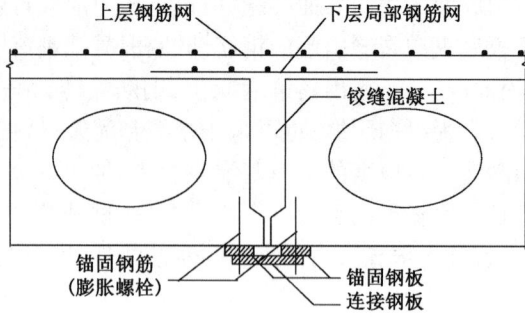

图 9-2　锚固联结钢板法

3）化学压浆法

化学压浆法是通过将铰缝造成密闭空腔,在铰缝底部均匀分布打眼,埋设灌浆嘴,将灌浆材料灌入受损铰缝缝隙内,其迅速扩散、固化,恢复破损缝隙之间的黏结力,进而有效恢复桥梁结构的整体性。打眼部分缝隙中空较大,压浆材料固化后会形成类似"剪力键"的结构,有利于横向传力。例如,沿铰缝设置 PVC(聚氯乙烯)灌浆嘴,间距 30～60cm,直径约 2.5cm,深度约 10cm,采用环氧腻子、聚氨酯泡沫或玻璃胶封闭铰缝底部,待封缝材料达到一定强度后,采用高压灌浆设备,压入环氧树脂等黏结材料,恢复铰缝的结构构造,如图 9-3 所示。

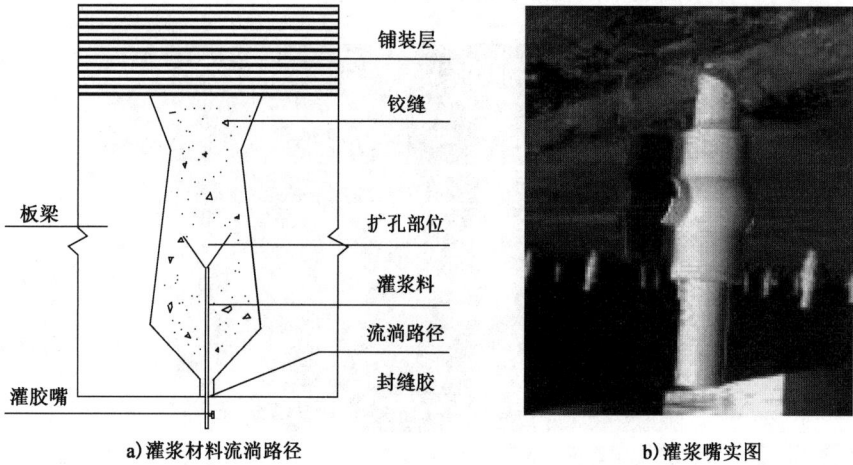

a)灌浆材料流淌路径　　　　　　　　　b)灌浆嘴实图

图 9-3　化学压浆法

采用化学压浆法修复铰缝施工,可以在不破坏原结构、不中断交通的情况下进行,操作简便,施工速度快。

4）横向预应力法

横向预应力法(图 9-4)主要是通过横向预应力对空心板间企口缝下缘施加横向预压应力,抑制、减小企口缝下缘混凝土横向拉应力,增大两侧板梁间的摩擦力,实现铰缝剪力的传递。施加的横向预应力使空心梁板的横向下缘混凝土处于受压状态,平衡板桥的横向弯矩,各空心板间可以同时传递竖向剪力和弯矩,变铰接板结构形式为刚接板结构形式,从而增强板桥上部结构的横向连接能力。同时,由于空心板的横向连接从铰接变为刚接,改善了荷载的横向分布,有利于各板协同工作,共同分担行车荷载,从而最终提高整个桥梁的承载能力。例如,在桥跨跨中区域按 1～3m 间距在空心板底面布置多根横向体外预应力筋,体外预应力筋采用可换式 HVM 型锚具,锚固在靠植筋技术固定在两侧边板侧壁上的锚板上,通过横向预应力对空心板间企口缝下缘施加横向预压应力,抑制、减小企口缝下缘混凝土横向拉应力,增大两侧板梁间的摩擦力,实现铰缝剪力的传递。

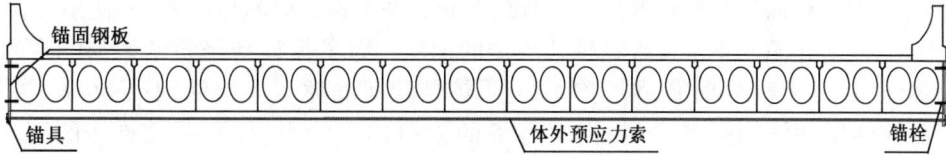

a) 横断面示意图

b) 端部锚固

图 9-4 横向预应力法

9.2.3 抗弯承载力不足的加固

针对空心板梁桥抗弯承载力不足的加固,可采用粘贴钢板加固、粘贴纤维加固、高强不锈钢绞线网—聚合物砂浆外加层加固或黏结预应力钢丝绳以及聚合物砂浆加固技术等,具体应根据桥梁实际情况制订加固方案。预应力钢丝绳加固方法,提载效果明显,具有许多其他加固方法不能达到的效果。即将混凝土、裂缝、垫板等结构的表面处理后,在梁端部开槽将锚具固定,进行预应力钢丝绳下料、张拉、挤压锚头并锚定,最后用复合砂浆压抹、养护及面涂。如图 9-5 所示为粘贴钢板抗弯加固空心板示例。

图 9-5 粘贴钢板抗弯加固空心板

9.2.4 铺装层修复

桥面铺装层修复优先采用 C40 以上钢纤维、聚丙烯纤维混凝土,以提高混凝土抗压强度和抗折强度,改善防裂抗渗性能,增加混凝土的韧性。同时,减薄桥面铺装的厚度,减轻桥面铺装的自重,并加强桥面抗磨性和抵抗行车荷载带来的冲击性,从而延长桥面的使用寿命,并且减少塑性龟裂,防止雨水下渗继续锈蚀桥板中的钢筋。为了保证新浇筑铺装层与原有桥面之间的黏结,可植入抗剪钢筋,新浇筑混凝土铺装层可布置双向钢筋网(图 9-6)。另外,加强桥面铺装层的结构强度,可提高空心板的横向连接能力,提高桥梁整体的刚度与承载能力。

a)抗剪钢筋 b)双向钢筋网

图 9-6 铺装层修复

9.3 T 梁桥维修加固技术

9.3.1 横隔板或横向联系不足的加固

针对 T 梁桥横隔板损坏或横向联系不足的加固,目前,横隔板的加固方式有增大截面法、粘贴锚固钢板、增设横隔板、增设横向钢桁架、增设横向预应力构件、黏锚 V 形钢板、增焊连接钢板等。增设横隔板、增设横向钢桁架适合于横向联系很弱的桥梁,增设的横隔板分为钢结构混凝土、预制钢筋混凝土和现浇钢筋混凝土等,应根据实际情况合理选取。

1)增大截面法加固横隔板

增大横隔板截面,提高横隔板的刚度,横隔板是 T 梁横向联系的关键构件,因此修复或提高横隔板的横向联系效果关系整个桥梁的刚度及承载力。在加大横隔板截面的同时,可以同时加设横向预应力筋,提高桥梁整体的横向刚度。工艺如下:首先,在横隔板侧面打孔,穿过 T 梁腹板设置横向通长钢筋、预埋波纹管,凿除横隔板破碎混凝土;其次,绑扎普通钢筋,浇筑新增马蹄形增大截面;最后,张拉预应力筋,如图 9-7 所示。

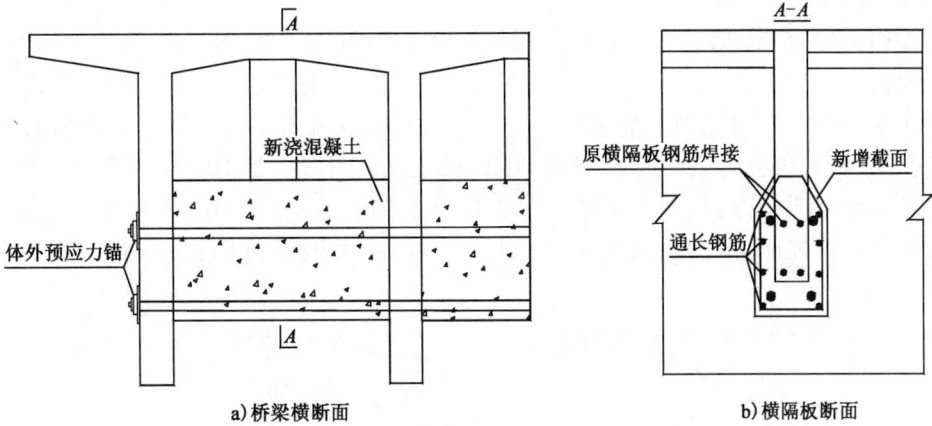

图9-7 T梁横隔板增大截面法加固

2）横隔板粘贴锚固钢板补强

对受损横隔板进行钢板除锈处理，若原焊缝存在开裂现象，重新焊接牢固后，涂抹水泥砂浆防护，在横隔板对接部位的侧面采用环氧砂浆找平，两侧粘贴锚固钢板，并设置对穿螺栓锚固。作为示例，粘贴锚固钢板的规格可为 $500\text{mm} \times 150\text{mm} \times 8\text{mm}$，如图9-8所示。

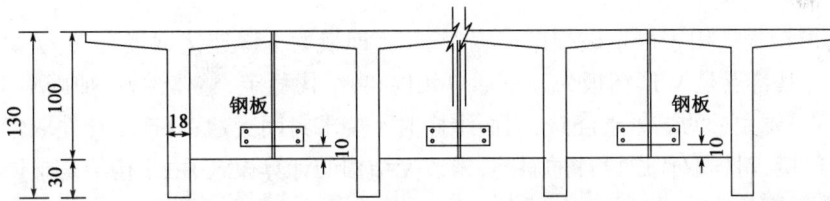

图9-8 T梁横隔板粘贴锚固钢板加固(尺寸单位:cm)

3）增设横向钢桁架

为提高桥梁整体刚度，针对原桥梁横隔板设置数量不足或横隔板损伤较大桥梁，可以考虑增设横向钢桁架，以增加相邻T梁之间的荷载传递。横向钢桁架采用角钢、H型钢等制作，加工与施工速度快，提高承载力的效果很好，如图9-9所示。

图9-9 T梁增设横向钢桁架加固横向联系

4）增设横向预应力构件

在原相邻两块横隔板之间，以预应力钢管的形式增设横向预应力构件，通过预应力拉杆钢管加强其整体性，钢管两端顶撑于相邻两片 T 梁的侧面，钢管内穿设粗钢筋，沿着桥梁纵向可增设多道平行的预应力钢管拉杆。例如，某斜交 T 梁桥，增设预应力钢管拉杆增强横向联系，增加的预应力钢管拉杆采用 $\phi102$ 热轧普通钢管，厚 10mm，中间用 $\phi32mm$ 精轧螺纹钢筋施加预应力，每 3 个主梁（1～3 号、3～5 号、5～6 号、6～9 号主梁）增加一道正交预应力钢管拉杆，横桥向共增加 4 道阶梯形预应力钢管拉杆，一跨共增加 16 道，如图 9-10 所示。

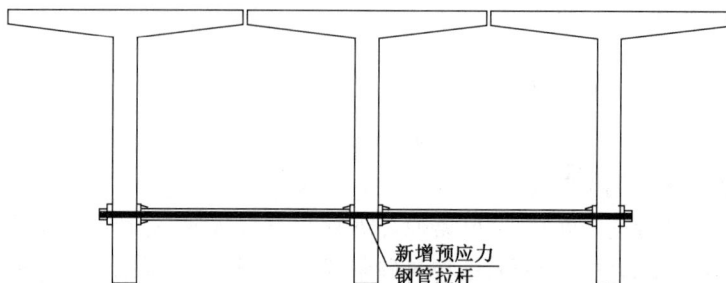

图 9-10　T 梁增设横向预应力构件加固横向联系

5）黏锚 V 形钢板

黏锚 V 形钢板适用于严重破损的横隔梁加固，即横梁下缘连接钢板失效、横梁错位连接、整体性破坏。其特点是 V 形钢板为三角形单元构架，结构稳定，整体性好；加固施工时不破坏原有结构，不需要大量的混凝土浇筑，因而维修时不要求封闭交通；以连续杆件取代原结构上、下缘的钢筋连接，斜杆取代原设计的斜筋，未改变结构的计算模式，由于构架是整体式，受力明确，优于原来的钢筋连接，如图 9-11 所示。

6）增焊连接钢板

增焊连接钢板加固是将横隔板破损区域混凝土凿出，焊接原连接钢板和加劲钢板，再用环氧砂浆修补，增大横隔板刚度，如图 9-12 所示。

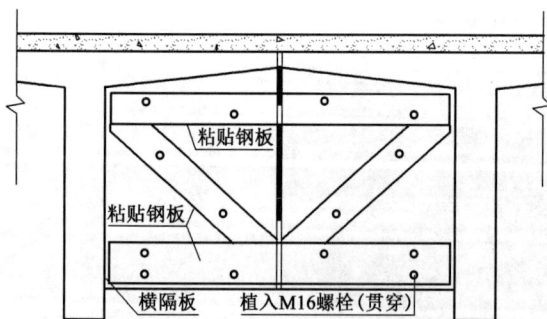

图 9-11　T 梁黏锚 V 形钢板加固横向联系

图 9-12　T 梁增焊连接钢板加固横隔板

9.3.2　T 梁纵向接缝及翼缘的修复与加固

预制 T 梁翼缘之间一般通过横向接缝连接，两片 T 梁连接处形成简单的铰接，其翼缘横向联系薄弱,常出现横向接缝破损、全桥刚度不足的现象,因此 T 梁纵向接缝及翼缘经常面临修复与加固的需求。增大与加强后浇湿接缝是加强 T 梁横向刚度的有效措施。作为示例,如图 9-13 所示,将相邻 T 梁翼缘纵向接缝左右各 30cm 范围混凝土凿开,保留横向钢筋,然后将相邻梁片的横向钢筋通过短钢筋焊接,并沿纵缝设构造钢筋,最后浇筑搭接部分混凝土。对于破损翼板及已有裂缝的翼板,应凿除原有混凝土,再用 C50 以上混凝土进行重新浇筑。

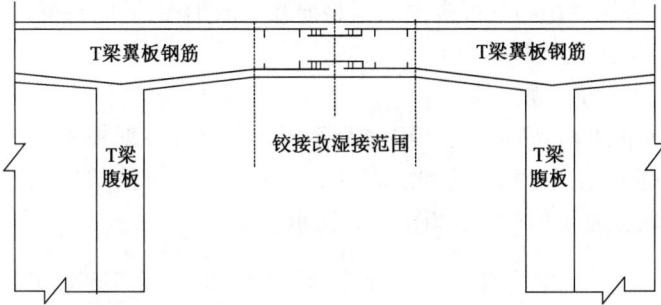

图 9-13 T 梁翼缘纵向接缝铰接改湿接加固示意图

对于 T 梁翼缘板截面补强,也可采用粘钢法加固,可在相邻两块横隔板之间,在翼缘底面粘贴两块钢板,并用螺钉锚固;在纵向裂缝的翼缘接缝处,桥面系凿除后,在主梁翼缘顶面与底面对应处粘贴钢板加固,并与底缘钢板用对穿螺栓锚固,钢板规格与底面相同。顶底缘钢板可视裂缝分布情况,适当调整位置。

9.3.3 抗弯加固

1)桥面补强层加固法

简支 T 梁受力特点为梁底部受拉,顶部受压。桥面铺装既是桥面保护层,又是上部结构的共同受力层,同时对车辆荷载的横向分配也起着重要作用,针对桥面铺装破损严重及 T 梁混凝土强度减弱的情况,可结合桥面铺装改造维修,在梁顶部加设一层高强度的钢筋混凝土,使其与主梁形成整体,从而达到加厚主梁高度,增大梁截面有效高度,以高强度混凝土承受压应力,并减少钢筋的拉应力。

桥面补强层加固法的常规工艺为:凿除原桥的沥青混凝土和普通混凝土,重新浇筑一层钢筋混凝土补强层,为保证桥面铺装与 T 梁混凝土有效结合,可同时垂直打孔植入剪力钉钢筋(植入深度一般为 5cm 以上),剪力钉顶部弯折后与桥面铺装钢筋网焊接,铺装层钢筋网应按一定间距布置纵、横向双向钢筋,钢筋直径为 10mm 以上;利用植筋胶的锚固作用使植入钢筋增强铺装层与主梁的结合,使铺装层与原有主梁形成整体,达到增加主梁高度,增大梁的抗压截面和提高梁的抗弯刚度,改善荷载的横向分布,提高桥梁的承载能力的目的,如图 9-14 所示。

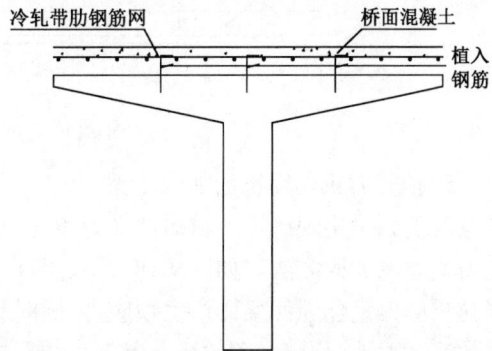

图 9-14 桥面补强层加固法抗弯加固 T 梁截面

2）粘钢板抗弯加固

利用混凝土受压性能好、钢材受拉性能好的特性，在受拉区采用粘钢板的方法来弥补受拉钢筋不足的情况。该方法恒载增加较小，力学性能改善显著。采用粘贴钢板法进行加固，主梁跨中两侧范围内，底板粘贴钢板条进行抗弯加固，在梁端区加密粘贴外包 U 形箍钢板条，以提高主梁的梁端抗裂能力，此外，对裂缝宽度大于 0.15mm 的进行化学注胶处理。其关键技术是钢板与混凝土的黏结，在工艺上可采用粘贴和压注两种方式。粘钢板加固钢材须做防锈处理，为确保黏结的牢靠，采用专用高强度螺栓紧固将要黏结的钢板，同时在抗弯加固钢板的外侧设置 U 形箍加强其锚固，如图 9-15 所示。

3）增大截面加固抗弯加固 T 梁

加大主梁梁高和配筋抗弯加固是在梁底及侧面增大尺寸并增加配筋，从而增加受拉钢筋的面积，增加梁高和梁的抗弯截面，达到加固目的。这种加固方法适用范围广，但施工时须搭临时支架，较为繁琐，且施工周期长，如图 9-16 所示。

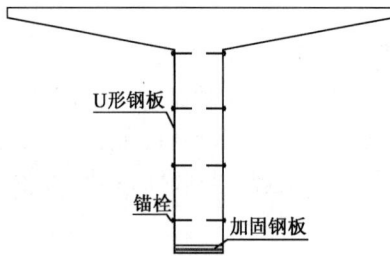

图 9-15　粘贴钢板抗弯加固 T 梁截面

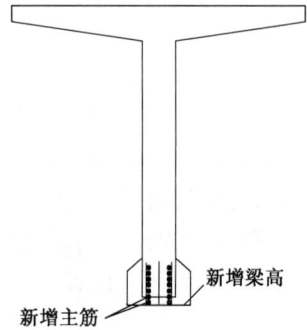

图 9-16　增大截面抗弯加固 T 梁截面

4）体外预应力抗弯加固 T 梁

在主梁受拉区预先施加拉压力，以此抵抗恒载及活载产生的拉应力，对于 T 形梁，常用折线布筋的形式。其基本做法为：凿除梁端处桥面铺装，在梁端顶面凿出预应力锚固槽，按预应力筋位置钻出斜孔位置，同时在梁底设置转向支座，实现折线形预应力筋布置形式，如图 9-17 所示。

图 9-17　体外预应力抗弯加固 T 梁

5）预应力钢丝绳抗弯加固 T 梁

对于原梁出现严重的结构性受力裂缝、承载力不足、挠度较大的情况，宜优先采用考虑预应力钢丝绳加固方法。如图 9-18 所示，即在梁体下缘或侧面受拉区设置预应力钢丝绳，通过张拉预应力钢丝绳使梁体产生预应力，同时涂抹聚合物砂浆，对预应力钢丝绳形成保护及黏结功效。一般地，预应力钢丝绳布置为直线形式，层数可设置为 1～2 层，先在 T 梁底面布置，当底面布置空间不足时，可在 T 梁腹板两侧靠近下缘位置布置。

6）钢板—混凝土组合抗弯加固 T 梁

钢板—混凝土组合法为增大截面与粘贴钢板的有效结合,通过在钢板上焊接栓钉、在原混凝土表面植筋、在原结构及加固钢板间浇筑混凝土等措施使加固部分与原混凝土结构形成整体,共同工作。新老混凝土通过植筋协同工作,钢板和后浇混凝土通过栓钉相连接,而新混凝土则作为钢板与原结构之间的连接层,这样原结构和新混凝土、钢板形成了共同工作的整体,使加固后的结构具有承载力高、刚度大、自重增加较小、施工快速方便、耐久性好等优点。原理示意图如图 9-19 所示。

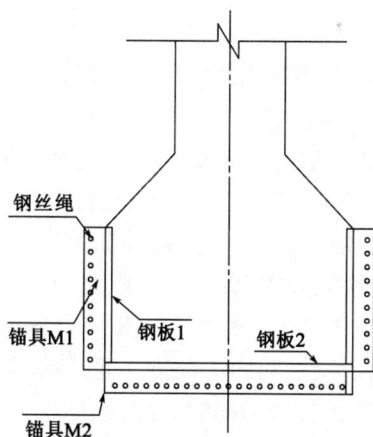

图 9-18　预应力钢丝绳—聚合物砂浆加固 T 梁设计方案

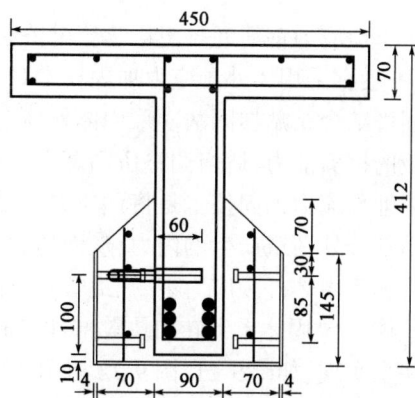

图 9-19　钢板—混凝土组合抗弯加固 T 梁截面
（尺寸单位:mm）

7）其他加固法抗弯加固 T 梁

目前常用的加固方法还有粘贴碳纤维及高强不锈钢绞线网加固技术等。粘贴碳纤维加固对截面刚度提高不大;高强不锈钢绞线网加固技术类似于增大截面加固及预应力钢丝绳抗弯加固的结合,但在加固时,不能施加预应力,也属于普通被动加固的范畴。

9.3.4　腹板加固

T 形简支梁桥腹板主要由于抗剪承载力不足的斜截面加固,应针对斜截面病害情况和施工条件,选择适宜的加固方法,如图 9-20 所示。

图 9-20　T 梁腹板加固示意

（1）对于梁的腹板(梁肋)宽度偏小,不满足规范规定最小截面尺寸要求(抗剪强度上限值)的情况,应采用加大截面加固法将腹板(梁肋)加厚,在此基础再采用其他加固措施才是有效的。

（2）对于原梁腹板(梁肋)出现较严重斜向裂缝,抗剪承载力不足的情况,宜优先采用黏结预应力加固方案。采用横向拉紧变形法张拉的有黏结预应力斜截面加固方案,构造简单,施工方便,在经济上也有一定的竞争力。

(3)对于原梁腹板(梁肋)出现较严重斜向裂缝、抗剪承载力不足的情况,亦可考虑采用粘贴钢板或粘贴高强纤维复合材料(布或薄板)的斜截面加固方案。

9.4 连续梁(刚构)桥与悬臂梁桥维修加固技术

9.4.1 箱梁纵向抗弯加固

由于预应力钢筋混凝土连续箱梁桥纵向承载力不足,常表现为跨中下挠、弯曲裂缝过大等病害,一般宜采用体外预应力加固技术对其纵向受力进行加固,以弥补预应力失效,同时其局部加固可结合粘贴加固法。采用体外预应力加固技术提高箱梁正截面抗弯承载力,可同时改善腹板的抗剪能力,适当调整桥面高程,改善桥面线形,控制主跨跨中下挠的发展。

体外预应力加固技术是将预应力筋设置在混凝土结构截面的外部,以预加力产生的外弯矩抵消部分外荷载产生的内力,从而达到改善桥梁使用性能和提高结构承载力的目的。体外预应力体系由体外预应力束、孔道管[高密度聚乙烯管(HDPE)或钢管等]、浆体(防腐油脂或水泥浆体)、锚固体系和转向块等部件组成,预应力筋和混凝土间的荷载传递通过端部锚具和转向块来实现,如图9-21、图9-22所示。锚固设计是体外预应力加固的关键,锚固块将体外预加力传递给原箱梁,要求传力可靠。转向块从材料上可以分为钢制和混凝土制两种,或者由两种材料组合构成。

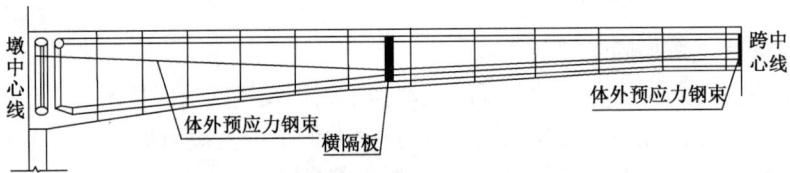

图9-21 某连续箱梁跨中纵向体外预应力加固

图9-22 跨中纵向体外预应力加固实例

另外,针对该类型桥梁在采用体外预应力加固运营若干年后仍出现梁体开裂和跨中下挠的情况,可根据桥梁的病害特点及受力特性,从增加支承和提高预应力作用效率等概念出发,采用矮塔斜拉加固方法、增设波纹钢腹板等不同于常规的加固方法控制主梁的开裂和跨中的下挠。

1）矮塔斜拉加固方法

矮塔斜拉加固方法属于改变结构体系加固的一种方法,源自矮塔斜拉桥体系概念,即将常规的体外预应力加固体系转变为部分斜拉加固体系,将梁桥的体内索转换到体外,增大预应力索的有效偏心距,从而提高了预应力的作用效率。新增斜拉索相当于作用在主梁上的弹性支承,共同参与受力。新增索塔的位置取决于原桥面宽度、主墩高度及桥面布置等因素。斜拉索两端分别锚固于桥塔及托梁上,如图9-23所示。

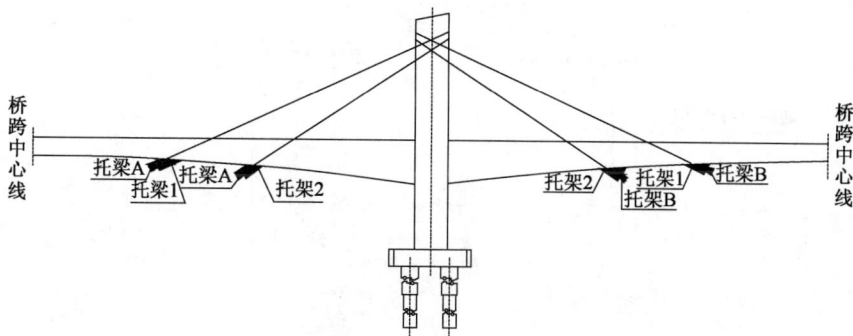

图9-23 矮塔斜拉加固方法加固连续梁桥

2）新增波纹钢腹板加固方法

波纹钢腹板作为箱梁的腹板具有自重轻、抗剪屈曲强度大等特点,而且不抵消轴向力,可使预应力有效地加载于混凝土翼缘板,提高了预应力的效率,已广泛应用于国内外预应力混凝土箱梁桥的建设中。若桥梁腹板间距较大且主拉应力较大,腹板开裂严重,可采用箱内新增波纹钢腹板和箱体外预应力进行加固。通过在箱梁中间增设波纹钢腹板,可提高主梁的抗剪能力及整体受力状况;通过调整并增设底板体外束,可提高底板的压应力储备,降低底板正应力,如图9-24所示。

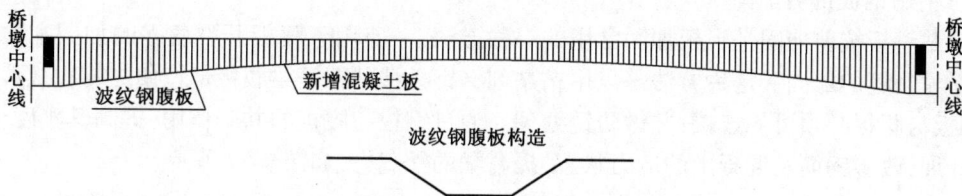

图9-24 新增波纹钢腹板加固连续梁桥

9.4.2 腹板抗剪加固

1）增大截面抗剪加固

采用箱梁腹板加厚对腹板进行抗剪加固。对于腹板抗剪承载力不足,可在腹板内侧或外侧加厚腹板,绑扎钢筋网,浇筑混凝土,采用植筋技术使新旧混凝土得到有效的结合,腹板加厚可同时增设预应力下弯束,进一步提高斜截面的抗剪承载力。增大截面抗剪加固是增大腹板的截面和配筋,以提高箱梁的强度、刚度、稳定性和抗裂性;也可用来修补裂缝,如图9-25所示。增大截面抗剪加固箱梁施工实例如图9-26所示。

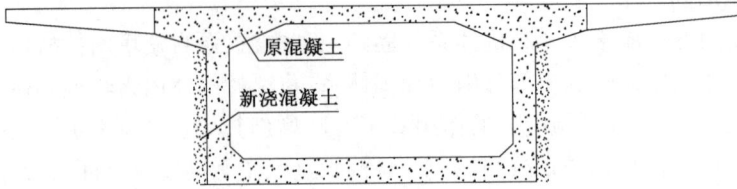

图 9-25 增大截面抗剪加固箱梁

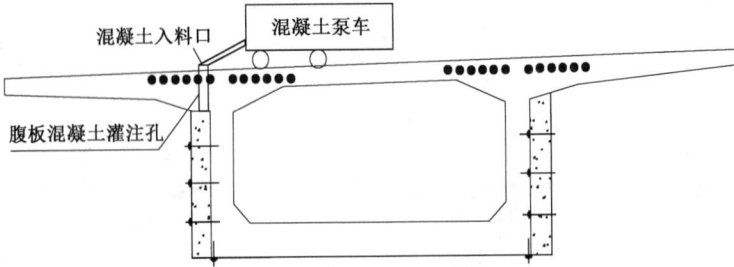

a) 施工工艺原理

b) 现场图片

图 9-26 增大截面抗剪加固箱梁施工实例

2) 粘贴钢板抗剪加固

粘贴钢板抗剪加固是腹板加固常用的一种方法,一般用于腹板开裂病害的加固和顶板梗腋处受力裂缝的加固。这种方法是采用粘贴剂将钢板粘贴在箱梁腹板部位使之与腹板形成整体,钢板与腹板必须可靠连接,并做防锈处理。通过钢板与腹板的共同作用,提高其刚度,限制裂缝开展,改善钢筋及混凝土的应力状态,提高梁的承载力,如图 9-27 所示。

a) 顶板及腹板竖向钢板条带加固

b) 斜向钢板条带加固

图 9-27 粘贴钢板加固腹板及顶板

282

3）粘贴纤维抗剪加固

粘贴纤维加固腹板,是将纤维增强复合材料粘贴在箱梁腹板侧面,不必在腹板上打孔,对结构本身不会带来损伤。但粘贴的纤维对腹板的刚度提高不大,不能有效抑制裂缝的产生,只能限制裂缝宽度的继续开展。由于纤维所需的锚固长度较长,梗腋处的较宽裂缝离转角很近,纤维对其抑制效果不明显。

9.4.3 箱梁顶底板横向加固

对于箱梁顶、底板开裂的,在顶板、底板粘贴钢板或纤维,粘贴钢板或纤维按垂直桥面布置,梗腋与腹板一并粘贴钢板或纤维条进行加固,如图 9-28 ~ 图 9-30 所示。粘贴钢板采用植筋螺栓锚固,锚固螺栓按一定间距设置,钢板表面涂抹环氧树脂基液处理;粘贴纤维加固对于箱梁内部封闭的狭小空间具有非常好的适应性。对于箱梁的跨中底板出现纵向裂缝的横向加固,可有效防止裂缝的进一步开展和防止裂缝发展,以防预应力束崩离的发生。

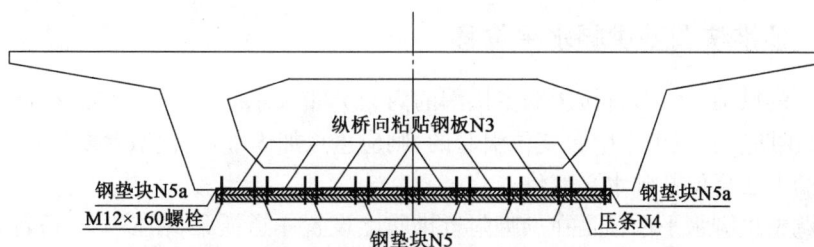

图 9-28 粘贴钢板加固箱梁底板

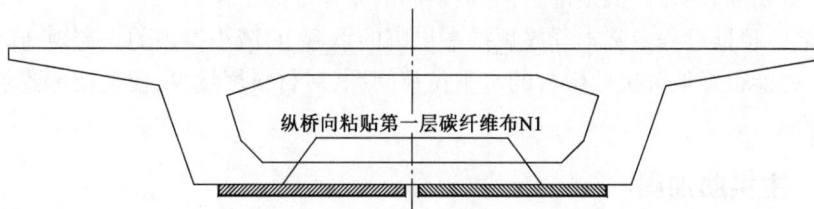

图 9-29 粘贴钢板加固箱梁底板

图 9-30 粘贴钢板加固箱梁顶板实例

9.5 双曲拱桥维修加固技术

9.5.1 调整拱上自重

当双曲拱桥由于自重或地基承载力不足,拱脚发生水平位移或转动;拱轴线发生变形时,在条件允许的情况下,可采取调整拱上自重的布置方法,来改善拱圈受力状况,以达到加固的目的,特别是在桥梁基础承载力受到限制,不能满足加固上部构造和提高活载所增加的承载力要求时,以减轻桥梁恒载的方法来提高承受活载的能力是一种经济有效的措施。如将实腹式拱桥改建为空腹式拱桥、更换拱上填料等,例如采用轻质的陶粒混凝土等轻质填料更换旧桥拱上填料,更换时注意保证陶粒混凝土的密实度使拱桥结构协同受力,在拆除原桥面及挖除原填料的过程,一律由跨中对称地向拱脚方向进行。

9.5.2 顶推法调整拱脚水平位移

双曲拱桥的拱轴线线形直接影响主拱圈的内力分布及承载力,直接导致拱圈病害的进一步发展,如果拱肋病害是由于墩台变位引起的,则应重点加固墩台,使墩台复位稳定,例如可采用顶推拱座的办法复位基础水平变位。

顶推法调整拱脚水平位移是在拱脚附近拱肋上设置一道横梁,在横梁与桥台之间放置几台液压千斤顶,并在水平及竖直方向设置相应的定位装置。在解除拱座对拱脚的约束后开通油泵,使千斤顶推动横梁与拱肋一起沿着预定的方向移动,使拱肋逐渐接近或恢复到原有的合理拱轴线,再分别加固拱脚、拱顶部分,完成拱肋的整体加固工作。

该技术能在顶推过程中基本释放顶推端拱脚的负弯矩,减小拱顶的正弯矩,降低拱圈实际承受的荷载,并能很好地解决地墩台的水平位移问题,对材料用量少,但是技术要求较高,存在一定的风险性。

9.5.3 主拱肋加固

1)增大截面加固主拱肋

增大截面加固主拱肋,是通过外包钢筋和混凝土增大原拱肋的截面面积和配筋,以达到提高构件的截面承载力、刚度、稳定性和抗裂性的目的,也可用来修补裂缝等。考虑被加固构件的受力特点和加固目的的要求、构件部位与尺寸、施工的方便性等因素,增大截面可设计为单侧、双侧或三侧加固以及四周外包加固。对于双曲拱桥主拱肋,增大截面加固法的优点是:能在桥下施工,不影响交通;加固工作量不大,加固效果也较为显著;且双曲拱桥的受力方式是以承受偏压为主,可以充分利用主拱肋截面的材料强度,充分发挥混凝土的抗压性能。施工工艺可采用现浇混凝土、喷射混凝土、涂抹砂浆等方法,如图9-31、图9-32所示。

2)粘贴钢板加固主拱肋

粘贴钢板加固主拱肋,可以在拱肋表面清理整洁后,采用环氧树脂黏结钢板的方法来提高其承载能力。当拱圈产生裂缝或承载能力不足时,采用此项技术能够有效提高拱顶区段的承载能力,又不会增加太多的恒载负担。粘贴钢板的位置主要位于拱肋截面底面,钢板厚度宜选用 4~10mm,否则施工比较困难。为使钢板加固能够黏结牢靠,可分块粘贴接头后再焊接,如图 9-33 所示。这种加固方法已在不少拱桥加固工作中得到应用,并取得了较好的效果。粘贴钢板加固主拱肋具有增加恒载不大、施工快速方便的特点。

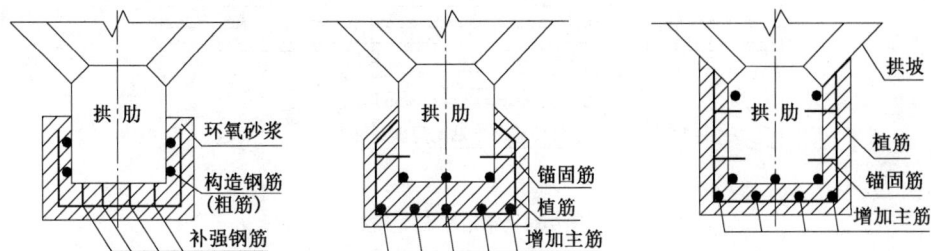

图 9-31 增大截面加固主拱肋不同方式截面

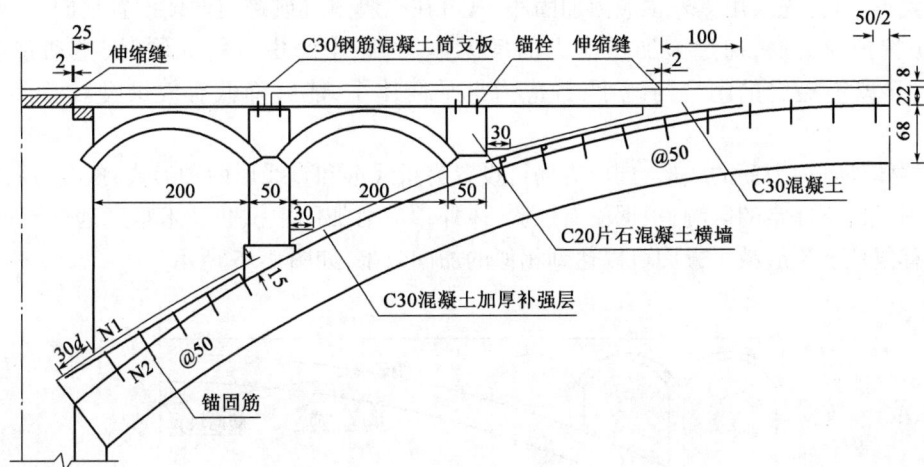

图 9-32 增大截面加固主拱肋立面布置图(尺寸单位:cm)

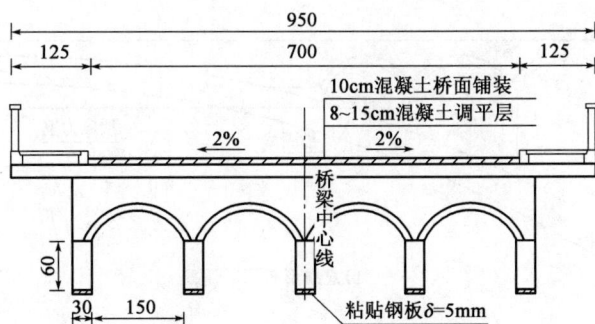

图 9-33 粘贴钢板加固(尺寸单位:cm)

3)粘贴纤维加固主拱肋

粘贴纤维加固法对拱肋截面粘贴碳纤维布进行补强,粘贴部位一般位于拱顶实腹段长度范围内的拱肋下缘区域,后粘贴的高强复合纤维可以限制裂缝的开展、提高梁的抗弯承载力。

285

对于 U 形粘贴,可以提高其抗剪承载力,在提高抗弯和抗剪承载力的同时,可以提高混凝土的抗腐蚀和抗碳化能力,对延长结构耐久性具有一定的效果,如图 9-34 所示。

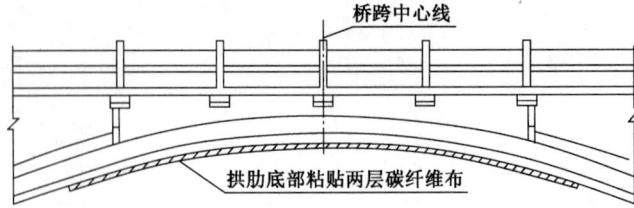

图 9-34　粘贴纤维加固法

4)体外预应力加固主拱肋

对于双曲拱桥拱脚存在水平位移过大的病害,或因其他原因导致的主拱肋下挠及主拱肋裂缝过大等,可优先采用体外预应力加固法,其可在拱脚附近或跨内两侧设置锚固点,顺桥向设置、张拉预应力筋,通过施加预应力的反拱作用,减小跨中下挠。同时,主动预应力技术,有助于既有裂缝的闭合与减小;预应力自平衡体系,能够降低有效拱脚对墩台的水平推力。

根据体外预应力筋的线形,预应力筋可设置为折线形和直线形两种形式,预应力筋的布置需要考虑对桥下净空的影响,根据已有经验,体外预应力加固主拱肋技术难度远低于顶推法,但在位移复位及裂缝减小方面可以达到相似的加固效果,如图 9-35 所示。

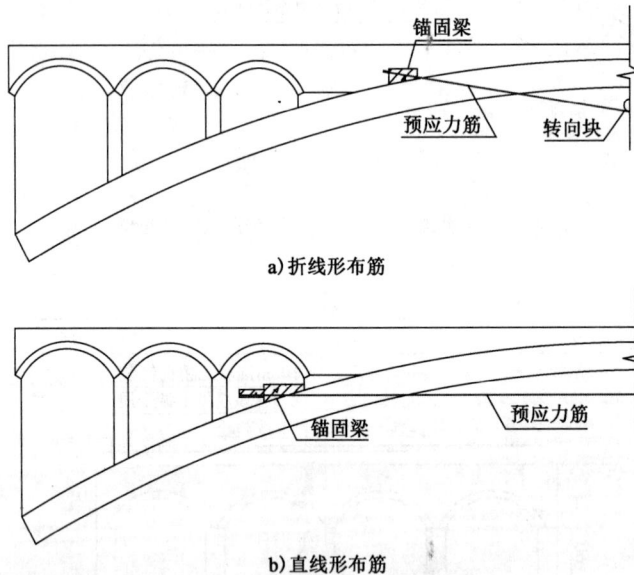

a)折线形布筋

b)直线形布筋

图 9-35　体外预应力加固主拱肋

9.5.4　拱脚加固

拱脚部分承受较大的负弯矩,针对拱脚开裂及承载力不足的加固,主要可采用以下两种方案:

一是外包混凝土增大截面。用较高等级钢筋混凝土对拱脚与支座部分进行外包加固,在顺桥向和横桥向可同时加厚,也可仅在某一个方向加厚,新加厚部分通过植筋与原有拱肋相连,新增混凝土沿着拱肋轴线在拱脚处设置锚固钢筋锚固于墩台。其中,其锚固长度按可偏心受压构件的拉力钢筋确定,即锚入桥墩台的最小长度可为 $30d$(d 为钢筋直径)。

二是外包钢板增强节点区域。通过在拱脚四周粘贴钢板,加固钢板焊接于支座钢板,支座钢板通过锚栓植入墩台,实现节点的加强,如图9-36所示。

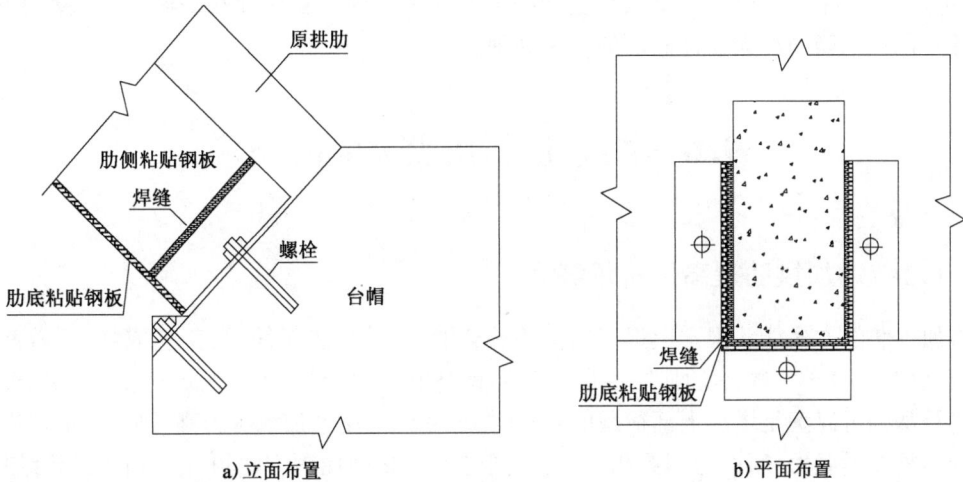

a) 立面布置　　　　　　　　　　　　b) 平面布置

图9-36　外包钢板加固拱脚

9.5.5　横向联系加固

横向联系刚度不足常导致主拱圈受力不均匀、在拱波顶出现纵向裂缝等现象。因此,加强横向联结以增强双曲拱桥的横向整体性是双曲拱桥加固补强的重要措施之一。加强横向联结的具体方法与 T 梁桥横向联系加固相似,一般有以下几种方式:

(1)增设横系梁。沿拱圈增设横系梁,可采用预制或现浇混凝土横系梁或增设轻型钢桁架横系梁,以加强拱肋的抗扭刚度和横向的整体性。

(2)增大横系梁截面。用外包混凝土加厚、加宽横系梁截面,以加大横系梁的截面刚度;或将横系梁改造成横隔板,将原横系梁截面加高使之与拱波相联结,并增设横向通长钢筋将其连成整体。

(3)改套管拉杆为横隔板。对于原来设置套管拉杆横向联系的双曲拱桥,其套管只能起到横向约束作用,而对拱波的抗扭刚度作用不大;加固时可将原套管位置改造为横隔板。

9.5.6　拱波加固与修复

针对拱波裂缝、钢筋锈蚀等的加固与修复,对于破坏严重的微弯板,可拆除重新铺设预制板,加厚上部拱板。加固时先将拱上填料拆除,用混凝土将拱谷填平,再沿全桥宽浇筑混凝土拱板,内设钢筋网和纵向主筋,在拱波和拱肋连接部位需植入连接钢筋,现浇接头连接微弯板与拱肋。

为了保证拱肋和拱波以及拱板现浇混凝土之间有足够的连接,防止因新老混凝土间的收缩差异引起裂缝的开展,需对拱肋接触面处进行凿毛处理,并采取有效的措施,以保证不出现因收缩差异所引起的开裂现象。

9.5.7 腹拱与立柱加固

对于腹拱出现病害,可仿照拱肋增大截面加固法、粘钢板加固法、粘贴纤维加固法进行处理,处理前需要对出现的裂缝做灌压封填处理。对于立柱,一般其强度及稳定性均不会有问题,如不足,可采用增加纵横系梁或环包碳纤维的方法处理。若立柱端头局部混凝土压碎,可采用环向包裹钢筋网加大立柱截面的方法处理。

9.6 刚架拱桥维修加固技术

9.6.1 增加拱肋提高结构承载力

增加拱肋的方式能从根本上提高结构的承载能力,并且施工简单,工艺成熟,所需特种工具少,造价低。对于一些特定刚架拱桥,如墩台地基安全性能好,通过地质勘察和验算,旧桥下部结构及基础可以满足增加上部荷载的要求时,可考虑采用增加承载力高、刚度大的新拱肋提高结构的整体承载力,新梁与旧梁相连接,共同受力。此种加固方法可充分利用旧桥结构,承载力提高幅度大,降低综合造价。如图 9-37 所示为采用增加拱肋提高结构承载力的一个实例,通过在旧拱片之间横向等间距增加 3 条拱片,提高结构承载力。

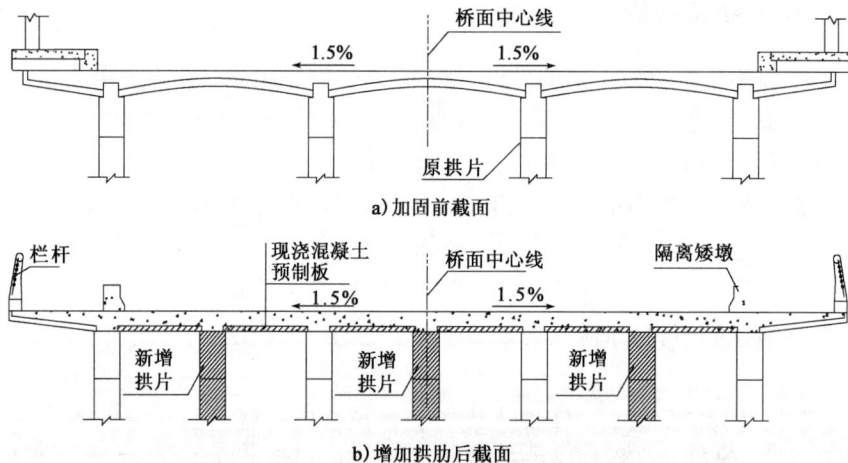

图 9-37 增加拱肋提高刚架拱桥承载力

9.6.2 节点加固

针对刚架拱桥各种节点由于应力复杂而开裂、出现斜裂缝的情况,可采用粘钢板加固法加固。节点钢板的大小按照节点局域的情况综合确定,包括节点的形状、病害情况及传力的需求等。由于节点加固属于局部承载力不足的加固,面积小,应力大,节点加固采用的钢板常较厚,厚度在 5mm 以上,相应施工工艺要求采用压力灌注工艺粘贴钢板,为确保钢板与被加固构件形成整体,粘贴钢板灌注胶须均匀密实地填充于钢板与混凝土构件之间。其主要工艺流程为:粘贴钢板区域混凝土表面处理→钻孔植埋螺栓、固定钢板→封缝、安装压浆嘴、出气嘴→压力灌胶→钢板表面防腐处理,如图 9-38 和图 9-39 所示。

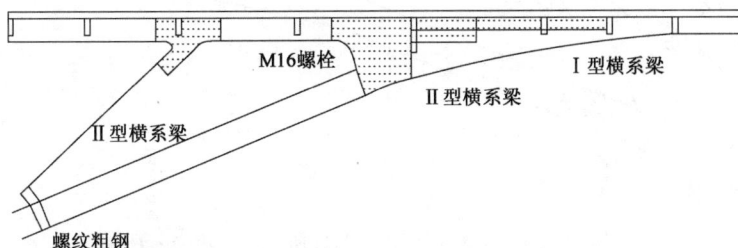

图 9-38 节点粘贴钢板法加固刚架拱桥设计图

a) 整体情况

b) 节点局部

图 9-39 节点粘贴钢板法加固刚架拱桥实景

9.6.3 弦杆及实腹段的加固

对于弦杆强度不足及开裂的情况,应对弦杆进行整体加强,弦杆的加固通常可采用粘贴钢板法、粘贴纤维布法及增大截面法,并适当增加配筋数量。当弦杆损坏严重时,可在原弦杆下增设新的弦杆进行加固。该加固法可保证新设弦杆与原弦杆共同受力,从而提高桥的承载能力。

跨中实腹段的加固主要针对抗弯与抗剪承载力不足的加固,抗弯不足宜采用增大截面法、底面粘贴钢板法、粘贴纤维布法;抗剪不足可采用粘贴 U 形纤维布或钢板条带;对于已出现裂缝病害情况的,外加灌缝和封闭裂缝。

采用粘贴钢板法或粘贴纤维布法加固弦杆及实腹段正截面抗弯承载力,钢板或纤维布粘贴于待加固构件底部,承担底部的拉应力;对于上部节点负弯矩区的两侧,可在截面上部粘贴钢板或纤维,增强节点处的抗裂性。如图 9-40 所示为采用粘贴钢板和粘贴纤维加固弦杆及实腹段的实例。

9.6.4 拱腿加固

对于主、次拱腿的加固,可采用增大截面法、外包钢法或环形包裹粘贴纤维法。

(1)当采用增大截面法进行加固时,其关键环节为保证植筋与原结构的锚固能力以及新旧混凝土的结合,需控制的施工要点为植筋施工中的钻孔深度、孔壁及钢筋外表面的处理;同时还需注意新旧混凝土结合面的凿毛及清洗,最后应控制后浇混凝土的振捣及养护质量。

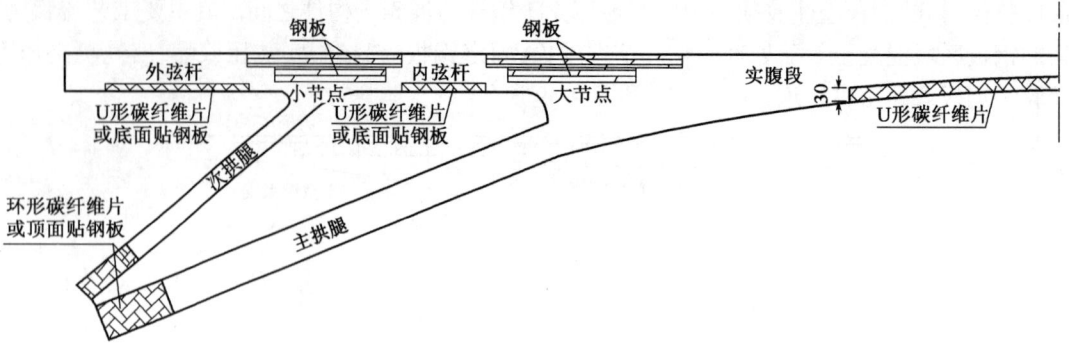

图 9-40　刚架拱桥弦杆及实腹段的加固(尺寸单位:cm)

（2）当采用外包钢法进行加固时，其关键环节为混凝土结合面表面处理、钢结构的焊接质量以及结构胶灌浆的饱满度；混凝土结合面表面应磨至为坚固完整混凝土、钢结构焊接应平整连续，焊缝厚度应达到设计要求，灌浆要按规程要求实行压力灌浆，灌浆饱满度应达 95% 以上。

（3）当采用环形包裹粘贴纤维法进行加固时，关键需要注意纤维的方向应沿着截面的环向，拱腿的四角应做成半径不小于 25mm 的倒圆角，以防止棱角处的应力集中，纤维在环向的搭接长度不小于相应规范规定。

9.6.5　横向联系加固

由于横向联结构件主要是增强拱片间的横向联系，加固时需要加强横向联结作用。横向联系刚度不足的加固可采用增大横向系梁截面、施加横向预应力法及增设钢桁架法，对横系梁施加预应力加固可以提高桥梁的整体横向刚度，可配合新增横隔板实施，如图 9-41 所示；增设钢桁架也可以增加桥梁横向刚度，具体为在混凝土横隔板两侧，增设两片型钢桁架的钢结构横向联系，将原混凝土横隔板夹住，并通过焊接、锚栓、粘贴钢板等措施，使新、旧横向联系结合为一整体受力，钢桁架与拱片的连接通过拱片上新增锚固的钢板箍焊接而成，如图 9-42 所示。

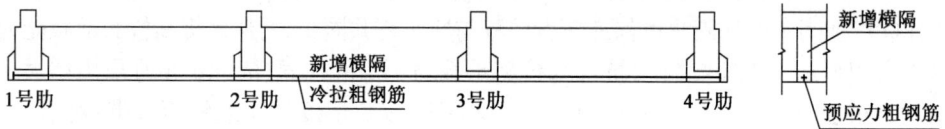

图 9-41　新增横隔板 + 施加预应力加固刚架拱桥横向联系

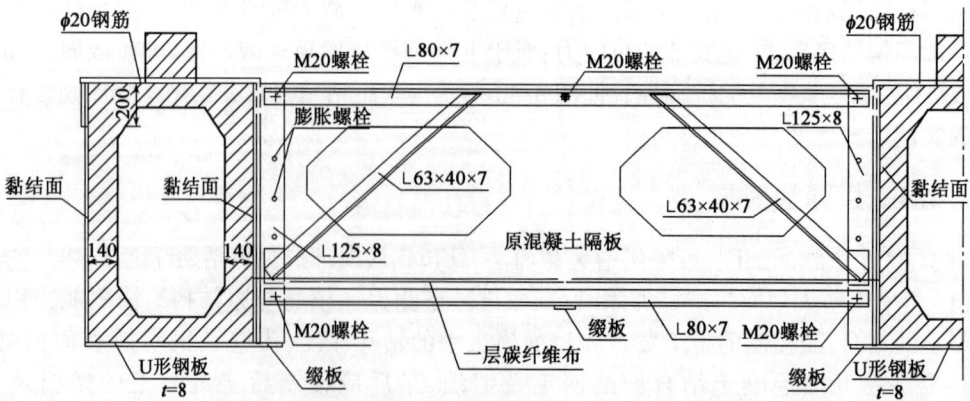

图 9-42　采用钢桁架加固刚架拱桥弦杆及实腹段的横隔板

横向系梁承载力不足时,宜采用增大截面法、粘贴钢板法、粘贴纤维布法加固,加固后的构件按轴心受拉构件计算其承载能力。

(1)增大截面法。增大横系梁、横拉杆截面,要先进行加筋的焊接处理,凿开节点处的钢筋保护层,将需要增加的钢筋按设计焊接到节点处,采用吊模法浇筑混凝土;混凝土中应适当掺加膨胀剂,还需注意植筋应与拱肋可靠连接。

(2)当采用粘贴钢板法和粘贴纤维布法进行加固时,应注意钢板或纤维布的尾端应锚固于拱肋上。

(3)附加型钢法。该法既加固节点,且横向通过高强螺栓连成一体,有效地保证了横桥向荷载的传递,并与微弯板加固所用的曲面型钢形成上下桁架,大大减小了原有横梁的内力,提高了结构整体性。作为示例,某刚架拱桥横梁加固方案如图9-43所示。

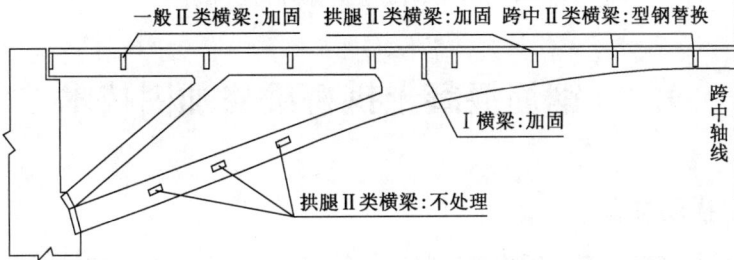

图9-43 某刚架拱桥横梁加固方案选择

9.6.6 微弯板加固

桥面微弯板结构宜采用粘贴钢板法、粘贴纤维布法、改变受力模式法或与板顶部的铺装层增设钢筋网形成叠合结构,加固后的构件按受弯构件计算其承载能力。

当采用粘贴钢板法和粘贴纤维布法进行加固时,需注意钢板与纤维端部的锚固;当采用改变受力模式法进行加固时,其关键环节是保证新加构件与原结构的连接可靠;当采用叠合结构法进行加固时,其关键环节为新旧混凝土的黏结,并控制抗滑移锚固钢筋或抗剪槽的施工质量,如图9-44所示。

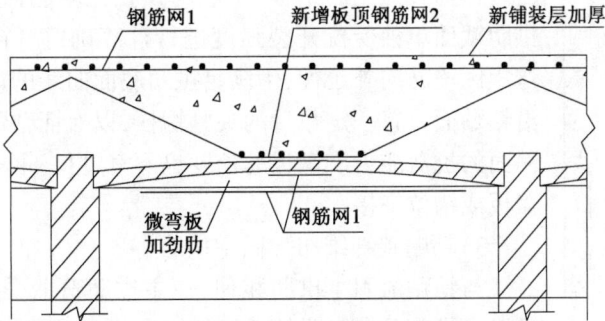

图9-44 刚架拱桥微弯板的加固及铺装层改造

在综合分析了常用的截面替换法、增大截面法及粘贴加固法的基础上,有研究提出一种新的微弯板加固方法——曲面型钢梁加固法,即在原微弯板加劲肋中间设置曲面型钢加固微弯板,型钢上翼缘采用与微弯板曲面吻合的曲面形式,其与微弯板底部用结构胶黏结,并通过植筋锚固,腹板采用变高度形式保证下翼缘底面呈水平布置,下翼缘和普通型钢相同,横桥向各曲面型钢通过在拱肋之间对穿钢筋连接成整体。刚架拱桥微弯板曲面型钢加固构造示例如图9-45所示。

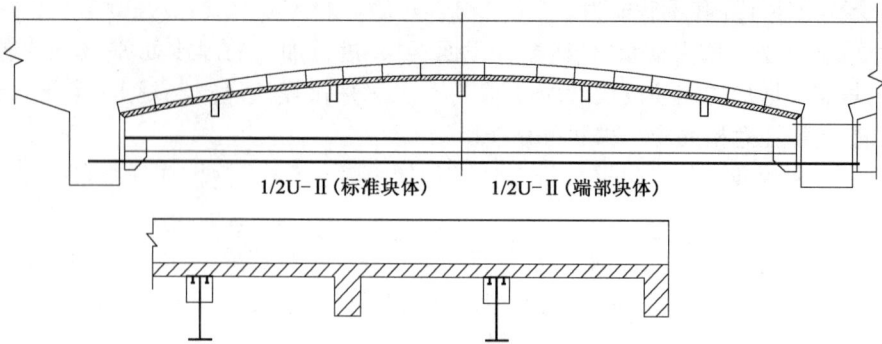

1/2U-Ⅱ(标准块体)　　　1/2U-Ⅱ(端部块体)

图9-45　刚架拱桥微弯板曲面型钢加固构造

9.7　钢筋混凝土拱桥维修加固技术

9.7.1　主拱肋加固

对于主拱肋裂缝破坏,宜采用化学灌浆法修复;对于混凝土剥落、露筋等病害,宜采用环氧树脂砂浆局部修复。当混凝土已经严重劣化时,要凿除混凝土,露出粘贴结构层。对于主拱肋承载力不足的,可采用以下加固措施:

1)增大截面加固主拱肋

依据拱肋的受力情况,对薄弱断面在拱背或拱腹浇筑混凝土或钢筋混凝土或环氧砂浆加大断面。先将原有拱圈结合面打毛并冲洗干净,为增强新旧结构的结合,一般还在原拱肋截面上植筋,外挂钢筋网,加固厚度常为10~30cm,宜采用小石子混凝土,如图9-46所示。

2)粘贴钢板加固主拱肋

对于钢筋混凝土拱桥主拱肋,粘贴钢板是常用的加固技术之一。作为补强用的钢板,一般均设在拱肋底面,其所需数量可根据拱肋截面单独受拉开裂强度进行计算确定。补强范围宜沿整个正弯矩区段并向外延伸,为满足拱肋底面曲线的需要,钢板不宜太厚,沿粘贴面设置一定数量的夹紧螺栓,以保证粘贴面的紧密和增加粘贴面的抗剪能力。钢板的长度也不宜过长,钢板接头处再设置搭接盖板或错位搭接。

3)粘贴碳纤维布加固主拱肋

与粘贴加固主拱肋相似,在主拱肋弯曲受拉区,粘贴碳纤维布可提高拱肋受拉区受拉纤维的抗拉能力,增强其整体性。根据受力情况可设多层,质量增加很少,操作简便。

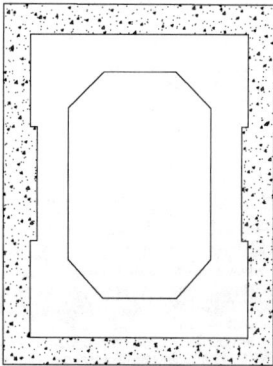

图9-46　钢筋混凝土拱桥增大
截面加固主拱肋

9.7.2　吊杆修复与更换

1)吊杆及锚头除锈

对于一般锈蚀或轻微锈蚀的吊杆钢丝,可除去PE(聚乙烯)护套,用钢丝刷除锈,重新采取防锈措施;对于开裂的 PE 护套,及时进行更换,同时加强日常养护工作。

对于锚头,取下锚杯端盖,将锚杯表面的锈迹用钢丝刷除锈并清理干净,然后涂刷除锈剂,向保护罩内填充防腐油脂。首先清除墩头间的残胶,然后填充黄油,安装保护罩。

2)更换吊杆

对于锈蚀严重的吊杆,需要采取更换吊杆的措施。封闭交通后,用索力测定仪测量待换吊杆及同侧临近吊杆的索力,以及待换吊杆安装长度、总长、锚杯外露长度;用水准仪测量待换吊杆及同侧临近吊杆处桥面高程;要求新吊杆索力与旧吊杆基本一致,临近吊杆的索力也没有变化,桥面高程与换索前相同,换索结束,卸下提升装置。如图 9-47 为某钢筋混凝土拱桥更换吊杆示例。典型更换吊杆的施工步骤如下:

(1)凿除桥面铺装层,做好各种施工用料的下料制作,搭设拱肋顶缘施工的钢管脚手架。

(2)绑扎临时吊索混凝土楔块钢筋并浇筑混凝土(楔块也可以采用钢结构构件制作),图 9-48。

(3)待临时吊索楔块混凝土强度达到 80% 后,将旧吊索附近盖板掀起,在横梁上安装施工挂篮。

(4)安装临时吊索体系并张拉至设计应力,临时吊索常采用预应力高强精轧螺纹粗钢筋,将待换旧吊索的拉力调为 0,张拉过程中采用张拉设计值和桥面升高理论值进行双控。

(5)将待换旧吊索的防护构造剥离,剪断旧吊索,在拱肋和横梁吊索位置钻孔取出旧吊索。

(6)埋设拟换吊索的预埋管道,对预埋管道周围空隙进行灌浆处理,封闭空隙,浇筑拱肋锚座混凝土。

(7)待拱肋锚座混凝土达设计强度的 80% 后,安装更换的成品索并张拉至设计拉力,将临时吊索的拉力调为 0,张拉过程中采用张拉设计值和桥面升高理论值进行双控。

(8)拆除临时吊索体系,对新成品吊索及垫板进行防腐处理。将吊索附近掀起的盖板放至原位置。

(9)重复步骤(2)~步骤(8),更换其余吊索,更换顺序根据施工计划自行安排。

(10)浇筑新铺装层混凝土。

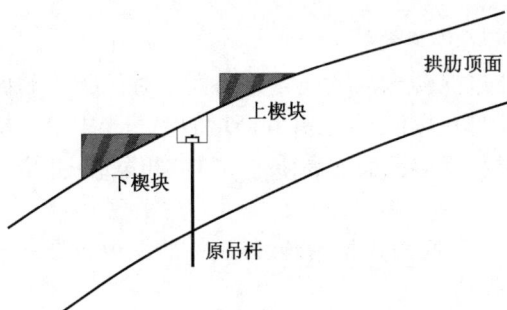

a)整体布置

b)钢结构楔块

图 9-47 钢筋混凝土拱桥更换吊杆替代索楔块

a) 整体视图   b) 局部视图

图 9-48　钢筋混凝土拱桥更换吊杆

9.7.3　横向联系加固

与双曲拱桥等相似,横向联系的加固方法一般有以下几种:

(1)增设横梁。增加钢筋混凝土横系梁或钢桁架横系梁,如图 9-49 所示为某钢筋混凝土拱桥增加钢筋混凝土横系梁的施工现场图。

a) 植筋及钢筋骨架   b) 模板支护

图 9-49　钢筋混凝土拱桥增设横系梁

(2)加大横系梁。一为横系梁增大截面,用外包混凝土加大横系梁断面。对于实体截面的横系梁,如果截面偏小,刚度不足,可在原横系梁外包以混凝土,并在新增的混凝土中沿全桥宽设置通长钢筋。二为横系梁改造为横隔板,将原横系梁截面加高使之与拱波相联结,并增设横向通长钢筋将其连成整体。

(3)增强横系梁。对于横系梁承载力不足,可在梁底采用粘贴碳纤维、粘贴钢板或高强不锈钢绞线网—聚合物砂浆外加层加固技术进行增强。

9.7.4　立柱修复与加固

对于混凝土剥落、露筋等病害,宜采用环氧树脂砂浆局部修复;对于原立柱承载能力严重不足的情况,再增设立柱。对表面露筋破损严重的立柱可进行外包混凝土,将表面裂缝进行灌浆封闭,对钢筋进行除锈处理,将原混凝土表面进行凿毛处理,立柱外包混凝土。一般情况下的立柱加固,可采用环向包裹碳纤维布,利用约束混凝土的原理,进行立柱承载力的提高,如图 9-50所示。对于矩形截面情况,截面角部应做倒圆角处理。

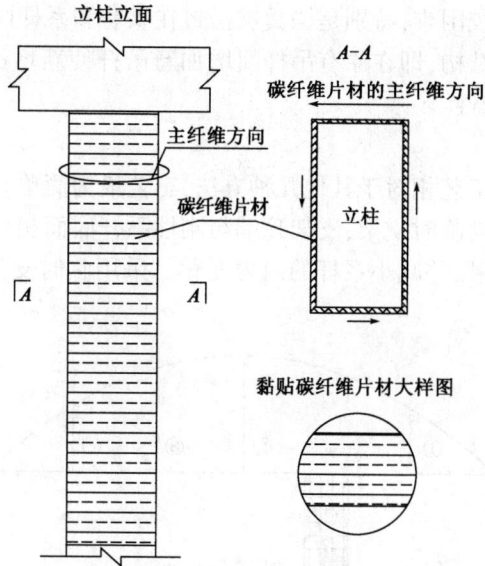

图 9-50 钢筋混凝土拱桥立柱环向包裹纤维布加固

9.8 钢管混凝土拱桥维修加固技术

9.8.1 拱肋横向稳定性加固

对于大跨径的钢管混凝土拱桥,特别是窄桥,其横向稳定性问题特别突出,考虑拱肋稳定系数较低,采用对钢管拱肋加斜撑与原横撑组成 K 形撑进行加固,即在原有"一"字形横撑的基础上增加斜撑,分别与原有拱肋的上、下弦钢管相连接。某钢管混凝土拱桥新增斜撑加固拱肋横向稳定性的立面和平面布置如图 9-51 所示。

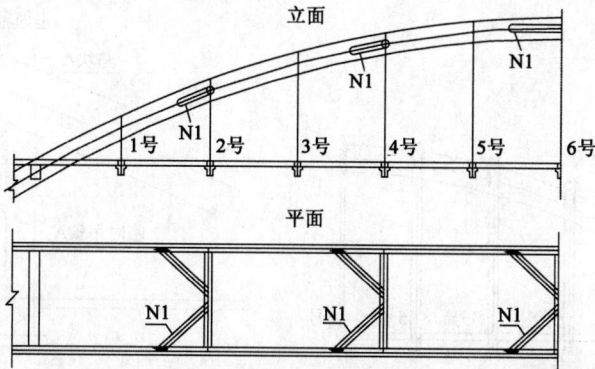

图 9-51 钢管混凝土拱桥新增斜撑加固拱肋横向稳定性的立面和平面布置

9.8.2 吊杆更换

吊索(杆)损伤或承载力不足时应进行更换。钢管混凝土拱桥的吊杆更换,对于常用的柔性吊杆结构可采用临时支架法、临时吊杆法及临时兜吊法等进行吊杆更换;而对于刚性吊杆采用这三种方法进行更换则较困难,特别是锚具被密封在拱肋和系杆内的吊杆则更困难,可采用新增吊杆法加固系杆拱桥结构,即在原有吊杆间增加新吊杆使新增吊杆成为辅助原吊杆受力构件,以提高原吊杆的安全性。

1)临时支架法

临时支架法所采用的工艺相对于其他几种方法,工艺最为简单。吊杆更换施工前,在拟更换吊杆下端锚固处设置竖向临时支架,支架顶端与刚性系杆底面相接触,以防止由于吊杆拆除所引起的系杆过大下挠变形,并减小系杆的内力变化。采用临时支架法更换吊杆的示意图如图 9-52 所示。

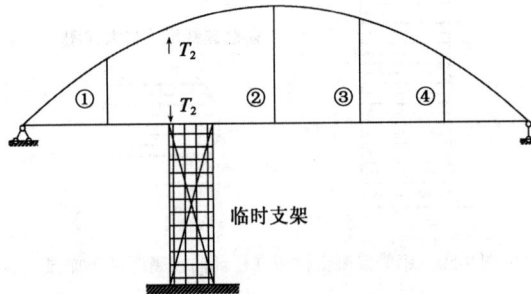

图 9-52 临时支架法拆除吊杆示意图

2)临时吊杆(索)法

临时吊杆(索)法是目前最为普遍采用的一种吊杆更换方法。相对于临时支架法,该方法属于主动替代法。采用临时吊杆法施工,吊杆更换过程主要分为:安装临时吊杆,旧吊杆的卸载与卸除,新吊杆就位、张拉、调试与临时吊杆拆除等步骤。典型施工流程如下:解除桥面连续→安装临时吊杆(索)→卸载旧吊杆→调整桥面高程→拆除旧吊杆→安装新导管→安装新吊杆→新吊杆承载→新吊杆防腐处理→安装锚头防护罩→安装防护钢管→恢复相应桥面连续,临时吊索结构布置及结构构造分别如图 9-53、图 9-54 所示。如图 9-55 所示为某临时吊杆(索)法更换钢管混凝土拱桥吊杆实例。

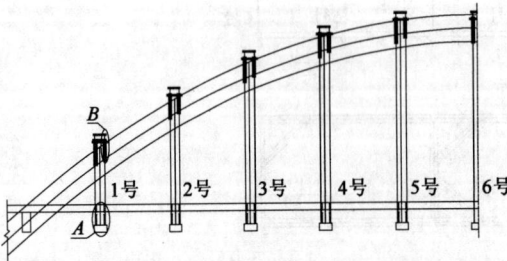

图 9-53 临时吊索结构布置示意图

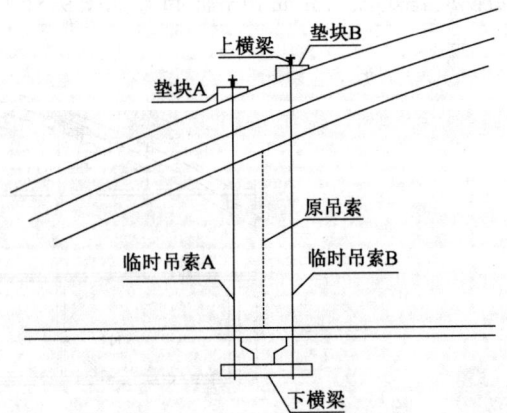

图 9-54 临时吊索结构构造示意图

a) 临时吊杆(索)上吊点   b) 临时吊杆(索)下吊点

c) 旧吊杆拆除   d) 新吊杆安装

图 9-55 临时吊杆(索)法更换钢管混凝土拱桥吊杆实例

3)临时兜吊法

临时兜吊法更换吊杆是采用钢丝绳将拟更换吊杆所在处的横梁或系杆直接兜吊在拱肋上,然后分批割断钢丝;每次割断钢丝时要对临时兜吊系统进行适当补拉,以平衡旧吊杆索力的减小。卸除旧吊杆后安装新吊杆并进行张拉,直至张拉到目标值。与临时吊杆法类似,其也是一种可以主动改变和改善结构受力的吊杆更换方法,如图 9-56 所示。

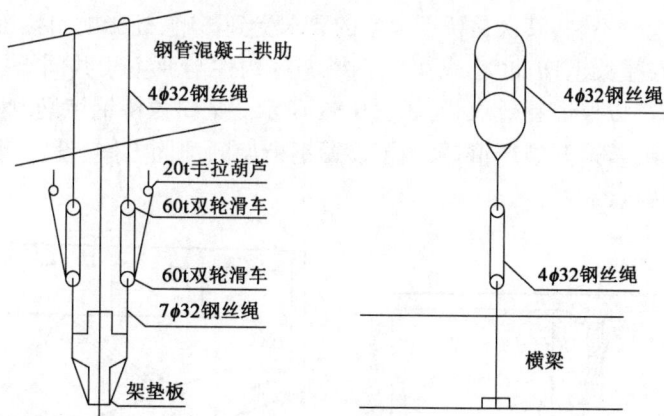

图 9-56 临时兜吊系统安装示意图

钢管混凝土拱桥吊杆更换时应注意以下关键技术要点:

(1)更换吊杆前应根据构造形式、施工设备等实际情况,设置工具吊杆;对工具吊杆应进行设计计算；对工具吊杆施力时，应保证同步张拉，使吊杆受力平衡。

（2）更换吊杆过程中，应连续监测桥面高程、吊杆内力及混凝土应力变化；新吊杆张拉应实行双控，以桥面高程控制为主，吊杆内力控制为辅。

（3）应对柔性牵引索及刚性连接杆的长度、尺寸、连接方式与构造进行专门设计。当采用刚性连接杆时，应考虑吊杆长度、质量和索管长度的差别。

（4）施工过程中新旧吊杆、工具吊杆之间的荷载转换应平稳。

9.8.3　纵横梁与拱上立柱及桥面系加固

当纵横梁、拱上立柱、车道梁或桥面系强度不足或有损伤时，可以对横梁、车道梁采用压力灌缝或粘贴钢板、纤维布等高强度材料，以达到提高承载力的目的；粘钢时可粘贴钢板，也可在四角处粘贴角钢。对于损伤较为严重的桥面系，则常采用更换桥面板、增加桥面铺装的钢筋网、加厚桥面铺装或换用钢纤维混凝土等方法维修加固桥面。

9.9　斜拉桥和悬索桥维修加固技术

9.9.1　斜拉桥

斜拉桥大多采用钢主梁或钢混组合梁。对于这类主梁，可采用纤维增强复合材料（FRP）加固。斜拉桥可采用更换斜拉索、增设辅助墩、增设纵横向主梁限位装置及增设斜拉索减振装置等方法进行整体加固。

1）主梁加固

对于混凝土主梁，其加固方法有：增大截面法、增设构件（钢桁架）法、钢夹板法、粘贴钢板法、粘贴纤维复合材料法及体外预应力法等。

增大截面法是通过浇筑混凝土来增大主梁顶底板的厚度，以便提高承载能力，如图9-57所示。该法在实际工程中使用较少，一方面斜拉桥的跨度大，不便于加固施工的实施；另一方面增加自重对结构十分不利，其次是桥下净空的要求受到影响，还影响斜拉桥的美观性。

增设构件法是在主梁上增加"小纵梁"、钢桁架等构件与原主梁共同承担荷载，新增构件应布置在适当的位置，以保证有效承载，如图9-58所示。某斜拉桥钢箱梁内横隔板，由于横隔板局部应力集中问题，普遍开裂严重，采用了设置钢桁架的加固方案，设置钢桁架后车道荷载作用下的应力有大幅度的改善。

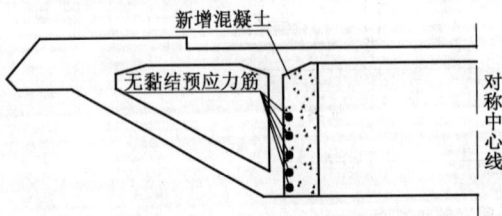

图9-57　增大截面法加固斜拉桥钢筋混凝土箱梁示例　　图9-58　钢桁架加固斜拉桥钢箱梁横隔板方案示例

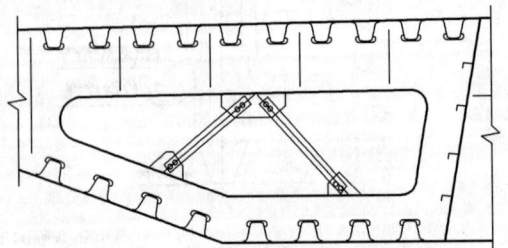

钢夹板法是在损伤部位采取夹板的方式进行加固。如某斜拉桥钢箱梁横隔板开裂较多，

裂缝主要出现在 U 肋穿横隔板掏空弧段处及横隔板竖向加劲肋上端;采用钢夹板法进行加固,采用高强螺栓拴接方式进行连接。钢夹板在加工厂内制作,打孔采用激光切割工艺以保证孔精准度。现场拴接时,先将钢夹板固定在设计的加固位置,再用磁力钻进行横隔梁打孔作业,最后进行高强螺栓的施拧,如图 9-59 所示。

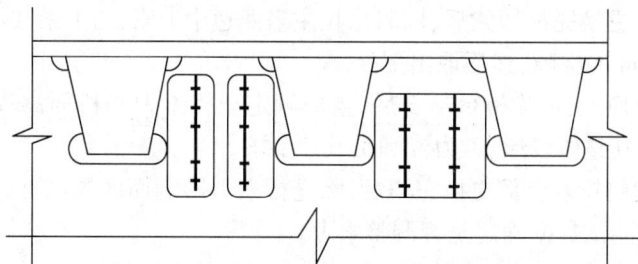

图 9-59 钢夹板法加固斜拉桥钢箱梁横隔板示例

粘贴钢板法和粘贴纤维复合材料法是在主梁的顶板、底板或横隔板采用黏结剂粘贴一定厚度的钢板或纤维复合材料,提高刚度,限制裂缝的开展,改善主梁受力的应力状态;其施工方便,加固效果好。体外预应力法可通过设置横向预应力,提高主梁的整体刚度,尤其是横向刚度,也可以根据桥梁的具体情况增设横隔板,如图 9-60 所示。

图 9-60 某桥增设横向预应力加固示意图

2)换索工程

由于斜拉桥斜拉索的损伤或者腐蚀影响斜拉桥的安全使用时,将对斜拉桥的拉索进行更换。换索工程中,一般要通过控制斜拉索的索力或主梁线形或两者同时控制(双控)来促使主梁的内力和线形都接近设计状态。

换索工程中先要进行换索优化设计,即对斜拉桥的结构建立模型计算分析,选出合理的换索程序及其理论控制依据。换索过程中,通过索力和主梁线形加以控制,同时要对主梁和主塔受力加以监测,以保证在换索工程中斜拉索、主梁、主塔的内力变化都在容许的范围内。换索后有必要时对全桥实施统一调整索力,使斜拉索受力和主梁线形达到最优状态。

更换顺序、张拉吨位应按照不损伤原结构的原则,根据施工过程结构分析确定。对拉索进行逐根更换,以换索前实测的索力为依据,换索过程中不改变原有索力和高程。即换上新索后,新索索力与桥面高程与换索前保持一致,因此在换索过程中临时拉索的使用就变得尤为关键。在换索拆除外侧拉索前,在要拆除索面正上方 1.5m 左右增加平行于旧索的临时拉索,临时拉索张拉力与原索设计值或实测值一致,临时拉索设计示意图如图 9-61 所示。

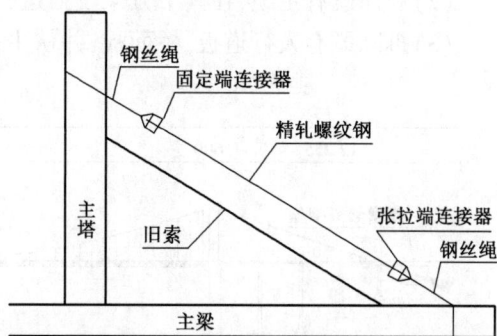

图 9-61 斜拉桥换索临时拉索设计

典型斜拉桥换索施工流程为：

(1)在更换斜拉索时,每索均按原实测索力进行张拉锚定。换索顺序从损坏的一根索开始,更换后索力应和另一边索力相等,由短索开始逐索更换至最长索,同一长度索从中索向边索,从左边到右边逐根更换,最后更换最短索。

(2)更换支座。更换完最短索后,同时张拉主塔两边中1索,边1索共4根,使桥塔的横梁支座与梁底保持5mm的空隙,然后取出更换。

(3)全部的索更换完,拆除桥台垫石后,重新测定全桥索力和桥面高程,根据实测值再张拉进行索力调整,使其整体线形、索力皆满足设计要求。

(4)同一索号的斜拉索全部更换完毕后,除进行索力影响面的测试外,还应该进行邻近点桥面高程测量,根据测试数据确定是否调整索力。

(5)为防止钢索再次被碰坏,在拉索外面增加4m长护索钢管。

9.9.2 悬索桥

悬索桥可采用更换吊索(杆)、增设斜拉索、设置中央扣、加强加劲梁风构等方法进行整体加固,可采用更换加劲梁构件、增大截面、粘贴钢板或纤维复合材料等方法进行索塔和加劲梁的局部加固。

目前,悬索桥主缆的加固方法有加强主缆索股、更换主缆、新增辅助主缆和新增斜拉索等方式。

1)加强主缆索股

在原桥主缆损伤情况下考虑新增索股,加强主缆有效受力面积,提高主桥刚度的同时又能减小主缆应力,在原主缆基础上,通过新增索股和旧主缆结合在一起共同受力,新增索股锚固在既有锚碇上,新增索股后主缆线形同原桥线形保持一致。为了最大限度地利用既有悬索桥,考虑在主缆截面上进行补强加固;通过有限元分析软件对原桥受力状况进行计算;确定需要新增索股的根数,新增索股同原来的索股类型保持一致,通过一定手段去除原桥主缆外包缠带;在空缆状态下,新增索股与原主缆合并共同受力;然后缠丝防护,重新匹配吊索、安装加劲梁。通过加强主缆索股这种形式,可以减小主缆应力,提高加劲梁刚度,减小主梁变形,提高全桥的承载能力,如图9-62所示。具体施工步骤为:

(1)封闭交通,对全桥进行一次全面排查,确保主桥上没有任何杂物堆积。

(2)利用既有主缆,在其下方架设猫道,为新增主缆索股提供行走空间。

(3)拆除既有人行道板、桥面板,并从主桥上移除钢桁加劲梁。

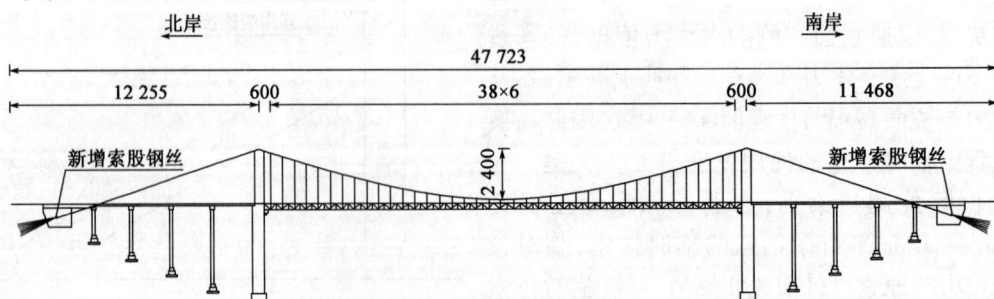

图9-62 某桥新增主缆索股钢丝示意图(尺寸单位:cm)

（4）拆除原吊索，在移除时避免划伤主缆。

（5）在架设猫道上，利用一定手段拆除主缆外包缠带，新增索股、紧缆、缠丝及防护。

（6）新增索股锚固在新增锚碇中。

（7）重新匹配吊索，原桥没有损伤的吊索可以继续使用，PE 护套损坏或者锈蚀严重的吊索需要重新更换。

（8）吊装加劲梁，重新安装桥面板；恢复人行道板。

2）新增辅助主缆

为加强既有悬索桥的利用，在旧主缆上方新增一根辅助主缆，并通过连接拉杆使上下主缆共同受力，利用既有桥塔，在其上方新增一对支撑框架，通过地脚螺栓和主塔连在一起，然后在框架上新建一个主索鞍使新主缆平稳绕过；最后新增主缆锚固在既有锚碇后方的新建锚碇中，如图 9-63 所示。

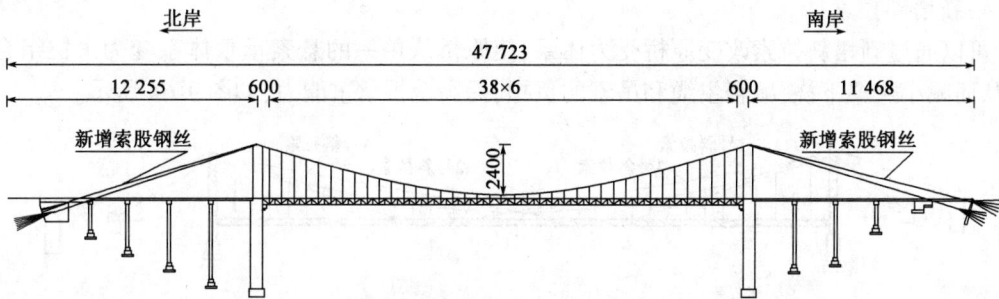

图 9-63　某桥原主缆上方新增辅助主缆(尺寸单位:cm)

具体施工步骤为：

（1）封闭交通，对全桥进行一次全面排查，确保主桥上没有任何杂物堆积。

（2）利用既有主缆，在其下方架设猫道，为新建辅助主缆提供行走空间。

（3）拆除既有人行道板、桥面板，并从主桥上移除钢桁加劲梁。

（4）拆除原吊索，在移除吊索时避免划伤主缆。

（5）利用既有桥塔在其上方新建两个型钢支撑框架，然后在框架上新建一个主索鞍使新主缆平稳绕过；最后新增主缆锚固在既有锚碇后方的新建锚碇中。

（6）在架设猫道上进行新建主缆的安装。

（7）新主缆锚固在既有锚碇后方的新建锚碇中。

（8）重新匹配吊索，原桥没有损伤的吊索可以继续使用，PE 护套损坏或者锈蚀严重的吊索需要重新更换。

（9）吊装加劲梁，重新安装桥面板；恢复人行道板。

3）更换主缆

当主缆损伤程度较大时，还可考虑更换主缆，新换主缆与原主缆在高度方向上线形保持平行，新主缆绕过旧索鞍，锚固在既有锚碇后方的新建锚碇中。为充分利用既有悬索桥，在对原桥受力状况有明确了解的基础上，对损伤程度较大的主缆，有效受力面积不能满足现有使用条件时，可以考虑更换主缆，新换主缆采用平行钢丝；新主缆跨过旧索鞍，锚固在原来锚碇后方的新建锚碇中。具体施工步骤为：

（1）封闭交通，对全桥进行一次全面排查，确保主桥上没有任何杂物堆积。

（2）利用既有主缆，在其下方架设猫道，为更换主缆提供行走空间。

（3）考虑拆除既有人行道板、桥面板，并从主桥上移除钢桁加劲梁；或者不予拆除加劲梁，直接将主梁转挂到吊杆下方。

（4）拆除原吊索，在移除吊索时避免划伤主缆。

（5）利用既有桥塔在其上方新建两个型钢支撑框架，然后在框架上新建一个主索鞍使新主缆平稳绕过；新主缆最后锚固在既有锚碇后方的新建锚碇中。

（6）在架设猫道上进行新建主缆的安装。

（7）新主缆锚固在既有锚碇后方的新建锚碇中。

（8）重新匹配吊索，原桥没有损伤的吊索可以继续使用，PE 护套损坏或者锈蚀严重的吊索需要重新更换。

（9）吊装加劲梁，重新安装桥面板，恢复人行道板。

4）新增斜拉索

可以通过新增斜拉索改变原桥受力体系，使原桥从单一的悬索承重体系变为吊拉组合受力，从而减小主梁下挠，减轻主缆和吊索的负担，提高全桥承重能力，如图9-64所示。

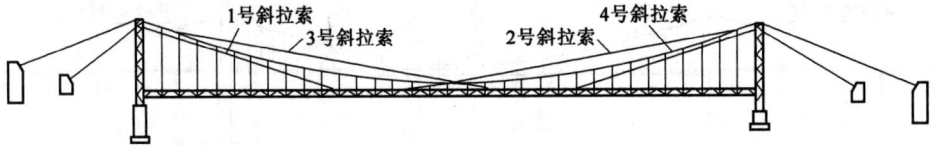

图9-64　某桥新增斜拉索加固方案示意图

具体施工步骤为：

（1）封闭交通，对全桥进行一次全面排查，确保主桥上没有任何杂物堆积。

（2）在加劲梁上设置拉索锚固区，锚固位置选择纵梁上弦杆；主桥跨中方向两侧均布置斜拉索，每束拉索由平行钢丝组成。

（3）在索塔顶部新增一对支撑框架，框架采用型钢设计，沿高度方向设置4排锚固区，每排设置2个锚点，新增斜拉索上端锚固在索塔顶部支撑框架内。

（4）拆除既有人行道板、栏杆；将设计好的型钢支撑框架跨过原主索鞍锚固在塔顶，通过地脚螺栓使框架和索塔结合在一起共同受力，框架安装时应避免损伤靠近主索鞍附近的主缆。

（5）为平衡斜拉索张力在加劲梁上产生的水平力，需要在加劲梁下弦设置体外预应力钢束进行加固，边跨还需安装预应力拉索来平衡中跨斜拉索在塔顶产生的水平力。

（6）采用环氧砂浆粘贴钢板加固原桥面板，提高行车道板的承载能力，首先要对破损部位进行切割凿除，然后利用微膨胀钢纤维混凝土进行修复；最后在原桥面铺装一层 5cm 厚沥青玛蹄脂磨耗层。

（7）恢复原桥人行道板。

第10章

桥梁支座更换及下部结构加固技术

10.1　支座更换技术

在桥梁结构中,支座是桥梁上、下部结构的连接点,其作用是将上部结构的荷载顺适、安全地传递到桥梁墩台上去,同时保证上部结构在荷载、温度变化、混凝土收缩徐变等因素作用下可自由变形,以便使结构的实际受力情况符合计算图式,并保证梁端、墩台帽梁不受损伤。但由于野外环境及反复荷载的影响,支座容易发生各种病害,一旦损害,将严重影响桥梁的承载能力和使用寿命,必须进行更换处理,以保证桥梁处于正常的使用功能状态。

10.1.1　支座更换基本方法

支座更换方法有很多,下面介绍几种常用的支座更换方法。

1)支架法

在地面上设置枕木,以枕木为基础,设置满布式或部分木支架至桥梁梁体处,在支架上安置千斤顶顶升梁体,如图10-1所示。该方法架设设备比较简单,施工方法简单易于操作。对于小跨度的梁桥,用支架法施工具有一定的优势。但支架法施工工期长,支架和模板用钢材、木材量大、成本高;不适宜桥墩过高的场合。

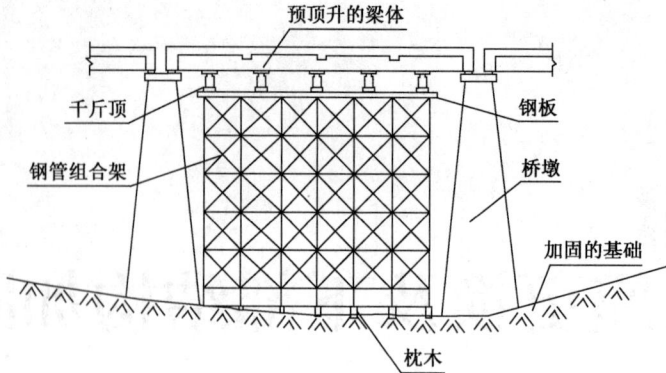

图 10-1　支架法更换支座示意图

2）钢导梁法

支撑位置在桥面上,支撑面为顶升梁相邻跨的梁体。在顶升梁上绑扎钢带,安置钢梁,以相邻跨梁体为支撑基础,配合顶升设备,抬升梁体,如图 10-2 所示。

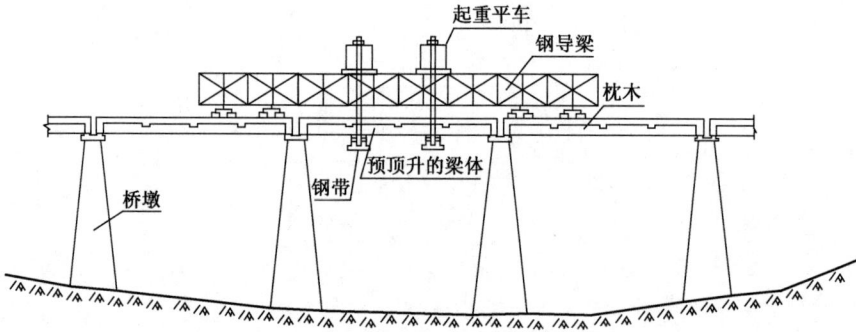

图 10-2　钢导梁法更换支座示意图

该架设方法对桥下场所无要求,适用于多种桥梁类型,整个起梁过程都在桥上进行,不影响桥下通航、通车要求。但对钢梁长度有限制,跨径不可过大;要求用较大吨位千斤顶,但对桥面局部压力较大,有可能损伤梁体。

3）端部整体顶升法

以地面为支撑,在墩台两侧建立顶升基础,然后用贝雷梁、槽钢、螺栓连接成受力钢梁(也可用钢管墩作为传力构件),受力钢梁上架设千斤顶,在梁两端同步整体顶升,如图 10-3 所示。

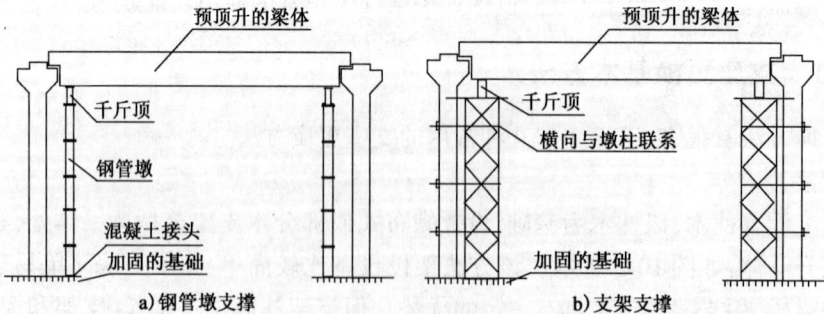

图 10-3　端部整体顶升法更换支座示意图

该架设方法对桥下通车影响不大,可自由通行,能满足桥下不中断交通的要求。与采用少数大吨位的千斤顶相比较,无须为应力集中设置过大的传力杆及横梁。但对桥跨下的地基基础要求较高,需建顶升基础,工序时间长,工期较长。

4)扁形千斤顶法

把超薄的扁形千斤顶安放在主梁与盖梁的狭小空间内,直接顶升梁体,在梁体顶升后,更换支座。扁形千斤顶法更换支座现场照片如图10-4所示。

该方法使用的机具设备很少,成本低廉,工序简单,施工快速,中断交通时间很短,对桥下场所无要求,适用于多种桥梁类型。但由于超薄扁形千斤顶的特殊构造,其行程较短,可能需要多次顶升才能到位,且仍然需要一定的顶升操作空间,要求盖梁或桥台较为宽大,能安放数量较多的液压千斤顶。

5)钢套箍法

通过树脂胶、植筋锚栓等措施将钢套箍与桥墩四周相连,钢套箍靠近支座下部设置牛腿等,为梁体顶升提供竖向反力支撑。支座更换时,液压千斤顶放置于牛腿顶面顶升梁体,如图10-5所示。

图10-4　扁形千斤顶法更换支座现场

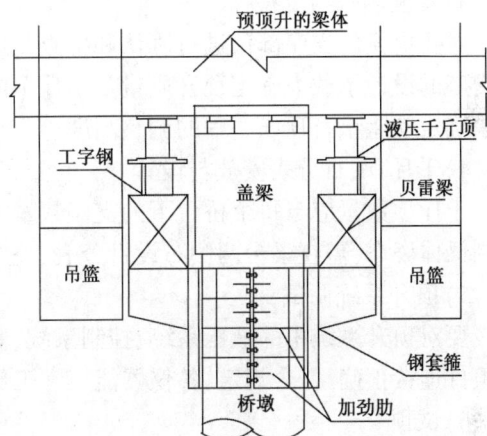

图10-5　钢套箍法更换支座示意图

该方法充分利用桥梁本身的结构,可以通过增加钢套箍的长度提高其承载能力,对环境的适应能力很强,不受河床地质、桥下水深和桥梁高度的限制。

6)气囊顶升法

用集群气囊替换液压千斤顶。上述所有支座更换方法只要用气囊取代千斤顶都可以称为气囊顶升法,尤其对于盖梁或桥台能够提供反力支撑条件,但是适用于其与梁底之间的空隙很小的场合。

该方法中起重量不受限制,通过气动提升系统的扩展组合,能满足百吨级甚至千吨级桥梁构件的顶升;同步控制,安全受控;可操作性好,气动提升系统体积大,质量轻;顶升过程平稳,无附加冲击荷载;对顶升的基础要求低,特别适合临时预制构件的工程;有利于保护桥梁构件,采用分布荷载,避免了液压起重的集中荷载。

10.1.2　支座更换流程

桥梁支座更换是桥梁加固维修项目中很重要的一项工作内容,现以常用的扁形千斤顶法为例来说明支座更换流程,如图 10-6 所示。

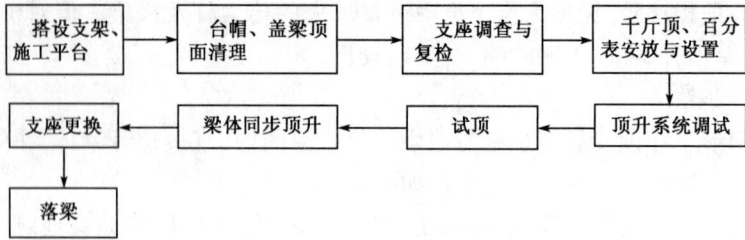

```
┌──────────┐   ┌──────────┐   ┌──────────┐   ┌──────────┐
│搭设支架、 │ → │台帽、盖梁顶│ → │支座调查与 │ → │千斤顶、百分│
│施工平台   │   │面清理     │   │复检       │   │表安放与设置│
└──────────┘   └──────────┘   └──────────┘   └──────────┘
                                                     │
                                                     ↓
┌──────────┐   ┌──────────┐   ┌──────────┐   ┌──────────┐
│支座更换   │ ← │梁体同步顶升│ ← │试顶       │ ← │顶升系统调试│
└──────────┘   └──────────┘   └──────────┘   └──────────┘
      │
      ↓
┌──────────┐
│落梁       │
└──────────┘
```

图 10-6　支座更换流程

1）搭设支架、施工平台

桥台支座更换利用桥台作为施工平台,对空间不够的部位采用支架措施,以确保施工的安全实施。对于桥墩支座的更换,采用特制钢挂架固定于墩身或盖梁上作为施工平台。

2）台帽、盖梁顶面清理

清理台帽或盖梁顶面沉积的土石块及混凝土块,保证支座更换时作业面干净整洁。清理伸缩缝内沉积的垃圾和杂物,防止顶升内梁体间互相挤压。

3）支座调查与复检

对要更换的支座部位进行确认和检查,复核原支座型号与图纸提供的型号是否一致,并根据支座的设计承载力确定顶升质量及千斤顶的型号和数量。对梁底高程进行测量,根据测量记录确定支座垫石顶面高程的调整高度。

4）千斤顶、百分表安放与设置

千斤顶数量应与每个桥台下的支座数量相同。为精确测量顶升高度并在梁体顶升过程中控制梁体姿态,需在梁台两侧布设百分表,顶升过程中应有专人负责记录百分表读数。

5）顶升系统调试

要对顶升系统中的液压系统、控制系统、监测系统等子系统进行检查,做好准备工作,确保各组件连接正确、符合规定,各仪器能正常工作。

6）试顶

试顶前检查千斤顶,安装是否到位;密切观察桥梁是否有异常状况出现,注意仪表读数是否正常;控制顶升速度及顶升高度,顶升就位后,持荷 10min,观察梁体及设备状况。如有异常情况,应立即回油、落梁,问题解决后再进行试顶,直至梁体受力及设备运行正常。

7）梁体同步顶升

顶升时分级顶升,严格控制各顶高差,实时监测整个顶升期间位移传感器升量高差,若高差超过控制值时,必须进行适时调整后才进入下一个顶升周期,达到同步顶升的目的。顶升时,梁每升高 5 ~ 6mm,临时支撑加垫一块钢板。同步顶升高度为可拆除既有支座和安装新支座所需的工作空间,为 10 ~ 15mm。顶升到位后将梁体由千斤顶转落至临时支撑上。

8）支座更换

取出旧支座前应拍照记录其缺陷状况,取出旧支座后,对原支座垫石、钢板进行清理打磨。测量垫石顶面高程并整平,垫石如需加高或降低,则需要采用环氧砂浆加高和钢钎凿除部分混凝土等方法处理。控制支座垫石顶面及顶面四角高差和轴线偏位大小,确保支座精确安放在垫石设计位置上。所有支座更换完毕后,再对安装的新支座进行全面检查,确保各项指标满足设计及规范要求。

9)落梁

落梁前在梁体两侧的桥台或桥墩挡块与梁体间加塞木板,防止落梁时梁体发生水平位移。梁体就位后检查支座上下钢板与垫石、梁底之间的密贴情况,应尽量保证支座上下面全部密贴。如果支座出现偏心受压、不均匀支承或脱空的现象,则应重新顶升梁体,并在支座下钢板下加设抄垫钢板进行微调(厚度规格为 1～3mm),直至支座上下面全部密贴。支座检查合格后拆除千斤顶、临时支承钢板等顶升设备。取出梁体与挡板间木板,清理施工废物及垃圾。

10.1.3 支座更换基本规定

支座更换时应该满足以下规定:

(1)在桥梁支座更换前,应对桥梁主要构件进行验算。

(2)支座更换时,对梁体宜采用整联跨同步顶升,横桥向多个排列构件的顶升位移须严格同步;应验算顶升要求的位移量和相邻墩台处顶升可能产生的位移差对桥体结构的不利影响,优化顶升高度。

(3)桥梁采用局部顶升法更换支座时,应考虑顶升高度对梁体的不利影响,对不同结构形式、不同跨径的桥梁应通过计算确定各顶升点的局部顶升高度允许值。

(4)必要时应采取有效措施加固墩顶和扩大支承面,防止墩顶损坏。

(5)墩顶顶升空间和支承面不满足顶升要求时,应另设顶升支架,并按相关规范对支架结构进行承载力和稳定性验算。

(6)顶升前应对墩台顶面进行找平处理,保证顶升时千斤顶支承部位局部承压钢垫板的接触面平整。

(7)支座更换一般宜在封闭交通情况下进行,采用局部顶升时应封闭交通。若不封闭交通,应采取适当的交通管制措施。

10.2 桥梁整体顶升技术

随着公路运输的高速发展,原来建设的桥梁由于超期服役和一些其他原因,已不能满足现在的行车要求,需要对一些高速公路及桥梁进行改造。其中跨越高速公路的桥梁改造无疑是改造中最大的难点,由于净空高度不够,许多上跨桥都有被超高车辆剐碰的现象,危及桥梁的安全,许多主线桥由于建造时间比较长,已经不能满足城市进一步发展的需要,特别是橡胶支座由于时间较长,已经老化,失去原有效果,而采用千斤顶对桥梁的上部结构实施顶升技术,是解决这些问题的一个理想方法。

从国民经济发展总体考虑,对净空不足的桥梁采用桥梁顶升技术进行改造,是保证公路交通正常运营的积极措施,不仅可以节约大量建设资金,而且可以缩短工期、减小对现行交通的影响,其意义和影响是深远的。因此,应当引起各级公路主管部门领导的充分重视,积极引进和开发桥梁升高的先进技术、材料和设备,合理确定施工方案,使现有桥梁继续发挥作用,让有限的资金发挥更大的效益,使我国桥梁建设真正步入"建养并重"的可持续发展道路。根据现有桥梁顶升的工程实例,桥梁顶升的原因主要有:①外部因素变化导致既有桥梁净空不能满足需要引起的桥梁顶升;②既有桥梁调坡顶升与新建高架桥线形衔接;③既有桥梁整体下落及平移或新建桥梁施工架设;④桥梁支座更换;⑤新建地道箱体下穿既有桥梁墩柱基础位置,需进行的桥墩顶升托换。

10.2.1 PLC 同步顶升系统介绍

PLC 可编程逻辑控制器同步顶升系统(图 10-7)一般由 5 个部分组成,即液压泵站、PLC 计算机控制系统、液压终端、位移压力检测与人机界面操作系统。该系统是将液压顶升系统、计算机 PLC 信号处理、位移监控与桥梁结构分析和施工技术进行集成,并在集成系统上进行的成套技术开发。其核心是在桥梁机构分析与施工技术总结的基础上,根据桥梁特性设计计算机 PLC 信号处理与液压系统,输入外部监控设施的位移信号,输出液压系统油量控制信息,利用终端多组千斤顶来达到平衡、安全与高效的桥梁顶升的目的,其顶升和降落精度误差不超过 ± 0.5mm,顶升荷载包括 2 000kN、4 000kN、8 000kN、12 000kN、20 000kN、50 000kN、100 000kN 等,顶升高度一般为 10 ~ 500mm。

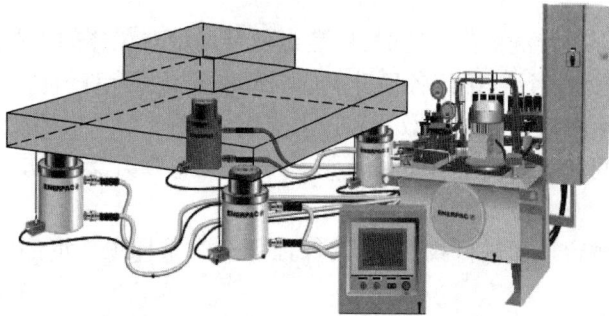

图 10-7 PLC 可编程逻辑控制器同步顶升系统

10.2.2 桥梁顶升工艺流程

工艺流程包括:实行交通管制或中断交通,解除桥面连续及伸缩缝等约束,搭设顶升施工操作平台,设置千斤顶,安放百分表,安装传感器,设置油路,排除系统异常,预顶升,正式顶升,设置临时支撑,同步实施监控,增设或加固支座垫石,落梁到位。具体分析如下:

1)解除梁体约束

为保证上部结构在竖向顶升过程中其结构处于一个自由状态,在进行整个工程前应先解除桥梁两端头的伸缩缝。在解除约束时应重点检查桥梁运营后的现状,除了伸缩缝的结构约束外,可能还存在因外界或结构自身变化而引起的梁端堵死的情况。

2)平台搭设

施工平台的搭设,关系施工人员、机械设备的安全,搭设时应根据现场情况随机进行变动。考虑待顶升桥梁净空较大的具体情况采用简易挂架及爬梯,搭设完毕后的操作平台必须进行加密处理,并设置安全护栏。

3)设置千斤顶

根据每个工程的不同,千斤顶有着不同的设置方法。一般而言,先通过计算得到顶升至一定高度所需要的支座反力,再根据支座反力的要求选择千斤顶的数量和种类。计算好千斤顶后,要根据工程的不同,选择设置或者不设置临时支撑结构。若是选择需要临时支撑结构的工程,则需要设计及计算临时支撑结构的式样和支撑方法;若是不安装临时支撑结构的工程,则千斤顶在安装前需要进行试运行并调试。

4)预顶升

在桥梁整体顶升作业中,对千斤顶动作的同步性提出了较高要求。通常要求顶升高度差控制在 2mm 以内,如若不然,千斤顶则会出现受力不均的问题,对梁体控制截面形成一定的应力,最终造成梁体结构受到不同程度的损伤。通过位移以及和压力双重控制的自动同步顶升方法,不同传感器采集相应的数据,并传输给数据软件加以分析,从而确保顶升作业的精度和安全。

5)正式顶升

按照预设荷载予以顶升,在顶升初始阶段,全部千斤顶均处于 PLC 系统精准的同步控制之下,同时辅以精加工制作的钢垫块,所以能够避免由于千斤顶行程过短而存在的多次托垫问题及其风险。顶升之后,梁体坡度有所变化,为防止桥梁在该过程中出现水平位移,有必要安装限位装置,既要考虑纵向限位,又要考虑横向限位。在限位装置方面,选用三角形牛腿形式,借助植筋法设置在台身正面和两边挡块处。整座桥需要保证同时顶升到位。在顶升过程中,受千斤顶行程上的制约,通常分若干次顶升才能最终到位。另外,最大顶升速度不可超过 10mm/min。

6)实施同步监控

每一轮顶升结束之后,需对计算机显示的位移、压力等进行相应分析,一旦发现异常,应予以立即处理,待正常之后方允许进入后续环节。在顶升作业时,应重视和做好相关监控工作,包括力的监控、位移监控和桥面高程监控。

7)落梁

桥梁整体顶升到位之后,还应该超顶 5~10cm,对支座垫石处进行必要凿除,然后铺设适宜厚度的水泥砂浆,安装垫石,通常每片梁对应 1~2 块垫石。落梁在程序上和顶升刚好相反,应认真落实其整个程序,将各项准备工作充分做好,包括确认全部临时支撑均拆除完毕,支座安放无误,各项顶升参数均正常。下落到支点承载之后应密切监测位移以及压力传感器提供的数据,观察各台千斤顶减速以及位移变化是否协调,如果相差较大,应立即停止,待有效处理之后再重新落梁。

10.2.3 断柱顶升的施工方法

桥梁整体加高工程通常采用断柱顶升方案,当整体抬升高度不高时,可采用在原柱上加盖梁的办法,通常在通航净空不满足要求,或原路线改建抬升时,将旧桥抬高,而在原桥梁仍然能满足当前使用的状况下,为了节约投资,降低造价,同时采用这样的方案能大大缩短工期。断柱顶升法有 4 种:承台—盖梁顶升力系,上、下抱柱梁顶升力系,承台—上抱柱顶升力系,下抱柱梁—盖梁顶升力系,如图 10-8 所示。

10.2.4 直接顶升的施工方法

直接顶升的方法是选定一定的反力基础后进行一定的地基处理,直接顶升板(箱)梁的方法,顶升后对盖梁(或立柱)进行接高;其按反力基础形式不同,可以分为承台反力、自然底面铺方木、以盖梁为反力基础等,如图 10-9 所示。直接顶升法可以以承台、自然地面及盖梁为反力基础。

a) 承台—盖梁顶升力系

b) 上、下抱柱顶升力系

c) 承台抱柱梁系

d) 下抱柱梁—盖梁顶升力系

图 10-8　断柱顶升法受力体系

a) 以承台为反力基础

b) 自然地面上铺方木

c) 以盖梁为反力基础

d) 盖梁植牛腿直接顶板梁

图 10-9　直接顶升法受力体系

10.3 地基冲刷处理与基础加固技术

10.3.1 地基冲刷的处理

冲刷是造成桥梁破坏的主要原因之一。由于桥梁处于复杂的水环境中,局部泥沙冲刷导致桥墩基础的承载力不足,桥墩发生倾覆等变形甚至失稳导致桥梁毁坏。墩台的承载力是桥梁稳定性和安全性的重要保证,直接关系桥梁的安危。大多数桥梁墩台都有不同程度的冲刷现象且冲刷多发生于水下,没有明显的征兆,难以被发现,严重威胁着使用者的安全和桥梁结构安全,冲刷造成的桥梁破损存在很大的隐蔽性,一旦遭受破坏,修复起来成本巨大。

针对水流冲刷,常用的桥墩局部冲刷防护工程措施包括:抛石防护,扩大墩基础防护,混凝土膜袋和混凝土铰链排防护,墩前牺牲桩防护,护圈防护,环翼式桥墩防护,护壳防护和四面体透水框架群防护等。下面对这些方法进行介绍。

1)抛石防护

抛石防护是主要的一种桥墩防护工程措施,其工作原理为:一是抛石对床沙起保护作用,增加床沙起动或扬动所需的流速;二是抛石可以增大桥墩附近局部糙率,对减小桥墩附近流速也起到一定的积极作用。抛石防护如图 10-10 所示。

抛石防护效果的影响因素有抛石粒径、布设高度、抛石厚度、抛投范围和抛石级配等,实际工程中注意选取合适数值。抛石防护具有取材方便、施工简单、能适应地形变化等优点。但抛石防护的整体性较差,运用过程中的维护费用和工作量较大,特别是当流速为临界摩阻流速的 2.5 倍以上、河床床面有较大河床形态出现时,抛石将被埋置到最大冲刷坑深处,导致抛石层彻底失去防护作用。

2)扩大墩基础防护

扩大桥墩基础防护是指在施工阶段先将钢围堰埋入河床以下一定深度,再进行下部桩基础施工,基础施工完成后在床面以上预留一定高度封顶,然后在其顶面上放置桥墩的防护工程措施,如图 10-11 所示。该防护措施致力于解决下降水流带来的淘刷力,防止其直接冲刷泥沙以及减弱马蹄形水流的冲沙挟沙能力。

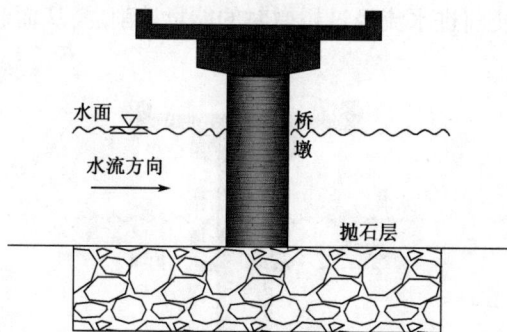

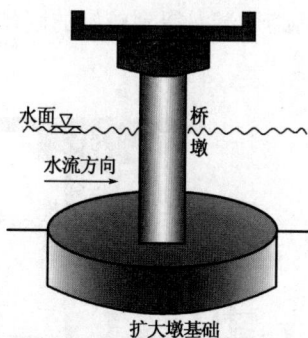

图 10-10 抛石防护   图 10-11 扩大墩基础防护

影响扩大桥墩基础防护效果的主要因素为基础顶面的放置高度和扩大桥墩基础头部向上游的伸出长度。按桥墩基础顶面所在的位置分成 3 类:①扩大桥墩基础顶面位于河床面之上时,出露部分实际并没有起到预计的效果,相当于仅增大了桥墩的直径,当有水冲刷时,更大面积的墩土接触面导致冲刷深度增大;②当扩大桥墩基础顶面位于冲刷坑内时,扩大桥墩基础的顶面消散了部分向下水流和马蹄形漩涡的冲刷力,削减了桥墩周围的冲刷坑深度,特别是当扩大桥墩基础的顶面恰好位于河床床面处时,减冲效果最为明显;③当扩大桥墩基础顶面位于桥墩周围最大冲刷坑深度之下时,其防护作用消失,相当于没有扩大桥墩基础。该方法在理论上能够起到防护作用,但是当河床变动时其作用会变化消失,甚至起反作用,一般不建议采用。

3)混凝土膜袋和混凝土铰链排防护

混凝土膜袋是利用高强化纤材料编织成双层并能控制一定间距的袋体。混凝土膜袋防护是指在膜袋内部充填混凝土(或砂浆)使之形成一个刚性的板状防冲块体,并能适应地形变化而紧贴在岸坡或河床上,从而起到抗冲刷作用的混凝土类防护技术。混凝土铰链排是利用铰链将混凝土板块连接起来而形成的防护实体。混凝土模袋和铰链排防护如图10-12所示。

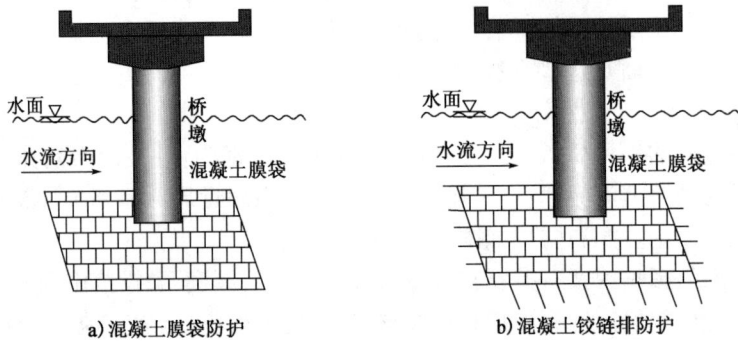

a)混凝土膜袋防护　　　　　b)混凝土铰链排防护

图10-12　混凝土膜袋和混凝土铰链排防护

4)墩前牺牲桩防护

在桥墩基础的上游布置一系列小直径的群桩,如图10-13所示。当上游水流冲来时,先遇到这些桩,使来流的速度减小,冲刷能量相应地降低,冲刷方向被扰动,使其与桥墩基础的作用减弱,从而达到防护的目的。这一措施是从水流的消能着手,降低墩前下降水流和墩周马蹄形漩涡扰流,使来流的冲刷主要作用在墩前的群桩上,这些桩作为牺牲桩来保护桥墩基础。

5)护圈防护

在桥墩一定高度处设置各种形式的护圈,如图10-14所示。护圈的存在使桥墩周围的下降水流和马蹄形漩涡得到较好的削弱,也使前进水流经过桥墩时的能量被削弱,从而起到防护的作用。

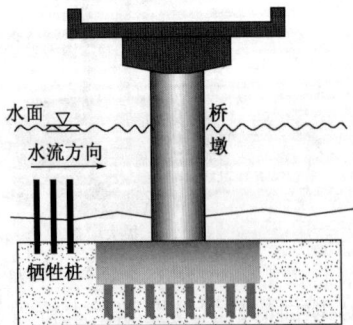

图10-13　墩前牺牲桩防护　　　　　图10-14　护圈防护

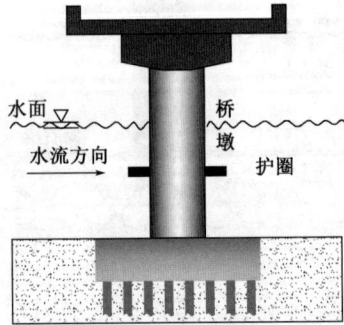

6）环翼式桥墩防护

环翼式桥墩是在桥墩上合适的位置加装一定数量的挡板，形似翼状，如图10-15所示。该方法是从削弱水流的能力着手，通过翼状挡板改变下潜水流的方向和大小，从而削弱漩涡淘蚀与降低搬运河床颗粒的能力。

7）护壳防护

护壳在迎水面设置带有方向的人造褶皱，会产生一系列倾斜漩涡，并由水流将这些漩涡冲走，避免其下降淘刷底部泥沙，有效地减小了水流下降带来的影响；其次，护壳外表面所设置的无方向粗糙面会给护壳带来一种类似"高尔夫球"的特性，与光滑桥墩相比，可将层流变成紊流，从而改变水流分隔线，使下游尾流的冲刷能力大大降低，如图10-16所示。

8）四面体透水框架群防护

四面体透水框架群是一种在桥墩周围抛投四面体的方法，如图10-17所示。其工作原理是利用四面体框架群对来流进行消能减冲，减小漩涡，稳固河床，从而达到防护的目的。该方法最早是运用于江河护岸和堤防等，后来逐渐引入冲刷防护领域。这种防护技术机理新颖，造价较低，适用面广。

图10-15　环翼式桥墩　　图10-16　护壳防护　　图10-17　四面体透水框架群防护

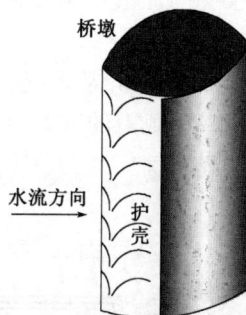

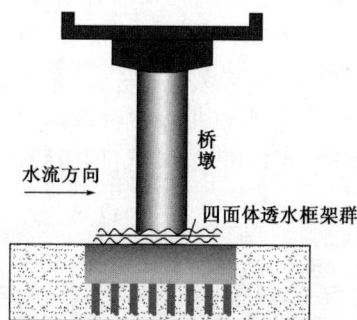

10.3.2　基础加固技术

通常桥梁下部结构及基础具有足够的承载潜力，足以满足上部结构补强加固所增加的质量以及活荷载对它的要求。如果墩台及基础的承载能力不足，或者上部结构的缺陷、承载能力的降低等是由于墩台与基础的沉降、位移或缺陷等所引起的，则应对原桥梁墩台及基础进行必要的加固。桥梁墩台基础加固的常用方法有人工地基加固法、扩大基础加固法、增补桩基法、静压桩加固法及灌浆法等。

1）人工地基加固法

当基础下面的地基土松软，不能承受很大荷载，或上层土虽好，但深层土质不良引起基础沉陷时，可采用人工地基加固方法，以改善提高基础的承载能力。人工地基加固方法很多，一般常用的有砂桩法、树根桩法、高压喷射注浆法和灌浆法等。

（1）砂桩法

当软弱地基层较厚时，可用砂桩法改善地基的承载能力。加固施工时，将钢管或木桩打入基础周围的软弱土层中，然后将桩拔出，灌入经过干燥的粗砂，进行捣实，做成砂桩，达到提高土的密实度的目的。在含水饱和的砂土或粉土中，由于容易坍孔，灌砂困难，亦可采用砂袋套

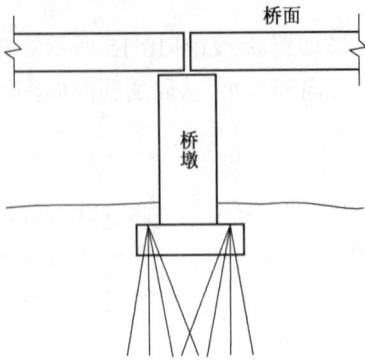

图 10-18　桥墩基础树根桩托换

管法与振冲法加固地基。

（2）树根桩法

树根桩是一种小直径钻孔灌注桩,其直径通常为 100～250mm,有的也采用 300mm。先利用钻机钻孔,满足设计要求后,放入钢筋或钢筋笼,同时放入注浆管,用压力注入水泥浆或水泥砂浆而成桩,亦可放入钢筋笼后再灌入碎石,然后注入水泥浆或水泥砂浆而成桩。小直径钻孔灌注桩也称微型桩。小直径钻孔灌注桩可以竖向、斜向设置,网状布置如树根状,故称树根桩。树根桩在桥梁加固工程中应用示意如图 10-18 所示。

（3）高压喷射注浆法

注浆法加固墩台基础,采用注浆方法,使地基土通过渗透、填充、置换、挤密,形成水泥砂浆结石体,大大提高地基承载力。注浆孔必须采用冲击钻干钻成孔,平常严禁带水钻孔。为防止冒浆,注浆顺序宜先外后内,先垂直后倾斜。注浆时,将注浆管一次性打到设计深度,自下而上注浆,注浆时拔管间距为 0.5m,相邻两排注浆孔的注浆点深度相差0.2m。可采用压力和压浆量双控,直到孔口不再吸浆且浆液不外流,作为注浆终止条件。压浆时对墩台和墩台周围地面进行全程监测,如发现有冒浆、地面隆起或墩台顶起等异常情况,立即停止注浆,待浆液初凝后再进行补浆。注浆法加固墩台基础,在增加地基承载力的同时,可防止填土下沉、桥台外倾等病害。如图 10-19所示为注浆加固桥台基础工程实例。

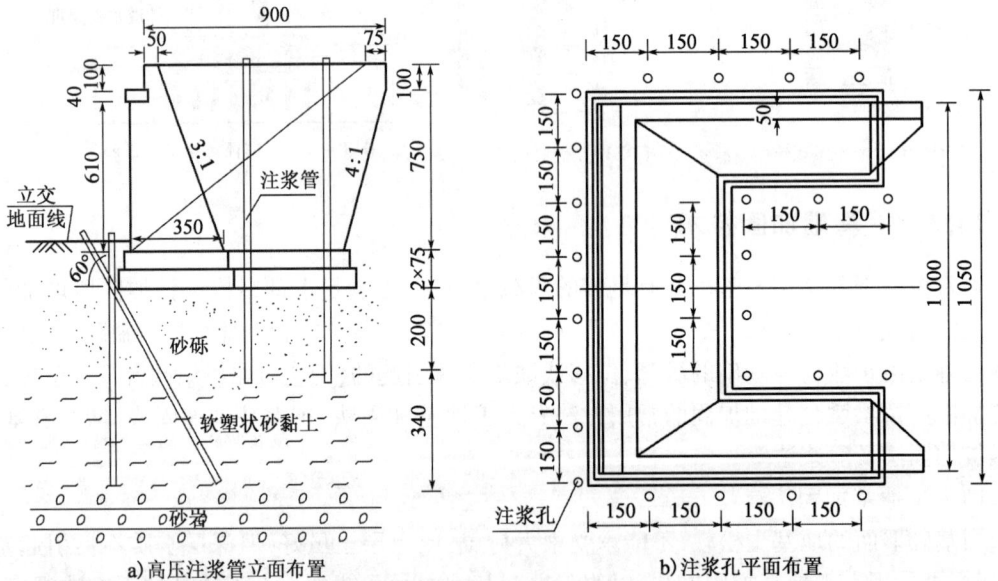

a）高压注浆管立面布置　　　　b）注浆孔平面布置

图 10-19　注浆加固桥台基础(尺寸单位:cm)

2）扩大基础加固法

扩大桥梁基础底面积的方法,称为扩大基础加固法。此法适用于基础承载力不足或埋置太浅,而墩台又是圬工或混凝土刚性实体式基础时的情况。扩大基础底面积应由地基强度验算确定。当地基强度满足要求而缺陷仅表现为不均匀沉降变形过大时,采用扩大基础面积的加固主要由地基变形计算来加以选定。

在刚性实体式基础周围加石砌圬工或混凝土,以扩大基础的承载面积,如图10-20所示。

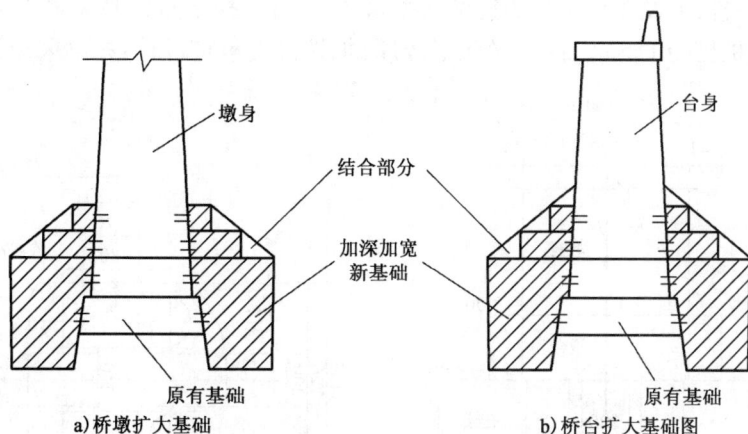

a)桥墩扩大基础　　　b)桥台扩大基础图

图10-20　墩台扩大基础加固法

扩大基础加固法可按下列顺序进行:

(1)常在必须加宽的范围内先打板桩围堰,如墩台基底地基土不好时,应做必要的处理。

(2)挖去堰内土体,只挖至必要的深度(注意墩台的安全)。

(3)在堰内把水抽干后,铺砌石块(浆砌),或做混凝土基础。

(4)新旧基础要注意牢固结合,施工时可加设联系(锚固)钢筋或插以钢销,以使加固扩大基础和旧基础牢固地结合成一整体。

3)普通增补桩基法

在桩式基础的周围补加钻孔桩或打入钢筋混凝土预制桩并扩大原承台,以此提高基础承载力,增加基础稳定性。这种加固法称为增补桩基加固法,如图10-21所示。

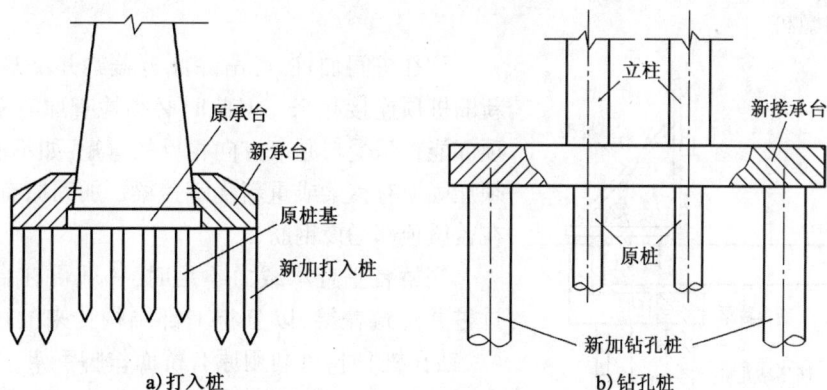

a)打入桩　　　b)钻孔桩

图10-21　增补桩基加固墩台基础

增补桩基法需要保证新加桩基与原有墩柱通过承台连接成一个整体,因此,一般将承台范围内原墩柱混凝土表面凿毛,要求打成网状沟槽,沟槽深度不小于6mm,间距不大于150mm;原墩柱混凝土表面凿毛后应冲洗干净,浇筑混凝土前,原墩柱混凝土表面用水泥浆等界面剂进行处理,以加强新旧混凝土的结合。新加桩基顶部高出锥坡处在承台下面用浆砌片石围挡。

如图 10-22 所示为某桥增补桩基加固应用实例,通过加桩,增设十字托梁,加强对承台的支撑,改善承台的受力状况,稳定承台的开裂及变形,以保证结构安全。在承台两对称轴上增加 4 根钻孔灌注桩,上设 2 片交叉的托梁支撑承台。加桩、托梁布置要求对称,桩中距满足支承桩的要求,加桩桩径 1.5m。由于淤泥层较厚,加桩按支承桩设计;托梁采用预应力混凝土结构。

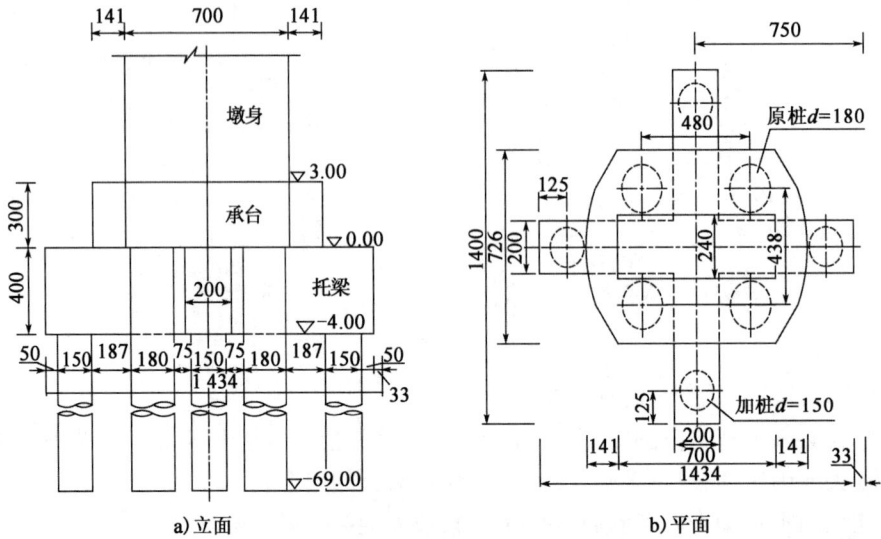

a) 立面　　　　　　b) 平面

图 10-22　增补桩基加固应用实例(尺寸单位:cm)

增补桩基法加固墩台基础的优点是不需要抽水筑坝等水下施工作业,且加固效果显著。其缺点是需搭设打桩架和开凿桥面,对桥头原有架空线路及陆上、水上交通均有影响。

对单排架桩式桥墩采用打桩(或钻孔灌注桩)加固时,如原有桩距较大(在 4～5 倍桩径时),可在桩间插桩。如原有桩距较小且通航净跨允许缩小时,可在原排架两侧增加桩数,成为三排式的墩桩。

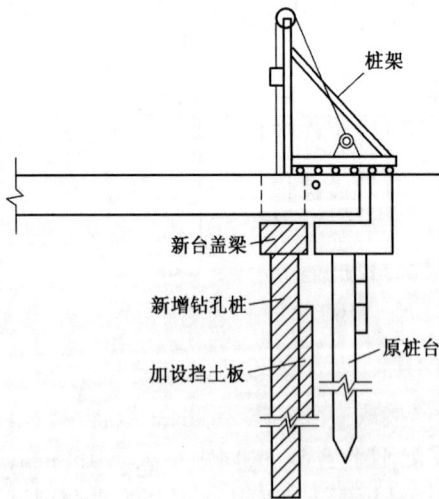

图 10-23　加钻孔桩加固桥台

如在桩间加桩,可凿除原有盖梁并浇筑新盖梁,将新旧桩顶连接起来。但此时必须检查原有盖梁在加桩顶部能否承受与原来方向相反的弯矩,如不能承受则必须加固原有盖梁或重新浇筑盖梁。加固原有盖梁时,可在盖梁顶部增设钢筋。

当桥台垂直承载力不足时,一般可在台前增加一排桩并浇筑盖梁,以分担上部结构传来的压力。打桩(或钻孔桩)时,可利用原有桥面作脚手架,在桥台上开洞插桩。增浇的盖梁可单独受力,也可连接在一起,使旧盖梁、旧桩和新桩一起受力,如图 10-23 所示。

4)静压桩加固

静压桩加固是利用老桥的上部结构自重,以大吨位千斤顶,将预制桩无振动无噪声地嵌入土中。对一些结构良好的老桥实施下部结构的加固,通常受桥下净空影响,不能满足常规机械的进入,可采用千斤顶实现静压施工来解决。

确定补桩数量之后,使上部恒载与单桩下沉的极限阻力之比控制在 2:1 ~ 1.5:1。压入桩的承台与施工反梁合二为一,既为静压施工传递上部恒载的反梁,又为加固的桥墩提供一个新老桩基共同受力的承台。利用小体积大吨位的千斤顶,使该工艺在实践上具有可操作性。静压桩加固的主要工艺流程为:承台(反梁)浇筑→基坑初步开挖→预制桩就位→静力压桩→接桩续压→桩台湿接。

设计与施工要点如下:①合理划分方桩的节段长度,划分时要考虑千斤顶本身的高度与行程、河床与反梁的高差、节头构造对接桩空间的要求,同时尽可能减少规格;②施压前在反梁顶面设置供观测用的千分表,第一节桩施压时要设置可靠的侧向限位措施,否则会偏斜;③压桩垫块的高度要比千斤顶行程略小 2cm,因千斤顶回油,桩身会反弹;④尽可能缩短接桩的辅助时间,以免桩土固结而增大沉桩阻力;⑤所有桩基终压前的处理要在桩顶与反梁之间施加预压力,再将主筋与反梁底的钢板相焊,最大限度地使新桩能与老桩一起共同承受上部荷载。

采用静压法,既能适应拱桥下的窄小空间,又能最大限度地保持原桥的设计风格与造型。静压施工无噪声、无振动,对老桥桩基无扰动,施工安全,承载力可靠。该工艺不仅可对桩柱式桥墩实施,对实体桥墩同样可采用该工艺进行加固,示意图如图 10-24 所示。

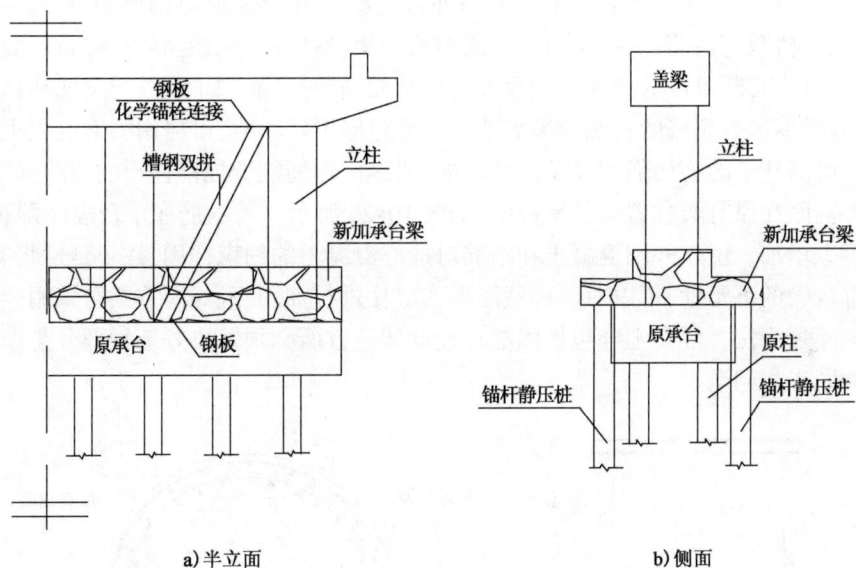

a)半立面   b)侧面

图 10-24 静压桩加固示意图

5)灌浆法加固

利用灌浆法加固桥梁基础是指运用液压、气压、电化学原理,在压力作用下将浆液注入桥梁基础的裂缝和空隙中,从而达到填补裂缝、加固基础的目的。灌浆法的主要作用是通过灌浆来改善基础的化学性质以及物理性质,在灌浆过程中,浆液渗透到裂缝和孔隙中,并形成浆脉,进而形成浆柱体,浆柱体与桥梁基础结合后形成复合基础,从而有效提高桥梁基础的承载能力,并减轻墩台不均匀沉降的问题。

灌浆法加固公路桥梁隧道基础的施工流程如下:成孔→安放浆管和封堵孔口→搅浆→灌浆→待凝→成孔→安放灌浆管和封堵孔口→搅浆→灌浆→封孔。

10.4 桥墩加固技术

桥梁是交通枢纽的"咽喉",桥墩破坏将导致生命线的中断,对经济和人员伤亡所造成的损失将不可估量。无论对于旧危桥的承载力加固、抗震能力不足的抗震加固,还是地震中已经损坏的桥梁的加固修复,钢筋混凝土的桥墩加固与修复技术都具有重要的经济意义和实用价值。常用的桥墩加固技术主要包括增大截面加固技术、嵌入加固技术、体外预应力加固技术、钢套管加固技术、FRP(纤维增强复合材料)加固技术、绕丝加固技术及"狗骨式筋"修复纵筋技术等。

10.4.1 增大截面加固技术

增大截面加固技术是增大桥墩截面面积和配筋的一种常规加固技术,其不仅可以提高被加固桥墩的承载能力,而且还可以加大其截面刚度,改变其自振频率,改善正常使用阶段的性能。根据加固材料和加固工艺的不同,可分为外包混凝土加固法和喷射砂浆加固法。

1)外包混凝土加固法

外包混凝土加固法是在原有柱子的表面外包混凝土并增加纵向钢筋和箍筋,如图 10-25 所示,通过在原桥墩上植筋、绑扎钢筋以形成钢筋骨架,然后再浇筑混凝土,将新旧混凝土形成一个整体共同作用,既可以对已存在的裂缝有所补救,同时又能防止裂缝的发展和新裂缝的产生,对加固因受剪产生裂缝的桥墩效果显著。在外包厚度较小时,可应用喷射混凝土技术。增加的箍筋可提高柱子的剪切强度以及延性性能;而纵向钢筋能否提高柱子的弯曲强度,则取决于纵筋是否锚固在原有墩柱盖梁及承台中,如图 10-26 所示。若纵筋在承台表面即被切断,则弯曲强度不会增加。由于外围混凝土和箍筋对核心混凝土的约束作用,柱子延性将有所提高。混凝土具有较大的可塑性,可以对各种截面形式墩柱进行加固,且加固方式可采用全截面加固法和部分截面加固法。混凝土外包加固法在设计构造方面必须解决好新加部分与原有部分的整体工作共同受力问题。

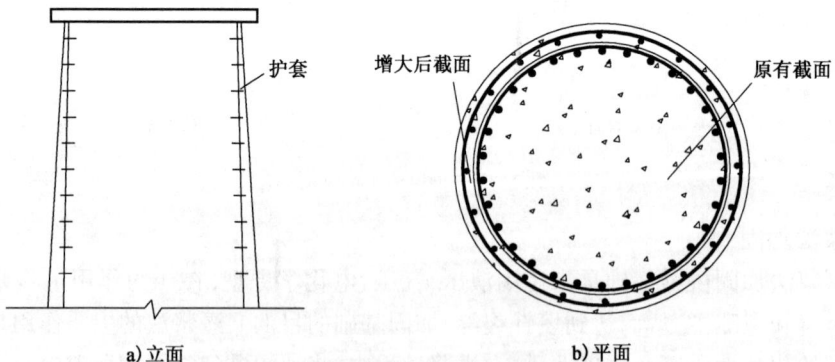

a)立面   b)平面

图 10-25 圆截面桥墩外包混凝土加固示意图

外包混凝土加固法取材方便,施工技术简单,加固效果稳定可靠。但这种方法现场湿作业多,施工周期长,对原结构影响较大,如因截面增大而影响原有建筑效果,减小使用空间,增加结构自重,有时甚至会因结构自重的增加而致使必须对原结构的基础进行附加加固,从而大大增加加固成本,延长施工时间。其次,随着刚度的增大,地震力作用下对结构产生的损害也将越大。外包混凝土法在公路桥墩的加固中运用得相对比较成熟,针对铁路重力式桥墩的特点,修复加固除了恢复承载力、增加延性、提高抗震能力外,还要考虑增加桥墩的刚度,减小桥墩的横向振幅,也应对墩底锚固效果进行研究。

如图 10-27 所示为某外包混凝土加固桥墩实例,该桥部分桥墩墩柱与桩基结合部,出现混凝土剥落、蜂窝、露筋等现象,受力钢筋已开始锈蚀。桥墩墩柱

图 10-26 纵向钢筋锚固细部构造

根部与桩基结合部混凝土剥落厚度为 1~10cm。根据墩柱根部混凝土剥落情况及墩柱的结构形式,拟对墩柱根部采用外包混凝土加固法进行加固。其主要步骤是在桩顶周圈植入补强主筋,在主筋上绑焊环形箍筋,形成钢筋笼,在钢筋外立模板,浇筑补强混凝土。该方法操作容易,施工质量容易得到保证。原墩柱受力主筋被新增外包混凝土重新封闭,可以有效地防止锈蚀。

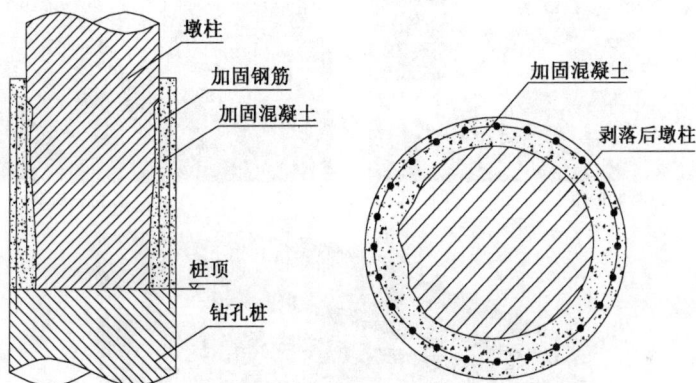

图 10-27 墩柱根部加固示意图

2)喷射砂浆加固法

喷射砂浆加固法即在原有桥墩表面设置致密的钢筋网,采用掺有纤维的高性能砂浆喷射覆盖,最后用涂料进行外表面保护,实现对桥墩的增大截面加固。将钢筋网与砂浆联合使用,可很好地在结合面上传递拉应力和剪应力,同时在高速喷射状态下能使砂浆进入待加固的孔隙和裂缝中,使原结构得到一定程度的恢复,能大幅度地提高原有桥墩的承载力,加强整体性,这种加固技术在日本称为喷射纤维砂浆加固法。喷射砂浆技术的具体施工工艺如图 10-28 所示。

喷射砂浆加固技术具有以下特点:①适合于重型施工机械不便于操作及施工空间有限制的桥墩加固,加固技术简单;钢筋网的设置采用人工完成,无需大型设备,将纤维砂浆在地面经搅拌机拌和后用高压气体通过软管来输送,无需繁琐的施工工艺和特殊的施工技术,施工易操作;②砂浆属于无机胶凝材料,与混凝土材性十分接近,故不会形成材质不相容的隔离层,它比有机加固材料更抗老化、耐久性更好,它与基材的协调性、相互渗透性更好;③相比于混凝土外包加固法,该方法较大幅度地减少了加固后的截面面积,减轻了自重;④这一加固材料中的砂浆既是胶黏材料也是保护层材料,无需另做防火保护层。

a) 混凝土表面清洁处理 　　　　　　　　b) 补强钢筋设置

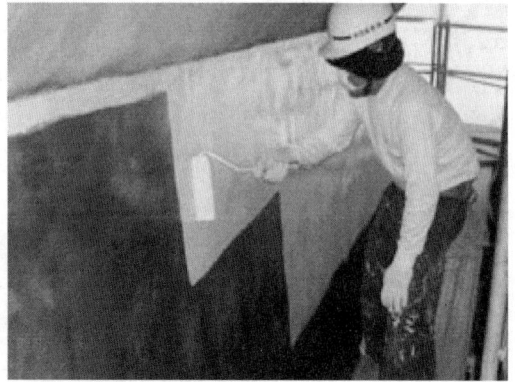

c) 喷射砂浆 　　　　　　　　　　　d) 粉刷涂料

e) 施工完效果图

图 10-28　喷射砂浆加固法施工工艺

10.4.2　嵌入加固技术

所谓嵌入式加固技术(Near Surface Mounted,简称 NSM),是将 FRP 筋、高强钢筋等嵌入混凝土等预先开好的槽中,并向槽中注入黏结材料使之成为整体,从而改善结构受力及抗震性能的方法。嵌入式加固法与外贴式材料加固相比,除具有高强、高效、耐腐蚀等优点外,还具有下列优点:①表面处理工作量降低,节省工期;②加固的筋材由于放在结构内部,避免筋材受到火灾破坏,抗冲击性能、耐久性能等得以提高;③开槽后有 3 个面参与筋材与树脂的黏结,界面接触面积增大,加固筋材的黏结性好,强度得到更有效的发挥。

国内现阶段的研究主要局限于混凝土梁的研究,对混凝土墩柱的研究还未见研究报道。日本在墩柱的嵌入式加固研究与应用较广泛,提出了采用聚合物水泥砂浆(PCM)覆盖高强钢筋嵌入式加固技术(AT-PD 工法)。该技术是通过在加固结构四周设置嵌入结构表面的纵向钢筋,用环氧树脂填充开槽,并用横向辅助钢筋环向焊接增强,最后进行砂浆保护层及涂料覆盖,适用于钢筋混凝土桥墩的加固补强。嵌入加固桥墩技术的具体工艺如图 10-29 所示。

a)表面开槽　　　　　　　　　　　b)纵筋嵌入

c)横向钢筋设置　　　　　　　　　d)涂抹防护层

e)完成效果

图 10-29　嵌入式加固桥墩施工工艺

该加固技术显著的工艺特点为：①加固后增加的截面厚度是常规钢筋混凝土加固厚度的1/8，是传统 PCM 加固体积的 1/2 以下；②对处于河道中的桥墩加固后的流水阻力基本不增加；③通过减少聚合物材料的使用显著减低了施工成本；④既有结构表面直接嵌入加固钢筋，在混凝土截面不增加的情况下显著提高了承载力；⑤加固后质量的增加很少，与传统加固方法相比极大地减少了结构基础及地基的附加荷载。

AT-PD 工法可以对桥墩整体进行加固，也可以对桥墩某一节段进行加固，具体选择可根据桥墩的现状来决定。这种加固技术由于有诸多优点，对我国桥梁的加固有很高的借鉴价值。

10.4.3　体外预应力加固技术

体外预应力加固技术由于预应力的作用可以将裂缝中的恒载效应抵消一部分，从根本上解决桥墩产生裂缝的问题，改变墩身受力状况，既可以对已存在的裂缝有所补救，同时又能防止裂缝的发展和新裂缝的产生，通过预应力的施加可使加固材料与原结构有效地结合，并在一定程度上减小了新旧材料间应力水平的差异，充分发挥加固材料的优势。目前用于预应力加固的材料主要为钢丝束、钢绞线和 FRP，预应力施加方式为纵向和横向。

1）桥墩横向裂缝的预应力加固技术

桥墩由于车辆竖向及水平冲击荷载、温度荷载、墩柱桩基的不均匀下沉及施工缺陷等因素引起的横向裂缝，可采用竖向预应力加固技术，通过在桥墩上钻孔施加竖向预应力，增加桥墩压应力储备，增大安全系数，间接增加结构耐久性和安全性。相关文献介绍了采用竖向预应力锚索加固旧桥墩工程实例，关键工艺包括钻孔、安装锚索、锚固灌浆及张拉，这种通过施加竖向预应力锚索的加固方式有效地抑制了桥墩横向裂缝的发展，提高了桥墩的承载力。

2）桥墩竖向裂缝的预应力加固技术

桥墩由于顶部配筋不足、支座位置布置不当、混凝土收缩变形及使用荷载增加等因素引起的竖向裂缝，可采用横向张拉高强钢丝束或环向预应力加固技术来加固原有桥墩，利用体外导入预应力，对墩身形成压力和弯曲力矩，从而改善墩身的应力，加固效果良好。

3）FRP 横向预应力加固技术

有研究者根据 Tetsuo 等提出的夹钳式方法对 FRP 片材施加预应力，并进行了横向预应力FRP 布加固混凝土桥墩的力学性能试验研究，通过旋紧螺栓施加和控制预应力，如图 10-30 所示。预应力 FRP 布加固混凝土墩柱可以弥合既有裂缝，有效提高墩柱的耐久性，所以该技术适用于铁路与公路桥梁中大尺寸混凝土墩柱的加固。研究还表明，CFRP（碳纤维增强复合材料）片材最适合于混凝土墩柱的预应力加固，将预应力技术应用到钢筋混凝土墩柱的加固中，对减小与抑制裂缝的发展具有重要的作用。

10.4.4　钢套管加固技术

钢套管加固技术是在桥墩周围外包钢套管，在钢套管内部与桥墩之间填充高性能砂浆或混凝土的一种加固方法，钢套管仅承受横向力，其作为横向约束对钢筋混凝土墩柱施以横向约束。将钢管与盖梁和基础之间预留缝隙，避免纵向应力直接传递到钢管纵向上及反复荷载下局部的应力集中，钢套管加固技术的端部处理如图 10-31a）所示。由于能够对核心混凝土进行有效约束，使用套管柱修复加固可以大大提高桥墩的抗剪强度、延性和轴向承载力。

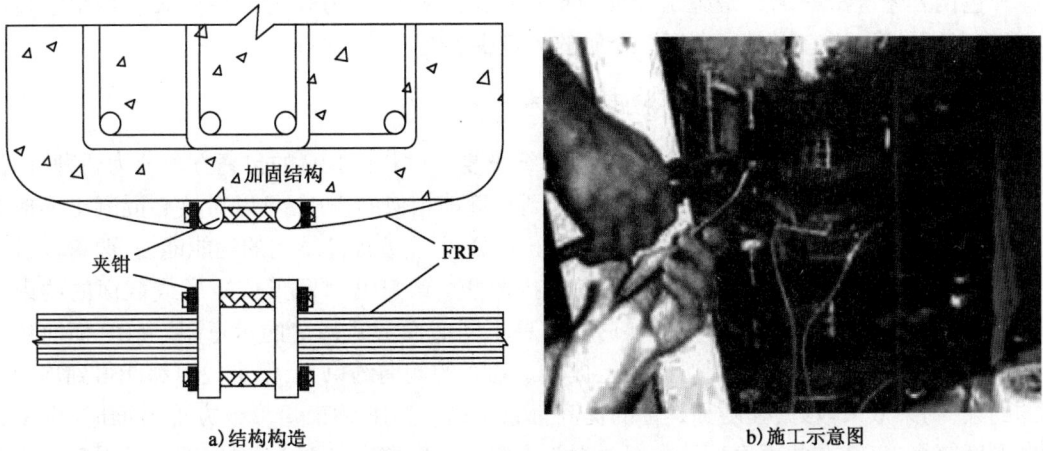

a)结构构造　　　　　　　　　　　b)施工示意图

图 10-30　FRP 横向预应力加固技术

对于圆截面墩柱,可使用两个稍大于柱直径的滚压成型半圆薄壁钢壳,放置在需要加固的位置并现场焊接其竖向接口,用水泥砂浆充填焊接钢管与既存墩柱之间的空隙,如图 10-31b)所示。对于矩形或方形的桥墩的加固,如果采用同原截面形式相同的钢套管加固,柱墩产生较大的侧向位移时,钢套管很容易发生塑性铰区域的屈服,Priestley 等建议采用椭圆形钢套管的加固方式,以提供类似于圆柱套管的连续约束作用,加固结构之间的空隙可用同强度等级混凝土进行填充,如图 10-31c)所示。一般对桥墩可采用外包压型钢板钢套,钢套与原桥墩一般留设 10 ~ 30cm 空隙,采用微膨胀混凝土或微膨胀砂浆填实,为实现新旧材料的共同工作,可采用在原柱周边植筋,与钢套内壁焊接的方法解决。

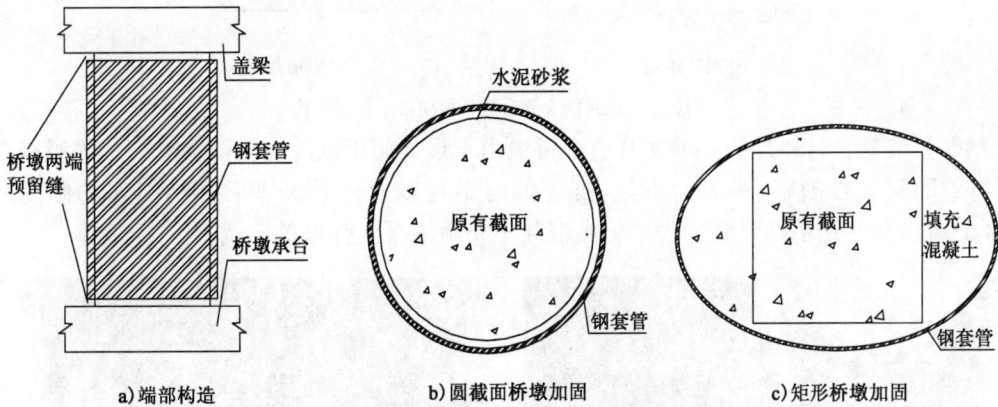

a)端部构造　　　　　b)圆截面桥墩加固　　　　　c)矩形桥墩加固

图 10-31　钢套管加固技术原理及构造

外包钢套管对于圆形截面的约束提高效果最好;对于方形或矩形截面,宜进行截面的形状处理,使加固截面接近于圆形。外包钢套管修复法在研究与工程实践中,提出了变矩形为椭圆形截面的方法,该方法使原矩形桥墩的极限承载力提高较大,延性性能良好,为后来采用即修复加固矩形截面桥墩提供了一种新型改进方法。

利用外包钢套修复震后破坏的空心矩形桥墩的试验结果表明,修复后的柱的承载力能够达到原始柱承载力水平,延性性能、耗能性能等显著提高。

外包钢套修复法的优点是施工简便,现场工作量较少,受力较为可靠。缺点是用钢量较大,维修费用较高,不宜用在具有腐蚀介质的环境中。

10.4.5 粘贴纤维复合材料加固技术

在钢筋混凝土桥墩的加固和修复中,粘贴纤维复合材料(FRP)的包裹方向分为两种,即沿桥墩横向和竖向。横向包裹的 FRP 材料可起到与箍筋相似的作用,可以对核心混凝土形成有效约束,提高桥墩的抗剪强度和延性,提高轴压承载力,显著提高结构的耗能能力,改善其抗震性能。而竖向的 FRP 材料主要是提高桥墩的抗弯能力。FRP 对圆形或矩形或截面的约束作用有较大的差别。如图 10-32 所示,为 FRP 包裹不同截面形式构造的示意图。FRP 横向包裹约束圆形截面时,FRP 沿着圆周对混凝土提供了均布的侧向约束力,整个截面都能得到均匀有效的约束,约束效果较好,强度和延性的提高都很显著。FRP 约束矩形或方形截面时,由于其侧向刚度较小,FRP 在截面边长的中部会因为混凝土的膨胀向外弯曲,对应部分的混凝土将得不到有效的约束,而截面角部相当于支点,相邻角部的弧形区域形成拱的作用,由于这一作用,使角部及截面中心部分尚能得到较好的约束。所以,在矩形或方形桥墩截面加固时,要尽量使倒角半径大些,以得到更好的加固效果。

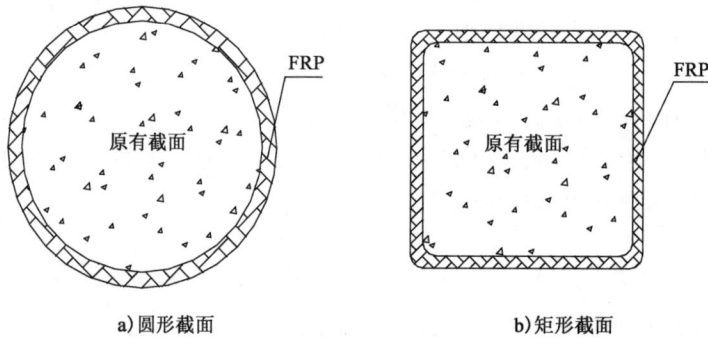

a) 圆形截面   b) 矩形截面

图 10-32 包裹纤维复合材料加固技术加固桥墩

粘贴纤维复合材料加固技术尤其适合桥墩由于设计施工缺陷、材料老化、荷载等级提高等原因导致的耐久性缺陷、承载力不足、抗震能力不足以及地震灾害后结构损伤的修复。如图 10-33 所示是利用粘贴纤维加固法提高混凝土桥墩混凝土强度的实例。

a) 实例一   b) 实例二

图 10-33 粘贴纤维加固钢筋混凝土桥墩现场图

包裹纤维复合材料加固技术施工工艺简便快捷,对原结构截面几乎没有任何改变,加固补修效果及耐久性好。

10.4.6 绕丝加固技术

绕丝加固技术即利用高强钢丝绳缠绕钢筋混凝土墩柱,通过环箍约束的原理进行墩柱的加固,绕丝加固能显著地提高墩柱轴压承载力和抗震性能。高强钢丝绳加固混凝土轴心受压圆柱体试件的试验研究结果表明,绕丝加固技术可较大幅度地提高轴压短柱的极限承载力,有效地约束混凝土侧向变形,显著提高短柱的变形能力;绕丝加固钢筋混凝土柱的抗震性能试验结果表明,绕丝加固墩柱可实现短柱的弯曲破坏,强度退化缓慢,耗能能力强。

这一技术在日本已较多的应用到建筑物抗震加固中,如日本的 Magne 公司研究开发了阻燃复合材料(PPMG)水泥砂浆及钢筋缠绕加固建筑物混凝土柱抗震技术(PPMG-CR 工法)。该加固技术可对混凝土柱进行整体加固,也可部分加固。如图 10-34 所示为绕丝某车库混凝土柱的主要施工工艺,包括钢丝缠绕和水泥砂浆增厚等。

| a)缠绕钢丝 | b)水泥砂浆增厚 | c)完成效果 |

图 10-34 绕丝加固技术主要工艺

图 10-35 给出绕丝加固法的基本构造,对于矩形截面,尽量进行倒圆角处理,以提高加固效果,绕丝用的钢丝应为直径为 3~6mm 的钢丝绳、冷拔钢丝,浇筑的细石混凝土应优先采用喷射混凝土,但也可采用现浇混凝土;混凝土的强度等级不应低于 C30。绕丝的局部绷不紧时,应加钢锲绷紧。

绕丝加固技术的主要特点包括:①加固后截面厚度增加较少,仅为 50~60mm;②施工过程中不需要模板,可以边施工边目测施工质量,减少了施工缺陷;③减少施工材料消耗,在狭小的空间也可以正常施工。由于绕丝加固技术的独特优势,其在桥墩的抗震加固领域也有着广阔的应用空间。

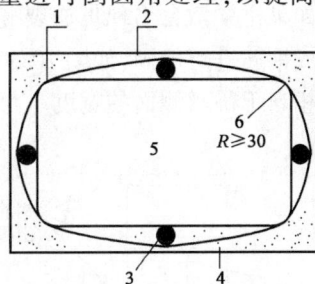

图 10-35 绕丝构造示意图

1-圆角;2-直径为 4mm、间距为 5~30mm 的钢丝;3-直径为 25mm 的钢筋;4-细石混凝土或高强度等级水泥砂浆;5-原柱;6-圆角半径

10.4.7 "狗骨式筋"修复纵筋技术

"狗骨式筋"修复纵筋技术是将高强钢材制成狗骨式钢筋拉杆,通过焊接等工艺手段将钢

筋拉杆与桥墩中被拉断的纵向钢筋相连修复,增加桥墩的变形能力和恢复承载力;其是由台湾学者 Cheng 等于 1997 年提出的一种专门修复桥墩震后纵筋拉断或严重屈曲的修复技术,其原理如图 10-36 所示。有研究者采用"狗骨式筋"修复纵筋技术对空心截面桥墩修复加固的抗震性能进行了试验研究。研究表明,"狗骨式筋"可以对空心截面桥墩由于外层钢筋拉断而引起的弯曲破坏进行有效的修复,恢复其纵向抗弯承载力。

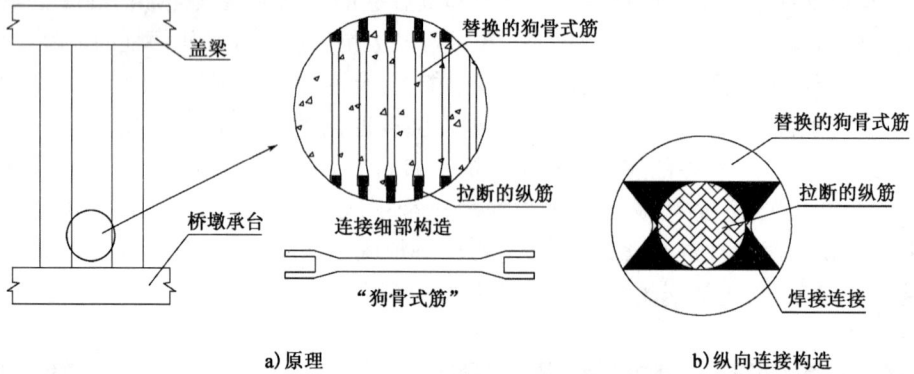

图 10-36 "狗骨式筋"修复纵筋技术

采用"狗骨式筋"修复纵筋技术需要考虑两个方面的关键技术:一是"狗骨式筋"的长度;二是"狗骨式筋"与原有结构纵筋的连接方式。对于"狗骨式筋"的中央长度,Cheng 等提出按塑性铰长度及地震需要来考虑,目的是使加固后的墩柱获得合适的低周疲劳寿命。对于"狗骨式筋"与原有结构纵筋的连接方式,可考虑采用焊接的方式可靠连接。

"狗骨式筋"修复纵筋技术的具体工艺为:①清除破坏区域松散的混凝土;②对拉断和严重屈曲的纵向钢筋用"狗骨式筋"替换,并重新设置箍筋;③对重新连接替换后的压碎混凝土部分用早强无收缩混凝土进行填充;④根据不同的加固位置和加固目的,用不同层数的 FRP 材料缠绕约束桥墩。"狗骨式筋"修复纵筋技术对于桥墩的震后修复加固具有很好的加固效果,值得借鉴。

10.4.8 钢筋混凝土套箍加固法

如果桥梁墩台出现贯通裂缝,为防止裂缝的继续发展,使之能正常使用,可用钢筋混凝土围带或钢筋进行加固,如图 10-37 所示。加固时,一般在墩身上、中、下做 3 道围带;其间距应大致相当于桥墩侧面的宽度。每个围带的宽度,则根据裂缝情况和大小而定,常为墩台高度的

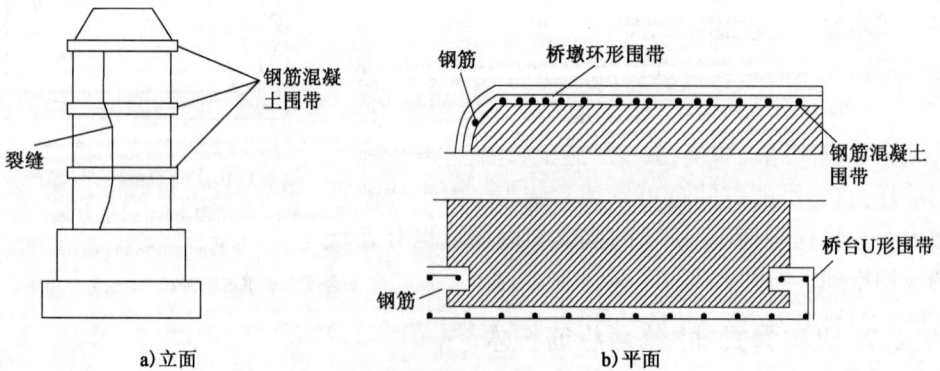

图 10-37 用钢筋混凝土围带加固桥墩台

1/10 左右,厚度采用 10 ~ 20cm。为加强围带与墩台的连接,应在墩内埋置直径 10 ~ 25mm 的钢销,埋入深度为钢销直径的 20 倍左右。把围带的钢筋扣在钢销上,埋钢销的孔眼要比钢销直径大出 15 ~ 20mm,先填满销孔浇筑混凝土,同时填塞裂缝。

10.4.9 各种桥墩加固与修复技术的特点与适用范围

钢筋混凝土桥墩不同的加固及修复技术具有各自的特点,因此在加固桥墩时应根据不同的场地状况、施工条件,选用经济合理的加固方法。

1)增大截面加固

增大截面加固是一种传统而有效的加固方法,该方法施工工艺简单,使用面广,但是现场湿作业工作量大,施工周期较长,对结构的正常使用有一定的影响;另外,由于截面面积的增加而减少了结构的使用空间,增大了结构的自重。当墩柱的强度、刚度、稳定性和抗裂性能不足,并且空间允许的情况下,可采用增大截面的加固方法。

2)嵌入式加固

嵌入式加固方法施工便利,无需大型机械设备,施工工期短,可在不影响结构正常使用的情况下施工,防火性能好,采用三面黏结技术较充分发挥加固材料的性能,可对桥墩整体进行加固,也可以对桥墩某一节段进行加固,选择性较好,适用于不同截面桥墩的加固,尤其是具有承台的桥墩,结合底部锚固,可实现底部截面的抗弯加固。

3)体外预应力加固

体外预应力加固施工工艺复杂,对原结构损伤小,在自重增加小、能够大幅度改善和调整结构的受力状况下,提高其结构刚度和抗裂性,既可以对已存在的裂缝有所补救,同时又能防止裂缝的发展和新裂缝的产生,是一种主动的加固方法。其尤其适用于已经开裂或要求提高抗裂性桥墩加固,不宜用于处在高湿度环境下的混凝土结构或混凝土收缩徐变较大的混凝土结构的加固。

4)钢套管加固

钢套管加固法可在基本上不增大构件尺寸的情况下较多地提高其承载力,增大延性和刚度。这种修复法特别适用于大跨桥梁的加固,以及使用上不允许增大原始构件截面尺寸,却又要求大幅度地提高截面承载力、增加延性和刚度的构件。该方法的优点是施工简便,现场工作量较少,受力可靠;缺点是用钢量较大,维修费用较高,不宜用在具有腐蚀介质的环境中。

5)粘贴纤维复合材料加固技术

粘贴纤维复合材料加固技术的优点是粘贴纤维复合材料具有轻质高强、耐腐蚀、适用面广、施工速度快、维护费用低等优点,施工过程中不需大型机具,用于补强加固时对原结构几乎没有影响,加固修补效果及耐久性好,缺点是材料价格较贵,防火性较差,对结构表面平整度要求较高,对处于潮湿环境或水下混凝土结构加固效果不明显。这种方法广泛适用于曲面和任意形状的混凝土桥墩的抗剪、抗震、耐腐蚀加固、耐冲击加固。

6)绕丝加固

绕丝加固施工方便、经济效果好、加固后增加自重较少、外形尺寸变化不大,变形能力增加明显,耗能能力提高很多,不引起结构刚度增加,适用于不同的截面形式、无腐蚀介质的环境,但不适用于较大偏心受压柱。因此,该技术是一种比较先进的加固技术,具有很广阔的推广应用前景。

7）"狗骨式筋"修复纵筋

"狗骨式筋"修复纵筋适用于钢筋混凝土桥墩在地震各种破坏形式下纵向钢筋的修复加固，可与 FRP 材料或钢套管配合使用形成双重加固作用，恢复和增强结构的延性变形能力及抗剪承载力。但对于不同直径的纵筋修复，需采用不同型号的狗骨式筋，一定程度上限制了其通用性。

10.5 桥 台 加 固

桥台病害会严重影响桥梁的适用性和耐久性，若日常不及时养护加固，可能会出现桥梁病害加剧、无法正常使用，甚至垮塌。桥台不仅要支承上部结构，将荷载传递给基础，还要衔接两岸路堤、抵御台后土压力，故其病害较桥墩多。桥台加固方法有很多，一般常用的有预应力锚杆加固法、支撑法加固、新建辅助挡土墙加固、减轻荷载法、预应力筋加固法及钢筋混凝土圈梁法等。下面对这些加固方法进行介绍。

10.5.1 预应力锚杆加固法

对于桥台开裂、外倾或桥墩裂缝开展比较严重的桥梁，宜采用主动加固法进行加固，以抑制病害的进一步发展，预应力锚杆加固法即为一种比较理想的主动加固法。如图 10-38 所示，其为桥台侧墙外倾、前墙开裂的加固案例，采用通过两侧墙的对拉锚杆施加预拉力进行加固，

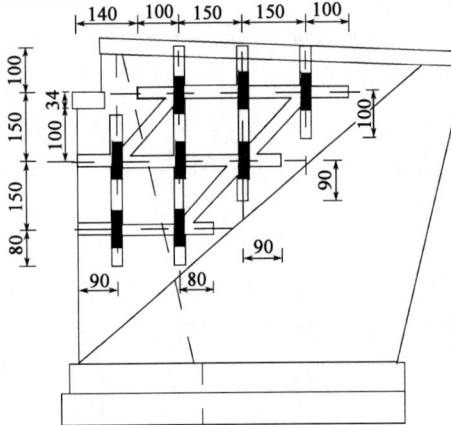

图 10-38 桥台侧墙横向预应力锚杆加固法(尺寸单位:cm)

对拉锚杆锚固于桥台外侧现浇的钢筋混凝土框架，在两侧墙上合理布置一定数量的孔位，垂直侧墙用钻孔机水平钻孔，并穿透两侧墙，在孔内安放锚杆(锚杆采用精轧螺纹钢筋)，接着在侧墙上浇筑钢筋混凝土框架，利用框架提供锚杆反力和增强侧墙的整体性，待框架达到设计强度要求后张拉锚杆，最后进行灌浆和外锚头的防护处理。锚杆采用 JL25 的精轧螺纹钢筋，根据实际尺寸以及相应的施工规范进行下料，孔道使用钻孔机垂直侧墙水平钻孔，并穿透两侧墙，框架采用 C30 以上混凝土浇筑。

10.5.2 支撑法加固

当墩台因尺寸不足时，难以承受台后的土压力而向桥孔方向产生倾斜或滑移的埋置式桥台，可采用修筑撑臂法进行加固，如图 10-39 所示，在桥台外传设置撑臂阻止桥台外倾。

对于单孔小跨经桥台，为防止桥台滑移，可在两台之间加建水平支撑，如整跨浆砌片石撑板，或用钢筋混凝土支撑梁进行加固，如图 10-40 所示。

10.5.3 新建辅助挡土墙加固

对于因桥台台背水平土压力太大而引起的桥台倾斜，应设法减少桥台后壁的土压力，可在台背加建一挡土墙，以增强挡土能力，如图 10-41 所示。

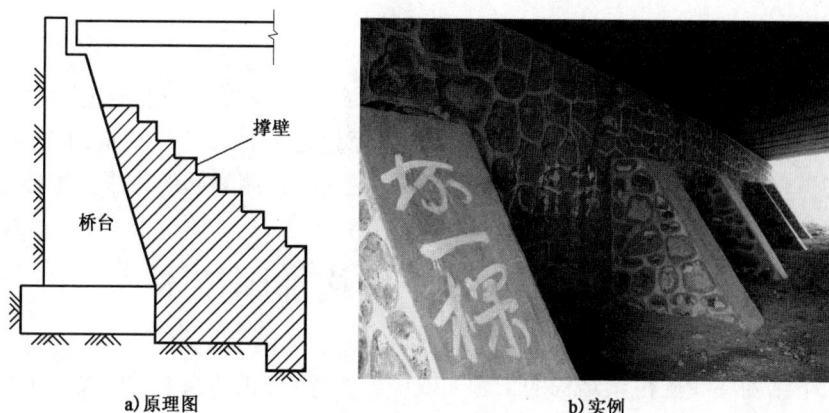

a) 原理图   b) 实例

图 10-39　撑壁法加固桥台

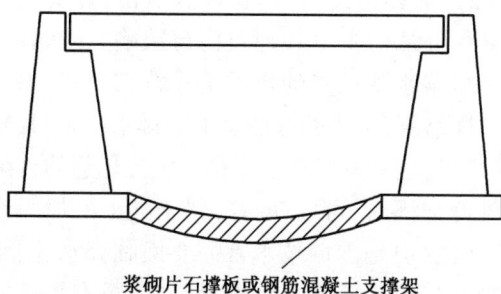

图 10-40　撑板法加固小跨径桥台

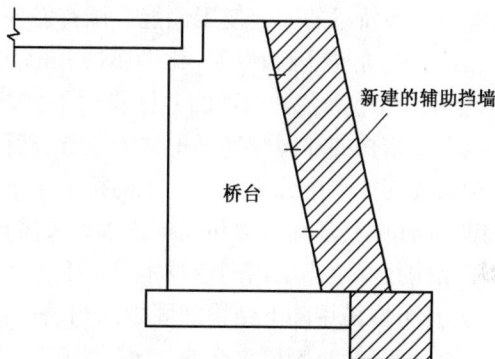

图 10-41　增建辅助挡墙加固法

10.5.4　减轻荷载法

筑于软土地基上的桥台,常由于填土较高而受到较大侧向土压力作用,从而使桥台产生前移,以致发生倾斜。此时,一般可更换台背填土,减小压力,即采用减轻桥台基础所受荷载的方法进行加固,如图 10-42 所示。

10.5.5　预应力筋加固法

对于台身较高、宽度较宽的桥台,可在桥台内预先设置一些预应力拉筋,来承担侧墙的部分土压力,以减小侧墙尾端变形,降低桥台开裂可能性,同时可减小桥台尺寸,降低造价。该法适用于已出现裂缝的桥台,如图 10-43 所示。

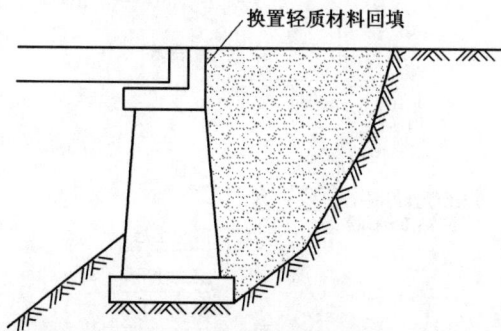

图 10-42　减轻荷载加固桥台

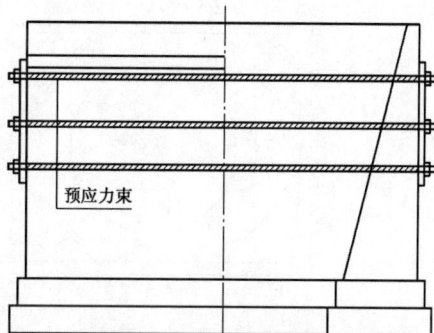

图 10-43　桥台预应力筋加固

10.5.6 钢筋混凝土圈梁法

钢筋混凝土圈梁法是沿桥台侧墙和前墙以及桥台空腔设置钢筋混凝土圈梁。研究表明，采用圈梁加强后，对桥台侧墙横桥向位移的减小甚至超过70%以上。而同时在桥台上设置倒角和圈梁能更好地改善前墙与侧墙交汇部位的最大主应力，圈梁起的作用占主导地位。

10.6 桥梁水下结构加固技术

桥梁水下结构在我国桥梁结构的工程实践中普遍存在，包括水下桥墩及水下桩基础等，桥梁水下结构在桥梁结构中起着将上部荷载传递到地基上的重要作用，桥梁水下结构的结构性能关系整座桥梁的安全使用性能。调查发现，由于桥梁水下结构常位于水下，在河水冲刷、淘刷、磨损、气蚀、冻融和侵蚀（化学腐蚀和电化学腐蚀）、船舶碰撞、浮冰及地震袭击、环境荷载（如生物附着）等各种因素的共同作用下，常使桥梁水下结构发生各种损伤与缺陷。因此，对桥梁水下结构的加固修复显得尤为重要，然而，由于桥梁水下结构的水下工程特点，桥梁水下结构的加固变得十分困难。传统的桥梁水下结构加固修复，常用的方法是围堰排水施工，其施工的临时围堰、基础防渗和基坑排水是其关键技术难点；也有一些基于无排水施工思想的桥梁水下结构技术。当采用围堰技术对水下桥墩进行维修加固时，可以获得类似于陆上的加固环境，并且可以沿用陆上结构加固中的相关设计计算方法，但是围堰技术常需要面临弃水、防水等难题，而且会影响航道交通，经济性较差，费时费料；当采用不排水加固思路时，虽有零星的应用实例，但是目前国内对此研究较少，加固效果不甚理想，且加固技术不成体系。

10.6.1 钢板桩或钢管桩围堰加固法

采用钢板桩围堰，首先需依地质资料及作业条件选用钢板桩长度，要求钢板桩入土深度达到钢板桩桩长的0.5倍以上，通过吊机配合振动打桩锤将钢板桩插打在桩基础的四周，形成钢板桩围堰，安装内支撑，抽水堵漏。随后，进行桩基础加固的无水施工，陆上的加固技术同样可以适用，包括外包钢套管加固法和粘贴纤维加固法等，待加固完成后，采用拔桩机拔除钢板桩。图10-44为钢板桩围堰结构布置示意图；图10-45为钢板桩围堰加固桥梁水下结构的现场施工照片。

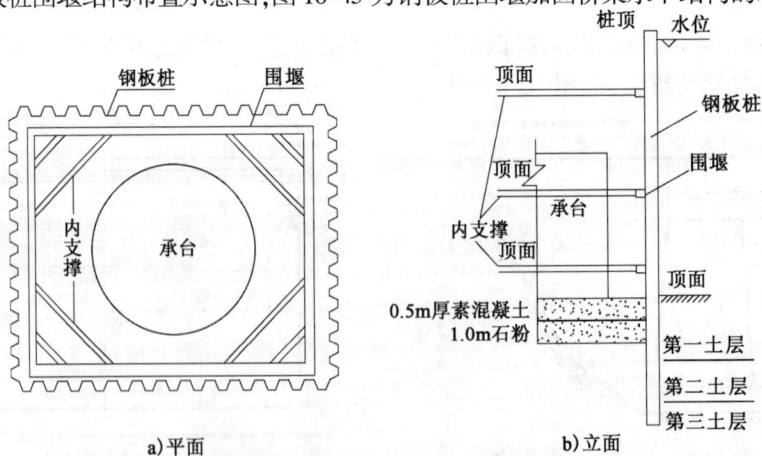

a) 平面   b) 立面

图10-44　钢板桩围堰结构布置示意图

图 10-45　钢板桩围堰加固桥梁水下结构现场

钢板桩与钢管桩围堰都是以桩体作为基本受力单元,桩体需要以被动土压力平衡外部主动土压力及水压力作用,同时将内支撑作为约束构件以形成空间受力体系;因此钢板桩与钢管桩围堰的入土深度都需要计算确定。钢板桩可以反复使用,一般采取租赁方式取得,常用的钢板桩标准长度为 12m 和 18m,钢板桩围堰内支撑设置间距一般为 2~3m,且内支撑设置不宜超过 4 道,否则影响施工周期,因此钢板桩围堰的挡水高度一般不宜超过 11m。

10.6.2　钢吊箱围堰加固法

钢吊箱围堰加固一般有单壁钢吊箱围堰和双壁钢吊箱围堰两种。双壁钢吊箱围堰结构布置示意图如图 10-46 所示。双壁钢吊箱围堰将外壁板、内壁板、内支撑杆及内竖向隔舱板等形成空间受力体系,以结构体系自身能力承受外部被动土压力及水压力作用,因此不一定需要采用内支撑体系,同时对被动土压力的要求也不高,入土深度仅受到围堰体漂移稳定性的限制。

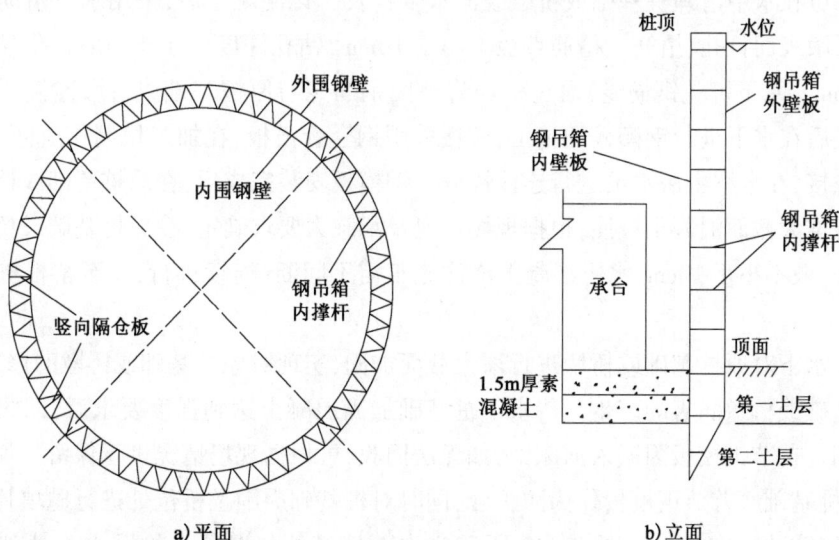

a) 平面　　　　　　　　　　b) 立面

图 10-46　双壁钢吊箱围堰结构布置示意图

单壁钢吊箱围堰的结构受力情况与双壁钢吊箱围堰类似,是由外壁板围成空间单壁壳体,抵抗外部主动土压力及水压力作用,但受到单壁壳体空间受力特性的限制,单壁钢吊箱围堰一般做成圆筒形状,且需布设多道内支撑体系。单壁钢吊箱围堰由于其结构受力特点,其挡水高度不宜超过 6m,否则经济性会急剧下降。双壁钢吊箱围堰整体刚度大,一般采用分段隔舱式,压重下沉,当挡水高度较小时,由构造控制设计,反而经济性较差,因此双壁钢吊箱围堰适用于挡水高度大于 8m 的深水围堰。

采用钢吊箱围堰,首先需根据桩基础、桥墩及横系梁的尺寸设计钢围堰,在工厂进行预加工,搭设施工平台,由浮吊或其他起重设备将钢围堰起吊拼装,注水下沉至设计高程,保证一定的入土深度,浇筑封底混凝土,待封底混凝土达到设计要求后,在围堰内设置内支撑体系,抽水。抽水完成后对桩基础或桥墩结构的表面进行清理,对缺陷预处理,按设计间距、预定位置在桩基础结构四周按设计要求安装结构主筋,并与预埋结构主筋连接锚固,并安装钢筋笼。待混凝土强度达到设计要求后拆除模板、注水、拆除相应内支撑,拆除钢围堰,完成桩基础加固施工。如图 10-47 所示为某钢围堰法加固桥梁水下结构现场施工照片。

图 10-47 某钢围堰法加固桥梁水下结构现场施工

10.6.3 植筋外包混凝土加固

植筋外包混凝土加固技术的原理为通过水下植筋连接原桩基础与新增大截面的钢筋笼,以实现水下施工增大截面加固桩基础或桥墩,提高桩基础或桥墩混凝土耐久性,同时也将混凝土护筒下端桩基础或桥墩受损部位予以修复。

由潜水员在水中清理桩基础或桥墩表面水生物及劣化混凝土后,采用水下植筋工艺在原桩基础或桥墩表面打孔、植筋。植筋直径不小于 10mm,钻孔深度不小于 10cm,孔径大于植筋直径 4~6mm。水下绑扎钢筋笼,通过植筋将外围钢筋笼与原桩基础或桥墩连接锚固。钢筋笼施工完成后在水下进行钢模板的施工,模板采用钢套管模板,在加工厂制作成两个半圆形,采用法兰连接,在水下由潜水员进行连接锚固。钢模板安装完成后,在原桩基础或桥墩周围布置导管进行增大截面混凝土浇注,根据现场情况及承载力要求确定,在原桩基础或桥墩外增大截面厚度,一般不小于 10cm,水下混凝土浇注施工需不间断、连续进行,直至整根桩基础浇注施工完成。

通过在水下对原桩基础或桥墩进行增大截面加固,实现对原桩基础或桥墩的修复,同时有效抑制桩基础或桥墩病害的产生。待水下桩基础加固混凝土达到强度要求后,回收钢模板进行重复利用。首节钢模板因嵌入河床中,如无法回收,可根据现场情况进行保留。加固施工完成后,保留桩基础底首节钢模板作为防护套,同时对桩基础周围及桥位处进行抛填片石及铅丝笼防护,做好防冲刷措施。如图 10-48 所示为水下植筋外包混凝土加固水下基础现场施工照片。

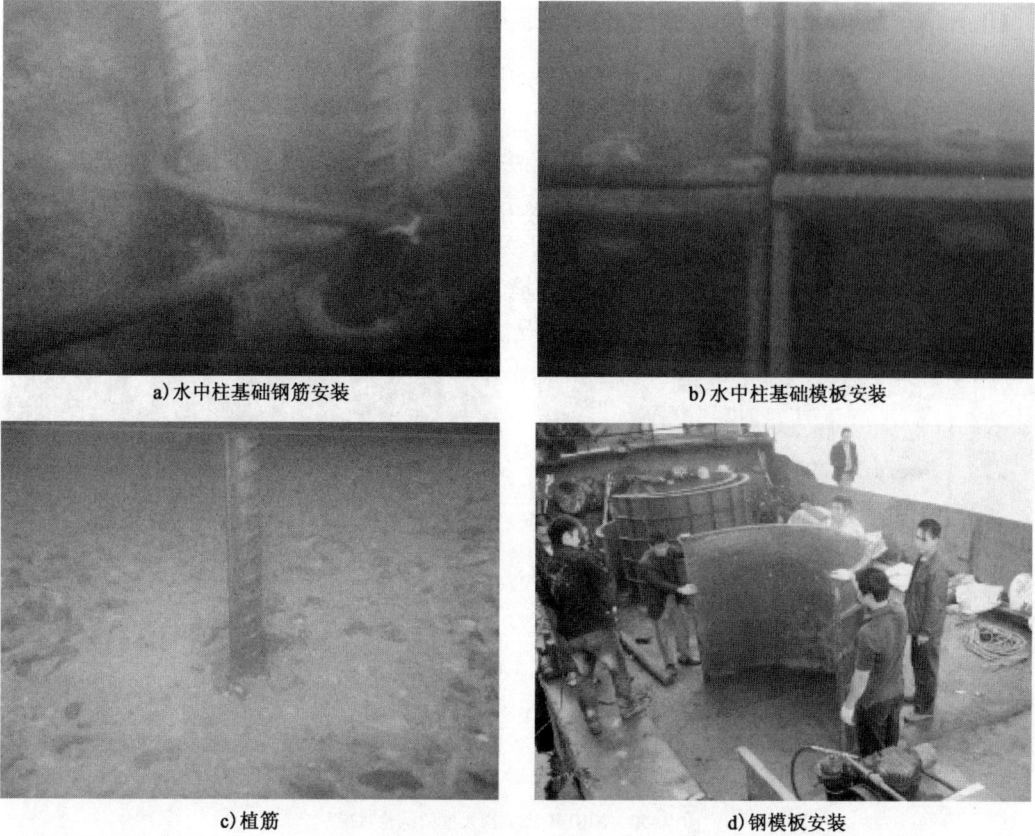

a)水中柱基础钢筋安装　　　　　　　　　b)水中柱基础模板安装

c)植筋　　　　　　　　　　　　d)钢模板安装

图10-48　植筋外包混凝土加固水下基础现场施工

也可采用水下不分散混凝土替代水下浇注普通混凝土,可获得更好的性能。水下不分散混凝土加固水下结构的施工工艺,包括钢筋网水下拼接工艺、钢模板拼装与下沉工艺、水下不分散混凝土浇注工艺等,水下不分散混凝土的质量在很大程度上取决于混凝土的抗分散性和流动性,在水下不分散混凝土配合比设计时必须更多地考虑其流动性和抗分散性,所以必须提出相关的质量控制措施和技术指标要求。如图10-49所示为水下不分散混凝土加固钢筋安装示意图。

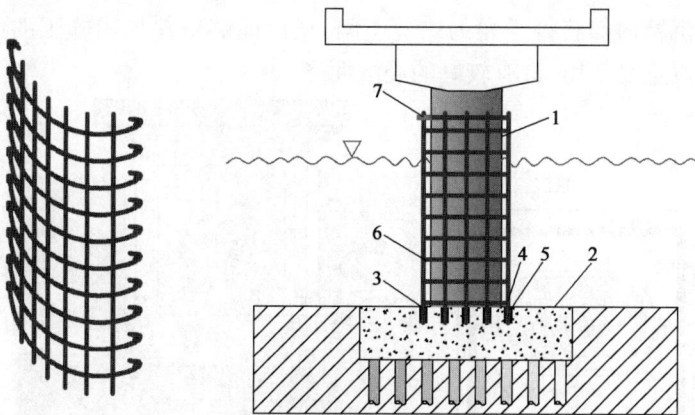

图10-49　水下不分散混凝土加固钢筋安装示意图
1-待加固桥墩;2-基础;3-钻孔;4-钢筋;5-水下固化材料;6-钢筋笼;7-限位器

10.6.4 新型沉箱干作业法加固水下结构技术

传统施工中,进行桥梁水下结构的检测与加固需使用水下设备或使用临时钢板桩围堰,这些方法都耗用大量费用和时间。日本五洋建设公司针对水下结构加固难题开发了下沉钢箱法加固桥墩技术(Neo-Dry Repair Method,NDR 工法),该技术是为了获得干燥的作业环境可以实施桥墩水中部分的加固而开发的施工方法。该方法利用拼装的钢沉箱,下沉环抱在桥墩四周,在钢沉箱与桥墩之间设置反力支撑抵抗深水压力,钢沉箱底部设置止水装置,形成一个与水隔离的空间,为加固工程创建一个干燥的工作环境,可用于河流和港口的水下结构检测、修复和加固。如图 10-50 所示为 NRD 工法的试验状况。

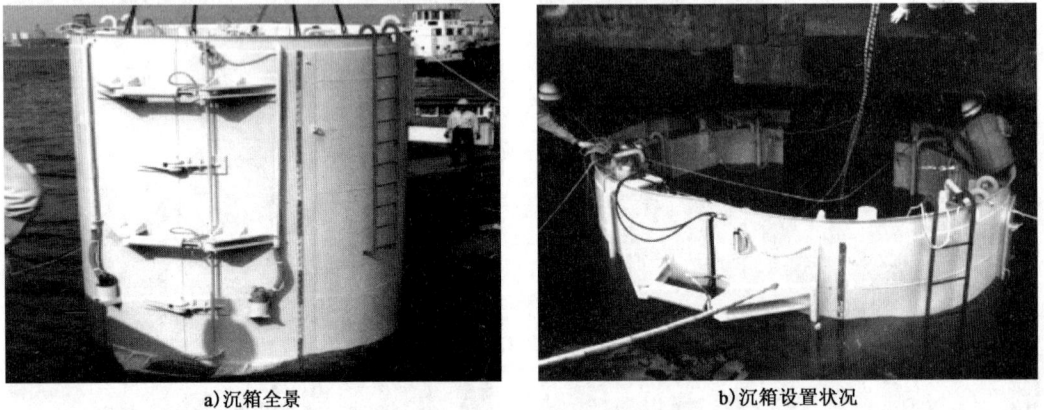

a)沉箱全景　　　　　　　　　　b)沉箱设置状况

图 10-50　NRD 工法实物大模型试验状况

新型沉箱干作业技术主要结构构造由钢沉箱、内部支撑及止水构造组成,其加固原理如图 10-51所示。钢沉箱由可利用浮力调整的双重钢板单元构成,沿待加固结构四周拼装成平面环状箱体,设于加固结构外侧,并设置了止水构造,提供防水隔断,内部排水实现内部干燥的作业空间,内部支撑间隔布置于钢沉箱与待加固结构之间,在抽水之后为钢沉箱提供侧向水压力平衡;由于两侧支撑之间互相平衡,整个临时设施是个自平衡体系。新型沉箱干作业法通过水上作业及钢沉箱最小限度的隔水工作完成加固施工;由于钢沉箱临时设置于桥墩外侧,隔离了四周的水,在钢沉箱内部获得干燥的作业空间,从而能够确保加固施工的可工作性和安全性;由于钢沉箱可以重复使用,具有较好的经济性能。

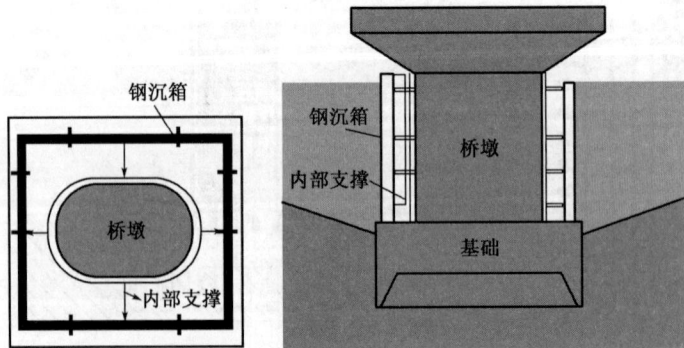

图 10-51　新型沉箱干作业法加固原理图

新型沉箱干作业加固技术具体构造按照加固结构的形状及环境条件设计制造,典型的结构形式有以下几种(图10-52):①着底型上部开口式,基础尺寸远大于桥墩截面尺寸,加固区域顶部超出水面,加固时钢箱底部可落底于基础顶面,钢箱顶部开口露出水面;②环抱型上部开口式,基础尺寸较小不足以支撑钢箱体,加固区域顶部超出水面,加固时,钢箱底部环抱于基础并设置止水构造,钢箱顶部开口露出水面;③环抱型密闭式,加固区域为桥墩中部部分区域,加固时钢沉箱顶底部都环抱于桥墩并设置止水构造,形成密闭箱体,创建一个干的工作环境;④附着型上部开口式,港口、码头等壁状部位也可使用该技术,钢沉箱与墙壁结合处设置止水装置。

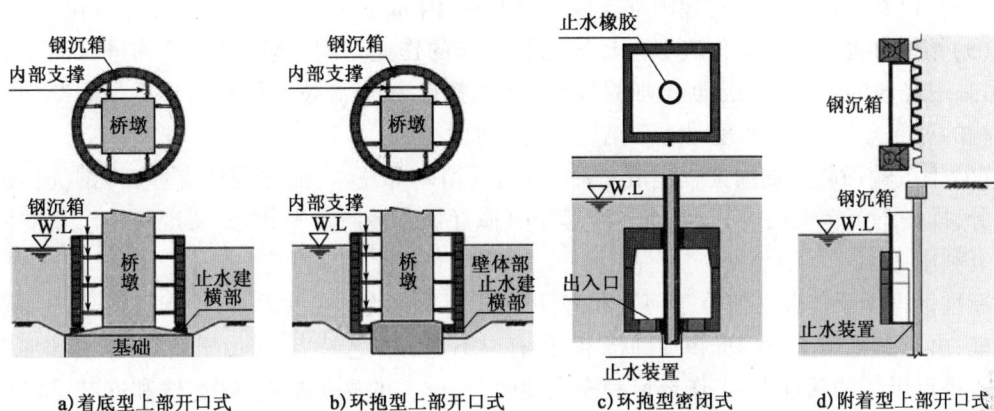

图10-52 新型沉箱干作业法加固的几种典型形式

新型沉箱干作业加固法技术的具体施工工艺如下所述,其关键工艺如图10-53所示。

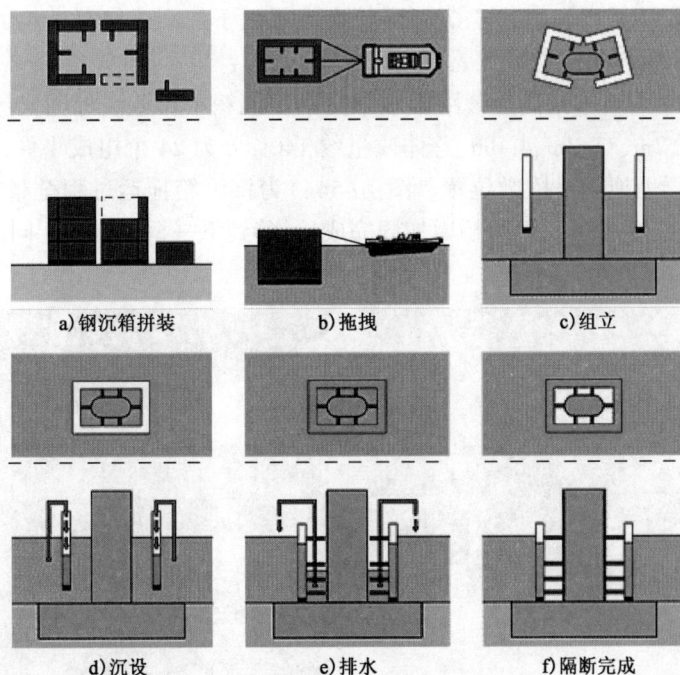

图10-53 新型沉箱干作业法加固关键工艺

(1)钢沉箱陆上拼装。为了运输方便,钢沉箱可根据需要分割成较小单元在工厂制作,然后运输至现场在陆上拼装成两个半体。同时,安设内部侧向支撑。为了使钢沉箱像船舶一样地浮游,钢沉箱底部设置永久底板,其内部可根据需要注水、抽水实现下沉与上浮。

(2)钢沉箱安装。在待加固结构周围清理、底面整平之后,钢沉箱下水,采用船舶进行拖航,至预定位置进行闭合组合,使用千斤顶进行位置微调,注水沉设,进行安装,清扫底面,同时在钢沉箱底板尖端部和既有构造物的间隙处设置止水构造。

(3)水中混凝土浇注。为了填埋钢沉箱底板和既有构造物的间隙,防止涌水,进行水中不分散混凝土浇注。

(4)钢沉箱内部排水。安装内部支撑,对钢沉箱内部进行固定,随后抽去钢沉箱内部水。

(5)结构加固。上述工作确保了加固结构干燥的作业空间,继而对该结构进行需要的加固,可采用普通的外包钢筋混凝土加固技术,通过凿毛、植筋等技术措施实现后加固结构与原有结构的可靠黏结,从而实现对水下结构的可靠加固。

(6)钢沉箱回收。加固工程完成之后,向钢沉箱内部注水,撤去内部支撑,将钢沉箱拆为两部分,排去钢沉箱夹层内的水,使之浮起并由垂直状态转向水平状态,实现对钢沉箱的回收与重复利用。

新型钢沉箱干作业法使位于河流和海洋中的水下桥墩完成低成本、干燥环境下的加固成为可能,由于其采用工作钢沉箱加固技术,具有以下显著工艺特点:①由于调查,修复和加固工作可以进行干燥的条件下,工作环境和安全性改善,施工的质量提高;②运输和安装可以借助浮力进行,从而消除如梁下空间的最低要求和选择适当的机器;③由于沉箱预先在工厂生产,在现场操作的时间大大减少;④水上工作的领域面积较小,从而最大限度地减少中断交通和其他经济的影响;⑤可适用于不同形状的结构,包括圆形、椭圆形及矩形的结构基础或结构墩柱,以及墙式结构(使用钢板桩);⑥由于沉箱可转换为或用于加固或修复结构的组成构件,这种新方法也被证明是经济的。

如图10-54所示为日本某高速公路桥墩采用新型沉箱干作业法加固实施案例,钢沉箱的纵、横、高分别为9.2m、27.2m、4.0m,总体质量约140t,分为24个组成小件,在码头拼装为两半部分下水,利用浮力拖运至桥墩位置。图10-54a)为钢沉箱拖运过程全景,图10-54b)为两个半体在墩位合并组装情况。每个桥墩加固完成后,移到下一桥墩重复相同过程,实现钢沉箱的重复循环利用。

a)钢沉箱拖运过程全景　　　　　　　　　b)钢沉箱两个半体在墩位合并组装情况

图10-54　日本某高速公路桥墩采用新型沉箱干作业法抗震加固实例

10.6.5　压入钢管加固技术

普通加固方法一般仅能对结构基础以上部分进行加固,但经常也存在桥墩与桩基础直接相连,不能像一般结构那样地明确区分桥墩和基础,且对于桥梁下部结构,尤其是桩基础等水下结构,其最大弯矩点理论上并不位于基础顶部,通常位于基础以下数米,因此,对基础下部入土一定范围进行加固是十分必要的,而通常限于现有技术的局限,一般无法实现这一目标。最近,日本 Raito 公司开发了压入钢管法加固桥墩技术(SSP 工法),加固原理如图 10-55 所示,其利用静力压入技术,将节段焊接拼装的加固钢管沿加固结构四周压入基础中,高压喷射清洗钢管与加固结构间隙间的泥土,灌注无收缩高性能砂浆,这一技术可实现位于基础以下部分结构的加固,同样也适合于水下桥墩或桩基础的加固。压入钢管加固关键工艺如图 10-56 所示。

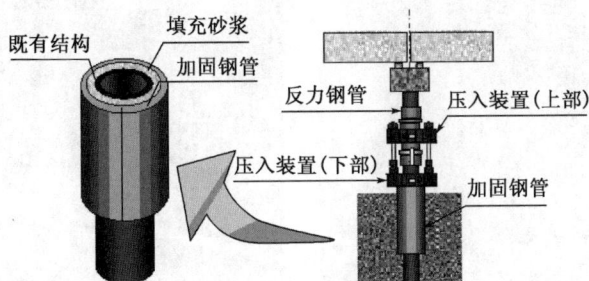

图 10-55　压入钢管加固技术原理

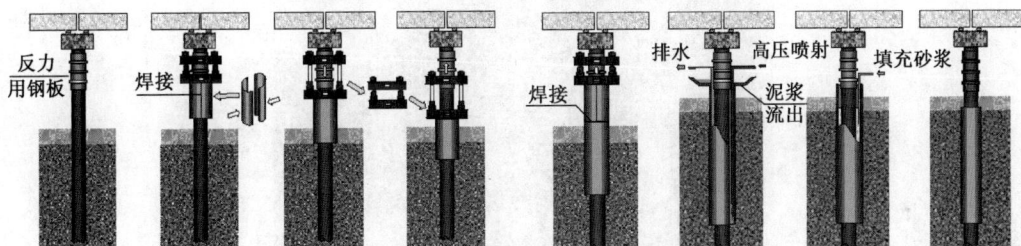

图 10-56　压入钢管加固技术施工工艺流程

(1)反力钢板的设置。为了实现静力压入钢管的目的,在桥墩或桩基础靠近顶部设置反力钢板,反力钢板固定于待加固结构四周侧面,在静力压入时,其反力通过自身实现平衡。

(2)压入装置和加固钢管的设置。沿加固结构四周布置千斤顶压入装置,千斤顶顶部反力作用于上部钢板,加固钢管按施工方便需要划分节段,沿环向由多片现场焊接。

(3)加固钢管的压入。通过压入装置施压,将加固钢管静力压入基础。

(4)千斤顶的移动。在加固钢管压入过程中,根据千斤顶行程调整千斤顶位置。

(5)次加固钢管的连接。第一节钢管压入之后,拼装焊接下一节钢管,依次循环压入,直至达到设计要求。

(6)高压喷射清洗。高压喷射清洗加固钢管与待加固结构之间的泥土。

(7)填充砂浆的填充。待泥浆清洗完毕,灌注无收缩高性能砂浆,加固完成。

压入钢管加固技术适用于碎石土(碎石最大直径小于现有结构与加固钢管之间的间隙)、淤泥质土、黏性土、有机质土等土质条件下的直径 300 ~ 1 500mm 各种桥墩、桩基础构件的加固,梁下空间不小于 2.5m(如果空间过小,可从基础顶面向下挖掘),其具有以下显著工艺特点：①适用于水中结构的部分修复与加固；②焊接工作位于陆上，质量可靠；③对基础加固时无需重新构筑基础，加固的同时实现原结构的防腐施工；④上部开放的工作面，工人工作条件较好；⑤作业过程低噪声、无污染；⑥作业条件受恶劣气候条件影响小；⑦无需大规模的临时隔水措施，不需要大型设备，经济性较好；⑧加固过程对路面交通无影响；⑨对结构尺寸及外观基本无改变，不影响通航净空。

如图 10-57 所示为日本某高速公路桥墩采用压入钢管加固技术实施实例。图 10-57a）为压入装置设置情况；图 10-57b）为加固钢管拼装情况；图 10-57c）为加固完成效果。目前，该技术已在日本得到了广泛的应用，取得了较好的经济效益。

a）压入装置设置

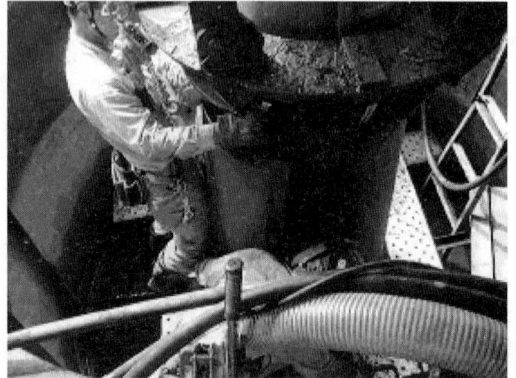

b）加固钢管拼装

c）加固完成效果

图 10-57　日本某高速公路桥墩采用压入钢管加固技术加固实例

10.6.6　预制混凝土面板快速桥墩加固法

预制混凝土面板快速桥墩加固法（Precast Rapid Intensification System to Manipulate RC Piers，简称 PRISM 工法）也是日本开发的一种技术，其也适用于桥梁水下结构的加固。其原理及构造如图 10-58 所示，该施工技术是以神户地震为契机发展起来的一种加固方法，采用高耐久性的预制混凝土面板包裹既有桥墩，用特殊的钢扣件闭合连接之后，对预制混凝土面板与既有桥墩间灌注水下不分散砂浆，实现在不排水的条件下对水中桥墩进行加固，消除传统加固方法中大规模的临时设施，在抗震加固工程的施工工期与经济性方面表现出良好的优势，适用于码头、河流、运河、港口等水下结构的加固。其关键工艺如图 10-59 所示。

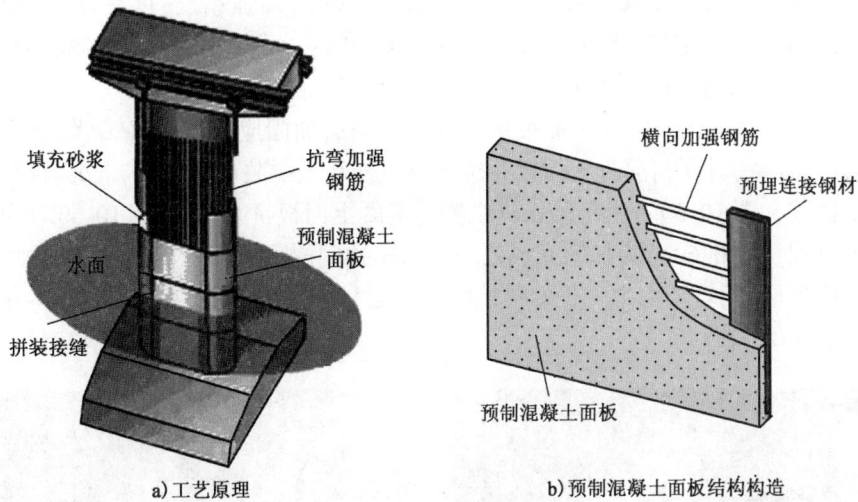

a)工艺原理

b)预制混凝土面板结构构造

图 10-58　预制混凝土面板快速桥墩加固法原理及构造

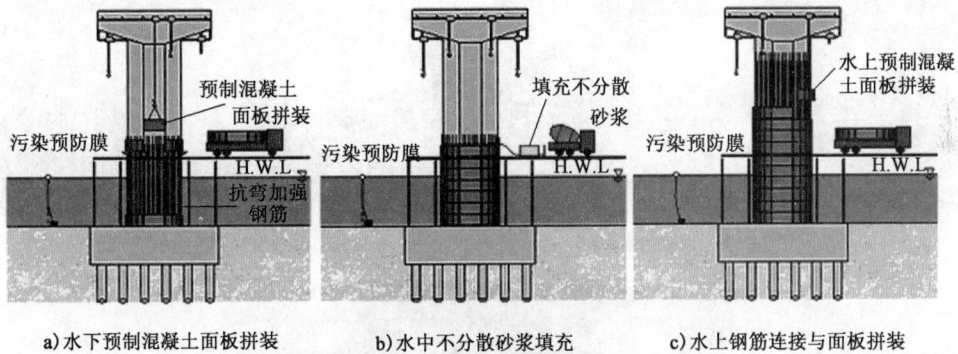

a)水下预制混凝土面板拼装　　b)水中不分散砂浆填充　　c)水上钢筋连接与面板拼装

图 10-59　预制混凝土面板快速桥墩加固法主要工艺流程

（1）准备工作。为了防止对周围河流造成污染,在施工区域设置污染预防膜,清除柱脚的沉积淤泥。

（2）临时工程。搭设施工工作平台,依靠既有桥墩,设置起重设备。

（3）混凝土表面处理。采用高速喷水枪等除去桥墩表面的附着物。

（4）底部锚孔制作。钻削弯曲加强钢筋锚孔。

（5）抗弯钢筋设置。对锚孔注入钢筋固定用胶黏剂,植入弯曲加强钢筋。

（6）混凝土面板预制与拼装。生产预制混凝土面板(预制厂生产),在现场沿桥墩四周水下拼装预制混凝土面板,底部固定锚栓安装。

（7）填充水中不分散砂浆。

（8）水上部分施工。水上部分施工包括水上加强钢筋的连接、水上预制混凝土面板组件拼装、水上砂浆浇筑以及水上砂浆采用低收缩砂浆。

（9）临时设施拆除。加固完成,拆除起重设备等工作设施,去除污染预防膜等。

预制混凝土面板快速桥墩加固法是利用预制混凝土面板作为其加固时的砂浆浇筑外侧模板,相对于一般的钢模板施工钢材用量低,且混凝土面板内置横向加强钢筋可实现对桥墩的抗震或抗剪加固,其装配式施工速度快,工艺简单。其具有五大工艺特点:①内含加强筋的预制混凝土面板可提供抗剪加固;②桥墩柱脚设置弯曲加固的加强钢筋,可获得弯曲加固效果;③中间贯通的横向钢筋提高桥墩的延性并实现约束加固;④采用高耐久性预制混凝土面板,使用寿命长;⑤使不排水加固成为可能,缩短施工期限,降低成本。

如图 10-60 所示为预制混凝土面板快速桥墩加固法加固应用实例,依靠既有桥墩的帽梁部分,设置起重设备,对预制混凝土面板在桥墩位置处水上拼装成节段后,下沉就位,随后浇筑水下不分散砂浆。图 10-60a) 为吊装机具设置与混凝土面板拼装情况;图 10-60b) 为预制混凝土面板下沉过程;图 10-60c) 为加固完成效果。采用预制混凝土面板快速桥墩加固法,在工期和在工程费用方面,相对于水中工程的传统施工方法(围堰和钢模板施工方法)具有很大程度的降低。

a)吊装设置与混凝土面板拼装

b)预制混凝土面板下沉过程

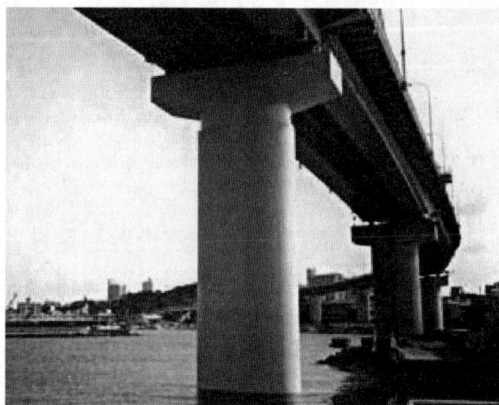

c)加固完成效果

图 10-60　预制混凝土面板快速桥墩加固法应用实例

为了提高预制混凝土面板快速桥墩加固法对我国桥梁水下结构的适用性,在借鉴隧道管片连接技术的基础上,国内发展与完善了预制混凝土面板的生产工艺及其加固技术,相关研究者对预制混凝土面板的结构构造进行了设计,对其连接方式进行了优化,提出了后张预应力的新型拼装连接方式。

国内开发设计的预制混凝土面板模具如图 10-61 所示。其圆截面由 3 个标准模具和 1 个调节模具组成,预制混凝土面板连接方式是在标准模具和调节模具之间设置了插销,使制作成型的面板具有竖向定位孔,并且环向拼装之后孔与孔之间的间距相等,以满足错缝拼装的要求。

国内发展完善的预制混凝土面板加固桥梁水下结构技术工艺如图 10-62 所示。其主要包括:①施工准备;②待加固水下结构表面处理;③设置筋材笼;④拼装预制混凝土面板;⑤浇注封底混凝土;⑥灌压水下不分散混凝土;⑦施加环向预应力;⑧拆除临时设施。

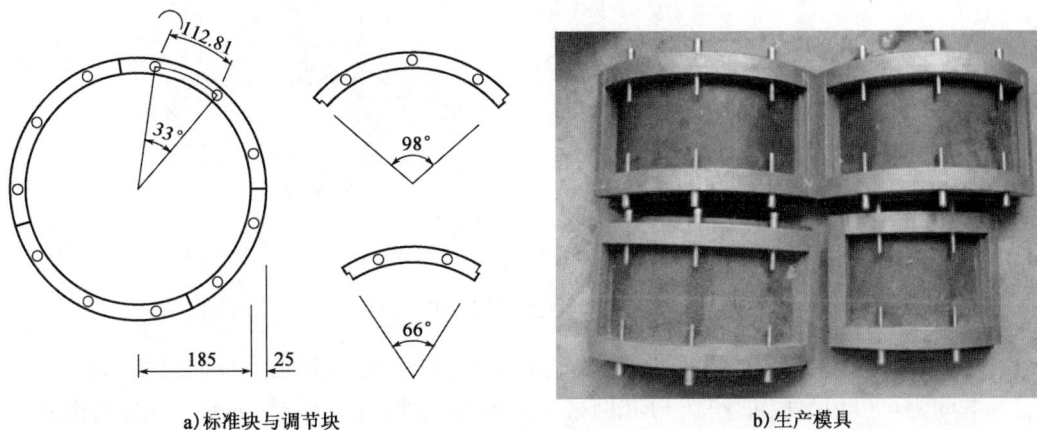

a)标准块与调节块

b)生产模具

图 10-61 混凝土面板环及生产模具(尺寸单位:cm)

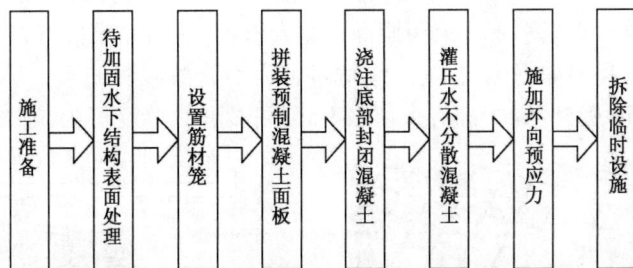

图 10-62 预制混凝土面板加固技术工艺流程

在预制混凝土面板加固的技术工艺中,面板拼装和预应力张拉是关键工艺。预制混凝土面板及环拼效果如图 10-63 所示;预应力张拉示意图如图 10-64 所示。通过对预制混凝土面板快速拼装加固桥梁水下结构进行有限元分析,预制混凝土面板加固技术对结构的承载能力和变形能力均有大幅度的提高。

a)面板预制

b)面板拼装

图 10-63 预制混凝土面板及环拼效果

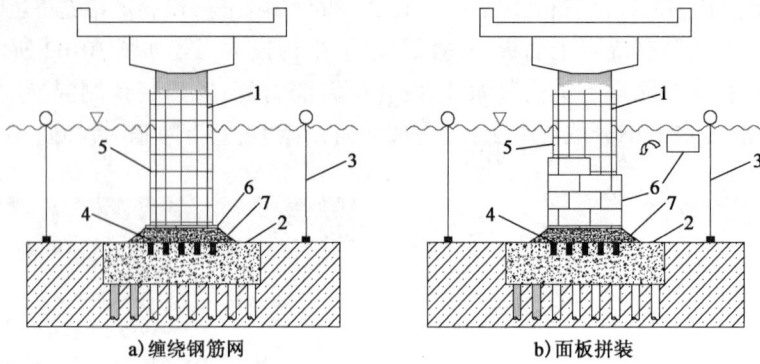

a) 缠绕钢筋网　　　　　　　　　　　b) 面板拼装

图 10-64　预制混凝土面板加固技术关键工艺

1-待加固桥墩;2-基础;3-污染预防膜;4-锚孔;5-筋材笼;6-预制混凝土面板;7-封底混凝土

10.6.7　纤维网格(FRP)加固水下结构技术

纤维(FRP)网格由横向筋和纵向筋两个方向的筋材组成,横向筋和纵向筋相互垂直,两者的直径与间距可以相等也可不等,FRP 网格及其加固原理如图 10-65 所示。FRP 网格加固水下结构技术是在对桩基础或桥墩的表面缺陷进行预处理之后,沿桩基础或桥墩四周缠绕安装 FRP 网格,随后在 FRP 网格外侧按节段拼装下沉钢套管,对钢套管的底部进行封堵,通过压浆机将配制好的不分散砂浆或水下环氧树脂灌入钢套管内,从而完成桩基础或桥墩的结构加固。钢套管可以回收重复利用采用该技术,黏结材料可为不分散砂浆或水下环氧树脂。当为不分散砂浆时,新增厚度可为 50~200mm;采用水下环氧树脂时,厚度可为 5~20mm。

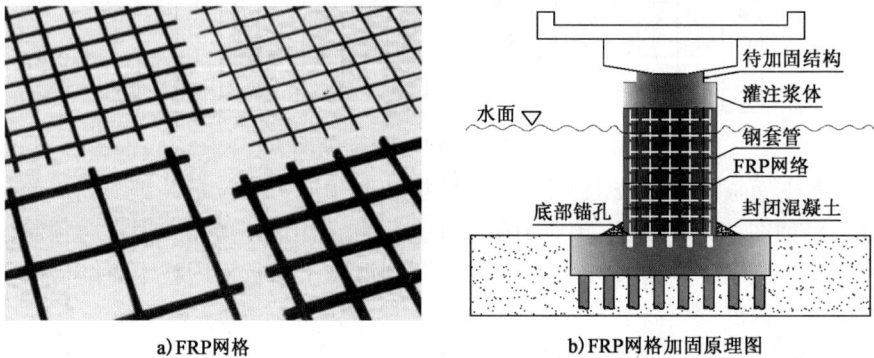

a) FRP网格　　　　　　　　　　　b) FRP网格加固原理图

图 10-65　FRP 网格及其加固原理

FRP 网格加固主要涉及待加固水下结构、FRP 网格、钢套管和黏结材料(水下环氧树脂或高流动性砂浆)。其中,FRP 网格在环向包裹于待加固水下结构四周,其横向筋提供抗剪、约束作用,纵向筋锚固于底部提供抗弯作用;钢套管包覆于 FRP 网格外侧,在环向沿四周拼装成各个节段,各个节段之间在纵向采用法兰连接,其提供黏结材料灌注的外侧模板;黏结材料灌压于待加固水下结构与钢套管之间,将 FRP 网格埋入其中,提供 FRP 网格与待加固水下结构之间的黏结及耐久性保护。

网格材料类型可为碳纤维增强塑料网格、玄武岩纤维增强塑料网格、玻璃纤维增强塑料网格或芳纶纤维增强塑料网格中的一种;具体材料的类型、直径与间距等参数根据耐久性加固、承载力加固、抗震加固、损伤修复等不同加固目的进行相应设计。FRP 网格加固桥梁水下结构技术流程及工艺分别如图 10-66 和图 10-67 所示。

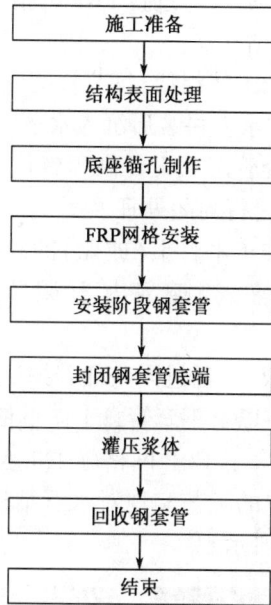

```
┌──────────────┐
│   施工准备    │
└──────┬───────┘
┌──────┴───────┐
│  结构表面处理  │
└──────┬───────┘
┌──────┴───────┐
│  底座锚孔制作  │
└──────┬───────┘
┌──────┴───────┐
│  FRP网格安装  │
└──────┬───────┘
┌──────┴───────┐
│ 安装阶段钢套管 │
└──────┬───────┘
┌──────┴───────┐
│ 封闭钢套管底端 │
└──────┬───────┘
┌──────┴───────┐
│   灌压浆体    │
└──────┬───────┘
┌──────┴───────┐
│  回收钢套管   │
└──────┬───────┘
┌──────┴───────┐
│     结束     │
└──────────────┘
```

图 10-66　FRP 网格加固桥梁水下结构技术流程

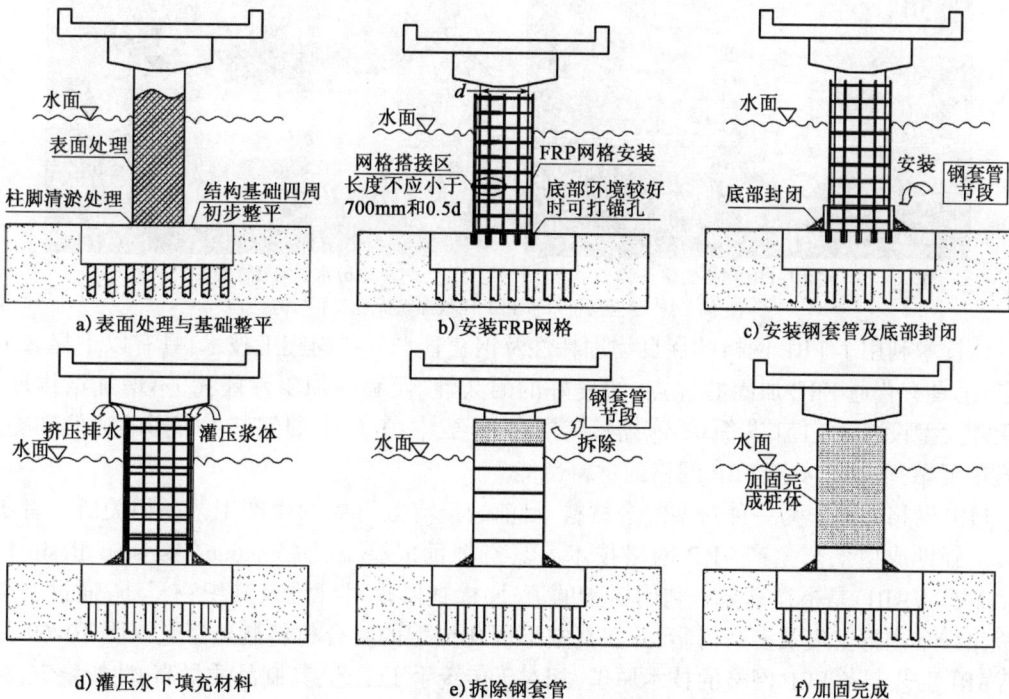

a) 表面处理与基础整平　　　b) 安装 FRP 网格　　　c) 安装钢套管及底部封闭

d) 灌压水下填充材料　　　e) 拆除钢套管　　　f) 加固完成

图 10-67　FRP 网格加固桥梁水下结构技术工艺

（1）水中墩柱混凝土表面处理及柱脚沉淤清除。对待加固构件表面的剥落、疏松、蜂窝、腐蚀等劣化混凝土及附生在混凝土表面的水生物进行清除,打磨结构表面混凝土砂浆浮层,露出混凝土结构层,清除柱脚沉淤。

（2）底部锚孔制作。按设计间距、预定位置及网格纵筋直径在底部结构平台进行钻孔制作锚孔,以满足纵向 FRP 筋锚入底座的要求。

(3)FRP 网格安装。按设计要求的尺寸进行 FRP 网格下料,FRP 网格按预定层数布设,并将网格底部纵向 FRP 筋锚入底部预钻孔。

(4)安装钢套管。钢套管由两个半体组成,每节长度应满足安装方便的需要,多节套管通过法兰螺栓拼装连接,每节钢套管在水上拼装后沉入水下。

(5)封闭混凝土浇筑。所有钢套管沉入设计高程就位后,采用模袋(可用编织袋)混凝土在第一节钢套管外侧对钢套管底部进行封闭处理。

(6)灌压黏结材料。通过位于施工平台上(或船)的高压灌浆机,将预先配制好的黏结材料(水下环氧树脂或高流动性砂浆)灌入钢套管内,压浆导管应伸入钢套管底部,自下而上连续稳定地进行。

(7)回收钢套管。加固工程完成后,通过同条件养护试件检测钢套管内浆体的强度,待其强度达到一定要求后,对底部第一节以上钢套管自上向下依次进行回收。

FRP 网格加固水下结构技术结合了 FRP 网格施工成型方便等优良的物理特性和钢套管水下结构施工技术的特点,以较简单的工艺实现对水下结构的成功加固。江西某桥水下 FRP 网格加固桥梁水下结构如图 10-68 所示。

a)水中FRP网格安装   b)水中钢套管安装

图 10-68　江西某桥水下 FRP 网格加固桥梁水下结构

该技术利用了 FRP 网格的优良物理特性及钢套管水下结构施工技术,具有以下显著工艺特点:①具有普通 FRP 加固的优点,如良好的耐久性、便利的加工性能;②不增加结构尺寸;③无需大型设备,施工工艺简单;④缩短工期、降低成本;⑤施工期间基本不影响通航和交通;⑥质量可靠,可充分发挥 FRP 网格的材料性能。

FRP 网格制品作为一种新型复合材料,目前缺乏有效可靠的生产工艺。相关研究者研发了真空辅助成型工艺生产 FRP 网格技术。真空辅助成型工艺(Vacuum Assisted Resin Infusion,简称 VARI)是指在真空下利用树脂的流动、渗透实现对纤维及其织物浸渍,通过真空设备吸出纤维内部空气及多余树脂,并在真空下固化成型的复合材料制造工艺。图 10-69 是利用 VARI 工艺制备 FRP 网格的技术原理,相对于传统手工工艺,其制品质量高、性能稳定,树脂损耗小、分布均匀;图 10-70 为真空辅助成型工艺生产的 FRP 网格制品示意图。

由于平面纤维网格在平面内制作,弯曲时表现出一定的刚度,对于曲面、异形混凝土结构加固时缠绕困难,甚至导致局部纤维断裂,影响结构加固效果,如定制总量少、规格多、曲面或异形网格制品。传统的手糊工艺因定位误差较大等不能满足外观和加工精度要求,而真空辅助导入工艺等所使用的模具成本较高,工序繁杂,因此研发一种制作过程简单便捷、制品稳定可靠的曲面异形纤维网格制作工艺成为必要。如图 10-71 所示为采取有效的尺寸定位措施、最新开发的小尺寸空间曲面 FRP 网格制品。

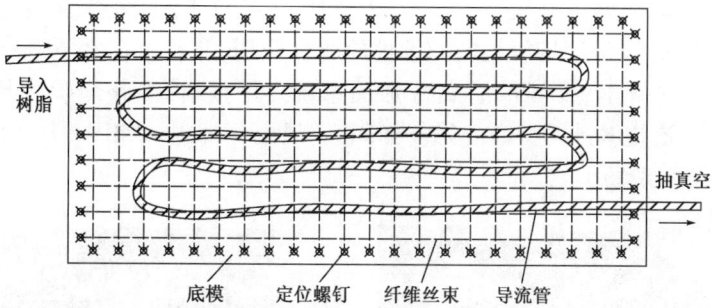

图 10-69 FRP 网格真空辅助生产工艺

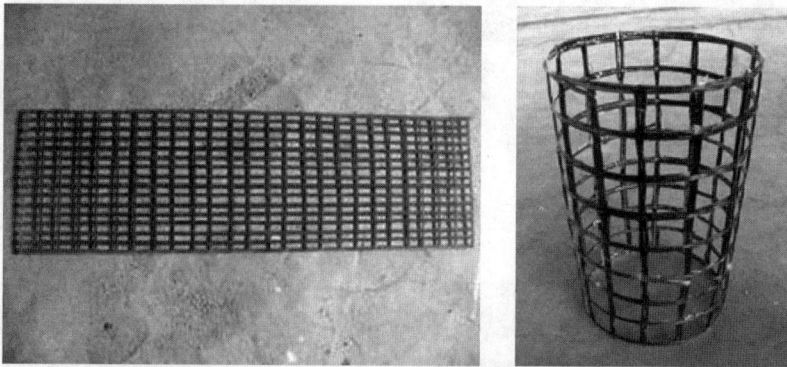

图 10-70 平面 FRP 网格制品

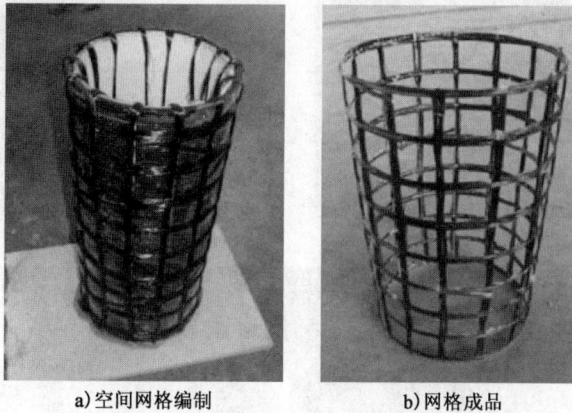

a)空间网格编制   b)网格成品

图 10-71 FRP 空间曲面网格成型工艺

10.6.8 夹克法

夹克法也称水下复合材料(FRP)壳体加固系统,施工步骤主要包括结构表面处理、将 FRP 壳体安装在待加固结构表面、在间隙中填充灌浆料三步。其大多应用于对各种腐蚀的结构基础、码头桩基和桥墩柱(包括混凝土桩、钢桩和木桩)等修复和加固防护,以及对新建结构的预先防护。对墩柱修复或新墩柱进行防护工作,先将玻纤壳体分开,并围绕包裹桥墩;再由潜水员将套筒安装在合适的位置,使用可压缩密封条封住壳体底部。对侵蚀面积较小的墩柱,将多

345

用途环氧灌浆料或砂浆填充间隙,并自动排出壳体内的水。对侵蚀面积较大的墩柱,需用多种胶或灌浆料配合使用填充间隙,底部和顶部密封的基础上,中间部分由环氧灌浆料填充。

夹克法具有防腐性、水下施工、耐久性三大特性,可抵抗干湿、冷热、冻融等交互作用,以及水流、海洋潮软、废水、电解等持续性或间歇性的腐蚀作用,并且可在水下进行施工,不需要围堰排水,是一套省时、省工、省钱的防腐性加固系统。据报道,温州窄口大桥和浅口大桥在2013 年成功运用了该技术进行桥墩的修复加固,效果十分理想。如图 10-72 所示为采用夹克法加固桥梁水下结构现场工艺。

a) 壳体预制

b) 水中壳体安装

c) 灌浆料配制

d) 灌浆料灌入

e) 完成效果

图 11-72　夹克法加固桥梁水下结构现场工艺

工程应用实例

11.1 公路桥梁检测实例一(分层综合评定法)

11.1.1 工程概况

某大桥建成于 2011 年,桥梁全长 477.4m,跨径为:$5 \times 30\text{m} + (45 + 80 + 45)\text{m} + 5 \times 30\text{m}$;桥面总宽 11.8m,行车道宽 10.8m。桥面采用沥青混凝土铺装。

上部结构:主桥采用 $(45 + 80 + 45)$ m 变截面连续箱梁,引桥采用 30m 预应力混凝土小箱梁,先简支后结构连续。

下部结构:肋板式桥台,柱式桥墩,桩基础。

设计荷载:公路—Ⅰ级。目前荷载:55t。

现对其进行定期检查,通过对桥梁技术状况的全面检查和评定,评定桥梁的使用功能。

11.1.2 检查结果

大桥主要病害检查结果如表 11-1 和图 11-1 ~ 图 11-12 所示。

大桥主要病害检查 表 11-1

编　号	部件名称	病　害
1	上部承重构件	主桥箱室顶板纵向裂缝
		引桥翼板混凝土破损露筋
2	上部一般构件	主桥横隔墙产生横向裂缝和斜向裂缝
		引桥横隔板竖向裂缝
3	支座	主桥和引桥支座老化开裂
		引桥支座外鼓
		引桥支座局部脱空
4	桥墩	主桥桥墩竖向裂缝
		引桥盖梁混凝土破损
		引桥盖梁竖向裂缝
5	桥面铺装	引桥铺装层拥抱
6	伸缩缝装置	止水带破损
		锚固混凝土开裂
		型钢缺失

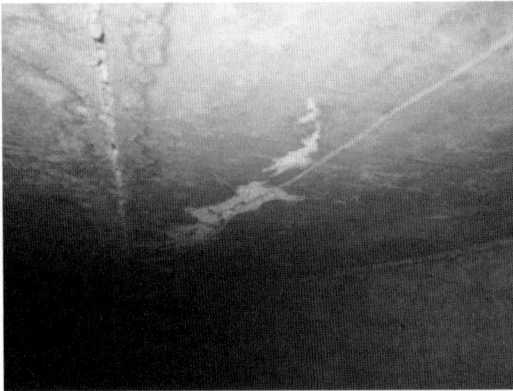

图 11-1　主桥箱室顶板纵向钙化裂缝

图 11-2　主桥箱室右侧腹板斜向钙化裂缝

图 11-3　主桥墩顶横隔墙横向裂缝

图 11-4　主桥横隔墙斜向裂缝

图 11-5　支座老化开裂

图 11-6　支座外鼓

图 11-7　支座局部脱空

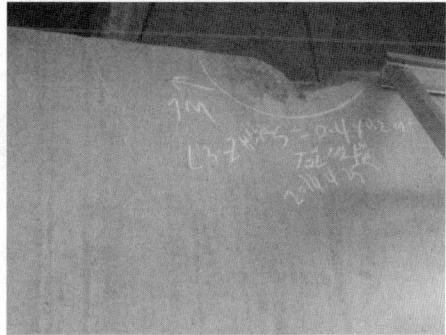

图 11-8　引桥盖梁混凝土破损

图 11-9　引桥铺装层拥包

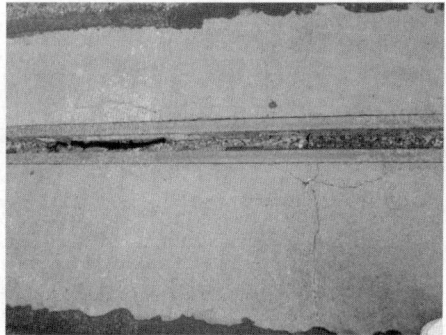

图 11-10　伸缩缝锚固混凝土开裂

图 11-11　伸缩缝止水带破损

图 11-12　伸缩缝型钢缺失

11.1.3 桥梁技术状况评定

桥梁技术状况评定主要依据《公路桥梁技术状况评定标准》(JTG/T H22—2011)。

1)部件权重分配

桥梁部件权重分配采用将缺失部件权重值按照既有部件权重在全部既有部件权重中所占比例进行分配的方法,见表11-2。

桥梁部件重分配计算 　　　　　　　　　　　　　　　　　表 11-2

桥梁结构	序　号	部件名称	权　重	重新分配后权重	备　注
引桥					
上部结构	1	上部承重构件	0.70	0.70	
	2	上部一般构件	0.18	0.18	
	3	支座	0.12	0.12	
下部结构	4	翼墙、耳墙	0.02	0.02	
	5	锥坡、护坡	0.01	0.00	
	6	桥墩	0.30	0.34	
	7	桥台	0.30	0.33	
	8	墩台基础	0.28	0.31	
	9	河床	0.07	0.00	
	10	调治构造物	0.02	0.00	
桥面系	11	桥面铺装	0.40	0.44	
	12	伸缩缝装置	0.25	0.28	
	13	人行道	0.10	0.00	
	14	栏杆、护栏	0.10	0.11	
	15	排水系统	0.10	0.11	
	16	照明、标志	0.05	0.06	
主桥					
上部结构	1	上部承重构件	0.70	0.70	
	2	上部一般构件	0.18	0.18	
	3	支座	0.12	0.12	
下部结构	4	翼墙、耳墙	0.02	0.00	
下部结构	5	锥坡、护坡	0.01	0.00	
	6	桥墩	0.30	0.46	
	7	桥台	0.30	0.00	
下部结构	8	墩台基础	0.28	0.43	
	9	河床	0.07	0.11	
	10	调治构造物	0.02	0.00	

续上表

桥梁结构	序 号	部件名称	权 重	重新分配后权重	备 注
桥面系	11	桥面铺装	0.40	0.44	
	12	伸缩缝装置	0.25	0.28	
	13	人行道	0.10	0.00	
	14	栏杆、护栏	0.10	0.11	
	15	排水系统	0.10	0.11	
	16	照明、标志	0.05	0.06	

2）上部结构技术状况评分

上部结构技术状况评分见表11-3。

桥梁上部结构评分 表11-3

桥梁部件	构件数量（个）	构件评分（分）	部件评分（分）	部件技术状况等级	上部结构评分（分）
引桥					
上部承重构件	1	75	94.27	2类	91.30
	39	100			
上部一般构件	8	75	88.70	2类	
	22	100			
支座	1	55	77.82	3类	
	6	65			
	9	75			
	80	100			
主桥					
上部承重构件	2	55	84.53	2类	85.43
	2	65			
	14	100			
上部一般构件	2	75	84.87	2类	
	2	100			
支座	1	65	91.51	2类	
	7	100			

引桥计算结果如下：

上部主要承重构件 $= (1 \times 75 + 39 \times 100)/40 - (100 - 75)/4.9 = 94.27$（分）

上部一般承重构件 $= (8 \times 75 + 22 \times 100)/30 - (100 - 75)/5.4 = 88.70$（分）

支座 $= (1 \times 55 + 6 \times 65 + 9 \times 75 + 80 \times 100)/96 - (100 - 55)/2.62 = 77.82$（分）

桥梁上部结构 $= 94.27 \times 0.70 + 88.70 \times 0.18 + 77.82 \times 0.12 = 91.30$（分）

主桥计算结果如下：

上部主要承重构件 $= (2 \times 55 + 2 \times 65 + 14 \times 100)/18 - (100 - 55)/6.84 = 84.53$（分）

上部一般承重构件 $= (2 \times 75 + 2 \times 100)/4 - (100 - 75)/9.5 = 84.87$（分）

支座 $= (1 \times 65 + 7 \times 100)/8 - (100 - 65)/8.5 = 91.51$（分）

桥梁上部结构 $= 84.53 \times 0.70 + 84.87 \times 0.18 + 91.51 \times 0.12 = 85.43$（分）

3）下部结构技术状况评分

下部结构技术状况评分见表11-4。

桥梁下部结构评分表　　　　　　　　　　　　　　表11-4

桥 梁 部 件	构件数量（个）	构件评分（分）	部件评分（分）	部件技术状况等级	下部结构评分（分）
引桥					
翼墙、耳墙	2	100	100.00	1 类	97.33
桥墩	1	61.74	92.15	2 类	
	23	100			
桥台	6	100	100.00	1 类	
墩台基础	24	100	100.00	1 类	
主桥					
桥墩	1	65	91.51	2 类	96.09
	7	100			
墩台基础	10	100	100.00	1 类	
河床	1	100	100.00	1 类	

引桥计算结果如下：

桥墩 $= (1 \times 61.74 + 23 \times 100)/24 - (100 - 61.74)/6.12 = 92.15$（分）

桥梁下部结构 $= 100 \times 0.02 + 92.15 \times 0.34 + 100 \times 0.33 + 100 \times 0.31 = 97.33$（分）

主桥计算结果如下：

桥墩 $= (1 \times 65 + 7 \times 100)/8 - (100 - 65)/8.5 = 91.51$（分）

桥梁下部结构 $= 91.51 \times 0.46 + 100 \times 0.43 + 100 \times 0.11 = 96.09$（分）

4）桥面系技术状况评分

桥面系技术状况评分见表11-5。

桥面系评分表　　　　　　　　　　　　　　表11-5

桥 梁 部 件	构件数量（个）	构件评分（分）	部件评分（分）	部件技术状况等级	桥面系评分（分）
引桥					
桥面铺装	1	75	94.41	2 类	87.61
	9	100			
伸缩缝装置	1	61.74	64.54	3 类	
	1	75			
栏杆、护栏	2	100	100.00	1 类	
排水系统	1	100	100.00	1 类	
照明、标志	1	100	100.00	1 类	
主桥					
桥面铺装	3	100	100.00	1 类	86.02
伸缩缝装置	2	61.74	57.91	4 类	
栏杆、护栏	2	100	100.00	1 类	
排水系统	1	80	80.00	2 类	
照明、标志	1	100	100.00	1 类	

引桥计算结果如下：

桥面铺装 $= (1 \times 75 + 9 \times 100)/10 - (100 - 75)/8.1 = 94.41(分)$

伸缩缝装置 $= (1 \times 61.74 + 1 \times 75)/2 - (100 - 61.74)/10 = 64.54(分)$

桥面系 $= 94.41 \times 0.44 + 64.54 \times 0.28 + 100 \times 0.11 + 100 \times 0.11 + 100 \times 0.06 = 87.61(分)$

主桥计算结果如下：

伸缩缝装置 $= (2 \times 61.74)/2 - (100 - 61.74)/10 = 57.91(分)$

桥面系 $= 100 \times 0.44 + 57.91 \times 0.28 + 100 \times 0.11 + 80.00 \times 0.11 + 100 \times 0.06 = 86.02(分)$

5）全桥技术状况评分及等级评定

全桥技术状况评分及等级评定见表11-6。

桥梁技术状况评分表 　　　　表11-6

桥梁部件	权重	技术状况评分（分）	部件技术状况等级	全桥技术状况评分（分）	备注
引桥					
上部结构	0.40	91.3	2类	93.0	
下部结构	0.40	97.33	1类		
桥面系	0.20	87.61	2类		
主桥					
上部结构	0.40	85.43	2类	89.8	
下部结构	0.40	96.09	1类		
桥面系	0.20	86.02	2类		

引桥全桥技术状况评分 $= 91.30 \times 0.40 + 97.33 \times 0.40 + 87.61 \times 0.20 = 93.00(分)$

主桥全桥技术状况评分 $= 85.43 \times 0.40 + 96.09 \times 0.40 + 86.02 \times 0.20 = 89.80(分)$

根据《公路桥梁技术状况评定标准》（JTG/T H21—2011）4.1.5的规定，该桥技术状况等级评为2类。

11.2 公路桥梁检测实例二（分部件综合评定法）

11.2.1 工程概况

大桥由8孔净跨径为50m的刚架拱桥和1孔跨径为8m的矩形板桥组成，桥梁全长444.5m，如图11-13所示。刚架拱矢跨比为1/8，全桥共设9道30型板式橡胶伸缩缝，分别设置在弦杆两端与桥墩、台连接处，弦杆下设有支座，全桥共计64块橡胶支座。0号台与9号桥台为U形实体式桥台，桥台背后填入透水性强的砂卵石。1号墩即8m跨板桥与50m跨刚架拱的过渡墩，其为等厚墙式墩身，基础为直径 $2.3m \times 5 + 1.5m + 2.3m \times 2$ 的嵌岩桩，嵌岩深度1.5m。2号墩~8号墩为片石混凝土实体墩，其中5号墩为单向推力墩，基础均为6根直径1.5m的冲孔桩，桩底均嵌入石灰岩1.5m（不含风化

图11-13 桥梁现状照片

层）。荷载标准:汽车—20 级,挂车—100,人群荷载 3.0kN/m²。桥面宽度为净 10m + 2 × 1.0m,全宽 12m。

11.2.2 检查结果

大桥主要病害检查结果如表 11-7 和图 11-14 ~ 图 11-35 所示。

大桥主要病害检查 表 11-7

编 号	部件名称	病 害
1	上部承重构件	主拱腿混凝土表面粗糙,存在小面积混凝土胀裂、脱落、钢筋锈蚀现象
		斜撑混凝土表面粗糙,斜撑脚湿接头处混凝土浇注不密实,存在钢筋外露锈蚀现象
		边拱肋弦杆大部分均存在竖向开裂现象
		刚架拱桥拱肋实腹段开裂严重
		全桥横系梁混凝土表观质量差,施工质量粗糙,部分开裂
		部分微弯板存在开裂、混凝土破碎、钢筋外露现象
2	支座	全桥板式橡胶支座均已出现橡胶老化现象
		部分支座有变形过大、错位、偏移和功能失效现象
3	桥墩	个别桥墩墩身混凝土有蜂窝现象
4	桥面	桥面下挠
		桥面铺装有纵、横向开裂,局部存在桥面铺装层破碎现象
		桥头与路堤连接处凹凸不平,且有严重的横向开裂裂缝
5	伸缩缝装置	伸缩缝处存在渗水现象
		板式橡胶伸缩缝大多已存在老化、破裂现象
		毛勒式伸缩缝存在橡胶条脱落现象
6	人行道和栏杆	人行道纵向裂缝
		栏杆断裂
7	排水设施	排水管下悬长度不足
		排水侵蚀边拱肋

图 11-14 主拱腿混凝土胀裂、脱落、钢筋锈蚀

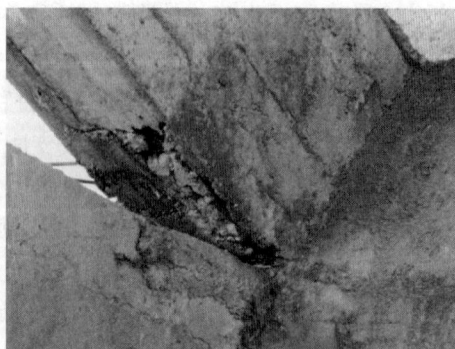

图 11-15 斜撑脚混凝土浇筑不密实、钢筋锈蚀

图 11-16 弦杆竖向裂缝

图 11-17 拱肋严重开裂

图 11-18 横系梁混凝土表面粗糙、崩角

图 11-19 横系梁底面开裂

图 11-20 微弯板混凝土破碎、钢筋外露

图 11-21 支座橡胶老化

图 11-22 支座错位

图 11-23 个别墩身混凝土表面有蜂窝现象

图 11-24　桥面下挠

图 11-25　通道桥纵向裂缝

图 11-26　刚架拱典型纵向裂缝

图 11-27　桥面铺装局部破损

图 11-28　桥头与路堤连接处凹凸不平

图 11-29　板式橡胶伸缩缝破裂

图 11-30　毛勒式伸缩缝橡胶条脱落

图 11-31　伸缩缝与桥面板连接破裂

图 11-32 人行道纵向裂缝

图 11-33 栏杆断裂

图 11-34 排水管下悬长度不足

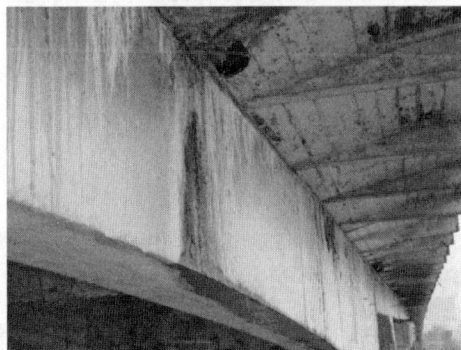

图 11-35 排水侵蚀边拱肋

11.2.3 桥梁技术状况评定

根据本次质量检测结果,依照《公路养护技术规范》(JTG H11—2004)的要求对该桥总体技术状况等级进行评定,全桥结构技术状况综合评分 $D_r = 31.2$,评定该桥为五类桥。各构件评定分值详见表 11-8。

大桥技术状况评定表 表 11-8

部件	部 件 名 称	缺损程度	对使用功能影响程度	发展状况的修正	最终评定标度	权重	得分(分)
1	翼墙、耳墙	0	0	0	0	1	0
2	锥坡、护坡	1	1	0	2	1	2
3	桥台及基础	1	2	0	3	23	69
4	桥墩及基础	1	2	0	3	24	72
5	地基冲刷	2	1	1	4	8	32
6	支座	1	2	1	4	3	12
7	上部主要承重构件	2	2	1	5	20	100
8	上部一般承重构件	1	2	1	4	5	20
9	桥面铺装	2	2	1	5	1	5
10	桥头与路堤连接部	2	1	0	3	3	9

部件	部件名称	缺损程度	对使用功能影响程度	发展状况的修正	最终评定标度	权重	得分(分)
11	伸缩缝	2	1	1	4	3	12
12	人行道	2	1	0	3	1	3
13	栏杆、护栏	2	1	1	4	1	4
14	照明、标志	0	0	0	0	1	0
15	排水设施	2	2	0	4	1	4
16	调治构造物	0	0	0	0	3	0
17	其他	0	0	0	0	1	0

注:1. 综合评定采用下列算式:

$$D_r = 100 - \sum_{i=1}^{n} R_i \frac{W_i}{5}$$

式中:R_i——表中的最终评定标度;

W_i——各部件权重;

D_r——全桥结构技术状况评分。

2. 经计算,该桥结构技术状况评分 $D_r = 31.2$。

3. 根据规范中的评定分类标准,该桥最终评定为五类桥。

11.3 城市桥梁检测实例

11.3.1 工程概况

某大桥采用椭圆形钢箱混凝土塔柱空间双索面斜拉桥,墩塔梁固结体系。跨径组合为 $85m + 100m = 185m$。100m 跨索距采用 5m,85m 跨索距采用 4m,主桥主塔桥面以上高度为 66m。主墩承台下设 2m 的钻孔灌注桩,交接墩承台下设 1.5m 的钻孔灌注桩。大桥总体布置图如图 11-36 所示。

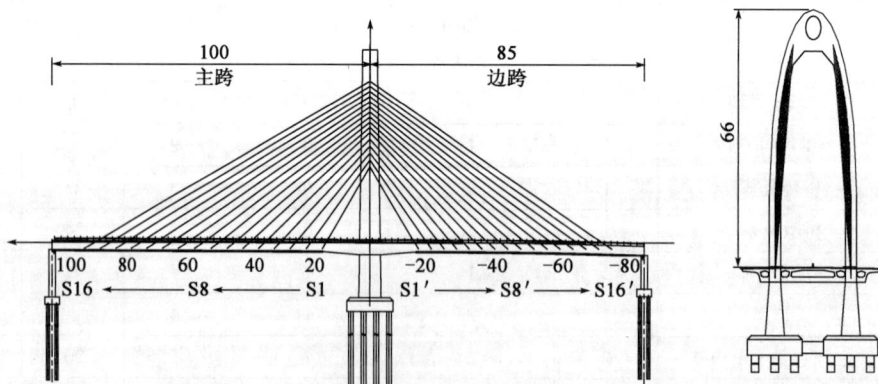

图 11-36 大桥总体布置(尺寸单位:m)

大桥上部梁体采用双边箱结构,边箱采用预应力混凝土单箱双室斜腹板连续箱梁。箱梁顶板设 1.5% 的横坡,底板保持水平,采用纵、横双向预应力体系。箱梁高度为变厚度,一般段梁高为 2.6m(道路中心处梁高),采用单箱双室断面形式,单箱顶板宽 18.5m,箱梁悬臂长 4m,悬臂端部厚 25cm,悬臂根部(虚交点)厚 60cm;顶板厚 25cm;跨中底板厚 25cm。箱梁在主塔位置局部加厚梁高为 3.6m(道路中心处梁高)。箱梁在拉索位置设置厚度为 0.3m 的中间横梁(局部加厚),端部设厚度为 2m 的端横梁,在墩塔梁固结处设置箱式横梁(总宽 6.7m)。

大桥路幅分配为:3m(人行道)+4.0m(非机动车道)+3.5m(拉索区侧分带)+16m(机动车道)+3.5m(拉索区侧分带)+4.0m(非机动车道)+3m(人行道)=37m。

11.3.2 检查结果

本桥发现的主要问题有:①绿化中分带伸缩缝杂物堵塞;②桥面铺装有坑洞;③人行道板侧面处理不到位。桥梁状况的部分照片如图 11-37 ~ 图 11-39 所示。

图 11-37 中分带伸缩缝堵塞

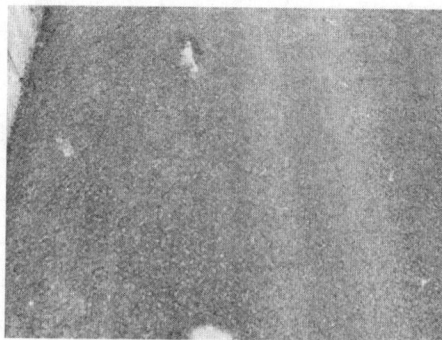

图 11-38 铺装坑洞

11.3.3 桥梁技术状况评定

1)桥面系打分
桥面系打分见表 11-9。
2)桥梁上部结构打分
桥梁上部结构打分见表 11-10。
3)桥梁下部结构打分
桥梁下部结构打分见表 11-11。
4)全桥打分

图 11-39 人行道侧面毛糙

桥面系评分
表 11-9

桥面铺装				
损坏类型	单项扣分值 DP_{hi}	比重 μ_{hi}	权重 w_{hi}	$DP_{hi}w_{hi}$
网裂或龟裂	0	0.00	0.00	0.00
波浪及车辙	5	1.00	1.00	5.00
坑槽	0	0.00	0.00	0.00
碎裂或破碎	0	0.00	0.00	0.00
洞穴	0	0.00	0.00	0.00
桥面贯通横缝	0	0.00	0.00	0.00

桥面铺装				
桥面贯通纵缝	0	0.00	0.00	0.00
合计	0			5.00
桥面铺装的评分(分)	BCI$_{qmpz}$		95.00	
桥头平顺				
桥头沉降	0	0.00	0.00	0.00
台背沉降	0	1.00	1.00	0.00
合计	0			0.00
桥头平顺的评分(分)	BCI$_{qtps}$		100.00	
伸　缩　缝				
螺帽松动	0	0.00	0.00	0.00
缝内沉积物堵塞	15	1.00	1.00	15.00
接缝处铺装碎边	0	0.00	0.00	0.00
接缝处高差	0	0.00	0.00	0.00
钢材料翘曲变形	0	0.00	0.00	0.00
结构缝宽	0	0.00	0.00	0.00
伸缩缝处异常声响	0	0.00	0.00	0.00
合计	15			15.00
伸缩缝的评分(分)	BCI$_{ssf}$		85.00	
排水系统				
泄水管堵塞	0	0.00	0.00	0.00
残缺脱落	0	0.00	0.00	0.00
桥面积水	0	0.00	0.00	0.00
防水层	0	1.00	1.00	0.00
合计	0			0.00
排水系统的评分(分)	BCI$_{psxt}$		100.00	
栏杆或护栏				
露筋锈	0	0.00	0.00	0.00
松动错位	0	0.00	0.00	0.00
丢失残缺	0	1.00	1.00	0.00
合计	0			0.00
栏杆或护栏的评分(分)	BCI$_{lg}$		100.00	
人行道块件				
网裂	0	0.00	0.00	0.00
塌陷	0	0.00	0.00	0.00
残缺	0	1.00	1.00	0.00
合计	0			0.00
人行道块件的评分(分)	BCI$_{rxd}$		100.00	
桥面系评分(分)	BCI$_m$		88.15	

上部结构评分

表 11-10

钢结构物				
损坏类型	单项扣分值 DP_{ij}	比重 μ_{ij}	权重 w_{ij}	$DP_{ij}w_{ij}$
变色起皮	0	0.00	0.00	0.00
剥落	0	0.00	0.00	0.00
一般锈蚀	0	0.00	0.00	0.00
锈蚀成洞	0	0.00	0.00	0.00
焊缝裂纹	0	0.00	0.00	0.00
焊缝开裂	0	0.00	0.00	0.00
铆钉损失	0	0.00	0.00	0.00
螺栓松动	0	1.00	1.00	0.00
合计	0			100.00
钢结构物的评分（分）	SDP_{gjew}		100.00	
PC 或 RC 梁式构件				
表面网状裂缝	0	0.00	0.00	0.00
混凝土剥离	0	0.00	0.00	0.00
露筋	0	0.00	0.00	0.00
梁体下绕	0	0.00	0.00	0.00
结构裂缝	0	0.00	0.00	0.00
裂缝处渗水	0	0.00	0.00	0.00
板面贯通横缝	0	1.00	1.00	0.00
合计	0			100.00
梁式构件的评分（分）	SDP_{lsgj}		100.00	
横向联系				
桥面贯通横缝	0	0.00	0.00	0.00
桥面贯通纵缝	0	0.00	0.00	0.00
连接件脱焊松动	0	0.00	0.00	0.00
连接件断裂	0	0.00	0.00	0.00
横隔板网裂面积	0	0.00	0.00	0.00
横隔板剥落露筋	0	0.00	0.00	0.00
梁体异常振动	0	1.00	1.00	0.00
合计	0			100.00
横向联系的评分（分）	SDP_{hxlx}		100.00	
上部结构综合评分（分）	BCI_s		100.00	

下部结构评分 表 11-11

支座

损坏类型	单项扣分值 DP_{jk}	比重 μ_{jk}	权重 w_{jk}	$DP_{jk}w_{jk}$
支座固定螺栓	0	0.00	0.00	0.00
橡胶支座	0	0.00	0.00	0.00
钢支座	0	0.00	0.00	0.00
支座底板混凝土	0	0.00	0.00	0.00
支承稳定性	0	1.00	1.00	0.00
合计	0			0.00
支座的评分(分)	BCI_{zz}	100.00		
下部结构综合评分(分)	BCI_x	100.00		

整个桥梁的技术状况指数(BCI)根据桥面系、上部结构和下部结构的技术状况指数确定,计算公式为 $BCI = BCI_m w_m + BCI_s w_s + BCI_x w_x$。各部分权重及分值如表 11-12 所示。

根据现场检查情况,大桥的结构技术状况评分为 98.22 分,评定等级为 A 级。

大桥技术状况评定表 表 11-12

计算项目	桥 面 系	上部结构	下部结构
权重	0.15	0.40	0.45
分值(分)	88.15	100.00	100.00
总分(分)		98.22	

11.4 桥梁荷载试验实例

11.4.1 工程概况

某高速公路分离式立交桥为上跨桥,桥梁全长 54.0m,全宽 7.86m,跨径组成 11m + 2 × 16m + 11m;上部结构形式采用普通钢筋混凝土连续刚构,下部结构为薄壁式桥墩,U 形桥台。本桥设计图纸上未查到设计荷载等级,考虑主线桥梁设计荷载等级为汽车—超 20、挂 120,跨线桥梁荷载等级一般比主线桥梁低,因此此次荷载试验和结构承载力检算参照荷载等级为:汽车—20,挂—100。该桥已通车运营十多年,随着经济的发展,周边建起了混凝土预制构件厂和沙石料堆放场等,过往重载车辆多,且部分车辆已严重超载,对桥梁结构产生较大的安全隐患。为了解该桥承载能力、保证通行安全,现对该桥进行荷载试验检测。

11.4.2 桥梁静载试验

静载试验采用同型号的 3 轴自卸式载重汽车,总体质量为 30t(图 11-40)。本次主要设置 6 个内力控制截面,其中 1-1、2-2、4-4 和 5-5 截面为主梁最大正弯矩控制截面,3-3 截面为主梁最大负弯矩控制截面,6-6 截面为主墩最大弯矩控制截面,具体位置如图 11-41 所示。工况 1:主梁 1-1 截面最大弯矩的加载试验;工况 2:主梁 2-2 截面和主墩 6-6 截面最大弯矩的加载试验;工况 3:主梁 3-3 截面最大弯矩的加载试验;主梁 4-4 截面最大弯矩的加载试验;工况 5:主梁 5-5 截面最大弯矩的加载试验。

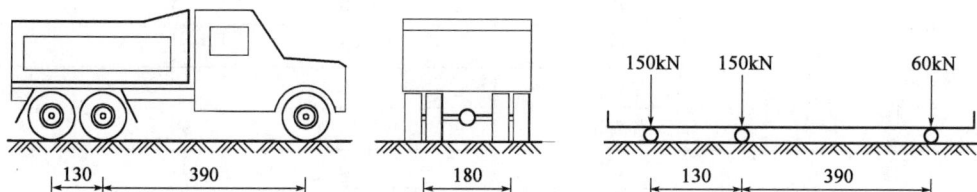

图 11-40 加载车辆车型图(尺寸单位:cm)

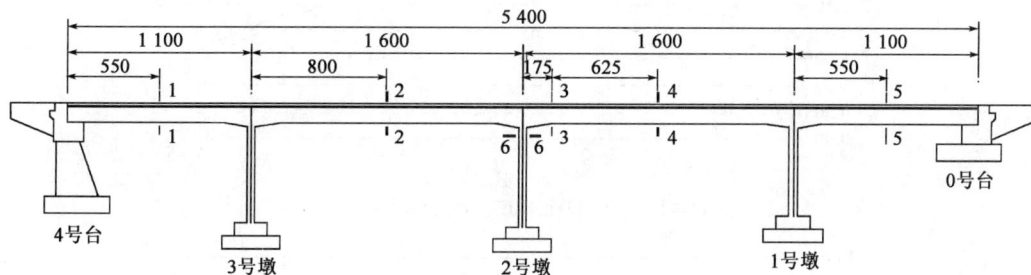

图 11-41 桥梁测试截面布置图(尺寸单位:cm)

1)挠度实测数据分析

表 11-13、表 11-14 和图 11-42、图 11-43 列出各个加载工况作用下控制截面挠度实测值与理论值的对比情况(表中正号"+"表示挠度向下,负号"-"表示挠度向上)。从中可以看出:

(1)在试验荷载作用下,1-1 截面实测挠度平均值大于理论值,挠度校验系数为 1.23,不满足检测评定规程的要求。

(2)在试验荷载作用下,2-2 截面、4-4 截面和 5-5 截面实测挠度平均值均小于理论计算值,挠度校验系数最大值为 0.98,最小值为 0.86,均小于 1.0,满足检测评定规程的要求。

(3)在试验荷载作用下,11m 跨径箱梁实测挠度最大值为 1.90mm($L/5\,789$),16m 跨径实测挠度最大值为 2.90mm($L/5\,517$),远小于 $L/600$,表明结构刚度满足规范要求。

各工况测试截面挠度校验系数一览 表 11-13

工 况	截 面	实测值(mm)	理论值(mm)	检验系数
工况 1	1－1	1.90	1.55	1.23
工况 2	3－3	2.80	2.94	0.95
工况 4	4－4	2.90	2.95	0.98
工况 5	5－5	1.30	1.52	0.86

注:表中挠度实测值选取对称加载作用下左右侧挠度测点中最大者。

主梁各控制截面挠度实测值和理论值对比一览 表 11-14

测点/编号		实测值(mm)	理论值(mm)
1-1 截面	左侧	1.90	1.55
	右侧	1.70	
3-3 截面	左侧	2.60	2.94
	右侧	2.80	

测点/编号		实测值(mm)	理论值(mm)
4-4 截面	左侧	2.80	2.95
	右侧	2.90	
5-5 截面	左侧	1.30	1.52
	右侧	1.20	

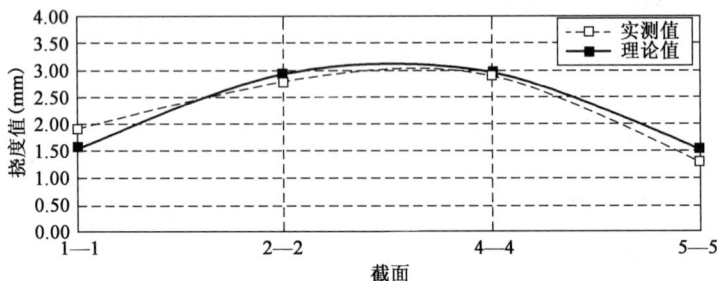

图 11-42　各控制截面挠度实测值和理论值对比

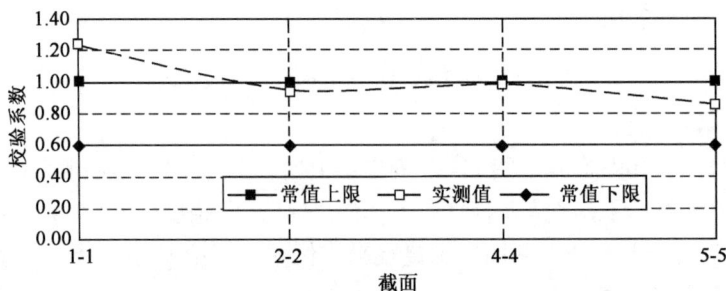

图 11-43　各控制截面挠度校验系数和常值上下限对比

由挠度分析结果可以看出：部分试验跨控制截面挠度校验系数大于 1.0，说明其上部箱梁竖向抗弯刚度不满足设计要求，桥梁的实际工作状况要差于理论状况。

2）应力实测数据分析

表 11-16 ~ 表 11-21 和图 11-44 ~ 图 11-48 为各个加载工况作用下控制截面应力实测值和理论值的比较，同时表 11-15 也给出了各个工况测试截面应力的校验系数，表中的正号"+"表示拉应力，负号"−"表示压应力。由图表分析可以看出：

（1）在试验荷载作用下，主梁 1-1 截面箱梁底板实测应力平均值大于理论计算值，其应力校验系数为 1.24，不满足检测评定规程的要求。

（2）在试验荷载作用下，主梁 2-2 截面、4-4 截面、5-5 截面箱梁底板实测应力平均值均小于理论计算值，其应力校验系数为 0.83 ~ 0.97，满足检测评定规程的要求。

（3）在试验荷载作用下，主梁 3-3 截面实测应力平均值均小于理论计算值，其应力校验系数为 0.87，满足检测评定规程的要求。

（4）在试验荷载作用下，主墩 6-6 截面的实测应力值均大于理论计算值，校验系数在 1.24 ~ 1.72，不满足检测评定规程的要求。

综合应力实测数据分析可以看出：部分控制截面应力实测值比理论值偏大，应力校验系数大于 1，不满足《公路桥梁承载能力检测评定规程》（JTG/T J21—2011）要求，说明结构强度有所下降，不满足设计要求。

各加载工况控制截面应力校验系数一览 表 11-15

加载工况	截面编号	实测值（MPa）	理论值（MPa）	检验系数
工况 1	1–1	3.59	2.89	1.24
工况 2	2–2	3.04	3.38	0.90
工况 3	3–3	−2.38	−2.73	0.87
工况 4	4–4	2.80	3.38	0.83
工况 5	5–5	2.78	2.86	0.97

工况 1 作用下 1–1 截面应力实测值和理论值对比 表 11-16

测点位置及编号			实测值（MPa）	理论值（MPa）
1-1 截面	左侧翼板	1-1	−0.14	−0.16
	左侧腹板	1-2	0.49	0.75
	底板纵向	1-3	3.06	2.89
		1-4	3.12	2.89
		1-5	4.58	2.89
	右侧腹板	1-6	0.42	0.75
	右侧翼板	1-7	−0.14	−0.16

工况 2 作用下 2-2 截面应力实测值和理论值对比 表 11-17

测点位置及编号			实测值（MPa）	理论值（MPa）
2-2 截面	左侧翼板	2-1	−0.16	−0.22
	左侧腹板	2-2	0.75	0.84
	底板纵向	2-3	3.20	3.38
		2-4	2.98	3.38
		2-5	2.95	3.38
	右侧腹板	2-6	0.78	0.84
	右侧翼板	2-7	−0.12	−0.22

工况 3 作用下 3-3 截面应力实测值和理论值对比 表 11-18

测点位置及编号			实测值（MPa）	理论值（MPa）
3-3 截面	左侧翼板	3-1	0.56	0.57
	左侧腹板	3-2	−0.71	−0.72
	底板纵向	3-3	−2.25	−2.73
		3-4	−2.36	−2.73
		3-5	−2.53	−2.73
	右侧腹板	3-6	−0.66	−0.72
	右侧翼板	3-7	0.53	0.57

工况 4 作用下 4-4 截面应力实测值和理论值对比 表 11-19

测点位置及编号			实测值（MPa）	理论值（MPa）
4-4 截面	左侧翼板	4-1	−0.12	−0.22
	左侧腹板	4-2	0.79	0.84
	底板纵向	4-3	2.74	3.38
		4-4	2.80	3.38
		4-5	2.86	3.38
	右侧腹板	4-6	0.46	0.84
	右侧翼板	4-7	−0.17	−0.22

工况 5 作用下 5-5 截面应力实测值和理论值对比 表 11-20

测点位置及编号			实测值（MPa）	理论值（MPa）
5-5 截面	左侧翼板	5-1	−0.13	−0.15
	左侧腹板	5-2	0.63	0.73
	底板纵向底板纵向	5-3	2.75	2.86
		5-4	2.77	2.86
	底板纵向	5-5	2.83	2.86
	右侧腹板	5-6	0.41	0.73
	右侧翼板	5-7	−0.14	−0.15

工况 2 作用下 6-6 截面应力实测值和理论值对比 表 11-21

测点位置及编号		实测值（MPa）	理论值（MPa）	校验系数
6-6 截面	6-1	1.74	1.02	1.71
	6-2	1.26		1.24
	6-3	1.51		1.48
	6-4	−2.46	−1.43	1.72
	6-5	−1.95		1.36
	6-6	−1.83		1.28

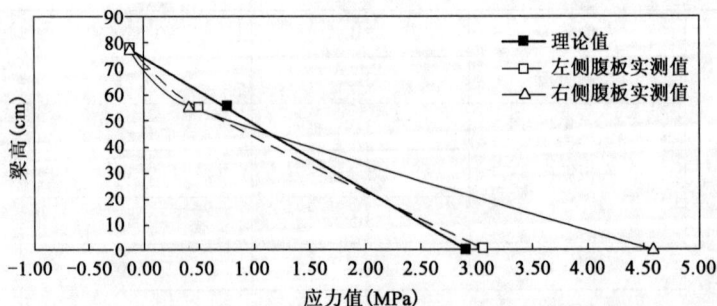

图 11-44　工况 1 作用下箱梁 1-1 截面腹板应力实测值和理论值分布

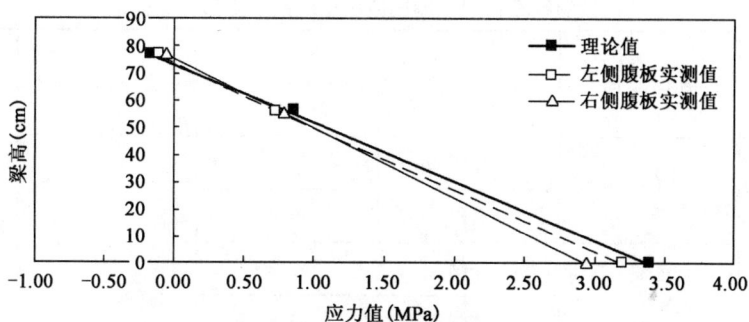

图 11-45 工况 2 作用下箱梁 2-2 截面腹板应力实测值和理论值分布

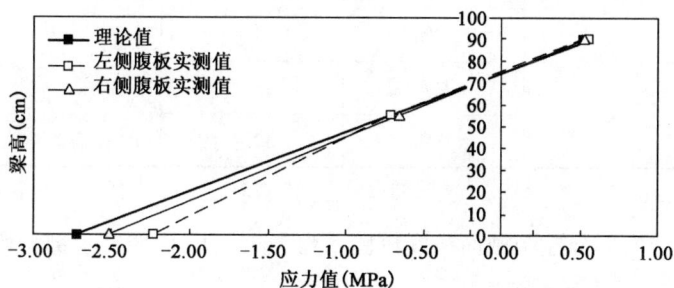

图 11-46 工况 3 作用下箱梁 3-3 截面腹板应力实测值和理论值分布

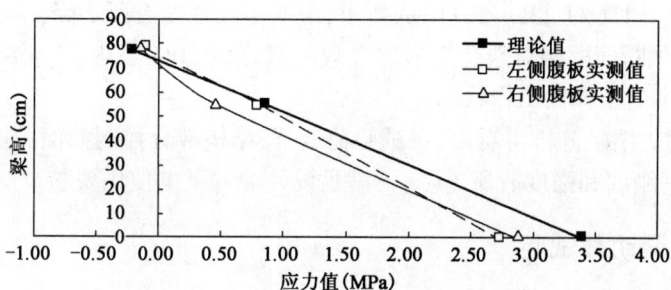

图 11-47 工况 4 作用下箱梁 4-4 截面腹板应力实测值和理论值分布图

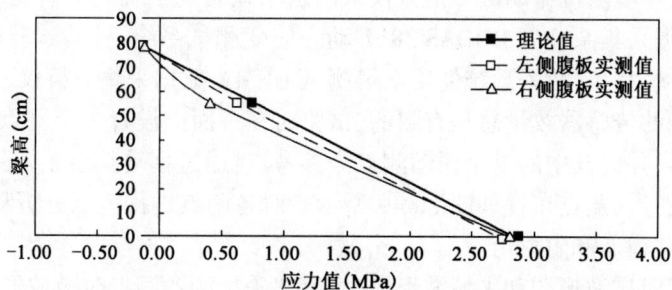

图 11-48 工况 5 作用下箱梁 5-5 截面腹板应力实测值和理论值分布图

3）相对残余变形分析

从表 11-22 中所计算的相对残余变形可以看出：在试验荷载作用下，本桥试验跨测试断面的相对残余变形均在《公路桥梁承载能力检测评定规程》（JTG/T J21—2011）规定的 20% 以内，表明结构在卸载后的变形能恢复，处于弹性工作状态。

试验荷载作用下测试截面相对残余变形一览 表 11-22

工　况	测试截面	测点位置	实测值(%) 相对残余应变	允许值(%)	是否满足
工况 1	1-1	左侧	12.2		满足
		右侧	14.4		满足
工况 2	2-2	左侧	15.8		满足
		右侧	15.1	20	满足
工况 4	4-4	左侧	14.9		满足
		右侧	14.8		满足
工况 5	5-5	左侧	15.1		满足
		右侧	12.9		满足

4)静载试验小结

(1)本桥主体结构部分控制截面挠度校验系数大于 1.0,说明其上部箱梁竖向抗弯刚度不满足设计要求。

(2)部分控制截面应力实测值比理论值偏大,应力校验系数大于 1,不满足《公路桥梁承载能力检测评定规程》(JTG/T J21—2011)的要求,说明结构强度有所下降,不满足设计要求。

(3)本桥各测试断面的相对残余变形均在规程规定的 20% 以内,表明结构在卸载后的变形能及时恢复,基本处于弹性工作状态。

从静载试验测试结果分析可看出,在试验荷载下,结构部分控制截面的挠度和应力校验系数大于 1.0,说明其刚度和强度有所下降,不满足设计荷载下的使用要求。

11.4.3　桥梁动载试验

1)模态数据分析

本次试验采用环境随机振动法。拾振仪采用国家地震局工程力学研究所研制生产 941-B 速度型传感器,数据采集系统为 DHDAS-3817 动态应变测试系统,脉动试验采用中速度挡,车辆激励试验采用小位移挡,数采系统使用东昊测试 DHMA 数据采集分析仪。

由于试验所用的传感器数量总是有限的,试验时在桥面上设置 3 个测点,每个测点布置 1 只竖向速度传感器,并以其中的 1 个振动测点为参考点,通过移动其余 2 个测点的传感器来分批采集天然脉动信号。测点布置如图 11-49 所示。对各测点进行传函分析和模态拟合得出该桥的低阶振动频率、模态和阻尼值。

脉动测试测得时域波形图和平域波形图,由上述采集的各测点时域波形曲线,通过传函分析和模态拟合,可以得出结构的自振特性。频率实测与理论的对比见表 11-23,表中自振频率的理论计算值采用 Midas Civil 软件进行计算。可以看出,结构实测自振频率略小于理论计算值,表明桥梁结构实际刚度偏小,不能满足设计要求。

2)车辆激励试验结果

各工况下实测动力放大系数结果见表 11-24。

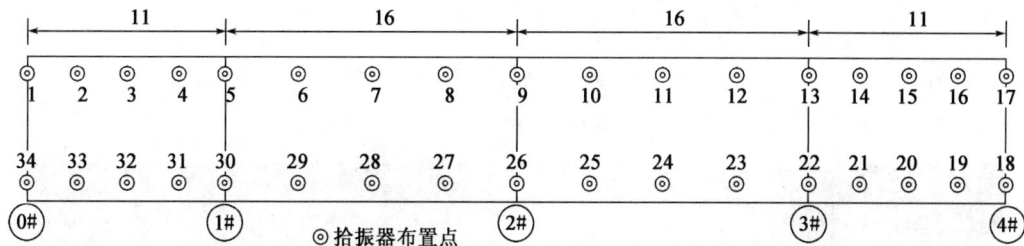

图 11-49 脉动试验传感器桥面测点布置示意图(自振特性,尺寸单位:m)

试验跨自振特性实测值与理论计算值对比 表 11-23

频率阶数	自振频率		阻尼比(%)	f_{mi}/f_{di}
	实测值 f_{mi}	计算值 f_{di}		
1	10.36	10.94	1.83	0.95

车辆激励试验各工况实测动力放大系数 表 11-24

工况序号	工况类型	车速(km/h)	动力放大系数$(1+\eta)$
工况 1		5	1.309
工况 2	1 辆车跑车试验	10	1.322
工况 3		20	1.398
工况 4		30	1.378

由上表可知,本桥试验跨实测最大冲击系数为 1.398。

3)动载试验小结

(1)由模态试验竖向一阶实测主频和理论计算值对比可以看出,实测自振频率值小于计算值,表明结构的整体刚度较小,不能满足设计要求。

(2)竖向一阶自振频率实测值为 10.36Hz,由于自振频率是结构的固有特性,反映结构的整体刚度,因此该特征参数可作为今后定期检查的一个参考指标。

(3)跑车作用下,实测最大动力放大系数 1.398,大于《公路桥涵设计通用规范》(JTG D60—2004)中规定的计算冲击系数 1.218。这说明实测冲击系数大于规范规定值,桥面线形、平整度较差,活载冲击影响较大。

11.5 桥梁上部结构加固实例

11.5.1 空心板梁桥加固

1)工程概况

该桥梁为某高速公路多跨简支空心板梁桥,跨径组合为 $12 \times 16m$,桥宽为 22.5m。主线桥梁分左、右双幅,双向四车道,桥梁设计荷载等级均为汽—超 20 级、挂—120,结构外观如图 11-50所示。

该桥梁病害情况如下：

（1）上部结构病害

①全桥共264片空心板，其中，21片空心板板底存在众多纵向裂缝（图11-51），裂缝长度介于2.0～13.5m，裂缝宽度均小于0.2mm。

图11-50　整体结构图

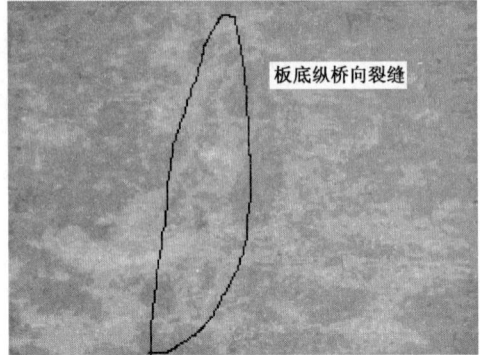

图11-51　板底纵桥向裂缝

②全桥共发现28处板间接缝局部位置存在渗水、泛白（图11-52），此外，个别板间接缝还存在间隙过宽、填料脱落等病害。

③全桥共发现34处空心板间存在较为明显的错台（图11-53），错台高度介于2.0～4.0cm，其中4处错台是由于板间预拱度不同而引起，其他均为吊装过程调整桥面横坡而引起的错台。

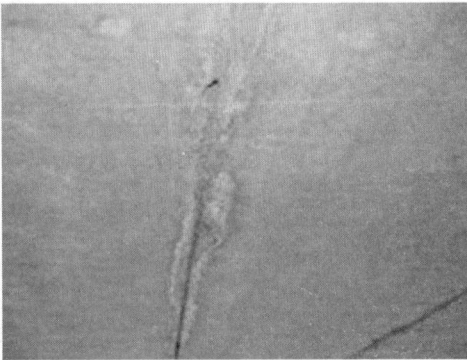

图11-52　板间接缝渗水泛白

图11-53　板间错台

④部分空心板板底混凝土保护层过薄，目视即可发现箍筋位置，全桥共发现74片空心板存在此类病害。

⑤部分边板外侧腹板或翼板底面还存在多处箍筋锈胀。

（2）下部结构病害

①该桥桥台为砌石结构，检查中发现砌石桥台存在较为严重的开裂，一侧桥台裂缝如图11-54所示，最大开裂宽度达到5mm，雨后砌石结构表面存在大量的水迹，并且桥台已经出现不均匀沉降，基础出现由于雨水冲刷引起的局部坍塌。

②在桥台台帽部位存在多处竖向裂缝和箍筋锈胀（图11-55）等病害。全桥各墩台顶均存在支座脱空现象，经统计，共88个支座发生脱空，其中45个支座完全脱空（图11-56），43个支座局部脱空。

a）开裂

b）漏水

图11-54 桥台开裂与漏水

图11-55 台帽箍筋锈胀

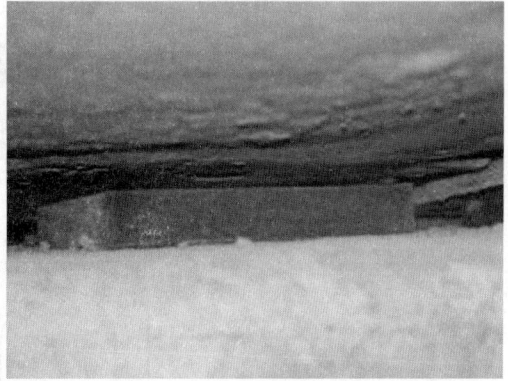

图11-56 支座完全脱空

（3）桥面系病害

①一端伸缩缝后端与路面过渡处出现横向开裂，并有局部有破碎，主要位于快车道和慢车道，开裂长度约5m。

②一端伸缩缝钢板条在慢车道处缺失（图11-57），且所有伸缩缝紧急停车带处均存在不同程度沙石堵塞。

图11-57 伸缩缝处钢板缺失

371

③两幅桥两侧护栏均存在不同程度的钢筋锈胀、局部混凝土剥落。

该桥整体评定等级为四类桥梁。

2）加固方案

加固设计主要针对桥台破损、开裂及梁板开裂和露筋进行加固。

（1）重新铺筑桥面铺装拆除原有桥面混凝土及沥青铺装。在板梁顶面钻孔植筋，布置桥面钢筋网，浇筑混凝土铺装，养护，铺设防水层，最后重铺沥青混凝土。在施工前，先检查板梁铰缝，若发现铰缝混凝土不密实、裂缝或空洞等病害，同时将铰缝凿除后重做，更换全桥伸缩缝。

（2）粘贴碳纤维布加固部分空心板梁。部分空心板梁出现较长纵向裂缝，裂缝宽度约0.2mm，采用在板梁底面粘贴碳纤维进行加固，限制结构裂缝继续发展，对全桥板底混凝土保护层过薄的板梁先涂抹阻锈剂，再在板底粘贴碳纤维布加固。加固方案如图11-58所示。

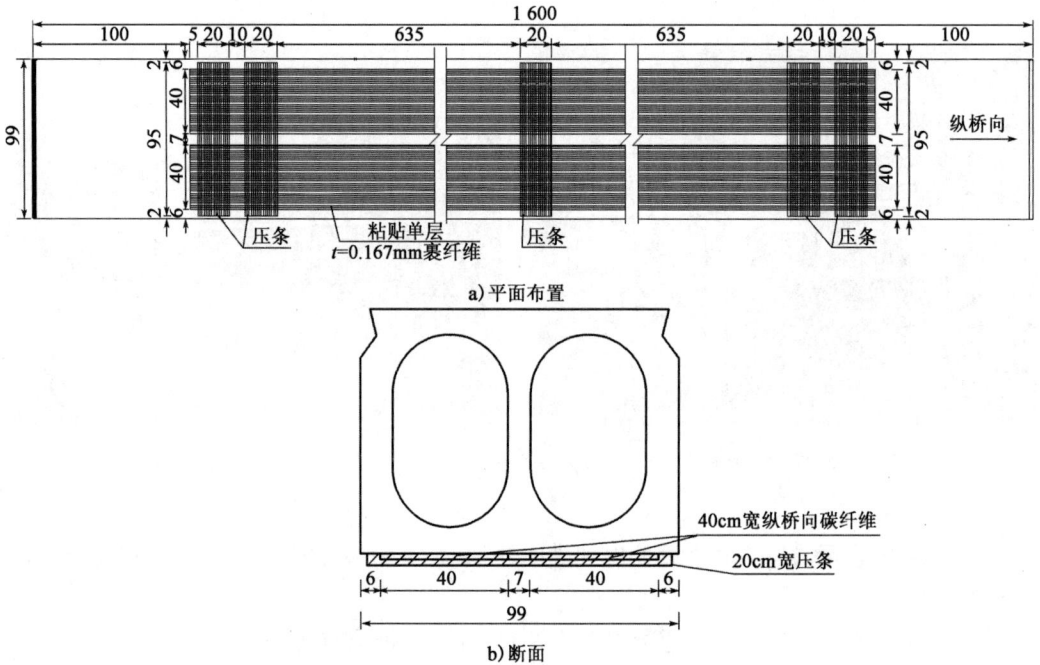

图 11-58　空心板抗弯加固方案（尺寸单位：cm）

（3）对石砌桥台出现的裂缝用压浆加固法维修整治。从下向上进行压浆，压浆完成后，对灰缝进行勾缝处理。灰缝压浆施工工艺如下：①采用1:2的无收缩水泥砂浆将裂缝表面封闭；②每隔40cm留设压浆孔，待表面封缝砂浆结硬后，用水灰比为0.8:1的无收缩水泥砂浆压灌裂缝，压浆压力为0.4～0.6MPa；③压浆时，压浆孔的相邻孔为排气孔，待排气孔回浆后，封堵压浆孔和相邻孔；④以此类推，完成全部压浆；⑤压浆完成后，对灰缝进行勾缝处理。

（4）桥台局部缺陷整治。对于块石损坏或者风化等处，采用环氧砂浆进行修补。施工时，先把破损部位打磨清理干净，然后在清理干净的表面上涂刷一层环氧树脂基液，最后用环氧砂浆修补复原缺陷部位。修补的部位表面用水泥浆进行装饰，使修补部位表面颜色与周围相近。桥台限制挡块的修复将挡块部分混凝土凿除，与空心板梁之间保持5cm空隙，将挡块裂缝进行封闭、修补。

（5）桥台前墙浇筑混凝土。为了加强结构整体性,在前墙浇筑混凝土。将砌块勾缝间注浆处理完成后,按要求植筋挂网,浇筑一层30cm厚的聚丙烯纤维混凝土。

3）加固实施与效果

加固实施主要为板梁底部粘贴碳纤维、桥梁铰缝的处理、重做桥面铺装及桥台压浆等,主要工艺过程如图11-59、图11-60所示。

图11-59 板底粘贴碳纤维布加固

图11-60 空心板铰缝重做

11.5.2 T形梁桥加固

1）工程概况

某桥梁上部结构为简支T形梁桥,跨径组合为$4 \times 16m + 10 \times 30m + 3 \times 16m$,跨度30 m为预应力混凝土T梁,跨度16m为普通钢筋混凝土T梁,桥面宽度12.50m,下部结构为双柱式桥墩。设计荷载等级为汽车—20级、挂—100级,该桥于1993年7月竣工通车,其结构现状如图11-61所示。

图11-61 桥梁结构现状

根据桥梁检测报告,该大桥主要病害如下:

（1）主桥预应力T梁未发现有明显裂缝,表面有少许小孔洞及轻微的麻面现象。大部分16m跨度T梁梁体均出现较多裂缝,且各跨情况类似,其中以第4跨、17跨情况较为严重。第4跨各梁均有多条斜向、竖向裂缝出现,其中$L/4$、$3L/4$（L为跨度）区域各有$4 \sim 6$条斜裂缝,长度介于$50 \sim 110cm$,宽度介于$0.15 \sim 0.35mm$,$L/4 \sim 3L/4$范围内有近30条竖向裂缝,长度介于$22 \sim 100cm$,宽度介于$0.15 \sim 0.42mm$,腹板两侧裂缝位置均对称出现;第17跨$3L/4$处各梁均有 2~6 条斜裂缝,长度最长有 100cm,裂缝宽度约 0.2mm,其中 5 号梁 3L/4 至 17 号台侧梁端共有 9 条斜裂缝。部分梁体裂缝分布如图 11-62、图 11-63 所示。部分梁体有混凝土缺损露筋现象,外露钢筋锈蚀严重。部分梁体翼板有出现裂缝或缺损露筋开裂现象,翼板间接缝局部有出现混凝土剥落及渗白浆现象。

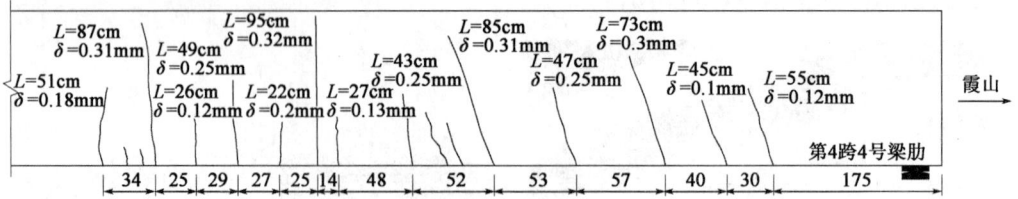

图 11-62　第 4 跨 4 号梁裂缝分布(尺寸单位:cm)

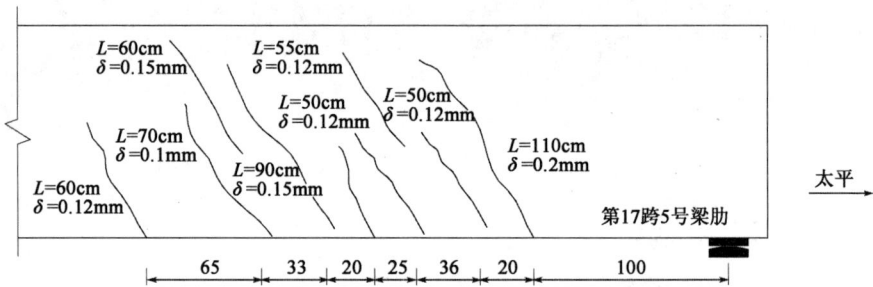

图 11-63　第 17 跨 5 号梁 3L/4 处斜裂缝分布(尺寸单位:cm)

(2)全桥多处横隔板有出现接缝开裂、混凝土剥落及露筋现象,其中两侧引桥部分横隔板情况较为严重,如其中第 15 跨 3L/4 处横隔板 5 号梁、6 号梁间接缝处有两根搭接钢筋已断裂(图 11-64);第 17 跨 3L/4 处横隔板各接缝处底部均有开裂破损现象,局部有露筋现象,最大破损面积为 $20 \times 8(\mathrm{cm}^2)$;主桥部分各跨横隔板部分湿接缝处均有出现砂浆开裂、混凝土剥落,搭接钢板外露且锈蚀。

图 11-64　横隔板接缝处搭接钢筋断裂

(3)桥面部分在 T 梁翼板接缝处均有明显的纵向裂缝,裂缝基本连续贯通桥跨,缝宽达到 2mm;引桥的各墩顶均有横向裂缝,最大缝宽达到 3mm;全桥桥面磨耗较严重,主要分布在中间主车道,尤其是两侧引桥部分纵坡较大,桥面基本磨光且有许多小坑槽;桥面有较为严重的网裂现象,局部形成小坑槽。全桥伸缩缝均有大量泥沙堵塞,且伸缩缝两侧角钢严重锈蚀,全桥两侧护栏,局部有混凝土胀裂、剥落及露筋且锈蚀现象。

(4)跨度16mT梁部分,各弧形钢板支座均有严重锈蚀剥落现象,部分铰支座滚动面锈蚀、干涩,自由转动受限制[图11-65a)];主桥各墩顶各梁橡胶支座均有不同程度的剪切变形现象,个别支座还出现老化、开裂及轻微外鼓现象,橡胶支座钢垫板均有出现锈蚀现象,如14跨各梁14号墩顶支座均有剪切变形,其中1号梁及5号梁支座剪切变形较为严重,变形量10~20mm,如图11-65b)所示。

a)钢板支座锈蚀 b)支座剪切变形

图11-65 支座病害

(5)部分盖梁出现混凝土胀裂、剥落及露筋锈蚀现象,3号、15号、16号盖梁墩顶负弯矩区出现竖向裂缝,最大裂缝宽度0.32mm,如图11-66所示。

(6)全桥大部分墩柱柱身及墩柱间横系梁出现混凝土胀裂、剥落及露筋现象,大多数病害出现在墩柱下部,裂缝宽度较大,钢筋外露锈蚀,混凝土胀裂脱落破损(图11-67)。

图11-66 墩顶盖梁混凝土剥落露筋 图11-67 墩柱混凝土剥落露筋

(7)0号台背墙左侧有1条斜裂缝,从左侧侧墙往里延伸,裂缝长约600cm,宽度为0.5~1mm,裂缝部分有渗白浆现象;17号台背墙1号梁对应处有1处露筋,外露钢筋严重锈蚀,长度为60cm;全桥桥台两侧锥坡及台前护坡均有下沉现象。

(8)水下桩基础经探摸检查基本完好,未见冲刷淘空现象,混凝土结构良好。

2)加固方案

整体加固方案如图11-68所示,包括上部结构的抗弯加固、抗剪加固、横隔板补强,以及墩柱、盖梁、系梁外包混凝土加固等。

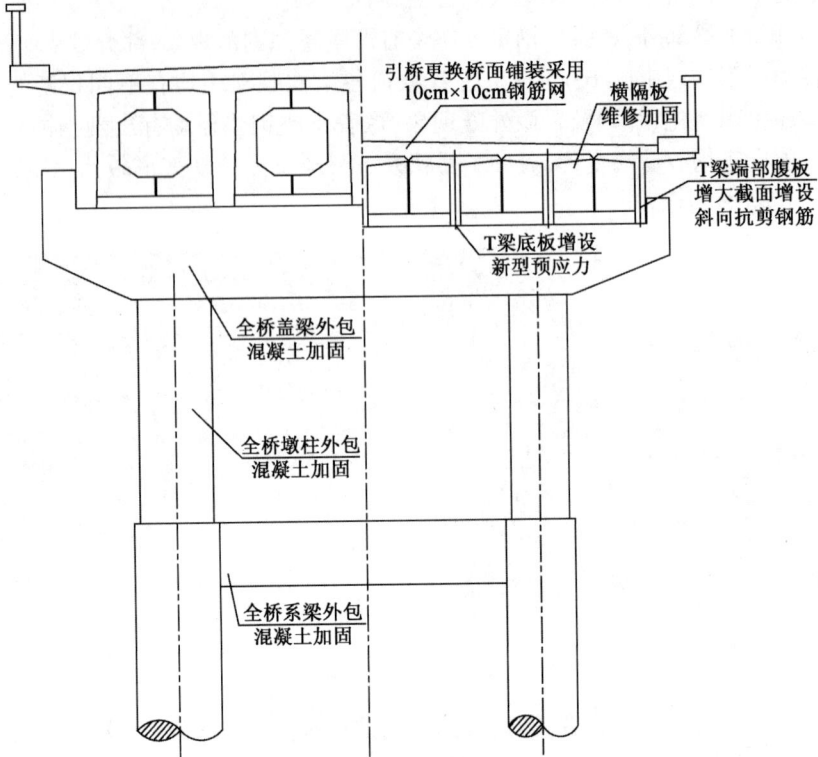

图 11-68　总体方案

（1）抗弯加固

对跨度 16m 的 T 梁采用预应力高强钢丝绳外加层进行抗弯加固（图 11-69），通过在 T 肋底部及两侧粘贴预应力锚具,安装、张拉两层 $\phi6.2mm$ 预应力高强钢丝绳,可以同时提高主梁的开裂荷载、刚度、屈服荷载、最大承载力,加固后的主梁一般不会发生黏结破坏,可以使加固材料强度得到充分发挥,承载力提高幅度明显,而且具有很好的延性。

（2）抗剪加固

对跨度 16m 的 T 梁采用增大截面进行抗剪加固（图 11-70）,在 T 梁端部腹板上植入连接筋,浇筑外包混凝土增大 T 梁腹板厚度,并增设结构钢筋,提高 T 梁截面抗剪能力。

（3）横隔板补强

对跨度 30mT 梁横隔板进行混凝土局部修补处理。

对跨度 16mT 梁横隔板进行增大截面加固（图 11-71）,对于出现不同程度的破损、露筋现象,横隔板加固时,应先凿除原桥横隔板接缝段破损混凝土,在基底混凝土植入钢筋,然后重新浇筑隔板混凝土。

（4）墩柱、盖梁、系梁外包混凝土加固

针对墩柱、盖梁、系梁受腐蚀环境影响,钢筋锈蚀开裂、混凝土脱落破损等病害情况,采取外包混凝土加固的方法,通过在原构件混凝土内植入连接钢筋,浇筑外包混凝土增大构件截面,在增大截面混凝土内补配受力钢筋,并掺入阻锈剂,达到加固补强的目的。在新增截面上加强受力钢筋,并将新增截面的连接钢筋植入原结构,以保证新增截面能与原结构共同受力,加大截面均采用 C40 小石子混凝土。墩柱的外包混凝土加固方案如图 11-72 所示。

侧面（未示侧面预应力钢丝绳）

1 596

1 396

100

100

M16螺栓

M16螺栓

B

聚合物砂浆

11孔张拉
端锚座

10孔P锚
锚座

高强预应力
钢丝绳

11孔P锚锚座

10孔张拉
端锚座

聚合物砂浆

A

B-B

钢丝绳

M16螺栓

M16螺栓

22

18

钢板

钢板

100

1 396

100

1 596

a) 立面与平面

A-A （未示螺栓）

158

110

22

预应力高强钢丝绳

砂浆防护层

b) 断面

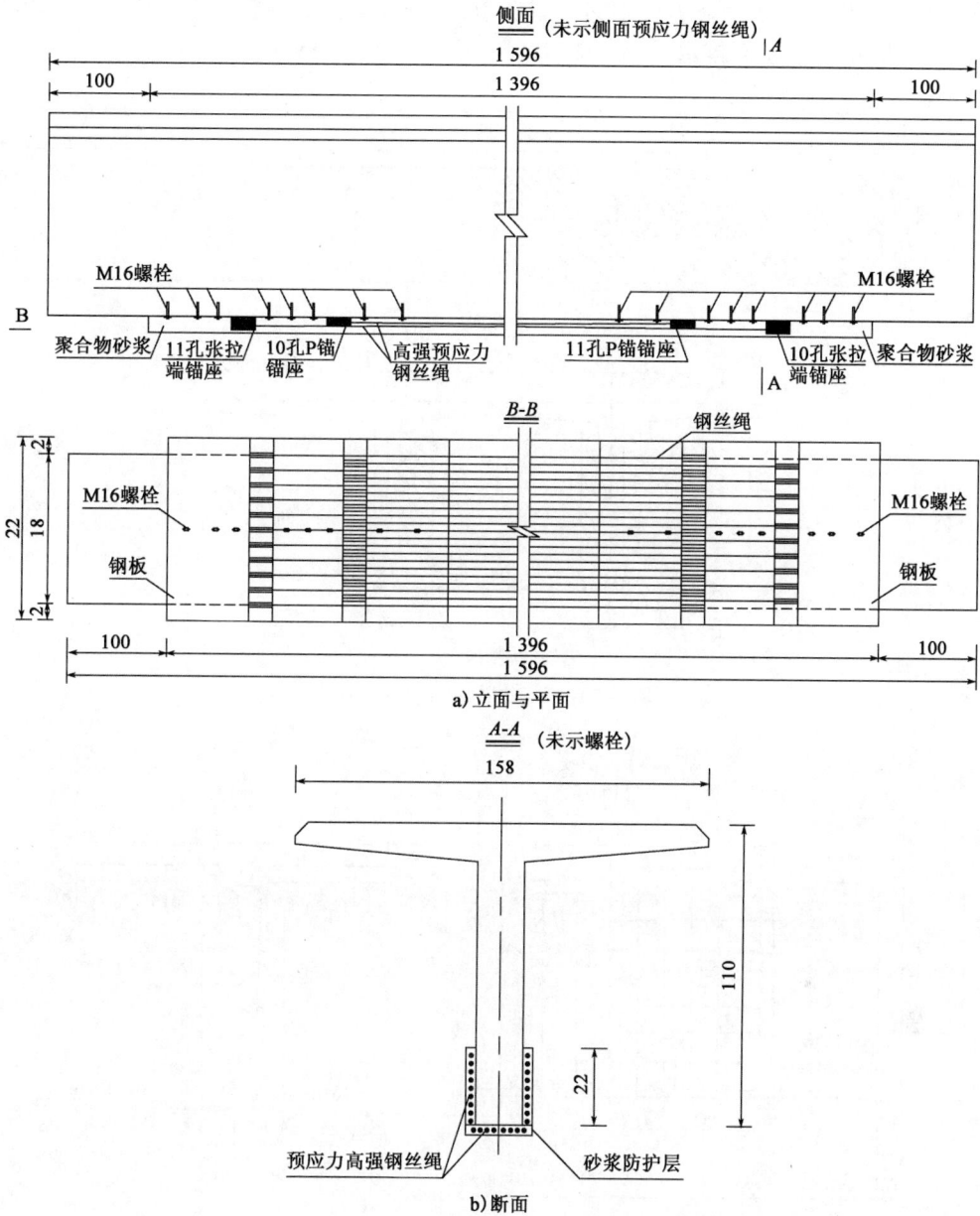

图 11-69　抗弯加固（尺寸单位：cm）

（5）桥面铺装

桥面铺装层磨损严重，桥面有比较严重的网裂现象，局部形成小坑槽；T梁翼板湿接缝处均有明显的纵向裂缝，裂缝基本连续贯通桥跨，各墩顶均有横向裂缝；两侧混凝土护栏多处出现混凝土剥落、钢筋外露锈蚀现象，需立即进行维修。综合考虑桥面铺装病害现状，采取更换引桥桥面铺装层。

施工时，人工拆除引桥旧桥面铺装层及湿接缝混凝土，拆除时注意保留湿接缝及桥面连续处预埋钢筋，在桥面板上钻孔植筋，铺设单层钢筋网，重做桥面连续钢筋，重新浇筑水泥混凝土桥面补强层，湿接缝混凝土与桥面铺装混凝土浇筑成整体。此部分桥面铺装作为结构补强层与主梁一起参与受力,既提高了主梁的承载能力,也提高了桥面的整体性和防裂、抗渗能力。清理全桥泄水孔,恢复桥面排水系统功能。

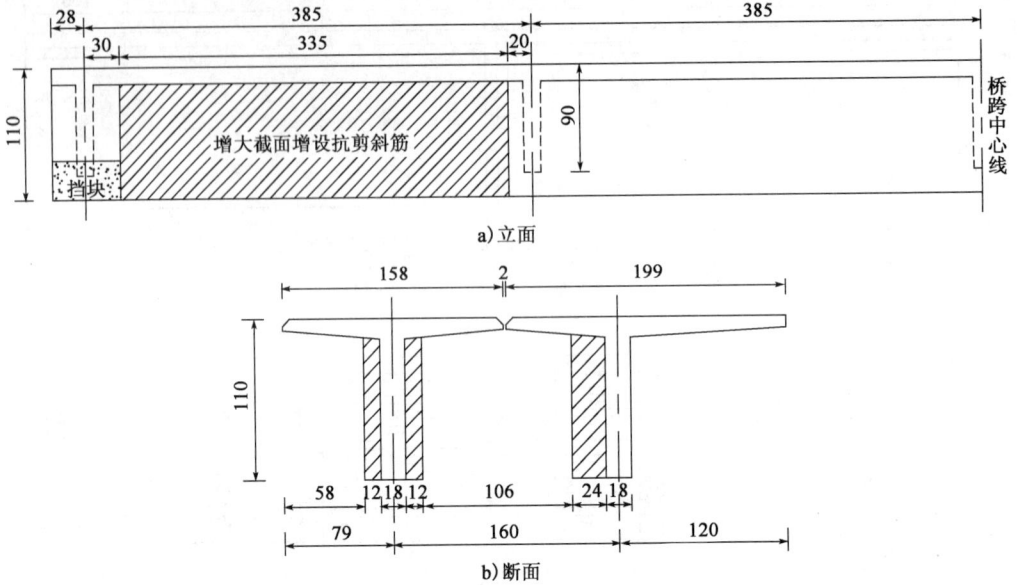

a) 立面

b) 断面

图 11-70　抗剪加固(尺寸单位:cm)

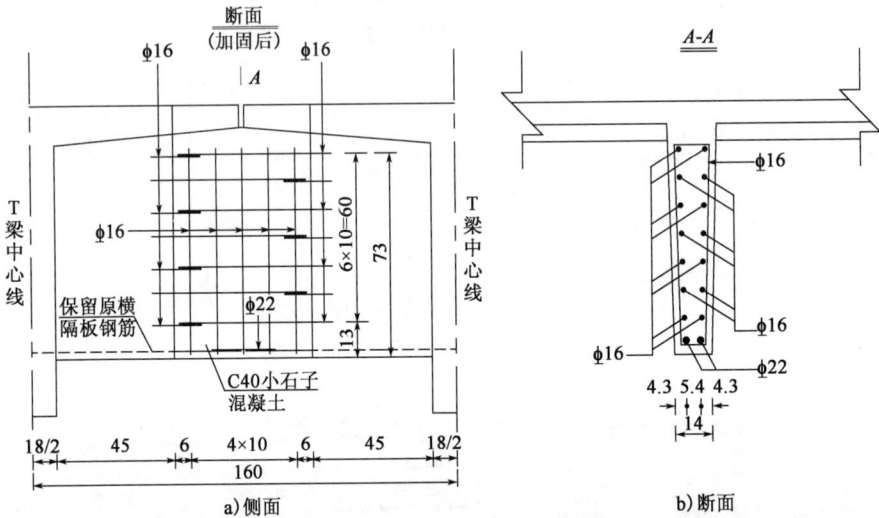

a) 侧面

b) 断面

图 11-71　横隔板加固(尺寸单位:cm)

(6) 更换支座

考虑 T 梁结构的特点,将原引桥弧形钢支座统一更换为板式橡胶支座。具体更换方案为:将 T 梁同步顶起一定高度,拆除原弧形钢支座,保证更换的支座与原弧形钢支座高度一致。测量梁底与盖梁顶面的竖向高度,根据测量的高度确定能否用超薄千斤顶直接放在梁下顶升,由此确定施工方案。应尽可能利用原有桥梁的桥墩、盖梁和桥台进行顶升作业,若梁底间距太小,可将盖梁顶面部分混凝土凿除至能够放下千斤顶。也可采用搭设顶升支架或在盖梁上设置牛腿顶升梁体(图 11-73)。

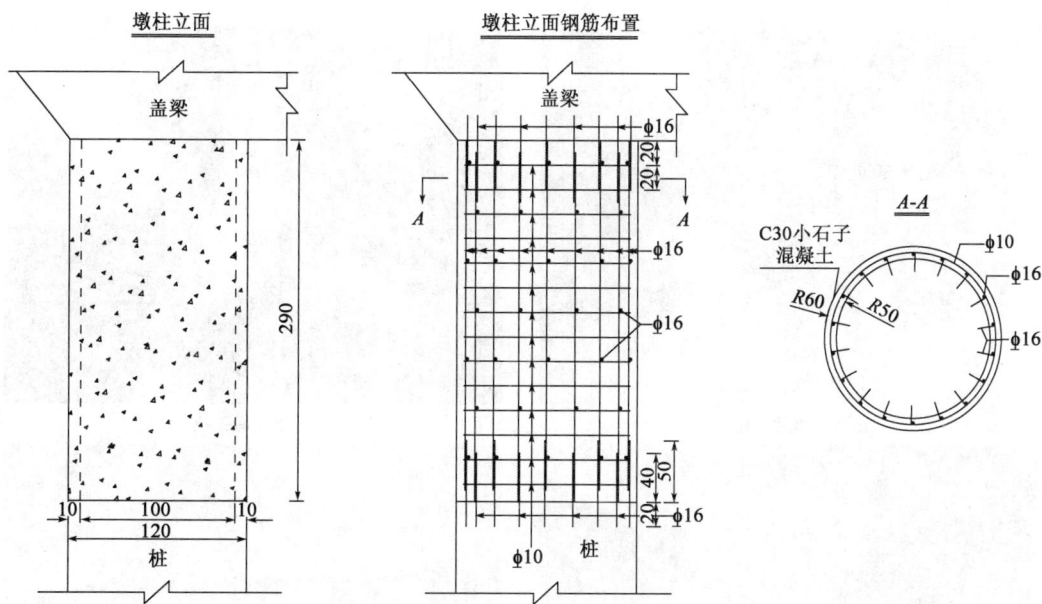

图 11-72 墩柱外包混凝土加固(尺寸单位:cm)

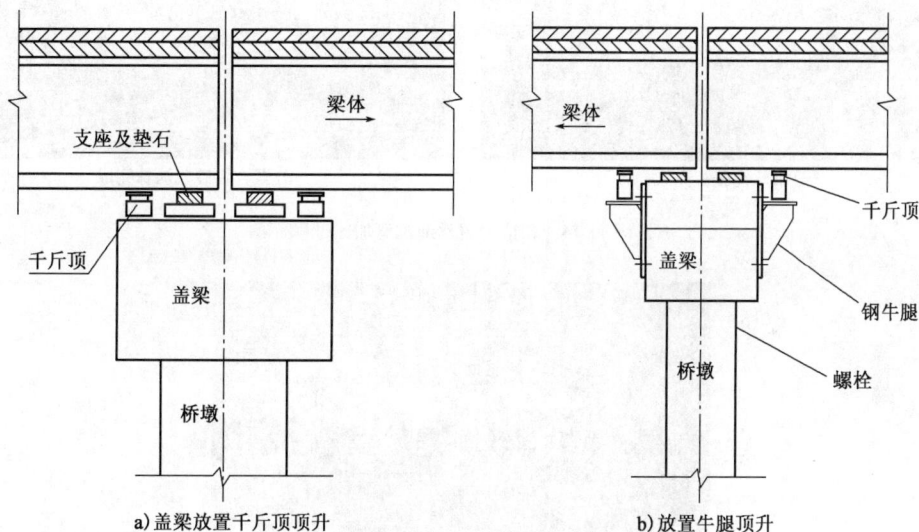

a) 盖梁放置千斤顶顶升　　　　　　　b) 放置牛腿顶升

图 11-73 支座顶升方案

(7)其他病害处理

凿除全桥各混凝土构件局部剥落、疏松、腐蚀等劣化混凝土,对外露锈蚀钢筋除锈,然后用环氧砂浆进行修补。对所有宽度≥0.15mm的裂缝进行灌浆处理,灌浆胶采用优质A级环氧灌缝胶。对所有宽度<0.15mm的裂缝进行表面封闭处理。

3)加固效果

通过对该桥梁上部结构的抗弯加固、抗剪加固、横隔板补强,以及下部结构墩柱、盖梁、系梁外包混凝土加固等,桥梁的承载力及刚度都得以显著提高,现桥梁结构工作性能良好,满足设计要求,通过荷载试验检测,证实了加固起到了明显效果。预应力钢丝绳抗弯加固过程及支座更换过程分别如图11-74、图11-75所示。

a)钢丝绳锚头制作

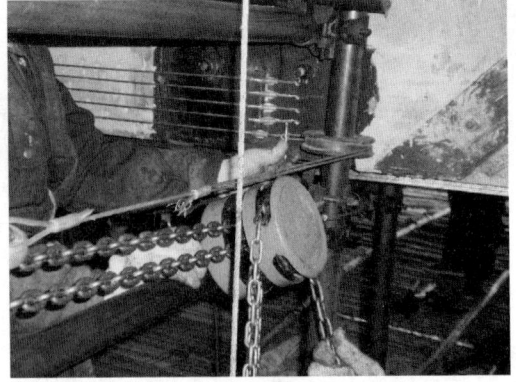

b)钢丝绳张拉

c)钢丝绳张拉完成

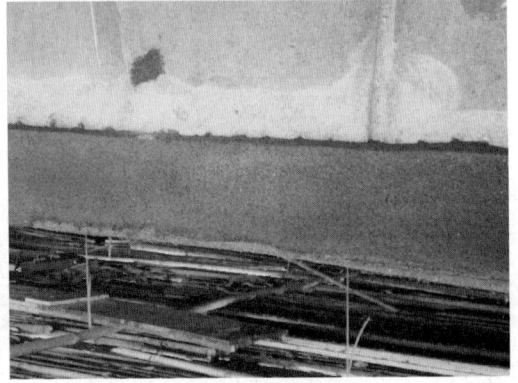

d)聚合物砂浆涂抹完成

图 11-74 预应力钢丝绳抗弯加固过程

图 11-75 支座更换过程

11.5.3 连续梁桥加固

1)工程概况

该桥梁为 55m + 90m + 55m 的三跨预应力钢筋混凝土连续箱梁(图 11-76),箱梁横截面采用单箱单室。截面主要尺寸如下:箱梁顶部全宽 11.4m,两侧悬臂板 2 × 2.7m,底板宽 6.0m;主墩墩顶处截面梁高 5m,跨中截面梁高 2.5m;底板厚 25 ~ 60cm(跨中 ~ 墩顶);腹板厚 30 ~

60cm;采用挂篮悬臂浇筑,纵向预应力采用 $7\phi_j15$ 低松弛钢绞线,XM15-7 型锚具,张拉控制力1 132.7kN。后因在箱梁内敷设了供水管道与高压电缆,对底板束进行了设计变更,变更后底板束均采用 $9\phi_j15$ 低松弛钢绞线,XM15-9 型锚具。竖向预应力采用 $24\phi_s5$ 钢束,一端为镦头锚,另一端采用 F 式锚具,张拉控制力为 553.4kN。纵向成孔采用镀锌钢带加工的波纹管、竖向采用预埋铁皮管。

图 11-76　结构整体

下部结构交界墩采用悬臂式盖梁、薄臂空心墩身,$4\phi1.2m$ 的钻孔灌注桩基础。主墩采用薄臂空心墩身,$6\phi1.5m$ 钻孔灌注桩基础。由于主、交界墩覆盖层较薄,桩基础按刚性框架嵌岩桩设计,主墩桩基嵌入新鲜基岩不少于6m,交界墩桩基嵌入新鲜岩不少于4m。

对该桥进行的检测结果表明,其主要病害如下:

对桥梁线形的测量结果表明,该桥桥面线形现状较差,主桥跨中下挠十分严重,已成为全桥的最低点,相对于主跨的主墩,下挠量值约为94mm,为主跨的 1/957。线形现状对行车性能及桥梁结构的使用性能产生了明显的影响(图 11-77)。

主桥箱梁顶板上有较多的、不连续的纵向裂缝,缝宽 0.05 ~ 0.25mm,大多数裂缝在0.2mm以下,有少数裂缝宽度在 0.2mm 以上,主桥 90m 跨靠近合龙段的箱梁的底板上有一些不规则裂缝,裂缝宽度均在 0.2mm 以下,主桥箱梁腹板上未发现裂缝(图 11-77)。

a)主桥箱梁跨中明显下挠　　　　　　　　b)主桥箱梁顶板纵向裂缝

图 11-77　箱梁病害

箱梁底板有几处混凝土剥落、露筋;跨中合龙段处较为严重,主桥箱梁内有多处不符合桥梁运营维护的规定,如多处模板未拆、箱梁内有高压电缆穿过、箱梁内有大的输水管穿过等,这些都增加了桥梁的负荷。

检测结果显示支座、伸缩缝状况均良好,工作正常。混凝土钢筋保护层检测满足规范要求。用回弹法检测主桥混凝土强度推定值为31.57MPa,低于设计要求,施工质量较差。

2)加固方案

根据该桥梁的病害情况,经过计算分析,具体方案如下:

(1)箱梁体外预应力加固

由于该桥梁箱梁跨中明显下挠,需采用主动加固技术减小跨中挠度。故拟采用体外预应力加固箱梁,所设置的体外预应力是底板束,沿着箱梁底板布置,减小、限制跨中下挠和承担新增荷载,主跨设10束,每束采用$7\phi_j15.24$的无黏结镀锌钢绞线,钢束的张拉控制应力采用标准强度的50%,张拉力为91.1t。体外预应力束设置了5层防护,主要包括钢绞线镀锌、钢绞线表面油脂、钢绞线PE套、钢束HDPE套以及套内灌注的防腐油脂。体外预应力束通过在新增设的横隔板和齿板上锚固,用横隔板预留孔和限位装置固定钢束的位置及走向(图11-78)。新增设的横隔板和齿板设置时,将箱梁腹板、底板与横隔板和齿板交界面凿毛,通过接触面植筋,提供锚固抗力。

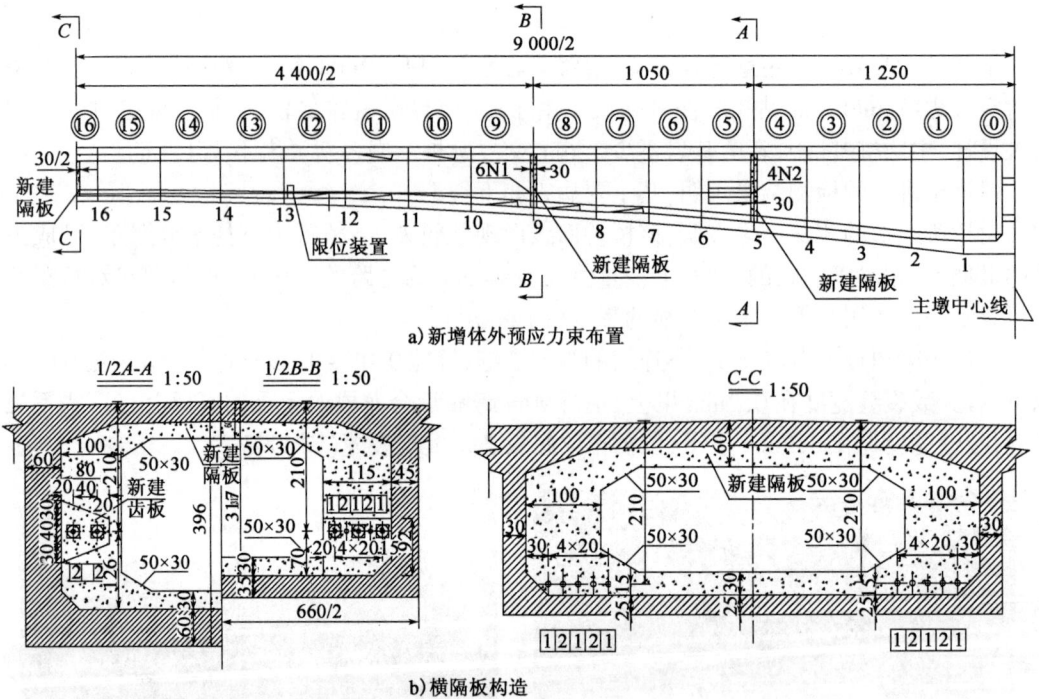

a)新增体外预应力束布置

b)横隔板构造

图11-78 体外预应力束加固(尺寸单位:cm)

(2)箱梁裂缝、局部缺陷修复

箱梁裂缝将使结构刚度降低,加速钢筋和预应力钢束的锈蚀,降低结构的耐久性,同时使截面应力发生重分布,导致箱梁较为薄弱的部位产生新的裂缝,并使原有裂缝的长度和宽度继续发展。因此,应封闭箱梁顶板、底板裂缝,修复混凝土缺陷,凿除疏松混凝土,提高结构现存的刚度和整体性。

混凝土裂缝采用黏度低、可灌性好、韧性好、固化后体积收缩小、固化时间可按施工工艺要求调节及耐久性好的树脂类材料进行灌缝。对于孔洞、蜂窝、麻面等缺陷,先将表面疏松混凝土凿除,采用丙乳砂浆修补。尤其跨中合龙段的浇筑不密实和漏筋处,应先将表面封闭后,再压入环氧混凝土,应注意压浆孔和出浆孔的设置,具体位置以施工方便为宜,但应保证压浆充分。

（3）箱梁顶板加固

在箱梁顶板内侧粘贴横桥向的碳纤维布（图11-79）,碳纤维布采用厚0.167mm（300g/m^2）的I级纤维布,其规格和性能指标应符合桥梁加固设计规范的规定,同时,粘贴用胶黏剂的胶结面抗拉强度应大于2.5MPa或发生混凝土黏聚破坏。

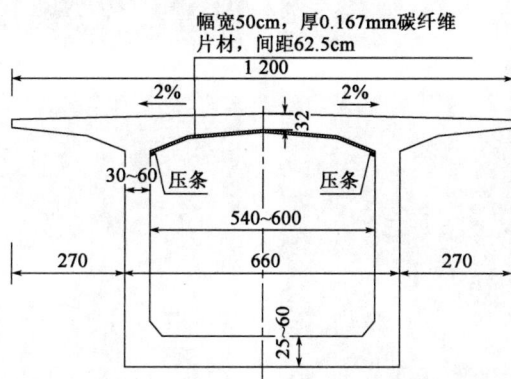

图11-79 粘贴碳纤维横向加固(尺寸单位:cm)

（4）新建桥面铺装层

由于该桥梁箱梁跨中明显下挠,为了顺平桥梁线形,需结合加固改造进行桥面的找平处理,改造方案为凿除原桥面混凝土,新建钢筋混凝土铺装层,路面双向横坡2%,平均厚度10cm。为保证新建混凝土铺装层与原桥面相连,在原桥面植入直径12 mm抗剪筋,间距500mm,呈梅花形布置,桥面布置双向直径12 mm、间距100mm的钢筋网,浇筑混凝土前对原桥面凿毛,并清理桥面,喷洒适量水,保持工作面湿润而无积水。

3）加固实施与效果

在粘贴碳纤维布、张拉体外预应力钢束工序时全幅封闭交通,其余施工期间要求半幅封闭施工。具体施工顺序如下:

（1）施工前测量桥面现有线形,用于桥面铺装时,控制线形。

（2）封闭半幅交通,移除箱梁内水管、电缆及施工垃圾,修补裂缝及混凝土表面缺陷。

（3）凿除半幅桥面铺装及防撞护栏。

（4）箱梁体外预应力施工。

（5）主桥箱梁顶板粘贴碳纤维布。

（6）浇筑施工一侧人行道各设施及半幅桥面铺装。

（7）达到养护要求后,开放此半幅交通,封闭另外半幅交通。

（8）凿除另外半幅桥面铺装及防撞护栏,然后浇筑施工人行道各设施及半幅桥面铺装。

体外预应力加固箱梁过程如图11-80所示;箱梁粘贴碳纤维如图11-81所示;加固完成后效果如图11-82所示;完成后桥梁的状况显著改善,达到了加固的目标需求。

a)齿板

b)横隔板

c)张拉过程

d)张拉锚固完成

e)张拉完成的体外预应力筋

图 11-80　体外预应力加固箱梁

11.5.4　桁架拱桥加固

1)工程概况

该工程为钢筋混凝土桁架拱桥,位于江苏省昆山市,于 1999 年设计建造,跨径 40m,矢跨比 1/8,设计荷载等级为汽—15,挂—80,结构横向由 4 个拱架拱组成,桁架拱横向轴线间距 2.84m,净距 2.34m,拱架之间由钢筋混凝土连系梁连接,桥面宽度车行道 7.0m,人行道 0.75m,桥面平均纵向坡度 3.5%。桁架拱桥整体结构情况如图 11-83 所示。

图 11-81 箱梁粘贴碳纤维

a) 左半幅

b) 右半幅

图 11-82 加固完成后效果

图 11-83 结构整体

根据现场检测,由于交通量增大、超载、桥梁年久老化等因素,大桥的上部结构包括拱肋、斜杆、横系梁、弦杆、桥面板等主要构件均出现了大量的病害(图11-84)。病害类型包括混凝土裂缝、破损、剥落、露筋等,部分构件缺损面积较大,外露主筋锈蚀较严重,部分微弯板底面存在开裂现象,裂缝最宽处 3.0～4.0mm,部分微弯板还出现混凝土破损、剥落及露筋现象,外露钢筋均严重锈蚀。

这些病害对结构的安全性和耐久性均造成较大的危害,需要进行受力分析与加固处理。

a)拱肋

b)斜杆

c)横向连系梁

d)桥面板

图 11-84　桁架拱桥构件典型构件病害形式

2)加固方案

根据活载横向分布系数计算结果,选取受力最为不利的边拱肋进行结构分析。建模时,所有杆件利用梁单元建立。拱肋实腹段与桁架部分采用铰接,两端拱脚处设固定支座。最终建立的边拱模型共计 35 个节点,56 个单元,如图 11-85 所示。对建立的模型执行有限元计算分析,根据结构关于跨中截面对称的特征,选取左半结构(1~28 号单元,编号如图 11-85 所示)进行分析,按照内倾斜杆、外倾斜杆、上弦杆、下弦杆、跨中实腹段 5 种不同杆件类型,分别列出在最不利荷载组合下 1~28 号杆件 1/2 截面处的内力。

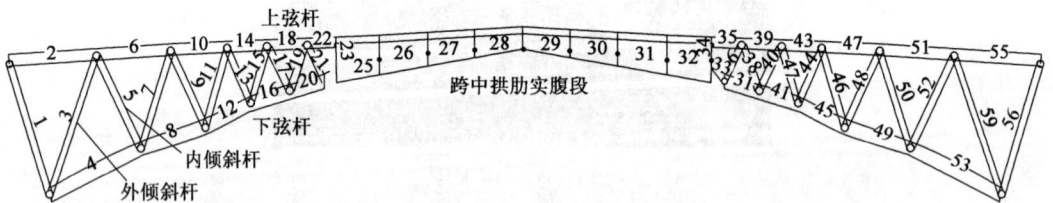

图 11-85　桁架拱计算模型及杆件编号

(1)内倾斜杆

内倾斜杆(1,5,9,13,17,21)除 1 号杆受压,其余均受拉力,且相对于轴力,其弯矩和剪力均较小,故主要应对其进行抗拉加固,提高其抗拉承载能力。

(2)外倾斜杆

由图 11-86 可看出,外倾斜杆(3,7,11,15,19)均受压力,且相对于轴力,其弯矩和剪力同样均较小,故主要应对其进行抗压加固,提高其抗压承载能力。

(3)上弦杆

上弦杆(2,6,10,14,18,22)除 2 号杆受拉力,其余均受压力;上弦杆在承受轴力之外,还承受了局部荷载产生的弯矩,其数值从跨中向两边逐渐增大,尤其是靠近两边的节间,其跨度较大,节间的跨中弯矩效应影响较大,故主要应对其进行抗弯增强。同时,上弦杆两端承受一定的剪力,在其与斜杆交接的临近区域,应进行抗剪加固。

(4)下弦杆

下弦杆(4,8,12,16,20)均承受较大压力,其中,靠近拱脚处的 4 号杆还承受较大的剪力和弯矩,应同时增强其截面承载力与刚度。

(5)跨中实腹段

跨中实腹段(25,26,27,28)承受较大弯矩、轴力和一定的剪力,实际为偏心受压构件,正截面承载能力需要提高,相对于实腹段较高的截面和较大的截面面积,其弯矩是主要需要应对的荷载。

考虑纤维增强材料(FRP)轻质高强的特点,本工程选取碳纤维布(CFRP)作为主要加固材料进行主要受力杆件的抗拉、抗压、抗弯加固,对同时承担较大弯矩、轴力与剪力的下弦杆采用背部外包钢筋混凝土增大截面法加固,如图 11-86 所示。对横系梁采用恢复损坏横系梁,增设钢剪刀撑,增强主拱横向连接,提高桥梁结构整体性。其各杆件加固量的大小,根据前文承载能力极限状态组合作用下的内力与构件现有承载力对比确定。具体方案如下:

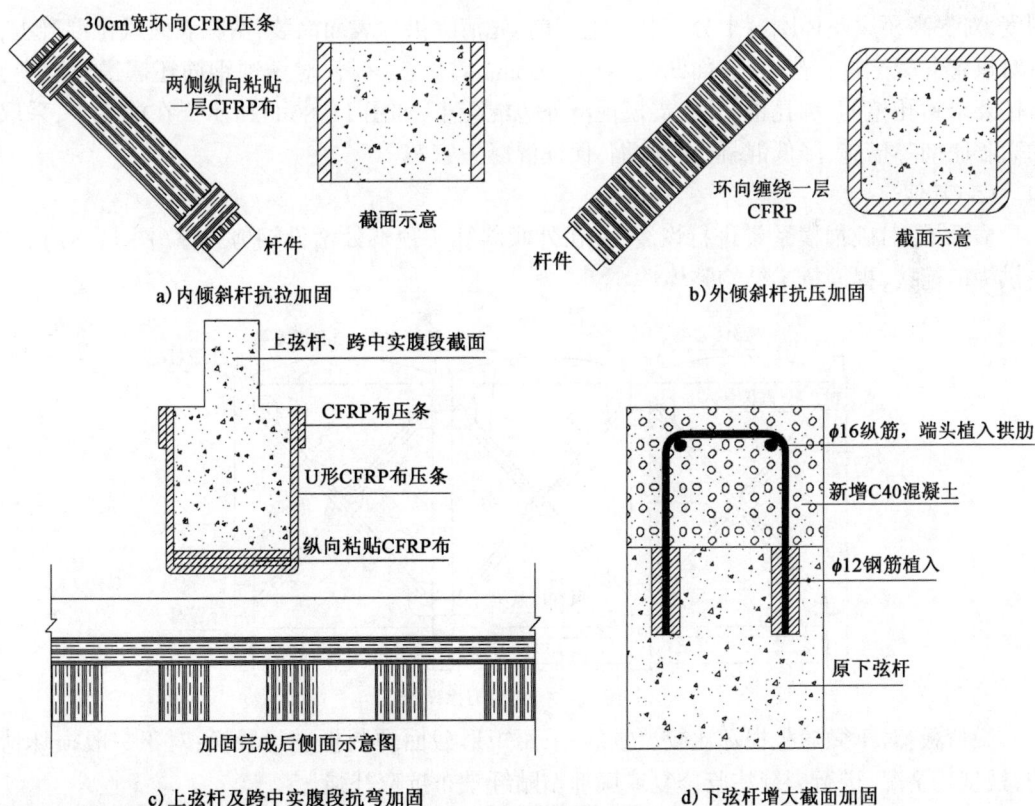

图 11-86 杆件加固图

（1）内倾斜杆

内倾斜杆（5,9,13,17,21,除1）承受拉力，在杆件内、外两侧各粘贴1层CFRP布，对其进行抗拉加固，弥补承载力的不足及钢筋的锈蚀，如图11-86a）所示。为防止纵向纤维在受力过程中的剥离破坏，在杆件两端环向粘贴30cm宽CFRP布进行锚固，确保纵向纤维与杆件混凝土的全过程共同受力，充分发挥纤维布材料的高强度。

（2）外倾斜杆

外倾斜杆（3,7,11,15,19）承受压力，在杆件上环向缠绕1层CFRP布，对其进行抗压加固，如图11-87b）所示。施工时，先对杆件的4个棱角进行倒圆角，圆角半径不小于25mm，再缠绕粘贴CFRP布，纤维方向沿着杆件环向，环向搭接长度不小于20cm，杆件混凝土在纤维布包裹之下处于三向受压状态，受压承载力及延性得到有效的提高。

（3）上弦杆及实腹段

上弦杆（2,6,10,14,18,22）及跨中实腹段（25,26,27,28）主要受弯，在杆件底面受拉侧纵向粘贴1~2层纤维布进行抗弯加固，如图11-86c）所示。施工时，同样需先对杆件两侧棱角进行倒圆角处理，再粘贴纤维布，底部纵向纤维布粘贴完毕，在其外侧设置20cm宽间隔20cm净距的U形CFRP条带对纵向纤维进行锚固，并采用10cm宽CFRP压条沿纵向粘贴于U形CFRP条带的末端，锚固U形CFRP条带。

（4）下弦杆

下弦杆（4,8,12,16,20）主要受压，同时承受一定的弯矩，鉴于其截面较为薄弱且易于施工处理的特点，对其背面外包15cm厚钢筋混凝土增大截面加固，可同时有效提高其承载力和刚度，对提高桥梁整体刚度十分有利。施工前，先清除拱片表面涂装，凿除表面风化混凝土，随后对拱背混凝土进行凿毛，表面凹凸不小于6mm，露出粗集料，对锈蚀钢筋还需进行除锈，随后按要求钻孔植筋，绑扎钢筋网，支模现浇外包混凝土，如图11-86d）所示。在施工中，采取添加微膨胀剂等措施，降低混凝土的收缩，保证混凝土密实。

（5）其他

横系梁：对破损横系梁进行恢复，并在外倾斜杆7顶端处增设钢剪刀撑（图11-87），增强主拱横向连接，提高桥梁结构整体性。

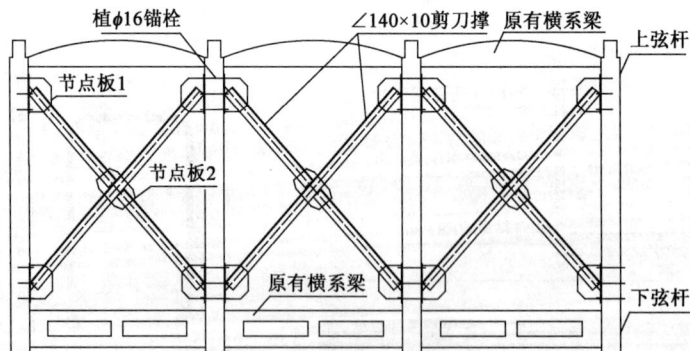

图11-87　钢剪刀撑设置

微弯板：对于微弯板损坏比较严重的，采用矩形截面预制板进行置换；对于一般损坏情况的，视现场情况，进行裂缝注胶修复或底部粘贴纤维布抗弯补强。

铺装层：拆除原有铺装层及微弯板上填平层，通过在微弯板、拱肋实腹段及上弦杆顶部植

入 $\phi16$ 钢筋,与新浇筑桥面补强层钢筋网绑扎连接,实现新旧结构层的共同工作;新浇筑桥面补强层内铺设 $\phi12$ 间距 $10cm \times 10cm$ 单层钢筋网,在拱顶附近增设 $6\phi18$ 负筋减小混凝土受压区高度,且在路面与桥梁连接处增设伸缩缝,伸缩缝两端不小于 $30cm$ 范围采用高强度耐冲击钢纤维混凝土。

3)加固效果

(1)通过对钢筋混凝土斜杆桁架拱桥的有限元计算,分析了斜杆桁架拱桥各类杆件的受力特征,即内倾斜杆受拉力为主,外倾斜杆受压力为主,上弦杆及跨中实腹段以受弯为主,而下弦杆以承受压力及弯矩为主。

(2)钢筋混凝土斜杆桁架拱桥的加固应依据各杆件的受力特征进行优化,即对内倾斜杆在内、外两侧纵向粘贴 CFRP 布进行抗拉加固,对外倾斜杆在其表面环向粘贴 CFRP 布进行抗压加固,对上弦杆及跨中实腹段在其底面粘贴 CFRP 布进行抗弯加固,对截面薄弱的下弦杆以增大截面法增强其承载力与截面刚度。在粘贴 CRRP 布加固时,构造措施是保证加固效果的关键因素,如截面棱角倒圆角以减小应力集中、U 形 CFRP 条带及纵向压条防止 CFRP 剥离破坏。

(3)除了针对各个杆件的加固,对于斜杆桁架拱桥加固,同时应注重增加整体横向刚度,即增加横向刚度即提高横向各桁架拱片之间的均匀受力能力、减小单个杆件的内力。具体可采取增设横系梁、重新铺设铺装层、加强新旧结构层的连接等措施。

(4)为减小后加补强材料应变(应力)滞后的影响,结构主要杆件的加固(粘贴纤维布、增大截面)结合铺装层和微弯板的拆除改造进行,在最大程度卸载情况下进行构件的加固。

11.5.5 刚架拱桥加固

1)工程概况

该工程为刚架拱桥(图 11-88),于 1998 年 1 月竣工通车,大桥总长 281.12m,桥面净宽 12m。上部结构为 5~50.6m 刚架拱,净跨径为 45m,矢跨比为 1/8,两桥台范围为 9.0m 跨矩形梁,截面尺寸同弦杆。桥台为前倾式空腹式桥台,群桩基础。设计荷载为汽车—20、挂车—100。

图 11-88 结构整体

根据检测报告,该桥梁主要病害(图 11-89)如下:

(1)主拱腿

主拱腿外观总体质量良好,个别主拱腿湿接缝处出现裂缝,个别主拱腿出现露筋锈蚀现象。

a) 主拱腿裂缝

b) 斜撑裂缝

c) 弦杆裂缝

d) 横系梁病害

图 11-89　结构主要病害

（2）斜撑

斜撑外观质量良好，斜撑湿接缝处出现裂缝。

（3）弦杆

弦杆发现竖向裂缝，有向上发展的趋势，比较严重。

（4）实腹段

实腹段外观质量良好，个别拱片实腹段发现竖向裂缝，缝宽介于 $0.05 \sim 0.5\mathrm{mm}$，最大缝宽达 $0.5\mathrm{mm}$。

（5）横系梁

横系梁外观质量一般，普遍存在竖向裂缝病害，比较严重。个别与肋腋板交接处的横系梁存在混凝土破碎掉块现象，横系梁上方肋腋板支撑处砂浆破碎掉块。

（6）肋腋板、悬臂板

肋腋板外观质量一般，主要存在裂缝、渗水迹象、露筋锈蚀及混凝土破损病害。

2）加固方案

根据检测报告及原结构复算，结合已有的加固设计经验，对该桥实腹段、弦杆、主拱腿及斜撑采用钢筋混凝土增大截面法进行加固，提高刚架拱片的承载能力；对横系梁采用钢筋混凝土增大截面法提高桥梁整体性。同时拆除全桥桥面铺装及肋腋板,重新浇筑桥面板。

（1）刚架拱片（实腹段、弦杆、主拱腿及斜撑）

根据检测报告,实腹段、弦杆出现竖向裂缝且有继续发展的趋势,比较严重,个别主拱腿与斜撑湿接缝出现裂缝、露筋锈蚀等现象。根据原结构复算结果,实腹段大节点处极限承载能力不足,为提高刚架拱片的刚度和承载能力,对刚架拱片,包括实腹段、弦杆、主拱腿及斜撑,采用钢筋混凝土增大截面法进行加固（图 11-90）。加固时,在拱片两侧面加厚 15cm、在原刚架拱片上植入 ϕ16 钢筋,挂钢筋网,浇筑增大截面混凝土。

（2）横系梁

根据桥梁病害,横系梁普遍存在竖向裂缝,比较严重。根据原结构复算结果,横系梁极限承载能力不足。为提高横向联系及桥梁整体性,对横系梁采用钢筋混凝土增大截面法进行加固。弦杆、实腹段间 I 型横系梁底面加厚 15cm、在原横系梁底部植筋、挂钢筋网、浇筑增大截面混凝土,提高横向联系及桥梁的整体性。因实腹段跨中两根横系梁距实腹段底距离较小（不够 15cm）,将此处横系梁底增大截面至实腹段底,即与实腹段齐平,原横系梁底部植筋,设置 2 根 ϕ22 钢筋,浇筑增大截面混凝土（图 11-91）。

实腹段大节点处横系梁两侧植筋、挂钢筋网,浇筑 15cm 增大截面混凝土。

结合桥面板的施工,在弦杆及实腹段处横系梁上端浇筑 15cm 增大截面混凝土,与新桥面板共同受力。

（3）肋腋板及桥面铺装

根据检测报告肋腋板主要存在裂缝、渗水迹象、露筋锈蚀及混凝土破损等病害。结合拱片及横系梁的加固拆除全桥所有肋腋板及桥面铺装混凝土,重新浇筑 20cm 厚桥面板,将桥面板与主拱片及横系梁浇筑成整体,在桥面板上铺设 5cm 厚沥青铺装层。

（4）其他病害处理

①凿除 5 号台前、后台间第 4 号矩形主梁前台侧端头的混凝土整体掉块处破损混凝土,对外露锈蚀钢筋除锈,然后用环氧砂浆进行修补。

②对 0 号台的混凝土挡土墙的全断面竖向裂缝进行灌浆或封闭处理。

③对所有宽度 ≥0.15mm 的裂缝进行灌浆处理,灌浆胶采用优质 A 级环氧灌缝胶。对所有宽度 <0.15mm 的裂缝,进行表面封闭。

④凿除所有剥落、疏松、腐蚀等劣化混凝土,对外露锈蚀钢筋除锈,然后用环氧砂浆进行修补。

3）加固实施与效果

根据主拱片病害情况分析,如采用增加拱片方法进行加固,无法从本质上解决原主拱片病害,故本工程采用主拱片增大截面法进行加固。肋腋板普遍存在裂缝等病害,本方案中拆除全桥肋腋板及桥面铺装,重新浇筑桥面板,作为结构补强层,并在桥面板上布置沥青铺装层。依据加固工程量,本工程维修加固施工总工期初定为 180d,施工期间分时分段进行车辆限行、限速通行。控制工期的主要工程项目为刚架拱片增大截面混凝土加固、横系梁增大截面、拆除肋腋板及桥面铺装,重新浇筑桥面板加固等。

加固实施时,各跨径采用对称卸载、对称加固的原则组织施工,各跨径卸载、加固荷载差值不得超过原结构的 5%;刚架拱片外包混凝土、横梁加固前需完成相应部位的裂缝处治及缺陷混凝土修复工作。主拱肋、横系梁增大截面加固、桥面铺装施工及完成效果分别如图 11-92 ～图 11-95 所示。

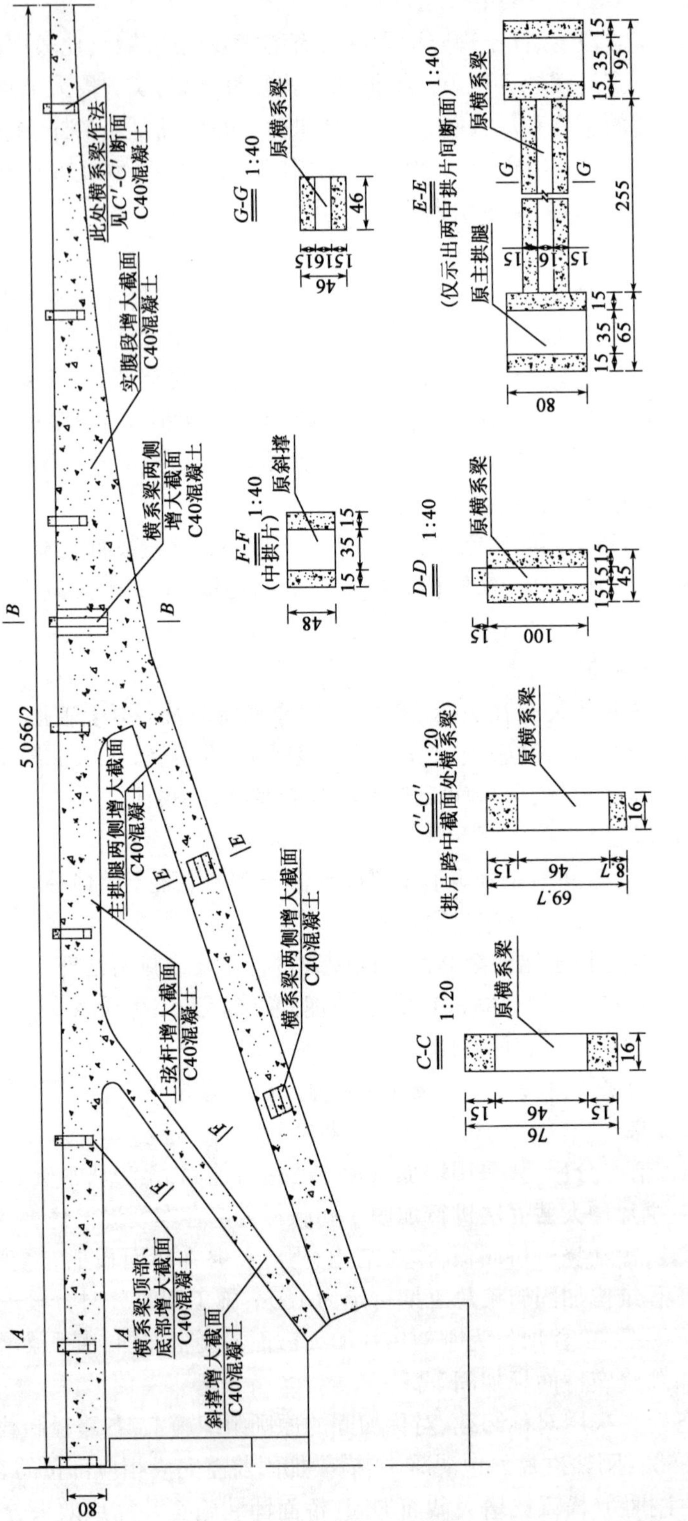

图11-90 刚架拱片加固（尺寸单位：cm）

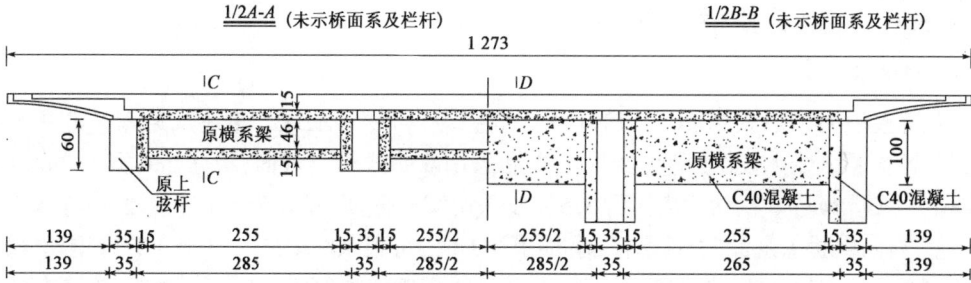

图 11-91 横系梁加固(尺寸单位:cm)

a)绑扎钢筋

b)支设模板

图 11-92 主拱肋增大截面加固

图 11-93 横系梁增大截面

图 11-94 重做桥面铺装

图 11-95 加固完成效果

11.5.6 中承式拱桥加固

1)工程概况

该大桥主桥为中承式拱桥,于1994年设计,1995年开工,2002年建成通车。其主桥跨度80m,为等截面悬链线无铰拱,宽度20.9m,拱肋采用双肋式箱形截面,箱高2m、宽1.2m,顶底板厚25cm,侧板厚20cm。拱肋距离拱脚3.5m段采用实心截面、相邻3.5m过渡段,其余段为空心箱梁。左、右两拱肋各设置13对吊杆,吊杆采用2根(每根109×φ5.2钢丝)平行钢丝束,镦头锚,间距5m,钢丝束外采用热挤聚乙烯防护;横梁采用钢筋混凝土工字形横梁,行车道板采用空心板。拱桥桥墩均为重力式实心混凝土墩身,除11号主墩采用明挖扩大基础外,其余桥墩为钻孔灌注桩基础。设计荷载:汽—20级,挂—100;桥面宽度:1.5m+15m+1.5m;设计洪水频率:1/100;抗震设计:按7度设防。结构整体和桥梁远景分别如图11-96、图11-97所示。

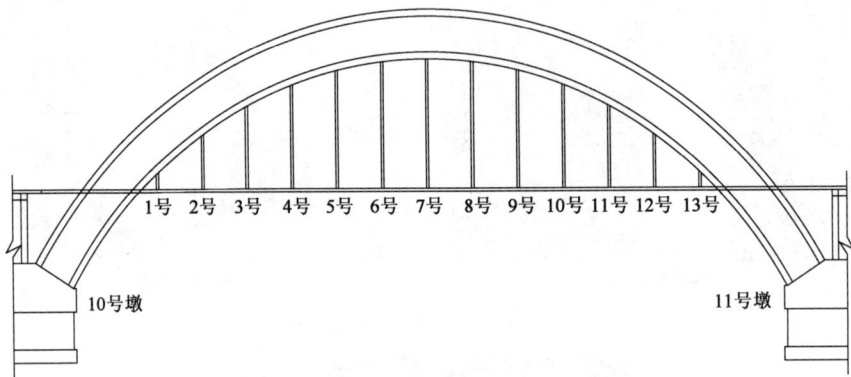

图11-96 结构整体图

根据现场检测,该桥梁主要病害如下:

主拱圈未见明显开裂现象,局部出现蜂窝、孔洞。横梁裂缝无明显变化,裂缝长度为50～120cm,宽度基本小于0.15mm,裂缝中间宽、两端窄,形态呈枣核状,分布间隔较为均匀并均未裂至横梁下部,为混凝土收缩裂缝。

图11-97 桥梁远景

桥梁共有吊杆26对,对吊杆PE护套破损吊杆,检查位置为PE护套破损部位;将钢索锈蚀状况划分为完好、轻微、一般锈蚀、锈蚀和严重锈蚀5个等级。由于吊杆采用109根平行钢丝,检查中只能检查外周围可见的36根钢丝。检查结果表明,该桥梁主要存在吊杆PE护套开裂、PE护套内积水及钢丝锈蚀病害。

(1)PE套管开裂,共10根吊杆存在套管开裂病害(图11-98)。开裂病害主要由PE保护套老化、断裂伸长率降低引起,裂缝宽度基本为2mm,分别为左－3－右(1处),左－8－左(2处),左－8－右(2处),左－11－右(1处);右－3－左(1处),右－3－右(1处),右－4－右(1处),右－6－左(1处),右－6－右(2处),右－10－右(1处)。

(2)护套内积水,全部吊杆PE套内部均潮湿,其中,左－6－右、左－9－左、左－9－右、左－10－右、左－12－左、左－12－右、内有少量积水,左－11－左内部积水严重。

（3）钢丝锈蚀，全部吊杆钢丝均有不同程度锈蚀（图11-99），左-8-左吊杆内锈蚀较重，有明显锈坑，右-3-右吊杆钢丝锈蚀十分严重，有严重锈坑，钢丝截面削弱明显；其他吊杆钢丝均为一般锈蚀或轻微锈蚀，个别有轻微锈坑。锈蚀病害主要由于PE护套内防护不佳、护套内部有水气及积水引起。另外，吊杆拉应力水平较高，吊杆出现锈斑等缺陷后便有应力腐蚀现象发生；且疲劳应力幅及疲劳应力循环频率较大，病害吊杆有应力腐蚀断裂和疲劳断裂的危险性。

图11-98 PE护套开裂

a) 轻微锈蚀

b) 严重锈蚀

图11-99 吊杆病害

部分行车道板底部混凝土保护层过薄，出现露筋锈蚀现象。

2）加固方案

根据现场检测情况，该桥梁主要病害集中于吊杆。加固方案中，拆除更换全桥旧吊杆，考虑该桥为箱形拱肋，施工时应尽量避免在横隔板上过大钻孔，且原桥双排吊杆安全储备很高，因此综合考虑施工难度和安全性，新吊杆采用GJ15-12钢绞线成品吊杆，锚具采用钢绞线整束挤压锚，结构尺寸紧凑，张拉调束方便，整体张拉技术锚固可靠，防腐性能好，如图11-100所示。具体特点如下：

（1）钢绞线外涂专用防腐油脂，单根高密度聚乙烯管防护，整束缠包高强度聚酯带再挤包高密度聚乙烯外护套，多层防护，避免了钢丝由于一处腐蚀而整束锈蚀，防腐蚀性能优越。

（2）钢绞线之间有聚乙烯相隔，结构阻尼较钢丝拉索的大，抗震性能好；钢绞线在聚乙烯管内可以滑动，外层聚乙烯管基本上没有受到拉应力，有效防止其拉应力开裂。

（3）钢绞线两端采用锚碇管将其压制锚固，并制作出外螺纹，用螺母锁紧；弹性好；安全性高的锚索。生产制作时将挤压锚碇套下成品索中的钢绞线整束挤压在一起，张拉时回缩量极少，在低应力甚至是负应力的情况下，锚碇套对钢绞线的握裹力都是不变的，钢绞线都不会松弛。钢绞线进入挤压锚碇套的折角比冷铸锚、热铸锚中钢丝的折角小。

通过行车道板下缘保护层过薄处采用不锈钢丝绳网片＋聚合物砂浆外外层的加固方法增加保护层厚度，提高构件耐久性。

3）加固实施与效果

该桥梁加固主要涉及吊杆更换，其主要实施工艺如下：

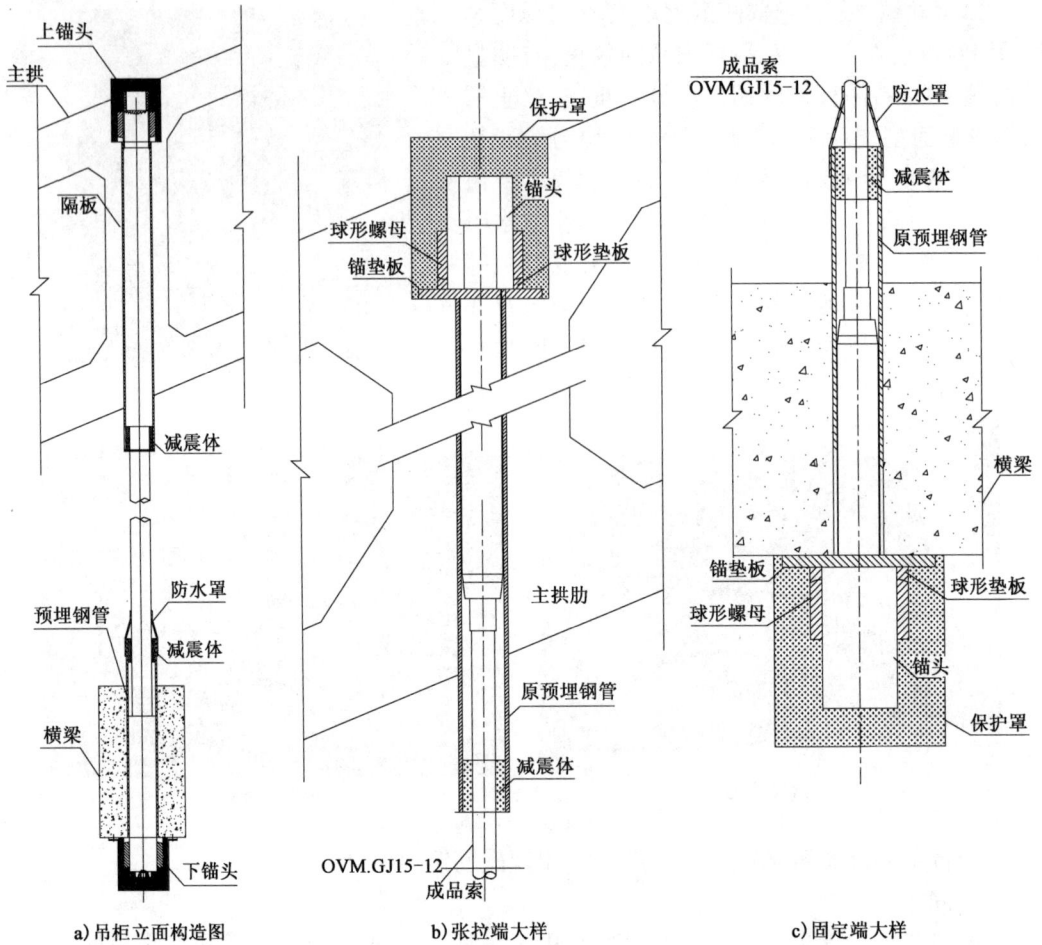

a) 吊柜立面构造图   b) 张拉端大样   c) 固定端大样

图 11-100 吊杆更换方案

(1) 基点测量与施工平台搭设

封闭交通后,选择在夜间或凌晨测定恒载状态下吊杆安装位置的拱肋端和系梁端的实际高程,作为吊杆更换及桥梁加固的一个基点,并以之作为今后加固施工完成之后加固效果的一个评定参考。测量包括吊杆应力的测量和桥面控制点高程的测量以及拱轴线的测量,同时与该桥建成存档数据进行比较分析。同时,搭设施工平台(图 11-101)。

(2) 设置临时兜吊系统

施工平台搭设完成后,设置临时兜吊系统。上端在主拱圈吊杆位置处设置临时兜吊平台,下端临时吊点设置在吊杆横梁上,采用精轧螺纹钢筋或钢丝绳连接上、下兜吊系统,临时兜吊系统是可调的。

(3) 旧吊杆拆除

凿除拱肋上端锚窝混凝土,露出吊杆锚头,安装千斤顶分级张拉旧吊杆,待锚头松动时使用扭力扳手旋送锚头,逐级卸去吊杆内力后拆除吊杆。从每拱最长的吊杆向两端交替逐对拆除,拆除一根旧索立刻补上新吊杆。用氧气乙炔逐根断丝,观测应力是否转移到兜吊系统上,被分割的吊杆应与相邻跨监测点的高程变动差不得超过 ±5mm。由于拱肋刚度都比较大,体系转换难度比较大,为了避免应力过分集中,采用工作吊杆分级加载,旧吊杆切除分 5 次循环,才能完全割断整根吊杆,旧吊杆的应力转移到了兜吊系统精轧螺纹钢筋或钢丝绳之上。吊杆割断后,凿除锚头表面的混凝土,用气割将锚头割除。如果锚头无法松脱,可张拉兜吊系统的工具吊杆,将旧吊杆内力逐级转移到工具吊杆上,最后采用割断旧吊杆抽丝的方式进行拆除(图11-102)。割除拱下旧吊杆,对拱肋和横梁内的旧吊杆,采用金刚钻机取芯钻孔方式,取出旧预埋管、管内混凝土及旧索,上、下端更换新的锚垫板和预埋管。

图 11-101　吊杆更换支架

图 11-102　旧吊杆抽丝拆除

(4)新吊杆安装

吊杆吊装采用卷扬机辅助进行,利用在拱顶吊杆的安装位置的正上方设置的拱上平台作为起吊点,将下方的吊杆吊到安装位置。安装之前先在上端锚垫板定出吊杆安装的理论位置,误差保证3mm之内。注意确定两端锚具螺母的安装位置,以保证吊杆的可调节长度,注意球形垫圈的安装方向和各部件的安装控制精度。

吊杆张拉就是应力转换过程,即由临时兜吊系统转换到新吊杆,转换过程采用分级、同步进行。体系转换完成之后,需要对该吊杆位置的系梁顶面高程进行测量,使高程控制在设计范围内。张拉加载速度一般应小于 10MPa/min, 直至张拉到预定值后停止,拧紧螺母(图 11-103)。在张拉过程中,读数测量要准确,记录要全面,真实无误。最后安装桥面防水罩以及上、下锚头保护罩;向吊杆锚杯、上下锚头保护罩及预埋管内填充聚氨酯防腐材料,做好吊杆防腐工作。当全部吊杆更换完成之后,根据检测数据确定是否进行吊杆索力调整。调整时按调整值分级调整的程序进行,而且 4 点同步。

a)新吊杆安装

b)吊杆张拉过程

图 11-103　吊杆更换过程

11.6　桥梁下部结构加固实例

11.6.1　桥墩加固

1）工程概况

该桥梁位于江苏省射阳县,跨越某入海河流。桥梁跨径组合为 5×20m,上部结构采用先张法预应力混凝土空心板梁,板梁高度为 0.9m,中板宽 0.99m,边板宽 1.245m;下部结构采用桩柱式墩台,钻孔灌注桩基础,桥台桩径为 1.2m,桥墩桩径为 1.5m;桥面宽度为 0.5m(墙式护栏) + 净 −7.5m +0.5m(墙式护栏) =8.5m,桥面采用 2% 横坡,斜交角度为 10°,航道等级为 7 级,通航净宽 18m×3.5m,最高通航水位 1.639m。设计荷载为公路—Ⅱ级,结构整体如图 11-104 所示。

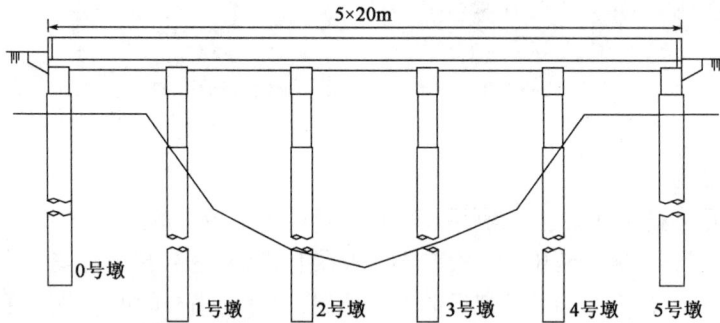

图 11-104　结构整体

根据检测情况及实地勘察,该桥梁主要病害整理如下:

(1)根据现场回弹试验测得,桥梁墩柱强度实测值较设计强度相差较大,各墩柱实际强度推算值较设计值显著偏小,尤其是 1-1 号、1-2 号墩、4-1 号及 4-2 号墩。

(2)该桥体周围设有水泥厂 1 座(图 11-105),桥墩碳化深度较大(普遍超过 6mm),重车行驶较多,对桥梁承载能力要求较高。

图 11-105　桥体周围水泥厂

图 11-106　桥墩侵蚀情况

(3)部分桥墩和系梁由于施工和冲刷的因素造成有露筋(图 11-106),应及时采取修补措施,以保证安全。

(4)该桥梁位于入海河流之上,对抵抗环境腐蚀性具有较高要求。

（5）伸缩缝凹槽填入碎石等硬物,使伸缩缝不能自由伸缩。

2）加固方案

根据该工程基本资料及现场检测分析,该桥主要病害为桥墩混凝土强度偏小、耐久性、承载能力不足。针对该结构病害,结合现场水文情况,桥墩全部位于水位线以上。拟采用碳纤维复合材料(CFRP)加固墩柱技术进行加固处治。采用的 CFRP 材料名义厚度为 0.167mm,极限抗拉强度为 3 400MPa,弹性模量为 250GPa。

由计算可知,由于设计的墩柱配筋率较大,即使混凝土强度按现有实际强度 C20 计算,承载能力已经远远超过规范要求。综上,本桥加固的核心问题应是改善墩柱的耐久性能,加速混凝土碳化进程,保护墩柱钢筋,同时也适当提高墩柱的抗压及抗弯承载能力。因此,建议对各墩柱粘贴 2 ~ 3 层碳纤维即可,对 1-1 号墩柱、1-2 号墩柱、4-1 号墩柱及 4-2 号墩柱适当增加。

综合考虑,最终方案如下:对 2-1 号墩柱、2-2 号墩柱、3-1 号墩柱、3-2 号墩柱粘贴 2 层碳纤维,对 1-1 号墩柱、1-2 号墩柱、4-1 号墩柱及 4-2 号墩柱粘贴 4 层碳纤维。桥墩加固方案示意图如图 11-107 所示。

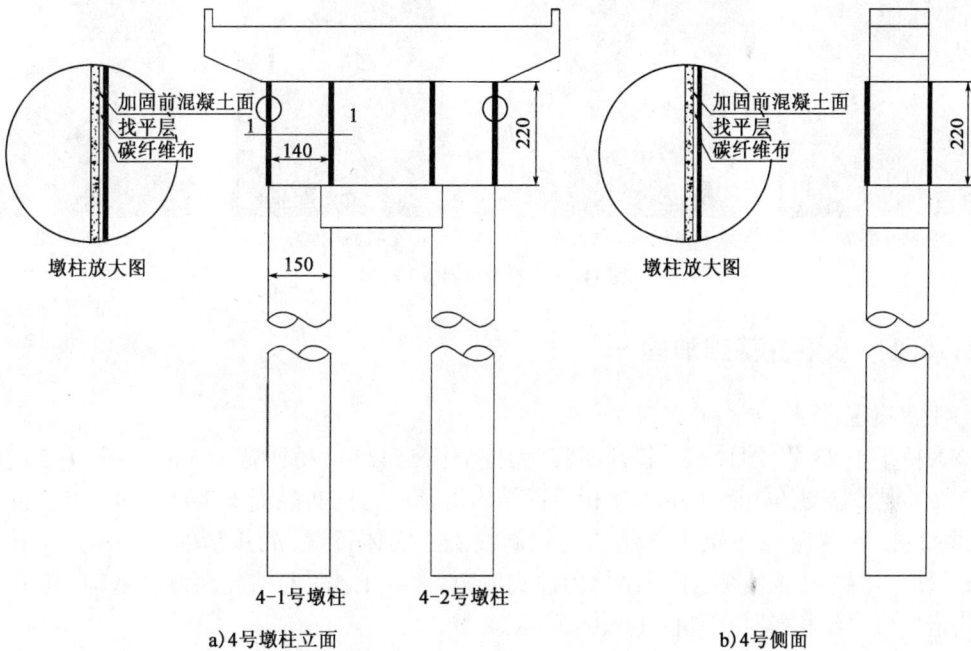

图 11-107 加固方案示意图(尺寸单位:cm)

3）加固效果

按照上述加固方案,该桥梁主要加固内容为粘贴碳纤维环向加固桥墩。其主要工艺如下:

（1）结构物表面处理

将混凝土桥墩表面的残缺、破损部分清除干净,达到结构密实部位,使桥墩表面平整;检查外露钢筋是否锈蚀,如有锈蚀,进行必要处理。对经过剔凿、清除和露筋的构件残缺部分,进行修补、复原;清洗打磨过的构件表面,并使其充分干燥。

（2）刷底层胶

底层胶应涂刷均匀,不得漏涂,温度低于 5℃,相对湿度 RH >85%,混凝土表面含水率在 8% 以上,不得施工。

（3）构件表面修补找平

构件表面小孔、内角必须用环氧腻子修补平整；若腻子涂刮后，表面仍存在的凹凸糙纹，应再用砂纸打磨平整。

（4）粘贴纤维布

粘贴纤维布时，纤维布需按规定裁剪，需满足气温、湿度、构件表面含水率等要求，在底层胶和环氧腻子干燥后粘贴，粘贴时确保纤维布充分浸渍。采用多层纤维布采用连续粘贴方式，顺纤维方向搭接长度为50cm，粘贴完后应严格遵守自然养护的时间要求。

（5）表面涂料

为了美观及耐久性需要，对粘贴纤维布表面涂刷与混凝土相同颜色的表面涂料。

对该桥梁的6个桥墩加固，投入工人5人，工期10d，工程顺利完成，达到了加固目的。该桥梁桥墩加固施工过程如图11-108所示。

| a)粘贴纤维布 | b)纤维布粘贴完成 | c)涂刷表面涂料 | d)完成效果 |

图11-108　桥墩加固施工过程

11.6.2　水下桩基础加固一

1）工程概况

该大桥于1983年4月竣工，横跨某江，大桥全长554.3m，桥面宽1.5m+9m+1.5m，桥面纵坡3%，竖曲线半径4 666.67m。主桥上部结构由预应力钢筋混凝土T形刚构+25.0m挂梁组成，共2孔，跨度为52.5m，下部结构为钢筋混凝土实体桥墩，沉井基础；引桥为14孔跨径30.0m预应力混凝土简支梁，下部结构为柱式桥墩，直径1.5m的钻孔灌注桩基础，其中1～3号墩为嵌岩桩。结构整体图如图11-109所示。

图11-109　结构整体

根据现场情况,桩基础水下探摸检查主要检查水中段 14 个桥墩及承台,共计 30 根水下桩和 1 个沉井基础主墩,其中 2 号、3 号、4 号、5 号、6 号、10 号、11 号、12 号、13 号、14 号、15 号墩为引桥墩,每墩为单排 2 根桩(设计直径1.5m),11 个引桥墩共计桩基 22 根;7 号和 9 号墩为主桥边墩,每墩各有 4 根设计直径为 1.5m 的桩,分成 2 排,每排 2 根,2 个主桥边墩共计桩基 8 根,8 号墩为底节钢壳沉井基础主桥墩(图 11-110)。

a)7号主桥墩　　　　　　　　　　　　　　b)8号主桥墩

图 11-110　主桥墩外景

经检测人员认真仔细的检查,发现该桥梁主要病害如下:

部分桥墩处河床面冲刷下切严重,施工用的混凝土护筒下端已基本外露,因此在桩基下部无混凝土护筒的区段,由于桩基施工的因素,无护筒段存在不同程度的缩径现象,由此造成无护筒段桩基有大面积钢筋笼外露现象(3 号、4 号、5 号、6 号、7 号和 9 号墩,10 号墩桩基),典型桩基础混凝土冲刷及钢筋锈蚀病害分别如图 11-111、图 11-112 所示。

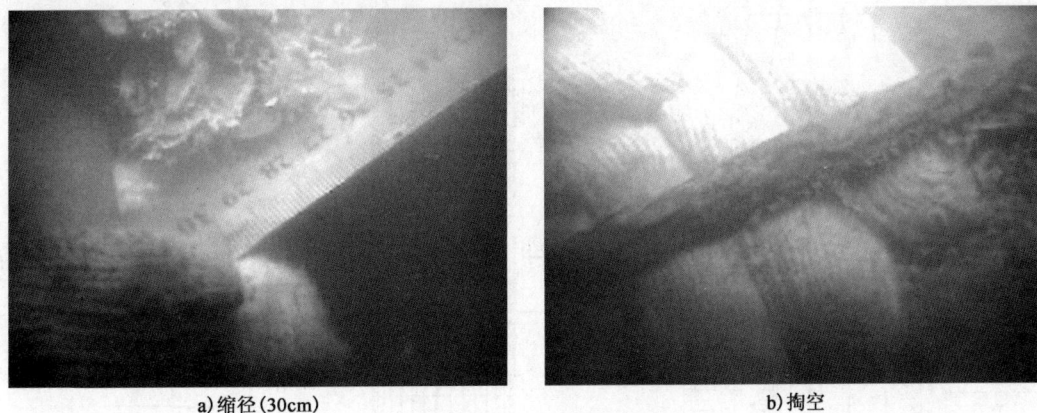

a)缩径(30cm)　　　　　　　　　　　　　b)掏空

图 11-111　混凝土冲刷病害

部分横系梁及桩柱结合部位由于施工和冲刷的因素造成有淘空和露筋(3 号、4 号、5 号)。

3 个主墩处的河床冲刷下切严重,特别是 7 号和 8 号墩处检测时的河床面距设计考虑的最大冲刷深度线已超 2m 左右,由此造成沉井基础的底节钢壳外露于河床高约 2m。而最大冲刷线是指水位达到设计洪水位时(百年一遇)的桥墩位处必须考虑的可能出现的最大冲刷,而本次检测是在常水位下的正常作业,因此应对主墩处的河床冲刷情况加以足够的重视。

主桥墩 8 号桥墩沉井基础的结构完整,未发现有破损、掏空、露筋现象。

a)钢筋锈蚀直径减小　　　　　　　　　　b)钢筋锈蚀断裂

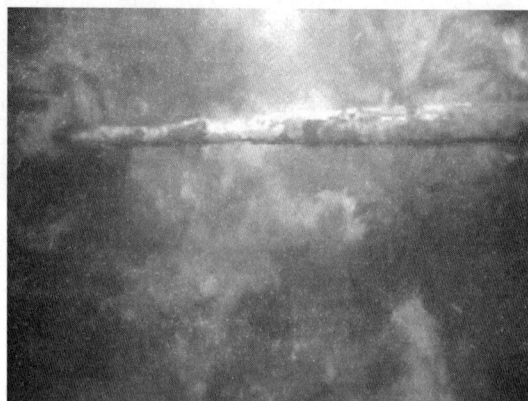

图 11-112　钢筋锈蚀病害

部分承台由于船只碰撞等原因,边角有混凝土的破损及小面积坑槽,并外露钢筋。

2)加固方案

根据该桥梁桩基础的病害以及病害对结构耐久性、安全性的危害情况,并结合该桥桩基础的工程特点,水位深、水流大等因素的影响,按以下原则确定加固设计方案。

该桥桩基础病害均在水中,且桥位处常水位较高、水深较深,同时在 7 号墩与 8 号墩之间和 8 号与 9 号墩之间为主航道通航区。在不压缩过水断面、不影响通航的前提下,为了顺利地完成桩基础加固工作,通过水下植筋连接原桩基础与新增大截面,实现了水下施工增大截面加固桩基础。

具体方案(图 11-113、图 11-114)为:由潜水员在水中清理桩基础表面水生物及劣化混凝土,

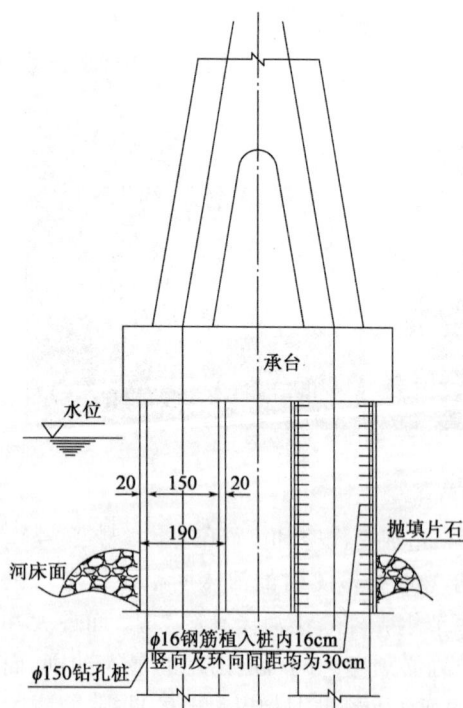

图 11-113　水下桩基础增大截面加固(尺寸单位:mm)

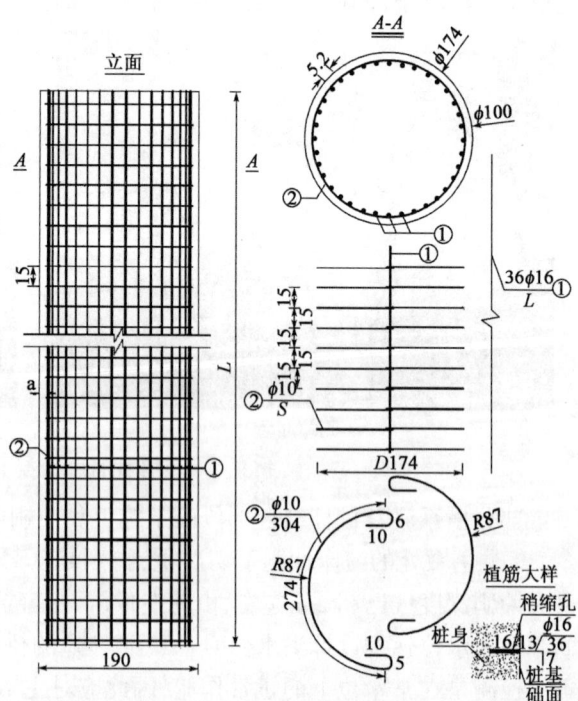

图 11- 114　水下桩基础加固钢筋布置(尺寸单位:cm)

然后采用水下植筋工艺在原桩基础表面打孔、植筋,植筋采用 φ16 钢筋,钻孔深度为 16cm,孔径为 20mm;水下绑扎钢筋笼,通过植筋将新增大截面与原桩基础连接锚固;钢筋笼施工完成后水下进行钢模板的施工,模板采用内径 φ190 钢管,在加工厂制作成两个半圆形,采用法兰连接,在水下由潜水员进行连接锚固;在原装基础周围布置导管进行增大截面混凝土浇筑,在原桩基础外增大截面厚度为 20cm。

根据现场实际冲刷情况对桥位处进行抛填防护,如图 11-115 所示。

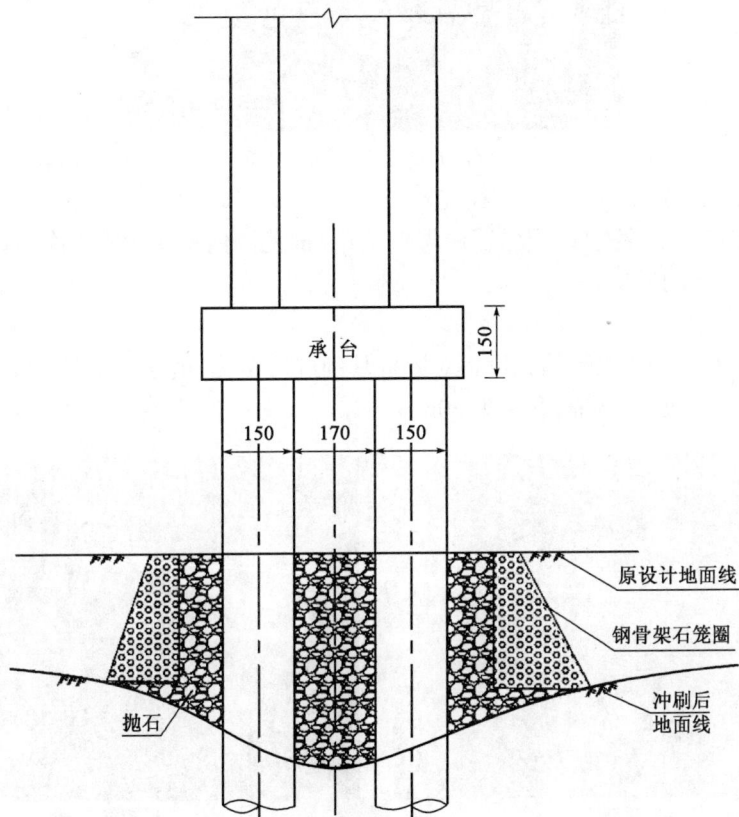

图 11-115 水下桩基础抛填防护图(尺寸单位:cm)

其他病害处理:①凿除承台及系梁所有局部剥落、疏松、腐蚀等劣化混凝土,对外露锈蚀钢筋除锈,然后用环氧砂浆进行修补;②对所有宽度 ≥0.15mm 的裂缝进行灌浆处理,灌浆胶采用优质 A 级环氧灌缝胶,对所有宽度 <0.15mm 的裂缝进行表面封闭。

3)加固实施与效果

该工程加固主要为水下桩基础加固与防护,工艺过程主要包括:施工准备、柱脚沉淤清除、植筋、安装首节钢模板及预埋首节钢筋、钢筋安装、钢模板安装、浇注水下混凝土、回收钢模板及冲刷防护等,具体如下:

(1)施工准备

根据水文情况选择枯水期进行施工,由潜水员在水下作业,使用高压风动镐、高压水枪清除被加固构件表面的剥落、疏松、蜂窝、腐蚀等劣化混凝土及附生在混凝土表面的水生物;采用水下砂轮机打磨结构表面混凝土砂浆浮层,露出混凝土结构层(图 11-116)。

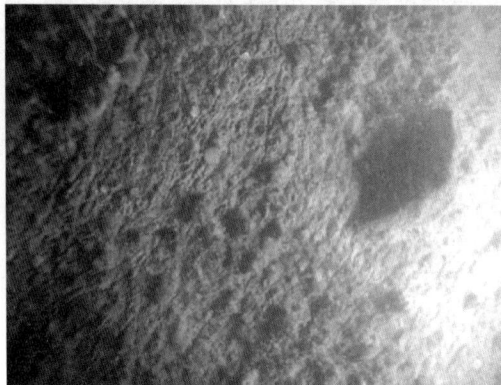

图 11-116 清淤后桩基础表面

（2）柱脚沉淤清除

对柱脚沉淤进行清除处理，应保证柱脚直径外 1m 范围内淤泥清除干净，露出底部结构平台，以保证后续工序的质量。

（3）植筋

水下植筋潜水员采用水下钻孔设备对原桩基础进行钻孔、植筋施工（图 11-117）。植筋采用 $\phi16$ 钢筋，钻孔深度为 16cm，孔径为 20mm。

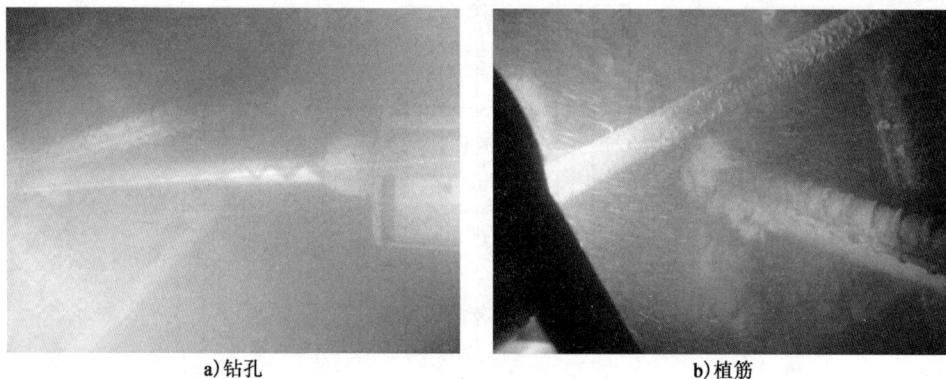

a）钻孔　　　　　　　　　　　　　　　　b）植筋

图 11-117　水下钻孔与植筋

（4）安装首节钢模板及预埋首节钢筋

根据现场水文情况安装首节钢模板，首节钢模板应插入河床以下，并根据纵筋间距进行预埋首节纵筋，浇筑封底混凝土。

（5）钢筋安装

在原桩基础外围挂钢筋网，通过植筋与原桩基础连接，纵向采用 $\phi16$ 钢筋，环向采用 $\phi8$ 钢筋。环向钢筋由两个半圆组成如图 11-118a）所示；半圆的端头均采用环扣设计，利用两根纵筋进行固定连接，如图 11-118b）所示。

（6）钢模板安装

模板采用壁厚 12mm 的钢管，钢管在工厂加工成两个半圆形，连接处设置法兰盘，按设计要求在加工厂制作完成后运至现场，采用起吊设备将其吊入水中待加固桩基础处，由潜水员采用水下安装设备进行模板的安装，节段与节段之间采用法兰式连接，并设置密封圈等防水装置进行密封防水处理，如图 11-118c）、d）所示。

a) 钢筋网片

b) 钢筋安装

c) 模板下沉

d) 模板安装

图 11-118 钢筋与模板安装

（7）浇筑水下混凝土

钢模板安装完成后，对待加固桩基础进行水下混凝土浇筑，水下混凝土浇筑施工需不间断、连续进行，直至整根桩基础浇筑施工完成。

（8）回收钢模板

待水下桩基础加固混凝土达到强度要求后，回收钢模板进行重复利用。首节钢模板因嵌入河床中，如无法回收，可根据现场情况进行保留。完成效果如图 11-119 所示。

（9）冲刷防护

加固施工完成后，保留桩基础底首节钢模板，作为防护套，同时对桩基础周围及桥位处进行抛填片石及铅丝笼防护（图 11-120），做好防冲刷措施。

图 11-119 桩基础加固水下混凝土完成效果

图 11-120 抛填防护

凿除承台及系梁所有局部剥落、疏松、腐蚀等劣化混凝土,对外露锈蚀钢筋除锈,然后用环氧砂浆进行修补(图 11-121)。

a)承台　　　　　　　　　　　　b)桥墩

图 11-121　缺陷修补

11.6.3　水下桩基础加固二

1)工程概况

某桥为高速连接线桥,为预应力混凝土简支梁桥,桥梁全长 551.0m,共 22 跨,跨径组合为 $15 \times 20m + 5 \times 40m + 2 \times 20m$,主桥跨越江水,上部结构为跨径 40m 预应力混凝土 T 梁,下部结构为双柱墩及钻孔灌注桩基础,主桥桥墩和桩基础位于江水中,最低水位时水深 4.5m 左右,最高水位时水深 8m 左右,其主桥桥墩和桩基础结构如图 11-122 所示,桩基础直径 2.0m,桥墩直径 1.8m,在墩桩交界处的两墩之间设有宽 1.9m、高 1.0m 的水平系梁,最低水位位于系梁底面以上。

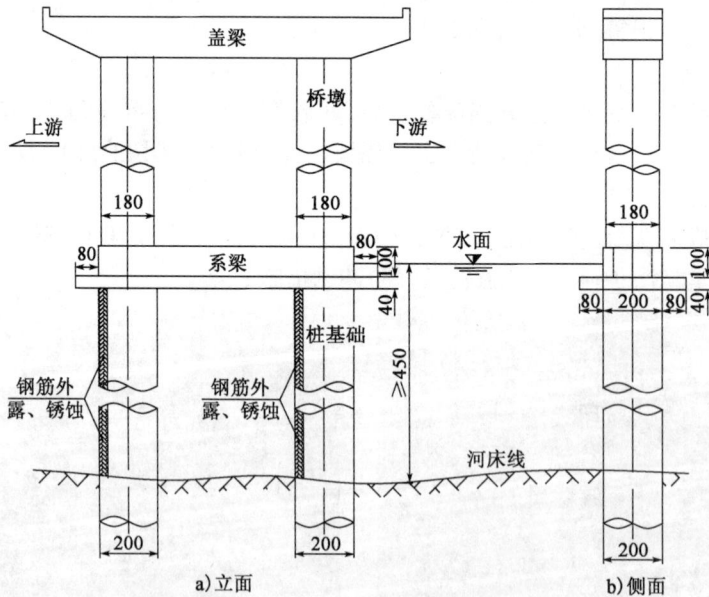

a)立面　　　　　　　　　　b)侧面

图 11-122　主桥桥墩和桩基础的结构(尺寸单位:cm)

在桥梁建成后,桥梁上游增建了水力发电站,引起水流显著变化,自发电站建成以来,桥梁一直受到上游水流的直接冲刷、侵蚀,针对该桥水下桩基础的水下检测采用专业潜水员进行潜水摸查,同时使用水下录像设备对桩基现状和病害情况进行拍照、录像。检测结果表明该桥梁其中两个桩基础存在以下严重病害(图11-123):①保护层剥落(设计保护层厚度为5.5cm);②夹泥、缩径;③箍筋、主筋外露;④钢筋锈蚀。同时,发现桩身自由长度变化,河床冲刷下切。保护层剥落、夹泥、缩径等病害减小了桩基的有效截面,箍筋、主筋外露,钢筋锈蚀严重威胁桩基的耐久性,使该桥的使用性能存在严重的安全隐患。

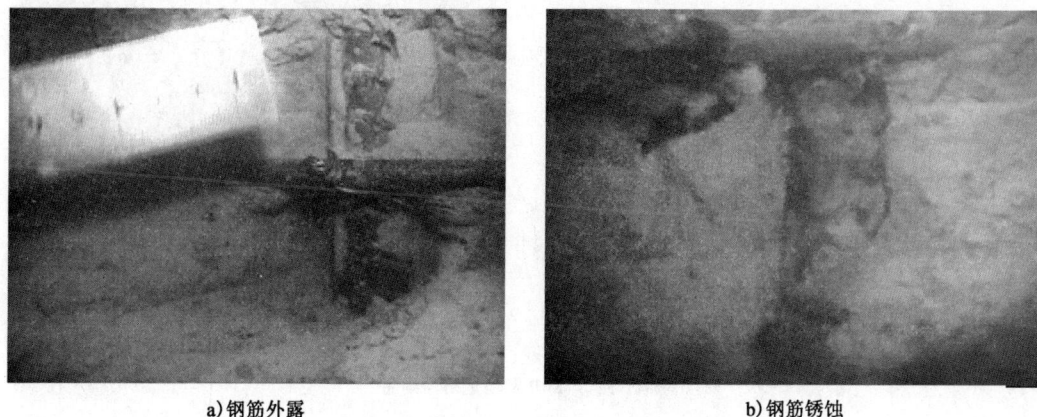

a)钢筋外露　　　　　　　　　　　　　　　b)钢筋锈蚀

图11-123　箍筋、主筋外露及钢筋锈蚀

2)加固方案

根据该桥梁桩基础的病害以及病害对结构耐久性、安全性的危害情况,并结合该桥桩基础的工程特点,水位深、水流大等因素的影响,按以下原则确定加固设计方案:

(1)应进行水下桩基础的补强加固,主要以恢复桩基础至病害前状态为指导思想。

(2)对出露钢筋进行除锈、防锈处理,补充受损的钢筋面积,并采取有效措施进行保护,避免病害的进一步恶化。

(3)对桥墩桩基础采取相应防冲刷措施。

结合该工程现状,提出纤维网格(FRP网格)加固方案,利用FRP网格结合钢套管及不分散砂浆或水下环氧树脂可实现水下结构的不排水加固。在对桩基础的表面缺陷进行预处理之后,沿桩基础四周缠绕安装FRP网格,随后,在FRP网格外侧按节段拼装下沉钢套管,对钢套管的底部进行封堵,通过高压灌浆机将配制好的不分散砂浆或水下环氧树脂灌入钢套管内,从而完成桥梁水下桩基础的结构加固,钢套管可以回收重复利用。采用本方案时,黏结材料可为不分散砂浆或水下环氧树脂,当为不分散砂浆时,新增厚度可为50~200mm;采用水下环氧树脂时,厚度可为5~20mm。

采用FRP网格不排水加固水下桩基础,主要利用FRP网格轻质高强、耐腐蚀、施工方便等优良特性,同时结合不分散砂浆或水下环氧树脂作为不排水填充的黏结材料,进行不排水加固施工,其解决了纤维复合材料在水下加固施工中纤维布难以粘贴的难题,钢套管直径比待加固桩基础略大,采用分段拼装的方法,化整为零,体积与质量都较小,无需大型设备,工期短,临时设施费用低,整体工艺较先进。根据工程的水下实际检测结果,桩径变化大,桩身有多处不规则突起,填充材料必须具有较大的厚度,因此,最终选择不分散砂浆作为黏结材料,不分散砂浆厚度定为10cm。根据该桥梁的原有图纸及水下检测结果,本加固目的主要是提高受损桩身的承载力和混凝土耐久性,并对受损的部位予以修复,FRP网格选用性能较好且造价较低的玄武岩纤维编制,玄武岩纤维具有抗老化、耐久性好、强度高、极限应变大的优点,在竖向结构的约束加固与修复方面具有天然的优势,最终采用4 000tex 玄武岩纤维束编制 FRP 网格,单束纤维截面积为1.59mm²,长度方向玄武岩纤维束数取16束,幅宽方向玄武岩纤维束数取8束(图11-124)。

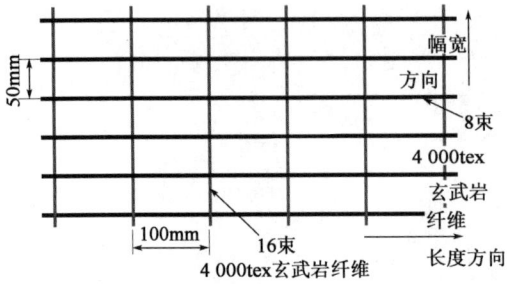

a)纤维网格规格

b)纤维网格制品

图11-124　FRP 网格规格与制品

3)加固效果

按照上述加固方案,主要工艺(图11-125)如下:

a)网格安装

b)钢套管下沉

c)灌压不分散砂浆

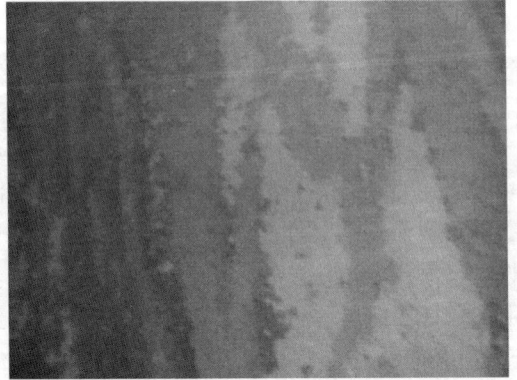

d)完成效果

图11-125　FRP 网格加固水下桩基础关键工艺

（1）水下结构四周整平

对桩基础四周存在较大高差处进行抛填碎石与砂进行初步整平,以满足钢套管下方的水平需要;对底部一些突出大块石,采用钢钎结合钢丝绳牵引进行清除处理。

（2）FRP 网格安装

按设计要求的尺寸进行 FRP 网格下料,FRP 网格布设一层,搭接长度 1.0m,采用环向缠绕的形式进行安装,完成后采用水下检测设备进行网格安装情况检测,图 11-125a)给出所加固桩基础的网格缠绕情况,通过水下检测照片可以看出,网格安装位置与预期一致,整体情况良好。

（3）安装钢套管

钢套管由两个半圆组成,采用 4mm 钢板卷制,外设横向与竖向加劲肋,每节长度应满足安装方便的需要,主要的标准节段为 1m,多节套管通过法兰螺栓拼接连接,底端首节节段为了能够方便地切入基础泥土中,最下缘加劲肋设于距离底端 150mm,顶端节段设置长度 0.5m、0.3m 和 0.2m 各 1 个,以适应调整现场高程的需要,除底端节段仅在上端设置连接法兰,其他节段上下端同时设置法兰,每一节段分为两个半圆加工,两个半圆之间同样通过法兰连接,由于该桩基础设有承台,且承台位于水面以下,为减少水下工作,每套桩基础的钢套管在水上预先拼装成两个竖向半圆整体后沉入水下[图 11-125b)],再由潜水员进行就位,沿着竖向在水下拼装,钢套管的连接处应垫上橡胶或泡沫垫层等防水装置。该工程采用橡胶垫作为垫层,以提高钢套管的密封性。为保证加固工程完成后钢套管拆除方便,在钢套管安装前应对其内部均匀涂抹隔离剂;为确保钢套管底面的封闭,首节钢套管底部应插入河床以下。

（4）封闭砂浆浇筑

所有钢套管沉入设计高程就位后,对钢套管底部进行整平,利用碎石及砂袋在钢套管的底部四周堆填,对钢套管的底部进行初步的堵塞封底。为了防止灌压不分散砂浆引起较大的静压力,其容易引起漏浆,在正式灌压不分散砂浆之前预先灌注 30cm 高度不分散砂浆对钢套管底部进行封闭,待该部分不分散砂浆达到终凝之后方可正式灌压不分散砂浆。

（5）灌压不分散砂浆

水下不分散砂浆的制备,是将以絮凝剂为主的水下不分散剂加入新拌砂浆中,使其与水泥颗粒表面生成离子键或共价键,起到压缩双电层、吸附水泥颗粒和保护水泥的作用;同时,水泥颗粒之间、水泥与集料之间,可通过絮凝剂的高分子长链的"桥架"作用,使拌和物形成稳定的空间柔性。在无排水的情况下,水下不分散砂浆是一种很好的选择,水下不分散剂能有效提高水下砂浆的施工性能与强度,工作性能好、抗分散能力强、流动度保持性能好、强度损失小,水下不分散砂浆强度为陆上 80% 以上。该工程选用的水下砂浆不分散剂为双组分:组分甲为袋装粉末状材料,按照水泥量 6% ~8% 掺入,使用时应紧随水泥加入搅拌机中或预先拌入水泥中;组分乙为液体,在砂浆搅拌过程中加入,按照水泥量 6% 掺入。灌压施工通过位于施工平台上的高压灌浆机实现[图 11-125c)],砂浆由高压灌浆机自带的搅拌机搅拌完成后压入导管,导管伸入钢套管底部,在灌压过程中,保证不分散砂浆的高流动性,随时检查钢套管底部及侧面有无漏浆现象,如果出现漏浆,立刻减慢灌浆速度或停止灌浆,进行漏浆处理,待灌压砂浆至设计高程,继续灌注 3 ~5 罐方可停止灌注,在灌注 24h 之后,通过水下触摸的方式探明水下不分散砂浆灌注的密实性。

（6）拆除钢套管

通过同条件养护试件检测钢套管内浆体的强度,其达到设计强度并不小于 28d 龄期时,由潜水员对钢套管自上向下依次进行回收，首节钢模板如因嵌入河床中，无法回收，可根据现场情况进行保留。拆除后水下不分散砂浆的实测外观如图 11-125d) 所示，表面光滑，无蜂窝、麻面、孔洞、FRP 网格外露等现象。经 28d 同条件养护试件实测，现场水下不分散砂浆的抗压强度标准值为 39.3MPa，按照我国《公路钢筋混凝土及预应力混凝土桥涵设计规范》(JTG 3362—2018) 对混凝土轴心抗压强度及混凝土等级的规定，该强度等级相当于 C35～C40 混凝土，满足水下桩基础的混凝土强度要求。在加固完成后，对桥位所处区域桩基础周围进行抛填防护，以减小水流对桩基础的冲刷。

该桥梁两个病害桩基础加固施工持续工期为 30d(不计拆除钢套管时间)，5 人，施工过程中无需大型设备，对通航影响小，工期短，经济投入小。

参 考 文 献

[1] Assaad J J, Daou Y, Salman H. Correlating washout to strength loss of underwater concrete[J]. Proceedings of the Institution of Civil Engineers-Construction Materials, 2011, 164 (3): 153-162.

[2] Assaad J J, Issa C A. Bond strength of epoxy-coated bars in underwater concrete[J]. Construction and Building Materials, 2012, 30(5): 667-674.

[3] Cheng C T, Yang J C, Yeh Y K, et al. Seismic performance of repaired hollow-bridge piers[J]. Construction and Building Materials, 2003, 17: 339-351.

[4] Heniegal A M, Maaty A A E S, Agwa I S. Simulation of the behavior of pressurized underwater concrete[J]. Alexandria Engineering Journal, 2015, 106(2): 183-195.

[5] Horszczaruk E, Brzozowski P. Bond strength of underwater repair concretes under hydrostatic pressure[J]. Construction and Building Materials, 2014, 72(72): 167-173.

[6] 艾珊霞, 尹世平, 徐世烺. 纤维编织网增强混凝土的研究进展及应用[J]. 土木工程学报, 2015(1): 27-40.

[7] 曹兴, 魏洋, 李国芬, 等. 钢筋混凝土桥墩加固与修复技术研究[J]. 施工技术, 2011, 346 (40): 60-64.

[8] 曾令宏, 钟振. 高性能复合砂浆钢筋网加固高温作用后 RC 梁二次受力刚度研究[J]. 建筑结构学报, 2016, 37(3): 20-28.

[9] 陈淮, 张云娜. 施加横向预应力加固装配式空心板桥研究[J]. 公路交通科技, 2008, 25 (10): 58-62.

[10] 陈卓. 灌浆法在公路桥梁隧道施工中的应用[J]. 交通标准化, 2013(7): 119-121.

[11] 谌乐强, 谌润水. 压浆配合袋装干混料加固水下基础的研究与应用[J]. 公路交通科技 (应用技术版), 2011(7): 22-23.

[12] 大和工业株式会社. http://www.daiwakoei.co.jp/index.htm.

[13] 丁权, 黄律群, 斯挺, 等. 空心板梁桥铰缝破坏机制分析及加固技术[J]. 中国市政工程, 2012, (02): 38-42.

[14] 董志强, 张光超, 吴刚, 等. 加速老化环境下纤维增强复合材料筋耐腐蚀性能试验研究[J]. 工业建筑, 2013, 43(6): 14-17.

[15] 范立础. 桥梁工程(上册)[M]. 2 版. 北京: 人民交通出版社, 2004.

[16] 房世龙, 陈红, 王岗. 桥墩局部冲刷防护工程特性研究综述[J]. 水利水电科技进展, 2007, 27(4): 84-89.

[17] 费增乾, 何柏春, 徐章生. 桁架拱桥典型病害的分析与加固[J]. 公路. 2004, 8: 25-27.

[18] 冯鹏. 复合材料在土木工程中的发展与应用[J]. 玻璃钢/复合材料, 2014, 9: 99-104.

[19] 龚志刚. 采用斜拉索体系加固普特桑德预应力混凝土悬臂梁桥[J]. 世界桥梁, 2003, (3): 57-59.

[20] 顾安邦. 桥梁工程(下册)[M]. 2 版. 北京: 人民交通出版社, 2001.

[21] 桂志敬. 美国明尼苏达州钢桁架拱桥坍塌事故回顾[J]. 中外公路, 2012, (02): 138-140.

[22] 郭蓉, 王荣霞, 赵少伟. 体外预应力植筋复合加固空心板梁抗弯性能试验[J]. 公路交通

科技,2013,30(4):40-45.

[23] 韩强,温佳年,杜修力,等.CFRP布加固RC空心桥墩的抗震性能[J].土木工程学报,2015,48(1):90-100.

[24] 韩炜,杜科,李珍,等.大坝混凝土裂缝修补材料的制备研究[J].人民长江,2011,42(10):80-86.

[25] 何晓阳,项贻强,邢骋.混凝土桥梁下部结构病害分析与加固[J].重庆交通大学学报(自然科学版),2013,32(Z1):807-811.

[26] 何晓阳,项贻强,邢骋.混凝土桥梁下部结构病害分析与加固[J].重庆交通大学学报:自然科学版,2013,32(Z1):807-811,822.

[27] 黄民水,朱宏平.空心板梁桥"单板受力"病害机理及其加固处治研究[J].华中科技大学学报:自然科学版,2008,36(2):118-121.

[28] 黄平明,陈万春,等.桥梁养护与加固[M].北京:人民交通出版社,2008.

[29] 黄淑贞,吕子义,周冰,等.适用于水下混凝土结构裂缝的高性能复合注浆修补材料[J].上海交通大学学报,2006,40(12):2142-2146.

[30] 黄锡明.环向预应力在桥梁加固中的应用[J].中外公路,2006,26(4):160-162.

[31] 江胜华,侯建国,何英明.考虑预应力损失的CFRP布加固钢筋混凝土梁正常使用极限状态可靠度研究[J].土木工程学报,2015,48(11):36-43.

[32] 江苏省地方标准.DB32/T 2173—2012.公路桥梁橡胶支座更换技术规程[S].2012.

[33] 江祥林,易汉斌,曾国良.基于缩尺模型的玄武岩纤维布加固桥梁抗弯性能试验[J].公路交通科技,2011,28(7):106-112.

[34] 金贵.中国首例"夹克法"施工[OL].http://www.9to.com/Article/show-5630.html,2003.

[35] 李福忠.桁架拱桥的常见病害与维修加固[J].公路,2002,9:72-74.

[36] 李树忱,牛平霞,李术才.新型复合粘结技术加固RC梁的抗剪试验研究[J].公路交通科技,2011,28(5):73-79.

[37] 李章珍,卜娜蕊,徐永峰,等.混合FRP嵌入式加固梁的试验方案设计[J].河北建筑工程学院学报,2008,26(4):3-5.

[38] 梁发云,王琛.桥墩基础局部冲刷防护技术的对比分析[J].结构工程师,2014,30(5):130-138.

[39] 刘海祥,刘勇,柯敏勇.钢筋混凝土桁架拱桥的病害及维修[J].市政技术,2006,24(2):95-98

[40] 龙跃,马秀敏,管方,等.基于OTC/PTC技术的悬索桥主缆系统防腐及耐久性探讨[J].预应力技术,2017,(01):3-7.

[41] 卢亦焱,龚田牛,张学朋,等.外套钢管自密实混凝土加固钢筋混凝土圆形截面短柱轴压性能试验研究[J].建筑结构学报,2013,34(6):121-128.

[42] 马亚丽,王东威,李广慧.基于单板受力的预应力混凝土空心板桥承载力评定[J].公路交通科技,2013,(06):45-48,55

[43] 欧阳懿桢,庄勇,刘伟庆.带蒙皮FRP格栅增强混凝土板受弯理论分析[J].混凝土,2014(11):44-46.

[44] 潘钻峰,Chung.CF,吕志涛.装配式板桥的横向预应力设计[J].东南大学学报(自然科学版),2010,40(06):1264-1270.

[45] 秦禄生.重载条件下小跨径简支板桥的横向铰接能力分析[J].公路,2007(10):14-16.

[46] 尚守平,周豪,吕军在.新型复合砂浆对混凝土抗渗及加固性能的研究[J].湖南大学学报:自然科学版,2016,43(3):98-103.

[47] 孙小艳,莫喜晶,钢筋混凝土桁架拱桥病害分析及加固技术,重庆交通大学学报(自然科学版)[J].2009,27(Z1):898-901.

[48] 唐俊,李飞.竖向预应力锚索在旧桥墩加固利用中的应用[J].探矿工程:岩土钻掘工程,2010(2):62-63.

[49] 王国鼎,等.桥梁检测与加固[M].北京:人民交通出版社,2003.

[50] 王用锁,潘景龙.体外绕丝约束混凝土轴压特性的试验研究[J].工业建筑,2007,37(1):104-106.

[51] 卫军,李沛,徐岳,等.空心板铰缝协同工作性能影响因素分析[J].中国公路学报,2011,24(2):29-33.

[52] 卫军,李沛,张国法,等.空心板铰缝结构耐用性能的试验研究[J].华中科技大学学报:自然科学版,2012,40(1):77-81.

[53] 魏洋,纪军,张敏.FRP网格拉伸性能及加固水下混凝土试验研究[J].玻璃钢/复合材料,2014,21(7):10-15.

[54] 魏洋,吴定燕,李国芬,等.圆形BFRP-钢复合管混凝土轴心受压力学性能研究[J].工业建筑,2015,45(3):169-173.

[55] 魏洋,吴刚,吴智深,等.FRP强约束混凝土矩形柱应力-应变关系研究[J].建筑结构,2007,37(12):75-78.

[56] 魏洋,吴刚,吴智深,等.FRP约束混凝土矩形柱有软化段时的应力-应变研究[J].土木工程学报,2008,41(3):21-28.

[57] 魏洋,吴刚,吴智深,等.不同材料环向缠绕加固混凝土矩形墩柱抗震性能比较研究[J].世界桥梁,2008(3):36-40.

[58] 魏洋,吴刚,吴智深.水下桥墩加固新技术[J].建筑结构,2010,40(S1):683-686.

[59] 魏洋,吴刚,张敏.FRP网格加固桥梁水下结构技术研究与应用[J].施工技术,2014,43(22):73-77.

[60] 吴刚,魏洋,吴智深,等.玄武岩纤维与碳纤维加固混凝土矩形柱的抗震性能比较研究[J].工业建筑,2007,37(6):14-18.

[61] 向道明.钢板桩围堰的设计和施工[J].桥梁建设,2003(3):64-65.

[62] 项贻强,邢骋,邵林海,等.铰接预应力混凝土空心板梁桥的空间受力行为及加固分析[J].东南大学学报:自然科学版,2012,42(4):734-738.

[63] 许贤敏,张珍秀.用无裂缝的"外包混凝土"修补奥兰特大桥的桥墩[J].国外桥梁,1997(2):78-82.

[64] 鄢真.微型桩外包混凝土处治河床下切桩基病害研究[J].公路交通科技(应用技术版),2013(2):19-20

[65] 严建科,贺拴海,宋一凡.有侧偏钢筋混凝土桁架拱桥极限承载力分析[J].公路交通科

技,2009,34(7):80-94.

[66] 杨海忠,徐建国.关于桥梁整体顶升技术的分析[J].城市道桥与防洪,2015(6):150-152.

[67] 叶见曙,刘九生,俞博,等.空心板混凝土铰缝抗剪性能试验研究[J].公路交通科技,2013,30(06):33-39.

[68] 尹世平,盛杰,贾申.纤维束编织网增强混凝土加固钢筋混凝土梁疲劳破坏试验研究[J].建筑结构学报,2015,36(04):86-92.

[69] 俞博,叶见曙,张剑,等.装配式混凝土铰接板桥铰缝剪力计算[J].深圳大学学报:理工版,2011,28(1):60-64.

[70] 俞同华,林长川,郑信光.钢筋混凝土桁架拱桥[M].2版.北京:人民交通出版社,1983.

[71] 张丰.水下钢筋混凝土加固[J].山西建筑,2013,39(15):163-165.

[72] 张建立.粘贴钢板法加固连续小箱梁桥梁的实例应用[J].华东公路,2014,(06):3-6.

[73] 张俊平,周建宾,等.桥梁检测与维修加固[M].北京:人民交通出版社,2008.

[74] 张雷顺,郭进军.新旧混凝土植筋结合面剪切性能试验对比[J].工业建筑,2007,37(11):71-73.

[75] 张为军,田野,覃兆平,等.桥梁用大截面FRP拉挤型材的结构设计与试验研究[J],玻璃钢/复合材料,2013,(8):55-60.

[76] 张喜刚,刘高,马军海,等.中国桥梁技术的现状与展望[J].科学通报,2016,61(Z1):415-425.

[77] 张小娜,温中华.基于缺陷修补的膨胀纤维混凝土耐久性研究[J].人民黄河,2015,37(8):115-118.

[78] 周长东,赵锋,张艾荣,等.预应力FRP布加固混凝土桥墩的力学性能研究[J].工业建筑,2009,39(4):124-127.

[79] 中华人民共和国国家标准.GB 50367—2013 混凝土结构加固设计规范[S].北京:中国建筑工业出版社,2013.

[80] 中华人民共和国行业标准.JTG 3362—2018 公路钢筋混凝土及预应力混凝土桥涵设计规范[S].北京:人民交通出版社股份有限公司,2018.

[81] 中华人民共和国行业标准.JTG D60—2015 公路桥涵设计通用规范[S].北京:人民交通出版社股份有限公司,2015.

[82] 中华人民共和国行业标准.JTG H11—2004 公路桥涵养护规范[S].北京:人民交通出版社,2004.

[83] 中华人民共和国行业标准.JTG/T J22—2008 公路桥梁加固设计规范[S].北京:人民交通出版社,2008.

[84] 中华人民共和国行业标准.JTG/T J23—2008 公路桥梁加固施工技术规范[S].北京:人民交通出版社,2008.

[85] 中华人民共和国行业标准.JGJ/T 23—2011 回弹法检测混凝土抗压强度技术规程[S].北京:中国建筑工业出版,2011.

[86] 中华人民共和国行业标准.JTG/T H21—2011 公路桥梁技术状况评定标准[S].北京:人民交通出版社,2011.

［87］ 中华人民共和国行业标准.JTG/T J21—2011　公路桥梁承载能力检测评定规程［S］.北京:人民交通出版社,2011.

［88］ 中华人民共和国行业标准.JTG/T J21-01—2015　公路桥梁荷载试验规程［S］.北京:人民交通出版社股份有限公司,2015.

［89］ 中华人民共和国行业标准.CJJ 99—2017　城市桥梁养护技术标准［S］.北京:中国建筑工业出版,2017.

桥梁检测评定与加固视频资料二维码

混凝土材料性能裂化	预应力钢筋混凝土连续箱梁病害
桁架桥梁检测车检测实例	不同类型桥梁检测车检测加固施工实例
桥梁动载跳车试验	桥梁动载制动试验
桥梁动载跑车试验	便捷桥梁检查系统实例(达陕高速公路)
连续箱梁体外预应力粘贴 FRP 综合加固工程实例	粘贴钢板加固技术演示
粘贴 FRP 加固技术演示	体外预应力加固技术演示
预应力钢丝绳-聚合物砂浆加固技术演示	预应力 FRP 板加固桥梁实例(连霍高速公路)

桥梁弯剪组合加固演示	桥梁抗弯组合加固技术演示
斜拉桥换索工程实例(壶西大桥)	桥梁支座更换过程演示(抱箍法)
预制混凝土板桥墩加固技术演示	桥墩纵向嵌入筋与 FRP 管组合加固技术演示
水下不分散砂浆加固水下桥墩工程实例	桥墩钢丝网与 FRP 管组合加固演示
桥梁伸缩缝更换过程现场实例(盐靖高速公路通榆河特大桥)	伸缩缝装置更换工艺(盐靖高速公路通榆河特大桥)

桥梁检测评定与加固图片资料二维码

桥梁加固支架搭设	空心板梁桥主要病害
T 形梁桥主要病害	拱桥主要病害
斜拉桥主要病害	钢筋拉拔试验实例
桥面混凝土铺装改造及新增混凝土养护	桥梁新增横隔板工程实例
压力注胶法修补裂缝实例	桥梁桥面铺装病害实例
体外预应力加固工程实例 2	粘贴钢板加固工程实例
体外预应力加固工程实例 1	钢绞线网-聚合物砂浆加固工程实例

桥梁更换支座工程实例	梁体局部增加截面加固桥梁实例
钢管围堰水下桩基加固施工实例	FRP 管加固水下桩基加固施工实例